U0016609

15至18世紀的物質文明、經濟和資本主義 卷三

世界的時間

FERNAND BRAUDEL

Le Temps du Monde

Civilisation, matérielle, économie et capitalisme

XVe-XVIIIe siècle

費爾南·布勞岱爾 著 施康強 顧良 譯

AGORA

廣場

目次

前言……17

第一章：在歐洲畫分空間和時間……22

地域與經濟：經濟世界……22

經濟世界：面對其他幾種秩序的一種秩序……49

經濟世界面對時間的畫分……77

第二章：城市統治下的歐洲舊經濟：威尼斯以前和以後的情況……97

歐洲的第一個經濟世界……100

威尼斯後來居上……128

葡萄牙的鴻運高照，經濟中心從威尼斯遷往安特衛普……152

重新估量熱那亞時代的重要地位……173

第三章：城市統治下的歐洲舊經濟：阿姆斯特丹……192

聯省共和國在自己家裡……193

抓住歐洲，抓住世界……226

在亞洲成功，在美洲失敗……241

領先地位與資本主義……257
阿姆斯特丹的衰落……290

第四章：民族市場……302

初級單位與高級單位……305
計量……324
巨人症使法國深受其害……344
英國的商業領先地位……386

第五章：世界支持歐洲或是反對歐洲……422

美洲是關鍵的關鍵……423
黑非洲被佔領並非純屬外因……468
俄國長期單獨構成一個經濟世界……481
鄂圖曼帝國的情況……508
幅員最大的經濟世界：遠東……526

第六章：工業革命與經濟增長……582

有益的比較……582
工業革命在英國各部門的表現……603

超越工業革命……637
權充結論：歷史實在和現時實在……672
中外名詞對照表
注釋

圖表目次

1. 經濟世界還是向外擴展的世界？ 27
2. 和 3. 全球範圍內的歐洲經濟世界 32—33
4. 哥德式風格的擴展圖 50
5. 正規戰爭的講授和學習 63
6. 十八世紀的歐洲對凡爾賽風格的模仿 72
7. 怎樣把價格分解為多種運動 81
8. 價格有傳導波嗎？一六三九至一六六〇年間歐洲的小麥危機 83
9. 康德拉季耶夫週期和百年趨勢 90
10. 中歐城市的興建 102
11. 北「極」的工業分布 106
12. 漢撒同盟一四〇〇年前後的貿易 114
13. 與香檳區交易會保持聯繫的各城市（十二至十三世紀） 124
14. 從財政收支情形來看，威尼斯比其他國家更能抵抗危機 132
15. 威尼斯帆槳商船航行圖 138

16. 安特衛普的貿易要道……159
17. 一四五〇至一五八五年間在安特衛普的法國商人人數統計……171
18. 從一五一〇年到一六二五年，熱那亞的資金過剩……184
19. 一五〇〇年間勃艮第統治下的尼德蘭……196
20. 城市人口的增長……204
21. 聯省共和國和西班牙對峙……222—223
22. 從帳目看荷蘭東印度公司的命運……248
23. 從法國各港口駛抵阿姆斯特丹外港德克塞的船隻數量（一七七四）……280
24. 波爾多同歐洲各港口的聯繫……282
25. 一六八一年至一七九〇年香檳地區五個村莊的婚姻關係……307
26. 從一七〇二年的一份地圖看曼圖亞公國……308
27. 一個省及其「地區」：十八世紀的薩瓦……309
28. 五大包稅所轄區……317
29. 工商業推動貨幣經濟的發展……323
30. 瓦格曼的界限……334
31. 一五〇〇—一七五〇年法國的國民收入、貨幣儲備和預算圖表……342

32. 法國國土遼闊，民族市場不易形成 346—347
33. 即使在亨利四世登基後，宗教戰爭也未能一下子燃遍遼闊的法蘭西王國全境 354—355
34. 秤四次重量 372—373
35. 一七四五年法國人口密度 381
36. 十八世紀法國「居民貧富狀況」 382
37. 市場密布的地區就在倫敦的肘腋之下 400
38. 民族市場與通航河道（一六〇〇年至一七〇〇年） 402
39. 一六六〇年英國人和荷蘭人在北美 425
40 美洲英屬殖民地與宗主國的貿易結算對大不列顛有利 451
41. 全歐洲協力開發西屬美洲 453
42. 美洲白銀的兩個週期 459
43. 美洲黃金生產的兩個週期 461
44. 葡萄牙征服非洲沿海地帶（十五至十六世紀） 472
45. 俄國貿易盈虧（一七四二年至一七八五年） 506
46. 土耳其的物價隨著經濟形勢漲落 516
47. 十八世紀中期印度的道路及紡織工業 552

48. 麻六甲盡得天時地利之便……572
49. 南洋群島向歐洲人提供其富源……574
50. 英國小麥和麵粉的進出口數量……607
51. 英格蘭的死亡率和出生率……613
52. 一七〇〇年英國的兩個部份……625
53. 十八〇〇年英國地域的重新畫分……626
54. 一八三〇年前後的主要航道……636
55. 一七九二年大不列顛在世界的貿易……654—655
56. 一七一〇年至一七九〇年間英法兩國的價格……664
57. 英國價格的長時段運動……666
58. 「菜籃子」……667

圖片目次

十七世紀的威尼斯……24
阿爾瑪達無敵艦隊……36
圓身船在威尼斯……40
一名「生番」……44
一名西方商人及香料生產……46
但澤商業寓意畫……53
威尼斯城邦的官方儀式……56
布雷達投降……65
巴西的家奴……68
一七四六年的寧芬堡……75
財富在十六世紀是由一袋袋小麥積累起來的……92
威尼斯海外領地的四種形象……98
在城市擺小攤的農民……103
一五六二年的布魯日地圖……108

安特衛普的漢撒會館……115
阿瑪菲鳥瞰圖……118
聖馬可之獅……130
威尼斯聖賈克小教堂……134
威尼斯商人在東方……143
威尼斯的「貢多拉」船夫……147
葡萄牙船隻在澳門……154
安特衛普舊港……162－163
一五四〇年安特衛普一瞥……167
熱那亞的港口（一四八五年）……174－175
十五世紀熱那亞的大船……181
熱那亞的印花布樣品……190
聯省共和國一六五一年的聯省會議……193
聯省共和國與水患……199
阿姆斯特丹港……202
阿姆斯特丹的魚市……208

荷蘭的載重船……209
一六五九年阿姆斯特丹「勒當」廣場……216—217
荷蘭西印度公司劫奪滿載白銀的西班牙船隻……225
揚馬延島生產鯨油的設施……228
荷蘭戰艦對蘇拉威西島的望加錫展開攻擊……234
荷蘭東印度公司在孟加拉的一家分號……239
巴達維亞海灣內的東印度公司船隻……243
荷蘭人在中國人心目中的形象……250
荷蘭人在出島……253
一七〇〇年前後的鹿特丹銀行……258
荷蘭貨幣兌換商……263
瑞典尤利塔布洛克的軍火工業……274
一七八一年瑞典的鑄鐵廠……277
一七六四年巴達維亞港錨地和蓄水塔……288—289
「愛國黨」革命……299
英格蘭的一條道路……304
墨西拿海灣及港口景色……312

英國一條大路上的路卡……319
聯省共和國的「生活資料」……329
納稅圖……337
一六一〇年的魯汶河畔莫雷城……349
里昂新交易所……360
斯瓦松府邸……365
十七世紀的聖馬洛……378
土魯斯的巴扎克爾塔樓和磨坊……383
一六四四年的倫敦交易所……390
十八世紀末的索霍區……397
一七九〇年的倫敦……396
十八世紀末倫敦泰晤士河畔……396—397
十八世紀愛丁堡的市集廣場……406
十七〇〇年倫敦的咖啡館……414
一七九二年一幅有關法國的英國漫畫……420
喬治亞州斯瓦那莊園的建設……429
一六四〇年的帕拉伊巴州……432

里約熱內盧的奴隸鋪子……435
秘魯的刺繡工廠……440
一八〇一年的波士頓……445
一七四八年巴拿馬的大廣場……457
一八三〇年左右新英格蘭的一座「工業村」……466
好望角的荷蘭殖民地……469
伊斯蘭的奴隸制……475
十七世紀的阿干折斯克港……484
諾夫哥羅德和特維爾之間的伏爾河……490
賣肉餡餅的小販……494
俄國和中國商人在恰克圖……500
一七五四年阿斯特拉汗城市地圖……503
一七七八年的聖彼得堡港……507
十八世紀的安卡拉城及其商場……511
騾馬店投宿圖……513
馱馬和駱駝商隊離開安卡拉……517
伊斯坦堡托普——哈內廣場與噴泉……524

繳阿拉伯式的運輸船 529
恆河三角洲 531
一六〇六年荷蘭人攻克蒂多雷島 535
馬拉巴沿海的土著海盜 536
大蒙兀兒宮廷 543
印度馱牛商隊 545
果亞的土著鐵匠 549
十六世紀印度行旅圖 555
大蒙兀兒皇帝出獵圖 561
英國東印度公司的職員吸上鴉片 568
十七世紀初的澳門 577
詹姆斯・瓦特試製蒸汽機 582
十三世紀粉碎糧食的磨輪 592
庫特納荷拉銀礦 596
一六〇七年和一八三三年的拈絲機 598
十八世紀的英國鐵路 602
十八世紀的英國農村磚窯 606

英國農婦趕集圖 609
十八世紀科爾布魯克代爾的高爐 617
森德蘭城威爾河上的鐵橋 618
新拉納克的紡紗廠 624
十八世紀初布里斯托港「大碼頭」 628
布里奇沃特公爵在他開鑿的運河邊上 633
十六世紀初倫敦西印度碼頭 638
蘇格蘭高地的呢絨製造 647
倫敦煤碳交易所 657

前言

本書的第三卷，也是最後的一卷，旨在提出一種推測，實現一種奢望。這一種推測和奢望正是本書的意義所在。借用沃爾弗朗・埃貝哈德[1]的一個巧妙說法，我用《世界的時間》作為本卷的標題，標題確實漂亮，雖然內容不一定與之相稱。

所謂「推測」，是說我對盡可能廣泛地向歷史求助滿懷信心，歷史在這裡將按時間順序展開，並按不同時段加以考察。這是以歷史為依託，根據歷史的傾向和邏輯，接受各種考驗中最嚴峻的考驗，從而驗證本書前二卷的研究是否正確。可見，推測與某種奢望混雜在一起，也就是說，認為歷史能為自己同時提供一種最有說服力的解釋和一種驗證，唯有這種驗證真正能脫離抽象的推理，先驗的邏輯以及常識不斷為我們設置的種種陷阱。也許還有另一個奢望，那是想從很不完整，但又數量太多，不能兼容並蓄的素材出發，為世界史描繪一幅合乎情理的草圖。

本卷的意圖就此揭出。讀者在閱讀過程中將發現有關的陳述、敘述、形象、演變、斷裂和規律，但從頭到尾，我始終注意避免作過多的陳述，防止僅僅為了標出一條線、一個點或者為強調一個有意義的細節而敘述。我只是試圖通過觀察和說明去弄清問題，也就是說，去進行驗證。我朝這個方向堅持不懈地努力，似乎在努力的盡頭，我的研究的價值，進一步說，歷史學家這個行當的價值，就能得到證明。

要寫一部完整的世界史，此事確能使最勇敢乃至最樂觀的人望而生畏。不是可以把世界史比作一條無邊無際、無頭無尾的河流嗎？這個比喻還不夠恰當：世界史不是一條河流，而是幾條河流。歷史學家幸好已習慣於面對繁多的素材。他們將素材簡化，同時把歷史分成幾個門類（政治史、經濟史、社會史、文化史）。尤其他們從經濟學家那裡得知，時間可劃分為各種各樣的時段，時間因此可被馴服和變得容易對付，例如有長時段或超長時段，有比較慢和不太慢的形勢演變，有迅速的甚至瞬息即逝的偏離，最短的時段往往是最易捕捉的時段。為了精鍊世界史並使之條理化，總的說來，我們擁有的手段不容低估。我們能推導出一種世界規模的經驗時間：世界的時間，但它既不是而且也不應該是人類歷史的總和。這種非同尋常的時間在不同時代和地點控制著某些空間和某些實在。但其他的實在，其他的空間卻不受它的支配，仍與它格格不入。

例如，印度單獨構成一塊大陸；這裡不妨畫四條線：科羅曼德海岸，馬拉巴海岸，從蘇拉特到德里的軸線，從德里到恆河三角洲的軸線。印度就被封閉在一個四邊形裡[2]。在這四邊形中，唯有邊緣地帶真正按世界的時間生活，接受世界的貿易和節奏，雖然並非沒有抗拒和仍然落後於形勢。世界的時間優先使這類邊沿地帶變得活躍。那麼，四邊形的中心有沒有反應呢？在個別地點，反應無疑是有的，但也可以說基本上沒有反應。印度「大陸」所發生的事在地球上所有有人居住的地區，甚至在產業革命時代的不列顛諸島重演。到處都有一些角落，世界史在那裡竟毫無反響，那是一些寂靜的、無聲無息的地方。經濟學家安東尼奧．詹諾韋西（一七一二—一七六九）寫道：「同我國〔那不勒斯王國〕的某些地區相比薩莫耶德人顯得更有文化和更加文明[3]。」乍眼看來，我們感到茫然：擺在我們面前的是一張簡化了的世界地圖，上面有許多無聲無息的空白，正是這些地區處在本書第一卷優先談到的轟轟烈烈的歷史之外。

「世界的時間」將因此成為總體歷史的一種上層結構和一種歸宿：這種上層結構似乎由在它下面活動的力量所創造和支撐，雖然它的重量對基礎也產生著影響。根據不同的地點和時代，這種自下而上和自上而下的雙重作用具有不同程度的重要性。但即使在經濟和社會領域領先的國家裡，世界的時間也沒有滲透到每一個角落。

本書的基線原則上偏重歷史的一個門類：物質的和經濟的歷史。在這第三卷也是最後一卷中，我想把握的主要是十五至十八世紀期間的世界經濟史。這樣做是為了簡化我的任務，事情本來也應該如此。我們已有幾十部很好的經濟通史，有的簡明扼要[4]，有的資料豐富。我引用了約瑟夫・庫里謝先後於一九二八和一九二九年出版的《德意志經濟史》兩卷本[5]，這部著作今天依舊是最好的指南和最可靠的資料索引。我還引用威爾納・桑巴特的《論現代資本主義》（一九二八年最新版），這部巨著是他大量閱讀和思考的總結。但所有這些一般性論著往往侷限於歐洲的範圍。而我深信研究歷史最好應採用比較方法，世界史是唯一站穩腳跟的歷史。弗雷德里希・諾瓦利斯（一七七二—一八〇一）曾經說過：「一切歷史必然是世界的歷史[6]。」世界的經濟史確實比歐洲的經濟史明白易懂。但是否能夠說，更加簡單呢？

尤其，經濟學家（至少從五十年代以來[7]）和歷史學家（很久以來）都不再認為經濟是個獨立的領域，經濟史是個可以抱殘守缺、不問其他的孤立領域。在這個問題上，今天的意見顯然是一致的。維托德・庫拉認為，「關於發達資本主義的獨立經濟理論不過是為教學方便而製造的公式」[8]，我想再補充一句，關於資本主義初期的獨立經濟理論也是這樣一種公式。胡塞・讓迪・達・希爾瓦認為，「歷史上一切都是相互關聯的，特別是經濟活動，它不能脫離周圍的政治和信仰環境，不能離開當時當地的可能和限制而孤立存在」[9]。社會的人究竟是不是經濟的人？羅斯托夫[10]回答說，當然不是。格奧爾基・盧卡奇[11]指出，以為經濟問題「果真能與社會、意識形態和政治等其他問題相脫離」，這種想法是可笑的。雷蒙・弗思認為人的全部活動「不僅在經濟方面、社會方面、文化方面」，肯定也在政治方面有所表現[12]。約瑟夫・熊彼得主張，經濟史「不能只談經濟」[13]，民族學家尚・普瓦利埃說：「經濟學家如果不走出經濟的圈子，就不能充分掌握經濟事實[14]。」一位當代經濟學家甚至聲稱，「與其他社會科學相割裂，這在政治經濟學是不允許的」[15]，尚—巴蒂斯特・薩伊於一八二八年已說過類似的話：「似乎僅僅以物質財富為研究對象的政治經濟學，其實應包括整個社會體系，它涉及到社會上的一切[16]。」

世界經濟史要從經濟這個特定的角度去觀察世界的全部歷史。選擇一個觀察角度，而不是另一個角度，就等於先入為主地對一種片面的解釋方式（因而也是危險的）有所偏愛，我並且事先知道自己將不能完全擺脫這種解釋方式。對所謂經濟事實的偏愛不能不受到懲罰。無論人們怎樣注意去控制、約束和超越這些經濟事實，難道人們能夠逃脫無孔不入的「經濟主義」和躲開歷史唯物主義的問題嗎？結果只能像是陷進一片流沙之中，越陷越深。

因此，如同往常那樣，我們試圖用適當的論據去掃清橫在我們前進道路上的困難。但是才剛動手，困難又頑固地捲土重來。應該承認如果沒有困難，人們也就不會對歷史如此重視了。

讀者在閱讀本書的過程中，將能看到我怎樣試圖去克服這些困難。

我必須首先闡明要點。因此，陳述理論的第一章——在歐洲劃分空間和時間——旨在確定經濟在時間和空間中的位置，看它究竟位於與它共享這一時間和這一空間的其他因素（政治、文化、社會）的上面、下面或者旁邊。

隨後的五章（第二至第六章）試圖把握時間，時間從此已是我們的主要對手，甚至唯一的對手。我又一次把賭注壓在「長時段」上[17]。這樣做肯定能使我們高瞻遠矚，而不必著眼某些只是曇花一現的事物。讀者在後面的章節裡將見不到賈克．科爾的傳記或者富商雅各布．富格爾的肖像，甚至還見不到關於約翰．勞體系的第一千零一種解釋。這些都是缺點。但捨此又有何辦法能合乎邏輯地做到簡明扼要？

此外，根據一個慣用的和值得推崇的辦法，我首先參照歐洲的種種經驗，把「世界的時間」分成幾個長時段。將用兩章篇幅講述城市統治下的舊經濟（第二章為威尼斯，第三章為阿姆斯特丹）。以「民族市場」為標題的第四章研究十八世紀各民族經濟的繁榮，特別是法國和英國的經濟。第五章「世界支持歐洲或是反對歐洲」全面介紹了所謂啟蒙時代的世界各地狀況。題為「工業革命與經濟增長」的第六章是本書的最後一章，它研究的那個巨大的突變開創了我們今天仍生活其中的世界。結論拖得很長，佔去整整一章的篇幅。

我希望通過對這些不同歷史經驗仔細而從容的觀察，能使上一卷中的分析得到驗證。熊彼得在其《經濟分析史》（一九五四年版，我們歷史學家認為這是他的代表作）中說過，人們可以用三種方式[18]去研究經濟：通過歷史，通過理論和通過統計。但是，假如能夠重新開始自己的事業，熊彼得說不定會當一名歷史學家。我還歡迎社會科學的專家們也把歷史看作是認識和探索的一個非同尋常的手段。現時多半要受不甘滅亡的過去的蹂躪，而過去則通過規律及其異同方面，為真正懂得現時提供不可缺少的鑰匙。

第一章　在歐洲劃分空間和時間

正如標題所宣佈的，這一章的理論闡述包括兩個方面：先試圖劃分空間，然後再劃分時間。問題是要先根據空間，然後根據時間，來提前確定經濟實體的位置，以及伴隨著經濟實在的社會實體的位置。有關的論證將拖得很長，特別是第一部份，這為便於理解第二部份是必要的。但我覺得兩個部份都有用處；它們為隨後的闡述設置路標，說明遵循這一道路的理由，並提供適用的詞彙。在所有嚴肅的論證中，恰當的用詞至關重要。

地域與經濟：經濟世界

地域作為說明的本源，同時涉及到歷史的全部實體，涉及到整體的所有組成部份：國家、社會、文化、經濟等等。根據人們選擇這些集合[1]中的這個集合或那個集合，地域的意義以及作用便有所變化，當然不只是徹底的變化。

我想首先觀察經濟，並且暫且僅僅觀察經濟。然後，我將試圖確定其他集合的位置和作用。從經濟開始不僅符合本書的綱要；我們將看到，在地域的所有組成部份中，經濟的位置最容易確定，所佔的面積也最寬廣。經濟並不單獨決定世界物質時間的節奏：當經濟開展活動時，所有對它有利的或不利的社會實在都不斷起作用，並且起碼可以說，反過來受到它的影響。

經濟世界

為了展開討論，必須詳細說明兩個容易混淆的術語：世界經濟，經濟世界。

「世界經濟」（économie mondiale）延伸到全球；正如西斯蒙所說，它呈現「全世界的市場」[2]，顯示「整個人類或者共同從事貿易並在今天只形成單一市場的那部份人類」[3]。

「經濟世界」（économie-monde，在法語中是個令人感到意外和不受歡迎的術語；在沒有更好選擇的情況下，我不能過多地考慮邏輯，生造了這個術語，以體現德語中「Weltwirtschaft」的特殊用法[4]）只涉及世界的一個局部，它在經濟上獨立，基本能自給自足，內部的聯繫和交流賦予它某種有機的整體性[5]。

例如，很久以前，我曾研究作為「舞台世界」或「經濟世界」的十六世紀的地中海[6]，這裡說的不僅是大海本身，而且指其貿易活動波及的離海岸距離遠近不等的地方。這是一個單獨的天地，一個整體。的確，地中海區域雖然在政治上、文化上和社會上四分五裂，但在某種程度上卻構成一個經濟整體。實際上，這個整體是從北義大利的主要城市出發，自上而下地建立起來的，首先是威尼斯，此外還有米蘭、熱那亞和佛羅倫斯[7]。這個整體的經濟不等於是地中海及其附屬地區的全部經濟生活。從某種意義上說，它是經濟生活的上層，根據不同的地點，它的影響或強或弱地在沿海各地都能找到，有時甚至深入到遙遠的內陸。這種活動超越各帝國的彊界：西班牙帝國的邊界將在查理五世皇帝（一五一九－一五五八）在位期間最終劃定，而鄂圖曼帝國的推進發生在佔領君士坦丁堡（一四五三）以前。這種活動還超越把地中海區域劃分為多種文明並形成強烈差別的界線：在鄂圖曼土耳其的壓制下蒙受屈辱和節節敗退的希臘文明；以伊斯坦堡為中心的穆斯林文明；同時歸附於佛羅倫斯和羅馬的基督教文明（文藝復興的歐洲，反宗教改革的歐洲）。伊斯蘭教和基督教沿著一條南北分界線迎面相遇，這條把地中海分為東、西兩部份的界線，經亞得里亞海岸以及西西里沿岸，抵達今天突尼西亞沿海一帶。異教徒以及基督教徒之間的所有重大戰役都在這條分界線上進行。但是商

威尼斯原是 15 世紀歐洲經濟世界的中心，到 17 世紀末和 18 世紀初，它仍是東方人賓至如歸國際城市。盧卡・卡勒瓦里作畫：《廣場》〈細部〉。

船仍不斷在越過這條分界線。

我們回顧了十六世紀地中海的概貌，這個特殊的經濟世界的特點正是它橫跨幾條政治和文化邊界，而每條邊界又分別以自己的方式，切割地中海世界，並顯示其差別。例如基督教地區的商人於一五〇〇年在敘利亞、埃及、伊斯坦堡和北非出現；黎凡特地區的土耳其與亞美尼亞商人隨後在亞得里亞海四出活動。無孔不入的經濟推動著貨幣流通和交換，經濟趨向於創造某種整體性，而其他一切卻又促成建立彼此差別的集團。甚至地中海世界大體上也分為兩個區域：一方面是在大部份地區實行領主制的基督教社會，另一方面是以恩賞制（把領地賜予能征慣戰和功績顯赫的軍人，供其終身受益）為主的穆斯林社會；在受賞人去世後，所得利益和職位國家收回，重新再進行分配。

總之，通過對特殊事例的考察，我們可以推斷經濟世界是在它集合下的各具特色的經濟空間和非經濟空間的總和，它佔有遼闊的地域（原則上，它是一個具有嚴密內在結構的區域，出現在某個時代和地球的特定部位），通常超越歷史的其他門類的界線。

自古以來的經濟世界

如同社會、文明、國家乃至帝國一樣，自古以來，至少長久以來，經濟世界已經形成。自遠屆近縱覽歷史，我們可以說擁有遼闊海外領地的腓尼基便是經濟世界的雛形。鼎盛時代的迦太基也是如此。同樣地，還有古希臘，古羅馬勉強也夠格。還有在取得驚人成就後的伊斯蘭。到公元九世紀，地處西歐邊沿的諾曼第人異軍突起，形成一個脆弱的經濟世界雛形，不久便被其他雛形所代替。歐洲從十一世紀開始孕育第一個經濟世界，其他的經濟世界隨後出現，直到今天。東部與印度、中國、中亞以及西伯利亞接壤的莫斯科公國本身就是個經濟世界，至少直到十八世紀為止。中國很早就控制了廣大鄰近地區，同樣是個經濟世界，朝鮮、日本、南洋群島、越南、雲南、西藏、蒙古與中國休戚相依，如附庸一般簇擁在它的周圍。印度更加早熟，它把從非洲東海岸到南洋群島的印度洋改造成了供它使用的內海。

簡單地說，我們面對一些周而復始的過程，幾乎總是後來居上，歷史留下的痕跡到處可見。即使拿羅馬帝國這個最初看來並不典型的例子來說，它的經濟也衝出了繁榮的萊茵河和多瑙河沿線的邊界，或向東一直伸展到紅海和印度洋。老普林尼認為羅馬在其與遠東的貿易中，每年約損失一億賽斯泰爾斯。古羅馬貨幣今天在印度經常被發現[8]。

一些傾向性規律

迄今以來的歷史向我們提供了經濟世界的一系列例子。例子不算很多，但足資比較。此外，由於每個經濟世界都有很長的時間跨度，它與自己相比已有所進化和演變，它所經歷的不同年齡以及各個發展階段也要求我們進行比較。結果是材料相當豐富，足以使我們對經濟世界進行某種的分類考察，並至少推導出闡明經濟世界與地域之間的關係的一系列傾向性規律[9]。

首先，為了解釋任何一個經濟世界，必須劃定它所佔領的地域。經濟世界的界線通常很容易被認出，因為變動較為緩慢。它所包容的區域是其存在的首要條件。沒有具有以下多項特徵的一塊特定地域，便沒有經濟世界。

——這塊地域是有界線的，界線包圍地域，並賦予它意義，猶如海岸解釋大海一樣；

——這塊地域要求以一個城市為中心，資本主義（不論什麼形式）在那裡佔統治地位。多中心或者是不成熟的表面，或者是衰退中和變革中的形態。在外力和內力的作用下，確實可能出現偏心傾向，並進一步發生中心轉移。一些國際性城市，具有世界影響的城市，不斷在互相競爭和互相替代；

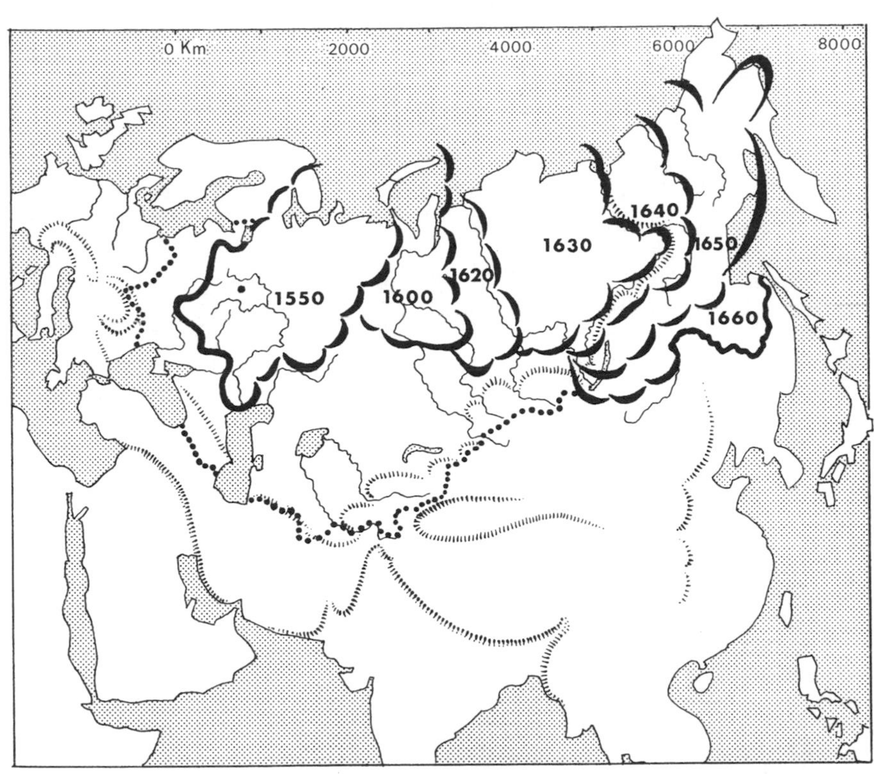

表(1)　經濟世界還是向外擴展的世界？　俄國花一個世紀的時間，佔有了包括西部易澇區、中部高原和東部山地在內的廣大西伯利亞，俄國向西伯利亞東部的擴張曾遇到困難，向南部擴展困難更大，因為與中國相撞。究竟該說是經濟世界還是向外擴展的世界？這是要與伊曼紐·華勒斯坦討論的問題。我們姑且接受華勒斯坦的見解，承認西伯利亞首先被武力所征服，經濟（也就是後動供應）只是接踵而來。虛線表示蘇聯目前的邊界。

——這塊地域內部具有等級的差異，它是許多獨特的經濟區的總和，其中有些貧窮，另一些屬於一般，唯獨其中心比較富裕。由此產生的不平衡以及差距是整個經濟結構賴以運轉的保證。由此便出現了「國際勞動分工」；保羅．斯威澤告訴我們，馬克思沒有預見到，這種分工將「具體地表現為發達與不發達地域對立的模式，根據這個模式，人類將分為『有』和『無』兩個對立的陣營，兩大陣營之間的鴻溝比先進的資本主義國家中資產階級和無產階級的隔閡更加根深蒂固」[10]。然而，這不是一次「新的」分化，而是一種大概永遠不能治癒的舊傷。早在馬克思以前，這道傷口已經存在。

可見，這裡有三組條件，每組條件各有其普遍意義。

第一條規律：變動緩慢的一塊地域

一個經濟世界與同類型的另一個經濟世界分別位於一條邊界或一個邊緣區域的兩側，遙相呼應，除了個別例外，翻越邊界從經濟上看沒有什麼好處。兩個經濟世界之間的大部份貿易對雙方都是「得不償失」[11]。因此，按照一般規律，經濟世界的邊界是些人煙稀少的不毛之地，猶如難以突破的、厚實的外殼，往往是「無人的陸地」、「無人的海域」這類天然屏障。撒哈拉橫亙在黑非洲和白非洲之間，難得有沙漠商隊通過。非洲以南和以西的大西洋波濤洶湧，幾百年間交通阻絕，而印度洋上（至少在其北部）早已展開貿易。太平洋亦然，以征服者自居的歐洲很難降服它。麥哲倫和遠航歸根到底只是發現了進入南太平洋的一扇門，此門能進而不能出，即不能從原路返回。麥哲倫為返回歐洲，最後不是走了從好望角到葡萄牙的那條路嗎？甚至馬尼拉大帆船於一五七二年初進行的遠航也沒有真正打破南太平洋的可怕障礙。

在皈依基督教和歐洲臣服鄂圖曼帝國的巴爾幹之間，在俄國和中國之間，在歐洲和莫斯科公國之間，都有崇山峻嶺相隔。歐洲經濟世界的東部邊界在十七世紀曾推進到波蘭以東，但把遼闊的莫斯科公國排除在外。在歐洲人看來，莫斯科公國是世界的盡頭。一位旅行家[12]一六〇二年在前往波斯途中，從斯摩倫斯克出發，進入俄國的領土，他認為莫斯科公國是個「遼闊和廣大」的國家，那裡不是「泥坑遍佈、荊棘叢生」的荒地，便是古木參天的森林，「通過沼澤地的道路是利用砍下的樹幹鋪成」（據他的計算，斯摩倫斯克和莫斯科之間有「六百多條這類道路」，「維護往往很差」）；這是個一無所有的空曠地區（「走上二十、三十英里路，還見不到一個城市或村莊」）；那裡的道路簡直糟透，氣候好的季節通行也很困難；最後，這是個「對外嚴密封閉」的地區，「沒有大公的許可和安全通行證，任何人不得擅自出入」。根據一位西班牙人的印象，這是個令人捉摸不透的國家；這位西班牙人在回顧一六八〇年前後從維爾紐斯經斯摩倫斯克至莫斯科的一次旅行時說，「整個莫斯科公國是連綿不斷的森林」，偶而見到的鄉村是人用斧子開闢的[13]。直到十八世紀中葉，旅客在過了庫爾蘭公國首府米塔瓦以後，除了猶太人開設的「虱子客店」以外，沒有別的歇息地點，「在客店裡，只得與雞鴨豬牛以及許多猶太人橫七豎八躺在一起，屋裡的爐子總是燒得太熱，人畜的臭氣撲鼻難聞」[14]。

這裡值得再次測量一下這些給人製造重重障礙的距離，經濟世界正是在這些困難中建立、壯大、綿延和演變。為了掌握地域，經濟世界就必須戰勝地域，而地域又不斷進行反撲，迫使經濟世界作出新的努力。由於十五世紀末的地理大發現，歐洲一鼓作氣地（或幾乎如此）挪動了自己的疆界，從而創造了奇蹟。但在擴展了地域以後，還必須加以控制，不管這是大西洋的波濤還是美洲的土地。控制人跡罕至的大西洋和一半無人居住的美洲誠然很不容易，而開闢通向另一個經濟世界的道路同樣也殊非易事。在兩個互相警惕和對立的經濟世界之間，為使黎凡特貿易的大門在幾個世紀裡始終洞開，這要具備多少條件……假如事先沒有長時間的準備，好望角之路的發現便是不可思議的。請看，這一成就需要付出多少努力和創造多少條件：最早著手開闢道路的葡萄牙為此簡直搞得精疲力竭。伊斯蘭商隊穿越沙漠的勝利也是一項了不起的功績，這一功績是在逐漸建造了綠洲和飲水網點後終於取得的。

第二條規律：有一個佔統治地位的資本主義城市作中心

每個經濟世界都有一個極點，都有一個城市作為其商業活動的後勤中心：信息、貨物、資金、信貸、商人、指令和商業信件潮水般地向這裡擁來，又紛紛向各地四散。大商人在這裡發號施令，他們往往極其富有。

一些中轉城市圍繞著極點，與極點相隔或長或短的距離，但它們都配合極點的活動，更經常的則是（甘心）扮演次等角色。它們的活動依中心城市的活動為轉移，分發或轉運中心城市交託它們的物品，依賴或接受中心城市的信貸。威尼斯不是孤立的城市，安特衛普以及隨後的阿姆斯特丹也不是孤立的城市。每當中心城市崛起時，總有一串城市隨後簇擁；里哈爾特·哈普克說它們是「群島式城市」，這個詞用得相當形象。斯湯達爾曾產生錯覺，以為義大利大城市出於慷慨，給予較小的城市以照顧[15]。大城市怎麼可能會去消滅較小的城市呢？剝削小城市，這倒是真的，但僅此而已，因為大城市需要小城市為它效力。不犧牲其他城市（不論是有意的或無意的），一個城市世界便不能達到與維持很高的生活水平。中心城市與其他城市有相似之處：它畢竟也是城市；但它與其他城市也有區別：它是一個超級城市。辨認超級城市的第一個標記，恰恰就是它有其他城市為它效力和服務。

這些為數極少的超級城市與眾不同，神祕莫測，光彩奪目。例如，菲利普·德·科明尼於一四九五年說，威尼斯「是我見到過的最輝煌的城市」[16]。又如，據笛卡兒的判斷，阿姆斯特丹是「萬物輻輳」之地，他於一六三一年五月五日寫信給蓋茨·德·巴爾札克說：「世界上還能找出什麼地方能像這裡一樣，人們所歆羨的各種舒適的珍奇，竟是垂手可得？」[17]不過，這些光彩奪目的城市也有令人困惑之處；它們決不讓別人看穿自己的祕密。在伏爾泰或孟德斯鳩的時代，有哪個外國人，特別是法國人，不竭力去理解和弄清倫敦？作為一種文學體裁，英格蘭遊記力圖有所發現，卻始終弄不清倫敦何以有喜愛譏諷的特點。在今天，誰又能告訴我們紐約的真正祕密呢？

略為大一點的城市，如果又瀕臨海洋，就像夏爾・德・勃洛斯[18]對利佛諾（Livorno）的品評一樣，是個「諾亞方舟」，「真正的假面狂歡節」和「巴別塔」。至於真正的中心城市，又該怎麼來加以形容呢？無論是倫敦或伊斯坦堡，伊斯法罕或者麻六甲，蘇拉特或加爾各答（加爾各答從其最初的成就開始），它們全以四方雜處為特徵。阿姆斯特丹交易所是商業世界的縮影，在交易所的拱廊下，聽得到世界的各種方言。在威尼斯，「如果你很好奇，想看來自世界各地、穿著不同服飾的人，就請前往聖馬可廣場或里亞托廣場，你將在那裡遇到各種各樣的人。」

來自天南地北的各種人混雜在一起，必須使他們能夠相安無事、諾亞方舟意謂著必要的寬容。賈克・維亞蒙[19]在談到威尼斯時說：「在整個義大利，沒有一個地方能比那裡生活得更自由……首先因為市政會議輕易不作死刑判決；其次，武器不受禁止[20]；第三是不因信仰而受追究，結果是每人都能隨心所欲地生活，都有信仰自由，因而許多具有自由精神的法國人[21]都在那裡定居，以便不受追查和監督，並且稱心如意地生活」。威尼斯這種天生的寬容精神，我想能部份說明它那「著名的反教權主義」[22]，或用一個更好的說法，它與羅馬教會不妥協主義的一貫對抗。凡在商人雲集的地方，必定出現寬容的奇蹟。在阿明尼烏教派和戈馬爾教派之間發生暴力衝突（一六一九—一六二〇）後，阿姆斯特丹堅持實行寬容，這一功績不容抹煞。倫敦的宗教機構可謂五光十色。一名法國旅行者[23]於一七二五年說：「那裡有猶太教徒，有德意志、荷蘭、瑞典、丹麥以及法國的新教徒；有路德派、再洗禮派、千禧年派〔原文如此〕、勃朗派、獨立派或者是清教派以及貴格派。」此外還要加上聖公宗、長老宗以及天主教徒，後者不論英國人或外國人，習慣在法國、西班

1775

根據不同的出發點可以分辨英國、尼德蘭、西班牙、葡萄牙和法國的貿易活動。就法國與非洲和亞洲的貿易而言，必須設想它們與歐洲其他國家的貿易混在一起。問題是要首先弄清大不列顛的聯絡路線的作用。倫敦已成為世界的中心。在地中海和波羅的海，僅顯示了各商業國的所有船隻全都遵循的基本路線。

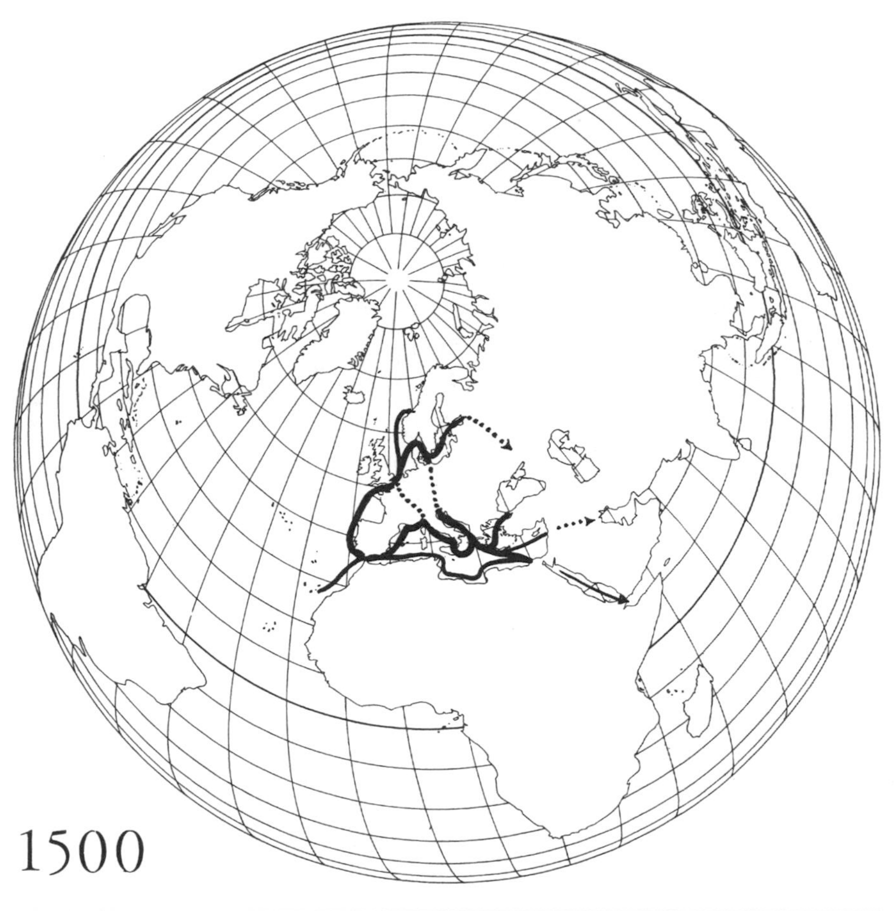

1500、1775　表(2 和 3)　全球範圍內的歐洲經濟世界　從歐洲在全世界範圍內的主要貿易活動看正在擴張中的歐洲經濟。1500 年，從威尼斯出發的經濟擴張，矛頭直接指向地中海（見 167 頁的商船網）和西歐；通過一些轉運站，再向波羅的海和挪威延伸，又通過地中海東岸諸港，向印度洋延伸。1775 年，歐洲貿易的觸角伸向全世界：

牙或葡萄牙大使的小教堂裡望彌撒。每個教派各有自己的教堂或會面地點。每個教派又各有區別於其他教派的標記。貴格派「在四分之一法里外從服飾即可認出：平頂帽，小領帶，上衣扣子釘得很高，經常閉著雙眼」[24]。

這些超級城市最鮮明的另一個特點也許是過早的和突出的社會分化。這些城市中居住著無產者、資產者和城市貴族；城市貴族有錢有勢，驕矜自負，他們很快不必再像在威尼斯或熱那亞的時代，竭力用貴族頭銜裝飾自己[25]。總而言之，城市貴族和無產階級正在「兩極分化」，富的變得更富，窮的變得更窮；規律地發展的資本主義城市的一大瘋疾，正是生活程度很高，以及永無休止的膨脹。膨脹是由超級城市的本質所決定的，它們注定要控制毗鄰地區的經濟。經濟生活自動朝著超級城市高物價的方向集中和轉移。但在體系緊張、衝突尖銳的情況下，城市以及以城市為歸宿的經濟便有自焚的危險。在倫敦或阿姆斯特丹，生活程度之高不時超過了人們的承受限度。為了逃避地方稅以及高額的稅率，紐約的工商企業今天紛紛撤離這個城市。

然而，中心城市打動人們的逐利之心，喚醒人們的想像力，其號召力之大令人不可抗拒，似乎人人都希望參與盛會，分享奢華，並忘卻日常生活的眾多困難。中心城市不是展示壯觀的場面嗎？如果在回顧時加添上幻想的成份，場面之大就會達到荒唐的程度。一六四三年的一份遊覽指南[26]對上個世紀的安特衛普作了如下回顧：城市共有居民二十萬人，「包括本國人和外國人」，有時「在港口一下集中二千五百艘船，因不能卸貨，停泊一月之久」，，城市富冠全球，曾交給〔神聖羅馬〕查理五世皇帝「三百噸黃金」，每年收入「銀幣五億，金幣一億三千萬」，「像海水一樣來回流動的匯款並不計算在內」。這些都是夢幻，是頃刻化為烏有的煙靄！不過，難得這一次，諺語說得對：無火不起煙！阿朗索・莫高多一五八七年在其《塞維爾史》（*Historia de Sevilla*）中聲稱，「從外地運來城裡的珍寶之多，簡直能用金塊和銀塊鋪設所有的路面」[27]！

第二條規律（續）：首要城市的地位更替

佔統治地位的城市不是垂之萬世的，這一地位可以被其他城市所替代。在城市的最高一級是如此，在所有其他各級也是如此。這些地位的交互更替，不論發生在什麼部位（在頂峰或者在半山腰），不論出自何種原因（純經濟的原因或者不是），無不說明問題；它們打破歷史的平靜，展示一些因其稀少而顯得尤其珍貴的過程。阿姆斯特丹替代安特衛普，倫敦接替阿姆斯特丹，或者紐約於一九二九年左右超過倫敦，都是一大塊歷史板塊的傾斜，從而暴露出以往平衡的脆弱，以及即將建立的平衡的力量。整個經濟世界都受其影響，而且影響從不僅限於經濟方面，這是人們事先可以意想得到的。

明朝於一四二一年決定遷都，放棄了因有長江之利而對航海開放的南京，為應付滿族和蒙古族入侵邊界的危險而定鼎北京：作為一個經濟世界，龐大的中國無可挽回地實現了中心的轉移；在某種意義上，它背離了利用大海之便發展經濟和擴大影響的方針。北京紮根在陸地的中心，是個沉悶閉塞和十分內向的城市。不論這一選擇出於有意或者無意，它肯定具有決定性作用。正是在這時候，中國在爭奪世界權杖的比賽中輸了一局；中國於十五世紀初從南京出發進行海上遠航時便投入角逐，雖然它對此並不十分地清楚。

這場冒險的意義與腓力二世於一五八二年作出的抉擇不相上下。利用西班牙在歐洲的政治優勢，腓力二世於一五八〇年征服葡萄牙，把政府搬到里斯本，在那裡住了將近三年。里斯本因此取得了舉足輕重的地位。該城市瀕臨大海，是進而控制和統治世界的理想場所，國王和政府遷來這裡更使它身價倍增。西班牙艦隊於一五八三年把法國人從亞速群島趕走，俘虜均不經審判，被掛在船隻桅桁上吊死。一五八二年離開了里斯本，也就等於放棄了控制海外經濟的一個哨所，從而讓西班牙的力量困守卡斯提爾幾乎靜止不動的心臟馬德里。這是犯了多麼荒唐的錯誤！由此造成了一五八八年無敵艦隊（Armada Invencible）的覆滅。西班牙的失利與國都退居內陸有關，當時的人都能清醒地意識到這一點。在腓力四世的時代，還有人主張天主教國王[28]

英國躍居海上強國的象徵：無敵艦隊的失敗。格林威治國立航海博物館（倫敦）一無名氏畫作的細部。

重溫「葡萄牙的舊夢」，把王國的中心從馬德里遷往里斯本。其中的一位寫道：「海上權力對西班牙國王比對任何一國的君主更加重要，因為唯有通過海軍，才能使相距如此遙遠的各省聯成一個整體[29]。」一位軍事著作家一六三八年接受同樣的見解，走在海軍上將馬漢的前面，說了以下的話：「最適合西班牙的武力是海軍，但這件國家大事已經眾所周知，不用我再多費唇舌，雖然在我看來，在這裡議論一番並非多此一舉[30]。」

評論可能發生而實際並未發生的事件，未免流於兒戲。唯一可以肯定的是，假如里斯本在天主教國王的臂助下取得了勝利，就不會出現阿姆斯特丹，至少出現得不會那麼早。因為在一個經濟世界的中心，只可能有一個極點。一個極點取得成功，意謂著在相當長的時間內，另一個極點的後退。在奧古斯都的時代，亞力山卓在地中海地區與羅馬抗衡，後來羅馬取勝。中世紀時代，熱那亞和威尼斯為爭奪東方富源，相持不下，直到基奧佳戰爭（一三七八－一三八一）結束，才以威尼斯的突然勝利而告終。義大利各城邦互相爭奪霸權，其激烈程度為後來的民族國家所不及。

這些勝敗進退勢必引起真正的動盪。當經濟世界的中心都城陷落時，邊緣地區也會感到強烈的震動。正是在這些邊緣地區（無論是不是真正的殖民地），每次發生的事恰巧最能說明問題。威尼斯喪失了權杖，也就相對失去了對海外的統治：埃維亞（Euboea, Evia）於一五四〇年；賽普勒斯（是其王冠上的寶石）於一五七二年；康提亞（Candia）於一六六九年。隨著阿姆斯特丹確立了優勢地位，葡萄牙便喪失其遠東領地，後來又差一點丟失巴西。從一七六二年起，法國在與英國的競爭中遭受第一次重大失利，因而放棄了加拿大，並從此在印度一蹶不振。倫敦於一八一五年顯示了自己充足的實力：西班牙恰好丟失了或即將丟失美洲。同樣，一九二九年後，不久前還以倫敦為中心的世界開始以紐約為中心；結果在一九四五年後，歐洲各個殖民帝國——英國、荷蘭、比利時、法國、西班牙（剩下的殖民地）以及今天的葡萄牙——紛紛解體。殖民地這樣接二連三地丟失，並非事出偶然。這是因為拴住它們的鏈環已經斷裂。今天，假如美國霸權的末日來到，人們不難想像這會給整個世界帶來什麼影響。

第二條規律（續完）：城市統治的完備程度不盡相同

說到城市統治，我們不要以為它們的成就和力量可歸納為同一種類型；在歷史上，這些中心城市的武力強弱不盡相同，仔細研究起來，它們的相對差異和相對不足還有待作出恰當的重新解釋。

如果按傳統順序對佔統治地位的西方城市（威尼斯、安特衛普、熱那亞、阿姆斯特丹、倫敦）進行研究，前三個城市沒有實行經濟統治的整套設施（關於這些城市，我們以後還要詳談）。在十四世紀末，威尼斯是個欣欣向榮的商業城市，但一半是受工業的影響和推動；城市雖然擁有金融和銀行機構，但這個信貸體系僅在威尼斯經濟內部起作用，這是一台由內力帶動的機器。幾乎沒有海軍的安特衛普是歐洲商業資本主義的庇護所，是供過往客商歇腳的一家西班牙客店，客人帶來什麼，客店也就有什麼。後來的熱那亞只在銀行方面佔優勢，就如同十三和十四世紀的佛羅倫斯一樣；它之所以扮演主角，是因為有掌握貴金屬的西班牙國王作它的主顧，同時還因為在十六和十七世紀期間，歐洲的中心似乎不易確定：安特衛普已不再充當中心，阿姆斯特丹還沒有登上舞台，因而熱那亞至多是在幕間休息時上場。在阿姆斯特丹和倫敦成為中心城市後，經濟世界便有了實行經濟統治的整套設施，它把一切都抓到手裡，從航行監督到商業擴張和工業擴張，還有信貸的全部設施。

隨著佔統治地位的城市的變化，政治實力作為經濟世界的架構所起的作用也有變化。從這個角度看，威尼斯是個獨立的強國；十五世紀初，它佔有鄰近的威尼西亞廣大地區，一二〇四年以來，它支配著一個殖民帝國。相反，安特衛普卻幾乎不掌握任何政治實力。由於領土極為逼仄，熱那亞放棄政治獨立，孤注一擲，寄希望於另一種統治工具——金錢。阿姆斯特丹在一定程度上把聯省共和國的財產據為己有，不管後者願意與否。歸根到柢，它的「王國」比威尼西亞大不了多少。倫敦的情形則完全不同，因為這個大城市支配著英格蘭的民族市場以及隨後的整個大不列顛諸島，直到那麼一天，世界的量度發生了變化：面對美國這個龐然大物，小小英格蘭所集結的力量自然顯得微不足道。

簡單地說，歐洲佔統治地位的城市十四世紀以來先後更替的這段歷史，大體上反映著潛在的、不同程度地互為聯繫和互為制約的各經濟世界在強大的中心和軟弱的中心之間往返搖擺的演變過程。這種前後更替同時也說明了統治武器的可變價值：航運、貿易、工業、信貸、政治強力或者政治暴力⋯⋯

第三條規律：地區的等級差異

經濟世界的不同地區都朝著同一個中心點看齊：受極點吸引的各地區組成一個具有多種嚴密結構的整體。馬賽的商會（一七六三）說得好：「所有的貿易全都連結在一起，並且可以說，互相攜手幫助[31]。」比這早一個世紀，阿姆斯特丹已有人從對荷蘭情況的觀察中得出推斷，「世界貿易各部份之間緊密相聯，不了解某個部份也就等於對其他部份不甚了然[32]。」

而且，聯繫一經建立，就要延續下去。

憑著一股熱情，我曾專攻十六世紀下半葉地中海的歷史。我首先設想了這半個世紀裡地中海各港口的航行、停泊以及買賣狀況。接著，我應該研究十七和十八世紀地中海的歷史。我以為這段特殊的歷史會使我感到陌生。為了摸清路數，我必須從頭學起。但我很快發現，我對一六六〇、一六七〇或一七五〇年地中海的情形，竟有舊地重遊之感。基礎設施、旅行路線、路途時間、土特產品、易貨品名、停歇地點，這一切差不多全都保持其原狀。個別地方曾出現一點變動，但幾乎僅純粹屬於上層建築的領域，這既關係重大，但又微不足道，即使這些微不足道的東西，即金錢、資本、信貸以及對這種或那種產品的需求的增減，可能左右著自發的、平庸的和「自然而然的」日常生活。人們照舊居家度日，而不明白真正的主人已不再是昨天的主人，或至少對此並不十分在乎。普利亞的食油十八世紀經的里雅斯特、安科納、那不勒斯和費拉拉向北歐出口，對威尼斯出售的數量大大減少[33]，這確實是件重要的事，但對種植油橄欖的農民說來，這又有什麼關係？

正是從這一經驗中，我懂得了經濟世界的構造以及資本主義和市場經濟賴以同時存在、互相滲透而又始終不相混同的運行機制。幾百年間陸續出現的大小水陸碼頭形成了地方的和地區的市集網。這種因循守舊的、以本地區為中心的地方經濟，由其命運所決定，每隔一段時間便得接受「合理調整」，被一個佔統治地

圓身船在威尼斯靠岸。卡帕喬《聖女烏爾蘇拉傳奇》，修女動身的細節。

位的地區和城市所兼併，這種狀況在維持一百、二百年以後，再進行新的調整。似乎資源和財產的集中以及向心活動[34]必然有利於某些得天獨厚的積累場所。

仍以前面的例子來看，有件發人深省的事，就是亞得里亞海為威尼斯效力。威尼斯市政會議至少從一三八三年攻克科孚那時開始，便控制了亞得里亞海；在威尼斯看來，亞得里亞海地區是它的民族市場，並且聲稱這是它用鮮血作代價所奪得的「海灣」。只是在冬季的風暴天氣，它才停止船首金飾眩目的帆槳船的巡航。然而，亞得里亞海以及沿海各城市並不是威尼斯憑空製造出來的；沿海各國的生產、交換以及從事航海的民眾都是原已存在的。威尼斯只需要把在它入侵前已有的貿易往來全都抓到手裡：普利亞的食油，加爾干諾峰森林的船用木材，伊斯特里亞的石料，兩岸人畜所需的鹽，葡萄酒，小麥等。威尼斯還集中了商旅，千百條帆船，隨後根據自己的意願對這一切進行改造，統統併入自己的經濟。這種帶有明顯壟斷傾向的控制是任何經濟世界建成時的「典型」過程。威尼斯市政會議聲稱，亞得里亞海的所有貨物不論運向何地，都應首先運往它的港口，接受它的檢查，為達此目的，它不但與西恩納和阜姆這兩個海盜巢穴為敵，而且堅持不懈地同的里雅斯特、拉古薩和安科納等商業對手相競爭[35]。

威尼斯建立統治的方式在別的地方也可見到。這種統治主要建立在一種搖擺不定的辯證關係的基礎之上：一方面是自發地、幾乎自動地發展起來的市場經濟，另方面是控制、引導和擺布這些細小活動的一種高高在上的經濟。我們剛才談到長期被威尼斯所壟斷的普利亞的食油。可是不要忘記，威尼斯為此於一五八〇年前後在產地派駐了五百多名柏加摩（Bergamask）商人[36]，專門從事收購、存儲和發運工作。可見，高級經濟必定控制生產和指導產品銷售。它為取得成功而不擇手段，特別是有意識地發放信貸。英國人在梅森協定（一七〇三）後正是通過這種方式在葡萄牙建立了自己的統治。第二次世界大戰後，美國也以這種方式把英國人從南美排擠走。

第三條規律（續）：符合屠能的解釋的區域

與馬克思並列為十九世紀德國最偉大的經濟學家的約翰．亨利希．馮．屠能（一七八〇—一八五一）能夠給我們提供一種解釋（不是唯一的解釋[37]）。每個經濟世界無不符合他在《孤立國》一書（一八二六）中描繪的草圖。他寫道：「不妨設想，在一塊肥沃平原的中間有個城市，沒有可通航的河流或運河穿過這塊平原。平原的土質完全相同織且適於耕作。在離城市相當遠的地方，平原的邊緣與一塊尚未開墾的荒漠接壤，這塊荒漠使我們的國家與世界其他地方完全隔絕。此外，除開上面提到的那個大城市，平原中不再有其他城市[38]。」我們暫且先根據經濟學的需要而離開實際，以便隨後更好地理解實際[39]。

獨一無二的城市和獨一無二的鄉村在與外界隔絕的條件下互相影響。每項活動既然都僅僅由距離所決定（土質絕對相同，因而不存在某個地區適宜於某種特殊作物的問題），於是便以城市為中心，自動畫出幾道圓圈；第一道圈是種植蔬菜的菜園（菜地緊靠市區，甚至侵佔市內空地），再加上奶製品生產；第二和第三道圈負責生產糧食以及經營畜牧。正如同尼埃梅耶[40]所說，我們眼下這個小天地代表的典型能適用於塞維爾和安達魯西亞；我們曾經說過，這個範例也能適用於倫敦或巴黎的食物供應區[41]，其實對任何其他城市都能適用。理論與實際相貼近，因為提供的範例幾乎空無內容。不妨再用西班牙客店的形象比喻：旅客需用的一切完全自備。

我並不責備屠能的範例隻字不提工業的建立和發展（早在十八世紀英國革命前，工業已經存在），也不責備它滿足於描繪抽象的鄉村，在這個鄉村中，距離—戲不夠，神仙救（deus ex machina）——自動畫出一個又一個活動圈，鄉鎮和村莊杳無影蹤，就是說，不存在市場顯示的任何人類實在。實際上，只要把這個過份簡單的典型引入現實生活，就能把這些缺少的成份補充進去。我所要批評的，反而是在圖樣中絲毫沒有提到不平衡概念。區域之間的不平衡明顯地存在著，但未作解釋就被接受了下來。「大城市」統治著鄉村，承認這個事實，也就萬事大吉。但為什麼城市統治鄉村呢？製造經濟軀體血液循環的城鄉交換，不管亞當斯密[42]作何解釋，總是不平等交換的典型例子。這種不平等有其起源以及形成過程[43]。在這方面，經濟學家過份輕視歷史演變，而歷史演變無疑很早就對經濟施加影響。

第三條規律（續）：經濟世界的地域圖形

一切經濟世界都由若干互相聯繫但又位於不同水平上的區域排列和榫合而成的。這裡出現的至少有三塊「場地」，分屬三種類型：一個狹小的中心，一些相當發達的次等地區，最後是廣大的外圍地帶。只要從一個區域轉入另一個區域，社會、經濟、技術、文化和政治秩序勢必跟著發生質的變化。我們掌握了一種具有廣泛意義的解釋，華勒斯坦的《現代世界體系》（一九七四年）正是建立在這一解釋的基礎之上。

中心或「心臟」匯集著各種最先進的東西。下一個環節，即所謂「能幹的副手」，雖然也處於有利地位，但僅能得到部份利益。廣大的邊緣地區人口稀少，保存著落後的舊時形態，易陷於被剝削的境地。直到今天，這種歧視性地理區劃既解釋了世界通史、又使人覺得世界通史不易理解，雖然世界通史本身有時也配合默契，故意製造一些讓人上當的陷阱。

中心區域並無絲毫神祕可言：當阿姆斯特丹充當世界的「貨物集散地」時，聯省共和國（或至少其中最活躍的地區）是中心區域；當倫敦推行其霸權時，英格蘭（如果不是大不列顛諸島）處在整體的中心位置。十六世紀初，當安特衛普一覺醒來成為歐洲貿易中心時，尼德蘭便有如昂利．比蘭納所說，轉變為「安特衛普的近郊」[44]，而廣大的世界則是它的遠郊。「這些經濟發展中心的向心吸引力」[45]是顯而易見的。

相反，要弄清和確定與中心區域相鄰的廣大地區的位置卻大不容易，緊貼中心的地區位置低於中心，但有時低得不多，趨向於同中心連成一片，從四面八方向中心擠壓，它們的變動比其他地區更加大些。位置的高低差異並不始終十分明顯：保羅·貝洛什認為，這些經濟區域之間的水平差異昨天比今天更小；[46]赫曼·凱倫本茲甚至對差異的存在持懷疑態度。[47]無論是大是小，差異畢竟存在，只要手頭掌握數字，價格、工資、生活水平、國民產值、人均收入、貿易結餘都可以作出證明。

最簡單的（如果不是最好的）、最容易讓人接受的標準，是要看在這個或那個地區有沒有外國僑民經商。如果外國商人在某個城市或某個地區居顯赫地位，這已表明該城市或該地區落後於這些商人所屬國家的經濟。我們掌握的例子十之八九都能作證：腓力二世時代在馬德里的熱那亞銀行家；十七世紀在萊比錫的荷蘭商人；十八世紀在里斯本的英國商人；特別是旅居布魯日、安特衛普、里昂和巴黎的義大利商人（至少直到馬薩林時代）。一七八〇年前後，在里斯本和加地斯，「所有商號全是外國公司」[48]。十八世紀的威尼斯差不多也是同樣情況[49]。

一進入邊緣地區，任何含混便全都消失。這裡不可能搞錯：邊緣地區貧窮落後，佔統治地位的社會體制往往是農奴制，或甚至是奴隸制（只在西方的中心，才有自由農民或所謂的自由農民）。在這些進入貨幣經濟不久的地區，勞動分工才剛開始，農民兼顧各種營生；產品的貨幣價值十分低下。何況，生活程度過低本身就是不發達的表現。一位名叫馬提諾·斯澤普西·康波爾的匈牙利傳教士於一六一八年回國，根據他的觀察，「荷蘭和英國的食品價格很高；情

一名「生番」。這幅中國畫上畫著一個手持海螺、上身赤裸的柬埔寨人，選自木刻《耕織圖》。

形到法國開始有所變化，隨後沿著旅途，歷經德意志、波蘭和波希米亞直到匈牙利，麵包價格不斷下降」[50]。匈牙利已幾乎到了樓梯的下層。當然還能走得更遠：在西伯利亞的托波斯克，「生活必需品極其便宜，普通百姓每年有十盧布，就可以生活得很好」[51]。

歐洲邊緣的落後地區提供了許多經濟不發達的範例：十八世紀「封建的」西西里；任何時代的撒丁尼亞；土耳其統治下的巴爾幹；梅克倫堡、波蘭、立陶宛等等被西方市場搜刮一空的廣大地區，它們的產品注定要用來供應外部的市場，而不是滿足當地需要；受俄羅斯經濟世界剝削的西伯利亞，此外還有威尼斯在黎凡特地區的各個島嶼，那裡生產的葡萄乾和葡萄甜燒酒甚至遠銷英國，外部需求使當地從十五世紀起推廣單一作物，從而破壞了種植平衡。

當然，世界各地都有邊緣區域。在瓦斯科・達伽馬遠航印度的前後，非洲東部沿海莫諾莫塔帕（Monomotapa）原始部落從事淘金和捕獵的黑人就用黃金和象牙換取印度的棉布。中國不斷開拓疆土，並侵佔所謂「蠻夷」之地。正如古希臘時代稱不講希臘語的居民為蠻族一樣，在中國的眼裡，越南和南洋群島只存在番夷。但在越南，中國人把番夷分為已漢化和未漢化兩類。據十六世紀一位中國歷史學家說，他的同胞「稱不服羈縻、蠻俗未改者為生番，視歸化華夏、臣事天子者為熟番」。這一區別中，政治、文化、經濟、社會模式等因素統統都已考慮進去。賈克・杜恩解釋說，生和熟在這裡還有文化和天然相對立的含義，生首先表現為赤身裸體；「據山為王的部落首領向安南王宮納貢時，王宮即賜以衣服蔽體[52]。」

依附關係在與中國南方隔海相望的海南島也可清楚看到。該島中部多山，與外界隔絕，居住著還很原始的非漢族山民，而阡陌縱橫的低窪稻田已歸漢族農民經營。山民擄掠成性，但有時也像野獸一般遭到捕獵，他們願意通過一種沉默的貿易方式，用硬木（沉香木）和金屑換取別的物品，漢族商人「率先把針線布料放置山上」[53]。撇開不開口的貿易不談，這些物物交換與航海家亨利時代撒哈拉大西洋沿岸的交換十分相似，在那時候，柏柏爾遊牧者開始用他們帶到海邊的金屑和黑奴換取葡萄牙的棉毛織物和毯子。

第三條規律（續）：有無中立地帶？

然而，落後地區並不專門分布在真正的邊沿地帶。事實上，中心地區也夾雜眾多的黑點，黑點並不太大，可以是一個鄉或一個區，可以是孤立的山谷或交通不便的區域。所有的先進經濟地區都曾有許多跟不上世界時間的窟窿；歷史學家在那裡探究幾乎始終捉摸不到的過去，感到就像潛入深海捕魚一樣。近年來，我竭力想弄清這些初級地區的命運，為此所費的力氣比寫作本書頭二卷還要大些；我想了解位於市場之下或市場之外的這些特殊的歷史結構（既然交換經濟繞過這些與眾不同的地區），雖然這些地區居民的命運，我曾多次說過，並不比別的地區更加幸運或更加不幸。

但這種潛水捕魚式努力很少取得成果：資料不足，收集到的有趣細節多於有用的細節。

兩個經濟世界的交會，一名西方商人親臨香料產地。《馬可波羅遊記》插圖，15 世紀。

而我們匯集素材的目的是要有足以衡量底層經濟生活的厚度和本質。這當然是件重大挑戰之事。然而，可以肯定的是，這些幾乎脫離交換、不與外界接觸的「中立」地區確實存在。就法國而言，甚至在十八世紀，這些被遺忘的陰暗角落無論在布列塔尼的內地或在阿爾卑斯山的瓦桑高原[54]，在蒙泰山口外側的莫爾濟訥山谷[55]或在開放登山運動前對外部世界封閉的沙莫尼山谷，都可以遇到。一九七〇年，在布里揚索內地區的賽爾維埃爾，一位名叫科萊特·博都瓦的女歷史學家遇見一群山區農民，他們「繼續保留過去的心態，以祖先的節奏生活作息，使用在鄰近地區已經普遍失傳的古老農業技術進行生產」[56]。這次難得的機會使她獲益匪淺。

總之，如果說這些「孤島」能在一九七〇年的法國存在，那麼在產業革命前夕的英格蘭，旅行者或調查者經常撞上一些落後地區，也就不足為奇了。大衛·休謨[57]（一七一一－一七七六）於十八世紀中葉指出，大不列顛和愛爾蘭有不少地區的生活水準同法國一樣低。這無非是用婉轉的方式指出我們今天所說的「不發達」地區，那裡仍保持傳統的生活方式，農民有豐盛的獵物享用，鮭魚以及鱒魚充斥江河。至於那裡的人，應該說仍處於未開化狀態。例如，在沃什灣附近的費恩地區，十七世紀初，曾照荷蘭的方式，展開了大規模的土壤改良工程，興修水利使那裡出現了一些資本主義鄉村；而在這以前，原來只有一些習慣於捕魚和狩獵的水上野物的自由人。這些古老村落為求自保而拚死搏鬥，襲擊施工的工程師和小工，挖開大堤，殺害可惡的工人[58]。現代化與古老傳統的這種衝突仍反覆展現在我們的眼前，無論在坎帕尼亞內地或在世界的其他地區[59]。但暴力行為畢竟相對地要少一些。一般說來，在需要時，「文明」總有種種手段來誘惑和打進那些長期被它拋棄，聽其自生自滅的地區。但是結果又有多大的不同呢？

第三條規律（續完）：外殼和骨架

經濟世界看來像是一個龐大的外殼。鑒於以往的交通條件，它必須首先集中巨大的力量，才能保證自己的正常運轉。經濟世界無疑在運轉著，雖然它只在其中心區域和四周的鄰近地區，才有足夠的密度和厚度，以及有效的實力和援力。即便如此，如果你在威尼斯、阿姆斯特丹或倫敦的圈子中進行觀察，所謂鄰近地區也還包括一些經濟不夠活躍、與決策中心聯繫不夠緊密的區域。美國國內今天就存在著一些不發達地區。

因此，無論從其在地球表面的鋪展或者從其在中心地區的縱深來考察一個經濟世界，人們不能不驚奇地看到：機器始終在運轉，儘管功率不大（請首先想一想歐洲歷史上最早幾個佔統治地位的城市）。經濟世界怎麼可能成功呢？這一問題將反覆提出，貫徹本書首尾，但我們始終不能作出斷然的答覆：荷蘭得以把它的商業利益打進路易十四統治下的敵對的法國，英國奪得了遼闊的印度，這些確實都算是了不起的壯舉，但也幾乎讓人不能理解。

借助一個形象，我們能否提供一個初步的解釋？這裡是一塊大理石[60]，被米開朗基羅或他的一位同時代人在卡拉拉採石場選中，石塊又大又重，使用簡陋的手段開採，隨後依靠相當微薄的力量搬動：早就在採石場的礦山中使用的少量火藥，兩三根槓桿，十來個人（不一定有那麼多），幾捆繩索，一套挽具，幾根圓木，沿斜面鋪上圓木滾動前進，事情就此辦成！這是因為巨大石塊的重力使它矗立在地面上，重力很大，但處於靜止的狀態，因而被抵銷了。大量的基本經濟活動不也正是掉進陷阱的獵物，不也正是矗立在地面、因而更容易從上面加以推動嗎？使這些壯舉得以成功的器材和槓桿，就是抵達但澤或墨西拿的一點現金和白銀，提供信貸（所謂「人為的貨幣」）或珍稀產品的誘人許諾。再或者是市場體系本身。商業鎖鏈終端的高物價不斷使人為之動心：每有風吹草動，整個機器就開動起來。還得加上習慣勢力：幾個世紀中，胡椒和香料總是運到黎凡特地區的門口，在那裡與貴金屬白銀會面。

暴力當然也是存在的：早在「砲艦時代」以前，葡萄牙或荷蘭的艦隊已幫助商業活動的開展。但在更多的情況下，一些表面上無足輕重的手段卻暗中操縱著附屬的經濟。這個形象實際上適用於經濟世界的各種機制：無論就中心對邊緣來講，或者是中心對自身而言。讓我們再說一遍，中心是針對自己而分片和分層的。邊沿也同樣如此。一位俄國領事寫道：「明顯的是，巴勒摩的幾乎一切貨物都比那不勒斯貴百分之五十[61]。」但他忘記說明所謂「貨物」指的是什麼，「幾乎」一詞又意味著有什麼例外。義大利南部不發達地區這兩個王國的首都之間的水平差異究竟能產生什麼走勢？問題的答案要靠我們去猜想。

經濟世界：面對其他幾種秩序的一種秩序

不論經濟依附是多麼顯而易見，不論這些依附產生什麼後果，如果以為經濟世界的秩序主宰整個社會，並單獨決定社會的其他秩序，那就錯了。除開經濟秩序以外，還有其他的秩序。經濟從不是孤立的。經濟活動場所也是其他實體——文化、社會、政治——的安身之地，其他實體不斷向經濟滲透，以便推進或阻礙經濟的發展。這些實體很難互相分開，因為我們所觀察到的經驗實體，或者是如法蘭索瓦．佩魯所說的「實在之實在」[62]，構成一個整體，即我們曾確指為典型社會的「集合之集合」[63]。為便於理解而區分出來的每個特殊集合[64]，在實際生活中，仍與其他集合相混雜。我從不相信維倫[65]的見解，說在經濟史和社會史之間有一個「無人區」。人們可以隨意朝各個方向寫出以下的方程：經濟是政治，是文化，是社會；文化是經濟，是政治，是社會，如此等等。或者還可以承認，在某個特定社會裡，政治指導經濟，反之亦然；經濟有利於或不利於文化的發展，反之亦然。甚至可以接受彼埃爾．布律內爾[66]的說法，「與人有關的一切都是政治，因而任何文學（甚至馬拉梅的晦澀詩篇）無不是政治」。如果說經濟的一個特點是它超越其空間，是否可以說其他集合也同樣如此？所有集合全都吞食空間，盡力擴張，畫出一層又一層的屠能式圓圈。

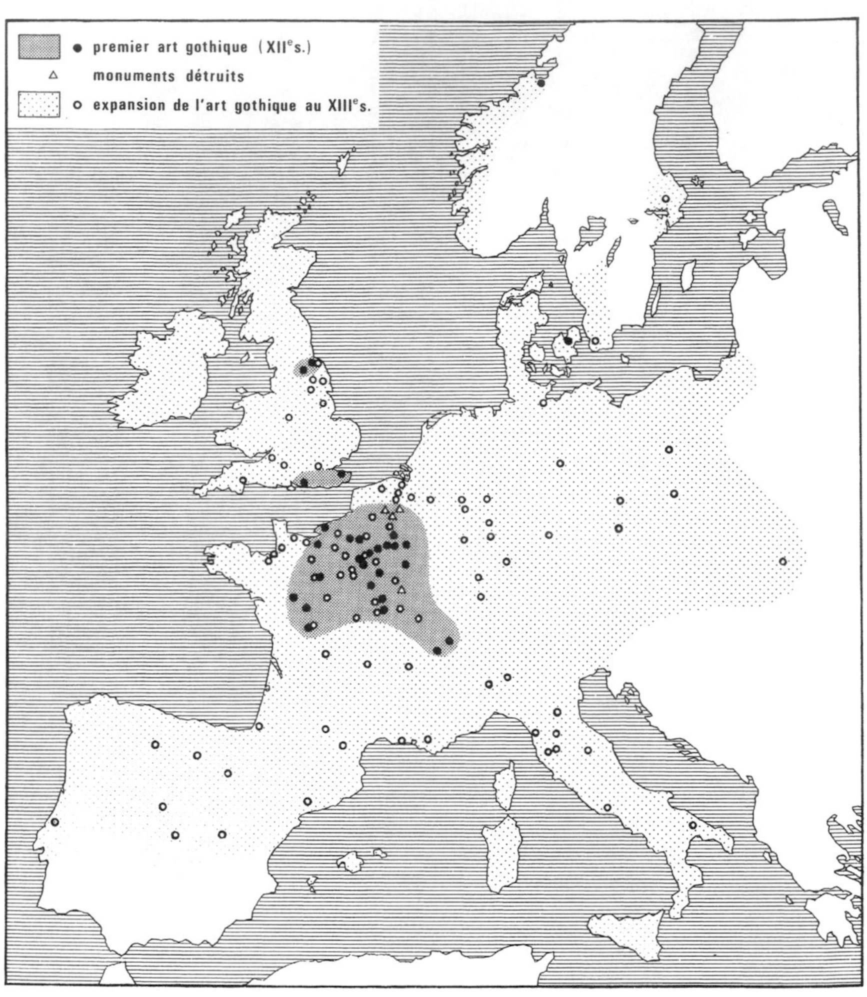

表(4)　哥德式風格的擴展圖　選自喬治・杜比主持編繪的《歷史地圖集》（拉羅斯出版社 1978 年版）

例如，一個國家可分為三個區域：首都、外省和殖民地。這個圖形符合十五世紀威尼斯的情形；威尼斯市及其市郊—總督轄區（dogad[67]）；威尼西亞共和國各城市和領土；海外的殖民地。就佛羅倫斯而言，則分為城市、郊區（Contado）和國家（Stato[68]）。我把佛羅倫斯從錫耶納和比薩奪得的部份國土列入所謂殖民地的範圍，也許不算太過份。十七、十八、十九以及二十世紀的法國不用說可以分作三部份，英國或聯省共和國也是如此。但在整個歐洲的規模上，歷史學家特別喜歡研究的歐洲平衡系統[69]，不正是經濟世界的一種政治複製品嗎？所謂歐洲的平衡，其目的是要控制那些始終處於劍拔弩張狀態的邊緣區和半邊緣區，以使中心的統治免受威脅。因為政治也有自己的「心臟」，有一塊狹小的地方，從那裡注視遠近事態的演變：等待以及觀察。

社會形態也有它們的級差地理。例如，奴隸制、農奴制和封建社會在當地究竟會發展到什麼程度？在不同的地域，社會以完全不同的面貌而出現。當杜邦．德．納穆爾同意為查托里斯基親王之子當家庭教師時，他驚異地發現波蘭竟是這樣一個農奴制國家：有些農民僅知道有領主，不知道有國家，有些親王像拉濟維烏一樣仍保留平民的作風，管轄的領地「比洛林還大」，卻是席地而臥[70]。

文化同樣也用一個又一個圓圈不斷分割空間：文藝復興時代的佛羅倫斯、義大利、歐洲其他地區分別代表三個圓圈，這些圓圈當然反映著地域的擴展。請看「法蘭西」藝術，即哥德式教堂的藝術，怎樣從塞納河和盧瓦河之間的地區出發，然後向歐洲傳布。作為反宗教改革的產物，巴洛克風格以羅馬和馬德里為起點，征服整個大陸，甚至傳布到信奉新教的英格蘭。法語在十八世紀變成有教養的歐洲人的共同語言。穆斯林的建築和藝術從德里出發，風靡印度全境，不管該地區信奉印度教還是伊斯蘭教，然後又跟著印度商人，來到受伊斯蘭影響的南洋群島。

人們自然可以分別就社會的不同秩序繪製其地域分布圖，確定各自的極點、中心區域和勢力範圍。每種秩序各有其獨特的歷史，各有其轄制的領域。所有秩序全都互相影響。任何秩序均不始終居壓倒一切的地位。如果硬要排列順序，它們的地位在不斷變化，變化雖然緩慢，但畢竟是在變化著。

經濟秩序及國際勞動分工

然而，隨著近代的到來，經濟秩序的砝碼變得越來越重：經濟指導、干擾和影響其他秩序。經濟的優勢使不平衡現象更趨加劇，使同一經濟世界中的夥伴停留在或窮或富的地位，似乎角色一旦分配完畢，便要延續很長時間。一名經濟學家[71]相當認真地說過：「窮國窮，就是因為窮」。一名歷史學家[72]則說：「擴張將會帶來新的擴張」，這也就等於說：「富國富，正是因為已經富了。」

這些故意簡化了的明顯事實，在我看來其意義最後超過了大衛．李嘉圖（一八一七）的所謂「顛撲不破的定理[73]。大家知道這條定理說：兩個特定國家之間的關係取決於各自實行的可比生產成本；任何對外交換都趨向相互平衡，並只能對雙方有利（在最糟的情況下，交換對一方比對另一方更有利），因為「對外交換通過利益的共同紐帶，通過友好關係，把文明世界的各民族聯合成一個大社會。法國和葡萄牙釀酒，波蘭和美國種麥，英國提供小五金和其他貨物，正是根據這個原則辦事」[74]。此情此景確實讓人放心，但又未免有粉飾太平之嫌。有個問題必須要問：李嘉圖於一八一七年描繪為順理成章的這種分工是什麼時候建立的？其原因是什麼？

分工不是所謂「順乎自然」的天性所趨，而是一種遺產，是在歷史上逐漸形成的一種原有狀態的鞏固。世界規模（或經濟世界規模）的分工不是平等夥伴之間協商一致的、隨時可以修改的關係，而是逐漸形成的一系列從屬關係。不平等交換製造了世界的不平衡，反過來說，世界的不平衡也製造了不平等交換，這是古已有之的實際。在經濟牌局中，總有人拿到比別人更好的牌，何況往往還有作弊。有些活動比其他活動利潤

「但澤商業寓意畫」，伊薩克・范・德路克作畫（1608），漢撒公所（今格但斯克市政廳）的藻井裝飾。城市的全部活動圍繞維斯杜拉河上的小麥展開，該河經由運河（細節見本書第一卷和第二卷），與畫上方的碼頭和船隻連通。在畫下方，從服飾可以認出波蘭商人和西方商人，正是他們造成了波蘭對阿姆斯特丹的依附。

多：種葡萄比種小麥收益多（至少要假定有人願意代你種小麥）；第二產業的活動比第一產業收益多，第三產業又比第二產業多。在李嘉圖的時代，英格蘭和葡萄牙的交換之所以表現為前者提供呢絨及其他工業產品，後者提供葡萄酒，那是因為葡萄牙經營第一產業，地位低於英格蘭。幾百年以前，早在伊麗莎白統治期間，英國已停止出口原料，藉以促進其工業和商業；至於需求原已得到滿足的葡萄牙，卻朝另一個方向演變，或不得不這樣做。在埃爾切拉公爵時代，葡萄牙政府為保護自己，用重商主義的甲冑披掛起來，促進本國工業的發展。但在公爵死後二年（一六九〇年），全部防衛被拋在一邊；十來年過後，又簽訂了梅森協定。誰敢斷言，英葡關係是由「利益的共同紐帶」聯結的朋友之交，而不是由難以顛倒的力量對比所決定？

各國之間的力量對比有時起源於相當古老的事態。就一種經濟、一個社會、一種文明或甚至一個政治實體而言，以往經歷過的依附關係是很難切斷的。義大利南部地區的落後無疑由來已久，至遲從十二世紀開始。有位西西里人不無誇大地說：「二千五百年來，我們一直是個殖民地[75]。」自一八二二年獲得獨立的巴西過去和現在始終覺得處於「殖民地」狀態，並非面對葡萄牙，而是面對歐洲和美國。有一句今天常說的玩笑話：「我們不是巴西合眾國，而是〔美利堅〕合眾國的巴西。」

同樣，法國十九世紀以來顯而易見的工業落後，如果不追溯到相當久遠的過去，也不能得到解釋。據某些歷史學家認為[76]，由於大革命和拿破崙統治，法國錯過了工業變革的良機，在與英國爭奪歐洲和世界第一把交椅的競賽中遭到了失敗。確實，在當時形勢的推動下，法國把整個世界拱手讓給大不列顛的商人；同樣確實的是，特拉法爾加和滑鐵盧的後果具有重大的影響。但難道能忘記早在一七八九年前業已喪失的機遇嗎？在西班牙王位繼承戰爭結束後，法國於一七一三年不是從此失去取得西屬美洲白銀的可能了嗎？一七二二年約翰．勞試驗的失敗使法國從此（直到一七七六年）不再有中央銀行[77]。一七六二年，早在巴黎協定前，法國已失去了加拿大，印度實際上也已經是別人的天下。在更加久遠的歷史上，法蘭西在十三世紀因香檳區交易會的陸路貿易而一度繁榮發達，到十四世紀初，隨著義大利和尼德蘭之間經由直布羅陀建立了海上聯繫，法國就喪失了這一有利地位，於是便被排除在歐洲主要「資本主義」路線之外（我們在後面再作解釋[78]）。這裡得出的教訓是：一次不能定成敗。成功取決於在一個特定時代中是否趕上機會以及反覆和接連遇到機會。國力同金錢一樣是可以積累起來的，我因此認為努斯克和彼埃爾．謝努的乍看似乎不言自明的認識是正確的。「窮國窮，就是因為窮」，我們不妨更加直截了當地說，因為窮國原本就窮，或者採用努斯克的說法[79]，因為窮國預先陷入「貧窮的惡性循環」之中。「擴張會帶來新的擴張」，一個國家之所以發達是因為它已經發達，因為它已捲入到有利於它發達的運動中去。可見歷史始終有它的一分發言權。世界的不平衡產生於結構性的原因，結構的形成十分緩慢，消失也十分緩慢。

國家是政治權，也是經濟權

國家在今天身價很高。甚至哲學家們也在幫它抬高身價。於是，凡不誇大國家作用的見解都不再盛行，時髦雖說難免過火和簡單化，但它至少有個好處，就是強迫某些法國歷史學家回過頭來，要他們喜歡已經被他們燒掉或至少已經丟在路邊的東西。

雖然如此，十五至十八世紀期間的國家遠遠沒有填滿全部社會空間，它沒有現在那種「魔鬼般的」滲透力，它的力量尚嫌不足。尤其它又直接經受了一三五〇至一四五〇年間的長期危機。只是到了十五世紀下半葉，它才開始重新上升。城邦走在領土國家之前，直到十八世紀初仍扮演著主角，它們當時完全是商人手中的工具。至於力量正在逐漸恢復的領土國家，情形就遠不是那麼簡單。但首先形成民族市場或民族經濟的領土國家英格蘭，在一六八八年革命後，迅速轉入商人統治之下。因而，在前工業化時期的歐洲，如果某種決定論使政治實力與經濟實力恰相重疊，這絲毫也不足為怪。總之，經濟世界的地圖及其作為極點的中心區和

威尼斯城邦的官方儀式：一名大使向總督辭行。卡帕喬：《聖女烏爾蘇拉傳奇》（1500年前後）。

一層又一層的同心圓，很可能與歐洲的政治地圖有頗多的重合之處。

在經濟世界的中心，總有一個強大的、咄咄逼人的和享有特權的國家，這個與眾不同的國家充滿活力，既使人害怕，又令人欽佩。十五世紀的威尼斯就是如此，十七世紀的荷蘭，十八和十九世紀的英國，以及今天的美國都是如此。這些「中心國家」的政府可能是不強大的嗎？華勒斯坦竭力要證明十七世紀的聯省共和國不是如此，當時的人和歷史學家反覆指出這個政府幾乎並不存在。好像中心地位本身不創造、不要求具備一個有效的政府[80]。好像政府和社會不是同一個集合體。好像金錢不創造一種社會紀律，不提供一種非同尋常的行動方便！

但在威尼斯、阿姆斯特丹和倫敦，確實存在強有力的政府，它們在國內能夠做到令行禁止，強制城市居民服從紀律，必要時加重稅收負擔，保障信貸和商業自由。它們在國外也能做到說一不二：這些政府使用武力絕不手軟，對它們我們滿可以使用「殖民主義」和「帝國主義」的字眼，而無顛倒時間順序之嫌。相反，這並不妨礙以上的政府程度不同地依附於業已野心勃勃地到處伸手的資本主義。政府和資本家平分權力。國家陷入經濟世界本身的運動中去，但還不到不能自拔的地步。國家在為別人和為金錢出力的同時，也為自己效勞。

一旦走出中心，來到經濟活躍但發達程度較差的區域，情形立即就變化了，這裡的國家長期是傳統的君權神授和近代的組織機構的混合。政府受社會、經濟乃至守舊的文化的掣肘，很難從廣闊的世界呼吸新鮮空氣。歐洲大陸上的各國君主不得不與周圍的貴族一起，並且違背貴族的意願，勉強進行統治。沒有貴族，殘缺不全的國家（即使是路易十四的法國）難道能承擔自己的任務嗎？「資產階級」的地位顯然在上升，國家審慎地給予支持，但社會變革的進程十分緩慢。與此同時，這些國家看到作為貿易集散地的商業國家的成就，意識到自己的處境不佳，因而它們認為重要的是盡可能趕上先進國家，使自己上升到中心的地位。一方面是力求依樣畫葫蘆和竊取成功祕方：英國對荷蘭長期如此，幾乎念念不忘。另一方面是創造收益和開發資源，以滿足進行戰爭和奢侈鋪張的需要，後者也不失為一種統治手段。事實表明，任何國家只要與經濟世界的中心相鄰，就變得易怒好鬥，似乎這種相鄰關係使它大動肝火。

不過，我們且別搞錯，在十七世紀近代的荷蘭與法國、西班牙等大國之間，仍有很大的距離。這一距離表現為政論對當時被看作萬應靈藥，事後被我們稱作「重商主義」的經濟政策的態度。我們歷史學家在創造這個詞的時候，賦予它多種含義。如果應有一種含義勝過其他含義的話，那就是防備別人的意思，因為重商主義首先是保護自己的一個法門。推行重商主義政策的君主或國家無疑在迎合一種時尚，但在更大程度上是承認有一種劣勢需要加以彌補或縮小。荷蘭難得實行重商主義，每逢實行時，它必定發現了外來的威脅。如果沒有勢均力敵的對手，它通常可以實行自由競爭，這對它只會有利，不會有任何損害。英國於十八世紀不再堅持重商主義，我認為這足以證明世界的時鐘已敲響大不列顛強盛的鐘聲。再過一百年後（一八四六），英國能夠開放自由貿易，不冒任何風險。

在經濟世界的邊緣區，情形變化更大。那裡的殖民地，淪為奴隸的居民被剝奪了自己管理自己的權利：宗主國作為主人，設法通過雖然形式不同但卻普遍存在的專營貿易制，保住自己的商業利益。宗主國確實離得很遠，佔統治地位的城市和少數人集團在地方生活的圈子中主宰一切。但這種地方主義和地方當局的力量，即所謂美國的民主，無非是一種基本的統治形式，至多可被看成是古希臘城邦的統治形式，那也還有點勉強！人們將能發現，殖民地的獨立造成突然的權力空缺。在結束了殖民地的假國家以後，必須從無到有地製造一個新國家。於一七八七年建立的合眾國花費了很長時間，才使聯邦政府成為一個協調和有效的政府。這個過程在其他美洲國家也很緩慢。

在並非殖民地的邊緣區，特別在東歐，至少已有一些國家存在。但那裡的經濟被與外國相聯繫的某個集團所控制，因而國家只剩下一個空架子。例如波蘭就是如此。十八世紀的義大利同樣不再有真正的政府。馬費伊伯爵於一七三六年說：「人們議論義大利和義大利人，就像議論羊群或其他下賤牲畜一般[81]。」在帕薩羅維茨和約簽訂後（一七一八），甚至威尼斯也甘心或樂於堅持「中立」立場，換句話說，開始自暴自棄了[82]。

所有這些失敗者除了求助於暴力、侵略和戰爭，便沒有獲救的途徑。古斯塔夫．阿道夫的瑞典就是一個典型的例子。還有更好的例子：非洲的柏柏爾海盜。柏柏爾人確實不屬於歐洲經濟世界的範圍，而在鄂圖曼帝國的政治和經濟勢力範圍之內，關於鄂圖曼帝國單獨構成的經濟世界，我在後面另闢一章專門敘述。但阿爾及爾國家是個獨具一格的範例，它位於歐洲和鄂圖曼帝國兩大經濟世界的接合部，不服從其中任何一個經濟世界；它基本上切斷了對伊斯坦堡的臣屬關係，而無孔不入的歐洲商船又把它排斥在地中海貿易之外。海盜行徑是阿爾及爾對付歐洲霸權的唯一出路，是擺脫控制的唯一可能。位於歐洲和俄羅斯接壤處的瑞典與阿爾及爾的情形大致相同，它不是也被排斥在波羅的海的直接利益之外嗎？戰爭是它獲救的唯一生路。

帝國和經濟世界

帝國，或者說超級國家，覆蓋一個經濟世界的整個疆域，提出一個整體性的問題。大體上講，華勒斯坦所說的「帝國世界」無疑是些政治壓倒經濟而造成的古老形態。但在本書研究的這個歷史階段內，除了西方以外，這些古老形態存在於印度（大蒙兀兒帝國）、中國、伊朗、鄂圖曼帝國和沙皇的莫斯科公國。華勒斯坦認為凡有帝國存在時，潛在的經濟世界便不能發展，其擴張也因此停滯不前。還可以用別的說法，這就是約翰．希克斯講課中所說的「主導經濟」或馬克思關於「亞細亞生產方式」的過時解釋。

經濟確實很難適應沒有制衡力量的帝國政治的要求和限制。任何商人，任何資本家，在帝國內從來都不能完全行動自由。一五七八年三月十三日，根據蘇丹的命令，鄂圖曼帝國中的富格爾式人物米歇爾．康塔庫傑恩未經審判，即被吊死在他自己位於伊斯坦堡安喬里的華麗府邸的門口[83]。在中國[84]，乾隆皇帝死後，他的寵臣、富可敵國的和坤隨即被處死，家產也因此被沒收。在俄國[85]，西伯利亞總督加加林親王因貪污受賄於一七二〇被斬首。人們顯然還想到賈克．科爾、桑布朗賽的案件和富凱被處決；人們在一定程度上可以從中看到法國當時的政治和經濟狀況。唯獨資本主義制度（即便屬於舊類型）才有吞下和消化醜聞的肚量。

然而，我個人認為，甚至在很少顧及其不同領地的特殊利益和專事鎮壓的帝國的束縛下，備受監視和粗暴對待的經濟世界仍然能夠生存和開展其經濟擴張：羅馬人在紅海和印度洋進行貿易；伊斯法罕郊區朱爾法（Julfa）的亞美尼亞商人足跡幾乎遍佈全世界；印度的婆羅門商人遠抵莫斯科；中國商人經常光顧南洋群島各地；莫斯科公國以空前短促的時間實現了對其邊沿區，遼闊無垠的西伯利亞的統治。維特福格爾[86]正確指出，在南亞和東亞各帝國的政治高壓區，「國家比社會更加強大」。不錯，這是與社會相比，而不是與經濟相比。

回到歐洲方面來，歐洲不是很早就掙脫了帝國的束縛嗎？羅馬帝國的勢力所及，既比歐洲大，又比歐洲小；加洛林王朝和奧托王朝不能完全影響正處於衰退中的歐洲。教會雖然得以在整個歐洲疆域推廣基督教文化，最後卻未能在整個歐洲建立其政治優勢。既然如此，是否應該大書特書查理五世皇帝（一五一九—一五五五）和腓力二世（一五五五—一五九八）的擴張嘗試的經濟意義呢？這樣突出西班牙的王朝優勢，或者確切地說，華勒斯坦把哈布斯堡王朝的垮台（略為勉強地把日期定在一五五七年的破產）硬是當作歐洲經濟世界誕生的日期，我覺得這不是探討問題的好辦法。在我看來，對於哈布斯堡王朝華而不實、游移不定、外強中乾和不合時宜的政策，人們總過於誇大其作用。哈布斯堡王朝的圖謀不僅遭到法國（哈布斯堡王朝的疆域七零八碎，法國恰位於其中心）的抵制，而且遭到歐洲的共同反對。歐洲平衡的這一協調行動並不是新鮮事，正如人們所說，早在〔法國國王〕查理八世出征義大利時（一四九四），就已初露端倪；吉納斯特正確指出[87]，這一過程由來已久，實際上始於卡佩王朝以及金雀花王朝的爭奪；費德里哥・夏博認為甚至要更早些。可見要征服歐洲殊非易事，幾百年來，歐洲各地布滿了政治和經濟的防衛設施。最後也是最主要的，歐洲已經向全世界散布其影響，早在十一世紀已到達地中海，又由於哥倫布（一四九二）和達伽馬（一四九八）的傳奇般的遠航而走向大西洋。總之，歐洲作為經濟世界的命運，早於那位愁容滿面的皇帝的命運。假定查理五世皇帝能像當時最傑出的人文主義者所希望的那樣取得勝利，已在安特衛普、里斯本、塞維爾、熱那亞等地——孕育中的歐洲經濟世界的要衝——打下根基的資本主義難道就不能應付局面嗎？假定熱那亞商人不為腓力二世國王，而為腓力二世「皇帝」經管財政，他們不是也照樣能控制歐洲交易會的業務嗎？

我們且把喜劇性的插曲放過，還是就實質問題進行討論。問題是要知道，在什麼時候歐洲由於幾股強大潮流的匯合，變得足夠活躍和優越，因而幾種不同的經濟能夠在那裡和平共存以及互相抗衡。一種國際性協調很早——從中世紀起——已經開始，並且將持續幾個世紀；可見，歐洲很早就出現了地區間的協調配合以及生產和交換的發展差異，經濟世界幾乎從一開始便具備有效的結構。查理五世皇帝竭盡畢生精力而未能成功的事，安特衛普卻隨著十六世紀初經濟世界中心的轉移，不費力氣就完成了。這個城市當時控制了整個歐洲以及世界上已受歐洲大陸左右的其他地區。

通過歐洲的各種政治變遷，正因為或儘管有過這些變遷，歐洲的經濟秩序，或不如說西歐的經濟秩序，很早已經形成，同時突破了大陸的界限，並利用了大陸不同地區的壓強差異。歐洲的「心臟」很早被一個鄰近的半邊緣區和一個遙遠的邊緣區所包圍。半邊緣區——十四和十五世紀威尼斯附近的義大利北部地區，安特衛普附近的尼德蘭——對心臟施加壓力，強迫心臟跳得更快，這無疑是歐洲結構的基本特徵。在北京、德里、伊斯法罕、伊斯坦堡乃至莫斯科的周圍，似乎沒有類似的半邊緣區。在我看來，歐洲經濟世界誕生很早，而且我不像華勒斯坦那樣，兩眼死盯住十六世紀。他為之苦惱的問題其實就是馬克思曾提出的問題。我們再次引證那句名言：「資本的歷史自十六世紀揭開。」華勒斯坦認為，歐洲經濟世界是資本主義過程的母型。在這個問題上，我不反對他的見解，因為說中心區或者說資本主義，其實是同一件事。同樣，說十六世紀在歐洲建立的經濟世界並不是在這塊狹窄而神奇的大陸上建立的第一個，這也就等於斷言資本主義沒有一直等到十六世紀才首次出現。我因此同意馬克思的見解，他曾說過（後來又反悔），歐洲資本主義（他甚至說資本主義生產）始於十三世紀的義大利。如何評價這場討論，可有各種意見，但決不能說它沒有意義。

從經濟世界的區劃看戰爭

歷史學家逐一研究歷次戰爭，但在歷史的長河中，戰爭本身很少使歷史學家感興趣，即使在漢斯・德爾布呂克的那部當之無愧的名著[88]中也是如此。戰爭始終存在著，頑固地強加於不同的歷史時代。戰爭即意謂著一切：周密的籌畫，勇敢和膽怯；維爾納・桑巴特認為，戰爭製造資本主義，這話反過來說也對；戰爭有助於確定國家的特徵，對國家來說，戰爭是真理的天平，武力的較量，永不平息的瘋狂的象徵。戰爭是作戰雙方力量消長的指示器，是人類歷史中一往無前的運動，因而把戰爭重新放到經濟世界的範圍中去考察，就能發現人與人衝突的另一種意義，並賦予華勒斯坦的公式一個意想不到的理由。

戰爭並非只有一副面孔。地理為它分門別類，妝點色彩。許多種戰爭形式（原始的和現代的）同時並存，正如奴隸制、農奴制和資本主義共處一樣。人人都從事他力所能及的戰爭。

桑巴特曾正確地指出，技術使戰爭面目一新。作為現代技術的締造者，戰爭促進了資本主義制度的加速建立。從十六世紀起，就有一種新式的戰爭，它猛烈地調動信貸、智慧和技巧，甚至根據不可抗拒的潮流逐年改變自己，雖說這種潮流的改變肯定不如時裝式樣的改變那麼有趣。但這種既是進步之母又是進步之女的戰爭僅在經濟世界的中心存在。必須擁有充足的人力物力，才能打仗。如果離開劇場的中心，離開這個得天獨厚地被大量信息和歷史著作照明的舞台，如果前往貧窮的有時還很原始的邊緣區，光榮的戰爭在那裡不可能棲身，或者它會變得荒唐可笑和毫無效能。

奧蘭（Oran）的士兵兼專題作家迪戈·蘇亞雷茲在這方面提供了一個很好的見證[89]。一五九〇年前後，西班牙政府動了一個荒唐的念頭。居然從法蘭德斯（Flander）戰爭中抽調一隊精兵，派駐非洲的小堡壘；在當時，法蘭德斯是典型的正規戰爭的戰場。就在這伙「新兵」——奧蘭守衛部隊的老兵認為他們是新兵——首次出擊的那天，幾名阿拉伯騎兵剛在地平線上出現，他們立即排列成方陣。

FIGVRE DV CORPS
D'ARMEE CARRE': COMME IL FORME
l'ordre de bataille.

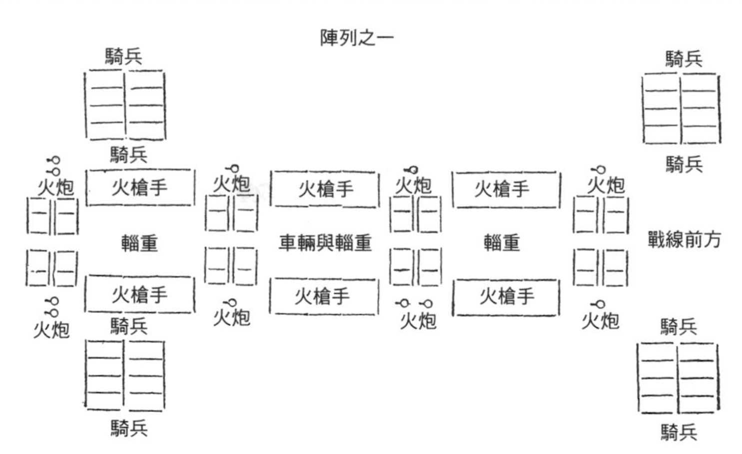

5. LA GUERRE SAVANTE S'ENSEIGNE ET S'APPREND

表(5)　正規戰爭的講授和學習　普呂尼領主德·比永的《軍事藝術的原則》一書根據「傑出名將、拿騷的毛里茨的規則」評述和介紹的無數行軍、展開和作戰隊列之一（第44頁）。

但軍事藝術在這裡根本用不上：敵人避免與這些鬥志昂揚的戰士交手。守衛部隊的老兵對這次勞而無功的行動肆意嘲笑。

其實，正規戰只是當作戰雙方都採用這種方法時方才成為可能。於一六三〇至一六五四年進行的巴西東北部戰爭是個極好的證明；關於這場戰爭，巴西一位青年歷史學家的近著[90]作了出色的介紹。

那裡無疑到達了最廣義的歐洲的邊界。於一六三〇年武裝佔領累西腓（Recife）的荷蘭人未能完全控制盛產食糖的珀南布科省（Pernambuco）。他們困守城市達二十年之久，從大洋取得食物、彈藥和援軍，甚至建屋的磚石。這一長期衝突合乎邏輯地於一六五四年以葡萄牙人取勝而告終；更確切地說，得勝者是葡萄牙人兼巴西人，正是他們解放了累西腓，宣佈此事並記入史冊。

西班牙國王於一五八〇年征服葡萄牙後，其統治一直維持到一六四〇年為止，長達半個多世紀。被派往遠方戰場的官兵是些經歷過法蘭德斯戰爭的西班牙人或義大利人。在當地招募的部隊（步兵）和來自歐洲的正規軍之間，立即出現了全面的糾紛。遠征軍指揮官巴格努洛伯爵，一句那不勒斯人，沒完沒了地臭罵當地士兵，終日悶悶不樂，借酒澆愁。至於他的願望，那是要像指揮法蘭德斯戰爭一樣來指揮巴西的戰爭，按照通用的規則進行要塞的攻防戰。因此，在帕拉伊巴城（Parahyba）被荷蘭人奪走後，他認為有必要給他們寫信說：「願大人在攻城掠地中頗有斬獲。隨書謹送上俘虜五名……[91]」這是正規戰，因而還要做到彬彬有禮，就像委拉斯蓋茲（Velasquez）在他的畫作中展現的一六二五年布雷達（Breda）投降的場面。

但巴西的戰爭不可能是法蘭德斯戰爭，儘管老兵們頗多埋怨，自嘆英雄無用武之地。印第安人和巴西人在偷襲方面是無與倫比的專家，他們硬是要打游擊戰。在大舉進攻前，巴格努洛為給他們壯膽，出了個分發甘蔗燒酒的主意，士兵們因此喝得酩酊大醉，昏睡不醒。更何況，經不起一言半語，這些脾氣古怪的士兵就離開隊列，在叢林或沼澤地中跑個無影無蹤。荷蘭人也想按歐洲的規則打仗，但被這些飄忽不定的敵人搞得量頭轉向：敵人並不擺開陣勢，正大光明地迎戰，而是避實就虛，設下埋伏。這是些多麼卑劣的膽小鬼！西班牙人對此可是完全同意。他們的一名老兵說：「我們不是猴子，總不能藏在叢林裡作戰！」不過，這些老兵對於能在戰線後方生活，得到衛兵和非正規部隊的精心保護，也許並不生氣；這些衛兵具有非凡的素質，警惕性高，而非正規部隊則機動靈活，擅長打遭遇戰，或所謂「叢林戰」，或用更風趣的說法，叫作「飛行戰」。

到了一六四〇年，葡萄牙起而反抗西班牙，於是伊比利半島便分成兩個王國。里斯本和馬德里之間開始了一場三十年戰爭，戰爭持續了差不多那麼長的時間，直到一六六八年為止。西班牙艦隊當然不再掩護巴西。從此不再有老兵前來增援，不再有所費不貲的物資補給。在巴西這方面，從此就僅僅剩下「飛行戰」，適合於窮人打的戰爭。結局卻違背一切合理的預測，荷蘭人在一六五四

布雷達投降（1625），委拉斯蓋茲的畫作：《斯皮諾拉接受城市的鑰匙》。

年時終於喪失耐心。話說回來，聯省共和國開始了第一次對英作戰，因而在軍事方面十分虛弱。此外，葡萄牙明智地以高額代價——交售食鹽——換取垂手可得的和平。

艾瓦爾多．卡布拉爾．德．梅盧的著作把一種根深柢固的傳統說法講得似乎確有其事：據說加里波底在其青年時代曾投身巴西戰爭的冒險（這是指一八三八年的「襤褸者」起義），從中學會一種奇怪的作戰方法：從十條不同的道路出發，集中到一個據點，給予有力的打擊，然後盡可能迅速地和悄悄地分散，以便撲向另一個據點。這種作戰方法，正是一八六〇年紅衫軍在西西里登陸後採用的方法[92]。但「叢林戰」並非巴西所特有。游擊戰今天依然存在，讀者想必已用最近的例子進行比較。加里波底完全可以在巴西以外的地方學習這種戰術。在法屬加拿大對英作戰期間，一名正規軍軍官嚴厲批評他的同胞法屬加拿大人從事埋伏戰，像捕獵野獸一樣設伏對付敵人；他說：「這不是戰爭，而是謀殺[93]。」

歐洲則相反，在中心區附近進行的戰爭聲勢浩大，部隊調動頻繁，進退布陣井然有序。十七世紀的戰爭是不折不扣的圍城戰：砲火攻擊，後勤補給，列陣對壘。一場戰爭耗費之巨，簡直就是個無底洞。幅員小的國家負擔不起，特別是城邦，不論它們在採買武器和招募傭佣兵時多麼精打細算。近代國家的強大，現代資本主義的立足生根，往往都以戰爭為工具。但這種戰爭還絲毫不是總體戰：互換俘虜，富有的需付贖金，作戰時循規蹈矩，並不著重在殺傷敵人。一位名叫羅傑．博伊爾的英國人[94]，奧蘭利伯爵，於一六七七年明確聲稱：「我們的作戰方式更像狐狸，不像獅子，而你們能打二十次攻城戰，卻難得打一次野戰。」毫不留情的戰爭只是從腓特烈二世那時開始，或者更正確地說，從大革命以及拿破崙帝國那時開始。

這種高級戰爭的一項主要規則，就是堅持把戰爭引向較弱的鄰國。如果戰爭因反作用力而返回最神聖的中心，原來的優勝地位便告破產。這條規律很少出現例外：所謂義大利戰爭使原佔統治地位的半島從此畏縮不前。荷蘭一六七二年未被路易十四打敗，這值得為它喝彩！但它於一七九五年終究被皮什格呂的騎兵打垮；這是因為荷蘭已不再是歐洲的中心。無論在十九或二十世紀，任何人都橫渡不了英吉利海峽或北海。實力雄厚的英國由其島國地緣所保護，依靠它向其盟國分配的大批援助，進行遠距離戰爭。如果本國強大，戰爭就將在別國進行。在布洛涅（Boulogne）那時，英國貸款分給了奧地利，於是帝國大軍就像得到命令一樣，轉身向多瑙河開拔。

社會與經濟世界

社會的進化十分緩慢，這畢竟便於歷史的觀察。中國歷來實行科舉制度，不知何時會拋棄它。印度至今保留種姓制；大蒙兀兒帝國滅亡前還有「扎吉爾達樂」（jagindars），其地位大體上接近鄂圖曼的「西帕希」（sipahis）貴族。即使變動最大的西方社會也演變緩慢。英國社會自紅白薔薇戰爭那時開始形成，但在三百年以後，十八世紀的英國社會仍使來自大陸的歐洲人感到驚訝，正如它今天使非英國的歷史學家感到驚訝一樣（我憑經驗而說）。歐洲在美洲殖民地恢復的奴隸制直到一八六五年才在美國消滅；巴西則在一八八八年，可以說就像是昨天的事。

一般說來，我不相信有什麼快速的、戲劇性的社會變動。甚至革命也不是什麼徹底的決裂。至於社會地位的提高，它只是隨著經濟高漲而加快，但資產階級從來都不是成群結隊地獲得社會地位的晉升，因為在居民總數中，特權者的比例總是有限的。遇到經濟前景陰鬱，上層階級牢牢守住既有陣地，想要打開一個缺口，委實太不容易。這正是法國一五九〇年間發生的事。或者，一六二八和一六二九年間的盧卡共和國，雖是蕞爾小國，也可作為一個例子[95]。同人們常說的相反，國家只是在必要時，才斷續地促進資產階級社會地位的提高。如果人數有限的統治階級並無逐年減員趨勢，社會地位提高的速度還將更加放慢，雖說在法國或在別處，「第三等級總是竭力模仿貴族，不斷以令人難以置信的努力，試圖上升到貴族的地位」[96]。提高社會地位既是如此困難和長期令人垂涎三尺，人數始終不多的新貴理所當然地會加強現存秩序。即使在教廷控制下的馬凱地區（Marche）的小城市裡，牢牢抱往特權不放的少數貴族也只同意慢慢地接納新成員，並且以不危及現存社會體制為條件[97]。

因此，如果在經濟世界範圍內流動的社會物質歸根到柢將適應經濟世界的環境，逐漸凝固起來，並與環境融為一體，這絲毫也不值得奇怪。社會物質始終有足夠長的時間去適應周圍的環境，也有足夠長的時間讓環境去適應自己的平衡。社會物質改變環境意謂著在所屬經濟世界的範圍內，從傭佣制同時向農奴制和奴隸制推進，這一過程長達幾百年時間。與經濟的基本需要相一致，社會秩序不斷以相當單調的方式建立起來。一項任務，每當在國際勞動分工中被分配後，便建造其特殊的控制機制，這一控制機制確立、規定社會形態。十八世紀末，作為經濟中心的英國是傭佣勞動同時向鄉村和城市活動進行滲

巴西的家奴

透的國家；一切都難逃僱佣制的控制。在大陸上，僱佣制的擴展程度也是衡量現代化程度的尺度，但獨立手工業者仍然很多；分成制租佃佔重要地位：這是農莊主和過去的農奴之間妥協的結果；小自耕農在大革命時期的法國滋生繁殖……最後，農奴制以強大的生命力向封建復辟後的東歐，向鄂圖曼統治下的巴爾幹蔓延，而奴隸制則於十六世紀轟動一時地進入新大陸，似乎在那裡一切都應從零平面重新開始。每次出現這種情形，社會就得適應一種不同的經濟要求，並且一旦適應以後就捨此不知有別的要求。在不同的地點，社會之所以不同，這是因為社會所體現的一種可能方案（或唯一可能方案），「最能適應（假定其他因素相同）它所面對的特殊生產類型[98]。」

社會對經濟的這種適應當然絲毫不是機械的或自動的，雖然存在一些整體要求，但也根據文化乃至地理環境的不同，而有一些反常、出格和差異。任何模式都不能十全十美地完全符合實際。我曾多次請大家注意委內瑞拉這個範例[99]。委內瑞拉自從被歐洲人發現後，那裡的一切幾乎都從零開始。十六世紀中葉，在這塊廣闊的土地上。約有二千名白種人和一萬八千名土著。沿海養殖珍珠僅持續幾十年時間。開發礦產，特別是亞拉奎（Yaracuy）的金礦，導致了第一期奴隸勞動：戰爭中抓獲的印第安俘虜以及少量來自外部的黑人。畜牧業首先取得成功，特別在內陸的茫茫草原，幾名白人地主兼領主和一些騎馬放牧的印第安人組成一個封建型的原始社會。後來，特別在十八世紀，沿海地區的可可種植園再次使用外來黑奴。這裡有兩個委內瑞拉，一個實行「封建制」，另一個實行「奴隸制」，封建制的發展早於奴隸制。順便指出，在十八世紀，平原莊園吸收了相當多的黑奴。還應指出從當時正在萌芽的城市和社會機構來看，委內瑞拉的殖民地社會遠不能由這兩個模式完全概括。

也許還要再次強調一些不言而喻的認識。據我看，歷史學家以及社會學家分析過的各種社會類型和「模式」很早便已出現在我們眼下所見到的社會標本中。這裡同時有階級、種姓（這裡指對外封閉的集團）和通常受國家優待的「等級」。階級鬥爭的火焰很早就已經點燃，並且此起彼伏地發展著。因為，沒有力量衝突，也就沒有社會。同樣，沒有等級制，就是說不能強制社會大眾接受勞動和服從，也就不能有社會。奴隸制、農奴制和僱佣制是歷史和社會對一個基本不變的普遍問題作出的不同解答。我們可以就一種情形和另一種情形進行一些比較，不管比較正確或不正確，是淺薄的或深刻的。麥卡特內[100]於一七九三年寫道：「利伏尼亞一名大領主的僕役，或牙買加殖民主家中服役的黑奴，全都認為自己的地位大大高於在田地勞動的農民或黑奴。」就在同一個時期，博德里・德・洛齊埃爾大力聲討「親黑奴的極端分子」，甚至聲稱，「奴隸一詞在殖民地其實只是指生來特別適於幹活的貧苦階級；而窮人在歐洲大部份地區則比比皆是。在殖民地，奴隸依靠勞動為生，並且始終找得到賺錢的營生；在歐洲，窮人並不總是有活可幹，往往因貧困而死……請舉一個例子，看在殖民地有誰因貧困而死去，以野草充飢或因飢餓自殺！在歐洲，因沒有食物而餓死的例子可以舉出很多……[101]」

我們這裡觸及到問題的核心。社會的剝削方式互相更替和互為補充。經濟世界的中心由於勞力、交換和貨幣十分充裕而能做到的事，各個邊緣地區便不能同樣做到。從經濟「領土」的一點到另一點，總是有歷史的後退。但我以為，現制度幾乎總是因襲源自歷史差異的結構不平衡，只是稍加變化而已。中心地區長期從邊緣區吸取人力：邊緣區是補充奴隸的理想區域。今天，歐洲、美國或蘇聯工業區域的非熟練工人是從哪兒來的？

華勒斯坦認為，經濟世界內的區域劃分從其社會表現來看，證明有著從奴隸制到資本主義制的各種「生產方式」的共存，資本主義只是在其他生產方式的簇擁下，並以犧牲其他生產方式才能生存。羅莎・盧森堡在這方面的看法是正確的。

以上種種證實了我逐漸形成的一種看法。資本主義首先意謂著梯級的存在，它自己處在這個梯級的頂端，不論梯級是否由它親自製造。凡是資本主義只在賽跑結束時才出現的地方，它只要有一個接力站，有一個陌生的但又在暗中相助的社會梯級，就能延伸自己的活動：一名關心格但斯克市場的波蘭大貴族，一名與里斯本、波士或阿姆斯特丹的商人有聯繫的巴西東北部的糖廠主，一名與倫敦商人有往來的牙買加種植園主，每當聯絡建立起來，電路也就接通。這些接力站顯然具有資本主義的性質，甚至就是資本主義的組成部份。此外，依靠中心的「前哨」和「觸角」的幫助，資本主義主動進入從生產到大商業的各個環節，並非為了包辦一切，而是為了佔領戰略要點，控制積累的關鍵部門。一切與整體相連的社會演變都極其緩慢，難道因為這根多環節鏈條的展開過程竟是沒完沒了地長嗎？或者用彼得·拉斯萊脫的說法，意思也還是一樣：難道因為壓在人們肩上的大部份一般性經濟任務竟是過份沉重[102]？無論如何，總有一些特權者（以不同的名義）把為所有人生活所必需的繁重勞務交給別人去做。

文化秩序

文化（或者說文明：不管人們作何議論，兩個詞在多數情況下可以交換使用）與經濟一樣，也是構成空間的一個範疇。文化與經濟既有相同之處（特別因為一個經濟世界的整體，在它的全部疆域內，趨向於分享同一種文化，至少是同一種文化的某些成份，以此與相鄰的經濟世界相區別），也有不同之處：文化地圖和經濟地圖並不簡單地相互重疊，這十分合乎邏輯。最基本的道理，可以說，是因為文化起源於一段無窮無盡的時間，這段時間之長遠遠超過經濟世界那令人驚嘆的長壽。文化是人類歷史上年齡最高的老人：經濟形態曾前後更換，政治體制可被摧毀，社會可以新舊接替，但文明繼續走自己的路。羅馬帝國於公元五世紀崩潰，羅馬教會則延續至今。印度教十八世紀對伊斯蘭的反抗引起一場浩劫，英國征服者得以趁虛而入，但兩種文明的鬥爭及其種種後果至今還在我們眼前，而英屬印度不再存在已有三分之一的世紀。文明是位老人，

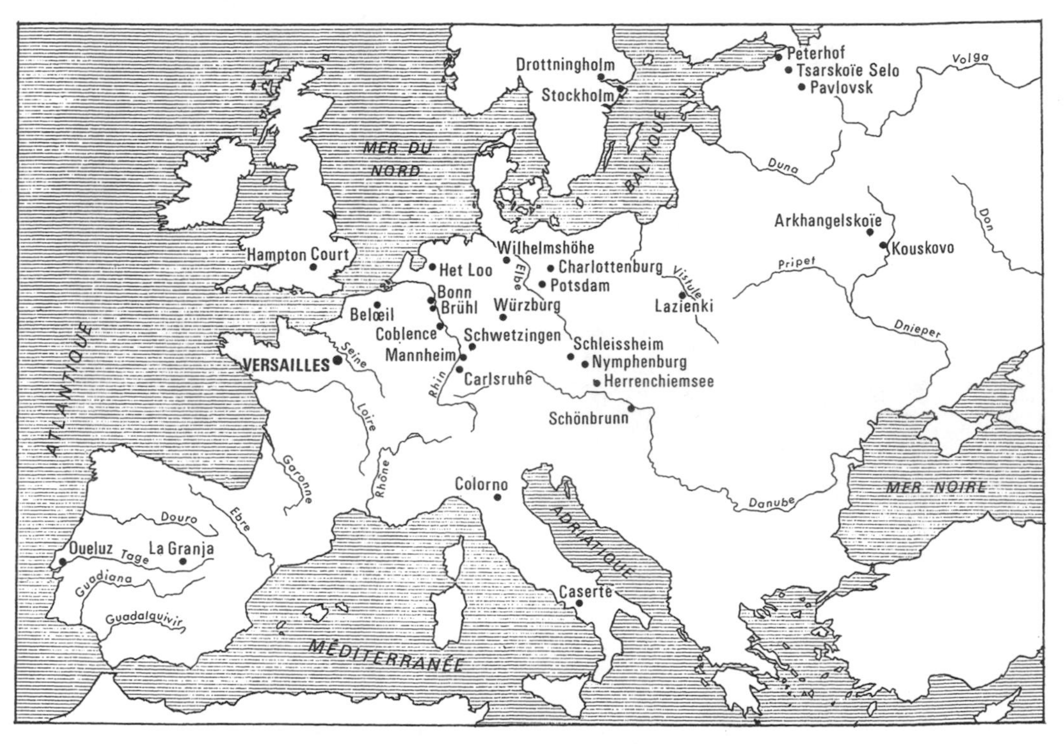

表(6)　十八世紀的歐洲對凡爾賽風格的模仿　這張地圖顯示從英格蘭到俄羅斯，從瑞典到那不勒斯，大量出現的對凡爾賽建築風格的模仿，由此可見法國在啟蒙時代歐洲的文化優勢。（摘自路易雷奧：《法國在啟蒙時代的歐洲》，1938 年版，第 279 頁）

是世界史上備受尊敬的長者。

宗教價值的確切位置在一切文化的中心，它是個源遠流長的實在。天主教會在中世紀以及後來之所以反對高利貸和金錢的統治，因為教會代表著一個過去的時代，一個遠在資本主義之前的時代。而新事物對它如芒刺在背。但宗教實在單獨不等於全部文化，文化還包括精神、生活方式（取這個名詞的所有含義），以及文學、藝術、意識形態、覺悟等。文化由眾多的物質財富和精神財富所組成。

為使一切變得更加複雜，文化同時又是社會、政治以及經濟擴張。社會所辦不到的事，文化卻能辦到；經濟變革的是否可能，也受文化的制約，如此等等。何況一切可被辨認的文化界限，無不是對眾多已完成過程的證明。在本書涉及的年代中，萊茵河和多瑙河的邊界是一條標準的文化邊界：一邊是古老的基督教歐洲，另一邊是新近被征服的「基督教邊緣區」。宗教改革發生時，基本上沿著這條界線發生斷裂，基督教在這斷層沿線一分為二：一邊為新教，另一邊為天主教。這條線顯然也是羅馬帝國原來的邊界。許多其他例子也說明類似的問題，甚至羅馬藝術和哥德藝術的擴展，都為西方——其實是一個文化世界，一個文明世界——文化統一的趨勢提供見證，例外正好證實規律。

文明世界和經濟世界勢必互相匯合，甚至互相幫助。征服新大陸也是歐洲文明以各種形式進行的擴張，文明擴張是殖民擴張的支柱和保障。即使在歐洲，文化的統一有助於經濟交換，反之亦然。哥德藝術在義大利錫耶納城的首次出現，是光顧香檳區交易會的錫耶納大商人的一種直接引進。由此導致了市中心大廣場的全部門面的改裝。馬克·布洛赫認為，基督教歐洲在中世紀的文化統一是歐洲易於適應和發展交換的原因之一，這個見解對中世紀以後仍然適用。

作為西方商業資本主義的主要武器，匯票幾乎只在基督教世界內部流通，直到十八世紀仍是這樣，並不朝著伊斯蘭、莫斯科公國或遠東的方向越過界線。十五世紀，在北非的一些商埠，確能見到熱那亞的匯票，但匯票由一名熱那亞人或義大利人簽發，又由在奧蘭、特蘭森或突尼斯的基督教商人接受[103]，事情因而還是在自己人之間進行。同樣，在十八世紀，從巴達維亞[104]、英屬印度或法蘭西島[105]匯回的款項仍是歐洲人之間的業務往來；收發雙方都是歐洲人。威尼斯與黎凡特地區曾有匯兌往來，但匯票的簽發人或是簽收人往往會是威尼斯駐君士坦丁堡的總督[106]。匯兌不在自己人——遵循同樣原則和接受同樣法律裁決的商人——之間進行，匯兌的風險就會超出合理的程度。這裡並不涉及技術的困難，而是由於文化的隔閡，因為在西方以外，還有密集而有效的匯票流通渠道，供穆斯林商人、亞美尼亞商人或印度商人使用。這些流通渠道也分別到各自的文化邊界為止。達維尼葉（Tavernier）介紹了人們怎樣通過婆羅門商人的一系列匯票，從印度任何一個城市，把錢陸續轉匯到東地中海地區。這是最後的轉運站。文明世界和經濟世界都在這裡到達邊界，匯兌因而也在這裡遇到障礙。

相反，在任何經濟世界內部，文化和經濟的地理分布可以有很大差異，甚至互相對立。經濟區域和文化區域各有中心，充分地說明了問題。在十三、十四和十五世紀，主宰西方文明的並不是作為首要商埠的威尼斯或熱那亞。佛羅倫斯領風氣之先，發動了文藝復興；與此同時，它把自己的方言托斯卡尼語強加於義大利文學。威尼西亞方言十分生動活潑，理應能夠征服義大利文學，卻在這方面甚至沒有進行過嘗試。難道因為一個取得了經濟勝利的城市，或者一個具有明顯優勢的國家，不該包辦一切嗎？阿姆斯特丹於十七世紀春風得意，但侵入歐洲的巴洛克風格卻以羅馬為中心；馬德里勉強也可稱是一個中心。十八世紀的倫敦在文化方面同樣未執牛耳。勒勃朗教士一七三三至一七四〇年間訪問倫敦，他在談到倫敦聖保羅大教堂的建築師克利斯托弗．瑞恩[107]時指出，「除了他沒有把比例觀察正確以外，他無非把羅馬聖彼得大教堂的圖樣緊縮了三分之二」。他接著又對英國鄉間別墅評頭品足，說它們「依舊是義大利風格，但運用並不始終恰到好處」[108]。在十八世紀，英國不但受義大利文化的影響，而且更多地受欣欣向榮的法蘭西文化的滲透。人們承認法國具有精神、藝術和時裝的優勢，這對它未能稱霸世界無疑是個安慰。勒勃朗教士又寫道：「英國人十分喜愛我國的語言，竟從法文版閱讀西塞羅的著作」[109]。他早已聽夠了關於在倫敦受僱的法國僕役人數眾多這類的閒言碎語，不勝厭煩，就反駁說：「你們所以覺得在倫敦為你們服務的法國人太多，是因為你們的人有模仿我的穿衣、捲髮以及撲粉的癖好。你們的人硬是要趕上我們的時髦，因而不惜重金聘用法國人來教會他們種種可笑的打扮[110]。」可見，作為世界中心的倫敦，儘管本國也有輝煌的文化，卻在這方面一再向法國退讓和借鑒。何況這樣做並不始終心情舒暢：據我們所知，一七七〇年前後，成立了一個抗拒法國風氣的團體，入會者所發的「第一個誓願就是決不穿法國製造的任何服裝」[111]。但一個團體哪能抵擋時尚

法國和威尼斯在 18 世紀的聲望在寧芬堡，巴伐利亞之凡爾賽，1746 年舉行的一次威尼斯式節日慶祝活動中的划船場面。

的流行？蒸蒸直上的英國沒有動搖巴黎在知識方面的至高無上的地位，遠屆莫斯科的整個歐洲全都靈犀相通，硬是把法語當作上層社會的語言和歐洲思想的交流工具。同樣，在十九世紀末和二十世紀初，經濟上遠遠落在歐洲後面的法國，卻是西歐文學和繪畫不容置疑的中心；義大利和德意志先後在音樂方面首屈一指，但兩國當時在歐洲經濟中均不佔統治地位；就拿今天來說，美國巨大的經濟進步並沒有使它在文學藝術界獨佔鰲頭。

然而，自古以來，技術總是優先在經濟世界的中心區域發展（雖然科學未必如此）。威尼斯的兵工廠於十六世紀仍是技術的中心。荷蘭以及隨後的英國都分別繼承了這雙重優勢。這一優勢今天是在美國。但技術也許僅是文明的軀殼，而不是文明的靈魂。技術合乎邏輯地受到經濟最發達地區的工業活動的高工資的推動。相反，科學也許不是任何一國的專利，至少在過去是如此。今天的情況如何，我還感到懷疑。

經濟世界內的區劃肯定是有效的

我們已從幾條主線和幾個主要方面介紹了華勒斯坦提出的有關經濟世界內的區域劃分的論點。如同能產生一定反響的所有論點一樣，這個論點於一九七五年發表後，引起了一些讚揚和批評。人們為它尋找先例，找到的先例之多超出了人們的想像。人們還發現，這一論點可作眾多的推廣的運用：甚至民族經濟也再現經濟世界的概貌，分散在民族經濟四周的一些自給自足的地區，人們幾乎可以說，它們就是「邊緣區」，換句話說，就是經濟不發達的條狀和塊狀區域。把區域劃分的模式應用於「一國」的侷促地域內，人們將可以在這個小範圍內找到與一般性論點明顯矛盾的一些例子[112]，例如蘇格蘭，作為英國的「邊沿區」，於十八世紀末開始經濟起飛。至於查理五世皇帝一五五七年的失利原因，人們可能在我和華勒斯坦之間選擇我的解釋，甚至指責他（我也這樣做了，只是沒有明說）沒有透過自己的模式對經濟秩序以外的實在進行足夠的考察。

由於華勒斯坦的書在第一卷後接著還有三卷，第二卷正告完工，我已先睹為快讀過部份重點章節，另外二卷將一直談到現代，我們會有時間再次研究他的一套觀點的合理性、新穎獨到之處以及侷限性，這套觀點也許過份刻板，但看來成果頗豐。

我們必須強調的正是這一成功。解釋世界不平衡何以成為資本主義立足生根和進一步發展的原因，也就說明中心區域何以能高瞻遠矚，帶動一切可能的進步；世界的歷史是一連串生產方式的共處，而我們卻慣於依歷史時代的先後順序考察不同生產方式。其實，這些不同的生產方式是互相牽制著的。最先進的生產方式取決於最落後的，反之亦然：發達是不發達的背面。

華勒斯坦說，他在尋找適用範圍最廣而又不失其嚴密的衡量單位時得出了對經濟世界的解釋。但顯而易見的是，這位社會學家兼非洲問題專家在同歷史學進行的鬥爭中，並未完成自己的任務。根據地域進行劃分，誠然不可缺少。但還必須有時間作為參照單位。因為在歐洲地域中好幾個經濟世界先後更替，或者不如說，歐洲經濟世界從十三世紀以來已多次改變了形式，轉移了中心，改組了邊緣區。難道就不必問一下，對一個經濟世界來說，什麼是最長的時間參照單位？作為時間的產物，這個單位儘管持續很久和變化眾多，但它仍保持不可否認的連貫性。不論就空間或時間而言，沒有連貫，就無從衡量。

經濟世界面對時間的劃分

如同空間一樣，時間是可以劃分的。問題是要通過歷史學家所擅長的這些劃分，更好地確定經濟世界的時間位置，更好地理解這些歷史的龐然大物。任務確實很不輕鬆，因為經濟世界發展緩慢，在歷史上只能確定大致的日期；其次，擴張的確切年代可能有十至二十年的出入，恐怕還不止這些；中心的確立或遷移有時經過一個多世紀方告完成：葡萄牙政府於一六六五年出讓給英國人的孟買，直要等待一個多世紀以後，才取代蘇拉特的商埠地位，蘇拉特曾長期是印度西部的活動中心[113]。我們面對放慢了節奏的歷史，面對如此單調和如此漫長的旅行，實在很難再現其歷程。這些幾乎靜止不動的龐然大物在向時間進行挑戰：歷史要花幾個世紀才能去建設它們和破壞它們。

另一個困難，經濟演變的歷史主動為我們效勞，並強迫我們接受它的效勞，因為唯獨它能照亮我們前進的道路。然而，這種歷史更多關心短暫運動和短時間，而較少關心我們所需的「指示器」的緩慢波動和搖擺。因此，我們必須在預備性說明中撇開這些最易發現、最易解釋的短暫運動。

經濟形勢的節奏

五十多年前，人文科學發現了這樣一條真理，就是說，人類的全部生活隨著無窮反覆的週期運動而波動和搖擺。這些互相協調或者互相衝突的運動使我們想起剛上學時學到的弦線或簧片的振動。布斯蓋[114]於一九二三年曾說過：「社會運動呈有節奏的波浪狀，並非始終不變或經常不變，而是在一定的週期中，它們的強度有所增減。」這裡所說的「社會運動」，是指推動社會發展，構成形勢或是環境的全部運動。與其說是單一的形勢，不如說是多種形勢組成的環境，因為這裡牽涉到經濟、政治和人口，還關係到人們的覺醒和集體心態，犯罪率的升降，藝術流派，文學潮流乃至時尚（服裝的式樣在西方隨時變換，因而屬於嚴格意義的歷史事件的範疇）。關於單一的經濟形勢，我們即使還不能得出最後的結論，至少已進行了認真的研究。經濟形勢的歷史可見十分複雜，很不完整。我們在作結論時將會發現這一點。

我們暫且先看單一的經濟形勢，特別是物價的起落，大量的研究就從這裡開始。有關的理論已由經濟學家根據現實數據於一九二九至一九三二年間確定。歷史學家步經濟學家的後塵：全靠我們的努力，歷史追溯已走了相當一段路程。由此已得出了一些新概念、新認識和整整一套語彙。整體的左右擺動被劃分為一些特殊的運動，每一種運動都有自己的預兆、週期和意義，從而有別於其他運動[115]。

季節運動（例如一九七六年夏季的乾旱）有時依舊發揮了作用，但通常被我們今天壯實的經濟所掩蓋。可是在過去，痕跡並不十分容易抹掉，事情恰恰相反。壞收成或物質匱乏在幾個月內所造成的物價飛漲堪與整個十六世紀的物價大起大落相比！窮人不得不忍飢挨餓，直到新糧登場。季節運動的唯一好處，就是它很快就能過去。維托德．庫拉說，暴風雨過後，波蘭農民如同蝸牛一般，又從甲殼中探出身子[116]。

其他的運動，或經常所說的「週期運動」，所需的時間要長得多。為便於區分，人們用幾個經濟學家的名字來稱呼：「基欽」（Kitchin）是三至四年的短週期；「朱格拉」（Juglar）或者十年內週期（舊制度下經濟學的難題）持續了六至八年的時間；「拉布魯斯」（Labrousse，也稱「跨界週期」或「跨十年週期」）持續十至十二年，甚至更長的時間，是一個「朱格拉」的下降部份（即三至四年）與另一個完整的「朱格拉」相銜接，後者錯過了自己的上升運動，因而停留在同一高度上。總起來說，就是半個「朱格拉」加一個「朱格拉」。「拉布魯斯」的常用例子是在法國大革命前夕造成經濟衰退和停滯的一七七八至一七九一年間的「跨界週期」，這個週期肯定推動了革命的爆發。以顧志耐命名的超週期相當於「朱格拉」的兩倍，持續時間約在二十年左右。「康德拉季耶夫」週期[117]（Kondratieff）長達半個世紀，甚至更久。例如，從一七九一年開始的「康德拉季耶夫」週期於一八一七年上升到頂點，隨即下降，直到一八五一年，這在法國幾乎已是第二帝國（一八五二—一八七〇）的前夕。最後，再沒有比百年趨勢（trend seculaire）更長的週期運動了，百年趨勢的問題確實還很少得到研究，我隔一會兒再仔細去談。只要這個問題還沒有被研究清楚，只要它的重要性還沒有真正被認識，經濟形勢的歷史仍然是支離破碎的，無論寫出了多少著作，那也無濟於事。

所有這些週期當然都是共時的和同步的；它們並存共處，互相混雜，在整體的擺動中加上或減去它們的運動。但是，人們可設法把總體運動分成幾種特殊運動，撇開其他，只留人們希望優先說明的一種運動，這在技術上是容易辦到的。

一開始遇到的關鍵問題是要知道：從對現時經濟的觀察總結出來的這些週期在前工業化時期的舊經濟中是否存在？例如，一七九一年前，有沒有「康德拉季耶夫」週期？一名歷史學家帶著明顯的嘲弄口吻對我們說，當人們在十九世紀前尋找這種或那種形式的週期時，人們幾乎肯定能夠找到[118]。提出警告是有益的，但有一個條件，即不否認進行尋找的重要性。確實，如果今天的週期同昨天的週期相當近似，這就表明舊經濟和新經濟之間有一定的連續性：一些在現實經驗中所能找到的規律在過去也曾起作用。如果波動的幅度有大小的不同，如果波動的作用方式也各不相同，那就可能觀察到一種有意義的演變。我認為謝努在十六世紀塞維爾的港口貿易中找到的「基欽」週期並不是個無足輕重的細節[119]。我還認為，一三六八至一七九七年間科隆糧食和麵包的價格曲線中接連出現的「康德拉季耶夫」週期[120]對連續性這個關鍵問題作出了決定性的見證。

波動和諧振揚

價格（對於前工業化時期那幾個世紀，人們主要用糧食價格）不斷在變動。這些早已觀察到的波動標誌歐洲早已存在市集網，尤其這些波動在相當寬廣的地域上幾乎是同步進行。在十五、十六和十七世紀的歐洲，雖然還遠沒有完美的協調，但顯然可發現一些整體節拍和某種秩序。

這正是使研究價格和工資的歷史學家為之氣餒的事：歷史學家力圖拼湊一些新穎的系列，但在他工作完成後，聽到的總是陳腔老調。一項調查這麼說，下項調查又再說一遍。從《劍橋近代經濟史》[121]借用的下面這張圖表說明這類協調一致現象，似乎價格波濤正在歐洲大地翻滾起伏，以至人們可能設想，它們的平面走向就像等壓曲線在氣象圖上的位移一樣。法蘭克．斯普納曾試圖展現這個過程，他所設計的圖表相當清楚地表現了問題，雖然還不能解決問題。為了解決問題，還必須找到引起這些波浪運動的中心，假如確有中心的話。難道這是可能的？謝努認為，「如果十六世紀已存在經濟世界的第一個雛形……普遍的波動大概發源於塞維爾和韋拉克魯斯之間的某個地方[122]。如果必須選擇的話，我傾向於認為這種諧振即使不是從安特衛普產生的，至少也是從安特衛普開始出現反響的，這個位於斯海爾特河口的城市當時是歐洲的貿易中心。但實際情形也許過份複雜，難以讓人接受任何一個單一的中心。

這些幾乎同步波動的價格畢竟是對被貨幣交換所滲透、並在資本主義的布置下發展起來的結構嚴密的經濟世界的最好見證。物價波動以當時交通工具所允許的速度迅速傳播和達到「平衡」，是交換十分有效的證明。當時的速度，我們今天看來似乎可笑，但在每次國際交

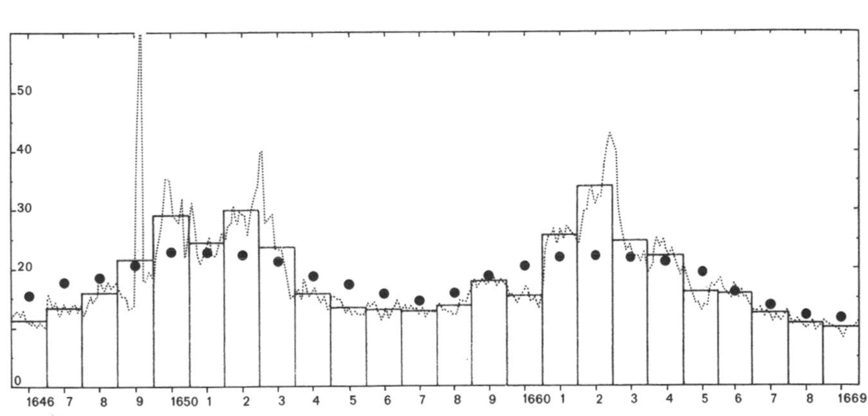

表(7)　怎樣把價格分解為多種運動

巴黎中央菜場記錄的每塞提埃小麥的三種不同價格同時顯示在這張圖表上：

——虛線表現每月的運動。正常年景相當平穩，災荒和青黃不接時便猛然上升；

——直線表現按收穫年度（8 月至次年 7 月）計算的年度平均價格的台階式運動：壞年景（自 1648-1649 至 1652-1653 年，發生投石黨運動，自 1661-1662 軍正值路易十四親政）和好年景相交錯；

——粗黑點表現按 7 庫可變平均數計算的週期運動（自 1645-1646 至 1655-1656 年，以及自 1656-1657 至 1668-1669 年）。向這些長週期運動的過渡使物價波動納入百年趨勢的演變。

易會以後，送信的專差仍不惜累垮馬匹，急著趕往各大商埠，送達有用的商情、價目表以及成捆的匯票；匯票命定就要乘驛傳遞。地方饑荒、商業破產這類壞消息傳得形快。利佛諾是個活躍的港口城市，但肯定還算不上是歐洲生活的中心；一七五一年九月[123]，從不同城市傳來的大批商號倒閉的消息給利佛諾商業造成巨大損害，利克先生和普雷斯科特先生在彼得堡破產，據說損失達五十萬盧布，這對利佛諾是個新的打擊。人們還擔心，熱那亞當局作出的關於熱那亞港恢復免稅的決定，也會使利佛諾的貿易受害不淺。這類消息難道還不使我們對歐洲的整體性確信無疑嗎？歐洲的一切幾乎都按節拍變動。

但最令人奇怪的是，歐洲經濟形勢的節奏超越其經濟世界的嚴格界線，它在歐洲之外也有一定的遙控能力。就我們的眼光所及，莫斯科公國的價格於十六世紀向西方的價格看齊，通過的渠道大概是在各處起著「傳送帶」作用的美洲金屬。鄂圖曼帝國的價格也由於同樣原因與歐洲的價格趨同。美洲（至少是新西班牙和巴西）的物價也以遙遠的歐洲為榜樣在上下波動。路易．戴米尼甚至寫道：「由謝努[124]所論證的大西洋和太平洋的休戚與共關係並不僅僅適用於馬尼拉[125]。」歐洲價格波動的傳播超出了馬尼拉大帆船的航線，影響甚至達到澳門等地。自從阿齊查．哈藏的文章發表後，我們知道十六世紀歐洲的物價上漲在印度也引起了反響，時間差距約在二十年左右[126]。

看到這些事實顯然有以下的好處：如果確實像我所想的那樣，強加的或傳播的價格節奏是統治或臣服的標誌，歐洲經濟世界影響的擴張很早便超出人們所能設想的最遠的邊界。這就引起人們注意經濟世界對外伸出的天線，這些天線是真正的高壓電線，黎凡特貿易肯定是最好的例子。人們往往低估這種貿易類型（華勒斯坦包括在內），往往認為這類貿易並不重要（因為交換的貨物僅僅是奢侈品），以至可以取消這些貿易，而絲毫不影響居民的日常生活，這無疑是有道理的。但這些貿易位於最精巧的資本主義的中心，它們的後果勢必會影響最日常的生活。例如會影響物價，當然不單是物價。這就又一次引起人們對貨幣和貴金屬的注

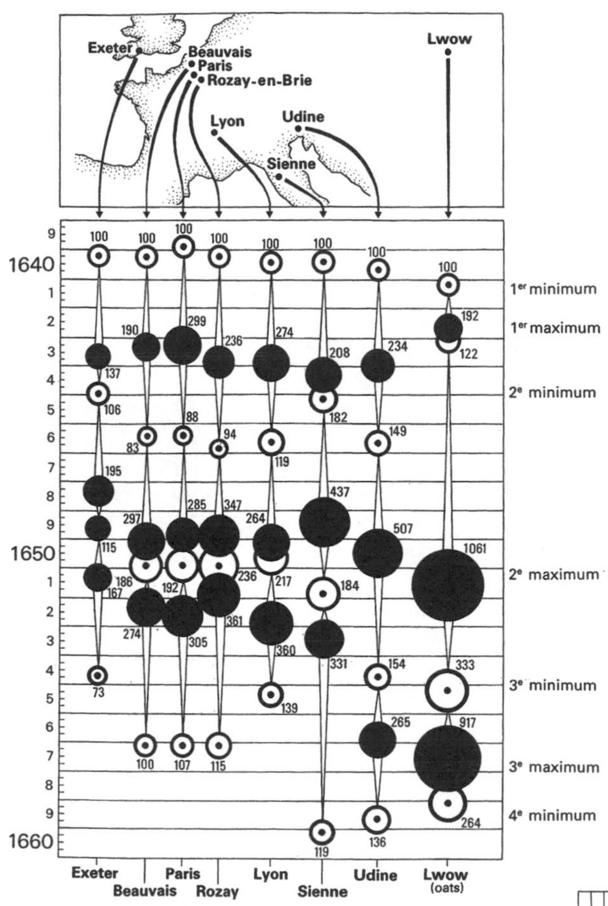

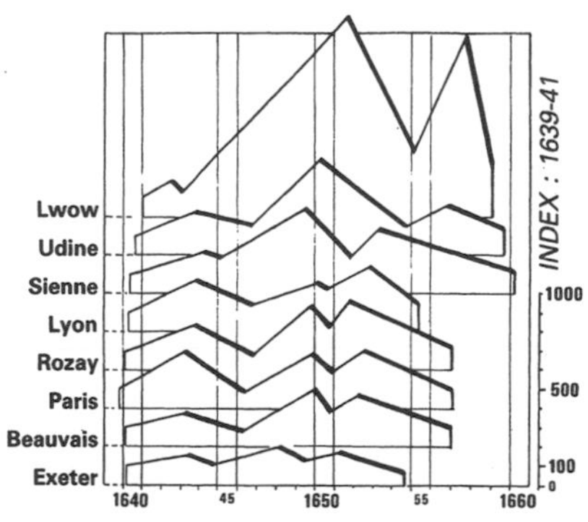

表(8) 價格有傳導波嗎？1639 至 1660 年間歐洲的小麥危機。

左邊的圖表由斯普納設計和製作（《劍橋經濟史》，1967 年版，第 4 卷，第 468 頁），圖上的黑圓圈表示接連 4 次危機期問的最高價格；這 4 次危機橫掃從大西洋到波蘭的整個歐洲大陸。基數 100 是由 1639 年第 4 季度至 1641 年第 1 季度計算得出的。右首偏下的第 2 張圖表（社會科學高等研究院製作）以更加概括的形式顯示相同的價格波動。

意，作為統治工具和作戰武器，它們所起的作用遠比人們通常承認的更大。

百年趨勢

在所有週期中，「百年趨勢」持續時間之長首屈一指，但它肯定又最不受人所重視。其部份原因是經濟學家一般僅僅關心中期形勢；安德烈．馬夏爾寫道：「純經濟的長時段分析沒有意義」[127]。此外還因為百年趨勢發展緩慢，不易為人發現。猶如支撐著整個價格的一塊平板，百年趨勢略向上傾、略往下斜或保持水平，這並不十分顯眼，而其他的價格運動，中期形勢的運動，則在基線上畫出起伏很大的線，甚至直上直下。百年趨勢難道是通過計算除去其他運動後留下的餘數？把它抬高到「指示器」（我還不說「動力因」）的地位，豈不有掩蓋真實問題的危險（如同法蘭索瓦．西米昂的甲乙兩階段一樣，但其時間長度相差很大）？百年趨勢果真存在嗎？

一些經濟學家，還有一些歷史學家，似乎傾向於作出否定的答覆。或者是為圖省事，他們假定百年趨勢不存在。難道這些審慎多疑的人錯了嗎？從一九七四年起看得比較清楚的、但在這以前已經開始的一場反常而又令人困惑的長期危機一下子使專家們的注意力又回到長時段方面來。杜普里埃首先開火，舉出大量的事實，又提出許多的警告。米歇爾．呂特法拉甚至主張「回到康德拉季耶夫那兒去」。隆多．卡梅倫[128]提出了他所說的長達一百五十至三百五十年的「算法」週期。撇開名稱不談，這種週期與百年趨勢果真有什麼不同嗎？現在該是我們為百年趨勢進行辯護的時候了。

趨勢在一時一刻是很難捉摸的，但它始終朝著同一個方向走自己的路，這是一個不斷補充自己的積累過程，整個經過就像是：首先逐漸提高價格和推進經濟活力，直到某個時候開始朝相反的方向，以同樣的固執，促使價格和經濟活動緩慢地、不知不覺、但又持續地下降。相隔一年，趨勢幾乎變得無足輕重；相隔一個世紀，趨勢便以重要的角色出現。因此，如果我們試圖更好地去衡量百年趨勢，並在各方面使之與歐洲歷史相對照（正如華勒斯坦讓百年趨勢與經濟世界的空間圖樣相對照一樣），我們或許可以就某些經濟潮流作出某種解釋；直到今天，我們還跟著這些經濟浪潮隨波逐流，卻不能十分確切地理解它們，不能找到對付的辦法。我當然不想，並且也不可能臨時製造出百年趨勢的理論，而至多只是借用詹妮·格里齊奧蒂·克雷斯特曼[129]和加斯東·安[130]的經典論著中的素材，並指出它們的可能後果。這只是澄清問題，並非解決問題。

如同任何其他週期一樣，百年趨勢分起點、頂點和終點，但為確定它們的界限，會有相當的誤差，因為週期曲線的走向起伏很小。關於頂點，人們會說一三五〇年左右，一六五〇年左右，如此等等。根據現有資料[131]，歐洲方面可分為四個長週期：一二五〇〔一三五〇〕一五〇七—一五一〇；一五〇七—一五一〇〔一六五〇〕一七三三—一七四三；一七三三—一七四三〔一八一七〕一八九六；一八九六〔一九七四？〕……在每一個週期中，第一個和最後一個日期標誌著上升開始和下降結束；方括號中的日期表示頂點，百年趨勢的轉折點，或者說危機點。

在所有這些日期中，第一個日期確實最不可靠。與其把起點選在一二五〇年，我寧可選在十二世紀初。困難在於這些遙遠年代留下的價格記錄既不完整，又不可靠，但從西方城鄉發展的開端和十字軍東征的情形來看，歐洲經濟高漲的起點至少可提前五十年。

這些討論以及細節的確定並非徒勞。它們預先指出，在我們僅支配三個長週期，而第四個週期只走了一半路程（假如我們對一九七〇年前後的斷裂沒有搞錯）的情況下，我們很難對各週期的期限進行判斷和比較。不過，這些無休止的波浪似乎正趨向縮短。難道應該不問究竟，單憑表面現象，就把這歸因於歷史進程的加速嗎？

我們的問題不在這裡。讓我們再說一遍，問題是要知道：為當代人認不清的這種運動是否記錄或至少闡明經濟世界的長久命運；儘管經濟世界的地域遼闊，歷時長久，或者正因為如此，它們終究要導致、維持和接受這些運動，並在解釋運動的同時，由運動所解釋。假如果真如此，事情就未免太好辦了。為了避免長篇大論的引證，我想僅僅以一三五〇、一六五〇、一八一七、一九七三至一九七四年這幾個高峰為觀測點。這些觀測點原則上處在兩個過程、兩種對立景色的接合部位。這不是我們任意的選擇，而是從客觀計算出發而接受的事實；無論如何，這些觀測點所記錄的斷層與歷史學家採納的各種歷史分期相重合，這顯然並非事出偶然。並非因為我們朝某一方向引伸我們的觀察，斷層才與歐洲經濟世界歷史上的幾次意義深遠的決裂相互重合。

經濟世界的解釋性年表

從這四個高峰眺望空曠的地平線，仍然不能說明歐洲的全部歷史，但如果這幾個制高點選擇恰當，它們既然處在這樣的地位，便應促使人們對觀察所得的全部經驗進行有益的比較，甚至保證有益的比較得以進行。

一三五〇年的黑死病使十四世紀上半葉業已開始的經濟急劇衰退更趨嚴重。當時的歐洲經濟世界使北部海域和地中海與中歐和西歐的陸地合為一體。這一歐洲─地中海體系顯然正經歷深刻的危機；基督教遇到伊斯蘭的消極抵抗，人們對十字軍東征已不再感興趣，或者這場戰爭不能再繼續下去，基督教於一二九一年退出了聖地的最後一個重要據點阿卡（Acre）；一三〇〇年左右，位於地中海和北海中間的香檳區交易會日趨衰落；一三四〇年間發生了另一件嚴重事件：威尼斯和熱那亞通過黑海直達印度和中國的絲綢之路，或稱「蒙古之路」，竟被切斷。這條貿易要道穿越的伊斯蘭地區再次成為一道實際的屏障，基督教國家的船只不得不又返回敘利亞和埃及等黎凡特地區的傳統港口。一三五〇年前後，義大利開始發展工業，為北方的呢絨坯料染色，向東方轉銷，並且著手自製呢絨。「毛織業」成了佛羅倫斯的主要行業。總之，聖路易的時代已經過去。在北海和地中海之間左右搖擺的歐洲體系逐漸向南傾斜，威尼斯的優勢地位日趨穩固：中心朝威尼斯的方向轉移，以威尼斯為中心的經濟世界將確保它的相對繁榮，正當威尼斯欣欣向榮之時，衰弱的歐洲卻明顯倒退。

三百年過後，十六世紀的長期繁榮終告結束（經過了一六〇〇至一六三〇—一六五〇年的「聖馬丁」之夏」）。難道是提供礦產的美洲有所不滿？難道是經濟形勢故意搗亂？就在那時候，經濟世界再次出現了顯而易見的、持續百年的、天翻地覆般的大衰退。地中海體系早已一蹶不振，首先垮下來的是與美洲的貴金屬以及與哈布斯堡王朝的金融家有著千絲萬縷聯繫的西班牙和義大利，而新興的大西洋體系也運轉不靈，發生了故障。這場全面的退潮，就是歷來引起無窮爭論和得不出結論的「十七世紀危機」。正是在這時候，於十七世紀初已躍居中心地位的阿姆斯特丹進一步鞏固自己在世界的優勢。從此，地中海確實不再扮演它曾幾乎獨佔了幾百年之久的歷史主角。

不應盲目相信一八一七年這個確切日期。百年趨勢的逆轉在英國於一八〇九或一八一〇年開始；在法國則隨拿破崙帝國末年的危機而到來。在美國，趨勢的改變於一八一二年正式開始。同樣，歐洲覬覦的墨西哥銀礦猛然遭到了一八一〇年革命的打擊，生產隨後未能得到恢復與當時的經濟形勢有一定關係。歐洲和世界一時白銀奇缺。從中國到美洲的全世界的經濟秩序陷於一片混亂之中。英國是這個世界的中心，儘管它打贏了戰爭，它無疑也受連累，需花幾年時間才能緩過氣來。但它坐上了第一把交椅，再沒有人對此提出異議（荷蘭已在地平線上消失），再沒有人能奪走它的這一地位。

至於一九七三至一九七四年，又該作何解釋？難道如大多數經濟學家所想的那樣，這是中期性的經濟危機？難道我們生不逢時，將眼看經濟曲線向下傾斜？大政治家和經濟專家的短期政策，其精確周密令人欽佩，但用它們治病未必有效：我們的孫子這一輩也未必能熬過這場大病。現狀正向我們招手，迫切要求我們思考這個問題。但在開始這一嘗試前，我們還有一些題外話必須交代。

康德拉季耶夫週期和百年趨勢

我們已經說過，百年趨勢所包含的運動不像趨勢本身那麼沉著、持久和平穩。這些運動直上直下，清晰易辨，引人注目。古往今來的日常生活充滿著這些活躍的運動，必須使它們全都與趨勢結合起來，才能衡量它們的整體。但我們這裡將僅僅介紹著名的康德拉季耶夫週期，康德拉季耶夫週期歷時很久，每個「週期」大致等於半個多世紀，相當於兩代人的時間，一代人遇到良好的經濟形勢，另一代人就趕上險惡的形勢。如果把百年趨勢和康德拉季耶夫週期這兩種運動結合在一起，我們就能聽到有關長期經濟形勢的二重奏樂章。這既使我們的最初觀察複雜化，但又使觀察變得更加紮實。尤其是，同人們反覆所說的相反，康德拉季耶夫週期在歐洲舞台上的出現不是在一七九一年，而是在幾個世紀以前。

康德拉季耶夫週期與百年趨勢的升降運動相結合，將加強或削弱趨勢的升降運動。每兩個康德拉季耶夫週期的高峰中，必有一個高峰與趨勢的高峰相重合。一八一七年就屬這種情形。一九七三至一九七四年也屬這種情形（如果我沒有搞錯）；一六五〇年可能也是如此。在一八一七和一九七一年之間，曾有兩個獨立的康德拉季耶夫週期的高峰：一八七三、一九二九年。假如這些材料能經得住一切批評（事情肯定不是如此），我們就可以說，一九二九年發生的成為世界危機根源的斷裂只是一個簡單的康德拉季耶夫週期的逆轉而已，這個週期的上升部份從一八九六年開始，在經過了十九世紀末年、二十世紀初年、第一次世界大戰和戰後陰沉的十年後，終於到達一九二九年的頂點。一九二九至一九三〇年的逆轉使觀察家和專家感到十分意外，驚愕的程度後者比前者更甚，因而著手進行了大量的解釋工作，西米昂的書是最好的證據之一。

一九七三至一九七四年曾是一個新的康德拉季耶夫週期的逆轉，這個週期的起點在一九四五年前後（就是說，按正常情形，上升部份佔四分之一個世紀），但除此以外是否像在一八一七年那樣還有百年趨勢的逆轉與此重合呢？雖然沒有任何證據予以證實，我傾向認為是有的。如果本書有一天落在二千年以後的某個讀者的手裡，他也許會對我以上的見解評頭論足，正如我曾經對尚－巴蒂斯特·薩伊不慎寫下的某句蠢話故意渲染一樣。無論是雙重的或者單一的逆轉，一九七三至一九七四年的逆轉總的說來是一次長期衰退的開端。凡經歷過一九二九至一九三〇年危機的人都記得，這是一場意外的、沒有預兆、相對短暫的風暴。至今仍糾纏著我們的這場危機更加凶險，它使我們無從看到它的真實面貌，找到它的名稱或確定它的類型，從而說明它的性質和讓我們寬心。它不是一場風暴，而更像一次水災，水面緩慢地、令人絕望地不斷上升，天空始終陰雲密布。經濟生活的所有基礎，古今以來的各種經驗教訓，如今全都成了問題。令人不解的是，同以往的規律相反，就在經濟衰退、生產放慢和失業增多的同時，物價卻繼續直線上升。稱這種現象為「滯漲」，並不因此就說明問題。到處扮演救世主角色的國家曾經遵循凱因斯的教誨，克服了短暫的危機，並且以為能防止一九二九年危機的重演；難道國家應對這次危機的種種怪誕現象負責嗎？或者工人鬥爭難道是工資和物價必定上升的原因？萊昂·杜普里埃[132]提出了這些問題，未能作出解答。我們找不到最後的答案，弄不清這些長週期的確切意義，它們看來服從為我們所不知道的某些規律或傾向性法則。

長期經濟形勢是否可以解釋？

經濟學家和歷史學家確認和描繪經濟形勢的運動，他們既注意這些運動怎樣你追我趕，或用西米昂的形象說法，怎樣追波逐浪，又注意運動帶來的眾多後果。他們對運動的波瀾壯闊和持續不斷始終感到驚奇。但他們從未試圖去解釋為什麼這些運動必然出現、發展和周而復始。在這方面，唯獨對朱格拉週期有過一種見解：傑文斯認為這與太陽黑子的活動有關！任何人都不會相信這二者之間會有緊密聯繫。其他週期又如何作解釋？不僅有價格變動的週期，而且有工業生產的週期（參看瓦爾特．霍夫曼的曲線），或者是十八世紀巴西黃金的週期，墨西哥白銀的二百年週期（一六九六至一九〇〇年），塞維爾港（在它控制大西洋經濟命脈的時代）貿易額的起伏。且不說與百年趨勢的變動緊密結合並互為因果的長時段人口運動。且不說歷史學家和經濟學家曾進行過大量研究的貴金屬的消長。在這裡，由於作用和相互作用的繁多，我們也要注意避免過於簡單的決定論：計量理論誠然起作用，但我贊成彼埃爾．維拉爾的見解，認為一切經濟高漲都能創造自己的貨幣以及信貸[133]。

為了澄清問題（不是說要去解決不可能解決的問題），必須在頭腦裡想到基礎物理學的諧振運動。其產生總是一種外來撞擊和因撞擊而振動的物體——不論是弦或是簧——作出反應的結果。小提琴的弦在琴弓的作用下振動。一種振動天然地能帶

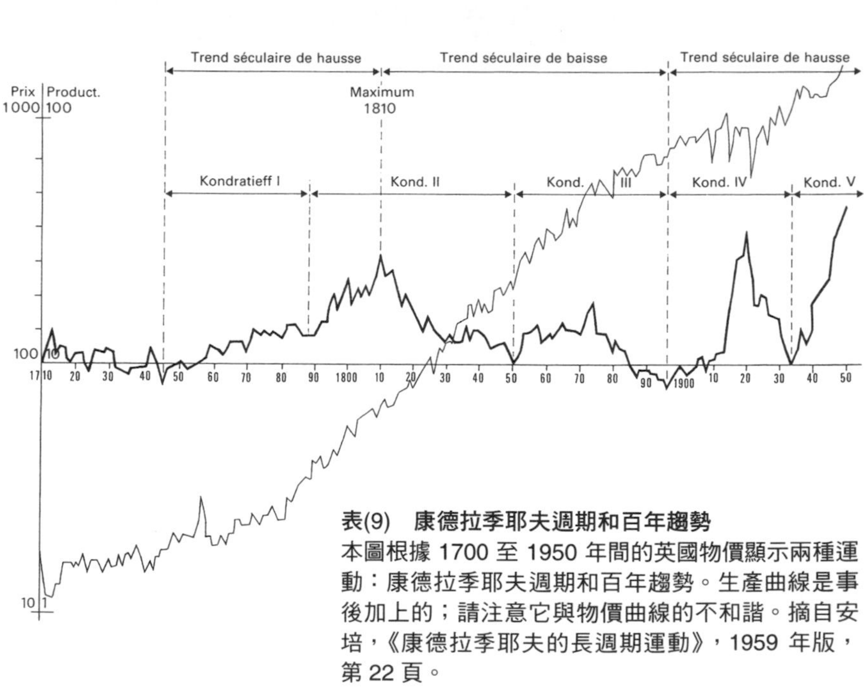

表(9)　康德拉季耶夫週期和百年趨勢

本圖根據 1700 至 1950 年間的英國物價顯示兩種運動：康德拉季耶夫週期和百年趨勢。生產曲線是事後加上的；請注意它與物價曲線的不和諧。摘自安培，《康德拉季耶夫的長週期運動》，1959 年版，第 22 頁。

來另一種振動：正步行進的隊伍上橋時應打亂步伐節奏，否則會引起橋的共振，在一定條件下，橋就有坍塌的危險。我們不妨設想，在複雜的經濟形勢中，某種運動接二連三引起一連串諧振。

最重要的影響無疑是外來的影響。朱瑟培・帕隆巴（Ginseppe Palomba）曾說過，舊制度時代的經濟處在「曆法」的壓迫之下，也就是說，萬事要受收成好壞所決定和影響：這當然是對的，但可再舉一個例子：冬季不也是手工業者幹活的最好季節嗎？不依人的願望以及政府當局的意志為轉移的，還有收成的豐歉，市集貿易的波動（能向四方擴展），遠程貿易的波動及其對國內物價的影響：外來因素和內在因素相會合，便打開一個缺口或造成一個傷口。

但是，接受撞擊的地區與外來撞擊同樣重要，作為運動的地區而把其週期強加給運動的物體（這個詞並不完全適用）又是什麼？我記得早先（一九五〇）與魯汶大學經濟學教授于爾班曾有一次談話，他歷來關注物價波動與波動面或波動總量如何結合起來。他認為，只有同一諧振場的價格才是可比的。在物價影響下發生諧振的，其實就是早已建立的聯繫網。在我看來，這些聯繫網是不折不扣的諧振場，是價格的「結構」（其含義與杜普里埃賦予它的含義並不盡相同）。讀者想必明白我想說的是什麼：經濟世界是範圍極廣的諧振場，它不僅僅受經濟形勢的影響，而且在一定的深度，在一定的水平，製造著經濟形勢。總之，正是經濟世界在遼闊的區域提供劃一無二的價格，就像動脈向全身輸送血液一樣。經濟世界本身是個有結構的整體。然而，儘管存在以上指出的巧合，百年趨勢是否恰好就是諧振場的指示器，這個問題還是懸而未決。我以為，沒有經濟世界這個遼闊又有邊界的場地，百年諧振便無從解釋，正是百年趨勢開創、打斷、重新開創經濟形勢的複雜運動。

我不能斷定歷史研究或是經濟研究今天正轉向這些長時段問題。彼埃爾・萊翁[134]過去說過：「歷史學家往往對長時段時間無動於衷。」厄內斯特・拉布魯斯在其論文[135]一開頭就寫道：「我們對長時段的運動無意

在十六世紀，財富是由一袋袋小麥積累起來的。

作出任何解釋。」就某個跨的界週期而言，百年趨勢顯然可以忽略過去。庫拉[136]注意研究長時段運動，認為它們能「通過積累的作用，造成結構的變革」。但他幾乎是單槍匹馬。持相反見解的米歇爾・莫里諾[137]主張，「讓經驗時間重新展現其色彩、密度與紛紜的事件」。維拉爾[138]則提出不要忽視短時段，否則就是「系統地掩蓋階級衝突和階級鬥爭；在資本主義制度下和舊制度的經濟中，階級鬥爭都呈現為短時段現象。」我們不必在這種無關宏旨的討論中表明立場，因為我們應該全面地研究經濟形勢：只要不是既朝短時段的事件方面，又朝長時段的趨勢方面，同時去尋求經濟形勢的界限，那將是令人遺憾的事。短時間和長時間共存而不可分割。以短時間為其立論基礎的凱因斯說過一句經常被人引用的俏皮話：「在長時段中，我們都是死人」，撇開幽默不談，這句話既平常又荒唐。因為我們同時在短時間中和長時間中生活：我所說的語言，我從事的職業，我的信仰，我周圍的各色人等，都是從過去繼承下來的；這一切先我而存在，等我死後也還將存在。我還無法同意若昂・魯賓遜[139]的見解，他認為短階段「不是時段，而是某種事態」。照他的算法，「長階段」又該是什麼呢？所謂時間，無非是它的內容，是在其中發生的事情。這能說得通嗎？貝薩德比較合乎情理的說，時間「既不是無辜的又不是無為的」[140]；如果時間並不創造其內容，它對其內容施加影響，賦予一定的形態以及實在。

昨天和今天

作為一篇理論引論，或者作為一篇專題評論，本章在結束前必須逐步確定百年趨勢各階段的類型：上升階段，下降階段，標誌著達到頂點的危機時刻。我們的這項工作得不到經濟史或任何歷史資料的助力。更何況，今後的研究也可能乾脆把我試圖提出的問題拋在一邊。

在上升、危機、下降這三種情況下，我們必須按照華勒斯坦的三個圈來進行分類，這樣就能得出九種不同的情形；由於我們又區分四種社會集合——經濟、政治、文化、社會階梯——我們就會遇到三十六種情形。最後，預見到正規的類型劃分不會完全行得通，如果我們擁有適當的資料，那就還要區分許多特殊情況。為謹慎計，我們將停留於一般情況，不論它們是怎樣不可靠和值得爭議。

我們且硬著頭皮走簡單化那條路。關於危機的問題，我們前面已作出了結論；危機標誌著結構解體的開始：一種迄今為止順利發展起來的、結構嚴密的世界體系開始或終於變壞，而另一種體系將慢條斯理地誕生。這樣一種斷裂表現為許多事故、故障、失調的積累。我在本卷其他幾章裡將試圖闡明一個體系怎樣向另一個體系過渡。

如果趕上百年趨勢的上升階段，經濟、社會秩序、文化和國家肯定都欣欣向榮。厄爾·漢彌爾頓（Earl J.Hamilton）早年（一九二七）在錫曼卡斯與我多次見面，在我們的討論中，他常說：「十六世紀那時候，一切創口都能癒合，一切故障都能修復，一切倒退都能彌補」，而且這是在所有的領域：生產狀況一般良好，國家擁有干預手段，社會讓少數貴族發家致富，文化繁榮昌盛，經濟在人口增長的支持下擴展流通渠道：而流通渠道的擴展則適應勞動分工的推廣，推動物價上升：貨幣儲存在增加，資本在積累。此外，一切上升都是保守的，它保護現存制度，扶植各種經濟形態。正是在上升期間，眾多的中心轉移才有可能，例如十六世紀時威尼斯、安特衛普和熱那亞之間的中心轉移。

當出現長久的和持續的下降時，景觀必定改變：只是在經濟世界的中心，經濟還保持健康。經濟逐漸緊縮，朝一個極點集中；國家變得容易發怒，幾乎一觸即跳。這就是法蘭克·斯普納（Frank Spooner）就法國的情形得出的「法則」，即上升階段的經濟趨向於分散和分化（參看宗教戰爭期間的情形），而經濟蕭條則使不同部份向一個表面上強有力的政府靠攏。但這條法則對法國的整個歷史是否全都適用，或對其他國家同樣適用，卻還是個問題。至於上層社會，每逢經濟形勢不景氣，它們便蜷縮起來，韜光養晦（如在十七世紀的日內瓦，推遲婚期，剩餘青年外流，實行節育）。但文化的表現最為奇特：在長久的退潮期間，文化之所以進行有力的干預（如同國家一樣），無疑因為文化的天職之一就是為整個社會填補空隙和堵塞缺口（文化果真是「平民的鴉片」嗎？），並且也因為文化活動是花費最省的活動。請看，就在西班牙的衰敗業已暴露的時候，由於文化在首都的集中，讓人還有盛世尚存之感：所謂盛世，首先是指馬德里及其宮廷和劇場的光輝燦爛。在奧利瓦雷斯大公統治期間，大興土木，揮霍浪費之嚴重，幾乎可以說視金錢如糞土！我不知道同一種解釋對路易十四時代是否適用。但我注意到百年趨勢的逆轉有助於文化爆炸（或者我們認為的各種文化爆炸現象）。一六〇〇年後，義大利的晚秋之花在威尼斯、波隆納和羅馬盛開，一八一五年後，浪漫主義使已屆暮年的歐洲煥發青春的熱情。

以上匆促作出的判斷至少提出了一般性問題，但照我看來，沒有觸及根本問題。雖然談得很不充分，我們著重介紹了社會生活上層的進步或倒退，文化（精英人物的文化），社會秩序（在金字塔頂的特權者的秩序），國家的政府職能，投入流通的那一部份產品，最發達區域的經濟。我們像所有歷史學家一樣，並非故意，而是極其自然地把絕大多數人的命運擱在一邊。在百年趨勢的消長起伏中，群眾總的境況又怎樣呢？

當根據診斷經濟上一切都極其完美時，當生產的高漲顯現其效果時（生產增長使人口成倍增多，但又給各行各業的勞動者帶來更重的負擔），群眾的景況反而是出人意外的壞。正如漢彌爾頓[141]所指出的，那時候，工資止步不前，物價和工資之間的距離逐漸拉開。根據尚・符拉斯蒂埃、勒內・格朗達米、威廉・阿貝爾的研究以及菲爾普斯・布朗和歇拉・霍普金斯發表的文章[142]，那時的實際工資有所下跌。上層建築的進步和經濟潛力的擴大因而以廣大群眾的痛苦為代價，而人口則隨生產同時增長，甚至增長得更快。也許當人口的增長以及交換和經濟努力的增長不再被生產率的提高所補償時，一切便鬆弛下來，危機於是出現，運動改變了方向，開始下降。奇怪的是，上層建築的後退卻帶來群眾生活的改善，實際工資又重新增加。例如，在歐洲一三五〇至一四五〇年經濟衰退的年代，就普通百姓的日常生活來講，卻是一個黃金時代。

用某種歷史眼光（在夏爾・瑟涅博斯[143]的時代，這種歷史或許可稱之為「真誠的」歷史）進行觀察，最重大的事件，時間長、後果大的一次決定性斷裂，就發生在十九世紀中葉的工業革命過程中，當時的長期經濟上升並未使群眾的生活狀況有任何深刻的惡化，相反使人均收入有所提高。在這個問題上表示意見，也許很不容易。但人們會想到，由機器帶動的生產率急劇和大幅度提高，一下子使可能性的極限也大大提高。正是在這個新的天地裡，世界人口一百多年的空前增加竟伴隨著人均收入的改善。顯而易見，社會的經濟成長已改變了方式。但是，自本世紀七十年代以來開始的持續衰退又該作何解釋？

過去，在百年趨勢的逆轉期間，群眾生活得到保障是以事先作出大量犧牲為代價的：一三五〇年的代價少說也是幾百萬人的死亡；十七世紀則是人口增長嚴重停滯。確切地說，正是人口減少和經濟鬆動才使劫後餘生者的生活有明顯的改善。目前的危機不以相同的徵兆出現：世界規模的人口大幅度增長仍繼續進行，生產放慢腳步，失業率居高不下，通貨膨脹不可抑止，在此情況下，群眾生活的改善又從何而來？饑荒和瘟疫已隨農業和醫療的進步而被排除，這些過去用以治療急病的重藥今天已不再使用，人們對此並不感到遺憾；此外，出於某種休戚相關的感情，當今世界實行食物調劑，雖然還談不上調劑其他資源。但人們會問：撇開表面現象，儘管近代世界堅信未來經濟的持續發展，目前的問題在大體上是否與過去沒有兩樣？人口的增長是否尚未達到（或超過）由工業革命在上個世紀所擴展的可能性限度？在新的革命（例如能源革命）尚未從根本上改變問題的提法前，人口是否暫時還能繼續增加，而不至造成災難性的結果？

第二章　城市統治下的歐洲舊經濟：威尼斯以前和以後的情況

歐洲經濟世界長期以某個幅員狹小、行動靈活但力量有限的城邦為中心；城邦為彌補自身的弱點，往往利用地域和集團之間的糾紛，挑動它們之間的互鬥，借助幾十個為它效力的城市、國家和經濟區域。這些城市、國家和經濟區域為它效力，或者事關利害，或者迫於無奈。

人們不能不問，從如此狹小的中心出發，怎麼能在如此寬廣的地區推行和維持這樣的統治。尤其在其內部，處於嚴酷統治下的、往往「無產階級化」的居民對當局的舉動密切注視，不斷反抗。全部權力集中在幾個眾所周知的大家族的掌握之下，它們理所當然地成為不滿的對象；它們既然能掌握權力，也就可能在哪一天喪失權力。何況，這些大家族之間還在互相殘殺[1]。

圍在這些城市四周的經濟世界本身確實只構成一個脆弱的聯繫網。聯繫網雖然容易被撕裂，但修復也不太困難。問題是要保持警覺，清醒地使用力量。帕麥斯頓或迪斯累利執政時的英國不就是這麼做的嗎？為了控制遼闊的區域，關鍵是要掌握戰略據點（威尼斯於一二〇四年奪得康提亞，一三八三年佔有科孚，一四八九年佔有賽普勒斯；英國於一七〇四年偷襲直布羅陀，於一八〇〇年攻克馬爾他）；關鍵是要建立適當的壟斷，並且像我們維修機器那樣去維護壟斷。這些壟斷往往憑慣性就能運轉，雖然它們勢必遇到其他城市的競爭，這種競爭有時能造成巨大的困難。

然而，對於這些突出地表現為風雲變幻的外部爭奪，對於這些以政治對抗和社會運動為標誌的內部衝突，歷史學家不是十分重視的嗎？這些城市的對外爭霸，有錢有勢之人在城市中的至高無上地位，都是長期

威尼斯海外領地的四種形象：科孚（左上方），扼守亞得里亞海的咽喉；康提亞（右上方），保留到 1669 年為止；法馬古斯塔（左下方），位於費普勒斯島，1571 年陷落；亞力山卓（右下方）為埃及和香料貿易的門戶。這些圖像帶有很多幻想成份，是 1570 至 1571 年間一名威尼斯貴族的黎凡特遊記的插圖。全書共有二十多幅細密畫。

存在的事實；無論是為工資和就業進行的鬥爭或者黨派之間的傾軋，這個小天地中一切的一切都從不能阻止為資本健康成長所必須的演變。即使在舞台上一片吵吵嚷嚷，有利可圖的交易都在幕後順利進行。

中世紀的商業城市都以獲得利潤為目標，並且朝這個方向去努力。有鑑於此，保羅．格魯賽甚至說：「當代資本主義沒有絲毫的發明[2]。」阿爾芒多．薩波利[3]進一步指出：「直到今天，人們不能找到任何東西，包括所得稅[4]在內，在天才的義大利共和國中皆沒有先例。」確實，匯票、信貸、鑄幣、銀行、期貨、財政金融、公債、資本主義、殖民主義以及社會動亂、勞動力的完善、階級鬥爭、社會凶殘、政治暴行等等，一切早已存在。在熱那亞或者威尼斯，很早就有大筆款項用現金清償，至少從十二世紀開始，尼德蘭的城市也同樣如此[5]。但是信貸活動接踵而至。

走在時代前面的近代城邦利用了其他區域的落後和劣勢。正是這些外部弱點的總和幾乎使城邦注定要成長壯大，壓倒別人，幾乎為它們專門保留遠程貿易的巨額利潤，讓它們置身於共同的規則之外。可能與之抗衡的對手，例如腓特烈二世在南義大利草創的近代領土國家，發展很不順利，或者至少不夠迅速，而十四世紀持久的經濟衰退又給它帶來危害。一系列國家因此陷於失序，紛紛瓦解，使城邦重獲自由發展的廣闊天地。

城邦和國家畢竟是勢均力敵的對手。究竟誰壓倒誰呢？這是決定歐洲最初命運的大問題；城邦何以能長期統治，要解釋清楚也並不容易。不管怎麼說，薩伊[6]對於「十三世紀的威尼斯共和國在義大利沒有一寸土地，竟能通過貿易致富，以致征服達爾馬提亞、希臘的多數島嶼和君士坦丁堡」感到驚奇，並非沒有道理。另外，認為城邦需要擁有地域、市場、流通區和保護區，就是說，需要有大片國土可供開發，這也並不有悖常理。城邦必須捕食獵物才能生存。沒有拜占庭帝國，沒有後來的鄂圖曼帝國，威尼斯是不可想像的。這就是「敵我雙方互為補充」的普通道理。

歐洲的第一個經濟世界

為要解釋城市的領先地位，必須把它們置於十一至十三世紀期間逐漸在歐洲形成的第一個經濟世界的範圍之內。正是在那時候，出現了相當廣闊的流通區域，而城市則是流通的工具、轉運站和受益者。作為研究世界歷史的工具，歐洲經濟世界的歷史並不同本書一起從一四〇〇年開始，它的誕生至少比一四〇〇年要早二、三個世紀，甚至更長的時間。

這裡有必要走出本書的時間限度去追根究源，以便通過對其構成部份進行尚不完善的分級和組合，具體看到一個經濟世界的誕生。歐洲歷史的主線和脈絡早在那個時候已勾畫清楚，狹小的歐洲大陸的現代化（含義十分模糊的詞）這個大問題，因此可從更寬廣的視野和更正確的角度得到考察。隨著中心區域的出現，幾乎勢必會形成一種原始的資本主義，而中心區域的現代化並不表現為一種狀態向另一種狀態的簡單過渡，而是表現為一系列的過渡和階段，其中最早的階段出現在十五世紀末文藝復興以前。

從十一世紀開始的歐洲擴張

在這長期的孕育過程中，城市自然起了主要作用，但並非僅僅城市起了作用。整個歐洲為城市撐腰，用伊薩克．品托[7]隨口說出的話來講，是「歐洲全體」，從政治到經濟的全部歐洲。其中還有歐洲的全部過去，包括古羅馬留下的、由歐洲繼承的保存的遺產，包括在五世紀蠻族入侵後的擴張。那時候，羅馬帝國的疆界從四面八方向外突破，抵達日耳曼和東歐，斯堪的納維亞地區、以及本來已有一半被羅馬佔領的大不列顛諸島嶼。由波羅的海、北海、英吉利海峽和愛爾蘭海構成的整片海域也陸續被佔領。西方在這方面一舉超過了羅馬，後者雖有船艦駐紮在索默河口和布倫[8]，卻很少向海上發展。「波羅的海只給了羅馬人一點龍涎香而已[9]。」

旨在從伊斯蘭和拜占庭那裡奪回地中海的南征更加精彩。地中海是盛極一時的羅馬帝國的中心和存在的理由，是「花園中的池塘[10]」，如今被義大利的船隻和商人所收復。隨著強大的十字軍運動的興起，這一事業終於成功。基督教為奪回地中海所作的努力，無論在西班牙，（開始進展順利，並於一二一二年獲得托羅沙的拉斯納瓦斯大捷，但隨後止步不前），在從直布羅陀到埃及的廣義上的北非，在黎凡特地區（那裡的十字軍國家處境不穩）或在希臘帝國（於一二〇四年傾覆），都一再遇到抵抗。

阿契波德．劉易斯正確指出，「歐洲突破的最重要的邊界是森林、沼澤、荒原的內部邊界」[11]。境內的空地隨農民墾荒而逐漸減少；更多的人開始使用水輪和風車；歷來互不交往的地區逐漸建立聯繫；隔閡被打破；無數城市在商業往來的十字路口拔地而起或煥發活力，這肯定是個至關重要的事實。城市在歐洲如雨後春筍般地興起。僅日耳曼地區就有三千以上[12]。有些城市雖然圍有城牆，居民卻不過二百、三百人，仍然像是村莊。但許多城市成長起來，這是一些前所未見的新型城市。古代曾經有過希臘式的自由城市，鄉村居民可以隨意出入和活動。中世紀的西方城市則相反，關在城牆裡面，受牆的保護。德國諺語說：「城牆使城裡人與鄉下人分開。」城市在其特權的庇護下，是個獨立的天地（「城市的氣息使人感到自由」），是個不甘寂寞、執意製造不平等交換的場所。根據不同的地點和時間，城市的活躍程度有所不同，然而正是城市如發麵中的酵母一樣促進著歐洲的全面發展。城市之所以能起這個作用，也許因為它們本身是在預先安排好的鄉村世界中發展成長，而不像新大陸的城市（也許還有希臘城邦）那樣在真空中誕生。鄉村向西歐城市提供加工的原料，城市依靠損害鄉村利益而成長壯大。此外，正在緩緩形成的國家對城市並無妨礙：在這場龜兔賽跑中，兔子合乎邏輯地將輕易取勝。

城市依靠其道路、市場、工廠和積累的財貨確保自身的地位。農民帶著剩餘產品來到城裡，保障了城市

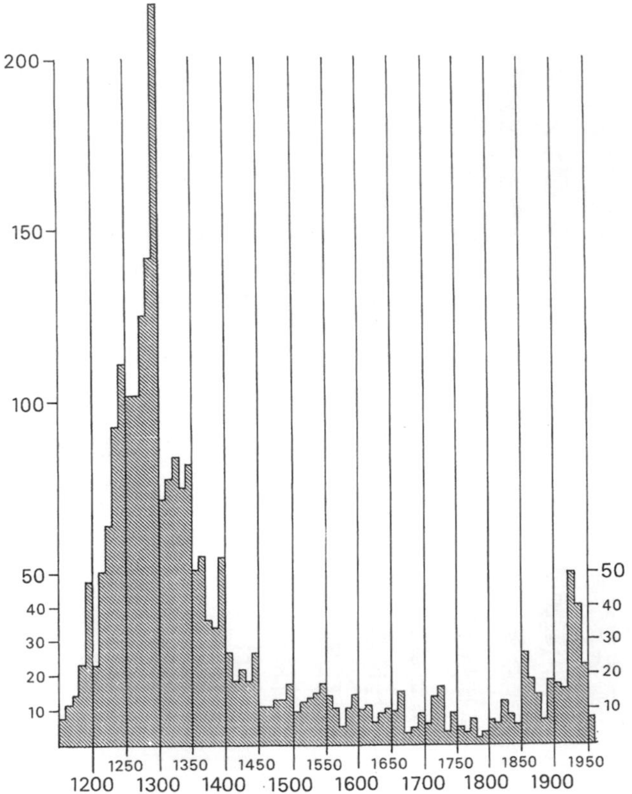

表(10)　中歐城市的興建　圖示城市的數量在 13 世紀以非同尋常的速度激增。（海因·斯托伯繪製，見阿貝爾著，《德意志農業經濟史》，1962 無版，第 46 頁）

的市場供應：「城市市場使領主莊園日益增多的剩餘產品，即因繳納實物租稅而積累起來的大量產品，從此找到銷路」[13]。斯利歇·凡·巴特認為，從一一五〇年起，歐洲擺脫了「直接農業消費」（自給自足），轉為隨著剩餘農產品進入流通而誕生的「問接農業消費」[14]。與此同時，城市把手工業活動吸引過來，壟斷工業品的製造和銷售。只是在後來，前工業化的浪潮又重新湧向鄉村。

總之，「經濟生活……尤其從十三世紀起……改變了城市以農為主的舊面貌[15]」。在廣大地區，家庭經濟向市場經濟的決定性過渡逐漸完成。換句話說，城市在周圍的鄉村中崛起，眼光從此看到自己的視野之外。這是一次「巨大的決

在城市擺小掛的農民。羅倫佐・洛托的畫作《聖巴巴拉的故事》，細部。

裂」，第一次創立歐洲社會，並推動它走上成功之路[16]。勉強能與這次推動相比的，只有歐洲在美洲最早興建的一大批城市，這些城市根據道路以及交換、指揮和防守的需要，互相連成一片。

我們可以贊同吉諾．呂扎托和薩波利的見解[17]，認為當時的歐洲正經歷真正的復興（儘管該詞詞義含混），這比人們通常所說的十五世紀文藝復興要早二百、三百年。但要說明何以出現這種擴張仍很困難。人口確實有所增長。人們本可以用這條理由來解釋一切，但這條理由本身卻要用別的理由加以說明，其中特別要提到的，無疑是從公元九世紀開始的農業技術進步：耕犁的改進，三區輪作制以及休閒地用於放牧。里恩．懷特[18]認為農業進步是歐洲經濟高漲的首要原因。毛里茨．隆巴爾德[19]則強調商業進步：義大利很早就與伊斯蘭和拜占庭建立商業聯繫，它加入東方業已十分活躍的貨幣經濟，並把貨幣經濟傳播到歐洲各地。城市意謂著貨幣，是所謂貿易革命的關鍵。喬治．杜比[20]和羅伯托．洛佩斯[21]的認識與懷特不謀而合（洛佩斯的觀點有細微差別）：關鍵在於農業產品的過剩以及剩餘產品的再分配。

經濟世界以及兩極化

所有這些理由其實都是相輔相成的。假如各個方面不是差不多同時進步，經濟發展難道是可能的嗎？必須等人口增長、農業技術改進、貿易復興、工業高漲等條件同時具備了，才能終於在歐洲各地建立起城市網，才能出現城市的上層建築和城市間的聯繫，進而囊括下層的經濟活動，並把它們納入到「市場經濟」中去。這種成交額不大的市場經濟導致一場能源革命，推廣磨坊的工業應用，最終導致歐洲經濟世界的誕生。就十四世紀末而言，費德里哥．梅利斯[22]把布魯日、倫敦、里斯本、菲茲（Fez）、大馬士革、亞速和威尼斯之間的多邊形看作是第一個經濟世界，多邊形中三百個商埠之間的十五萬三千封來往書信被保存在普拉托的商人佛朗西斯科．達蒂尼的檔案中。亨利希，貝希特爾[23]曾說起里斯本、亞力山卓、諾夫哥羅德、貝爾根之間的四邊形。弗里茨・勒里希[24]率先賦予德語「Weltwirtschaft」一詞以經濟世界的含義，並劃定它的東方邊界從伊爾門湖畔的諾夫哥羅德到拜占庭一線。眾多的交流和興旺的貿易推動了這一廣闊地區的經濟統一[25]。

唯有一個問題懸而未決：經濟世界何年何月何日真正開始存在？這是一個幾乎無法解決的問題：只是當交換網的網眼相當稠密，交換活動相當經常和相當龐大，使中心區域得以誕生時，經濟世界才可能存在。但在那遙遠的過去，任何演變都並不迅速以明確無疑的形式顯示出來。從十一世紀開始的上升趨勢為一切提供了方便，但又使幾個中心同時冒出頭。只是到了十三世紀初，隨著香檳區交易會的興盛，歐洲才開始顯示從尼德蘭到地中海的整體一致性，從中得益的不是一般的城市和海上航線，而是交易會城市和千里迢迢的陸路。這是一個富有特色的序幕，或不如說是一段插曲，因為它並不是真正的開端。如果沒有尼德蘭和北義大利這兩個勢必要匯合起來的經濟活躍地區，如果沒有它們事先的經濟成長，香檳區交易會的情形又該怎樣？

確實，在新歐洲才剛誕生時，必須看到以下兩個整體的發展：北方的尼德蘭以及北海和波羅的海，南方的義大利以及整個地中海。西歐包含著兩個「極區」，而並非其中的任何一個；在幾個世紀裡，歐洲大陸就被夾在北義大利和尼德蘭這兩極之間。這是歐洲歷史的一大特徵，也許是最重要的特徵。何況，談到中世紀歐洲和近代歐洲，這就意謂著使用兩套語彙。同樣的詞，凡適用於北方的，從不適用於南方，反之亦然。

決定性變化大概是發生在公元九或十世紀：在交往尚不頻繁的歐洲，兩大經濟區幾乎互不相關地逐漸形成。北方的經濟區形成十分迅速，幾乎沒有遇到什麼抗拒；那是一些新開闢的原始地區。地中海附近的地區歷史悠久，復興的起步也許比較晚些，但隨後的進展較快，特別是義大利的經濟在伊斯蘭和拜占庭的促進下，更是突飛猛進。因而兩地大體上不相上下，北方偏重工業，但不如南方那麼的「精巧」，南方的商業則比北方更加發達。總之，這是必定會互相吸引、互為補充的兩個不同的地理區域和電極。它們的會合將通過南北間的陸路進行，十三世紀的香檳區交易會正是這種會合的第一個重要表現。

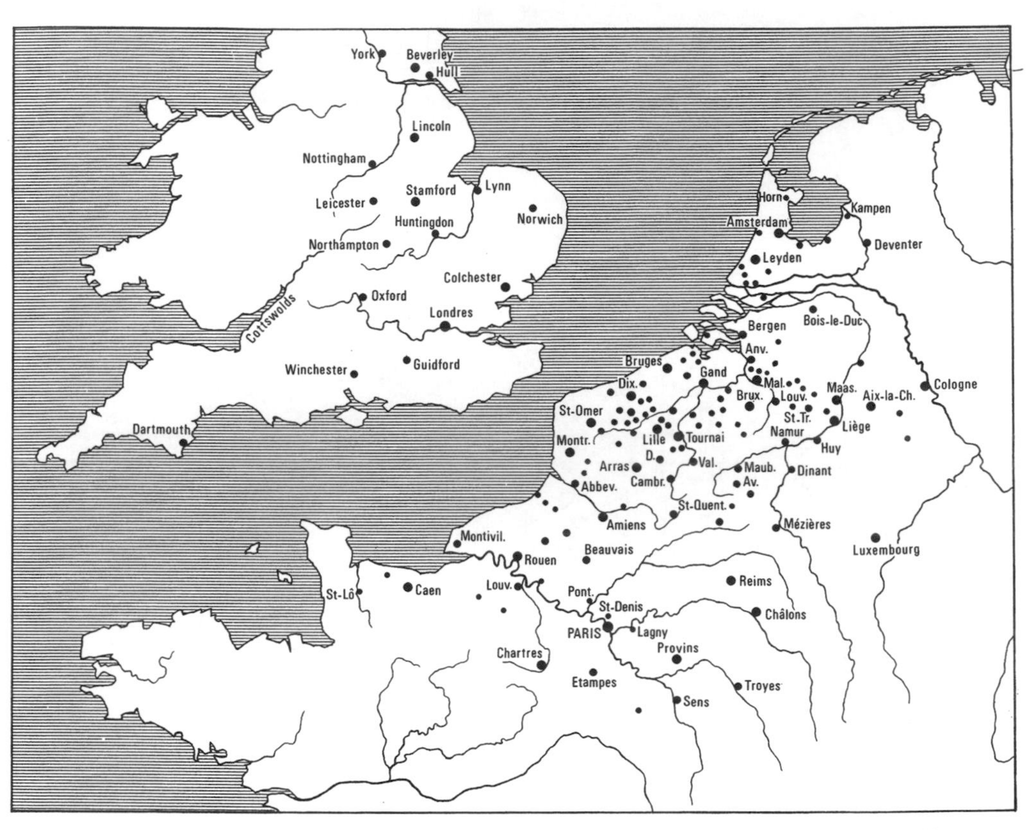

表(11)　北「極」的工業分布　從須德海到塞納河谷，紡織工廠星羅棋布。關於香檳區交易會興盛期間南北兩「極」總的情況，請看本書第 114 頁的地圖。(根據埃克托爾．阿曼：《黑西施地區史年鑑》，1958 年第 8 期)

這些聯繫並未取消兩極的存在，反而使兩極化更趨加劇。作為一個互相呼應的體系，兩極通過交流而互相加強，分別使對方獲得比歐洲其他地區更大的活力。在早期歐洲的繁華都會中，也有幾個超級城市，它們無不位於這兩個經濟區中或在連接兩極的軸線上；它們的位置畫出了歐洲軀體的骨骼或血脈。

當然，歐洲經濟世界的中心只能通過兩「極」相爭而形成。在地中海仍是舊大陸中心的情況下，義大利到十六世紀為止始終處於領先地位。但在一六〇〇年前後，歐洲的重心逐漸偏向北方。阿姆斯特丹的崛起肯定不是中心從安特衛普遷往荷蘭的簡單小事，而是一場極其深刻的危機：長期光彩奪目的地中海和義大利一時變得黯然失色，歐洲從此只剩下北方一個中心，幾百年以來，甚至直到今天，正是相對於這個極點而言，才畫出極不對稱的線條和圓圈。因此，在進一步闡述以前，必須大致介紹這些關鍵地區的成長過程。

北方地區：布魯日的興盛

北方的經濟是從零開始創建起來的。尼德蘭就是這樣一個創造物。昂利・比蘭納強調說：「義大利、法國、德國的萊茵河流域和奧地利的多瑙河流域的大多數城市在公元前已經存在，而列日、魯汶、馬連（Malines, Mechelen）、安特衛普、布魯塞爾、伊普爾、根特、烏特勒支只是在中世紀初方才出現[26]。」加洛林王朝建都愛克斯伯沙（Aix-la-chapelle [Aachen]）推動了該地區的第一次甦醒。諾曼人八二〇至八九一年的騷擾破壞[27]曾打斷了這個過程。但隨著和平的恢復，以及與萊茵河東岸地區和北海沿海地區取得聯繫，尼德蘭的經濟生活得以重趨活躍。尼德蘭不再是「天涯海角」，世界的盡頭，武裝的城堡和築有城牆的城市紛紛出現。原來漂泊不定的商人改在城堡和城市附近安頓下來。到了十一世紀中葉，低窪地區的織工陸續在城市定居。人口逐漸在增加，大農莊欣欣向榮，從塞納河畔和馬恩河畔到須德海（Zuyder Zee），紡織工廠的生產十分繁忙。

馬克紀拉埃爾 1562 年繪製的布魯日地圖的散頁。

圖上方聖賈克教堂（第 32 號）附近的大市場係布魯日的人民廣場，位於市中心。廣場上還有商場和薹鐘，位於這張敵頁之外。在聖貿克街前方，可達驢街，驢街通往設防的驢門（第 6 號，標有 ED 字母）。在第 63 號下方，是交易所廣場。有關商業區的情形，參見雷蒙・德・羅維爾《中世紀時代布魯日的貨幣、銀行和信貸》，1948 年版，第 174 至 175 頁。這張地圖散頁使人對城市規模有大概的了解，圖中顯示街巷、修道院、教堂、貴族邸宅、壕溝、城牆、風車、運河和運輸船。朝北的地方（即在本圖的下方），按照 16 世紀的常規，在城牆內留有大片沒有建築的空地，所有這一切終於促使了布魯日財源興旺。從一二〇〇年起，該市與伊普爾、土魯（Thouront）和墨西拿一起，組成法蘭德斯交易會網[28]。因此，城市的地位被抬高到它自身之上：外國商人常來光顧，工業生產活躍，與英格蘭和蘇格蘭建立了貿易聯繫，從那裡取得羊毛，供本地的毛織業使用，並且轉手向法蘭德斯其他毛織業城市出口。與英國的聯繫還幫助布魯日同英國在法國擁有的省區展開貿易，例如取得諾曼第的小麥和波爾多的葡萄酒。最後，漢撒同盟的船隻來到該城市，更奠定和推動它的繁榮。那時便出現了達默外港（早在一一八〇年前），隨後又在澤溫灣口出現了斯勒伊斯船閘，船閘的建造不僅旨在清除布魯日各河道沉積的泥沙，而且為接待漢撒同盟單桅高舷的載重帆船準備必要的深水泊位[29]。呂貝克和漢堡的幾名使者以帝國僑民的名義，經過談判，於一二五二年從法蘭德斯女伯爵那裡得到某些特權。但女伯爵堅持不讓呂貝克人在達默附近建立一個享有廣泛自治權的商業據點，這種商業據點與英國人後來費了九牛二虎之力才終於拔除的倫敦「斯塔爾會館」同出一轍[30]。

一些熱那亞船隻於一二七七年在布魯日停泊；地中海和北海之間的這一定期海上聯繫意謂著南方商人終於從海上來到北方。尤其，熱那亞人還只是一支先遣部隊：威尼斯的帆槳船將於一三一四年浩浩蕩蕩地開到。對布魯日說來，此事同時意謂壓制和發展。之所以是壓制，因為布魯日本可能單獨進行的發展，如今被南方商人奪走了；但這也是發展，因為地中海的海員、船隻和商人的到達帶來了眾多的貨物、資金以及商業和金融技術。一些義大利富商在市內定居；他們直接帶來了黎凡特的香料和胡椒，並用這些當時最珍貴的貨物換取法蘭德斯的工業品。

布魯日從此成了四通八達的中心，其重要地位不亞於地中海、葡萄牙、法國、英國、德國的萊因地區以及漢撒同盟。城市居民激增，一三四〇年為三萬五千人，一五〇〇年可能達到十萬人。在尚・范艾克（約一三八〇—一四四〇）和勉林（一四三五—一四九四）的時代，布魯日無疑是世界最美的城市之一[31]。可以肯定，也是工業最發達的城市之一。紡織工業不僅在本市站穩腳跟，並且侵入法蘭德斯其他城市，根特和伊普爾於是大放異彩；由此形成的工業地區在歐洲無可匹敵。與此同時，在交易會之外和之上，於一三〇九年建立了著名的布魯日交易所，從事更高一級的活動。該交易所很早就成為先進的貨幣交易的中心。一三九九年四月二十六日，達蒂尼接到發自布魯日的客戶來信，信中寫道：「看來熱那亞目前現金充足，因此不要把我們的錢匯到那裡，還是付不大的代價，把錢匯往威尼斯和佛羅倫斯，或匯到這裡〔布魯日〕、巴黎或蒙貝里耶（Montpellier），或把錢存放在您認為最適當的地方」[32]。

布魯日的作用雖然十分重要，但我們不宜過事渲染。比蘭納認為布魯日的「國際地位」超過了威尼斯，我們對此不能苟同。這是因為他的民族主義在作祟。何況比蘭納自己也承認，出入港口的多數船隻「屬於外國船主」，「本地居民在商業活動中只佔很小的比重。他們只要在從四面八方擁來的商人之間充當指客就夠了[33]。」這就等於說，布魯日商人僅僅起從屬的作用，照十八世紀的說法，該市的貿易是「消極的」。尚·凡伍特因此在一九五二年發表了轟動一時的文章，指出布魯日和安特衛普的區別在於前者系「國家級港口」，後者則列為「國際級港口」[34]。這也許朝另外一個方向走得遠了一點。我勉強可以接受哈普克[35]以及勒里希[36]的見解，承認布魯日和呂貝克已是經濟世界的中心市場，雖然還不完全是中心城市，換句話說，還不是群星拱衛的獨一無二的太陽。

北方地區：漢撒同盟的興起[37]

布魯日只是從英格蘭到波羅的海遼闊北方地區的據點之一，雖說是最重要的據點，但也不過是一個據點而已。這塊寬廣的海上商業區域（波羅的海、北海、英吉利海峽以及愛爾蘭海）是漢撒同盟施展其海上商業才能的地方，特別是離波羅的海不遠，位於特拉沃和瓦肯尼茨兩塊沼澤地之間的呂貝克城，自一一五八年建立不久便嶄露鋒芒。

但那裡也並非完全白手起家。在公元八世紀和九世紀，諾曼人的征討、侵犯和搶掠曾經抵達和超過北方沿海地區的界限。他們在歐洲的攻城掠地終告煙消雲散，但在所到之處畢竟留下一點痕跡。諾曼人入侵過後，斯堪的納維亞一些輕巧、不裝甲板的船隻相當長時間在波羅的海和北海之間穿梭往返：挪威人甚至抵達英格蘭海岸和愛爾蘭海[38]；哥德蘭島農民的船隻經常前往南方海港和內河，最遠竟抵達大諾夫哥羅德[39]；最近的考古成果表明，一些斯拉夫城市開始在日德蘭半島和芬蘭一帶出現[40]；俄羅斯商人抵達斯德丁，這在當時是個清一色的斯拉夫城市[41]。但在漢撒同盟前，不存在真正的國際性經濟。依靠與王公的交換和協商，通過協商，有時也採用暴力和強迫手段，波羅的海和北海一帶海域逐漸被德意志的城市以及商人、士兵或農民所控制和掌握。

但是，切莫以為漢撒同盟諸城市生來就有了緊密的聯繫。「漢撒」（商人的群體[42]）一詞出現較晚，其正式的書寫形式首次見於一二六七年英國國王的一份證書[43]。最初，該詞確指從須德海到芬蘭、從瑞典到挪威的一群商人和一群船。貿易的中央軸線從倫敦和布魯日通過里加（Riga）和雷瓦爾（Reval），然後取道陸路前往諾夫哥羅德、維捷布斯克或斯摩倫斯克。西方根據自己的需要，以北海為中間站，與波羅的海沿岸地區開展貿易，後者提供原料和食品。在布魯日，以歐洲和地中海為基礎的經濟世界接待來自於漢撒同盟的大船，這些搭接式結構的單桅船於十三世紀末已經出現（地中海後來的「單桅船」就是依此仿造的）[44]。再後來又出現了雙桅船[45]，這種平底大船能運輸笨重的鹽包和桶裝葡萄酒，以及木材、木製品和散裝的糧食。漢撒同盟諸城市擁有明顯的海上優勢，但遠不能完全控制海洋：直到一二八〇年，它們的船隻避免穿越危險的丹麥海峽；在海峽航運[46]已通行無阻後，連接呂貝克和漢堡的「地峽通道」（事實上是若干河段加一條運河）仍在使用，雖然在穿越這些河灣港灣時，船隻航行十分緩慢[47]。

「地峽通道」促使呂貝克的地位達到登峰造極，因為波羅的海和北海之間的商品必須經過這個城市。一二二七年，呂貝克經皇帝特准，成為易北河以東唯一的自由城市[48]。另一個有利條件是盧內堡（Lüneburg）的岩鹽礦近在咫尺，很早就在呂貝克的商人控制之下[49]。一二二七年，通過博恩赫沃德（Born höved）之戰打敗了丹麥人[50]，呂貝克市初步奠定了優越地位；到了一二五二至一二五三年間，隨著漢撒同盟獲得在法蘭德斯經商的特權，呂貝克的優勢地位更加鞏固[51]，那時距一三五六年同盟各城市代表舉行第一次議會和正式建立漢撒同盟，還有一個多世紀的時間[52]。但遠在這個日期之前，呂貝克早已經是「漢撒同盟的象徵……被公認為商業總同盟的首府……呂貝克的市徽——雄鷹——於十五世紀成為整個漢撒同盟的徽飾」[53]。

然而，東歐和北歐的木材、石蠟、毛皮、黑麥、小麥和木製品只能轉手向西歐出口才有價值。在另一方面，還必須換回食鹽、呢絨和葡萄酒。這種簡單而堅實的交換遇到不少困難。正是為了克服困難；各城市組成了漢撒同盟；這個集團可以說是既脆弱又堅實。之所以脆弱，因它無非是七十至一百七十個城市的鬆散同盟，在召開議會時，各城市的代表並不到齊。在它的背後，既沒有國家，又沒有堅強的聯盟，而僅有抱住各自特權不放並引以為驕傲的若干城市；在城牆的保護下，這些城市各有其商人、貴族、行會、船隊、倉庫以及既得之財富，城市之間有時持敵對態度。漢撒同盟的堅實則來自共同的利益，因為各城市必須進行相同的經濟活動，也來自由於在波羅的海到里斯本這塊歐洲最活躍的海域上從事貿易而培育的共同的文明，最後還來自共同的語言，這一因素對促進統一並非微不足道。這種共同的語言「以下德意志語（不同於南部的德語）為基礎，適當吸收拉丁語、雷瓦爾的愛沙尼亞語、盧布林的波蘭語、義大利語、捷克語、烏克蘭語以及立陶宛語的一些成份」[54]，這是「少數有財有勢之人」的語言，使用這種語言「意謂著屬於某個特定的社會職業集團」[55]。此外，由於這些以經商為業的城市貴族很少流動，安格爾門德、魏金古森、蘇斯特、吉埃斯、蘇什吞等大家族在雷瓦爾、格但斯克、呂貝克和布魯日的後裔分別相互保持著聯繫[56]。

所有這些聯繫造成某種協調一致和休戚與共，培養出某些慣例和一種共同的自豪感，以及種種一般性束縛。在地中海，各城市的財富相當充裕，可以進行分別活動，互相展開激烈的競爭。在波羅的海和北海，事情就要困難得多。那些價格低、體積大的壓艙貨，利潤十分微薄，而費用和風險很大。利潤率至多在百分之五左右[57]。為此就必須比別處更加精打細算和節省開支。取得成功的條件之一是要使供應和需求掌握在同一隻手裡——無論是向西歐出口或是反過來向東歐分發進口的貨物。漢撒同盟設立的商站是所有商人共同的據點，不論是諾夫哥羅德的「聖彼得會館」，貝爾根的「德意志橋」或倫敦的「斯塔爾會館」，它們全都享有特權，得到堅強的防禦。前來商站小住的德意志商人服從嚴格的紀律。青年人在貝爾根充當「學徒」，為期長達十年，他們要學會各種語言以及本地的商業實務，並且應過獨身生活。這個商站的一切事務由元老會和兩名官吏處理。商人必須住在商站，但布魯日是個例外，那裡不可能實行以上辦法。

結果是北方地區被置於一系列監視和制約之下。挪威的利益在貝爾根將不斷遭到踐踏。由於農產品不足，挪威受制於呂貝克商人從波梅拉尼亞和布蘭登堡運來的小麥[58]。挪威才剛想削減漢撒同盟的特權，小麥禁運（如一二八四至一二八五年）便迫使它再度就範。由於進口小麥的競爭妨礙當地農業的發展，外國商人從挪威取得他們希望得到的鹹肉，洛佛坦群島的醃贈魚或贈魚乾，以及木材、油脂、柏油、毛皮等。

在西歐，面對擁有較好自衛能力的對手，漢撒同盟也設法取得了某些特權，他們在倫敦比在布魯日得到的特權更多。設在英國首都倫敦橋附近的「斯塔爾商館」擁有自己的碼頭和倉庫，其規模堪與威尼斯的「德意志商館」相比。漢撒同盟在那裡免納大部份捐稅，任命自己的法官，甚至守衛城市的一座大門，這對它顯然是一項榮譽[59]。

然而，呂貝克和漢撒同盟其他城市只是在很晚的待候，即在一三七〇至一三八八年期間才達到興旺的巔峰。一三七〇年，漢撒同盟迫使丹麥國王接受斯特拉桑條約[60]，並佔領了丹麥海峽一帶的要塞；一三八八

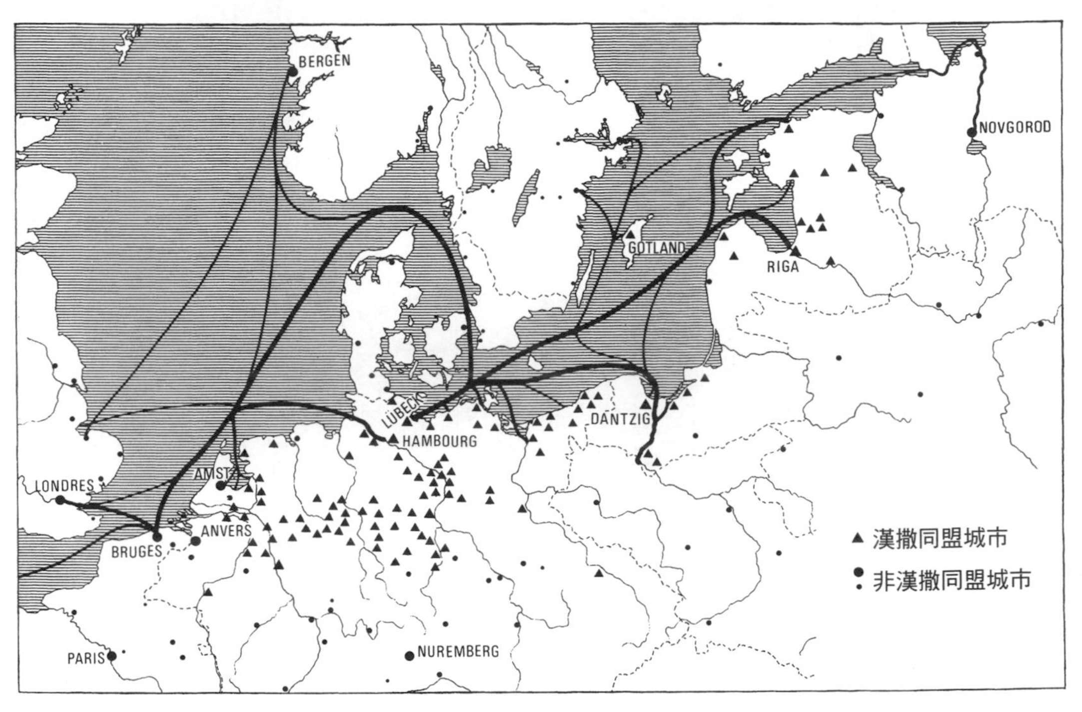

表(12)　漢撒同盟 1400 年前後的貿易　摘自普茨格：《世界歷史地圖集》，1963 年版，第 57 頁。

年，漢撒同盟同布魯日發生糾紛，通過有效的封鎖，迫使富裕的布魯日市以及尼德蘭屈膝投降[61]。然而，在這些姍姍來遲的成功的掩蓋下，一次突出的經濟衰退即將開始[62]。

在這十四世紀下半葉，一場大危機席卷西方世界，漢撒同盟諸城市怎能不受絲毫損失？儘管人口下降，西方對波羅的海產品的需求並未減少。尼德蘭受黑死病的危害較少，西歐海運業的發展使人以為，木材進口量不應降低，而相反地應該提高。但西歐的價格運動對漢撒同盟起了不利作用。毛皮和糧食的價格先後自一三〇〇年和一三七〇年後開始下跌，而工業品價格卻在上漲。兩大部類價格剪刀差的逆向運動對呂貝克和其他波羅的海城市

安特衛普的漢撒會館：建於 16 世紀（1564），反映了漢撒同盟在安特衛普貿易的復興。卡特利夫的水彩，1761 年。

的貿易十分不利。

萬事都互為聯繫，漢撒同盟背靠的內陸發生了危機，使各地的王公、貴族、農民和城市互相對立。此外，遙遠的匈牙利金礦和波希米亞銀礦的產量急劇減少[63]。最後是一些領土國家紛紛出現或復活：勃艮第的瓦盧瓦家族把丹麥、英格蘭和尼德蘭聯成一片，波蘭於一四六六年戰勝條頓騎士團，伊凡雷帝的莫斯科公國於一四七六年結束了大諾夫哥羅德的獨立[64]。此外，英國人，荷蘭人以及紐倫堡商人紛紛侵入漢撒同盟的海域[65]。一些城市進行了抵抗：例如，呂貝克於一四七〇至一四七四年間打敗了英國；另一些城市則與入侵者妥協。

德國歷史學家用德意志的政治幼稚病解釋漢撒同盟的衰落。艾利・赫克謝爾（Eli Heckscher）[66]指出他們的看法是錯的，但未加詳細說明。人們可以想到，在城邦稱雄的時代，一個強大的德國對漢撒同盟諸城市的幫助和妨礙也許不相上下。在我看來，漢撒同盟的衰落是這些城市停滯不前的經濟與西歐比較發達的經濟迎面相遇的結果。就整體而言，無論如何不能把呂貝克置於威尼斯或布魯日同等的地位。西歐正在急劇變動，東歐則變動較小，夾在中間的漢撒同盟固守資本主義的初級階段。那裡的經濟在物物交換和貨幣交易之間搖擺，很少採用信貸，長期只接受銀幣。即使在當時資本主義的範圍內，這些也都屬於落後的傳統。十四世紀末期的急風暴雨只會打擊處於最不利地位的經濟。也只有最強大的經濟才能相對地少受損害。

歐洲的另一極：義大利諸城邦

伊斯蘭於公元七世紀並未一舉征服地中海。據阿斯托爾[67]認為，伊斯蘭的不斷入侵甚至使商業活動全部撤離地中海。但在公元八世紀和九世紀，商業交換重新復活，地中海上的船隻往來繁忙，沿岸居民不論貧富都受益匪淺。

在義大利和西西里沿海，不僅有威尼斯（當時規模不大），而且還有十、二十個比威尼斯更小但十分活躍的港口。其中以阿瑪菲居首[68]，雖然臨海的懸崖峭壁只給城市留出一塊谷地，勉強能容納海港、住房以及後來興建的大教堂。阿瑪菲的領先地位，乍眼看來，使人似乎難以理解，但可以用阿瑪菲優先與伊斯蘭建立的聯繫來解釋，土地貧瘠迫使這個小城市奮不顧身地投入到航海事業中去[69]。

這些小城市的命運就在離當地海域幾百里以外的地方決定。對它們說來；成功就是做成一筆三角貿易：前往富有的沿海地區、伊斯蘭城市或者是君士坦丁堡，取得埃及以及敘利亞的第納爾和金幣[70]，換取拜占庭的華麗絲綢，再轉運到西歐出售。這就等於說，當時的義大利還只是一個平庸的「邊緣」地區，它以經商為手段，主動為歐洲的中心服務，向中心提供它能弄到的木材、小麥、麻布、食鹽和奴隸。這一切都發生在十字軍東征以前，在基督教和伊斯蘭互相對抗以前。

這些活動喚醒了自羅馬崩潰以來處於半休眠狀態的義大利經濟。阿瑪菲受到貨幣經濟的滲透：一些公證文書表明，商人從公元九世紀起已用金幣購買土地[71]。從十一到十三世紀，阿瑪菲山谷的景色有了徹底改觀：栗樹、葡萄、橄欖、柑桔、磨坊成倍增多。阿瑪菲法規變成基督教各國地中海航運的重要準則之一，充份表明該城市國際活動的興旺發達。但在劫難逃：阿瑪菲市於一一○○年被諾曼人所征服；又於一一三五和一一三七年兩次受比薩人的洗劫；最後在一三四三年，近海城區毀於一次海嘯。阿瑪菲雖然仍在海上活動，但從此已從歷史的前台退出[72]。一二五○年之後，該市的貿易大大下降，貿易額也許只有公元九五○至一○五○年間的三分之一；海上往來的範圍也逐漸縮小，最後只剩幾十條雙桅或單桅小船在義大利沿海從事近海運輸。

最初的威尼斯走的是同一條道路。早在公元八六九年，威尼斯總督尤斯丁尼·帕脫希巴齊奧留下的遺產竟達一千二百斤白銀的巨款[73]。就像夾在山谷中的阿瑪菲一樣，由六十來個大小島嶼組成的威尼斯是個安全但又生活不便的奇怪地方：沒有淡水，沒有食物，有的是鹽，太多的鹽！人們常這麼說，威尼斯人「不耕地，不播種，不採摘葡萄」[74]。喬凡尼・索朗佐總督於一三二七年用以下的話描繪這個城市：「城市建在海上，完全沒有葡萄園和耕地」[75]。這是個純而又純的城市，不屬於城市的東西在那裡悉付闕如，為生存所需的一切全仰賴貿易取得：小麥、玉米、黑麥、活牲畜、奶酪、蔬菜、葡萄酒、食油、木材或石塊無不如此，甚至飲用水也不例外。所有居民都不從事「第一產業」，而在前工業化時期的城市中，第一產業通常佔相當大的比例。威尼斯展關的活動，用今天經濟學家的行話來講，屬於「第二和第三產業」，即工業、商業和服務業，這些部門的勞動效益較農業活動為高。這就等於把利潤較少的活計留給別人，並製造所有的大城市都將遇到的一種不平衡。佛羅倫斯

阿瑪菲鳥瞰圖突出顯示該城市在高山和大海之間處境逼仄。

土地富饒，自十四和十五世紀起，卻要從西西里進口糧食，只在附近的丘陵上遍植葡萄樹和橄欖樹；十七世紀的阿姆斯特丹食用波羅的海地區的小麥和黑麥、丹麥的肉和多格灘「漁場」的鯡魚。至於威尼斯、阿瑪菲和熱那亞這類不真正擁有疆域的城市，它們起步伊始，就注定要按這種方式生活，它們別無選擇。

公元九至十世紀，威尼斯商人的遠程貿易逐漸走上正軌，當時的地中海由拜佔廷、伊斯蘭和西方基督教分享。乍眼看來，拜占庭似乎是正在恢復中的經濟世界的中心。但拜占庭背著太重的歷史包袱，顯得缺乏戰鬥性[76]。伊斯蘭在與地中海的貿易中興旺發達起來，通過沙漠商隊和船隊已向印度洋和中國方面擴展，影響所及超過了古代希臘帝國的都城。那麼，難道伊斯蘭將要控制一切嗎？不，拜占庭仍然是一個障礙，因其既得的財富、經驗以及在一個四分五裂的世界中享有的權威，它是個任何人都不能任意支配的龐然大物。

熱那亞、比薩和威尼斯等義大利城市慢慢擠進在海上稱雄的經濟霸主的行列。威尼斯的幸運也許是它不必像熱那亞和比薩那樣，需要求助於暴力和搶掠才能成為一個重要的商埠。威尼斯由於名義上處在希臘帝國的統治之下，它比別的城市更容易打進防禦鬆弛的和龐大的拜占庭市場，它給希臘帝國很多的幫助，甚至促進其防禦。作為交換，威尼斯取得大量特權[77]。雖然資本主義在當地發展較早，威尼斯仍是一個並不起眼的城市。在長達幾個世紀的時間裡，聖馬可廣場被葡萄架、樹木和違章建築所堵塞，一條運河把廣場一分為二，北半部是個果園（這個地方後來成為貴族會面的地點和製造政治陰謀以及傳布政治謠言的中心，仍保留「果園」的名稱[78]。街道用夯土鋪設，橋和房屋一律為木結構，因而新興的城市把燒製玻璃的窯場遷往城外，以免發生火災。商業活躍的跡象無疑逐漸增多：鑄造銀幣，按「伊佩貝爾」（拜占庭的金幣）計數簽訂的借約，但物物交換仍然存在，貸款利率始終很高（所謂借五還六，即百分之二十），償還的苛刻條件表明貨幣稀少和經濟不夠活躍[79]。

我們且不要把話說死。十三世紀以前的威尼斯歷史還蒙在一片濃霧之中。從專家們討論的情形來看，這內格羅蓬特（Negroponte）埃維亞和康提亞島的猶太商人可能很早就來到威尼斯這個港口城市，儘管朱代卡島（Giudecca）不一定是他們必須逗留的地點[80]。同樣，弗雷德里希．巴巴羅薩和教皇亞力山卓三世當年在威尼斯會晤時（一一七七），聖馬可城與德意志之間很可能已有商業聯繫，德意志礦區生產的白銀很可能與拜占庭的黃金一樣，在威尼斯起著重要的作用[81]。

但威尼斯要成為真正的威尼斯，還必須先後控制外國的潟湖，確保通往亞得里亞海附近各河流的自由通行，並打通前往布里納的道路（這條道路於一一七八年前被維羅納所控制[82]）。必須使威尼斯的商船和戰艦成倍增多，使一一〇四年建立的兵工廠[83]成為威震天下的武器中心，使亞得里亞海逐漸變成它的「海灣」，使科馬基奧（Comacchio）、費拉拉和安科納以及亞得里亞海另一側的斯普立特、扎拉和拉古薩等城市的競爭被粉碎或被排除。很早就同熱那亞進行的鬥爭還不算在內。必須使威尼斯建立其稅收、財政、貨幣、行政和政治等機構，使富人（格拉古[84]心目中的「資本家」，他就早期的威尼斯寫了一部振聾發聵的著作）在最後一任專制總督維塔爾．米奇爾去世以後（一一七二）[85]掌握政權。只是到那時候，威尼斯的強盛才初具規模。

然而，可以肯定的是，十字軍東征的荒誕冒險加速了基督教地區以及威尼斯的商業高漲。北方人紛紛來到了地中海，帶著馬匹登上前往義大利城市的船隻，為了支付渡海開支而不惜破產。在比薩、熱那亞或威尼斯，運輸船越造越大，逐漸變成艨艦巨艦。一些基督教國家陸續在聖地建立，從而為奪取東方及其素負盛名的商品（胡椒、香料、絲綢、藥材）打開一個缺口[86]。對於威尼斯，決定性的轉折是可怕的第四次東征[87]，這次東征以攻克基督教城市扎拉為開端（一二〇二），而以洗劫君士坦丁堡為結束（一二〇四）。在這以前，威尼斯就像是拜占庭帝國身上的寄生蟲，從內部吞噬著這整個帝國。此刻，拜占庭幾乎變成了威尼斯的俘虜。但義大利各城市無不從拜占庭的傾覆中得益；此外，一二四〇年後的蒙古入侵使黑海到中國和印度的陸上通道保持暢通達一百年之久，也給義大利城市帶來不可低估的好處，使它們因此可以繞過伊斯蘭的要塞[88]。熱那亞和威尼斯的對抗愈演愈烈，主戰場就在黑海，在君士坦丁堡勢必也有爭奪。

十字軍運動於一二七〇年聖路易去世前已經停止，伊斯蘭於一二九一年奪回了基督教在聖地的最後一個重要據點阿卡。雖然如此，作為戰略要地的賽普勒斯島仍在黎凡特地區各海域保護著信奉基督教的商人和海員[89]。原受基督教控制的大海仍然留在基督教的完全掌握之下，從而確定了義大利城市的統治地位。鑄造金幣[90]——威尼斯於一二八四年，佛羅倫斯於一二五〇年，熱那亞更要早些——標誌著擺脫對伊斯蘭第納爾的依賴和顯示自身的經濟實力。此外，這些城市毫不費力地操縱領土國家；熱那亞於一二六一年推動帕萊奧洛格家族復辟希臘帝國，於一二八二年協助亞拉岡王室在西西里登基。維瓦第兄弟[91]比達伽馬早兩個世紀就出門去尋找好望角。熱那亞和威尼斯當時都佔有一些殖民地；但熱那亞一二八四年在海洛里亞（La Meliora）戰役中給比薩以致命的打擊，又在亞得里亞海科爾丘拉島（Curzola）前方的海域摧毀了威尼斯的帆槳戰船（一二九八年九月），似乎一切都將集中到熱那亞的手裡。據說，馬可波羅就是在後一場戰役中被俘的[92]。在十三世紀末，如果十個人打賭，恐怕九個人都會斷定聖喬治城即將取得完全的勝利。

打賭偏偏打輸了，威尼斯最終獲得了勝利。但重要的是，地中海上的鬥爭今後不再在基督教和伊斯蘭之間進行，而在義大利北部依靠繁榮的海上貿易而發展起來的一系列工商業城市之間展開。爭奪的主要目標是黎凡特地區的胡椒和香料，佔有這些貨物，其意義遠遠超出地中海的範圍。這是義大利商人與北歐進行貿易的拳頭商品，而北歐的興起是與西地中海的復興同時進行的。

香檳區交易會的插曲

荷蘭和義大利這兩個經濟區域就這樣幾乎同時慢慢形成了。界於這兩個極點或兩個中心區域之間，曾經存在為時百年之久的香檳區交易會。在歐洲經濟世界的首次確立過程中，南北雙方確實勢均力敵（它們並不互爭勝負）。在相當長的時間內，經濟中心位於兩極的中途，似乎為了使雙方都能滿意；香檳區和布利（Brie）每年舉行六次交易會，兩地每隔二月把球踢給對方[93]。「首先在元月舉行馬恩河畔拉尼（Lagny-sur-Marne）交易會；隨後在四旬齋第三個星期前的星期二舉行奧布河畔巴爾交易會；五月是第一次普羅旺斯交易會，亦稱聖吉里亞斯交易會；六月是特魯瓦（Troyes）的『熱交易會』；九月為第二次普羅旺斯交易會，亦稱聖阿尤爾交易會（St Ayoulfair），最後，作為週期的末尾，於十月舉行特魯瓦『冷交易會』」[94]。商人們聚集在一起，從一城市遷往另一城市，不斷進行貿易。這種從十三世紀業已建立的周而復始的時鐘體系並不是什麼新發明，因為它可能是對法蘭德斯早已存在的循環交易會的模仿[95]，也可能在改造原先的地區市集網時繼承了循環的傳統[96]。

總之，香檳區和布利的六次交易會，每次持續二月，每年輪完一圈，形成一個沒有競爭對手的「不停頓市集」[97]。老普羅旺斯遺留至今的陳跡可使我們對過去倉庫的規模有個概念。至於交易會的聲望，有句俗話可以作證：「不知道香檳區交易會」，意思是說不懂得人所共知的事[98]。交易會其實是全歐洲的聚會，是南北商品的聚會。用武裝護衛的成群結隊的商人朝著香檳區和布利的方向集中，就像穿越伊斯蘭遼闊沙漠的駱駝商隊朝地中海進發一樣。

就這些運輸路線繪製一張地圖，這在我們並不是不能做到的事。香檳區交易會相當合乎邏輯地在自己四周造成了許多繁榮的家庭作坊，從塞納河和馬恩河直到布拉班特（Brabant），家家戶戶都在加工棉毛織品。織好的呢絨布匹運往南方，在義大利各地銷售，再通過各種途徑向地中海出口。各種公證文書的檔案表明，從十二世紀下半葉起，就有北方織物從熱那亞經過[99]。來自北方的本色呢絨在佛羅倫斯由「卡里馬拉行會」[100]染色，該行會集中了當地最富有的商人。從義大利方面送到交易會來的有胡椒、香料、藥材、絲綢、現金和信貸。商品從威尼斯和熱那亞過海運到艾格莫特（Aigues-Mortes），然後沿隆河、索恩河以及塞納河的河谷北上。純陸地的路線需要翻越阿爾卑斯山，例如錫耶納及許多其他城市與法國相連接的「法蘭西之路」[101]。從倫巴第的阿斯提[102]動身，除押送人員外，還有經營高利貸和從事轉手倒賣的大批小商人，他們在西歐各地留下的壞名聲，使倫巴第人很快成了抵押放款人的代名詞。除了上述各種人員外，還應加上來自於法國各省以及來自英格蘭、德意志和伊比利半島的商人，伊比利半島的貨物取道聖地牙哥－德康波斯特拉（Santiago de Compostela）[103]。

香檳區交易會的特色與其說是貨物充裕，不如說是貨幣貿易和早期的信貸活動。交易會總是以拍賣呢絨為開始，頭四個星期用作商品交易。但在後一個月，則是貨幣兌換商大顯身手。到了那時候，一些表面上並不起眼的人物「在普羅旺斯高城聖蒂博教堂前面的舊市場上」或者「在特魯瓦聖讓杜馬歐教堂附近的中街和雜貨市場上」[104]安頓下來。這些貨幣兌換商通常為義大利人，他們實際上真正操縱交易會的活動。他們的器材是一張「鋪著桌毯的桌子」和一架天平，另外還有「裝滿金銀貨幣」[105]的口袋。

買進和賣出的貨款互相抵銷，貨款的延期交割，向貴族和王公貸款，支付本屆交易會應予付清的匯票，簽發新的匯票，這些事務都由他們經手。因此，香檳區交易會上國際性的和最具現代性的活動在不同程度上受義大利商人的控制，而這些商人開設的商行往往是些大企業，如布翁齊諾利的「大桌」公司（Magna Tarola）堪稱錫耶納十三世紀的羅思柴爾德[106]。

這種情況後來在日內瓦和里昂的交易會也將出現：各地商人雲集交易會有利於義大利商人在廣大的西歐市場開展信貸和收回現金。香檳區交易會不設在西歐不容置疑的經濟中心北義大利，而設在靠近北方客商的地方，難道不正是為了奪得歐洲的市場嗎？或者，事情也是勢在必然，因為從十一世紀起，陸路交換的重心正朝北歐大工業的方向傾斜。總之，香檳區交易會的位置就在巴黎、普羅旺斯、沙隆、蘭斯這個生產區的附

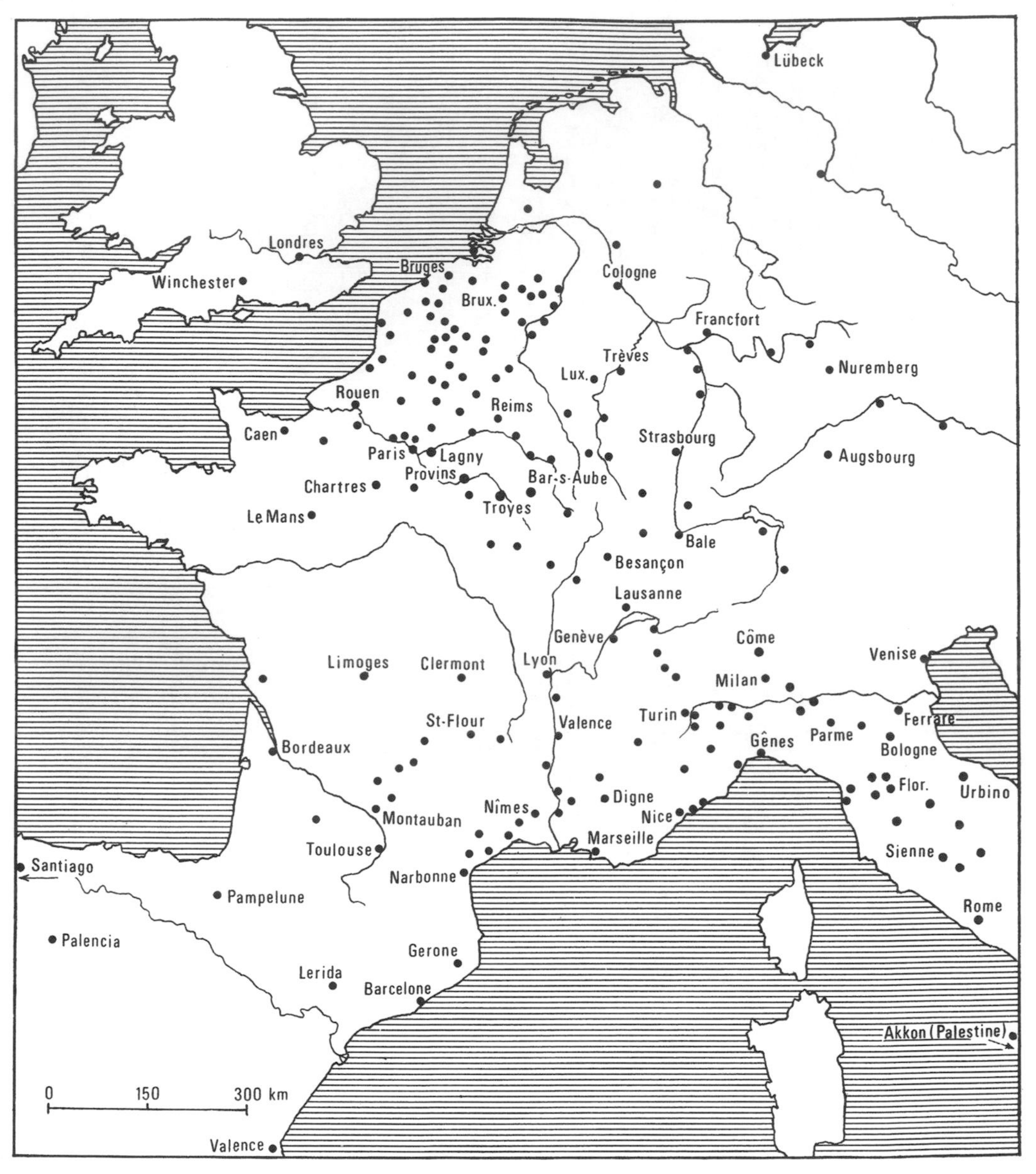

表(13)　與香檳區交易會保持聯繫的各城市（12 至 13 世紀）
這張地圖表明 13 世紀的歐洲經濟狀況及其兩極：北方的荷蘭和南方的義大利。（根據埃克托爾・阿曼：《黑西施地區史年鑑》，1958 年第 8 期）

近，那裡從十二世紀起就是紡織工業的中心。相反，十三世紀的義大利主要在商業方面欣欣向榮，其經商技術居歐洲之首。義大利把金幣鑄造、匯兌技術和信貸實踐引入歐洲，但義大利的工業只是在下一個世紀，即在十四世紀的危機以後，才真正發展起來[107]。在這以前，北方的呢絨是義大利與黎凡特地區貿易的必備貨物，而義大利的財富主要來自與黎凡特的貿易。

歷史學家往往提到香檳伯爵的開明政策[108]，但貿易的需要比開明政策的吸引力發揮了更大的作用。商人總是嚮往自由，香檳伯爵恰巧向他們提供了自由；法蘭西國王在香檳區名義上享有宗主權，但伯爵對很多事情可以自己作主。根據相同的理由，法蘭德斯伯爵領地的交易會也應該得到商人的青睞[109]，商人總是希望避開通常因國家過於強盛而帶來的危險和麻煩。然而，人們難道能相信，香檳區於一二七三年被大膽的腓力所佔領，然後於一二八四年併入美男子腓力統治下的法蘭西王國[110]，竟是對交易會的致命打擊？交易會在整個十三世紀開始一帆風順，只是到了最後幾年才漸趨衰落，這裡面有許多其他的原因。經濟活動的遲緩首先影響到商品：信貸業務能維持較長的時間，直到一三一〇至一三二〇年間[111]。這些日期與一場相當持久和猛烈的危機相吻合，這場危機震撼著從佛羅倫斯到倫敦的整個歐洲，並且早在黑死病之前，預示著十四世紀大衰退的到來。

這場危機極大地影響了交易會的繁榮。但此外還有別的因素：在十三世紀末和十四世紀初，通過直布羅陀海峽建立了地中海和北海之間持續的、因而勢必有競爭力的海上聯繫。熱那亞的船隊首先於一二七七年建立起定期聯繫，地中海的其他城市照此辦理，只是略晚一點而已。

與此同時，另一條陸上聯繫路線有所發展：阿爾卑斯山西側經塞尼山和辛普倫的道路逐漸喪失其重要性，而被東側聖哥達和布里納的通道所替代。在一二三七年，在羅伊斯河上大膽架起的橋樑使聖哥達的道路得以暢通[112]。更多的來往客商從此取道「德意志地峽」。隨著銀礦和銅礦的興旺、農業的進步、紡織工業的建立以及市集和交易會的發展，德意志和中歐的經濟取得了全面的高漲。德意志商人的擴張無論在西歐或東歐，在波羅的海地區、香檳區交易會或威尼斯，都有突出的表現，威尼斯的「德意志商館」大概就是在一二二八年建立的[113]。

威尼斯很晚（直到一三一四年）才像熱那亞那樣從海路前往布魯日，也許因為取道布里納進行貿易對威尼斯更具吸引力。由於白銀在黎凡特貿易中的作用，義大利各城市無疑都首先關注德意志的銀礦生產。更何況，貨幣兌換網在上德意志和萊因地區各城市很早已經普及，起著布魯日或香檳區的銀行家的作用[114]。商人們原來設在法國的會面地點因而被抄了後路，遇到海路和陸路的一系列競爭。

有人認為，一場「商業革命」使香檳區交易會深受其害；隨著一種新型貿易的興起，商人留在自己的店鋪或商站，委託駐在固定地點的職員或專業運輸商代理各項事務，通過查帳和寄發信件（下達指示，通報消息和指摘過失）在遠處指揮一切。但實際上，早在香檳區交易會以前，貿易已具有雙重形式：一種是四處流動的，另一種是固守一地的。這種新型貿易沒有理由不能在普羅旺斯或特魯瓦立足生根。

法國錯過了一次機會

有誰能說清，香檳區交易會的繁榮對法蘭西王國，特別對巴黎，帶來多大的好處？

從菲利普·奧古斯特（一一八〇—一二二三）的時候起，法蘭西王國的政治結構已趨完善；在聖路易（一二二六—一二七〇）即位前，法國更無可爭議地成為歐洲最光輝燦爛的國家。這不但由於歐洲的普遍經濟成長，而且也因為歐洲世界的重心就在離法國首都僅一兩天路程的地方。巴黎成為一個大商業都會，並保持這個地位直到十五世紀。與眾多的商人為鄰，對巴黎大有好處。同時，首都集中了法國君主統治的各種機構，眾多的名勝建築以及歐洲最傑出的大學；在這些大學裡，隨著亞里斯多德思想的重新傳播，合乎邏輯地爆發了一場科學革命。奧古斯托．古佐說，在這「偉大的世紀〔十三世紀〕，所有人的眼睛都盯著巴黎。許多義大利人曾經在巴黎求學乃至執教，例如聖波拿文都拉以及聖托馬斯」[115]。能否說當時已形成了「巴黎的時代」？人文主義歷史學家朱瑟培，托法南的論戰性著作就以此作為標題，在他看來，十三世紀是「沒有羅馬的時代」[116]。總之，哥德式風格、法蘭西藝術正從法蘭西島向四面八方傳播，而把這些東西裝進行李帶回本國的，不單是香檳區交易會的常客錫耶納商人。既然一切都有關聯，法國的市鎮趁機發展了起來，在國王的支持下，巴黎四周的敘西昂布利（Sucy-en-Brie）、布瓦西（Boissy）、奧利（Orly）等地於一二三六至一三二五年間加快了解放農民的步伐[117]。正是在那時候，法國國王聖路易在地中海接手主持十字軍東征，這在基督教世界是個榮譽的職位。

在歐洲和法國的歷史上，香檳區交易會畢竟只是一段插曲。建立在歐洲基礎上的經濟聯合體促成一系列內陸城市舉行交易會，這是第一次，也是最後的一次。西歐的經濟中心遷到法國境內，這也是第一次和最後一次。法蘭西命運的主宰對於法國得到和喪失這一寶貴機會竟沒有覺察[118]。然而，卡佩王朝最後幾個國王治下發生的事情，將使法蘭西王國長期被排斥在貿易渠道之外。隨著德意志和義大利之間南北陸路的打通，地中海和北海之間海上聯繫的發展，發展資本主義和現代化的優越路線在十三世紀結束前即已確定：這條路線圍繞著法國，但始終保持相當距離，並不觸及法國。除馬賽和艾格莫特外，這條路線所載運的大宗貿易和資本主義幾乎完全處在法國版圖之外。在災難深重的百年戰爭期間以及後來的一段時間，法國對於大宗外貿只是打開一道門縫而已。

但在與百年戰爭相呼應的經濟蕭條以前，法蘭西政府已與法國經濟一起退出了競爭。假如法蘭西王國始終堅強有力和貫徹始終，義大利資本主義的發展恐怕未必如此順利。反過來說，資本主義的新通道意謂著義大利城邦和荷蘭實行強有力的壟斷，以至英國、法國、西班牙等新興的領土國家勢必相形見絀。

威尼斯後來居上

法國在香檳區錯過的良機，又落到了誰的手裡？既不是法蘭德斯交易會，又不是布魯日（與朗貝爾托·印卡納迪的見解相反[119]，雖然該市於一三〇九年成立了著名的交易所。我們前面已經討論過，布魯日的船隻、商人、貴重商品、貨幣和信貸主要來自南方。印卡納迪自己也承認：「那裡專營信貸的大多是義大利人[120]」直到十五世紀末，甚至更晚的時候，荷蘭的貿易結算始終對南方客商有利[121]。

假如重心仍留在亞得里亞海和北海的中途，它本可以固定在十幾條大路的會合點紐倫堡，或者在最大的德意志城市科隆。可是，不論是布魯日，或者是與香檳區交易會類似的某個中間區域，都未能奪得有利地位，這也許是因為義大利已在佛羅倫斯、米蘭等地建立起自己的工業中心，商人可以就近取得工業品，不再需要前往北方。佛羅倫斯的手工業早先集中為北方的呢絨坯料染色，印染業後來逐漸發展為毛織業，工業發展驚人地迅速。

另一個因素是連續幾年的蕭條為黑死病災難鋪平道路，一場經濟退潮又接踵而至。我們已經說過[122]，經濟危機以及經濟形勢的逆轉造成原有經濟體系的崩潰，弱者將因此被淘汰，強者則相對變得更強，雖然他們也逃不過危機。受到風暴的襲擊和震盪，義大利的成就逐漸減少，但即便韜光養晦，義大利仍留在地中海這個國際貿易最活躍的地區和最有利可圖的中心。當西方普遍衰退時，義大利卻是如經濟學家所說的一個「避風港」：它仍有最好的生意可做；它從事的黃金買賣[123]，它在貨幣和信貸方面的經驗，都使它免受損失；靈活機動的城邦比臃腫笨重的領土國家容易治理得多，城邦能在狹窄的經濟環境中應付裕如。困難推給了別人，特別是推給那些病痛纏身的龐大領土國家。地中海與歐洲只剩下義大利城市像是普遍衰退中保持活躍的一群孤島。

因此，毫不值得奇怪，在歐洲經濟中心轉移的醞釀過程中，只是在義大利城市之間進行競爭。特別是威尼斯和熱那亞，這兩個城市受各自的狂熱的驅使，為著各自的利益，在爭奪權杖。它們都很可能取勝。那麼，為什麼是威尼斯勝利了呢？

熱那亞同威尼斯的爭奪

一二九八年，熱那亞在科爾丘拉前方的海域擊潰了威尼斯的艦隊。八十年以後，熱那亞於一三七九年八月奪得基奧佳，這個小漁港是扼守威尼斯潟湖通往亞得里亞海的門戶[124]。驕傲的聖馬可城似乎就要垮臺了，但經過一次出人意外的掙扎，竟使形勢徹底改觀：費托爾．皮薩尼於一三八〇年六月收復基奧佳，一舉消滅熱那亞艦隊[125]。次年在杜林簽訂的和約未給威尼斯任何實際的利益[126]。但這是熱那亞節節後退和威尼斯確立優勢的開端，熱那亞艦隊從此將不再在亞得里亞海出現。

弄清威尼斯先敗後勝的原因並不容易。更何況，在基奧佳失敗後，熱那亞並未被逐出富強城市的行列。那麼，地中海這個遼闊的封閉戰場上，為什麼竟然徹底停止了戰鬥？敵對雙方過去曾長期互相攻擊，劫掠沿海地帶，攔截商船，摧毀戰艦，並利用安茹、匈牙利、巴列奧略（Palaeologi）、亞拉岡等王公的斡旋，縱橫捭闔，與對方為敵。

但是，也許由於長期的經濟繁榮以及貿易的蒸蒸直上，這些激烈的戰役並未造成任何致命後果，似乎傷口每次都能自動癒合。基奧佳之戰所以使戰爭至此告一段落，無非因為長期經濟高漲的勢頭到一三八〇年間發生了不可挽回的逆轉。小打也罷，大打也罷，戰爭開支變得過份昂貴。和平共處已勢在必行。尤其，作為商業大國和殖民大國（因已達到先進資本主義的階段），熱那亞和威尼斯從自己的利益出發，不宜拚個你死我活：資本主義之間的對抗，即使在堅定的對手之間進行，也始終存在著一定程度的妥協。

總之，我以為威尼斯的崛起並不在於其資本主義的無比優越。它所實行的資本主義，並不如奧利維．柯克斯[127]所說，意味著一種獨特典型的誕生。熱那亞開風氣之先，單槍匹馬朝資本主義的路上走去，任何歷史學家對此都不會懷疑。從這個角度看，熱那亞比威尼斯更加現代化，也許正是這種領先地位造成熱那亞的某種弱點。威尼斯的優點之一也許恰恰在於，它更加通情達理，不那麼盲動冒險。地理位置顯然對它十分有利。一出潟湖，便到亞得里亞海，這對威尼斯人來講，就像還留在自己家裡。對於熱那亞人，離開了城市，便到海面廣闊、不能有效控制的第勒尼安海，這裡實際上是個公海[128]。由於東方是財富的主要源泉，威尼斯有通向東方的海島之路的方便，處於有利的地位。當「蒙古之路」於一三四〇年間被切斷後，威尼斯捷足先登，於一三四三年率先來到敘利亞和埃及的門口，並發現大門沒有關上[129]。最後，在所有義大利城市中，威尼斯與德意志和中歐建立了最好的聯繫，而德意志和中歐又是用白銀購買棉花、胡椒和香料的最可靠的主顧，因而也是黎凡特貿易的關鍵。

聖馬可之獅，1516 年，威尼斯公爵府。

威尼斯的強盛

到了十四世紀末，威尼斯的優勢地位已經鞏固。它於一三八三年佔領了扼守亞得里亞海咽喉的科孚島。一四〇五至一四二七年間，又順利地（雖然並不少付代價[130]）佔領了帕多瓦、維羅納、布雷西亞、柏加摩等內陸城市[131]。面對義大利，威尼斯如今得到由城市和陸地構成的一塊開闊地的保護。這塊開闊地很早就在威尼斯的經濟影響之下，威尼斯佔領這個地區屬於一個意義深遠的整體運動的組成部份。與此同時，米蘭擴張成倫巴第；佛羅倫斯控制了托斯卡尼，並於一四〇五年佔領了與它為敵的比薩；熱那亞成功地朝地中海東西兩個方向擴張其優勢，並且把它為敵的薩沃納港一舉填平[132]。義大利的大城市通過削弱小城市而來加強自己。這一過程說來也是相當普通的事。

在這以前，威尼斯早已建立起自己的海外領地，雖說版圖不大，但因其縱貫黎凡特通路沿線，戰略地位和商業地位極其重要。這些七零八碎的領地，如果作個不相稱的比較，很像葡萄牙人或荷蘭人後來在印度洋各地按照英美國家所謂「貿易據點」格式拼湊的殖民體系：一系列商業據點共同組成一根很長的資本主義觸角。我們幾乎可以說，這是一個「腓尼基式」的帝國。

富裕與強盛齊頭並進。這種富裕（因而也是強盛）可以在市政會議的預算[133]中，以及在老總督托馬索·莫塞尼戈於一四二三年去世前所作的著名訓詞中得到證實。

威尼斯城當時的財政收入竟高達七十五萬達克特（eucat）。如果我們在別處使用的係數[134]——預算收入約等於國民收入的百分之五到百分之十——在這裡同樣適用，城市的國民收入毛值約在七百五十至一千五百萬之間。威尼斯市及其市轄區（包括基奧佳在內的郊區）的人口據估計略多於十五萬，城市的人均收入約在五十至一百達克特之間，這是一個很高的水平；即使按五十計也令人難以置信。

如果與當時的各國經濟作個比較，人們對威尼斯收入之高，就會有更清楚的認識。威尼斯的一份文件[135]

恰好提供了關於十五世紀歐洲各國財政收入狀況的一張清單，其數字分列於後面的圖表。威尼斯的財政收入約達七十五至八十萬達克特，法蘭西王國當時的境遇相當可悲，收入不過一百萬左右；威尼斯與西班牙（但那是怎樣的西班牙啊！）平起平坐，與英格蘭不相上下，遠遠超過米蘭、佛羅倫斯、熱那亞等自稱在威尼斯背後緊跟不捨的許多其他義大利城市。就熱那亞而言，這個城市的財政收支數字確實不說明什麼問題，私人利益已把很大部份的財政收入據為己有。

這裡還只是說到威尼斯及其市轄區。在市政當局的收入（七十五萬達克特）之上，還需加上威尼西亞共和國的收入（四十六點四），以及海外領地的收入（三十七點六萬）。威尼斯的收入總額（一百六十一點五萬達

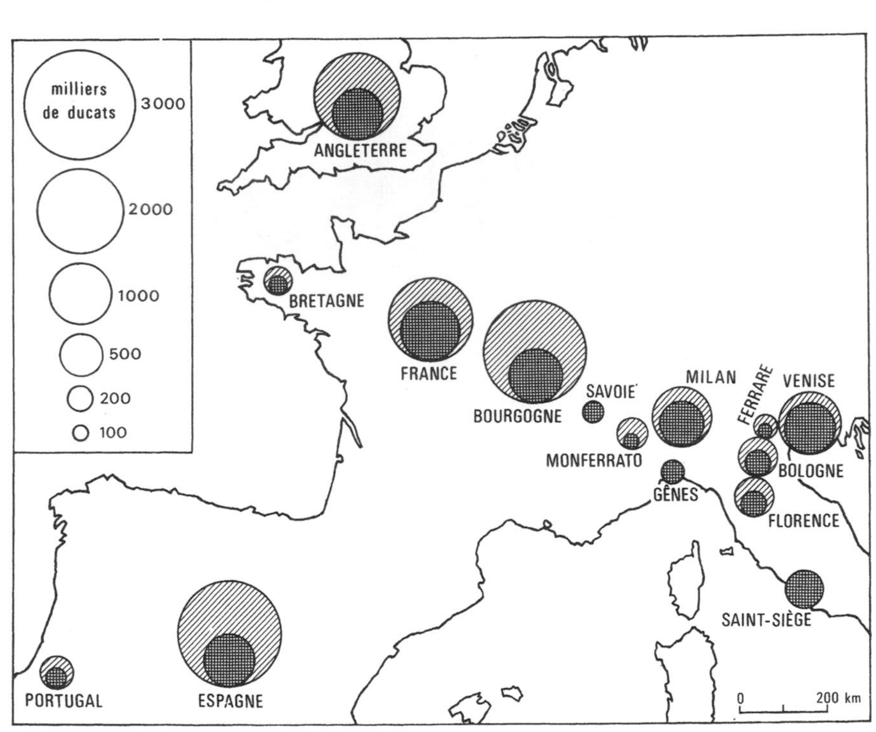

表(14)　從財政收支情形來看，威尼斯比其他國家更能抵抗危機這張圖表（《結算》，第一卷，1910 年版，98-99 頁）同時顯示歐洲各國的財政收支總額及其在 15 世紀的下降情形。前面在正文中提到的數字較為可靠，在圖中用深色圓圈表示，無疑反映 1423 年的情形。淺色的圓圈反映以往年度的財政收支狀況，總額顯然更大。

克特）躍居歐洲的首位。實際數額更要大得多。如果把整個威尼斯（威尼斯市加上威尼西亞共和國，再加上海外領地）的人口算作一百五十萬，把查理六世統治下的法國人口大致算作（為便於計算）一千五百萬，人口等於威尼斯十倍的法國，在同樣富有的情況下，財政收支理應等於威尼斯的十倍，就是一千六百萬達克特。法國實際財政收入僅一百萬左右，這就表明城邦比領土國家有著極大的優越性，並且使人想到資本集中在城市少數人手中究竟意謂著什麼。另一項比較同樣值得重視，如果並非不容置疑：我們的文件表明，各國財政收支於十五世紀趨向衰退，不幸又沒有確切說出衰退究竟從哪個日期開始。同原先的指標相比，英國約下降百分之六十五，西班牙（但這又是怎樣的西班牙？）減少百分之七十三，威尼斯僅僅下降百分之二十七。

第二項檢驗見於莫塞尼戈總督的著名演說。這篇演說同時是遺囑、統計材料和政治抨擊[136]。老總督在臨死前拼命要阻止佛朗西斯科·福斯卡里上台，好戰的福斯卡里於一四二三年四月十五日繼任總督，主宰威尼斯的命運，直到一四五七年十月二十三日卸職為止。老總督向聽眾說明，和平對於維持國家和個人的財富是多麼重要。如果你們推舉福斯卡里，他說，「不用很久，你們就會打仗。有一萬達克特收入的將只剩一千，有十所房屋的將只剩一所，有十件衣服的將只剩一件，其他的裙、褲、襯衣等物件也依此類推……」相反，如果維持和平，「如果你們聽從我的勸告，你們將看到，基督徒的黃金將歸你們所有」。

這篇演說詞確實令人驚奇。它意謂著，威尼斯當時有一些人能夠懂得：保住自己的達克特、房屋、褲子等等，是真正的所謂自強之道；通過商品流通，不靠武力，可以使「基督徒的黃金歸自己所有」，就是說，可以左右整個歐洲經濟。據莫塞尼戈的估計，每年投入商業的資本約達一千萬達克特（他的數字一度曾引起爭議，今天已不再有異議了）。這筆款子除二百萬利息外，還有二百萬商業利潤。我們必須注意，這裡把利息和商業利潤分開，都按百分之二十的比率計算。可見，照莫塞尼戈計算，威尼斯從遠程貿易中獲得的比率高達百分之四十，這也就說明威尼斯的資本主義何以欣欣向榮的原因了。對那些竟敢聲稱十二世紀的威尼斯已有資本主義的人，桑巴特可以斥之為「幼稚」，但到了十五世紀，在莫塞尼戈演說中隱約可見的那個世界，又該給它什麼名稱？

威尼斯總督估計年商業收入為四百萬，這個數字據我估計只佔城市總收入的一半到四分之一。莫塞尼戈的演說順便提到有關威尼斯貿易和海運的幾個估計數字。它們可以確證我在計算中所使用的數量級。這些數量級也符合人們了解的威尼斯「造幣所」（造幣所出現的時間要晚得多，當時正值通貨膨脹，即有些人稱之為「威尼斯之衰落」的時期）的活動情況。造幣所在十六世紀末年每年約鑄造二百萬達克特，金幣和銀幣各佔一半[137]。人們據此可以猜想，當時流通的貨幣總額該達四千萬[138]，這批貨幣只是在威尼斯流通，但每年都有所更新。既然威尼斯商人

喬凡尼·安東尼奧卡納萊托（1697-1768）：《聖賈克小教堂》，大商人會面的地點就在里亞托廣場盡頭的這座小教堂的廊下。

緊緊掌握著胡椒、香料、敘利亞棉花、小麥、葡萄酒和食鹽等海上大宗貿易，這麼高的貨幣流通量絲毫也不令人感到奇怪。彼埃爾・達呂在《威尼斯史》（一八一九）[139]這部至今有用的傳世之作中已經指出，「食鹽貿易給威尼斯帶來的收益不可勝數」。為此，市政會議十分注意控制亞得里亞海和賽普勒斯沿海的鹽場。僅伊斯特里亞（Istrian）一地生產的食鹽，每年就有四萬多匹馬從匈牙利、克羅埃西亞以及德意志前來裝[140]。

威尼斯的富有還可以從兵工廠看出，那裡集中著大批帆槳船和載重船；關於帆槳商船系統，我們下面再討論[141]。城市的不斷美化又是另一明證，就在十五世紀期間，威尼期逐漸改變了面貌；原來的夯土路改鋪石子路面，運河上的木橋和木板碼頭一律改砌石塊（城市設施的「石塊化」雖說是種奢侈，卻也十分必要），其他市政建設還不算在內，如開挖水井[142]，清理有時變得奇臭難聞的市內運河[143]。

這一切都是為了建立政治威望，對國家、城市或個人來講，政治威望可以成為一種統治手段。威尼斯政府完全意識到美化城市的必要性，「不對美化城市的開支斤斤計較」[144]。總督府的重建工程雖然曠日持久，但工程幾乎不斷在進行；一四五九年，在老里亞托廣場德意志商館的對面，興建了充當商人集會地點的新「會堂（Fondaco dei Tedeschi）」[145]。一四二一至一四四〇年間，孔塔里尼家族在大運河沿岸建造了「金屋（Cád'Oro）」以後，新蓋的華麗建築在這一帶日漸增多。這種建築狂熱在義大利和別國的許多城市中無疑普遍存在著。但在威尼斯，用幾千根橡木作為樁基打進潟湖的泥沙之中，又從伊斯特里亞運來石塊，建築所費的開支實在昂貴[146]。

威尼斯的力量自然還鮮明地表現在政治方面。威尼斯對政治藝術十分精通，很早就派出大使進行「遊說」。還有為其政治服務的僱傭軍：只要有錢，就能僱用或收買，放在戰爭的棋盤上使用。僱傭軍並不始終是最好的士兵，「隊長」們發明了一種脫離接觸、互相和睦相處的戰爭形式[147]，就像一九三九至一九四〇年間的「滑稽戰爭」一樣。但威尼斯畢竟遏制了米蘭的稱霸企圖；參與了旨在建立或維持義大利列強間平衡的洛迪和約（一四五四年）；一四八二至一四八三年第二次費拉拉戰爭期間，威尼斯輕鬆地抗擊了敵人的進攻，而敵人的企圖是——如其中之一所說——把威尼斯趕回海裡，既然威尼斯過去對海戰十分內行[148]；一四九五年，威尼斯策劃了種種交易，讓科米納（Philippede Commymes）大吃一驚，使在上一年不費吹灰之力就直逼那不勒斯的法國國王查理八世灰溜溜地退回本國：這些事例充分說明一個極其富有的城邦又是何等的強大。普里烏利在他的《日記》[149]中，回顧歐洲各國的大使及蘇丹代表的這次異乎尋常的會議時，未免躊躇滿志。會議的結果是於一四九五年三月三十一日締結了旨在保衛義大利免受侵犯的反法同盟，而威尼斯人則以「基督教保衛者」和義大利之父自居[150]。

以威尼斯為中心的經濟世界

以強盛的威尼斯為中心的經濟世界在歐洲地圖上沒有明確劃定的界限。到波蘭和匈牙利為止的東部邊界相當清晰，而在巴爾幹地區，由於鄂圖曼土耳其在奪取君士坦丁堡（一四五三）以前即已進行征討，並且勢如破竹般地向北擴張，邊界變得模糊不清：亞得里亞堡於一三六一年被佔領；龐大的塞爾維亞帝國一三八九年在科索沃戰役中慘遭失利。朝西面去，沒有問題，整個歐洲都在威尼斯支配之下。包括君士坦丁堡（直到一四五三年為止）在內的地中海，也是如此，在更遠的地方，黑海海域曾有幾年歸西方控制。尚未被鄂圖曼土耳其人佔領的伊斯蘭地區（北非、埃及和敘利亞），即從一四一五年變為葡萄牙屬地的休達直到貝魯特和的黎波里的狹長形沿海地帶，向西方商人開放。但通往黑非洲、紅海和波斯灣等縱深地區的道路仍對外關閉。香料、藥材、絲綢均運往東地中海諸港口，西方商人只得在那裡等待。

比確定整個邊界走向更加複雜的是劃分不同的組成地區。中心地區比較容易被認出；前面引證的莫塞尼戈的講話表明，威尼斯與米蘭、倫巴第諸城市、熱那亞和佛羅倫斯具有優先的聯繫。南達佛羅倫斯和安科納一線，北抵阿爾卑斯山沿線，這個城市群不容爭議地就是以威尼斯為首的經濟世界的中心。但這一星雲狀城市群向北延伸，在阿爾卑斯山的另一側，又形成一個銀河狀商業城市群：奧格斯堡、維也納、紐倫堡、雷根斯堡、烏爾姆、巴塞爾、史特拉斯堡、科隆、漢堡乃至呂貝克，還有始終很有實力的尼德蘭城市群（布魯日仍居領先地位），以及倫敦和南安普頓這兩個英國港口。

因此，從威尼斯到布魯日再到倫敦這樣一條南北向軸線橫貫歐洲，並把歐洲切成東西兩大塊，這兩塊地區遠不如主軸線附近的經濟那麼活躍，屬於邊緣區域。與曾經促使香檳區交易會興旺的基本法則相反，經濟世界的中心這次位於軸線的南端，其實也是在與地中海軸線的會合處，由西向東的地中海軸線是歐洲遠程貿易的主線，也是其利潤的重大泉源。

威尼斯的責任

關於中心在義大利形成的方式，另有一條補充理由：在伊斯蘭國家經商的威尼斯商人要忍受困守「貨棧」（一條街或一系列房屋）的痛苦[151]，威尼斯把這個辦法照搬過來，作為自己的經濟政策。它為德意志商人設立了一個對外隔離的強制性集中地點，即在商業區中心、里亞托橋對面的「德意志商館」[152]。所有德意志商人都必需在那裡存放貨物，住進為此預訂的一間屋子，在當局嚴密監視下出售貨物，再把售貨所得的錢用來購買威尼斯商品。德意志商人對這種嚴格的管理不斷有所抱怨：威尼斯正是通過這個辦法，把遠程大宗貿易作為禁臠留給本市的公民（包括市內以及市外），而把德意志的商人排斥在外。德意志商人若敢插手，其貨物即被沒收。

另外一方面，威尼斯實際上也禁止自己的商人直接去德意志經商[153]。結果是德意志人勢必要親自來威尼斯購買呢絨、棉花、羊毛、絲綢、香料、胡椒、黃金等。在達伽馬的航行後，葡萄牙商人則反其道而行之，他們在安特衛普設立商站[154]，親自把胡椒和香料送到北方顧客的手裡。當然，德國顧客也可前往熱那亞，他們實際上也去那裡，熱那亞對他們洞開門戶，不加太多的限制。但是，熱那亞主要與西班牙、葡萄牙和北非保持聯繫。除此以外，威尼斯是世界的貨倉（如同日後規模更大的阿姆斯特丹一樣），凡在威尼斯找不到的東西，在熱那亞也不可能找到。作為一個經濟世界的中心，威尼斯的便利和誘惑怎能讓人抗拒？整個德意志都參與對威尼斯的貿易，德意志交給威尼西亞商人的貨物有鐵、五金、條絨（棉麻織品），還有十五世紀中葉後數量日益增多的白銀，威尼斯把部份白銀送往突尼斯，在那裡換取金屑[155]。

這是威尼斯的一項有意識的政策，人們對此不可能產生懷疑，因為威尼斯把這項政策強加於多少受它控制的所有城市。威尼西亞共和國的所有交易，黎凡特各島嶼與亞得

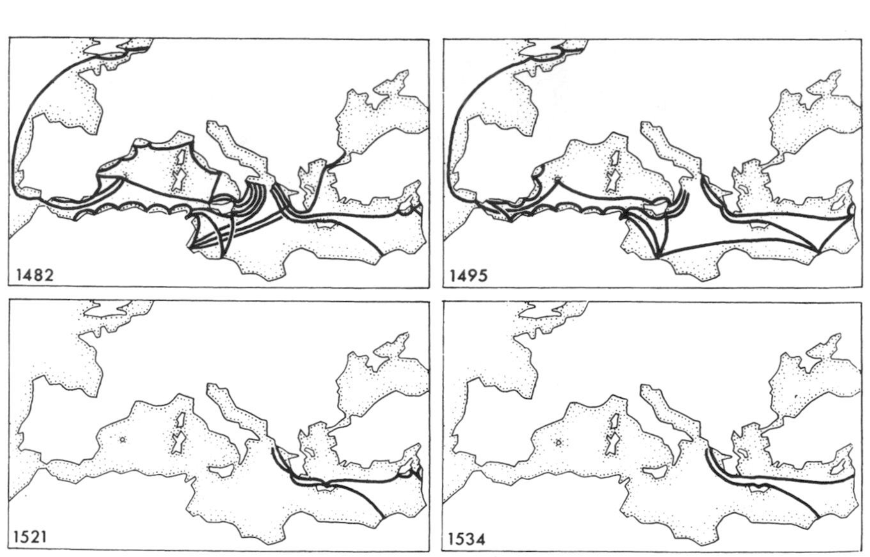

表(15) 威尼斯帆槳商船航行圖

下面 4 張草圖選自阿爾貝托·泰南第和科拉鐸·維旺第於 1961 年在《經濟、社會、文明年鑑》發表的一系列照片，概括展示帆槳商船系統及其護航手段衰頹的各階段（通往法蘭德斯、艾格莫特、柏柏爾、特拉法爾加、亞力山卓、貝魯特、君士坦丁堡）。這些路線在 1482 年全都通行。在 1521 和 1534 年，只剩下與黎凡特的富有成果的聯繫。為簡化草圖，路線起點只畫到亞得里亞海，而不畫到威尼斯。

里亞海各城市的全部出口（即使是送往西西里或英國的貨物）都必須經威尼斯港轉口。威尼斯有意識地設計了讓附庸經濟（其中包括德意志經濟在內）就範的陷阱；它從附庸經濟中攫取利潤，阻止附庸經濟根據自己的意願和邏輯行事。在地理大發現後不久，假如里斯本強迫北方的船隻前往葡萄牙購買香料和胡椒，安特衛普的優勢就不會很快確立，至少也會受到阻撓。但里斯本也許缺乏足夠的力量，沒有義大利城市的商業經驗和銀行經驗。「德意志商館」的圈套難道不正是威尼斯優勢地位的原因和結果嗎？

帆槳商船

威尼斯同黎凡特和歐洲的聯繫，即使在聖馬可城的鼎盛時期，也存在不少問題，特別是地中海和大西洋的運輸問題，因為貴重商品的分銷遍及全歐洲。在順利的經濟形勢下，一切困難都會迎刃而解。每當形勢惡化，就必須大動干戈。

帆槳商船系統正是威尼斯國家在經濟蕭條時期採用的一種經濟統制措施。商船系統創設於十四世紀，旨在推行某種「傾銷」（用呂扎托的話來說），以對付曠日持久的危機；它既是一種國營企業，又包括私人的有效合作，是出口商為了降低運輸費用和維護對外國商人的競爭地位乃至立於不敗之地而設置的真正海上聯營機構[156]。可以肯定，從一三二八年起（也可能從一三一四年已經開始），市政會議讓兵工廠製造帆槳商船（最初為一百噸，後來增到三百噸），底艙裝貨容量相當於五十節火車車皮。在進出港口時，帆槳船使用划槳，其他的時間則像普通圓頭船一樣揚帆航行。它們算不上是當時最大的商船，因為熱那亞的大帆船於十五世紀達到或超過一千噸[157]。但它們結隊航行，並由弓箭手和投石手守衛，後來更在船上架設大砲，因而相當可靠。市政會議在窮貴族中招募投石手，也是幫助他們維持生活的一項辦法。

國家船隻的租賃每年以投標方式進行。得標的城市貴族又從其他商人那裡收取與托運貨物相應的租金。

「私方」由此便使用「官方」所建造的工具。使用者或者隨船航行，在旅程中均攤開支，「只計一筆帳」（就是說，實行聯營），或者組成一家公司，租用一條船，往返裝載貨物。市政會議鼓勵這些保證參與者原則上機會均等的做法。同樣，為在敘利亞購買棉花，或在埃及的亞力山卓購買胡椒，又經常採用對所有商人開放的聯營方式。相反，對於它認為有壟斷傾向的特殊集團，市政會議一概予以解散。

根據威尼斯國家檔案館保存的文件，我們可以復原帆槳商船逐年的航行路線，並且看到威尼西亞共和國遍佈地中海各地的商業活動正逐漸在變化。從一三一四年起，隨著「法蘭德斯帆槳船隊」的成立，威尼斯朝布魯日的方向（確切說是朝其外港）伸出了章魚的腕足。讀者可參看表⑮的解釋性簡圖。商船系統的鼎盛時期大約就在一四六〇年前後[158]，市政會議在那時組建了特拉費戈船隊（galerc di Trafego），從而加強朝北非方向的活動，以取得蘇丹的黃金。後來，商船系統遇到幾次挫折，並於十六世紀衰落。但我們這裡所關心的，並不是商船系統的衰退，而是衰退前的成功。

威尼斯的資本主義

柯克斯[159]把威尼斯的勝利歸因於資本主義發展較早。在他看來，資本主義是在威尼斯誕生和發明的，後來的資本主義無不以威尼斯為師。這種說法能讓人相信嗎？與威尼斯同時，甚至更早的時候，就有其他資本主義城市的存在。假如威尼斯不坐頭把交椅，熱那亞大概會毫無困難地佔據它。威尼斯的成長壯大並非孤立的現象，當時還有一系列活躍的城市，也面臨相同的命運。許多真正的革新往往並不是由威尼斯首創。在銀行和建立大公司等方面，威尼斯遠遠落在托斯卡尼地區的先進城市的後面。最早鑄造金幣的不是威尼斯，而是熱那亞（十三世紀初）以及佛羅倫斯（一二五〇年開始，而達克特於一二八四年才出現，不久便被改稱作「色庚」[sequin, zecchino][160]。發明支票或股份的也不是威尼斯，而是佛羅倫斯[161]。最早使用複式簿記的不在威尼斯，而在佛羅倫斯：在佛羅倫斯的費尼（Fini）公司和法羅爾費（Farolfi）公司的檔案裡，至今仍保存著十三世紀末最早的複式簿記樣本[162]。不經公證人的介紹直接訂立航海保險協議（這可簡化了許多的手續），最早是從佛羅倫斯（而不是航海城市）開始[163]。還是在佛羅倫斯，最大限度地發展了工業，並且毋庸置疑地達到了製造廠的階段[164]。熱那亞最早於一二七七年通過直布羅陀與法蘭德斯建立了定期海上聯繫（這是一項巨大的創新）。熱那亞的維瓦第兄弟領革新風氣之先，於一二九一年首先想到尋找一條直通印度的道路。一四〇七年底，熱那亞商人馬爾方特（Malfante），似乎為趕在葡萄牙人遠航的前面，深入圖瓦特（Tuat）綠洲勘查黃金產地[165]。

在發展技術以及興辦資本主義企業等方面，威尼斯與其說是領先，不如說是落後。其原因或許是在於：威尼斯歷來主要與東方往來，而義大利其他城市則更多地與西方（正在創造中的世界）打交道。威尼斯的財富既然得來容易，人們也就拘泥於陳規舊例；其他城市面對的形勢往往變幻莫測，人們只能多想對策，因而變得更加精明。雖說如此，在威尼斯建立起來的制度一開始就提出了有關資本、勞動和國家之間關係的所有問題，在資本主義今後的長期演變過程中，這些關係勢必與資本主義一詞有關。

從十二世紀末和十三世紀初開始，尤其在十四世紀，威尼斯已擁有經濟活動的各種工具：市集、店鋪、倉庫、拉桑薩（La Sensa）交易會、造幣所（Zecca）、總督府、兵工廠、海關等等。每天早晨，在里亞托廣場上，當貨幣兌換商和銀行家在聖雅各伯小教堂（San Giacometto）[166]前面開始營業時，來自威尼西亞共和國、義大利其他地區或阿爾卑斯山另一側的本國和外國大商人紛紛到此會面。銀行家手裡拿著筆和小記事本，隨時準備簽發銀行劃帳單。這是商人之間通過劃帳當場結清交易的好方法，不需要必借助貨幣，也不用等到下次交易會再清帳。轉帳銀行（banchi discritta）[167]甚至允許某些顧客透支，有時也會發行某種銀行券（cedole）[168]。客戶存在銀行的存款，不是借給國家，便是用於商業投機。

里亞托廣場上舉行的「交易所」集會確定各種貨物以及市政會議公債的行市（市政會議的收入最初來自稅收，後來逐漸依靠公債）[169]，此外還確定海上保險率。直到今天，在里亞托廣場附近，「保險巷」仍使人回想起十四世紀的保險人。所有的重大交易就在里亞托橋附近的街巷中進行。假如有位商人被「剝奪前往里亞托廣場的權利」，這項處罰「意謂著，如許多赦免請求所說，被剝奪從事大商業的權利」[170]。

商人的等級迅速形成。已知的關於威尼斯納稅人的第一份調查（一三七九—一三八〇[171]）表明，在納稅人（共計一千二百一十一戶）中，約有二十至三十戶富豪，還發現幾戶平民財主（共計六戶），再加上幾家殷實鋪主：肉店、鞋店、營造行、肥皂作坊、首飾鋪和香料店，其中以香料店地位最高。

威尼斯的財富分配已經十分多樣化，商業收益在富有程度不同的階層中不斷積聚，並反覆轉化為投資。正如佩脫拉克後來所說，船舶像是漂浮的房屋，它幾乎總被劃分為二十四「開」（每名船東擁有一定數量的「開」）。船舶經營因而幾乎從一開始便具有資本主義性質。載運的貨物通常是賒來的。至於所謂「互助」借款，則是歷來就已經存在，和人們的設想相反，它並未陷入高利貸的泥沼。威尼斯人很早便「按照生意人的規矩」，接受「信貸業務的合法性」[172]。這並不等於說，我們前面說到的高利貸就絕對不搞；當時的借貸利率也很高（正常的利率已達百分之二十），此外還需實物抵押，歸放款人掌握。通過這些辦法，齊亞尼家族自十二世紀起攫取了聖馬可廣場四周和「服飾用品街」沿路的大部份土地。在現代化銀行建立前，各地的高利貸難道不都是必要的邪惡嗎？基奧佳戰後不久，經受巨大創痛的威尼斯只得讓第一批猶太高利貸者在市內定居（一三八二—一三八七年[173]），他們向一般百姓，有時甚至向貴族放款。

「商業互助」則是另一回事。作為貿易的一個不可缺少的工具，這種借貸利率雖高，卻不被看作是高利貸，因為利率通常與銀行利率持平。商業融資十之八九與遲於一〇七二至一〇七三年間[174]出現的所謂「協作」（colleganza）契約相聯繫。契約不久以兩種形式出現。或者是單邊協作：放款人又稱「留在陸地的合夥人」，他向「登船出海的合夥人」提供一筆貸款；後者在返航算帳時，除償還動身時所借的款項外，自己留下四分之一的收益，其餘都歸資本家。或者是雙邊協作：放款人只拿出資本的四分之三，「登船出海的合夥人」提供勞務，外加四分之一的資本。在此情況下，獲利由二人平分。呂扎托[175]認為，這第二種協作形式不止一次被用於掩蓋單邊協作的高利貸嫌疑。「協作」一詞在這裡名不符實，它的形式與義大利其他城市的「合約」（commenda）十分相像，人們早先和後來在馬賽和巴塞隆納都能找到類似的組織。由

威尼斯商人用呢絨換取東方產品。馬可波羅：《馬可波羅遊記》。

於commenda一詞在威尼斯具有儲蓄的含義[176]，我們必須另找一個詞，用以確指海上借貸。

既然如此，安德烈·賽約[177]於一九三七年採取的，並為包括布洛赫[178]在內的大多數歷史學家所接受的立場，也就可以被人們理解了：一〇五〇至一一五〇年間，資本與勞動在威尼斯已出現了分化。「留在陸地的合夥人」不就是不出遠門的資本家嗎？他那位登船出海的合夥人前往君士坦丁堡，隨後再去塔納或埃及的亞力山卓……如果旅行順利，當船返回時，出力幹活的販運人便送來所借的本金和賺得的利潤。一方為資本，另一方是勞動。但於一九四〇年發現的新資料[179]迫使我們修正這個過份簡單的解釋。首先，「留在陸地的合夥人」雖有這個名稱，卻不斷在流動，就我們觀察的那段時間看（一二〇〇年前後），他們前往埃及的亞力山卓以及阿卡和法馬古斯塔，君士坦丁堡更是常來常往（這個細節足以表明，威尼斯在多大程度上靠打入拜占庭經濟的內部而發了財）。至於「登船出海的合夥人」，他絲毫不像服勞役的農奴那樣任人支配，每次出門總隨帶十來份「協作契約」（這就事先保證他在順利情況下有豐厚的利潤可得）；此外，他在一份契約中是借款人，而在另一份契約中，又往往是放款人。

如果知道放款人的姓名，我們會看到在放款人的名義下，有一系列大小不等的資本家，其中有些掌握的資本為數很小[180]。幾乎可以說，威尼斯全體居民都給商人貸款，不斷在創建和重建遍佈整個城市的商行。這種自發提供的、到處都能得到的貸款使商人單槍匹馬或與兩三人臨時合夥，就能開展商業活動，而不必像佛羅倫斯上層人士那樣，組建長期存在的和積聚資本的公司。

也許正是這種完美、便利的組織形式，正是資本的這種自給自足，說明了威尼斯發展資本主義的侷限性。威尼斯的銀行家通常不是本市的市民，他們「一門心思只注意城市的市集活動，想不到把他們的活動向外地轉移，以尋找新的主顧」[181]。因此，像佛羅倫斯在英國投資以及熱那亞在塞維爾或馬德里投資這類冒險的事，威尼斯壓根就沒有經歷過。信貸和經營的便利還使商人能夠挑三揀四和隨聚隨散：船隻啟航時幾人開始合夥，返航後立即散夥。下次再重新開始。

總之，威尼斯人進行的投資數額大，但時間短。長期的借貸和投資自然遲早總會出現，不僅為開闢遠洋航運，如前往法蘭德斯地區，而且更多地為城市的工業和其他持久性活動服務。期限起初很短的互助借貸終於可反覆展期，有時可延長至數年之久。另一方面，直到十三世紀才慢慢出現和推廣的匯票[182]往往也是一種短期信貸手段，其有效時間等於在兩個商埠間的一次往返。

威尼斯的經濟氣候可見十分特殊。緊張的經濟活動在那裡被分解成眾多的小筆交易。雖然也曾出現過幾家壽命較長的商行，但佛羅倫斯的那種大公司在威尼斯始終找不到發展的適當場所。也許因為政府和城市貴族從未像在佛羅倫斯那樣遇到真正的挑戰，威尼斯城畢竟是個可靠的地點。或者因為很早過著小康生活的商人滿足於行之有效的傳統經商手段。但交易的性質在這裡也有關係。威尼斯的商業活動主要以黎凡特為對象。這一貿易需要巨額資本：威尼斯的大批貨幣幾乎全部都用了進去，以至帆槳船每次啟航敘利亞時，市內的貨幣簡直羅掘俱空[183]，與後來塞維爾的印度船隊出發時的情形完全一樣[184]。但資金的周轉相當迅速，期限在半年至一年之間。船隻的往返決定著市內各項活動的節奏。威尼斯之所以獨具一格，這歸根到底要用對黎凡特的貿易來解釋，黎凡特貿易是決定商人行為的動因。例如，據我猜測遲至一二八四年才鑄造金達克特的原因，大概是威尼斯直到那時為止仍認為繼續使用拜占庭的金幣比較省事。只是後者的急劇貶值，才迫使威尼斯改變政策[185]。

總的說來，威尼斯從一開始就因成功而故步自封。威尼斯的真正主宰不是總督，而是市政會議。後者反對各種變革勢力，要求遵循以往的各種先例，猶如遵循摩西十誡一樣。籠罩在強盛的威尼斯之上的陰影，恰巧正是威尼斯的強盛本身。事實確是如此。同樣的道理不是對二十世紀的英國也適用的嗎？在經濟世界範圍內的領導權是對強權的一種經驗，強權遲早會使勝利者變得盲目，看不見前進中的和正在實現中的歷史。

勞動的情形

威尼斯是個大城市，人口在十五世紀已超過十萬，在十六和十七世紀時期約在十四至十六萬之間。除了特權者（貴族、市民、僧侶）、窮苦無告者和流浪漢共幾千人外，廣大居民以雙手勞動為生。

有兩個勞動世界在威尼斯並存：一方面是不加入任何組織，也不受任何組織保護的不熟練工人，其中包括被弗雷德里克·勞恩稱作「海上無產階級」[186]的搬運工、裝卸工、水手和划槳手；另方面是行會的世界，行會是城市中各種手工工匠的基本組織。兩個世界之間的界線有時不很清晰。歷史學家並不始終知道該把他觀察到的行業劃在哪一邊。屬於第一類的大概有在大運河沿岸的葡萄酒碼頭、鋼鐵碼頭和煤炭碼頭從事裝卸的工人；有幾千名架「貢多拉」船的船夫，其中大多數屬於大戶人家的僕役；還有在總督府前面的勞動市集上應募充當水手的真正貧民[187]。應募的水手每人領取一筆津貼。如在指定日期不去報到，就會遇到追捕，被處以相當於津貼兩倍的罰款，並且被押送上船工作，工資用以抵銷欠帳。另外一大批不加入行會的勞動者是在絲織和毛織行業專幹粗活的男女工人。相反地，奇怪的是，那些從布倫塔河汲取淡水，然後再裝船運抵威尼斯的「水夫」，駕駛平底駁船的「船夫」，流動的焊錫工匠乃至挨門串戶送奶的「奶夫」卻都照例組成行會。

理查·蒂爾登·拉普[188]曾試圖計算這兩大部份勞動者的人數，他們合在一起恰好是城市的全部勞動力。雖然數字來源不盡可靠，但我認為總的結果是相當可信的；由於在十六和十七世紀期間沒有出現任何大變化，這些結果顯示了威尼斯當時的就業結構。在一五八六年，城市約有居民十五萬人，勞計算，幾乎全體居民都以勞動為生。根據拉普的計算，在三萬三千八百五十二名勞動者中間，二萬二千五百零四人為行會成員，一萬一千三百四十八人為無組織的工人（還不好說是自由勞動者），分別佔三分之二和三分之一。

這後一部份勞動者，如果把男女老幼都算上，在威尼斯少說也有四萬人，他們在勞動市場上佔很大比重。這是為任何城市經濟所必需的勞動力，乃至低級勞動力。他們能否滿足威尼斯的需求呢？威尼斯人口不

威尼斯的「貢多拉」船夫。《聖十字架的奇蹟》，細部，卡爾帕喬作畫。

多，難以提供足夠的水手，因而外國無產者很早便前來增援，雖然並不始終心甘情願。威尼斯還在達爾馬提亞和希臘諸島招募工人，往往在康提亞（後來又在賽普勒斯）裝備其帆槳船。

相比之下，工匠們的行會組織似乎是個享有特殊利益的世界。行會並不完全按照章程辦事：章程的規定是一碼事，實際又是另一碼事。任何行會都逃不了國家明察秋毫的監視：無論是拉朱代卡的製革業行會，米拉諾的玻璃製造業行會，早在一三一四年盧加工人前來增援前業已成立的絲織業行會，或是在一四五八年初春根據元老院的公告[189]重建的毛織業行會。為保護毛織業而發布的公告是針對威尼斯本身的商人，他們很想在法蘭德斯和英格蘭[190]等外國製造「佛羅倫斯式」呢絨，那裡的勞動力價格比較低廉，規章也比較靈活。克盡厥職的威尼斯國家對產品質量作出嚴格的規定，其中包括毛料的尺寸，原料的選擇，經緯線的數量，以及使用的染料，結果卻使生產很難適應需求的變化，儘管這種種規定能保證產品的聲譽，特別在黎凡特的市場上。

所有這些新舊行業從十三世紀起開始在威尼斯組成行會（*arti*）和同業公會（*scuola*）[191]。但這類自己保護自己的組織不能保證工匠免受政府和商人的侵犯，而在威尼斯，政府的干預尤其突出。於十六世紀開始興旺並於一六〇〇至一六一〇年間達到鼎盛的呢絨業，它的發展和成功有賴於包買商制度的推行，而包買商往往又是外國人，特別是僑居在威尼斯的熱那亞人。甚至古老的造船工業及其船塢主，自十五世紀起，也受提供足夠金錢以支付工資的購買原材料的商人兼船東的支配。

工業至上

總而言之，勞動的世界受到了金錢和當局的明顯壓制。當局擁有四個監督以及仲裁機構：公平署（Giustizia Vecchia）、商務仲裁五賢人（Cinque Savii a la Mercanzia）、公共督察署（Provveditori di Comun）、行會理事會（Collegio alle Arti）。威尼斯的社會十分地安定，幾乎很少或完全不發生嚴重事故，難道應該用這種嚴密的監督作為解釋嗎？一四四六年二月[192]，一些划槳手在總督府門前苦苦哀求發放他們被剋扣的工薪。至少僱用三千名工人的兵工廠是個龐大的國家手工工廠，聖馬可教堂的大鐘每天召喚工人上工，他們處在國家嚴格的控制之下。每次察覺到發生騷亂，只需把一兩名為首者處以絞刑，一切便又恢復秩序。

威尼斯的行會在任何情況下都被排斥在政府之外，從未像佛羅倫斯的行會那樣參與政務。威尼斯的社會安定因而更加使人感到讚嘆。確實，在經濟世界的中心，即使小民百姓也可從資本主義的掠奪中分得一點殘羹剩飯。也許這是社會安定的原因之一。威尼斯的工資相對地高些。想把工資再壓下去無論如何都很不容易。在這個問題上，威尼斯的行會還能保護自己的利益。人們可以看到在十七世紀初，面對北方織物的競爭，威尼斯毛織業的繁榮將因工匠拒絕放棄高工資而終告停止[193]。

十七世紀的這種形勢表明，威尼斯的工業活動面對附近的威尼西亞共和國以及遙遠的北方工業的競爭已經開始衰落。我們應該根據拉普的提議，回到十五和十六世紀的威尼斯去，從而去研究工業活動當時是否構成威尼斯的主要特徵。再進一步考察，佔統治地位的城市是否必定深深紮根在工業活動之中？布魯日、安特衛普、熱那亞、阿姆斯特丹和倫敦都屬於這種情況。我傾向於肯定的一方，考慮到當時工業活動的範圍，工業技術的發達和早熟程度（狄德羅在《百科全書》中講到的各種工藝技術早在二百年前已在威尼斯出現），十五世紀的威尼斯可能居歐洲工業中心之首；確認這個事實對威尼斯的命運殊關重要，這意謂著威尼斯工業繁榮在十六世紀末以及十七世紀頭二十年遭到破壞，決定了威尼斯的衰落。至於能否作此解釋，二者是否真有因果關係，這又是另一碼事。商業資本主義勝過工業資本主義，這很少會引起異議，至少直到十八世紀為止。一四二一年，老總督普里烏利在列舉威尼斯的財富時，沒有提到工業財富；大概在十三世紀業已存在的毛紡織業，經過了長期的間歇後，於一四五八年復甦，只是在一五八〇至一六二〇年間，才真正蓬勃發展。

總的說來，在推動威尼斯致富的過程中，工業似乎作為一種補償，作為克服不利環境的一個方式，很晚才發揮作用；我們將會看到，這與一五五八至一五五九年後安特衛普發生的事情簡直如出一轍。

突厥人的禍患

這個大城市的逐漸衰落不能僅僅由它自己負責。早在歐洲開始地理大發現（一四九二—一四九八）和向世界各地擴張前，各領土國家已紛紛重振旗鼓。這裡有咄咄逼人的亞拉岡國王，實力雄厚的法蘭西國王，喜歡發號施令的尼德蘭大公，野心勃勃的德意志皇帝馬克西米連（即使他還是財政拮据的奧地利大公時就已如此）。城市的發展普遍受到威脅。

在這些如旭日東昇般興起的領土國家中，國土最為廣闊、對威尼斯威脅最大的，無疑是鄂圖曼帝國。威尼斯最初對它估計過低，認為突厥人在陸地生活，在海上並不可怕。但不用很久，突厥海盜（或冒名的突厥人）在黎凡特海域突然出現，鄂圖曼帝國的陸上征服逐漸對大海呈包圍狀，從而預先取得了制海權。一四五三年君士坦丁堡的陷落猶如晴天霹靂，突厥人一舉奪得了控制大海的衝要城市。君士坦丁堡的養料已被拉丁民族（其中包括威尼斯人）所吸盡，因而不經突厥人一擊，就自動垮台。君士坦丁堡迅速被伊斯坦堡所取代，這個朝氣勃勃的城市新增了大量人口，其中不少是由當局指定搬遷過來的[194]。突厥的首都成了蘇丹們推行海上擴張的策源地，等到威尼斯終於發覺，已受累不淺。

威尼斯是否能夠抵擋君士坦丁堡的擴張？威尼斯曾有此打算，只是為時已晚[195]。此外，它很快傾向妥協，寧可遷就蘇丹。一四五四年一月十五日，威尼斯總督對派駐鄂圖曼蘇丹的大使巴托里繆．馬爾切羅解釋說：「我們的政策是與突厥皇帝達成和平和友誼」[196]。和平畢竟是通商的前提。至於蘇丹，既然他願意與歐洲展開貿易，這也是為維持突厥帝國的生存所必需，那麼他勢必要通過威尼斯。二者保持著一種典型的相輔相成的關係，一切都使他們分道揚鑣，利益又使他們生活在一起；隨著鄂圖曼帝國的擴張，情形將變得越來越是如此。一四七五年克里米亞的費奧多西亞被攻克，黑海對熱那亞和威尼斯的貿易幾乎因此關閉。一五一六和一五一七年佔領敘利亞和埃及使鄂圖曼人有可能關上黎凡特貿易的傳統大門。可是鄂圖曼人並不這麼做，因為這樣就意謂著放棄他們從中攫取厚利的過境貿易。

威尼斯和鄂圖曼必須和平共處，但共處中不免出現可怕的風暴。第一次威土戰爭（一四六三—一四七九）[197]顯示出雙方力量的懸殊。這不像後來英俄之間的那種鯨熊之鬥。如果鄂圖曼帝國是熊，它的對手威尼斯至多能算是一頭胡蜂。但這是一頭不知疲倦的胡蜂。威尼斯與歐洲技術進步相聯繫，因而處在有利地位；仗著財大氣粗，威尼斯在歐洲各地招募軍隊（一六四九至一六六九年的康提亞戰爭期間，甚至前往蘇格蘭招兵），抵抗和騷擾敵人。等到敵人氣喘吁吁時，它自己也筋疲力竭。威尼斯還善於在伊斯坦堡施加影響，蓄意進行收買或賄賂，即使在戰時，也設法通過拉古薩和安科納保持其部份貿易活動。此外，威尼斯還策動其他的熊共同對付鄂圖曼熊，其中包括查理五世皇帝、腓力二世的西班牙，德意志神聖羅馬帝國，彼得大帝和凱薩琳二世的俄羅斯，歐根親王的奧地利。康提亞戰爭期間，甚至還一度把路易十四的法國也拉上了。為了包抄鄂圖曼帝國的後方據點，還利用薩非王朝的波斯。作為什葉派的搖籃，薩非王朝的波斯與鄂圖曼的遜尼派為敵，伊斯蘭內部當時也有宗教戰爭。總之，威尼斯出色地抗拒了突厥人，直到一七一八年訂立帕薩羅維茨協定為止，從君士坦丁堡和約算起，歷時達二個多世紀。

我們看到，鄂圖曼帝國對威尼斯的存在投下多大的陰影。威尼斯因此逐漸喪失活力。但從十六世紀初期開始的威尼斯的衰落，原因不在於城邦和領土國家之間的一種普通的爭鬥。更何況從一五〇〇年起，另一個城市安特衛普將取代威尼斯的地位，成為經濟世界的中心。城市經濟中佔統治地位的舊結構並未被打破，歐洲資本主義發展和財富積聚的中心卻已悄悄地從威尼斯退出。為說明這些，這必須涉及海上的地理大發現，大西洋進入貿易圈子以及葡萄牙的鴻運高照。

葡萄牙的鴻運高照，經濟中心從威尼斯遷往安特衛普

歷來的歷史學家幾乎無不研究葡萄牙的鴻運高照：國土逼仄的盧西塔尼亞王國在十五世紀末隨著歐洲的地理擴張而來的世界大改組中不是扮演了主角嗎？葡萄牙是促使歐洲爆炸的引信，主角的地位非它莫屬。

傳統的解釋[198]

傳統的解釋說來相當輕鬆：位於歐洲西方前哨的葡萄牙具備隨時出海航行的條件；它於一二五三年向伊斯蘭入侵者奪回了全部被佔國土，從此能騰出手來外出闖蕩；一四一五年攻克直布羅陀海峽南邊的休達，使葡萄牙窺測到遠程貿易的祕密，並喚醒了十字軍東征的進取精神；沿著非洲海岸展開探險旅行，以及其他雄心勃勃的計畫，從此可付諸實施。此時正好出現旅行家亨利王子（一三九四—一四六〇）這樣一名英雄，他是國王胡安一世的第五個兒子，是極其富有的基督騎士團的團長，該團體於一四一三年把總部設在葡萄牙南端聖文森角附近的沙格里斯（Sagres）；在學者、輿圖學家和航行家的輔佐下，他積極策劃了於一四一六年（攻克休達後一年）開始的探險旅行。

風向的不利，撒哈拉沿海的不宜停泊，自動產生的或葡萄牙人為保守航行祕密而散布的恐怖心理，探險活動的經費困難和不受歡迎，這一切都使沿著黑色大陸無垠海岸的探索進展遲緩：一四一六年抵達巴傑多角，一四四五年抵達綠角，一四七一年越過赤道，一四八二年發現剛果河口。但在胡安二世統治期間（一四八一—一四九五），由於新國王對海上探險的熱中不亞於旅行家亨利，探險活動得以在十五世紀末加速進

行：巴爾托洛梅烏・迪亞士（Bartholomew Diaz）於一四八七年抵達非洲南端；他給它取名為「風暴角」，國王後來稱之為「好望角」。達伽馬的遠洋航行至此已萬事具備，但由於種種原因，只是在十年以後方才開始。

作為對以上傳統解釋的補充，我們還特別要注意到探險航行的工具，這種輕巧的快帆船使用兩種船帆：用以決定航向的三角帆，兜住後邊來風的四方帆。

在這漫長的歲月裡，葡萄牙航行者積累了有關大西洋風向和水流的豐富經驗。拉爾夫・戴維斯寫道：「正當葡萄牙的航海經驗臻於完美時，地理大發現中最關鍵的一次航行由一名為西班牙服務的熱那亞人完成。此事幾乎純屬偶然。」[199]這裡指的顯然是哥倫布發現了美洲。何況，這一重大發現暫且還不如達伽馬幾年後完成的環球旅行那麼重要。葡萄牙人在繞過了好望角以後，很快認出了印度洋的環形航線，在順風順水的推動下，他們一往無前地去發現新的天地。從一開始起，印度洋上的任何船隻，任何港口，都抵擋不了葡萄牙艦隊的火炮；從一開始起，阿拉伯和印度的航行便被切斷，遇到阻攔或變得七零八碎。葡萄牙人新來乍到，居然便發號施令，而且很快就坐穩了天下。葡萄牙人探險航行（阿爾瓦雷斯・卡布拉爾一五〇一年在巴西海岸的探險除外）的艱難時期至此告一段落，並且以光輝的成功而告終，胡椒和香料源源不斷地運達里斯本，這本身就是一場革命。

嶄新的解釋[200]

二十多年以來，一些歷史學家，首先是葡萄牙歷史學家，採取新的解釋作補充。習慣的格局依舊保留，就像舊樂曲一樣。然而新舊之間的變化異常之大！

首先，葡萄牙不再被認為是蕞爾小國。國土不是等於威尼斯加上威尼西亞共和國嗎？葡萄牙因而既不太小，又不太窮，也並不閉關自守，在歐洲是個獨立自主的國家。尤其，葡萄牙的經濟並不落後，幾百年內與穆斯林國家保持著聯繫，如截至一四九二年仍是自由城市的格瑞那達，以及北非的城市和國家。同發達國家的這些聯繫使葡萄牙國內發展了相當活躍的貨幣經濟，使僱佣制很早在城市和鄉村得以實行。葡萄牙在阿爾加維（Algarve）的鄉村縮小小麥種植面積，改種葡萄樹、橄欖樹、栓皮櫟或甘蔗。任何人都不能硬說，這些在托斯卡尼被認為是經濟進步象徵的專門作物，一旦到了葡萄牙，竟是一種倒退。同樣也不能認為，從十四世紀中葉開始，葡萄牙不得不食用摩洛哥小麥，竟是不利因素，因為同樣的情況在威尼斯或

澳門一座中國廟宇門口的岸石上鐫刻、彩繪的葡萄牙船。

阿姆斯特丹也曾出現，並被認為是經濟優勢的必然結果。此外，葡萄牙的城鄉歷來面對海洋，居民以漁民和水手居多。他們的船隻不過二十至三十噸，使用四方帆，船員眾多，很早就在非洲岸和加那利群島一帶航行，有時甚至遠航愛爾蘭和法蘭德斯。由此可見，海上擴張不可缺少的動力事先已經具備。最後，在一三八五年，即在威尼斯佔領科孚後二年，一場「資產階級」革命在里斯本建立了阿維茨王朝（House of Aviz）。這場革命把資產階級推到了前排（這種狀態「將持續幾代人的時間」[201]，動搖了土地貴族的地位，後者雖然仍壓迫農民，但隨時準備為要塞的守衛，為海外租借地的開發，提供必要的領導人才；土地貴族因此將變成官僚貴族（這一點構成葡萄牙擴張與尼德蘭的純商業擴張的不同）。總之，如果說葡萄牙在經歷了在劫難逃的黑死病以後，於十四世紀末已成為一個「現代國家」，這恐怕言過其實，但總的來講，這話至少也有一半是說對的。

葡萄牙的發展雖說一帆風順，卻始終苦於自己不處在歐洲業已建立起來的經濟世界的中心。葡萄牙的經濟儘管在許多方面得天獨厚，卻是位於經濟世界的邊緣。從十三世紀末開始，隨著地中海以及北海之間海上聯繫的建立，葡萄牙經濟順便受益，並被義大利城邦連結英格蘭、布魯日和波羅的海的海上航線[202]所利用。隨著西地中海逐漸與東地中海貿易相脫節，隨著威尼斯的優勢地位轉化為壟斷，義大利的部份工商界在熱那亞和佛羅倫斯的推動下，逐漸轉向西方的巴塞隆納，尤其轉向瓦倫西亞、摩洛哥沿海、塞維爾和里斯本。里斯本因此變成國際商埠；外國僑民在那裡成倍增加[203]，給里斯本帶來有益的、雖然從不是無私的幫助。迅速在當地札根的熱那亞人主要做批發生意，有時也在原則上留給本國人經營的零售業務[204]中插上一手。里斯本乃至整個葡萄牙在一定程度上受外國人的控制。

外國人在葡萄牙的擴張中肯定發揮了作用。但是能否加以誇大呢？若說外國人通常不參與事先的策劃，而在事後把成果據為己有，這恐怕並沒有歪曲事實。儘管有人說過，出兵休達（一四一五）是在外國商人鼓動下進行的，我對此沒有把握。在摩洛哥港口定居的熱那亞人甚至公開地、坦率地反對葡萄牙佔領那個地方[205]。

在葡萄牙擴張取得最初的成功後，就是說，在一四四三至一四八二年間，葡萄牙掌握了黑非洲從博哈多角（Cape Bojadon）到剛果河口這段海岸後，事情就變得更加清楚了。此外，隨著一四二〇年佔領馬德拉島，一四三〇年再次發現亞速群島，一四五五年發現綠角群島，一四七一年發現菲南多波島（Fernando Po）和聖多美島，一個結構嚴密的經濟區域已經形成，其基本活動是取得象牙、幾內亞胡椒（一種假胡椒）、黃金（每年平均產量約為一萬三千至一萬四千盎司）以及奴隸買賣（十五世紀中葉每年為一千多，不久增加到三千多）。根據一四七九年與西班牙簽訂的阿爾科巴薩（Alcobaça）協定，葡萄牙還保留對黑非洲貿易的壟斷。一四八一年建造的聖喬治達米納要塞，所有的材料（石、磚、木、鐵）都從里斯本運來，這就進一步確立並保障了這一從此被牢固掌握的壟斷。根據同時代人圖瓦特・帕謝庫的《*Esmeraldo de situ orbis*》一書[206]，黃金貿易可獲五倍之利。至於抵達葡萄牙市場的奴隸，他們為有錢人家充當僕人，填補阿連德如地區（Alentejo）的空白（自光復戰爭結束後，該地區人煙稀少），在那裡建立大莊園，並且在馬德拉島發展甘蔗種植（從一四六〇年起，甘蔗種植取代了小麥）。

葡萄牙在非洲和大西洋諸島進行了以上的擴展活動。但熱那亞人、佛羅倫斯人也在其中起了不可忽視的作用（甚至法蘭德斯人對開發亞速群島也有貢獻）。把甘蔗種植從東地中海地區轉移到西西里島、西班牙南部、摩洛哥、葡萄牙的阿爾加維、馬德拉島和綠角群島，不是曾得到熱那亞人的幫助嗎？後來，由於相同的原因，糖料生產在卡斯提爾人佔領的加那利群島也發展了起來。

達伽馬的環球旅行標誌著葡萄牙的地理發現達到頂點；戴維斯[207]說得對，如果這次成功「與熱那亞人毫不相干」，那麼，已經抵達或即將來到里斯本的義大利、上德意志和尼德蘭等地的商人曾大力協助了葡萄牙的貿易成功。葡萄牙商人及其喜愛經商的國王如果單靠自己的力量，難道能經營通往東印度的航線？這條航線無論在開支和長度方面，遠遠超過卡斯提爾人在西印度和塞維爾之間建立的「印度之路」的聯繫。

我們最後還要指出，葡萄牙確實為朝印度洋方向努力而放棄了美洲。成敗取決於一念之差：當哥倫布向葡萄牙國王及其幕僚們建議進行他那充滿幻想的旅行時，廸亞士恰好回到里斯本（一四八八），他對在大西洋和印度洋之間建立海上聯繫確有把握。葡萄牙人在肯定和幻想中選擇了前者（這符合「科學」）。等到他們於一四九七年讓捕鯨船向紐芬蘭推進，於一五〇一年在巴西登陸，從而發現美洲時，他們已經落後了好幾年。但在當時，隨著達伽馬於一四九八年返回本國，葡萄牙取得了胡椒大戰的勝利，並且立即謀得厚利，歐洲商人趕緊前往里斯本設立代表機構，誰還能想到這是犯了一個多大的錯誤？就在那時候，原是商業女王的威尼斯似乎流年不利，經營從此一落千丈。一五〇四年，威尼斯的帆槳船在埃及亞力山卓港竟找不到一袋胡椒[208]。

安特衛普：依靠外力建立的世界首府

無論里斯本何等重要，它當時並不處在世界新中心的位置上。它似乎掌握所有的王牌。但另一個城市，即安特衛普，卻不顧禮儀，硬是搶在它之前。假如說威尼期的地位下滑還合乎邏輯，里斯本的功敗垂成卻讓人感到驚奇。然而，這一狀況或許可以得到解釋，如果人們注意到：即使在一帆風順的情況下，里斯本仍然受到它所在的經濟世界的束縛，它在這個經濟世界中的地位早已被確定；此外，北歐不斷在發揮作用，大陸的中心正向北移，而這並非沒有一定的道理；最後，胡椒以及香料的消費者多數恰巧都在北歐，所佔的比例也許達十分之九。

但我們不要把安特衛普的突然成功說得太簡單。有人說，位於斯海爾特河出口處的安特衛普城很早就是貿易和交換的中心，它取代了布魯日的地位。這種事不算稀奇：一個城市衰落了，另一個城市接替它。後來，安特衛普於一五八五年被亞力山大．法爾內塞（帕爾馬公爵）重新佔領，它的地位又被阿姆斯特丹所替代。這種看法也許過份侷限於從地區看問題。

實際情形要複雜得多。與其說安特衛普取代了布魯日的地位，不如說它取代了威尼斯的地位。所謂「富格爾的時代」[209]其實是安特衛普的時代；在整個這段時間裡，安特衛普確實位於國際經濟的中心，這是布魯日在其鼎盛時期所未能做到的。可見的，安特衛普並不只是單純取代布魯日的地位，雖然二者都是依靠外力而興旺起來的。在布魯日港靠岸的熱那亞船於一二七七年使澤溫河口的這個城市突然變得重要起來。同樣，十五世紀末世界貿易路線的變遷以及大西洋經濟的形成決定了安特衛普的命運：一五〇一年，當一艘滿載胡椒和肉豆寇的葡萄牙船到達斯海爾特河的碼頭時，整個形勢發生了變化。其他船隻也將接踵而來[210]。

安特衛普的繁榮並非它自己創造的。何況它也並不具備這樣的條件。比蘭納[211]寫道：「同布魯日一樣，安特衛普自己從不擁有商船隊。」另一個不足之處，城市在一五〇〇年以及隨後都不由商人治理。市政官（英國人稱他們是「安特衛普長官」[212]）由少數幾家土地貴族擔任，執政時間長達幾百年之久。原則上講，他們不得經商，這項禁令相當奇特，但卻反覆重申，顯然因為它從不生效。最後，在安特衛普經營國際貿易的商人不是本國人，而是外國人，他們來自漢撒同盟、英國乃至法國，尤其以葡萄牙、西班牙、義大利等南方國家居多。

話當然也不該說絕。安特衛普還是有自己的船隊[213]，總共一百多艘八十至一百噸的小船，與上溯斯海爾特河或停在瓦爾赫倫島的外國船隻（其中包括荷蘭、澤蘭、葡萄牙、西班牙、義大利、拉古薩、加泰隆尼亞、英格蘭、布列塔尼的商船[214]）相比，其數量又算得了什麼？至於「安特衛普長官」，這些正人君子們都或明或暗地向人放款[215]。他們以獨特的方式為城市的商業利益服務。雖說如此，城市本身都是無可指責的，

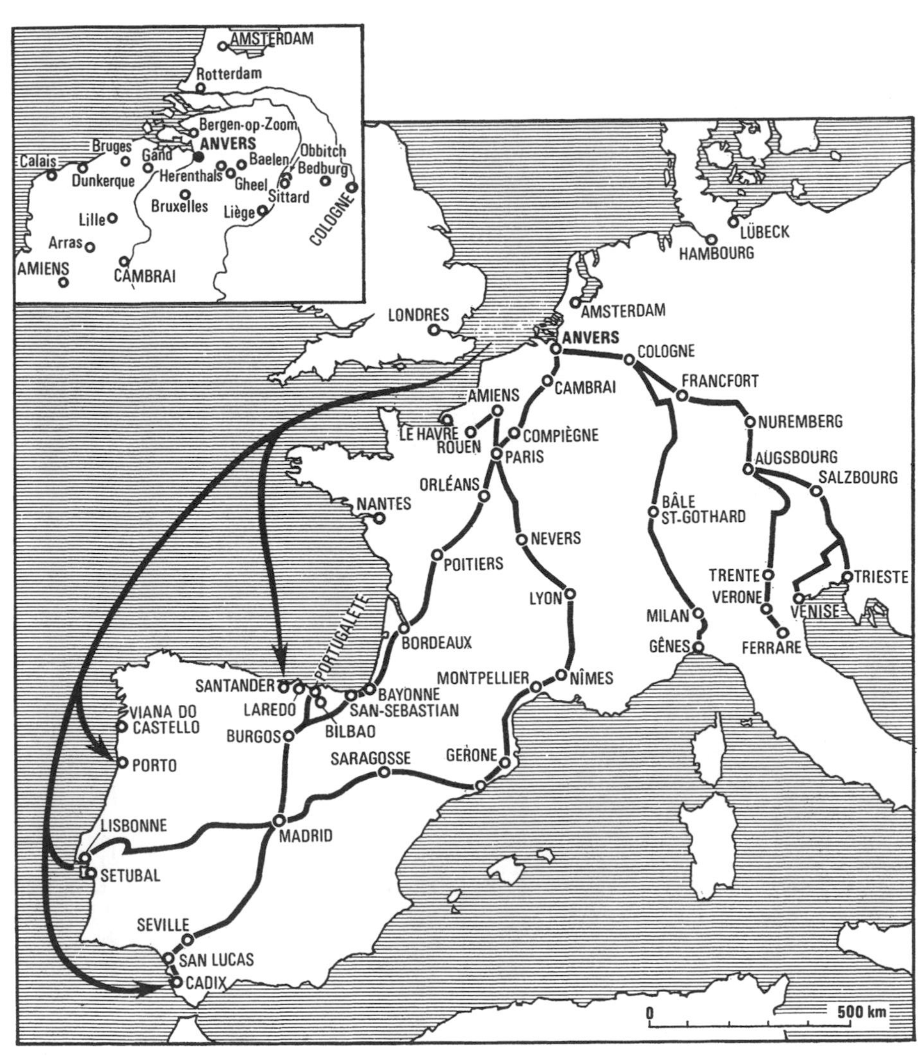

表(16) 安特衛普的貿易要道

這些道路直通到義大利的各個中轉站，還到達里斯本和塞維爾。有的還朝巴西、大西洋諸島和非洲海岸延伸，只是在圖上沒有標出。地中海幾乎沒有直路抵達。（參見華斯蓋茨・德・普拉達《安特衛普的商業信函》，第一卷，第 35 頁。）

不是安特衛普死皮賴臉地把別人從世界各國硬是拉來，而是別人有求於它，紛紛主動湧來，為它增添光彩。它並未為登上世界巔峰而努力奮鬥，反倒是世界在地理大發現後偏離了原來的軸線，在把重心移向大西洋時，因為沒有更好的選擇，便一把抓住安特衛普。安特衛普一覺醒來，發現自己成了世界的中心。

我們可以大膽說，安特衛普並未立即完全進入角色。它還沒有學會自己的功課，不能算是一個獨立的城市。安特衛普於一四〇六年被併入布拉班特公國[216]，從屬於一位王公。它對王公當然也能耍點花招，後來確實也曾玩過計謀，故意拖延執行它不喜歡的命令。在宗教措施方面，安特衛普甚至得以維護一種寬容的政策，這對城市的發展是必不可少的[217]。羅杜維科．圭哈爾迪尼在晚些時候（一五六七）看到這種獨立傾向時特地指出，「就像自由城市一樣自己管理自己」[218]。但安特衛普既不是威尼斯，又不是熱那亞。在其經濟活動最活躍的時期，安特衛普還為布魯塞爾政府在一五一八以及一四三九年採取的貨幣措施受累不淺[219]。何況，有人說，在其經濟開始發展時，安特衛普還是個中世紀式的舊城市[220]，具有舉辦交易會的經驗[221]。換句話說，它善於接待客商，洽談商務的手段巧妙，務求迅速，成交。至於海上航運、遠程貿易以及現代的商業組織形式，它在這些方面缺少經驗或沒有經驗。它怎麼可能立即完全進入新的角色？但它遲早必須適應環境，學會隨機應變。可以這麼說，安特衛普是隨機應變的典型。

安特衛普繁榮的各階段

種種事實證明，安特衛普扮演新的角色，主要取決於外部的、國際的機遇。威尼斯在經歷了無休鈕一止的角逐以後，曾經享有一百多年的絕對優勢（一三七八—一四九八）。阿姆斯特丹的優勢地位也持續了一個多世紀。安特衛普則相反，它在一五〇〇至一五六九年間經歷了一段十分動蕩的歷史：太多的衝撞、跳躍以及反覆。繁榮的根基不停在晃動，儘管有幾條不定的動力線在這裡交錯，或者也正因為如此，正在向世界發展的歐洲既給它帶來眾多的餽贈，也把自己不甚明確的意志強加給它。安特衛普的變化不定，其主要理由（是我重讀赫爾曼．凡得維的經典名著[222]後的看法）在於，直到十六世紀，在變幻莫測的經濟形勢的支配之下，歐洲尚未取得一種巡航速度或長時段的穩定。由於安特衛普的發展實際上取決於歐洲的經濟形勢，只要稍有風吹草動，安特衛普的繁榮便岌岌可危或出現一界退，而一旦風向改變，它又立即緩過氣來，恢復欣欣向榮的局面。

我們完全可以不怕誇張地說，安特衛普先後曾以三個既相同又不同的城市出現，每個城市都在一段上升時期後，接著經歷困難的年代。

在這先後三次高漲中（一五〇一至一五二一、一五三五至一五五七、一五五九至一五六八），第一次高漲由葡萄牙扮演主角。胡椒是高漲的促成者，但正如凡得維[223]所指出的，只是由於掌握胡椒的葡萄牙國王與掌握白銀的上德意志商人（韋爾瑟、赫希斯泰特以及比所有其他商人更大或更幸運的富格爾）相串通，葡萄牙才充分發揮了自己的作用。第二次高漲應歸功於西班牙以及美洲白銀，在十六世紀三十年代，美洲向其政治主人提供了發展經濟的決定性條件。第三次也是最後一次高漲，是勒卡托－康布雷齊和約（Treaty of Catean-Cambrésis 一五五九）後恢復和平的結果，安特衛普和尼德蘭的工業那時正急劇向前發展。但是到了那個時候，加速發展工業已是最後的出路。

第一次高漲，第一次失望

一五〇〇年左右的安特衛普還只是一個新興的商埠。但在它的四周，人口稠密的布拉班特和法蘭德斯地區正處於平穩發展的時期。漢撒同盟的貿易正在不同程度上遭到排斥[224]：大西洋諸島的食糖代替了蜂蜜，華貴的絲綢代替了裘皮；但即使在波羅的海，荷蘭和澤蘭的船隻也在與漢撒同盟的船隻相競爭。英格蘭商人把

安特衛普舊港。據傳是法蘭克的畫作。塔布的馬塞博物館藏品。

卑爾根奧松姆和安特衛普的交易會當作交接站，進口的呢絨埋料在當地染色後，供應歐洲各地，特別是中歐[225]。安特衛普的最後一個優勢是大批德意志商人在市內定居，特別是上德意志商人[226]；最近的研究成果表明，正是這些商人首先接受在安特衛普就近交易，不再前往布魯日。他們提供的貨物有萊茵河流域的葡萄酒、銅和銀，後者使奧格斯堡的商人兼銀行家發了大財。

在這種情況下，葡萄牙人在完成環球旅行後，把胡椒直接運達安特衛普，從而突然改變了交換的總格局：第一艘香料船於一五〇一年下錨；葡萄牙國王於一五〇八年成立「法蘭德斯貨棧」[227]，作為里斯本「印度商行」在安特衛普的分支。國王為什麼選擇了安特衛普？大概因為如我們前面所說，胡椒和香料的大主顧是北歐和中歐，而這些貨物過去是靠威尼斯的「德意志商館」從南面負責供應的。葡萄牙原來與法蘭德斯當然也有海上聯繫。更何況，葡萄牙雖然經過長期努力終於抵達遠東，它卻不像威尼斯那樣有經營管理的辦法和手段，就是說，它不會組織完整的香料分銷系統。為在印度和歐洲之間往返，必須先墊出大筆款項，自從印度洋上發生搶劫事件後，香料和胡椒必須用現金支付，或用銀和銅換取。讓出分銷業務，也就是如各大印度公司後來所做的那樣，把零售的事交給別人操心，讓別人負責對零售商發放信貸（付款期限為十二至十八個月）。由於以上這些原因，葡萄牙人對安特衛普寄予信任。安特衛普對英國呢絨採用的辦法，難道對葡萄牙的香料和胡椒就不能適用？反過來，葡萄牙人在安特衛普可取得德意志礦山生產的銅和銀，供他們在遠東付款所需。

此外，安特衛普在北歐的分銷工作做得卓有成效。幾年過去，威尼斯的壟斷被徹底粉碎，至少已被打破。與此同時，大批的銅和銀不再運往威尼斯，而是轉送里斯本。在一五〇二至一五〇三年度，富格爾家族出口的匈牙利銅僅有百分之二十四來到安特衛普；在一五〇八至一五〇九年度，安特衛普所佔的比例竟達百分之四十九，威尼斯僅為百分之十三[228]。據尼德蘭政府的官方估計，取道安特衛普轉運里斯本的白銀一五〇八年約六萬馬克[229]：白銀流向葡萄牙使西歐一時為之空虛。可見，德意志商人在安特衛普的經濟起飛中發揮了一定作用，不論是愛克斯伯沙（Aix-la-Chapelle, Aachen〔亞琛〕），煉銅工業中心[230]）的謝茨，或者是奧格斯堡的英霍夫、韋爾瑟和富格爾。他們的利潤越積越多：一四八八至一五二二年，英霍夫家族的資本每年增加百分之八點七五；韋爾瑟家族一五〇二至一五一七年間每年增加百分之九；富格爾家族一五一一至一五二七年總共增加百分之五十四點五[231]。在這世界發生迅速演變的情況下，義大利商行遇到很大的困難：弗雷斯科巴爾第家族於一五一八年終告破產；瓜特羅蒂家族於一五二三年清理企業債務[232]。

安特衛普的經濟繁榮顯而易見，但它遲遲未能成為一個真正的金融市場。為要充當金融市場，必須與聯繫歐洲各大商埠（特別是里昂、熱那亞、卡斯提爾交易會）的匯兌、支付和信貸流通網相結合，而安特衛普很晚才加入這個流通網。例如，安特衛普只是在一五一〇至一五一五年間才與調節這個流通網整體活動的里昂建立了聯繫[233]。

隨後，從一五二三年起，安特衛普遇到連續幾年的不景氣。一五二一至一五二九年間瓦盧瓦王族和哈布斯堡王族的戰爭使國際貿易陷於癱瘓，並且使安特衛普才剛形成的金融市場間接受到損害。到了三十年代，胡椒以及香料市場日趨疲軟。首先，里斯本把分銷業務收了回去：「法蘭德斯貨棧」此後不再有存在的必要，於一五四九年清理帳目[234]。馬加拉埃斯，戈蒂諾[235]指出，這也許因為葡萄牙在塞維爾能就近取得美洲的白銀，而德意志礦山又日趨枯竭，自一五三五年開始幾乎停止生產[236]。尤其重要的是，威尼斯的情形有了變化：威尼斯出售的胡椒來自黎凡特地區，比里斯本的胡椒價格較高，但質量較好[237]，在一五三〇年前後，特別在一五四〇年後，威尼斯在近東的購貨量有所增加。一五三三至一五三四年度，威尼斯奪得里昂胡椒貿易額的百分之八十五[238]。里斯本當然仍不斷向安特衛普市場供應葡萄牙胡椒：在瓦爾赫倫島前方，自一四三九年十一月至一五四〇年八月，共有三百二十八條葡萄牙船隻停靠[239]。但在新的環境下，胡椒已不再是馬力最大的發動機。葡萄牙未能確保對胡椒的壟斷，只得與威尼斯平分秋色，這種狀況在一定程度上逐漸穩定下來。相反地，人們完全可以認為，十六世紀中葉短暫的不景氣對安特衛普的經濟困難並未發揮推波助瀾的作用。

安特衛普第二次時來運轉

安特衛普的再次突飛猛進，起因於美洲白銀經塞維爾進口的增長。一五三七年，西班牙白銀十分充裕，查理五世皇帝政府不得不提高金價：金銀比價於是從一比十點一上升到一比十點六一[240]。財富紛紛湧來使西班牙（應該說使卡斯提爾）的政治地位和經濟地位達到一個新的高度。作為哈布斯堡王朝的代表，查理五世皇帝同時統治著西班牙、尼德蘭、神聖羅馬帝國以及義大利（自一五三五年起，統治已經鞏固）[241]。查理五世皇帝不得不在歐洲各地支付費用，於一五一九年開始向奧格斯堡的商人聯繫借款，而安特衛普正是這些商人的真正中心。如果沒有富格爾家族和韋爾瑟家族調撥大筆款項，帝國政策簡直就無從推行。在這種情況下，皇帝不能不靠安特衛普金融市場的幫助。這個市場就在一五二一至一五三五年間建立，當時正值百業凋敝的艱難年代，向君主放款是唯一有利可圖的投資方式，借款的利率通常都在百分之二十以上[242]。

於是，不久前曾在葡萄牙發生的事，如今又在西班牙發生。面對它的新任務——開發以及建設大西洋彼岸的美洲——西班牙獨力難支，只能求得歐洲的多種幫助。它除了需要波羅的海地區的木材、厚木板、柏油、船隻、小麥和黑麥之外；它還需要尼德蘭、德意志、英國和法國的布匹、呢絨、五金等製成品，用以轉運美洲：一五五三年，五萬多匹布由安特衛普運往葡萄牙和西班牙[243]。自一五三〇年起，特別在一五四〇年後，澤蘭和荷蘭的船隻已成了法蘭德斯和西班牙之間的主要聯繫手段，尤其因為比斯開灣的船隻已轉往「印度之路」，畢爾包和安特衛普之間出現的航運空白有待填補。一五三五和一五四一年，為進攻突尼斯和阿爾

1540 年間安特衛普一瞥，安特衛普國立航海博物館藏品。

及爾，查理五世皇帝征用了幾十艘法蘭德斯雙桅帆船，用以運送部隊、軍馬、武器和存糧……北歐的一些船甚至也被征用，以擴大「印度之路」的船隊[244]。北歐與伊比利半島建立的聯繫對西班牙歷史和世界歷史至為重要；關於這個問題，我們後面還會談到[245]。

西班牙反過來運往安特衛普的貨物有羊毛（暫且還在布魯日卸貨[246]，但不久之後則改在斯海爾特河口的安特衛普）、食鹽、明礬、葡萄酒、乾果、植物油，以及胭脂紅、美洲的染料、加那利群島的食糖等海外產品。但這不足以達到貿易平衡，西班牙因而通過輸送銀幣和銀條結清虧空，運到的白銀往往在安特衛普造幣所改鑄銀幣[247]。美洲白銀和西班牙商人終於使城市重獲生機。十六世紀初以葡萄牙和德意志為貿易夥伴的新興商埠，如今搖身一變，轉而與西班牙做生意。一五三五年以後，導致失業的經濟蕭條漸趨消失，經濟變革正順利進行，人人都不願錯過良機。工業城市萊登放棄了於一五三〇年在阿姆斯特丹開設的向波羅的海地區出售呢絨的商場，於一五五二年在安特衛普另闢一個市場，但其銷售對象這次卻是西班牙、新大陸和地中海[248]。

一五三五至一五五七年無疑是安特衛普輝煌燦爛的時期。城市從沒有這樣繁榮過。市區不斷在擴大：一五〇〇年剛興旺時，居民不過四萬四千至四萬九千人；但到一五六八年，人口大概已超過十萬；房屋由六千八百所增加到一萬三千，幾乎翻了一番。嶄新的廣場，筆直的街道（總長度幾乎達八公里），市政設施和經濟建設在全城遍地開花[249]。奢侈、資本、工業和文化恭逢其盛。各種弊端自然相應地與日俱增：價格和工資上漲，貧富差別擴大，不熟練工人（手提肩扛的搬運工以及其他苦力）人數增多。強大有力的行會日趨衰敗，自由工匠逐漸淪為僱佣工人。以裁縫業為例，一五四〇年約有一千多名不熟練或半熟練的工人。每個裁縫師傅有權僱用八名、十六名乃至二十二名工人，這與原在伊為爾實行的限制措施[250]大相逕庭。一些手工工廠開始在某些新的行業建立：或煉糖煮鹽，或製造肥皂和提取染料；工廠僱佣一些窮光蛋，支付的工資很低，至多只領取熟練工人收入的百分之六十，不熟練工人的大批存在限制了熟練工人使用罷工的武器。但沒有罷工，便遲早會發生騷亂乃至暴動。

安特衛普的第二次繁榮於一五五七年因西班牙經濟破產而受挫，這場破產影響到皇帝擁有的各個地區以及被這些地區包圍的法國；法國的里昂於一五五八年隨亨利二世的財政破產而破產。安特衛普的命脈——貨幣流通渠道——因此被切斷，再也得不到滿意的修復，德意志銀行家將被排斥在卡斯提爾金融活動之外，他們的地位將被熱那亞人所代替。「富格爾時代」就此告終。

工業高漲

安特衛普的經濟將再次恢復生機，這是它的第三次經濟高漲，但這次表現在另外一個方面。勒卡托—康布雷齊和約簽訂後（一五五九），瓦盧瓦王朝和哈布斯堡王朝之間的戰爭陰影從此消失盡淨，安特衛普與西班牙、法蘭西、義大利和波羅的海逐漸恢復貿易往來，漢撒同盟出人意外地重振雄風；正是在這時候，安特衛普建造了美奐美侖的漢撒公所[251]。儘管在法英之間以及在丹麥、瑞典和波蘭之間多次戰雲瀰漫，形勢告急，儘管船隻在英吉利海峽、北海以及波羅的海屢遭扣押，安特衛普的貿易正逐漸復甦，雖然還達不到危機前的水平[252]。在英國方面，也出現了一些困難。伊麗莎白女王即位初的英鎊升值使島國的經濟陷於深重的危機之中，英國人因此對漢撒同盟和尼德蘭商人十分不滿。一五六七年七月，在幾經猶豫後，英國人選擇漢堡作為呢絨集散地，這個城市通往德意志市場的道路比安特衛普更加方便，能夠較快地加工和出售島國的呢絨材料[253]。這對安特衛普是個嚴重的打擊。此外，對安特衛普市場十分熟悉的托馬斯·格雷欣於一五六六年為倫敦交易所奠基。英國在這方面也要對安特衛普鬧獨立，就像是兒子反抗老子。

正是在這種情況之下，安特衛普在工業中尋找並且找到了救星[254]。資本在商業活動或公債中得不到充分使用，便朝工廠方面轉移。在安特衛普和整個尼德蘭，毛織、棉織以及地毯、壁毯工業的高漲非同尋常。甚至在一五六四年，只要看到安特衛普的情景，就能對它的未來命運打賭。確實，摧毀這個城市的不單是經濟本身，而且是尼德蘭在社會、政治和宗教等方面的大規模動亂。

根據政治家的診斷，這是一種抗命危機。其實是一場具有深刻原因的宗教革命，並且悄悄地伴隨著一場經濟危機以及由物價上漲釀成的社會悲劇[255]。敘述和分析這場革命的經過不屬本書的範圍。在我們看來，重要的是安特衛普從一開始便陷進了這場動亂之中。破壞聖像的行動於一五六六年八月二十和二十一日接連兩天如瘟疫般在全城肆虐，引起了人們普遍的震驚[256]。當時擔任攝政的帕馬的瑪格麗特主張妥協退讓[257]，局勢本可以平靜下來，但腓力二世選擇了強硬手段，在安特衛普暴動過後整整一年，阿爾瓦公爵率領征討部隊到達布魯塞爾[258]。秩序得到恢復，但戰爭已在暗中醞釀，於一五七二年四月正式爆發。一五六八年

[259]，英國人在英吉利海峽和北海截獲一些滿載羊毛的比斯開商船，船上還有準備交給阿爾瓦公爵的白銀以及運輸者隱藏的走私白銀。尼德蘭和西班牙的海上聯繫實際上已被切斷。

安特衛普並不就此一命嗚呼。在很長一段時間裡，它仍將是西班牙的一個重要政治中心、工業基地和金融樞紐，但為西班牙服役的部隊薪餉所需的現金和匯票從此將從南面，經由熱那亞送來。正是由於腓力二世輸送的餉銀改變了道路，歐洲的中心便遷到熱那亞去。安特衛普在世界的地位下降，影響播及遠方，特別在地中海地區。關於這個問題，我隔一會再作解釋。

安特衛普的獨特之處

安特衛普的鴻運高照為期相當短促，但這是資本主義歷史上一個重要的、相當獨特的環節。

安特衛普在很大程度上拜它的外國客人為師：如同歐洲其他城市一樣，它從義大利人那裡學會了複式簿記；如同所有人一樣，它在國際收支結算中使用了匯票（雖然在使用時相當審慎，甚至抖抖縮縮），從而進入了商埠間資金和信貸的流通渠道。但它有時也想出一些與眾不同的方案。

確實，到一五〇〇年前後，安特衛普在其日常生活的範圍內，天天都要去解決一些不期而遇的問題，這些問題往往把它弄得「手忙腳亂」[260]。與布魯日不同，安特衛普至此沒有真正的銀行組織。或許如凡得維所想，歷代勃艮第公爵採取的禁止措施（一四三三、一四六七、一四八〇、一四八八、一四九九）幾乎完全破除了這方面的嘗試。安特衛普商人因此不能如在里亞托那樣，把他的債券或信貸「寫」到銀行家的帳本上去，藉以抵銷他支取的或墊出的款項。同樣，他也不能通過出售由佛羅倫斯或別地客戶簽發的，或甚至在安特衛普或卑爾根奧松姆（Bergen-op-Zoom）交易會上簽發的支票，向別人借錢，而這種借錢方式已被大多數匯兌商埠所採用。但要結清所有收支帳目，鑄幣的數量是不夠的，必須讓「紙幣」進入流通，發揮它的作

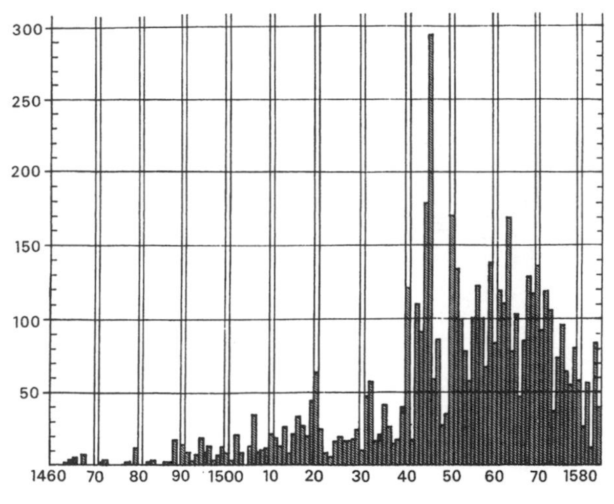

表(17) 1450 至 1585 年間在安特衛普的法國商人人數統計

商人人數大體上隨安特衛普貿易額的變化而變化（參見科納埃爾：《安特衛普的法國人與國際貿易》，第 2 卷，1961 年版。）

用，便利交易的開展，同時又讓它以這種或那種方式，牢牢地固定在現金結算的穩固基地上。

安特衛普的經商方法脫胎於布拉奔的交易會實踐[261]，說來十分簡單：借方和貸方的帳目通過「借據」，換句話說，通過票證結清：簽發借據的商人保證在約定期限內支付這筆或那筆款項，票證持有人即為債主。如果我想得到一筆信貸，我可出售我簽發的一張「借據」。某甲欠我一筆錢，他簽署了一張借據，如果我欠某乙同等數額的一筆錢，我就能把這張借據轉給他。債務和債權因而在當地流動，創造一種額外的流通方式，其優點是它像雪一樣，在太陽下自動融化。債務和債權相互抵銷，從而出現所謂「劃帳」的奇蹟（scontro, clearing, compensation，或用荷蘭的說法rescontre）。同一張紙傳來傳去，直到抵銷為止，最後接受「借據」的債權人就是該借據最初的簽發人[262]。正是為了保障由一系列背書促成的票據轉讓，才普遍推廣了原有的簽章行為，確認「從出讓債款的債權人直到最後債務人」的責任。這項細節值得重視，「簽章票證」一詞在日常使用中終於淘汰了「借據」一詞。一名商人寫道：「按照商業慣例，我用簽章票證支付[263]。」

對商業實踐的這些保障，輔以訴諸法律，還不最是主要的。主要的是這一體系的極其便利以及行之有效。所謂便利，也就是說，在安特衛普商業活動中收到的匯票有時能變為持有人手中的「借據」，並且輾轉傳遞。至於行之有效，「借據」的流通解決了從交換開始就潛在的一個大問題（雖然沒有加以制度化），即貼現的問題。作為時間的價格以及租金，十八世紀在英國開始推行的貼現[264]其實不過是照搬過去的老辦法。在買進或賣出一張「借據」時，票面金額不能確定其售價。如用現金買進，支付的價格要低於市價；如作為一種債務收進，我就要求借據簽發人給我一筆高於債權的款項。由於借據只是在到期後才值票面規定的金額，它的價值勢必是開頭低於末尾。總之，這是在匯兌的銀行的傳統體系之外自動形成和廣泛推行的一種靈活體系。值得指出的是，這種新體系還在盧昂和里斯本通行，倫敦肯定也是如此，它從安特衛普那兒接受了新體系。至於阿姆斯特丹，它在興旺初期和發達過程中，始終與傳統的匯兌系統相聯繫。

鑑於早期工業資本主義的發展在安特衛普以及在尼德蘭其他活躍城市已很明顯，人們容易把這些進展歸功於安特衛普。提博爾・維特曼[265]在一部情文並茂的著作中正是這麼想的，但我覺得他似乎過份迎合一些理論公式。與根特、布魯日或伊普爾的活動相比，尤其與前幾個世紀中佛羅倫斯、盧加或米蘭的活動相比，十六世紀在這方面是否有所創新？我對此十分懷疑，即使我們注意到，安特衛普出現了許多新的建築，其市政建設走在歐洲其他城市的前面，即使我們跟隨雨果・索利，仔細觀察傑出的商人吉爾貝爾・凡・斯孔貝克的業績。斯孔貝克於一五五〇年左右負責建造安特衛普城牆，他組織了一個垂直的托拉斯，把十五家磚廠，一個泥炭礦，幾座石灰窯，一個森林採伐場和一系列工人住房置於自己的管理之下，同時又鑑於工程規模巨大，把某些項目交營造商承包。在一五四二至一五五六年間安特衛普的龐大改建工程中，他是最大的承包商，因而獲利也最多。但是，我們能否因此腦子一熱，就說這是工業資本主義，是安特衛普王冠上的花葉裝飾？

重新估量熱那亞時代的重要地位

安特衛普時代是富格爾家族的時代；下一個時代是熱那亞時代，為期實際上不到一個世紀，僅僅七十年（一五五七—一六二七）而已；熱那亞的統治藏而不露，以至於長期以來得不到歷史學家的重視。理查・愛倫堡的一本書已曚朧地有所覺察，該書寫作年代已久（一八九六），但其價值至今無與倫比。菲利普・呂茲・馬丁不久前在《熱那亞時代》一書中對這個時代作了準確的估量，作者為精益求精，孜孜不倦地查找新鮮資料，致使這部非同尋常的著作至今未能出版。但我有幸讀過該書的手稿。

在四分之三的世紀裡，熱那亞的商人兼銀行家通過操縱資金和信貸，得以主宰歐洲範圍內的支付和清帳。這段經歷本身值得大書特書；它肯定是歐洲經濟世界歷史上有關中心形成的最奇特的例子，因為經濟世界環繞的中心點這次幾乎是非物質的。整體的軸心不是熱那亞，而是一夥銀行家兼金融家（用今天的術語，可以說是一個跨國公司）。這還只是熱那亞這個獨特城市的一個獨特方面；在熱那亞時代以前和以後，這個條件如此不利的城市偏偏都朝著世界商業活動的頂點上升。我覺得用任何時代的尺度來衡量，熱那亞始終是不折不扣的資本主義城市。

「一道荒瘠山丘」

熱那亞及其通往地中海東岸和西岸的兩條「河道」只佔很小的地域。據法國人寫的一篇遊記說，熱那亞人「在從摩納哥到馬薩的這段海岸沿線約有三十法里，朝米蘭方向有七、八法里平原可供發展。剩下的就是一道荒瘠山丘」[266]。在海邊，每條小河的出海口的每條河流旁邊總有一個港口，一個村莊或者一個小城市，一句話，總會有幾架葡萄，幾棵柑桔樹，盛開的花，成排的棕櫚樹，美味的葡萄酒（尤其在塔比亞和五鄉地

熱那亞的港口（1485）。克里斯托佛格拉西作畫，佩格利民用船舶博物館（熱那亞）。逐級上升的城市，高大的房屋，防禦工事，軍械廠，港口的燈塔，帆槳船以及大帆船。

（又名五漁村，Cinque Terre））以及充足的優質植物油（在奧內利亞、馬羅河、迪亞諾和文蒂米利亞的四個河谷）[267]。喬萬尼・博台洛[268]於一五九二年說：「糧食少，肉食也少，雖然質量是第一流的。」對眼睛和鼻子來講，這是世界最美的地方之一，是個天堂。接近冬末，人們如果從北歐來到這裡，將會看到水流湍急，百花盛開，自然界一片欣欣向榮[269]。但這些如畫之鄉僅僅佔十分狹小的地面：亞平寧山為與阿爾卑斯山匯合，朝尼斯方向伸展[270]，硬是讓「寸草不生、遑論樹木」的「荒瘠」山丘，以及高聳入雲的村莊穿插其間，在這些貧困落後的村莊裡，熱那亞的舊貴族擁有采邑以及甘願為他們幹粗活的農民。在現代化道路上走在前面的熱那亞背靠著一座「封建」大山，形象與貼牆種植的果樹相似，這也是熱那亞的許多怪僻特點之一。

市內可供蓋房的土地不夠，華麗的建築只得向高處發展。街道湫隘狹窄，因而只有「新街」（Strada Nova）和「巴爾比路」（Via Balbi）可通四輪馬車[271]；在市內的其他地方，就必須步行或坐轎子。市外的空地也不多，附近山谷裡建造的許多別墅顯得相當擁擠。一名旅行者[272]說，出馬洛納廣場（Campo Marane），朝聖皮耶爾・達雷納（San Pier d'Arena）方向沿大路走去，「人們看到杜拉佐府邸，這座富麗堂皇的建築與五十來所其他漂亮府邸交相輝映」。五十多幢府邸，可見即使在鄉下，房屋照例還是鱗次櫛比。特別是要走出這些小得像手帕但又互不聯繫的街區，確實很不容易。為使分散住在別墅中的貴族能去熱那亞參加參議院會議，共和國必須派帆槳船去迎接[273]！有時趕上熱那亞海灣的連陰潮濕天氣：大雨傾盆，海上風急浪高，就有幾天乃至幾星期的煎熬[274]。任何人都出不了門。

總起來說，這是一個先天不足、虛弱多病的軀體。它怎麼養活自己？怎麼抵禦外敵？城市地勢易攻難守：敵從北面進攻，能勢如破竹地直達城市的制高點。只要敵人在制高點架起大砲，城市便束手持斃。熱那亞一再被迫、甘願或為謹慎而退讓。例如，一三九六年屈服於法蘭西國王[275]，一四六三年屈服於米蘭公爵[276]。總之，外敵經常能壓倒熱那亞，而不可攻克的威尼斯在眾多的水道防線的保護下，只是於一七九七年，才首次在波拿巴面前屈服。一五二二年五月三十日[277]，熱那亞被西班牙及其同盟者舊貴族所攻佔，城市遭到了可怕的搶掠，只比一五二七年洗劫羅馬稍遜一籌而已。後來一七四六年九月[278]，熱那亞再遭厄運；撒丁尼亞和奧地利軍隊這次兵不血刃地打開城門，對極其富有的城市橫征暴斂，這是一種新的洗劫手段。三個月後，爭勝好鬥的熱那亞百姓舉行暴動，趕走胡作非為的勝利者[279]。但總起來講，損失相當慘重。不設防或不能防禦使熱那亞付出沉重代價：解放後的城市面臨可怕的危機，發行鈔票導致無情的通貨膨脹，於是不得不在一七五〇年恢復原已撤銷的聖喬治商行。一切終於勉強恢復了正常：共和國重新控制了局勢，擺脫了困境，其辦法並不是對資本徵收極輕的稅（百分之一），而是增加間接消費稅[280]，這一辦法符合熱那亞的傳統，人數眾多的窮人又一次遭受打擊。熱那亞在海洋方面也有弱點。它的港口面對不屬任何人，因而屬於所有人的公海[281]。在西地中海的航線上，力求保持獨立的薩沃納長期是敏對行動的據點，更靠西的尼斯以及馬賽也是如此[282]。在十六世紀，柏柏爾私掠船趁著南風，在科西嘉島周圍和熱那亞的航線上不時出沒，而護航又沒有組織好。難道可能把護航組織好嗎？威尼斯有亞得里亞海為它效力，熱那亞卻沒有為它服務的大海。也沒有保護出海口的潟湖。一六八四年五月，路易十四下令杜凱納的艦隊轟擊熱那亞。傍山靠海的城市是理想的靶子。驚恐之餘，「居民紛紛逃進了山裡，留下家具房屋聽任劫掠」；竊賊便乘機搜刮[283]。

遠離本地活動

讓我們再說一遍：熱那亞有先天不足的弱點；城市及其屬地只能依靠外部世界為生。必須向外求援，有的地方要魚、麥、鹽、酒，別的地方要醃貨、木柴、木炭、食糖，如此等等。只要地中海的船隻（「拉丁國家的食品船」）不再到來，只要北方聖馬洛（St Malo）、英格蘭或荷蘭的船隻不再把「封齋期食品」（就是說這段時間食用的腓魚和磨魚）及時運到，生計當即變得困難。例如，在西班牙王位繼承戰爭期間，由於海盜蜂起，必須實行國家干預，才使城市不致餓死。據一封領事收信說，「昨天有熱那亞共和國為小船護航的兩艘武裝船隻到港，它們來自那不勒斯、西西里和撒丁尼亞，隨航的船隻約四十艘上下，其中十七艘裝載那不勒斯的葡萄酒，十艘載運羅馬尼阿的小麥，其他的船則裝各種食品，如那不勒斯的板栗以及奶酪、無花果乾、葡萄、鹽以及其他同類貨物[284]。」

食品供應問題通常不難解決：熱那亞有錢，事情自然好辦。小麥源源不斷地運來。人們往往對「豐裕公署」（Magistrato dell Abbondanza）有所批評，熱那亞和義大利的許多其他城市都設置這種管理小麥的機構；該機構沒有分文收入，「當它需要採購糧食時，便向公民借貸，它零售的小麥價格很高，不可能造成虧損……不然虧損就會落在富人頭上……結果是窮人承受全部損失，富人反而養肥了」[285]。這又一次屬於熱那亞獨特的處事方式。「豐裕公署」之所以沒有儲備和預算，這是因為商人通常設法使熱那亞市小麥充足。十八世紀的熱那亞是個相當於馬賽的穀物集散地，又是相當於威尼斯的食鹽集散地，它在地中海各個地區採購貨物。

弄巧走險之術

熱那亞的居民數在六至八萬之間搖擺，再加上屬地在內，人口約在五十萬上下。長期以來，熱那亞都能解決日常生活供應的困難問題（除開短暫的、十分艱苦的危急時期），這是個事實，但問題的解決卻以弄巧走險為代價。

熱那亞一切的一切不都是弄巧走險的嗎？它從事製造，但為的是別人；它進行航海，但也為別人；它在別人家裡投資。直到十八世紀，熱那亞的資本只有一半留在市內[286]；剩下的一半由於在當地沒有合適的投資場所，便在世界各地流動。地理逼仄迫使多餘的資金外出冒險。那麼在別人家裡，怎樣保證這些資金的安全和利潤呢？這是熱那亞始終需要解決的問題；它既要冒險，就必須隨時警惕，特別是謹慎小心。因此，熱那亞曾取得令人難以置信的成功，也遭到過滅頂之災的失敗。一七八九年後，熱那亞在法國等地投資的失利，便是一個明證，但不是唯一的明證。源自西班牙的一五五七、一五七五、一五九六、一六〇七、一六二七、一六四七年等歷次危機[287]，都是極其嚴厲的警告，簡直就如同地震。更早的時候，一二五六至一二五九年間，熱那亞的銀行曾紛紛倒閉[288]。

與這些凶險相對應，在富於戲劇性的資本主義的中心，則是熱那亞商人的靈活、機敏、隨時待命和不抱成見，即洛佩斯所欣賞的應變能力[289]。熱那亞往往能見風轉舵，每次都能接受必要的變化。它根據自己的需要安排一個外部世界，當後者變得不堪居住或不再有用時，便斷然拋棄，然後再設計和建設另一個外部世界：例如，在十五世紀末葉，捨東方而取西方，捨黑海而取大西洋[290]；到十九世紀，則為自己的利益而實現義大利統一[291]。這就是熱那亞的命運，它那脆弱的軀體像是一台極其靈敏的地震儀，不論世界上什麼地方發生震動，它也跟著搖擺。這是一個智慧的怪物，有時甚至是殘暴的怪物，熱那亞注定要把世界據為己有，否則便不能生存。

熱那亞有史以來就是如此。對於熱那亞在與穆斯林世界較量中取得的最早的戰功，或者對於十三世紀與比薩或與威尼斯作戰時熱那亞擁有的眾多帆槳船[292]，歷史學家無不感到驚訝。問題在於，當戰爭需要時熱那亞的全部壯丁都能登上狹窄的戰船。整個城市全都動員起來。同樣，它把炙手可熱的財富！胡椒、香料、絲綢、金銀等昂貴產品——引向自己；它撞開遠方貿易的大門，開闢流通渠道。請看熱那亞怎樣勝利殖民巴列奧略的君士坦丁堡（一二六一），怎樣在黑海進行瘋狂的冒險[293]。威尼斯隨後趕上，但已晚了一步。二十來年過後，發生了「西西里晚禱暴動」[294]（一二八三）。西西里於是歸熱那亞控制。佛羅倫斯站在安茹王朝的一邊，熱那亞則偏向亞拉岡王朝。亞拉岡王朝獲勝，熱那亞也同奏凱歌。但必須有卡梅洛・特拉賽利[295]的熱情和博學，才能說清熱那亞進駐西西里的行動如何乾淨俐落，如何具有現代的特徵。熱那亞人把別處的「資本家」，盧加的以及佛羅倫斯的，統統趕走，或者至少予以排斥；他們在巴勒摩的港口附近，離「海運廣場」[296]不遠處安頓下來，他們向親貴大臣放款；凡此種種都平淡無奇。值得注意的是，他們接管了西西里的小麥出口，而在與該島隔海相望的、由伊斯蘭佔有的非洲沿海，當時饑荒橫行，十分需要西西里的小麥；他們因而能在突尼斯或的黎波里用小麥換取來自黑非洲內陸的金屑。多里亞家族在西西里買下的大批領地都是位於巴勒摩至阿格里真托的主軸線上的麥地[297]，這並非偶然，等到加泰隆尼亞商人想把熱那亞人轟走，已經為時過晚了。西西里的糖業生產也歸熱那亞人經營[298]。以墨西拿為基地控制西西里和加拉布利亞的生絲市場的，還是熱那亞人[299]。十八世紀初，熱那亞的商人和店鋪主仍留在島上，繼續做糧食和生絲生意[300]。他們甚至甘願把「大量熱諾溫」（geovines，一種在義大利很吃香的成色很高的銀幣）運來西西里（因為他們的貿易有虧空）。烏斯達里茨對此深感驚訝，卻是大謬不然：賠上一點，而在別的方面賺得更多，這是熱那亞人一項信守不移的原則。

在十三和十四世紀，儘管存在威尼斯的競爭，有時也正因為如此，熱那亞在歐洲經濟世界到處爭地盤，或者捷足先登，或者排斥異己。十四世紀以前，它以希俄斯島為基地，開採福西亞的明礬，並在黑海發展貿易；它的大帆船遠航布魯日和英格蘭[301]。在十五和十六世紀，熱那亞逐漸失去東方：土耳其人一四七五年攻佔費奧多西亞（Theodosia, caffa），一五六六年奪取希俄斯島，但從十五世紀初開始，熱那亞人已經在北非[302]、塞維爾[303]、里斯本[304]和布魯日站穩腳跟，完全處於領先地位；他們隨後又到達安特衛普。僥倖發現美洲的不是卡斯提爾，而是哥倫布。直到一五六八年，仍是熱那亞商人在塞維爾出資推動西班牙和美洲之間頗費時日的交換[305]。一五五七年，向腓力二世政府放款這筆大買賣（他們對此覬覦已久）自動地送上門[306]，他們抓住了這個機會。於是開始了熱那亞歷史上新的一頁，即所謂「熱那亞時代」。

熱那亞不露聲色地統治歐洲

基奧佳一戰失利後，熱那亞降為「二等」強國，並在十四和十五世紀期間始終處於這個地位；直到一五五〇至一五七〇年間，又變成「頭等」強國，並保持到一六二〇至一六三〇年前後[307]。這張年表的開頭部份不夠準確，因為安特衛普當時仍保持領先地位，至少在表面上是如此；其末尾也不太準確，因為阿姆斯特丹從一五八五年起開始上升，尤其因為熱那亞的統治從頭到尾表現得極其含蓄。如果我的比較不太離譜的話，從各方面看，熱那亞與今天巴塞爾國際結算銀行的作用相差無幾。

熱那亞雖然擁有商人、工人、水手和船隻，雖然能在聖皮耶爾·達雷納的船塢自己造船，而且造得很好，有時甚至還能出售和出租船隻，但它並不依靠船隻、水手、商人和工廠主而統治世界。熱那亞也出租精巧而堅固的帆槳船，樂於充當僱佣兵軍官的城市貴族隨船為各國君主效命（在海上作戰），最初為法蘭西

十五世紀熱那亞的大船。前圖的細部。

國王服務，後來改為查理五世皇帝服務；一五二八年發生了安德烈・多里亞的「背叛」事件，他一方面不再為法蘭索瓦一世效命（放棄對那不勒斯的封鎖，洛特雷克當時正從陸路圍攻該城），另一方面又與查理五世皇帝締結同盟[308]。

從一五二八年起，查理五世皇帝雖然仍處在富格爾家族以及奧格斯堡其他銀行家兼商人（他們為查理五世皇帝推行其偉大政策提供財源）的控制之下，卻已開始向熱那亞人舉債[309]。一五五七年的西班牙財政破產結束了上德意志銀行家的統治，熱那亞人順理成章地坐上空出的座位，而且顯得勝任愉快，因為早在一五五七年前，他們已經參與了複雜的國際金融活動（並且使之變得更加的複雜）[310]。他們為天主教國王效力，主要是確保國王在稅收和美洲白銀輸入這兩項不穩定收入的基礎上，能有穩定的收入。如同所有的王公一樣，天主教國王日常開支漫無節制，必須在歐洲這張大棋盤上調動巨額款項：他在塞維爾進帳，但經常在安特衛普或米蘭出帳。這個情況今天已為歷史學家所熟知，我們這裡就不必再多嚕嗦了[311]。

隨著時光的流逝，熱那亞商人承擔的任務一年更比一年重。天主教國王的收益多，開支也多，熱那亞人的利潤相應地不斷增加。他們借給國王的錢無疑是西班牙或義大利的客戶借給他們的或存在他們那裡的[312]。但他們可以動用的全部資金也都投入這一機制中去。由於不能兼顧一切，他們於一五六八年[313]對為塞維爾和美洲之間的商品交易提供資金失去興趣，不再像以往那樣參與收購塞哥維亞的羊毛、格瑞那達的絲或馬薩隆的明礬。他們乾脆從商業轉到了金融業。據他們自己所說，他們從這些規模宏大的活動中所得的收益，僅夠勉強謀生。借給國王的貸款通常按百分之十計息，但他們說，這裡包括種種開支、失誤和拖欠。以上情形無疑是存在的。但照天主教國王祕書們的說法，放款人可有百分之三十的賺頭[314]。兩種說法大概都不實在。可以肯定，熱那亞的金融活動從幾方面同時獲利：利息，利上滾利，正簽以及在反簽匯票中作弊，買賣金銀鑄幣，債券投機以及在熱那亞出售白銀中額外提成百分之十[315]。這一切都很難計算，情形往往可變，但是金額甚巨。此外，由於商人借出的款子數目大（我們再說一遍，數目遠遠超過商人的自有資本），即使單位利潤率不高，總收益還是十分可觀。

最後，西班牙的政治資金不過是源源湧來的許多資金中的一股而已，它也帶動其他資金流向熱那亞。從一五七〇年起，裝滿成箱里亞爾或銀條的帆槳船大批來到熱那亞，數量之多令人難以置信，它們無疑是一種統治工具。熱那亞因此得以左右歐洲的全部財富。當然，熱那亞並非事事成功或每戰必勝。必須立足於長時間，根據他們的全部經歷，去判斷並說明這些非同尋常的生意人。其實在十五世紀，他們的財富不是金銀，而是「調動信貸的可能」，即從更高的層次出發去進行這項困難的活動。有關資料十分豐富，且可供人查閱；問題正變得越來越清楚，這就要求我們的解釋更加詳盡和更加細緻。

熱那亞成功的原因

怎麼樣解釋熱那亞的成功？首先我們提出一個假設。歐洲在一五四〇至一五六〇年間（大致的日期）受到一場相當明顯的危機的襲擊，這場危機把十六世紀切成兩段：亨利二世時代的法國不再像法蘭索瓦一世治下那樣陽光明媚；伊麗莎白治下的英國也不再是亨利八世的盛世……難道是這場危機結束了富格爾時代？我傾向於作出肯定的回答，但不能提供證據。把一五五七以及一五五八年的財政危機看作這場不景氣的一種後果，這難道不是十分自然的嗎？

總之，可以肯定原有的貨幣平衡當時已徹底被打破。直到一五五〇年為止，相對稀少的白銀與相對充裕的黃金的比價趨向提高，白銀成為當時大宗貿易的工俱（不然哪有富格爾時代？）以及保值的手段。但在一五五〇年前，黃金因相對稀少而增值。據斯普納[316]認為，一五五三至一五五四年前後，熱那亞人在安特衛普首先把賭注壓在黃金一邊：情況既然如此，誰會看不到這項決策的重要？其次，由於熱那亞在安特衛普為天

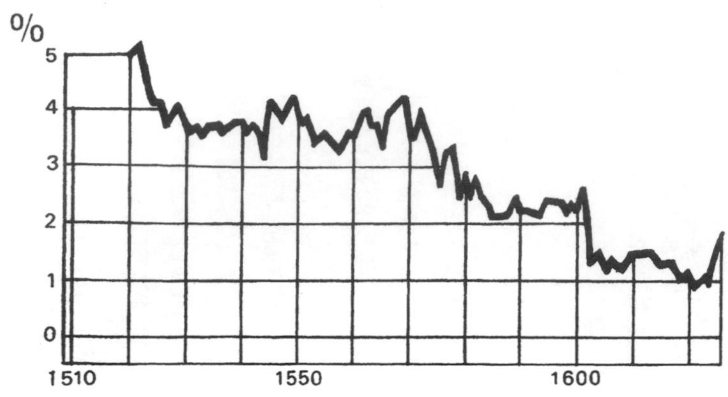

表(18)　從 1510 到 1625 年，熱那亞的資金過剩

根據卡洛．西博拉的計算，「魯吉（luoghi，聖喬治商行的終身年金價券，利率可變）的，際利率曲線。參見《關於利率歷史之淺見》一文，載《國際經濟》，1952 年。利率急劇下跌，到了 17 世紀初，已降至 1.2%。（詳細情形請參看費爾南．布勞岱爾：《地中海和腓力二世時代的地中海世界》，第 2 卷，第 45 頁。）

主教國王代付種種開支，他們比任何人更能控制黃金的流通渠道，因為在支付匯票時需要使用的就是黃金[317]。我們至此已找到了「正確的」解釋嗎？

我還有一點懷疑，雖然作為後人，我在回顧歷史時，十分佩服熱那亞人的聰明和機敏。但依靠聰明取勝，原則上只能偶一為之，不能長期成為比別人機敏的商人獨佔的專利。

其實，熱那亞的活動方式相當多，這些活動也正仰賴其多種多樣而久盛不衰：白銀買賣，黃金交易，匯兌往來。熱那亞人不僅必須把白銀抓到手裡——或者通過他們與國王簽訂的借款契約規定的白銀輸送[318]，或者是依靠他們歷來以塞維爾為據點而組織的走私[319]——他們還必須把這些白銀賣出。可能有兩種買主：或者是葡萄牙人，或者是威尼斯、佛羅倫斯等從事黎凡特貿易的義大利城市，但以後者居多。正是出於這個原因，黎凡特貿易再度繁榮興旺，香料和胡椒在阿勒坡和開羅重新大量上市，轉口的絲綢在地中海東部諸港的貿易中佔重要地位。威尼斯和佛羅倫斯用北歐諸國的匯票把這批白銀買下，兩城市與北歐的貿易處於順差的地位[320]。因此，熱那亞人可以把他們的款子匯往安特衛普，而安特衛普在其鼎盛時代過後，仍是為西班牙軍隊發餉的商埠，是一個盛行比亞斯特銀幣交易的、像西貢那樣的罪惡淵藪。自從查理五世皇帝發布一五三七年敕令以後[321]，匯票只能用黃金支付，熱那亞人出讓給義大利城市的白銀便轉化為能在尼德蘭支付的金幣。黃金因而就成為熱那亞人控制其三重體系的最好武器。一五七五年，天主教國王決定不用熱那亞人為他效力，並與他們為敵，熱那亞人便成功地切斷了黃金的流通。西班牙軍隊因欠餉而譁變，安特衛普於一五七六年十一月遭叛兵洗劫[322]。國王最後只得讓步。

以上事實歸納起來，必定得出一個結論：熱那亞的風雲際會依靠了西班牙在美洲的財富和義大利本身的財富，後者對熱那亞的興旺作出了很大的貢獻。全靠皮辰札（Piacenza）交易會的有力推動[323]，義大利各城市的資金朝熱那亞方向流去。成群的小放款人，熱那亞的或其他城市的，把他們的積蓄存進銀行，換取微薄的利息。西班牙的財政於是與義大利半島的經濟建立了經常的聯繫。因此，馬德里的每一次財政的破產總在義大利半島帶來某種程度的動蕩：一五九五年破產[324]所激起的餘波給威尼斯的放款人造成重大損失[325]。與此同時，就在威尼斯，把大批白銀交給鑄幣所的熱那亞商人[326]控制了匯兌業務和海上保險[327]。如果對義大利其他活躍城市進行深入研究，大概也會得出相當接近的結論。其實，只要義大利的活動保持在一定的高度上，熱那亞的活動就能夠開展，甚至我敢說，就容易開展。不論願意與否，義大利於十四和十五世紀曾是威尼斯的後盾，它在十六世紀便是熱那亞的後盾。一旦義大利衰弱了，皮辰札交易會這一幾乎對外封閉的節慶和集會也就隨之消失！

我們不能忘記，銀行家的成功是以熱那亞城本身為依託。說到熱那亞人裝置的這台奇妙的機器，人們往往把熱那亞與住在馬德里、經常去宮廷並在那兒成交大買賣的熱那亞大銀行家相等同；這些大銀行家為國王出謀劃策，通力合作。儘管彼此有種種爭執和仇隙，他們同氣相求，互通姻好，每當西班牙對他們施加威脅，或者留在熱那亞的合夥人（他們是投機失利的當然犧牲品）有所抱怨，便團結一致，共同抵禦。佛朗哥・博爾朗迪及其學生們發現了一些商人未刊行的信件，但願這些信件能使我們對他們有更清楚的認識。這些人在馬德里被稱為「商界巨頭」，他們人數不多，約二十來人，至多在三十上下。除他們以外，在他們的下面，必須想像另有幾百、幾千名大小不等的熱那亞商人，包括普通的店員、鋪主、中間商和經銷人。他們遍佈熱那亞城以及義大利和西西里的其他城市。他們深深地紮根在西班牙的國土上，紮根在該國經濟的各個層次，無論在塞維爾或格瑞那達。若說這些商人在西班牙形成國中之國，那也未免誇大。但熱那亞人的體系於十五世紀業已建立，並且壽命很長：直到十八世紀末，熱那亞人在加地斯的營業額與英國、荷蘭、或法國同殖民地的貿易額不相上下[238]。這個事實往往被人們忽略了。

奪取外國的經濟地盤歷來是一個城市興旺發達的前提條件，這個獨一無二的城市力圖統治一個廣大的體系，即使它沒有這種明確的想法。類似情形反覆出現，使人幾乎習以為常：威尼斯侵佔拜占庭；熱那亞進入西班牙，佛羅倫斯進入法蘭西王國，或更早地進入英國；荷蘭進入路易十四的法國；英國進入印度……

熱那亞的退卻

在自己家門外進行建設，難免要擔風險：成功通常是暫時的。熱那亞人控制西班牙的財政，進而又控制歐洲的財政，為期不過六十多年。

一六二七年西班牙財政破產並未如人們所想的那樣，給熱那亞銀行家帶來滅頂之災。對他們說來，這部份地是一種自願的脫鉤。他們確實也不太願意繼續為馬德里政府效力，免得擔心發生新的財政破產，以至於利息和本金都收不回來。在當時的困難條件下，儘快把他們的資金撤回，重新投入其他的金融活動中去，這項計畫的實施取決於經濟形勢的變化。根據威尼斯駐熱那亞領事的一些內容詳盡的信件，我最近寫的一篇文章正講了這方面的問題[329]。

但單一的解釋往往是不夠的。還必須更好地了解熱那亞放款人在西班牙的處境，並且與他們的競爭對手——當時執掌天主教國王財政事務的葡萄牙人——作一比較。葡萄牙人取代熱那亞人的地位，究竟是根據奧利瓦雷斯大公的決定，或者是由大西洋的形勢所推動？有人懷疑葡萄牙人是荷蘭資本家的傀儡，這種說法確有可能，但還有待事實作出證明。總之，英國的查理一世政府一六三〇年與西班牙訂立的和約產生了相當奇怪的後果[330]。負責和約談判的法蘭西斯·科廷頓爵士給和約增添了一項附加協議，明確規定送往尼德蘭的西班牙白銀必須由英國船隻運輸。這筆白銀的三分之一將於一六三〇至一六四三年間在倫敦塔的工廠中鑄成銀幣。因此，在好幾年裡，西班牙白銀流往北歐不再由熱那亞人充當中間人，而由英國人經手。

這是熱那亞人脫鉤的理由嗎？未必就是如此，因為協議達成的時間較晚，是在一六三〇年。更可能的反倒是熱那亞的脫鉤促成了這一奇怪協議的訂立，儘管這也沒有任何事實能作證明。可以肯定的是西班牙絕對需要有一個可靠的資金輸送系統。熱那亞人的辦法是通過匯票輸送資金，事情當然辦得相當漂亮，但為此必須掌握一個國際支付網；代替它的新辦法十分簡單，那就是讓那些可能進行海上攻擊、從事戰爭或劫掠行徑的人負責運輸。從一六四七或一六四八年開始，也許在聯省共和國尚未簽訂蒙斯特單獨和約（一六四八年一月[331]）前，為治理和保衛南尼德蘭地區所必需的西班牙白銀竟改用荷蘭船運輸，不再向英國船求助，這真是絕妙的諷刺。在這個場合，基督教和天主教能夠和睦共處：錢在當時已沒有香臭之分。

熱那亞的苟延殘喘

我們回過頭來再看熱那亞：熱那亞已經脫鉤，那是無可否認的事實。契約借貸似乎使他們保住了一大部份資金，儘管一六二七年西班牙財政破產給他們在西班牙、倫巴第和那不勒斯製造了重重困難，使他們處境維艱，甚至岌岌可危。我以為，成批西班牙銀圓（中國稱為本洋）遠抵熱那亞可以證明抽回資金已獲成功；關於這些西班牙銀圓的數目，我們大致能逐年推算出來[332]。一六二七年後，還有西班牙銀圓繼續運來，有時數目頗大。此外，來自美洲的白銀仍源源不斷地抵達熱那亞。通過什麼渠道？毫無疑問，通過在塞維爾以及後來在加地斯的貿易，因為熱那亞在安達魯西亞的商業網依舊存在，保持著與美洲的聯繫。另一方面，在其他放款人（改宗天主教的葡萄牙猶太人）登上舞台後，熱那亞的契約借貸人仍多次同意發放貸款，例如在一六三〇、一六四七或者一六六〇年[333]。他們再次插手其事，難道不是因為運抵塞維爾和加地斯的白銀數量比官方數字所說的要大得多嗎[334]？對西班牙放款因此又變得比較方便，甚至更加有利。這使熱那亞人有更大的可能參與向歐洲供應白銀的大規模走私活動。熱那亞沒有錯過這樣的好機會。

為從西班牙直接取得白銀，熱那亞有其製成品出口作後盾。在推動十七和十八世紀歐洲工業成長方面，熱那亞的功績確實比威尼斯更大，它努力使其生產適應加地斯的白銀。直到一七八六年，西班牙還進口許多熱那亞織物，「甚至有一些製造廠專門迎合西班牙人的愛好，例如一些大開幅絲綢，以小花點綴，一端繡著密密層層的、微微隆起的大花……這些綢料主要用於製作節日盛裝；其中有的相當華麗，十分昂貴」[335]。同樣，熱那亞附近沃爾特里造紙廠的大部份產品「運往印度，那裡的人把這種紙當作煙葉來抽」（原文如此）[336]。熱那亞就這樣小心翼翼地抗拒米蘭、維琴察（Vicenza）、尼姆、馬賽或加泰隆尼亞的競爭。

由此可見，正如任何堂堂正正的資本主義政策一樣，熱那亞商人的政策多變而不連貫，靈活而能適應環境。十五世紀，他們控制北非和西西里之間的黃金通道；十六世紀，又通過西班牙攫取美洲開採的一部份白銀；到十七世紀，重新通過發展製造業，擴大商品出口。而在每個時代，他們都根據當時的情況，展開銀行和金融活動。

確實，金融業務在一六二七年後並未完全停頓。西班牙政府既然不再像以往那樣俯仰由人，熱那亞資本便尋找並找到了其他主顧：城市、王公、國家、普通企業或個人。關於這個問題，朱瑟培・費洛尼的近著[337]已為我們提供了結論。早在一六二七年脫鉤前，熱那亞資本已開始「對投資方向作大規模的和徹底的調整」[338]。從一六一七年起，熱那亞人在威尼斯進行投資。自十六世紀起，他們取代了佛羅倫斯銀行家在羅馬的地位，推動教廷革新公債。一六五六年發行「金山」（Monte Oro）公債時，第一批債券完全由熱那亞人認購[339]。在法國，他們最早的投資當在一六六四至一六七三年之間[340]。到了十八世紀，投資運動朝奧地利、巴伐利亞、瑞典、奧屬倫巴第和里昂、杜林、色當等城市延伸[341]。如同在阿姆斯特丹或在日內瓦一樣，借貸業務及其中間人和經紀人體系在熱那亞的日常生活中立足生根，「手抄新聞」和報紙對此都有所報導。一七四三年，一名法國經紀人說：「用前面說到的寶石作抵押，匈牙利女王（瑪麗亞—德蕾莎）向該城市一些私人所借的四十五萬弗羅林，已分裝幾輛四輪馬車，嚴密護送，於上星期五啟程前往米蘭（當時屬奧地利）[342]。」

存在外國的資金數額逐漸膨脹，似乎老機器在十八世紀的推動下加快了運行：以百萬「銀行里拉」為單位（取其整數），一七二五年為二百七十一；一七四五年為三百〇六，，一七六五年為三百三十二；一七八五年為三百四十二；年收益由一七二五年的七點七上升到一七八五年的十一點五。作為熱那亞的記帳貨幣，「銀行里拉的含金量」在一六七五至一七九三年間始終不變，為〇點三二八克。把以上數字再折算成若干噸黃金，似乎不必多此一舉。為簡單起見，不如說在一七八五年，熱那亞放款人的收益約比粗略算出的熱那亞總收益的一半還多點[343]。

令人奇怪的是，熱那亞在擴大投資時，竟不脫離過去鼎盛時代的地理框架！同荷蘭和日內瓦相反，熱那亞不向英國發展，卻在法國大量投資（大革命前夕，達三千五百萬圖爾里佛）。難道這是因為信奉天主教的熱那亞在北歐與基督教銀行網勢不兩立嗎？或者還是因為舊習慣終究限制了熱那亞商人的思想和想像[344]？

總之，這一選擇使熱那亞隨著舊制度的垮台而蒙受無數災難。但到了下一個世紀，熱那亞再次成為義大

熱那亞的印花布樣品（1698-1700）

利半島最活躍的原動力。在輪船和義大利統一運動時代，熱那亞建立了製造蒸汽海輪的造船工業和強大的現代化遠洋船隊，它也為義大利銀行的建立作出了重大的貢獻。一位義大利歷史學家說過：「熱那亞締造了義大利統一」，但又補充說：「為著自己的利益」[345]。

再談經濟世界

熱那亞資本主義的轉變，或不如說一連串轉變，並未把熱那亞引向經濟世界的中心。在國際舞台上，熱那亞時代早在一六二七年前已經結束，也許就在皮辰札交易會出現故障的一六二二年[346]。從這個決定性的年頭以後發生的事情來看，人們有一個印象，似乎威尼斯、米蘭和佛羅倫斯的商人與熱那亞銀行家已分道揚鑣。也許因為他們若與聖喬治城保持合作，便不能不使自己蒙受危險。也許因為義大利已不能再為熱那亞保持領先地位而付出代價。但大概也還因為整個歐洲經濟已不能忍受信用貨幣同鑄幣數量和產品數量在流通中的比例失調。熱那亞的金融結構與舊制度下的經濟相比，顯得過份複雜和過份苛求，因而當十七世紀歐洲經濟危機到來時，便自動土崩瓦解。尤其，歐洲的重心正向北方轉移，這次轉移為時長達幾個世紀。特別引人注目的是，當熱那亞人停止再次扮演歐洲金融主宰的角色，不再位於經濟世界的中心時，接力棒卻由阿姆斯特丹接了過來，這個新興城市的富有建立在商品基礎之上（這是當時的另一時代標誌）。阿姆斯特丹成為金融中心的時候也將來到，但要晚些；到了那時候，令人奇怪的是，熱那亞曾經遇到過的同一些問題又將重新提出。

第三章　城市統治下的歐洲舊經濟：阿姆斯特丹

隨著阿姆斯特丹[1]的崛起，以對外擴張為使命的城市時代終告結束。維奧萊・巴布爾寫道：「沒有統一的現代國家作後盾，一個真正的貿易和信貸帝國竟得以存在，這是最後的一次[2]。」值得注意的是，這一經驗界於經濟霸權的兩個連續階段之間：一方是城市；另一方是現代國家，是民族經濟，其中最初以英格蘭為基地的倫敦居首。因節節勝利而勢力大增的歐洲，到了十八世紀末，已逐漸擴展到全世界；中心的統治區域也不能不有所擴大，以保持整體的平衡。如果得不到附近的經濟足夠有力的支持，城市勢孤力單，很快就會壓不住陣腳。領土國家將取代城市的中心地位。

作為舊局面的延續，阿姆斯特丹的崛起是按照舊規律——一個城市接替其他城市：安特衛普和熱那亞——完成的，這相當合邏輯。但與此同時，北方重新壓倒南方。並且從此不再變更。因而人們常說，阿姆斯特丹所接替的不僅是安特衛普，而且是在熱那亞時代仍佔主導地位的地中海[3]。具備各種有利條件的和極其富饒的地中海，從此被長期處於無產者地位，並且尚未得到很好利用的大西洋所取代；國際分工至此只把費力大和得益小的差使留給大西洋。熱那亞資本主義的後退，進一步說，四面受敵的義大利的後退，為北方商人和航海者的勝利鋪平了道路。

這一勝利不是朝夕之間就能取得的。地中海和義大利的衰落也不是旦夕之間實現的，衰落過程逐漸鋪開，經歷幾個不同的階段。十六世紀七十年代，英國船重新進入了地中海。再到九十年代，又有尼德蘭船進入地中海。但典型的地中海船隻並不因此絕跡。北方運輸者的插隊要取得成功，必須讓北非沿海、利佛諾港、安科納港及地中海東岸諸港容許和歡迎他們的到來，讓富饒的地中海城市接受他們的服務，同意租用他們的船隻。還必須使英國人於一五七九年與鄂圖曼蘇丹訂立外僑權利協定，而尼德蘭人則在一六一二年才做同樣的事。尤其必須做到，使呢絨布匹以及北方的其他產品充斥地中海市場，同時排擠當地的傳統產品[4]。在十七世紀初，威尼斯仍以其優質呢絨在黎凡特的市場上佔統治地位。為此，必須排擠威尼斯和其他城市。最後必須等待熱那亞的信貸霸權逐漸分崩離析。阿姆斯特丹地位的上升意謂著這些過程的陸續完成；與安特衛普不同，阿姆斯特丹對地中海經濟將不再放鬆馬轀。

聯省共和國在自己家裡

當時的人只是看到一些令人眼花撩亂的表象。跟往常一樣，他們對長期的準備過程未加注意，直到尼德蘭獲得光彩奪目的成就時，他們才

1651 年在阿姆斯特丹召集的聯省共和國聯省會議，其禮儀之隆重與主權國家無異。

猛然醒悟。剎那間，任何人都不明白，一個初出茅廬的蕞爾小國居然一舉成功，發展神速，無比強盛。人們紛紛議論荷蘭的「祕密」、「奇蹟」和「出奇的」富有。

幅員偏狹，土地貧瘠

聯省共和國領土狹窄，一位西班牙人於一七二四年[5]說，不超過加利西亞王國；繼英國人塔克爾之後，杜爾哥[6]指出，不到德文郡的一半。路易十四的一名大使（一六九九）曾解釋說：「一個很小的小國，海岸盡是寸草不生的沙丘；國內江河縱橫。海岸及河流兩岸經常發生水災，僅適於草地生長，牧草為唯一天然富源，當地收穫的小麥以及其他糧食不夠養活百分之一的居民[7]。」丹尼爾·笛福譏諷說，「不夠用以餵養公雞以及母雞」[8]。另有人於一六九七年斷言：「荷蘭的全部物產，那就是黃油、奶酪以及只能用來燒製碗碟的泥土[9]。」十分嚴謹的西班牙經濟學家烏斯達里茨（一七二四）還說：「該國有一半是水或不出產任何東西的土地，種植面積每年不過國土的四分之一；因而好些作家都說，農業收成勉強只夠居民四分之一的消費[10]。」一七三八年的一封信更是危言聳聽：「荷蘭盡是澆薄之地，土地漂浮水面，草場每年三季被淹，耕地狹小，產糧不足以養活居民的五分之一[11]。」在這一領域是大行家的阿卡里亞斯·德·塞里翁，一七六六年毫不猶豫地斷言，荷蘭（即聯省共和國）的「物產不夠其四分之一居民的衣食」[12]。簡單說來，這是個窮地方：出產的小麥相當的少，質量又差，另有少量的黑麥、燕麥以及綿羊，沒有葡萄架（在鄉村的房前屋後或菜園牆邊，間或還能見到），沒有樹木（除在阿姆斯特丹的運河兩岸及村莊四周）。相反的，草場很多，「臨近十月底和十一月初，草場被水淹沒，風雨交加之日，一片濁浪翻滾……許多地方，但見堤岸、屋頂、塔尖在一片汪洋澤國中起伏出沒」[13]。冬季積下的雨水將「在春季依靠風車」[14]抽走。

在地中海地區的人看來，這一切都十分奇怪，近乎荒唐。佛羅倫斯人圭哈爾迪尼於一五六七年寫道：

「地面低窪，各大江河均築有堤壩，因而河流與土地不是一般高，在許多地方，人們十分驚奇地看到水面竟高出地面[15]。」過了二個世紀後，來自日內瓦的一名旅行者（一七六〇）指出，「荷蘭省的一切，包括天地自然在內，都由人力造成」[16]。一位名叫安東尼奧・邦斯的西班牙旅行者[17]（一七八七）甚至說：「幻想和詩意勝過真實！」

農業的壯舉

然而，聯省共和國畢竟有土地、村莊和農莊。在蓋爾德斯，甚至還有一些貧窮的居鄉貴族以及為他們服務的農民，構成封建制歐洲的真正的一角；在格羅寧根，則有鄉紳農莊主；弗里西亞有分地農莊主[18]。萊登四周的蔬菜種植實行精耕細作，收穫的蔬菜在阿姆斯特丹街頭叫賣，聯省共和國最好的黃油[19]也在這裡生產。萊茵河上架有一橋，名叫「『麥橋』，因為在逢集的日子，農民帶著糧食來此趕集」[20]。鄉村富翁在各地均可遇見，他們一身穿黑，不加大衣，但「他們的妻子則佩戴銀首飾以及金戒指」[21]。最後，每逢春季一到，「從丹麥、日德蘭、霍斯泰因趕來的大批瘦牛，立即被送往牧場；三個星期過後，就可以養得又肥又胖」[22]。「到十一月中旬，（殷實之家的主人）根據家庭人口多少，買下半頭或一頭牛，鹽醃煙薰後……隨黃油拌生菜吃。趕上星期天，他們從醃缸裡取出一大塊肉，煮熟後，分幾餐食用。這塊冷肉反覆端上餐桌，另加幾塊白煮肉，一點牛奶或蔬菜……」[23]

由於可支配的土地太少，畜牧業和農業勢必寄希望於提高勞動生產率。牲畜比別處餵養得更好。奶牛每天產奶達三桶之多[24]。農業轉向園田化經營，發明合理的輪作方式，依靠施肥（包括城市垃圾在內）求得比別處更高的產量。自一五七〇年起，農業進步相當顯著，在國家的經濟起步中起了一定作用。尚・德弗里斯[25]因此指出，荷蘭資本主義是從土地中成長起來的。

確實，規模雖小卻貫徹始終的進步開創了一場農業革命，這場革命並將傳往英格蘭，但這是另一回事了。重要的是，只要農村與城市相接觸，不用太久，農村就會朝商品化方向發展，在一定程度上城市化，並像城市一樣依靠外來物品生活。既然至少一半的消費用糧必須依靠進口（這是真實數字）尼德蘭農業便轉向最賺錢的作物：亞麻、大麻、油菜、啤酒花、煙草、植物染料、菘藍和西草，後者乃法蘭德斯的逃亡者所帶來[26]。這些植物染料來得恰是時候，因為英國提供的所謂「本色」呢絨坯料都在荷蘭整理和染色。可是縮絨和印染兩道工序相當於呢絨坯料成本（原料、梳理、紡毛條、織造）和一倍[27]。詹姆士一世為此於一六一四年決定禁止英國出口「本色」呢絨[28]。但結果卻是完全失敗，英國人在整理和染色工序方面競爭不過荷蘭的先進技術以及荷蘭國內唾手可得的染料。

農民由於被工業作物所吸引，必定要從市場獲得食物，購買木柴和泥炭。他們因此脫離了孤立狀態。大村莊變成了集會地點，那裡有時設置市集以及交易

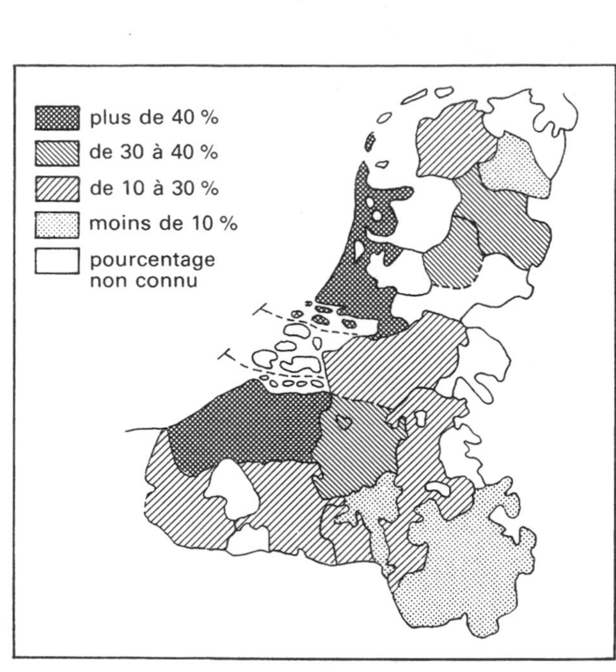

表(19)　1500 年間勃艮第統治下尼德蘭城市人口的比例於 1500 年創最高紀錄：在法蘭德斯和荷蘭均超過 40%。（據尚·德弗里斯：《荷蘭農村經濟的黃金時代：1500 至 1700 年》，第 83 頁。）

會。商人往往直接和生產者打交道[29]。

農產品商品率的提高意味著農村的富裕。「在這裡，財產在十萬里佛以上的富農不算稀奇[30]。」然而，農村僱工的工資也向城市靠攏[31]；且聽彼得・德・拉古爾作何解釋，他於一六六二年指出：「農民不得不給佣工開工資，數額之高竟佔利潤的一大部份，佣工的生活比他們的主人更加舒坦；城市中也有類似的麻煩，那裡的工匠和僕人比世界上任何其他地方更加刁鑽和更難侍候[32]。」

高度活躍的城市經濟

與歐洲其他地區相比，聯省共和國這個小國的城市化程度和組織程度都顯得很高，正如品托[33]所說，這是因為它的人口密度「居歐洲之首」。一名旅行者於一六二七年從布魯塞爾前往阿姆斯特丹，他「發現所有荷蘭城市都擠滿了人，而西班牙所屬城市（在尼德蘭南部）則顯得空空蕩蕩；城市之間相隔兩三小時的路程」，他在途中遇到「成群的人，擠滿了旅客的大車，其數量比羅馬街頭的四輪馬車還多（天知道有多少），而在四通八達的運河上，則有無數船隻航行」[34]。這令人感覺奇怪嗎？聯省共和國的一半居民在城市生活[35]，創歐洲最高紀錄。因此，交換成倍增加，聯繫相對更加經常，人們必須充分使用海道、江河以及陸路（與歐洲其他地區一樣，陸路運輸由農民所推動）。

聯省共和國由自命獨立並以此為標榜的七個小省所組成，它們是荷蘭、澤蘭、烏特勒支、蓋爾德斯、上艾瑟爾、弗里西亞和格羅寧格。實際上，每個省都是一個相當密集的城市網。就荷蘭省而言，除在荷蘭省議會一早有投票權的六個舊城市外，還有鹿特丹等十二個其他城市。每個城市均自己管理自己，各自徵稅，進行司法裁判，監視鄰近城市的一舉一動，不斷保衛自己的特權、自治權和稅收制度。這也正是稅卡眾多的主要原因[36]，「數不清的道路通行稅」[37]和交不完的入市稅。然而，國家的這種各自為政，這種令人難以置信的分權狀態，也給個人創造一定的自由。作為城市的統治者，城市資產階級執掌司法大權，落實做出的裁決，將被處罰者永遠逐出城市或者逐出省外，而且幾乎不容上訴。反過來，城市也保衛和維護公民的權益，使公民不受高級司法當局的侵犯[38]。

為了求得生存，尼德蘭城市不免需要共同行動。拉古爾說得對，「它們的得益相互交織在一起[39]。」城市之間儘管存在爭吵和妒嫉，但蜂房自有其法律，要求各城市群策群力，開展商業和工業活動。這些城市組成一個堅強有力的整體。

阿姆斯特丹

這些城市相互聯繫，各司其責，組成網絡狀和多層次的金字塔結構。這種結構要求，在網絡的中心或金字塔的頂端，有一個與其他城市相聯繫，但其地位和力量又比其他城市更加重要、更加強大的中心城市。面對聯省共和國的各個城市，阿姆斯特丹的地位相當於面對威尼西亞各城市的威尼斯……何況，阿姆斯特丹的自然條件與威尼斯驚人地相似，倒灌進陸地的海水通過縱橫交錯的河道將城市分割成大小不一的島嶼，並使城市四周沼澤遍佈[40]。往返穿梭的駁船，即所謂水船（vaterschepen[41]），向城市供應淡水，正如布倫塔河上的船隻向威尼斯提供淡水一樣。兩個城市同樣被困在一汪鹹水之中。

拉古爾[42]解釋說，阿姆斯特丹的誕生可歸結為一次海嘯，海嘯「在德克塞島附近沖破了」沙洲保護線，於是便出現了須德海（一二八二）；人們因此可以「乘坐大船通過德克塞水道」，波羅的海的航海者便在至此還只是一個普通村莊的阿姆斯特丹會面和貿易。儘管有著天時地利的這種幫助，在城市靠岸仍然是困難的，危險的，至少是麻煩的。前往阿姆斯特丹的船隻應在德克塞島都在須德海入口處的弗利等待，那裡的流沙對船隻是個經常的威脅；離開阿姆斯特丹的船隻也在這些港口停泊，等候出現順風。無論進出須德海，船

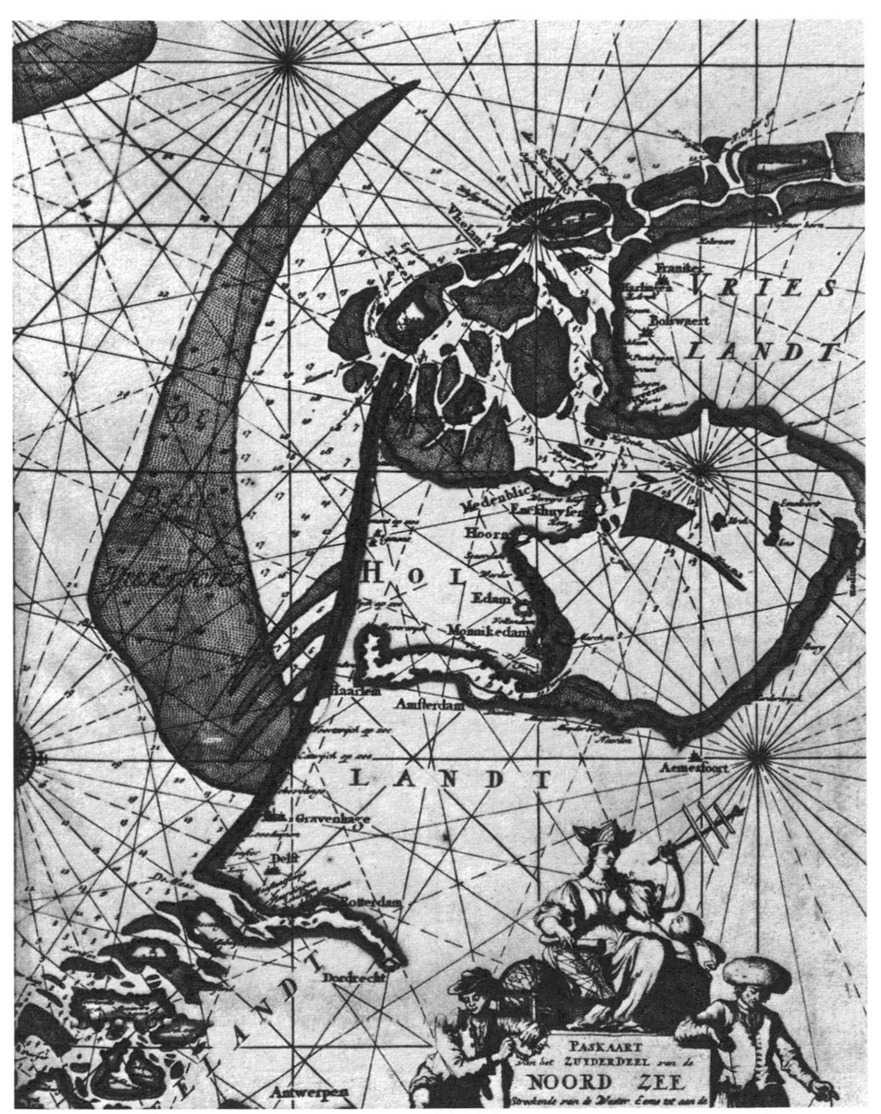

在北海的泥沙與潮汐侵蝕下的聯省共和國。沙灘包圍著沿地帶和各島嶼。這張絕妙的地圖 1707 年由約恩・路茨刊印，但未發行。

隻都必須稍候片刻，以便當局進行嚴密檢查。一六七〇年三月，法國的一艘三桅船，而且是國王的戰艦，未經許可，竟從德克塞島來到阿姆斯特丹，這一無禮行為當時惹起了一場風波[43]，此事在後世人看來，倒也不乏興味。再一個困難是：大商船不能穿越阿姆斯特丹北面的一片淺灘（潘皮斯沙灘僅被淺淺的一層海水浸沒），直到一六八八年左右[44]，人們終於想出了一個辦法：兩艘駁船——所謂「駱駝船」——分別緊靠大船的左舷和右舷，在大船船身下布設鏈條，將大船抬起，拖往港口。

雖說如此，阿姆斯特丹總是船滿為患。一名旅行者於一七三八年說：「我從未見過如此驚人的奇景。如果沒有親眼目睹，不能想像有二千條船在同一港內的絕妙場面[45]。」一七〇一年的一本旅行指南談到港內的八千條船，「檣桅林立，遮天蔽日」[46]。船隻數目到底是二千或者是八千，我們不必深究。可以肯定的是，從丹姆廣場放眼望去，只見到處都是船旗。旅行指南接著說，「那條樣子還新的船是德意志船，懸掛的旗子上紅色直紋與金色直紋相交叉。另一條船是布蘭登堡的，銀色船旗上雄鷹振翅」；這邊一條是施特拉桑的船，船旗上有個金色太陽。那裡還有打著盧加、威尼斯、英格蘭、蘇格蘭、托斯卡尼、拉古薩等旗號的船，拉古薩旗為銀色，飾有盾形紋章，鑲邊上繡著自由字樣。甚至還有打著薩瓦旗號的船，真是讓人不能相信。更遠處是專門從事捕鯨的大船。「這些懸掛白旗的船」，不必再向你們解釋，「既然你們是法國人」[47]。此外，如果你讀《阿姆斯特丹新聞報》[48]，你可以得知有幾百條船向阿姆斯特丹駛來，並了解到它們的名稱和航行路線。一六六九年，來自波爾多的「仙鶴號」、「亞麻車號」、「朝陽號」、「畢爾包狐狸號」、「南特雙桅船號」於二月八日抵達德克塞島；同月的十二日抵達的還有波爾多船「無花果樹號」以及「雜色鯨魚號」；過不多久，又有來自畢爾包的「飼草車號」，加萊的「獵兔狗號」，以及從加利西亞返回的「雜色小羊號」；六月間，「花盆號」「從莫斯科公國（大概是阿干折）駛來，它在那裡過了冬季；人們於二月獲悉，『黃油罐號』已抵達阿利坎特」。船隻的穿梭往來使阿姆斯特丹成了「各地物產和八方財富匯集之所，天下鐘靈毓秀之地」[49]。

但假如沒有聯省共和國和尼德蘭諸城市的協助，情況就不會如此。它們是阿姆斯特丹繁榮的不可或缺的條件。尚．德弗里斯認為，我們今天所說的以阿姆斯特丹為中心的經濟世界，真正的「中心」其實不單是荷蘭，而且是與海上貿易有關的整整一塊尼德蘭地區，包括澤蘭、弗里西亞、格羅寧根以及烏特勒支的一部份。只是蓋爾德斯、直屬省和上艾瑟爾仍貧窮落後，處於中世紀狀態，排除在大商業之外。

「心臟」與阿姆斯特丹的合作導致了分工：萊登、哈勒姆、台夫特的工業欣欣向榮；布里爾和鹿特丹以造船業見長；多德勒克主要從事萊茵河貿易；恩克華生和鹿特丹控制北海的捕魚業；還是鹿特丹，作為僅次於阿姆斯特丹的大城市，在對法和對英貿易中佔據最有利的地位；首都海牙為政治中心，其作用與美國的華盛頓相同。所以，東印度公司分成幾個獨特的地方商會，決不是偶然的。除了成立於一六〇九年的阿姆斯特丹銀行外，分別還在米德爾堡（一六一六）、台夫特（一六二一）、鹿特丹（一六三五）成立了類似的銀行，只是活躍程度不如前者而已。彼埃爾．博代套用關於美國和福特公司的一句名言，正確地指出，「對阿姆斯特丹合適的東西，對聯省共和國也必定同樣合適」；但阿姆斯特丹必須依靠其他城市的合作，忍受其他城市的嫉妒和敵視，並在沒有更好辦法的情況下，對其他城市曲意遷就。

四方雜處之地

城市必須使用勞動力。聯省共和國諸城市的繁榮要靠人口的增長：居民從一五〇〇年的一百萬上升到一六五〇年的二百萬（其中有一百萬在城市）。這一進展不是僅僅在原有基礎上實現的。荷蘭經濟的扶搖直上需要吸引外國移民，這一成果部份地也是僑民們的功勞。外國人在阿姆斯特丹遠不是全都找到了「福地」。尼德蘭的昌盛始終意謂著存在大批生活極其艱苦的無產者。非魚汛期間，至少在十一月，「按照規定，禁止在荷蘭捕鯡魚，但現在予以寬容，因為鯡魚可供窮人食用」[50]。如同在熱那亞一樣，一切都以慈善活動為掩護，以緩和可能出現的階級鬥爭。不久前在阿姆斯特丹市政廳舉辦的一次展覽會鮮明地展示了十七世紀荷蘭的悲慘景象，在那裡，富人比別處更富，窮人比別處更多，而且由於生活的昂貴，可能比別處更貧困。

移民來到荷蘭，並不都想發財。也有不少人為了逃避十六和十七世紀在各地肆虐的戰亂和宗教迫害。在一六〇九年與西班牙簽訂停戰協議後，聯省共和國由於宗教衝突（抗議派同反抗議派）和政治糾紛（市政機構同陸海軍統領事騷的毛里茨），隨時可能出現內部份裂，國家瀕於崩潰。新教正統派在多德勒克教務會議上（一六一九）獲勝標誌著這一系列衝突和

阿姆斯特丹：腓魚塔，斯托克．紐韋爾思胡斯作畫。

糾紛的激化，聯省共和國陸海軍統領於同年下令處決荷蘭省省督約翰．凡．歐登巴內費爾德。但是這些暴力浪潮不能維持很久，因為國內天主教徒眾多，東部地區存在路德派，新教分裂派也十分活躍。宗教寬容終於立足生根，個人自由也隨著政治分權而有所加強。「宗教改革者試圖把共和國改造成為日內瓦式的新教國家，但只取得有限的成功[51]。」

宗教寬容要對工人、商人或流亡者等各種人兼收並蓄，他們對共和國的富裕都有貢獻。此外，既為世界的「中心」，就注定要實行寬容，人們怎能想像它會採取偏執的態度，不肯接受送上門來的勞動力？聯省共和國肯定是避難所，也是救生船。因此，「大批人前來這裡躲避戰禍，就像挪威沿海的魚群覺察鯨魚靠近便逃遁一樣」[52]。信仰自由成為必不可少的準則。一名英國人於一六七二年寫道：「在這個共和國，人們沒有任何理由抱怨自己在信仰問題上受束縛」[53]。又一名荷蘭人在晚些時候（一七〇五）寫下：「世界各國的人民在這裡都能根據自己的信念和信仰侍奉上帝，儘管新教佔據統治地位，人人都能自由地根據自己信奉的宗教舉行禮儀，當地的羅馬天主教堂達二十五所之多，祈禱和彌撒可以公開舉行，與在羅馬無異[54]。」對於信仰的這種多樣性，人口史學家比別人了解得更清楚，他們為計算人口，需要面對十來種不同的戶籍冊：以鹿特丹為例，就有尼德蘭、蘇格蘭、瓦隆的新教徒以及長老會、聖公會、路德派、抗議派、孟諾派、天主教和猶太教等教派[55]。順便指出，天主教徒往往屬於下層階級，特別在直屬省。

移民通常滿足於從事最卑賤的職業，但正如一名荷蘭人於一六六二年所說，「在荷蘭，凡肯幹活的人不可能餓死……甚至用某種鐵器和鉤網在河底掏垃圾的人，只要願意好好幹活，每天一定都能掙半個埃居」[56]。我特別強調，「只要願意好好幹活」，因為相對高工資的一個危險，正是窮人的生活一旦得到保障，就不必連續工作，儘可悠閒度日。必須讓這些窮人充當清潔工、壯工、腳夫、裝卸工，以及馬拉駁船的艄工，弗里西亞牧草收割季節揮舞長柄鐮刀的割草工，趕在冬季漲水或冰凍到來前用鶴嘴鋤開掘泥炭的採挖工。這最後一項工作是德意志移民的專職，一六五〇年後，這夥被統稱為「荷蘭客」的窮苦人成倍增多，他們前來荷蘭往往從事沿海塘地的土壤改良工作[57]。鄰近的德意志地區是向聯省共和國提供廉價勞動力的場所：從軍的士兵，出海的水手，幹農活的零工（收割者）以及湧往城市的「普魯士佬」。

說到移民，工匠理所當然地佔突出的地位，他們在各紡織中心人數很多，如萊登（嗶嘰、羽紗、呢絨），哈勒姆（絲織、漂白），阿姆斯特丹（大部份工業[58]陸續在這裡建立：呢絨綢緞，金銀線織物，各色緞帶，燙金皮革，鞣革製品，精煉食糖，各種化學工業），薩爾丹（離阿姆斯特丹不遠的村莊，「世界最大的船廠」就設在那裡）。外國勞動力對這一切活動具有決定性的作用。哈勒姆紡織業的發展，關鍵在於來自伊普爾和翁斯科特的勞動力。同樣，到了十七世紀末，聯省共和國的工業將因法國新教徒在撤銷南特敕令（一六八五）後大批遷來而得到振興和發展。

在這些前來避難的人群中，無論法國和安特衛普的新教徒或伊比利半島的猶太教徒，不少是擁有巨額資本的商人。葡萄牙猶太教徒[59]對荷蘭的興旺更作出了特殊的貢獻。根據桑巴特[60]的認識，他們帶給阿姆斯特丹的恰恰正是資本主義。這顯然言過

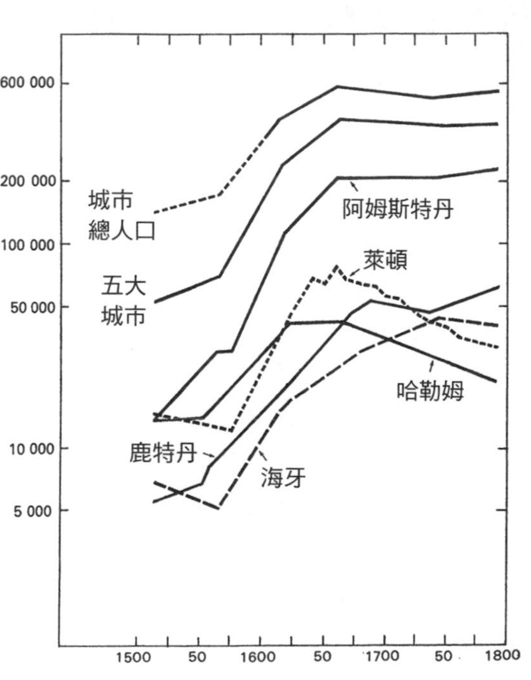

表(20)　城市人口的增長
城市人口的增長，特別是阿姆斯特丹的人口增長，是聯省共和國經濟發展的一個主要原因。（摘自尚·德弗里斯：《荷蘭的農村經濟》，第 89 頁）

其實。但有一點沒有疑問，他們在匯兌方面以及在交易所投機方面給城市提供有力的支持。他們是這些活動的行家裡手，甚至創始人。他們還替人出謀策劃，以建立從荷蘭到新大陸和地中海的商業網[61]。十七世紀一位英國雜文作家甚至懷疑阿姆斯特丹商人完全出於商業利益的考慮才吸引他們前來，因為「猶太人和其他外國人也向阿姆斯特丹商人開放自己的世界貿易體系」[62]。作為精明練達的買賣人，猶太人不是總朝經濟成功的地方去嗎？他們到某個國家去，總是因為那裡一切順利或者是情況越來越好。他們如果退縮，雖然還不是一切都糟，但至少事情開始不妙。能否說猶太人一六五三年前後開始拋棄阿姆斯特丹[63]？總之，晚三十年後，即在一六八八年，他們跟著奧蘭治的威廉前往英國。這就意味著在當時，阿姆斯特丹的狀況其實已不如十七世紀的最初幾十年了。

說到底，阿姆斯特丹的成功並不僅僅靠猶太人。歐洲各地的商人紛紛來到即將成為或已經成為世界中心的阿姆斯特丹。其中當然以安特衛普的商人居首位。經過令人難忘的圍城戰，亞力山大·法爾內塞於一五八五年八月二十七日攻克安特衛普；安特衛普投降時獲得的條件並不苛刻，特別是對商人，他們能夠留下或者帶著資本離開城市[64]。選擇流亡荷蘭的人因而不是空手前往：他們帶著資本、能力和商業關係而來，這無疑是阿姆斯特丹迅速起飛的原因之一。遷往北歐新首府的安特衛普商人賈克，德·拉法伊一五九四年四月二十三日寫道：「安特衛普在這裡變成了阿姆斯特丹」[65]，此說不算誇大。一六五〇年左右，市內三分之一的居民有外國血統或者是外國人的後裔。成立於一六〇九年的阿姆斯特丹銀行，第一批存款中有一半來自尼德蘭南部。

阿姆斯特丹迅速壯大成長（一六〇〇年居民僅五萬，一七〇〇年達到二十萬），它使各國移民快速混合，把大批法蘭德斯人、瓦隆人、德意志人、葡萄牙人、猶太人和法國胡格諾教徒統統改造成真正的「荷蘭人」（Dutchman）。在全國範圍內，一個尼德蘭「民族」不是就此形成了嗎？在手工工匠、商人、臨時就業的水手、苦力的共同努力下，一個蕞爾小國終於徹底改變了面貌。但是，荷蘭的發展不是也為阿姆斯特丹的成功作好了準備和創造了條件嗎？

先說漁業

全靠萊茵河和謬斯河的賜予，聯省共和國成了「歐洲的埃及」：狄德羅[66]用以上的話強調，聯省共和國兼得水陸之利。但聯省共和國首先是大海的贈物。尼德蘭人民「如此嚮往大海，幾乎可以說，他們在海上比在陸地上更得其所」[67]。在經常風急浪高的北海海面，他們學會了捕魚、近海航行、遠程運輸和海戰：照英國人的說法，一六二五年的北海竟然是「荷蘭叛軍培養水手以及領航員的專門學校」[68]。威廉·坦普爾說得對：「聯省共和國是大海的女兒，她從大海吸取力量」[69]。

北海及鄰近各海歷來是荷蘭和澤蘭漁民的活動場所。捕魚為國民生計的根本。其中至少包括四部份。首先是沿海和淡水提供的「肉質細嫩的雜魚」[70]；這種「日常作業」的產值約等於捕撈鮮魚的大規模「遠洋作業」[71]的一半；在冰島海域和多格灘進行的捕鮭作業[72]，以及「捕鯨」（奇怪地被稱為「小漁業」，相比之下不如捕鱈那般重要）。

一五九五年左右[73]，荷蘭人發現了斯匹茲卑爾根島，他們從巴斯克漁民那裡學會了用炮箭捕鯨[74]。一六一四年一月，「從新地島海岸到大衛斯海峽，包括斯匹茲卑爾根、熊島及其他地點」[75]在內的捕鯨活動被作為一項壟斷出讓給一家北海公司。該公司後於一六四五年解散[76]，但阿姆斯特丹小心翼翼地保住對北海捕鯨業的控制以及利益[77]，大肆捕殺鯨魚使阿姆斯特丹獲得大量鯨油（製造肥皂，供窮人照明以及呢絨加工之用）和鯨鬚。一六九七年[78]恰巧是個好年景，「共有一百二十八艘船從荷蘭各港口出發捕鯨，其中有七艘被冰塊撞碎，其餘一百二十一艘返回各港口，捕獲鯨魚一千二百五十五條，得鯨油四萬一千三百四十四桶。每桶鯨油一般價值三十弗羅林，共計值一百二十四萬三百二十弗羅林。每條鯨魚通常可提供鯨鬚二千磅，按每公石價格五十弗羅林計算，一千二百五十五條鯨魚共計得一百二十五萬五千弗羅林，兩筆收入加在一起等於二百四十九萬五千三百二十弗羅林」[79]。以上計算表明，一艘鯨船平均為公司捕回十來條鯨，其中有一艘船一六九八年七月曾經把二十一條鯨帶回德克塞島[80]。

然而，這些資源與鯡魚比較便相形見絀，捕鯡在英格蘭沿岸多格灘進行，每年兩次漁汛，從聖約翰節至聖賈克節，又從聖駕瞻禮節到聖卡特琳娜節[81]。十七世紀上半葉，數字相當驚人：共有一千五百條漁船，船身寬大，能在船上將魚整理、醃製和裝桶，另有船隻前來漁場把成品魚運走，送往荷蘭和澤蘭（甚至送往英國，荷蘭鮮魚的價格比英國的便宜[82]；在一千五百條漁船上，有一萬二千名漁民從事捕撈作業，每次可獲三十萬桶魚。醃好的鹹鯡魚在歐洲各國出售，堪稱荷蘭的「金礦」[83]。據拉古爾估計，荷蘭貿易「假如減去魚和魚製品的貿易」，將只剩一半[84]。喬治·唐寧爵士（一六六一年七月八日）不怎麼高興地承認，「鯡魚貿易推動了鹽的貿易；鯡魚以及鹽的貿易在一定程度上擴大了荷蘭在波羅的海的貿易」[85]；我們這裡再補充一句，波羅的海貿易是荷蘭真正的財源。

人們是否過高估計了漁業在荷蘭經濟中的地位？在克倫威爾頒布《航運法》和第一次英荷戰爭（一六五二—一六五四）後，荷蘭捕魚量削減了三分之二以上[86]。但是與拉古爾的預言相反，荷蘭整個經濟並不因此就垮了下來。至於漁業的衰退，其原因是隨著成本和工資的上漲，利潤大大減少。唯有糧食供應商的日子還過得下去。但「啟航費」很快變得過份昂貴。法國、挪威、丹麥等外國漁船的競爭更使荷蘭漁業難以為繼。何況，相同的原因產生相同的結果，英國的捕鯡業儘管受到種種鼓勵，卻未能得到充分的發展，其原因也是成本太高[87]。

荷蘭的船隊

荷蘭興旺發達的真正工具是它擁有的船隊，其數量相當於歐洲其他各國船隊的總和[88]。根據一六六九年五月一份法國材料的估計[89]，除了「不能遠航的單桅船和其他（為數極多的）小船」，聯省共和國的船隻總數可達「六千」。蓬博納認為，「這是相當可靠的推測」。按每條船載重一百噸和僱用八名船員計算，總數至少為載重六十萬噸，船員四萬八千名。這在當時是個很大的數目，但看來我們並沒有誇大。

不但有數量，而且有質量。荷蘭造船廠於一五七〇年造出了一種引起轟動的商船，或稱「載重船」（Vlieboot, fluyt），船身堅實，兩側隆起，容量大，操作不需太多的船員：比相同噸位的其他船少了百分之二十的船員。考慮到在遠程航行中，人員的費用（工資及食物）長期佔各項支出之首，這是一個很大的優點。在這方面，荷蘭人的精打細算

阿姆斯特丹的魚市、市政廳和公秤所。萊特和舒茨所作的版畫，1797 年。

充分發揮了作用：船上的伙食十分地儉樸[90]：「魚和燕麥片」；即使船長也「滿足於……一塊奶酪或一片醃了兩三年的牛肉」[91]；沒有葡萄酒，但有淡啤酒，有時趕上海上風急浪大，分發一丁點兒粕酒。一個法國人說：「在世界各國中，荷蘭人最注意節衣縮食，最少講究鋪張和支付非必要開支。」[92]

一六九六年法國的一份長篇報告不無羨慕地歷數荷蘭船隊勝過其競爭者的各種優點，「荷蘭的貿易航運一般使用載重船，戰爭期間由快速武裝艦隻護航。這些大船的貨艙很大，能裝載許多貨物，帆篷設施欠佳，結構也嫌笨重，但能抗拒海上風浪，同其他船隻相比，不用很多船員操作。一條載重二十至三十噸的船出海航行，法國人要派四至五名船員操作，荷蘭人最多只派二至三名；在載重一百五十至二百噸的船上，法國人要用十至十二名船員，荷蘭人只用七至八名。

荷蘭的載重船，霍拉爾所作的版畫，1647 年。

在一條載重二百五十、三百至四百噸的船上，法國人用十八、二十至二十五名船員，荷蘭人最多只用十二、十六至十八名。法國海員每月掙十二、十六、十八至二十里佛，荷蘭海員以十至十二里佛為滿足，高級船員的工資按此比例類推。法國海員的伙食必須有麵包、葡萄酒、精白麵餅乾、鮮肉和鹹肉、鱈魚、鯡魚、禽蛋、黃油、豌豆和蠶豆；吃魚時必須配有調料，而且只是在守齋日才肯吃魚。荷蘭海員滿足於啤酒、黑麥麵包和餅乾（顏色往往很黑，但口味頗佳）、奶酪、禽蛋、黃油，一點鹹肉以及豌豆和麥片，吃很多不加調料的魚乾，每天都吃，不論是否守齋日，其價格比豬牛肉便宜得多；熱情好動的法國人每天用餐四次，天性恬靜的荷蘭人至多只用二、三次。法國人用櫟木造船，配以鐵釘銷接，成本很高；大多數荷蘭船，特別是最遠不過前往法國的那些船，只用松木製造，配以木釘銷接，因而同我們的船相比，船身雖大一倍，造價卻低一半。他們使用的帆、索等桅具也比我們的便宜，荷蘭離北歐近在咫尺，他們可就近取得鐵、船錨和大麻，自己製造繩纜和船帆[93]。」

造船成本低確實是荷蘭航運業的另一優點，一封法國信件說得對，「他們的祕密是造船比別人便宜」[94]。大概因為船用木材、柏油、乳膠、繩纜等珍貴造船用材，其中包括由專門船隻運送的桅桿[95]，直接來自波羅的海。但也還因為他們使用最現代化的技術：機械鋸，樹桅機，可以替換的零件，熟練的工人和工頭。阿姆斯特丹附近著名的薩爾丹造船廠為此能夠保證，「只要在兩個月前事先得到通知，必定能每星期造出一艘待命出航的戰艦」[96]。再補充說一句，荷蘭的任何行業都容易獲得充足和低廉的信貸。毫不奇怪，荷蘭很早便向威尼斯、西班牙乃至馬爾他等外國出口船隻[97]，後者用這些船隻在黎凡特地區海面從事劫掠活動。

此外，阿姆斯特丹已成為歐洲最大的舊船市場。如果你的船隻在荷蘭沿海失事，你能在幾天之內買到一艘新船，原班人馬即可上船，不耽誤時間；一些經紀人甚至能為你張羅貨載。相反，如果你從陸路前來買船，最好隨身帶著你的水手，因為聯省共和國在運輸方面只是人手不夠充裕。

然而，並不要求所有的水手必須經驗豐富。只要船上的負責崗位由富有經驗的水手充任就足夠了。剩下的事，任何新手都能夠承擔。但新手也還必須找得到。在全國招募海員，甚至深入內地鄉村，仍感人手不足。這在威尼斯和英格蘭也是同樣情形。因此，外國人如果不願效力，便對他施加強制手段。有些前來挖掘泥炭、從事土壤改良或是收割莊稼的「荷蘭客」被送上甲板當了水手。據說在一六六七年，有三千名蘇格蘭以及英格蘭海員為聯省共和國服務[98]；又據一封法國信件，柯爾貝爾為發展海上運輸，曾讓三千名海員返回法國，這些海員原來主要為荷蘭服務[99]。

以上數字並不完全可靠，但十分明顯的是荷蘭執世界海運之牛耳，原因在於它從歐洲的貧困地區獲得不可或缺的補充勞動力。這批勞動力巴不得能前往荷蘭。一六八八年，奧蘭治的威廉整裝出發，要去英國驅逐詹姆士二世，艦隻將在路易十四船隊的眼皮底下通過；招募海員相當容易，只消增加點開拔費就夠了[100]。總之，荷蘭人之所以能「開創」他們的共和國，原因並非歐洲的「遲鈍」[101]，而是歐洲的貧困。直到十八世紀，海員不足在英國顯得十分尖銳，在荷蘭也始終是個難以解決的問題。凱薩琳二世時代，每當俄國船在阿姆斯特丹停靠，總有一些俄國海員選擇自由；荷蘭的招募者趕緊截住他們，這夥倒楣鬼遲早要被送到安地列斯群島或遠東，到那時卻又苦苦哀求把他們遣返俄國[102]。

聯省共和國是個「國家」嗎？

海牙的政府以軟弱無力著稱。由此得出的結論是政治機器的無所作為有助於資本主義的成功，甚至是資本主義發跡的條件。歷史學家並不十分贊同這個結論，寧願接受克萊因[103]的判斷，就是說，聯省共和國勉強「有點像是國家的樣子」。彼埃爾．讓南[104]的說法不如克萊因那麼肯定，他只是談到荷蘭的繁榮實際上與「很少能出力干預的國家」沒有絲毫關係。當時的人沒有對此提出異議。一六四七年春，葡萄牙使者蘇查．庫提諾在海牙進行談判，並試圖買通對方可被收買的任何政府官員。據他說，該政府「群龍無首，各持己見，即使對他們最有利的事，政府代表也很少達成一致意見」[105]。一七五三至一七五四年間，杜爾哥曾說過：「在荷蘭，熱那亞和威尼斯，雖然私人非常有錢，國家卻軟弱貧窮」[106]。這個判斷對十八世紀的威尼斯還算正確，但十五世紀的威尼斯在歐洲經濟世界佔著統治地位，這個判斷顯然就說不過去。至於荷蘭、情況又如何呢？

回答首先取決於人們對政府或國家作何解釋。如果像通常那樣，不把國家及其社會基礎合在一起考察，就有對國家作出錯誤判斷的危險。聯省共和國的政府機構確實偏於陳舊；基本結構是從相當古老的時代留傳下來的；七個省區不但各自認為享有主權，而且下面還分為許多小不點兒的城市共和國。確實，聯省共和國的中央機構——國務會議（Raad van Staat，「確切地說，執掌共和國各項事務的總管」[107]或相當於財政部一類的行政機構[108]）和聯省議會（各省派駐海牙的常設代表機構）——原則上沒有任何實權。一切重要決定需交各省份別研究，並取得一致通過。由於各省利害迥然不同，特別在沿海省區和內陸省區之間，這個制度經常引起衝突。坦普爾一六七二年說過，聯省共和國聯而不合[109]。

這些內部糾紛在政府中是荷蘭省與奧蘭治王族間連綿不絕的鬥爭，前者利用其金融勢力，企圖獨攬大權，後者以執政（Stadhouder）身份，在七省中「掌管」五省，並兼任國務會議總理和共和國陸海軍統領。荷蘭省由該省省督兼國務會議祕書為代表，一貫維護各省的主權和自由；如果中央政權衰弱，荷蘭省就能依靠巨大的經濟優勢（國家一半以上的收益由該省提供[110]），強制推行自己的意志。在統領這方面，則竭力要確立君主專制式的個人政權，即要加強中央集權，阻止荷蘭省充當霸主；其餘各省和各城市往往受荷蘭和阿姆斯特丹的欺壓，統領就利用它們的嫉恨來達到以上的目的。

聯省共和國因而危機四伏，紛爭不絕，兩派輪流主持國家的政務。一六一八年，當阿明尼烏派和戈馬爾派發生猛烈宗教衝突時，拿騷的毛里茨下令逮捕荷蘭大議長（Grand Peusionary）凡·歐登巴內費爾德，後者被判處死刑，並於次年處決。一六五〇年七月，執政威廉二世發動政變，在海牙獲得成功，但在阿姆斯特丹碰壁。在這前後，奧蘭治親王的夭折使「共和派」有了施展抱負的天地，他們取消了執政一職，並統治了將近四分之一的世紀，直到一六七二年為止。當法國入侵時，威廉三世恢復了執政制，履行類似救國委員會的職責。荷蘭大議長尚·德·維特及其兄弟均在海牙被殺害。後來，到了一七四七年，法國在西屬尼德蘭的成功引起了普遍的擔憂，威廉四世乘機恢復權威[111]。最後，一七八八年，由內外因素一致促成的尼德蘭「愛國黨」革命反而導致了威廉五世的勝利，「奧蘭治派」藉此大肆迫害。

大體上講，在這些政權更迭中，對外政策發生重大作用。就在一六一八年，除宗教糾紛以外，中心問題正是應否決定對西班牙重開戰端。聯省共和國執政的主張壓倒一貫主和的荷蘭，結果在兩年後造成十二年休戰的破裂。

以上可見，隨著歐洲戰局的變遷，聯省共和國政治勢力的中心在執政和荷蘭（以及實力雄厚的阿姆斯特丹）之間往返搖擺。對於各省和各城市的官員來說，這些反覆意謂著「整肅」，或者用另一種借自別處，不無誇大的形象說法，叫作「層層剝皮」；總之，在這些反覆中，社會的精英集團如果不能得到，便是蒙受損失，甚至乾脆垮台。「牆頭草」[112]或謹言慎行者自屬例外，每次都能逢凶化吉；堅韌不拔者也屬例外：某個家族在一場危機中遭排斥，二十年後的另一場危機又使該家族捲土重來。

但重要的是，聯省共和國無論如何都關心著自己的威望和強大。凡·歐登巴內費爾德或維特執掌政柄與拿騷的毛里茨或威廉三世一樣堅定。敵對雙方的分歧在於目的和手段。荷蘭把維護商業利益置於一切之上。它竭力謀求和平，並使共和國在軍事上致力於建立一支強大的艦隊，從而保證它自身的安全（該艦隊於一六四五年在波羅的海斷然採取行動，以結束有損荷蘭利益的丹麥和瑞典之戰）。對執政俯首聽命的其他各省則更多地關心陸軍，讓陸軍保護它們免受強鄰咄咄逼人的威脅，並為各省貴族出任軍職廣開大門；它們躍躍欲試，隨時準備參與歐洲大陸連續不斷的龍爭虎鬥，但不論是海軍或陸軍，戰爭或和平，執政或大議長，聯省共和國總是力圖號令天下。作為經濟世界的中心，難道聯省共和國捨此能有別的道路可走？

基本不變的內在結構

國內政治的風雲變幻具有重要意義。一些市長和市政官員被罷免和撤換造成了特權階級內部的某種流動性，一種輪流執政的局面。但總的說來，無論是荷蘭或奧蘭治王族得勝，統治階級的整體地位依舊不變。正如科斯曼[113]所指出的，「奧蘭治王族沒有足夠的能力和毅力去根除荷蘭的寡頭政治」。這大概因為，如另一位歷史學家[114]所說，「歸根結柢，他們自己就是貴族和現存秩序的維護者」。也可能因為，他們只是在一定程度上同荷蘭對立，而且他們的對外擴張政策要求他們不損害國內的秩序和國家的社會基礎。「當奧蘭治親王在登上英格蘭王位後首次回到海牙時，聯省議會派人問他，究竟願意作為英格蘭國王還是作為聯省共和國執政在議會受到接待。他回答說，他很高興能在共和國中保留他的祖先和他曾經承擔的職務，他希望按其職務應該享有的禮遇受到接待；果然，他在聯省議會仍按常例就座，但不用原來的主席座椅，而是給他一個較高的繡有大不列顛國王徽飾的靠椅[115]。」雖說這是禮賓方面的細節，但這畢竟意謂著凡事都要遵循典章制度，首先是要維護荷蘭寡頭統治的利益。直到十八世紀，荷蘭寡頭統治一再把統領的存在和行動視為社會秩序的保障。

總而言之，特權階級處在全部政治制度的中心，但要為特權階級下個定義，卻並不容易：政治制度支撐著特權階級，特權階級則推動政治制度的發展。如同政治制度一樣，特權階級具有悠久的歷史，他們是從在勃艮第和西班牙統治時期執掌市政要職的「資產階級」逐漸演變而來的一五七二至一六〇九年曠日持久的獨立戰爭確立了這個階級至高無上的地位。在多數省份，資產階級使貴族威信掃地，儘管發生了一六一八至一六一九年的宗教危機，新教教會仍屈從省區和城市當局。「革命」終於確認了「市鎮官員」的權勢，他們作為政治精英，在各城市和各省區執掌權柄，在稅收、司法和地方經濟活動等方面幾乎擁有無限的權力。

這些官員組成一個封閉的集團，高踞商業資產階級之上，後者不得隨意躋身其中。官職收入不足以維持官員的生活，俸祿十分微薄，因而家境清貧者無從任職。市鎮官吏勢必以這種或那種方式參與聯省共和國的財富積累。他們與工商界有著聯繫；有的更直接來自工商界；經商致富的家族遲早會擠進表面上封閉的政治寡頭的行列，或者通過聯姻，或者利用政權危機。這些政治精英組成一個特殊集團，一種城市貴族。市鎮官員的人數可達二千上下，他們來自相同的家族和社會階層，有錢有勢，每有缺額就互相舉薦，從而把各省市、聯省議會、國務會議，東印度公司統統置於他們的控制之下；他們與商人階級保持聯繫，並往往繼續參與工商活動。佛萊克曾說到，「特權集團」約有一萬人[116]，這個數字也許過高，除非把家屬也包括進來。

然而，市鎮官員在黃金時代肯定還不擺貴族架子，不講排場。據當時的人說，聯省共和國一般居民慣於鋒芒畢露，自由情緒十分強烈，面對這樣的民眾，市鎮官員長期裝出一副端莊自重的樣子。《荷蘭趣聞》一書（一六六二）的作者說：「窮光蛋與富家翁稍有口角[117]，便放肆辱罵：這類事情常能遇到；你比我富，但我的品德不比你差，還有其他不堪入耳的話。對於這種遭遇，聰明人『識相地[118]』躲開，富有者為不失身份，盡量少同小民百姓打交道[119]。」

以上的話若是對產生細小口角的原因再補充幾句，就會更加適合我們的需要。十分清楚的是，在這所謂平靜的十七世紀，社會上業已出現緊張局勢。金錢是讓每人恪守秩序的手段，但這個手段不宜暴露。阿姆斯特丹的富人長期裝窮藏富，而且表演得相當真誠自然，他們玩這種花招，究竟純屬某種愛好或者出於本能的機敏？，一七〇一年的一份指南說到：「不論官員的地位多麼尊榮，卻不擺任何排

一六五九年阿姆斯特丹「勒當」廣場，雅各布·凡·德，烏爾費作畫，尚蒂依的孔代博物館。

場，市長出門也總是輕裝簡從，絲毫不比他屬下的市民更加引人注目[120]。」坦普爾[121]（一六七二）驚奇地看到，即使荷蘭省大議長維特或當時最偉大的航海家米歇爾．德．勒伊特也與「最普通的市民」或「最平凡的船長」沒有什麼區別。埃倫格拉什街上的富人住宅並無闊綽的門面。在這十七世紀的黃金時代，室內幾乎不擺昂貴的家具。

但這種謹慎、寬容和開放的態度於一六五〇年「共和黨人」上臺後開始起了變化。寡頭統治從此承擔眾多的新任務，官僚習氣與日俱增，官員多數退出商界。此外，奢侈風氣一開，對發了橫財的整個荷蘭上層社會具有極大的誘惑力。品托於一七七一年指出：「在七十年以前，阿姆斯特丹最大的批發商還沒有他們的經紀人今天擁有的那種花園和鄉間別業。為了建造和維修這些神仙宮室，開支之大難以計算，且不說最大的壞處，即由這種奢侈造成的懶散和疏忽習氣往往給工商業帶來很大損害[122]。」實際上，對有錢的特權者說來，貿易在十八世紀已降到次等地位。過剩資金脫離開商業，轉而投入年金、金融和信貸方面。這些食利者富豪逐漸形成對外封閉的集團，並更加與社會相脫離。

這一斷裂在文化領域留下深刻的痕跡。當時，社會精英紛紛拋棄民族傳統，歡迎沖決一切堤岸的法蘭西影響。林布蘭死後（一六六九），荷蘭繪畫幾乎再也沒有任何長進。「法國一六七二年的入侵在軍事上和政治上均告失敗，但在文化方面卻取得幾乎全面的成功」[123]。如同在歐洲其他各國一樣，法語在聯省共和國開始通行，講法語幾乎成了與普通百姓保持距離的一個手段。彼得．德．格洛特於一六七三那一年給亞伯拉罕．德．維克福爾寫信說：「法語為有知識的人所使用……法蘭德斯語只為無知者所使用[124]。」

針對窮人的捐稅

荷蘭社會既如上述，稅制對資本十分寬大，也就絲毫不值得奇怪的了。個人捐稅中以僕役稅佔首位：僱僕人一名需納稅五弗羅林十六蘇；僱二名納稅十弗羅林六蘇；僱三名納稅十一弗羅林十二蘇；僱四名納稅十二弗羅林十八蘇；僱五名納稅十四弗羅林十四蘇。這是一種奇怪的遞減稅率。所得稅已經存在，如果換在今天，誰還會不覺得心滿意足！所得稅率為百分之一，一千五百弗羅林中徵稅十五弗羅林，一千二百弗羅林中徵十二……低於三百弗羅林者不納稅。最後，「凡沒有固定收入，依靠經商執業謀生者，則根據他們可能得到的收入課稅」[125]。至於怎樣估計應納稅的收入，這裡就有許多逃稅的法門。最後，這裡同法國一樣[126]，有一項十分重要的便利，直系親屬繼承可免繳遺產稅。

捐稅的重擔壓在間接稅方面，聯省議會以及各省市全都使用這個武器，向消費大眾開火。觀察家們異口同聲地說在十七以及十八世紀，任何國家都不像荷蘭那樣，有如此沉重的稅收負擔。十八世紀對於「葡萄酒和烈性甜燒酒、醋、啤酒、各種穀物、麵粉、水果、馬鈴薯[127]、黃油、木材和木柴、泥炭、煤、鹽、肥皂、魚、煙草、煙斗、鉛、瓦、磚、各種石料、大理石」[128]徵收所謂「消費稅」。一七四八年[129]，一度曾考慮建立一整套複雜的稅則。但最後還是被迫放棄，任何全面的稅則都不能把這麼多陸續設置並為納稅人勉強習慣了的具體稅目統統吸收進去。如同小部隊比大兵團容易調動一樣，捐稅劃分為眾多的名目無疑也容易徵收。總之，稅額小和名目多是當時稅收制度的重大特徵。一位見證人逗笑說：「一頭奶牛以六十法郎的價格出售前已經付過七十里佛的捐稅。端上餐桌的一盤牛肉至少已付過二十次消費稅[130]。一六八九年的一份陳情書說：「沒有一種食品不繳消費稅；對麵粉和啤酒徵收的消費稅極高，相當於物品本身的價值；他們甚至巧施手腕，抬高啤酒的價格。既然有言在先，他們不能公開禁止啤酒進口，但為阻礙這種商品在國內銷售，他們便徵收極高的消費稅，導致任何個人都不願購買和享用，所有商人都擔心沒有銷路而不願出售」[131]。

間接稅是生活費昂貴的主要因素，特別對普通百姓是個不堪忍受的重負。富人可以經受得住，或者不難趨避。例如，商人在關卡有權申報納稅商品的價值。他們的申報完全隨心所欲[132]，而在檢查通過後，就不會再進行任何複查。總而言之，人們不能設想還有什麼社會和國家能比荷蘭更加不講公道。在威廉四世出任執政期間，只是由於發生了暴動，才取消包稅制[133]，威廉四世對暴動的發生負有部份的責任。設置稅務局（僅荷蘭一省就有五萬職員[134]）專門負責徵稅，絲毫改變不了稅收制度的根本不平等。

事情完全合乎邏輯：富人一方面與辦得十分出色的稅務機構相對抗，另一方面卻經常向聯省議會及各省市放貸。一七六四年左右，聯省共和國的收入僅一點二億弗羅林，低息債務卻達四億。這恰巧證明國家的有力，無論興建公共事業，招募傭佣軍，或者裝備船隊，國家都不缺錢用。這還證明國家善於經營公債。品托解釋說：「由於國家支付利息從未出現拖欠，所有人都不想抽回資本；萬一需要用錢，他們能夠妥善轉讓[135]。」我在品托的最後半句話上加了著重號：它能解釋《商報》一七五九年一月的這段話：「荷蘭的公債券利息僅百分之二點五，但在當地可賺百分之四，甚至百分之五」[136]，意思是說，公債券發行時如面值為一百，上市價格卻為一百零四或一百零五。每當國家需要發行公債，認購者趨之若鶩。一七四四年八月一封海牙的信件說：「荷蘭個人之富，國家錢財之多，這裡有項證據：息率為百分之六的三百萬終身年金債券以及息率為百分之二點五的有償債券，不到十小時就被搶購一空，如果公債發行量為一千五百萬，同樣也會賣完；但國家的錢櫃不能與私人的錢袋相比：前者幾乎空空如也，後者卻滿滿登登。然而，在必要時，可以通過某種財政安排，特別是徵收家庭稅，籌集大筆資金[137]。」

「必要的情形」並不少：戰爭開支像是無底洞；此外，聯省共和國這個「填海圍地」的國家每年需整修堤壩。「國家為築堤修路所花的錢比土地稅收入還多」[138]。「然而，貿易稅和消費稅的收入十分巨大，儘管荷蘭工匠的慳吝[139]勝過法國的節儉，卻沒有得到相同的好處，因為荷蘭的勞動力比起法國要貴得多。」我們在這裡又回到生活昂貴的問題上來。在經濟世界的中心，生活昂貴是正常的，這對有關國家甚至還有好處。但是，如同所有的好事一樣，這件好事遲早總會顛倒過來。也許只有在生產活躍的背景下，此事才能展示好的結果。十八世紀，生產日趨下降，工資則按尚．德弗里斯的說法，「僵化」和「凍結」[140]在高水平上。稅收對此肯定應負責任。國家要靠損害集體的利益來保證自己的需要，這豈不是「弱國」的徵狀嗎？

面對其他各國

共和國「黃金時代」的對外政策表明，聯省共和國是個強國，直到十七世紀八十年代前後，它在歐洲的地位才開始明顯衰落。

作為歷史學家，我們在一六一八至一六四八年的所謂三十年戰爭期間看到的頭面人物只是哈布斯堡王朝、波旁王朝、李希留、奧利瓦雷斯大公或馬薩林，而主角其實卻往往由荷蘭在扮演。外交上的樽俎折衝都在海牙進行。丹麥（一六二六）、瑞典（一六二九）和法國（一六三五）的歷次干涉都在海牙策劃。然而，如同任何名副其實的經濟中心一樣，聯省共和國始終使戰爭在國界以外進行；國境線上，除有許多河流作天然屏障外，又建造了一系列的要塞。僱佣軍人數不多，但「挑選嚴格，薪餉優厚」[141]，訓練有素，負責使聯省共和國免受戰亂。

再看聯省共和國的艦隊怎樣於一六四五年在波羅的海進行干涉，以結束丹麥和瑞典之間的戰爭，因為這場戰爭損害荷蘭的利益。儘管奧蘭治親王一再堅持，聯省共和國始終不肯對西屬尼德蘭推行征服政策，這並非出於軟弱。阿姆斯特丹的商人既已把斯海爾特河的出口和碉堡掌握在自己手裡，他們又何必再去解放安特衛普？再看在蒙斯特集會的各省代表怎樣對法國人提出種種苛求和耍弄種種虛偽手法；塞爾維安[142]寫道：「看到這些議員如何對付我們，實在覺得可悲」。再舉另一個事例，請看聯省共和國一六六八年怎樣成功地與英格蘭和瑞典締結三國同盟，並阻止路易十四在西屬尼德蘭的步步進逼。一六六九和一六七〇年對歐洲整個歷史具有關鍵的意義，緊緊抓住軍隊的荷蘭大議長維特與路易十四的大使西蒙．阿爾諾．德．蓬博納彬彬

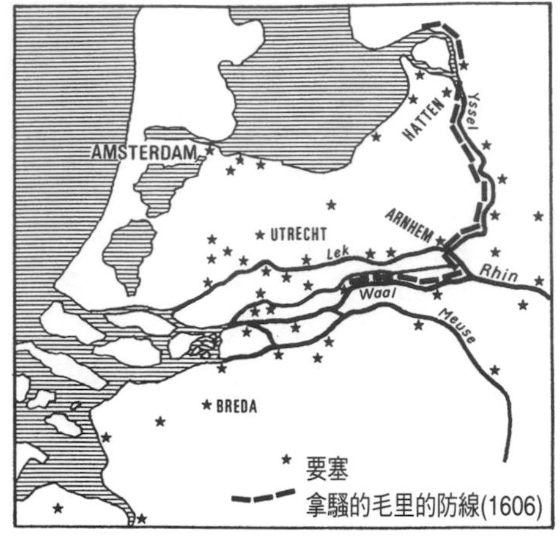

表(21)　聯省共和國和西班牙對峙

1.聯省共和國的防務固若金湯

在 16 世紀的最後幾十年，尼德蘭各城市，如歐洲其他地方一樣，採用土牆加內堡的「義大利方式」設防。從此，大砲便不能像對付中世紀城市那樣輕易轟開缺口。必須通過曠日持久和代價昂貴的圍城戰，才能攻克城市。拿騷的毛里茨於 1605 至 1606 年間對這種「現代化」防禦作了補充，在各大河流沿線，建造一系列崗樓和土坡，構成一道連續的屏障，使聯省共和國的防務真正固若金湯。（見派克：《法蘭德斯的軍事布防和西班牙的進軍路線，1567至1659年》，1976年版，第 48-49 頁）

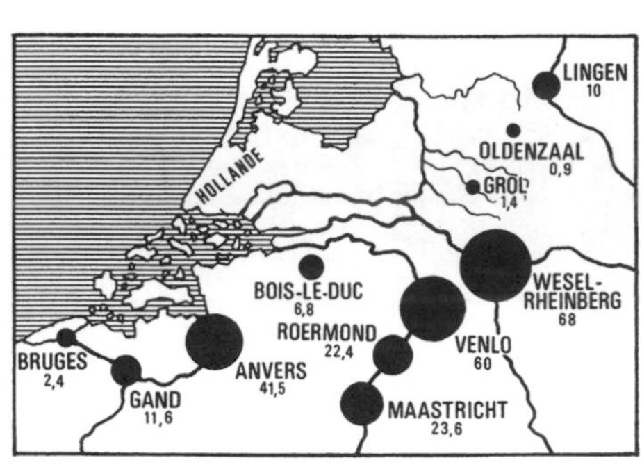

2.聯省共和國陸上貿易之重要

聯省共和國的真正危險是與西屬尼德蘭和德意志保持商業聯繫的水路被切斷。西屬尼德蘭當局的關稅收入可說明這一聯繫的重要：1623 年的年收入為 30 萬埃居（12 年休戰的期限屆滿後，戰爭於 1621 年已重新開始，但沒有立即切斷與聯省共和國的貿易）。每個城市名稱邊上的數字是該城市納付的稅額（以千埃居為單位）。（見荷塞．阿卡拉—扎莫拉和奎博．德拉諾《1618 至 1639 年間的西班牙、法蘭德斯和北海》1975 年版，第 184 頁）

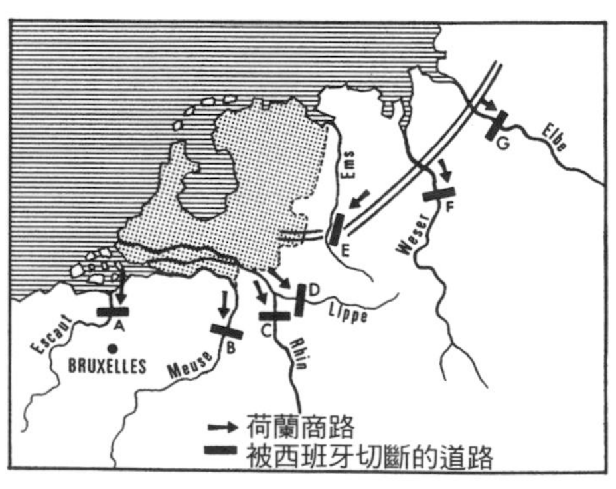

3. 1624至1627年間的禁運嘗試 1624年，西班牙人對河道實行封鎖，阻止丹麥向荷蘭供應活畜（道路用雙線表示）。但在1627年後，他們不能維持這一付出昂貴代價的政策。難道因為西班牙國家在那年出現了經濟危機和財政破產嗎？（同上書第185頁）

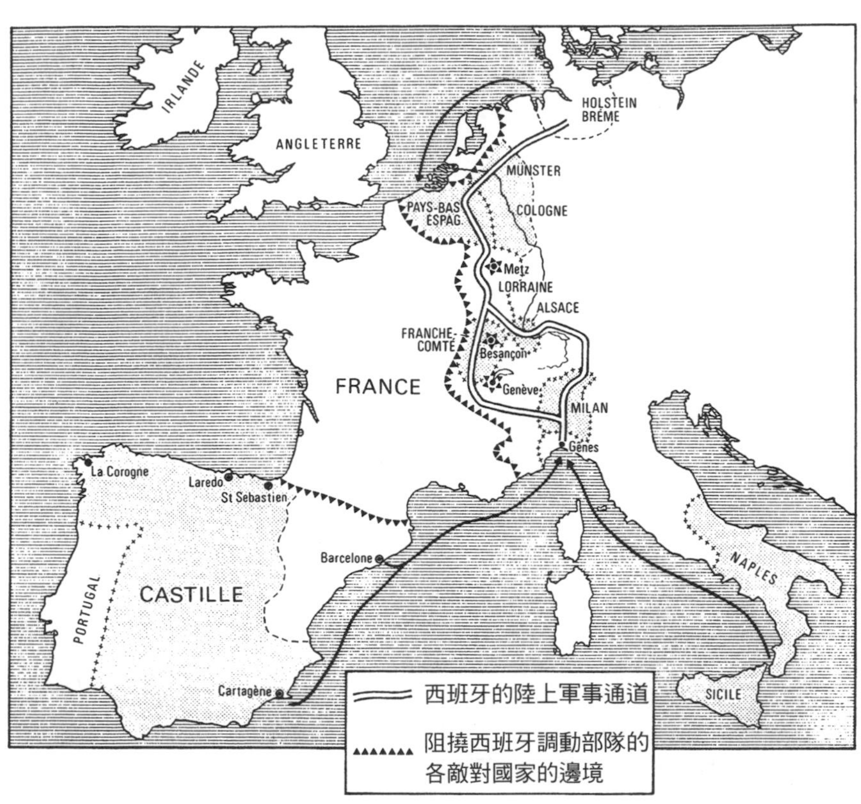

4.陸地與海洋之爭　由於海上遇到困難，西班牙軍隊的作戰全靠以西西里、那不勒斯、米蘭地區、法蘭西康提和西屬尼德蘭為據點的後勤供應，依賴許多德意志地區的通融和中立。他們在阿爾卑斯山的崇山峻嶺中開闢了直達北海的永久性通道。西班牙的這條供應路線在圖上伸展到尼德蘭招募新兵的霍斯泰因地區。（見派克：《法蘭德斯的軍事布防和西班牙的進軍路線，1567 至 1659 年》，第 90 頁）

有禮地就各個問題逐項進行討論。細聽他們的談話，我覺得荷蘭人對太陽王的代表沒有絲毫自卑心理。大議長十分冷靜地（在我們看來是明智地）向多疑的大使說明，為什麼法國不能將自己的意志強加給荷蘭。

不，尼德蘭政府並不是不存在，這裡與其說關係到是否行使政府職能，不如說是個簡單的經濟實力問題。在商談奈梅亨（一六七八）、賴斯韋克（一六九七）和烏特勒支（一七一三）和約時，聯省共和國仍是個舉足輕重的強國。英法兩國地位的上升肯定對聯省共和國有損害。雖說上升速度遲緩，但聯省共和國的缺陷和脆弱也逐漸暴露，這是需要等待瓜熟蒂落的一個緩慢演變過程。

商業王國

荷蘭的政策和活動經歷了種種曲折的變遷，無論在有利或不利的環境下，荷蘭始終是要維護商人的整體利益。商業利益高於一切，壓倒一切，為宗教感情（如在一六七二年後）或民族感情（如在一七八〇年後）所望塵莫及。外國人對此往往感到憤慨，不論是否真誠客觀，他們的觀察有助於我們把事情看得更加清楚。

確實，人們怎能不感到驚訝，一些荷蘭商人受荷蘭東印度公司（V.O.C.）[143]的壓迫，妒嫉其特權，竟用他們的資金幫助和支持英國、丹麥、瑞典、法國的印度公司（甚至還有奧斯坦德公司）。他們出資扶植敦克爾克的法國私掠船，而這些私掠船有時劫掠他們同胞的船隻[144]。荷蘭商人還與在北海行劫的柏柏爾海盜串通（這些柏柏爾海盜其實往往是些喬裝的荷蘭人）。一六二九年，在哈瓦那附近截獲西班牙大帆船後，西印度公司的股東們要求立即分配戰利品，這一要求的付諸實施為公司開了一項惡例[145]。同樣，葡萄牙人於一六五四年把荷蘭人逐出累西腓，路易十四於一六七二年進攻聯省共和國，都是使用從荷蘭人那裡買到的武器。就在西班牙王位繼承戰爭期間，法國在義大利的作戰部隊卻經由阿姆斯特丹發放軍餉，這使與荷蘭結盟、反對法國的英國人憤慨萬分。這一切都是因為，在荷蘭，商人是國王，商業利益是立國之本。拉古爾（一六六二）[146]說：「貿易要求自由」。法國大使拉杜依勒里[147]在致馬薩林的一封信（一六四八年三月三十一日）中驚呼：「賺錢是這裡的人唯一的行動指針」。就在同一時期，東印度公司的董事們於一六四四年強烈主張，「十七董事[148]在東印度奪得的要塞和堡壘不應被看作是國家的戰利品，而應看作是商人的私有產業，商人有權把這些產業賣給他們願意的任何人，即使是西班牙國王或者聯省共和國的其他敵人」[149]。荷蘭的敵人（他們人數很多）不難在這篇檄文中再添上幾條罪狀，似乎別人的缺陷就是自己的功績。一名法國人說：「在荷蘭，國家從貿易獲利，也使個人得利，二者並行不悖（也就是說，國家和商業公司是一碼子事）。貿易絕對自由，絕對沒有任何東西對商人是禁止的，他們只要遵循利潤法則就夠了：在國家看來，利潤法則是基本的行為準則。因此，當個人因經商而似乎違背國家利益時，國家便閉上眼睛，裝著沒有看見，這在一六九三和一六九四年發生的事情中，很容易作出的判斷。法國當時缺少小麥，饑荒遍及各省；時值戰爭緊要關頭，局勢對反法聯軍有利，法國的處境岌岌可危。荷蘭及其盟國理應促使法國失敗，或至少迫使法國根據他們提出的條件接

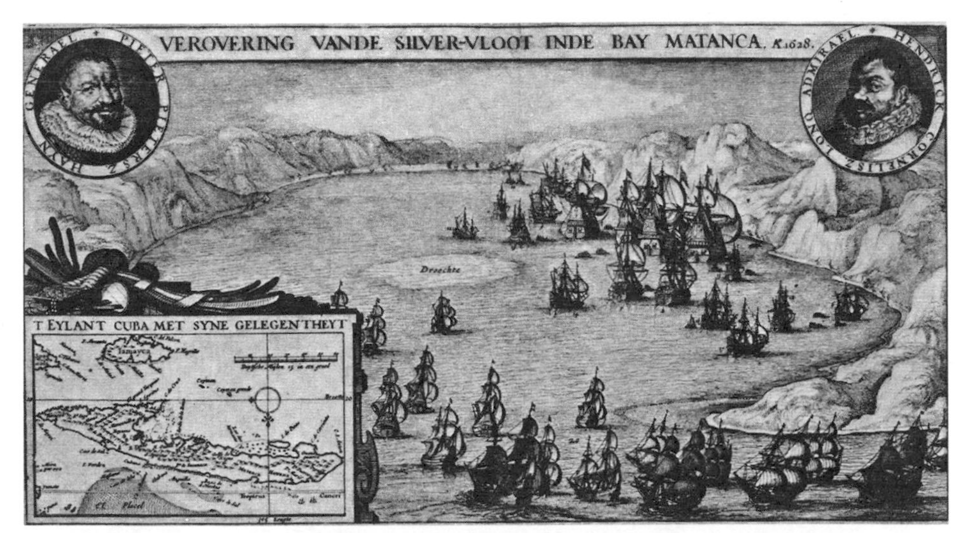

1628 年 9 月 8 日，荷蘭西印度公司劫奪滿載白銀和西班牙船隻。維歌製作的版畫。

受和平；他們捨此難道還有更高的國家利益可言嗎？荷蘭人不但不應向法國提供小麥，而且要想方設法讓法國耗盡其小麥儲備。他們並不是看不到這種政治形勢，他們曾發布命令，嚴格禁止商人及其控制的船東以任何藉口前往法國。然而，這並不妨礙荷蘭商人與法國商人保持聯繫，使用瑞典和丹麥的船隻，或者用中立國旗號作掩護的荷蘭船，甚至更多的打著荷蘭旗號的荷蘭船，向法國運送貨物……[150]」

然而，對於這些行為，對於十七世紀初投機商伊薩克，勒美爾的違法行為所暴露的一系列買空賣空與貪污舞弊，阿姆斯特丹竟沒有任何人聲色俱厲地進行譴責[151]。既然做生意，就按生意人的規矩辦事。在用道德觀念作判斷依據的外國人看來，在這個「與眾不同」的國家裡，任何事情都可能發生。第二次英荷戰爭期間（一六六五—一六六七），法國大使埃斯特拉德（Estrades）伯爵甚至認為，「這個國家有向英國人屈服的危險。國內有一大幫人策劃投降」[152]。

抓住歐洲，抓住世界

歐洲是尼德蘭求得繁榮昌盛的第一項條件，世界則是第二項條件。但後者多半也正是前者的結果。荷蘭既已征服了以商業著稱的歐洲，世界也就合乎邏輯地，幾乎順便地奉送給它了。總之，無論在這裡或那裡，在近處或遠處，荷蘭都用類似的方法確立其優勢地位，推行其貿易壟斷。

一五八五年前大局已定

在中世紀時代，波羅的海可被認為是近在咫尺的美洲。但從十五世紀起，載運鹽和魚的尼德蘭船隻已在波羅的海與漢撒同盟競爭。經查理五世皇帝一五四四年[153]在斯派爾向丹麥國王關說，法蘭德斯船隻從此能自由通過松德海峽。十年過後，由於國內糧食嚴重不足，安特衛普的熱那亞和葡萄牙商人向阿姆斯特丹定購小麥；阿姆斯特丹從那時起超過了斯海爾特河口的安特衛普，一躍而為最大的小麥集散港[154]，不久更享有「歐洲穀倉」的名聲。一五六〇年，尼德蘭已把波羅的海重貨運輸的百分之七十吸引起來[155]，這是一項巨大的成功。在這以後，波羅的海猶如他們的「囊中之物」。穀物和造船用材——厚薄木板、船桅、柏油、松脂——紛紛向阿姆斯特丹集中，在尼德蘭光輝燦爛的時代，穀物貿易[156]仍吸收聯省共和國流動資金的百分之六十，每年使用船隻達八百艘之多。阿斯特里・弗里斯認為，來自波羅的海的大批原料是十七世紀經濟變革和政治變革的原動力[157]。

然而，波羅的海地區的貿易不論多麼重要，它只佔尼德蘭商業活動的一部份。如果不開發遙遠的伊比利半島，波羅的海貿易便不能興旺發達；擁有金屬鑄幣的伊比利半島逐漸成了波羅的海貿易的關鍵。為了發展波羅的海地區的貿易，必須用現金支付購大於銷的差額。

但正是銷售波羅的海地區的穀物確保了尼德蘭船隻向南方航行的成功。因此，他們在成功地打入了波羅的海地區後，不久又抵達拉雷多、桑坦德、畢爾包、里斯本以及塞維爾。從一五三〇年起，最遲在一五五〇年左右[158]，法蘭德斯的雙桅帆船在北海和西葡兩國各港口間的海上運輸中居多數地位。不久更負責運輸伊比利半島與北大西洋之間交換貨物的六分之五；北歐用小麥、黑麥、造船用材和工業品（經塞維爾轉銷新大陸）換取食鹽、食油、羊毛、葡萄酒，特別是白銀。

控制這條運輸路線恰與開辦阿姆斯特丹交易所同時發生。另一項巧合；在向地中海大量出售糧食（一五九〇—一五九一）後不久，阿姆斯特丹交易所修整一新（一五九二）[159]，接著又成立了一家保險公司（一五九八）[160]。

南北聯繫對雙方都生命攸關，甚至在尼德蘭暴動（一五七二—一六〇九）期間也未被切斷。再次套用熱爾曼．蒂永的話（一九六二年在談到法國和阿爾及利亞的關係時）來說，暴亂各省與西班牙和葡萄牙集團之間的關係像是不能也不願分開、互為補充的兩個冤家對頭[161]。西班牙感到惱火，有時簡直發飆，高聲宣佈將採取鎮壓措施。腓力二世於一五九五年下令截住留在半島各港口的四百艘船（過去與敵方進行貿易並不如今天那樣觸犯禁令），據說佔了當時總數為一千艘的荷蘭船隻的五分之二[162]。被扣押的船隻均被用於義務運輸，但後來終於獲釋或自行逃離。在一五九六和一五九八年，荷蘭船隻再次被禁止駛往西班牙港口，但這一措施仍得不到確切執行。同樣，一度曾醞釀不再向暴動者供應塞圖巴爾或加地斯的鹽，以迫使他們就範，但始終是流於一紙空文[163]。更何況，法國大西洋沿岸的鹽田，布羅阿日和新鎮的鹽田，仍然對外開放，它們可向北歐提供比伊比利的鹽質量更好的產品。最後的也是最重要的一條，西

在格陵蘭東面的揚馬延火山島（Jan Mayer Island），荷蘭生產鯨油的設施。
德曼作畫，17 世紀。

班牙過去小麥能夠自給自足，但在一五六〇年後陷入一場危機之中，導致了農業的解體[164]。西班牙從此仰賴外國穀物，而在十六世紀末，地中海不再有外國穀物運來。一五八〇年征討葡萄牙期間，被佔領地區餓俘遍野；必須向北歐求助，而購買糧食必須用黃金支付，西班牙在地中海慣常的現金周轉因此被打亂[165]。腓力二世顧問們的意見也起一定的作用，他們認為取消與叛亂者的貿易，將使自己喪失每年一百萬達克特的關稅收入[166]。實際上，西班牙別無選擇，只得接受這些討厭但又必要的交換。聯省共和國處於類似的境遇中。

西班牙人一五九五年在塞維爾進行的一次調查[167]揭露，市內竟有北歐商人的往來客戶，而且幾乎不加掩飾；他們的信件被查封，一些西班牙高級人士受到牽累，但因他們身份過於尊貴，調查者未敢提及。在當時，荷蘭人已經悄悄地完成了對塞維爾的征服[168]。直到一五六八年為止，熱那亞銀行家始終從財力上支持塞維爾對美洲的貿易，並使當地的商業界在信貸的幫助下，得以渡過大西洋遠航所需的長期等待。一五六八年後，熱那亞人放棄這項活動，他們寧肯把資金用於向「天主教國王」放款。北歐商人趁虛而入：由於尚無財力進行放款，他們對塞維爾賒銷貨物，等船隊返回後收取貨款。一種進一步的聯繫從此建立了起來：北歐終於打入了西班牙對印度的貿易。在塞維爾，西班牙商人逐漸成為受人操縱的經紀人或頂名的代理人，因為「印度之路」的貿易在法律上只歸西班牙人經營。因此於一五九六年發生一樁怪事。在加地斯海灣，六十艘滿載貨物準備運往印度的船隻在英國人劫掠港口時被扣留。勝利者建議，在當場付清二百萬賠款的條件下——這批貨物至少值一千一百萬杜卡——船隻可不予焚燬。但是，貨物屬於荷蘭人，在此事件，有受損失危險的不是西班牙人。由於這個原因，梅迪納西多尼亞公爵拒絕了誘人的建議，可是他至少還是荷蘭人的朋友，即使算不上同夥。船隻終究被付之一炬[169]。

總之，荷蘭第一次經濟高度成長的發生，是由於荷蘭船隻和商人建立了南北之間的聯繫，北邊是波羅的海以及法蘭德斯、德意志和法蘭西的工業，南邊是向著美洲敞開大門的塞維爾。西班牙接受原料和製成品，荷蘭人則或明或暗地把現金運回國內。這筆白銀保證他們能償付對波羅的海貿易的差額，也是他們在波羅的海打開市場和排除競爭的手段。萊斯特伯爵一五八五至一五八七年間派駐當時受英國女王伊麗莎白保護的尼德蘭期間，居然當真敦促尼德蘭徹底斷絕與西班牙的商業來往[170]。

荷蘭的財富顯然是從波羅的海和西班牙同時得來的。僅僅看見前者，忘記了後者，就無法理解這是以小麥為一方，以美洲白銀為另一方，二者分別起著不可分割的作用的同一過程。在運抵塞維爾（一六五〇年後為加地斯）的貴金屬中，走私的比重有所增加，正如莫里諾[171]指出的，這是因為貴金屬的來源並未真正枯竭；從一六〇五年起，西班牙由於經濟困難，決定（或被迫）發行大量劣質銅幣[172]，這是因為西班牙以劣幣驅逐良幣為代價，繼續推行它在歐洲的政治行動。此外，在一六二七年，奧利瓦雷斯大公在擺脫了熱那亞借款人（或被他們所拋棄）後，逐漸依賴葡萄牙猶太人經管卡斯提爾的財政。這些新放款人與北歐的商人和資本有著聯繫[173]。我們已經說過，整個形勢相當曖昧，但又十分奇特。

最後，促使阿姆斯特丹雄踞首位的額外助力，還是來自西班牙：西班牙擊敗了久攻不下的南尼德蘭，於一五八五年八月十八日奪回了安特衛普，無意中消除了阿姆斯特丹的這一競爭者，使年輕的共和國成為歐洲新教勢力的必然聚集地，同時又讓美洲白銀源源不斷地流入境內。

歐洲其他地區和地中海

如果擁有關於荷蘭商業擴張的前後地圖，人們可以看到，荷蘭的影響沿著歐洲的主要商業路線逐漸向外伸展：沿萊茵河順流而下，翻越阿爾卑斯山的隘口，參加法蘭克福和萊比錫的重要交易會，前往波蘭、斯堪的納維亞各國和俄羅斯等。一五九〇年後，地中海地區糧食嚴重不足，荷蘭帆船穿過了直布羅陀海峽；與比它們早到二十來年的英國船一樣，荷蘭船除由義大利各城市出資進行有利可圖的近海運輸外，還在海上主要航道從事航運。有人聲稱，猶太商人[174]曾幫助荷蘭船進入地中海，但經濟形勢也起了推動作用。不用很久，地中海的所有港口都接待荷蘭的船隻，特別是柏柏爾地區各港口，由梅里契家族重建起來的奇怪的里窩那城，以及東地中海諸港和伊斯坦堡：荷蘭人於一六一二年簽署有關基督教徒在該地的權利協定後，伊斯坦堡便對他們敞開門戶。縱觀荷蘭的發展過程，我們切莫低估歐洲的根本作用和地中海的重大作用。荷蘭船在印度洋航行的成功，並非如人們所想，使荷蘭脫離地中海的傳統貿易。拉普不久前在一篇文章中甚至證明，荷蘭和英國都在這裡找到了可資開發的富源，富饒的地中海對兩國經濟首次起飛所起的推動作用勝過了大西洋。

總之，荷蘭在變成歐洲經濟中心的同時，不能忽略其任何一個邊緣區域，荷蘭怎能容忍，在自身之外，又建立起與它競爭的另一個經濟帝國？

荷蘭人向葡萄牙人挑戰：取代別人的地位

歐洲不知不覺地接受了剛剛建立的荷蘭統治，這也許因為荷蘭在其統治初期行事審慎，並不招搖；另一方面，歐洲的重心當時已悄悄地向北偏移，一六〇〇至一六五〇年間百年趨勢的逆轉使歐洲大陸一分為二，一邊是日漸貧困的南方地區，另一邊是生活始終優裕的北方地區。

長期處於歐洲經濟世界的中心，顯然意謂著要發展遠程貿易，控制美洲和亞洲。美洲因受打擊較晚，尚能倖免於難；但在遠東舞台上，尼德蘭人浩浩蕩蕩地闖進了胡椒、香料、藥材、珍珠和絲綢的王國，幾乎獨吞了這些商業利益。他們終於憑藉遠東成為世界的霸主。

一些旅行家已經先事探測：范．林茲肖滕[175]於一五八二年；寇納留斯．豪特曼[176]於一五九二年，他的遊記幾乎算得上是一部偵探小說，豪特曼假扮普通旅客，搭乘葡萄牙船，來到印度；由於身份暴露，他被捕下獄。我們且可放心，幾名鹿特丹商人代他償付了贖金，把他營救出獄；商人們等豪特曼返回後，便裝備四條船交他指揮，船隊於一五九五年四月二日離鹿特丹啟航。豪特曼曾到達南洋群島的萬丹（Bantam，瓜哇島最西端），於一五九七年八月十四日返回阿姆斯特丹[177]。場面冷冷清清，二、三艘船的船員不到百人，載著有限的幾種商品，總的說來獲利很少。這次旅行在經濟上並不划算。但是，豪特曼讓人相信，今後肯定將能獲利。這次航行因此具有先驅的意義，阿姆斯特丹市立博物館有一幀拙劣的油畫紀念這一事件。

然而，整個擴張過程相當平淡，特別在初期，荷蘭故意小心翼翼，避免招惹是非[178]，因而沒有任何聳人聽聞之事可言。葡萄牙帝國像是年屆百歲的老人，健康不佳，不能再在新人面前擋道。至於聯省共和國的商人，他們寧可同敵人拉點關係，以便確保他們船隻的安全航行。「叛亂各省」在英國的代理人諾埃爾·卡龍正是這麼做的，他獨自出資裝備開往東印度的一條船，他的家產全都投了進去。他與他認識的一名常住加萊的西班牙代理人就此問題保持書信來往[179]。

尼德蘭商船取直道前往南洋群島，難道為的是求得平安？在好望角的地平線上，有幾條路線可供選擇：一條是緊貼莫三比克沿岸的「內線」，往北能與印度季風相會合；另一條為外線，或更確切地說「遠洋」航線，經馬達加斯加東海岸、馬斯克林群島以及在馬爾地夫群島之間迂迴的航道，再筆直往前到達蘇門答臘和巽他海峽，最後轉爪哇的大港萬丹；在這漫長的航線上，船隻借助的不是季風，而是信風或英國海員所說的「貿易風」：豪特曼橫渡大洋於一五九六年六月二十二日抵達萬丹，走的就是這條路線。選擇這條路線，難道是想避開印度（葡萄牙人在印度的立足比在別處更加穩固），或者根據另一種可能，從一開始就選中南洋群島及其香料為目標？值得指出的是，前往蘇門答臘的阿拉伯航海家已經走過這條路線，他們也是希望躲過葡萄牙的監視。

尼德蘭商人最初曾經懷有希望，他們的遠航可被當作是純商業活動，這一點無論如何沒有疑問。一五九五年六月，豪特曼在大西洋的赤道一帶遇見開往果亞的兩艘葡萄牙大帆船：平靜的會面，除了用「葡萄牙果醬」以及「奶酪加火腿」交換外，雙方「彬彬有禮地各放一炮」[180]以示告別。在返回荷蘭後，一五九九年四月，雅各布·科內利斯·凡奈克[181]對葡萄牙猶太人在阿姆斯特丹散布的種種傳聞大發雷霆（不管他是否真誠），據傳聞說，凡奈克載運的價高利厚的貨物（百分之四百的利潤）是用武力勒索和敲詐而得到的。凡奈克聲稱這一切純屬謊言，根據董事們的指令，他十分注意，「不使任何人的財產受到損害，並依法與外國進行貿易」。這並不妨礙凡登哈根在一五九九至一六〇一年遠航期間，曾對葡萄牙在安汶的堡壘擺開陣勢施加攻擊，儘管結果完全失敗[182]。

此外，在聯省議會、荷蘭大議長巴納威爾特和拿騷的毛里茨的敦促下，於一六〇二年三月二十日[183]創立了東印度公司，把原有的各家公司合併成一個整體，並且以一支獨立的力量，一個國中之國的面目出現。東印度公司的成立將使一切改變面貌。遠洋航行的無組織狀態從此宣告結束：一五九八至一六〇二年間，六十五艘船分組十四個船隊出航[184]。對亞洲的商業活動從此只有一項政策，一種意志和一個領導：東印度公司作為一種真正的權威，從此一帆風順地不斷發展。

然而，要尋藉口，總還可以找到：一些從開始就參加了遠航南洋群島的商人，繼續反對使用任何暴力，聲稱他們裝備船隻僅僅是為了進行誠實的貿易，而不是為了建造堡壘或攔截葡萄牙大帆船。尤其，一六〇九年四月九日[185]，聯省共和國和天主教國王在安特衛普簽訂了「十二年休戰協定」，雙方停止了敵對行動；商人於是抱有幻想，以為能夠安穩地從亞洲取得財富，特別是休戰協定對赤道以南地區沒有作出任何規定。南大西洋和印度洋是自由地區。一六一〇年二月，一艘荷蘭船在開往南洋群島途中，到里斯本停泊，並要總督轉請天主教國王同意，讓休戰協定得以在遠東宣佈和重申，這就證明那裡還在打仗。總督向馬德里請示，答覆遲遲沒有送到，而荷蘭船隻枯等了二十天，最終在尚未接到預期答覆前便離開了里斯本[186]。這不過是件小事，但它也許能夠證明，荷蘭人希望和平或者至少處事謹慎。

總之，荷蘭的擴張很快就變得勢不可擋。一六〇〇年，一艘荷蘭船抵達日本列島南部的九州島[187]；荷蘭人於一六〇一、一六〇四和一六〇七年曾經多次試圖直接去廣州經商，繞開葡萄牙的據點澳門[188]；一六〇三年，荷蘭人登上錫蘭島[189]；一六〇四年，他們對麻六甲的一次進攻遭到失敗[190]；一六〇五年，他們在摩鹿加攻下葡萄牙的安汶砲臺，後者從此就成為東印度公司的第一座據點[191]；一六一〇年，他們在麻六甲海峽對一些西班牙船炫耀武力，並攻取特納提島[192]。

從此，儘管有了休戰協定，武力征服仍在繼續，雖然十分困難；東印度公司所要與之對抗的，不僅有葡萄牙人和西班牙人（在馬尼拉設立據點並在摩鹿

荷蘭戰艦於 1660 年 6 月 8 日對蘇拉威西島的望加錫展開攻擊。葡萄牙的防禦工事和船隻被摧毀和焚燬。但荷蘭人只是在 1667 至 1669 年間才攻佔該島。弗雷．沃爾德馬作畫。

加海域活動的西班牙人直到一六六三年仍據守蒂多雷島）[193]，而且有英國人（他們行動詭祕，出沒無常）；最後還有大批積極活動的亞洲商人：土耳其人，亞美尼亞人，爪哇人，中國人，孟加拉人，阿拉伯人，波斯人，古吉拉特的穆斯林等。由於南洋群島是印度對中國和對日本貿易的樞紐，掌握和控制這一交叉路口便成了荷蘭人既定目標，儘管達到這個目標又是何等困難。東印度公司在南洋群島最早的一名總督約翰·彼得松·考恩[194]（一六一七—一六二三、一六二七—一六二九）以驚人的洞察力對局勢作了判斷：主張實行真正的和持久的佔領，要求嚴厲打擊敵人，建造要塞，並派移民到當地定居，或用我們的說法，使之變為殖民地。東印度公司最後因計畫過大，開支過高而退卻；經過討論，總督的設想終於被否決。這裡可以看到，究竟是殖民征服或者只是經商，兩種意見的爭論由來已久；我們要說，杜普累在這個問題上真是一錯再錯。

事物的邏輯必定逐漸導致不可避免的結果。一六一九年，巴達維亞城（Batavia）的建立使荷蘭能把它在南洋群島的主要軍事力量和商業活動集中到一個有利的地點。荷蘭正是從這個固定地點和「香料群島」出發，編織起龐大的商業交換網，建立起他們的海外領地；這個脆弱、柔韌的海外領地網，如同葡萄牙和海外領地網一樣，是按「腓尼基方式」建造起來的。他們於一六一六年前後與日本進行了正面的接觸；一六二四年抵達福爾摩沙；比這早二年，即在一六二二年，他們對澳門的進攻遭到失敗。幸運的是在一六三八年，日本驅逐了葡萄牙人。日本從此除中國帆船外，僅接受荷蘭的船隻。一六四一年，荷蘭人終於攻克麻六甲，並且為著自身的利益促使麻六甲迅速衰落；蘇門答臘上的亞齊王國於一六六七年投降[195]；望加錫於一六六九年接著屈服[196]；巴達維亞的競爭對手、繁榮的舊港萬丹於一六八二年最後歸附[197]。

但是，如果沒有與印度的聯繫，任何人在南洋群島都不能立足，因為印度控制著從好望角到麻六甲和摩鹿加的南亞經濟世界。不論願意與否，荷蘭人注定要前往印度的港口。在蘇門答臘等地，貿易通常以胡椒換取印度布的方式進行，荷蘭不能讓自己始終假手他人購買科羅曼德或古吉拉特的布匹，並且必須用現金付款。他們因此先後於一六〇五和一六〇六年[198]來到默蘇利泊德姆（Mazulipatam）和蘇拉特，儘管他們在蘇拉特（印度的最大港口）的房屋設施只是於一六二一年方才竣工[199]。一六一六至一六一九年，他們在布羅奇、康貝、亞美達巴得、亞格拉、布爾漢布爾[200]分設了商行。向原始而肥沃的孟加拉地區的滲透穩步地進行（總的說來不早於一六五〇）。荷蘭人於一六三八年在盛產桂皮的錫蘭立足。一名荷蘭船長在十七世紀初寫道：「島的四圍長滿了肉桂樹，所產桂皮在整個東方首屈一指：若遇順風，在離島八里遠的海上，還可聞到桂皮的香味[201]。」但荷蘭人一直等到一六五八至一六六一年間，才成為這個覬覦已久的島嶼的主人。後來，他們又打開了馬拉巴的市場。一六六五年，科欽在落在他們手裡[202]。

荷蘭的海外擴張到了十七世紀五〇或六〇年代左右才真正大張旗鼓地進行。排擠葡萄牙人並不很快得以實現。葡萄牙的海外領地雖說不算穩固，卻因其幅員寬廣而得到保護：正因為分散在從莫三比克到澳門和日本的遼闊海域，這些領地在外來打擊下，並不在整體上出現動搖。最後，從富格爾商行和韋爾瑟商行駐果亞的代表費迪南．克隆[203]的文書中可以看到，陸路的信件傳遞總是趕在橫渡印度洋的荷蘭或英國船的前面。葡萄牙當局因此可以從威尼斯和黎凡特方面及時獲悉荷蘭的遠征計畫。更何況，進攻者並不始終有足夠人力和財力去佔領他們奪得的所有據點。他們的成功也導致了他們的力量分散。總之，荷蘭的進攻於十六世紀末已經開始，而到一六三二年，還有胡椒和香料直接運達里斯本[204]。只是一六四一年麻六甲陷落後，葡萄牙在亞洲的領地才真正分崩離析。

荷蘭人的行為可說是鳩佔鵲巢。路易十四的大使蓬勒波一六九九年指責他們「盡力促使走在他們前面的歐洲人破產，他們讓別人辛辛苦苦地去馴服印第安人，或讓印第安人嘗到貿易的甜頭，自己卻坐享其成」[205]，發財致富。不過，假如荷蘭不排擠葡萄牙，不迫使葡萄牙破產，對印度洋和南洋群島已有了解的英國也會扮演荷蘭的角色。德雷克和蘭卡斯特不是先後在一五七八年和一五九二年進行了環球旅行嗎[206]？英國人不是比荷蘭早兩年，於一六〇〇年成立了東印度公司嗎？他們不是多次攔截了滿載財寶的葡萄牙大帆船嗎[207]？葡萄牙大帆船是當時世界上最大的船隻，轉動不靈，不能恰當地利用他們的火力；另一方面，航程過長，大帆船的船員在長途旅行中備受飢餓、疾病和壞血病的煎熬。

因此，假如荷蘭沒有推翻葡萄牙的統治，英國完全會越俎代庖，且不說荷蘭立足未穩，便不得不抵禦英國的進攻。他們很難把這些頑強的對手趕走，不能禁止英國人在印度定居，不能把英國人朝波斯和阿拉伯的方向，乾脆俐落地趕回印度洋的西部。一六二三年，他們必須動武，才把英國人逐出安汶[208]。英國仍長期留在南洋群島，收購胡椒和香料，在開放的萬丹市場推銷印度棉布。

荷蘭海外領地的貿易

亞洲最大的財富是幾個距離甚遠的不同經濟地區之間的貿易，即法國人所說的「印度洋貿易」，英國人所說的「區域貿易」，荷蘭人所說的「海島貿易」。在這遠距離的近海運輸中，一種商品帶動另一種商品，後者又迎來第三種商品，如此等等。這種貿易就在構成一個活躍整體的幾個亞洲經濟世界的內部開展。歐洲人進入這個地區，遠比人們通常所說的更早。首先是葡萄牙人，然後是荷蘭人。但荷蘭人也許因為他們擁有在歐洲取得的經驗，比別人更善於抓住遠東貿易的聯繫環節。雷納爾神父[209]說：「他們還成功地掌握亞洲的近海運輸，就像他們掌握歐洲的近海運輸一樣」，因為他們把這種「近海運輸」看作是一個嚴密的體系，他們必須控制其中最關鍵的商品和市場。葡萄牙人對此並非一無所知，但還沒有達到盡善盡美的程度。

如同在別處一樣，遠東貿易涉及到商品、貴金屬和證券。每當貨物不足、貿易受阻時，貴金屬便參與其事。每當貨幣因數量不足或流通不暢，不能立即結清貿易差額時，信貸便出力相助。但在遠東地區，歐洲商人不像在國內那樣能支配充足的信貸。對他們來說，信貸與其說是推動貿易的馬達，不如說是頭痛醫頭、腳痛醫腳的權宜之計。他們有時向日本[210]或印度（蘇拉特[211]）的放款人借貸，但這些「銀行家」主要不對西方的商人和經紀人放款，而是為當地的中間人服務。結果就不得不動用貴金屬，特別是歐洲人從美洲所取得的白銀，白銀因而成了打開這些貿易大門的「通關密碼」。

西方輸入的這些白銀仍不敷應用。荷蘭人於是動用他們從遠東貿易中所得的當地貴金屬。例如，他們在佔領福爾摩沙的期間（一六二二年據有，一六六一年被稱雄海上的「國姓爺」奪回）使用了中國的黃金（主要用於在科羅曼德購貨）；從一六三八年到一六六八年止，日本開採的白銀曾起了重要的補充作用；日本於一六六八年禁止白銀出口，荷蘭轉而購買日本金幣「小判（こばん）」。一六七〇年前後，隨著「小判」的貶值（雖然日本人在貿易中仍按以前的價格計算），東印度公司減少購買黃金，轉而大量接受日本所出口的銅[212]。它當然並不忽視蘇門答臘或麻六甲生產的黃金，有時也很關心黎凡特貿易繼續傾注到阿拉伯（摩卡）[213]、波斯和印度西北部的金幣和銀幣。它甚至還利用阿卡普爾科大帆船定期帶著白銀運往馬尼拉[214]。

在此情況下，從十七世紀中葉開始使荷蘭人離開波斯絲綢市場的長期危機，便顯示出人們一眼便能看到的另一層意義。一六四七年十月，掌璽大臣塞吉埃的一名代理人指出，荷蘭人覺得「去東印度買絲綢不合算」，並已「命令他們在馬賽的代理商進行採購並發貨，多多益善[215]。確實，在一六四八年已後，從印度開出的荷蘭船不再隨帶波斯絲綢[216]。波斯市場既然被亞美尼亞商人所控制，我一度曾以為這場危機應歸罪於這些奇怪的商人，他們決定親自把絲綢運到馬賽。但這些解釋大概是不夠的。荷蘭人從一六四三年以來一直同伊朗國王進行協商（他們於一六五三年達成協議），他們其實並不十分希望買進大量波斯的絲（價格有所上漲），因為他們無論如何一定要保持貿易順差，也就是把金幣和銀幣從波斯帶回國內[217]。他們此外還可以得到中國的蠶絲，特別是孟加拉的蠶絲[218]，後者在十七世紀中葉印度公司運返歐洲的貨物中，佔著越來越重要的地位。東印度公司因此並非消極地忍受波斯的絲綢危機，它相反挑起了這場危機，藉以保存其金屬鑄幣的供應來源之一。總之，荷蘭人不得不根據經濟形勢的風雲變幻，隨時調整自己的貨幣政策，特別是無數亞洲鑄幣之間的匯率天天都把局面搞亂。

相反，東印度公司建立的商品調劑系統幾乎毫無障礙地在運轉，直到一六九〇年為止。從那時起，困難開始出現。但在這以前，荷蘭在亞洲的貿易渠道和貿易網，正如丹尼爾，勃拉姆[219]寫於一六八七年的詳盡報告（可是造化弄人，恰好在那時候，完美的體系開始出現故障）所說，依靠有效的海上聯繫，本土的信貸和投資，以及對壟斷的不懈追求，構成一個如同歐洲那樣的協調的貿易體系。

除了獨享進入日本的特權之外，荷蘭長期壟斷的唯一貨物是細香料：肉豆蔻及其假種皮、八角茴香、桂皮。每次使用的辦法都相同：使生產僅限於某個島嶼的彈丸之地；牢牢控制該島嶼；佔有市場；阻止其他地方種植這類作物。因此，安汶專門生產八角茴香，班達生產肉豆蔻及其假種皮，錫蘭生產桂皮，有組織的單一種植使這些島嶼的食品和織物仰仗進口。與此同時，摩鹿加其他各島的丁子

荷蘭東印度公司往孟加拉的一家分號。1665 年作畫。

香樹統統都被拔掉，必要時甚至向地方首領按期支付償金；蘇拉威西群島的望加錫被武力攻克（一六六九），因為如果聽其自然，該島會成為香料自由貿易的中繼站。印度的科欽也同樣被佔領，「雖然佔領該地對東印度公司得不償失」[220]，但這是阻止科欽生產廉價的次等桂皮與上等桂皮進行競爭的手段。在土地面積過大和駐軍開支頗高的錫蘭島，桂皮種植園也只准許佔較小的地面，以便限制桂皮產量。可見，東印度公司只是依靠暴力和嚴密監視，才有效地維持其壟斷，東印度公司從細香料賺取的利潤終很高[221]。一名法國人於一六九七年[222]說：「任何男子防範別人染指其情婦，卻超不過荷蘭提防別人插手其香料貿易」。

此外，荷蘭的優勢還在於東印度公司推行長期的計畫，其人員恪守紀律，堪稱典範。雖然眾多暴行使歷史學家不寒而慄，但看到收購、裝運、出售和交換一環扣一環地穿插進行，既精於計算，又出人意料，甚至詭怪離奇，他們又只會感到十分有趣。細香料不僅在荷蘭銷售旺盛，印度的消費超過歐洲的兩倍[223]；細香料在遠東還是一種無可比擬的交換手段，是打開許多市場的鑰匙，就像波羅的海的小麥和桅桿在歐洲一樣。當然還有許多其他交換手段，但有一個條件，先要仔細探明有利的地點和有利的交易。例如，荷蘭人在蘇拉特、科羅曼德沿海和孟加拉大量收購質地不等的各種印度織物。他們用這些織物在蘇門答臘換取胡椒（如果政治手腕運用得當，還能訂立優惠的協議）、黃金、樟腦；他們在暹羅出售科羅曼德的布匹，沒有很大的利潤（那裡的競爭者太多），但是他們出售香料、胡椒和珊瑚，帶走專門為他們生產的錫，一直運往歐洲傾銷；他們還從暹羅帶走為數可觀的鹿皮（在日本的賣價很高），一些象（到孟加拉賣出）和許多黃金[224]。帝汶的商站因經營不善而有虧損，但島上得到的檀香木在中國和孟加拉十分暢銷[225]。至於孟加拉（荷蘭勢力進入較晚，但剝削深重），該地區提供蠶絲、大米和許多硝石，後者與日本的銅和不同產地供應的糖一起，是返航歐洲時最好的壓艙貨[226]。勃固王國（Pegu）也有其特別的吸引力：在當地可收購生漆、黃金、白銀和寶石，可出售香料、胡椒、檀香木以及哥康達和孟加拉的布匹……。

類似的例子還可舉出很多：荷蘭人善於抓住所有的機會。人們不能不感到驚奇，南非好望角生產的小麥竟然運到阿姆斯特丹。或者，阿姆斯特丹成為從錫蘭和孟加拉帶回的「貝殼」（couris）的市場（歐洲人有具收集貝殼的愛好，其中還包括了英國人），成為黑非洲貿易的市場，以及購買準備運往美洲的奴隸的市場。再者，中國、孟加拉、暹羅和爪哇（從一六三七年起）的糖，根據其價格能否在歐洲與巴西和安地列斯群島的糖相競爭，交替被阿姆斯特丹所接受或拒絕。當宗主國的市場關閉時，巴達維亞存儲的食糖便供應波斯、蘇拉特或日本[227]。這一切充分表明，黃金時代的荷蘭已經以全世界為其活動場所，隨時注意開展和操縱世界各地的貿易活動。

在亞洲成功，在美洲失敗

對東印度公司來說，根本的問題是要從其在亞洲的貿易活動中取得歐洲所需的商品，或更正確地說，歐洲願意消費的商品。東印度公司就像一台二衝程發動機：它把商品從巴達維亞送到阿姆斯特丹，又從阿姆斯特丹送到巴達維亞，如此周而復始。理論和經驗告訴我們，把商品從某一經濟世界（亞洲）送往另一個經濟世界（歐洲），本身就是困難重重；更何況，雙方不斷就對方的影響作出反應，就像天平的兩個載重不等的托盤一樣；只要在一個托盤上加上額外的重物，平衡就被打破。例如，隨著歐洲的勢力日益深入亞洲，胡椒和香料的收購價格便趨上漲，而這些價格對歐亞兩大陸的關係長期具有決定性意義。拉瓦爾的皮拉德於一六一〇年指出，「葡萄牙人原來只花一蘇所能買到的東西，荷蘭人如今要花四、五蘇」[228]。相反，由於海外食品到貨日增，它們在歐洲的售價便自動下跌。像一五九九年這樣的好年頭早已成為遙遠的過去，那時在班達花四十五里亞爾可買一「石」（荷蘭重量單位，等於五百二十五磅）八角茴香，花六里亞爾可買一「石」肉豆蔻。這些價格是一去不復返了[229]。

鬥爭和成功的時代

在亞洲，香料的壟斷，專橫的定價，商品量的控制（必要時銷毀剩餘貨物），長期使荷蘭人處於比他們的歐洲競爭對手更有利的地位。但在歐洲，隨著其他公司紛紛成立（幾乎所有這些公司都有荷蘭資本的投資，以對抗荷蘭東印度公司的壟斷）[230]，或者由於市場上出現與遠東產品相同，但產自別地的商品，如糖、銅、靛青、棉花、蠶絲等，競爭不斷變得更加激烈。事情可見並未定局，勝券並未在握。一名荷蘭旅行家[231]於一六三二年解釋說：「且莫搞錯，在這裡，即使有一天能把葡萄牙人排擠出去（葡萄牙當時還掌握著果亞、麻六甲、澳門等咽喉要地），荷蘭東印度公司的資金大概也只夠從事亞洲貿易的六分之一。在另一方面，當人們能籌措足夠資金來從事這一貿易時，卻又很難能夠消費或推銷從中得到的所有商品。」

再說，為維護壟斷而推行監視和鎮壓的政策，必須付出高昂代價。例如在錫蘭，任務特別艱巨，島上多山的內陸歸康提（Kandy）國王控制，「從未被葡萄牙人或荷蘭人征服過」，要塞的駐守和維修費用幾乎耗盡出售該島生產的桂皮「所得之全部收益」[232]。農民揭竿而起，反抗東印度公司的盤剝，因為給予他們的報酬太低。荷蘭人通過暴力和戰爭的手段，把土著作為奴隸押送爪哇，才在班達群島實現了壟斷，但是東印度公司最初確實損失不小[233]。生產大幅度下降，不得不在新的基礎上重起爐灶：一六三六年，班達群島的土著居民只剩五百六十人，荷蘭人和外來的自由民卻分別為五百三十九人和八百三十四人，因而只能從孟加拉或者若開邦（Arakan）王國「輸入」一千九百一十二名奴隸[234]。

為了建立、鞏固和維護自己的壟斷，荷蘭東印度公司展開了長期的努力，直到攻克望加錫（一六六九）及征服和摧毀萬丹港（一六八二）方告結束。東印度公司不斷壓制土著的航運和貿易，打擊以及放逐土著居民，以全部的精力進行警察行動和殖民戰爭。在爪哇，與馬塔蘭、萬丹等土邦的鬥爭造成了接二連三的慘案。巴達維亞四周的鄉村乃至郊區均不安全[235]。儘管如此，征服行動仍然取得成功，但所付的代價卻在增加。甘蔗種植（從十七世紀第一個三分之一開始）和咖啡種植（從一七〇六至一七一一年開始）在爪哇獲得成功[236]。但對這兩種作物的種植必須嚴加控制，華人一七四〇年舉行的起義遭到了殘暴的鎮壓，導致了食糖生產無可挽回的危機；爪哇島花了十年以上的時間才恢複了元氣，但仍不如往昔[237]。

荷蘭東印度公司的貿易合乎邏輯地有賺有賠。十七世紀那時大體上總能得利。只是在一六九六年前後的三、四十年期間，形勢才不斷惡化，這一突變從東印度公司不很清楚的帳目中可以算出。克里斯托夫．格拉曼[238]認為，一場真正的革命當時已在進行，同時把亞洲貿易和歐洲市場的現存秩序攪亂。

一名荷蘭商人把停泊在巴達維亞海灣內的東印度公司船隻指給他妻子看。庫依（1621-1691）作畫，細部。

在歐洲，胡椒已退居次等地位，這一具有決定意義的事實從一六七〇年起變得十分明顯。細香料卻相反始終購銷兩旺，甚至地位有所提高；印度的紡織品，不論是絲綢或棉布，印花或白坯，交易額不斷在擴大；茶、咖啡、漆器、中國瓷器等新商品正打開銷路。

假如僅有這些變化，那麼，像其他印度公司一樣順應潮流的荷蘭東印度公司很快就會適應，肯定不會遭受太大的損失。但是，原有的途徑和市場運行失常，東印度公司調適妥貼的流通渠道又出現缺口。在這種情況下，繼續存在的舊制度有時阻礙了必要的適應。在這方面，最重要的新事物無疑是茶葉貿易的擴大和中國對所有外商的開放。英國東印度公司於一六九八年迅速展開了直接貿易（用白銀付款）[239]，而荷蘭東印度公司則慣於接待乘坐帆船前來巴達維亞採購胡椒、八角茴香、檀香木和珊瑚的中國商人，始終堅持以貨易貨的間接貿易，避免使用現金。結果是孟加拉與中國的聯繫（用棉花和白銀以及後來用鴉片換取茶葉）將對英國人有利。荷蘭東印度公司還受到一個尤其沉重的打擊：印度內戰把它苦心經營並獲得突出成就的科羅曼德沿海淪為一片廢墟。

面對所有這些競爭，荷蘭東印度公司難道就沒有抵抗嗎？統計資料表明在十八世紀，甚至直到公司存在的最後一年，即一七九八年[240]，公司還把數量日益增多的白銀運到亞洲。在經過了天翻地覆變化的遠東，白銀仍是解決所有問題的鑰匙。但在十八世紀，荷蘭東印度公司的境遇卻不斷惡化，對於它的衰落，我們很難找出解釋的理由。

荷蘭東印度公司的興衰

衰落的趨勢從何時開始？通過對公司帳目的研究，或許可以看到一六九六年的分界線價值。這個日期是否定得太過確切？格拉曼[241]主張把一七〇〇年前後的四十年作為分界線，這也許更加明智些。

何況，等到當時的人意識到局勢嚴重惡化，為時已經相當晚了。例如在一七一二年，敦克爾克有倆人在一起閒聊，其中一人是為德馬雷總管打聽消息的小人物，另一人是聖約翰勳爵；路易十四力求得和平將把敦克爾克出讓給英國，而猶如旭日東昇的英國卻還憂心忡忡。這名法國小人物寫道：「我對他講，通過搞垮荷蘭人來恢復英國在印度的貿易，是安撫大不列顛民族並使它得到一切的可靠手段；他聽後隨即回答說，英國人為達此目的將不惜賣掉他們的襯衣」[242]。由此可見，他們認為自己尚未達到目的！十二年後，在一七二四年，以判斷力見長的烏斯達里茨毫不猶豫地寫道；「荷蘭東印度公司實力之強大，其他各國的印度公司不能望其項背」[243]。

已知的數字並不真正說明問題，但它們至少讓人知道這家公司商業活動的規模。荷蘭東印度公司一六〇二年創始時擁有資本六百五十萬弗羅林[244]（每股的股本約三千弗羅林），等於英國東印度公司的十倍多，後者比前者早成立二年，卻深受資金不足之苦[245]。一六九九年的一項帳目告訴我們，這筆最初的投資後來既未退回，又未增加，約等於六十四噸黃金[246]。只要談到荷蘭東印度公司，那就勢必要涉及到巨額數字。

因此，對於荷蘭東印度公司在創紀錄的一六五七和一六五八年運往遠東價值二百萬弗羅林的金銀[247]，我們不會感到驚奇。我們同樣也不會覺得意外，當我們知道荷蘭東印度公司在一六九一年至少擁有一百條船[248]；法國一份嚴肅的資料甚至認為達一百六十多條（一六九七），每條船裝備三十至六十門炮[249]。平均按每條船有五十名船員計算[250]，船員總共可達八千人。此外再加上駐防的士兵，其中包括「攜帶武器的許多本地人，荷蘭人打仗時總讓他們打頭陣」。東印度公司在戰爭期間還能給自己的軍隊增加四十艘大船：「歐洲不止一個皇室難以做到這一點」[251]。尚—彼埃爾．里卡爾（一七二二）親眼見到僅「阿姆斯特丹商行」一家就在工廠內使用一千二百多人，「不但為了造船，而且為了裝備船上必須的一切」，他對此十分欽佩。一項細節使他吃驚：「有五十人一年到頭只幹挑選和清篩香料的工作」[252]。當然，如果我們能掌握總體數字，那必會更好。約翰・勞原來的祕書尚—法蘭索瓦・默隆（一七三五）[253]告訴我們說：「並非所有這些大企業都僱用八萬人」，似乎八萬人不是一個驚人的數字！實際的數字無疑會更高些：一七八八年前後，公司幾乎因人員冗多而難以為繼，根據我國駐阿姆斯特丹的領事奧爾特考普[254]認為，其職工總數達十五萬人。總之，一項廣泛展開的調查[255]得出了以下的結果：十七和十八世紀共有一百萬人乘坐東印度公司的船隻，平均每年為五千人。從這些數字出發，很難想像出荷蘭在亞洲的人數，但它肯定比葡萄牙十六世紀在亞洲的人數（總共約一萬人[256]）高得多；此外還應加上為葡萄牙人或荷蘭人充當輔助人員或僕役的大批當地土著。

據說荷蘭東印度公司的紅利很高，平均達百分之二十。根據薩瓦里的計算，一六〇五至一七二〇年間為百分之二十二[257]。但是有必要再深入一步進行研究。一六七〇年有大批財富隨船返回荷蘭，在打敗望加錫國王後，東印度公司為歡慶勝利進行了紅利「分配」，利率可高達百分之四十。股票牌價在交易所一下猛升到「百分之五十」，一百為一六〇二年荷蘭東印度公司創建時的股票平價。這次上漲幅度確實不小，因為蓬博納指出：「從我到這裡以後，股票牌價從沒有超過四百六十」。但根據這位向我們提供情況的人認為，「儘管有這次分紅和這些新的好處，如果把三十年來的股票價格和各次分紅平均算起來，股東們從他外的資金所得的利息約在百分之三和百分之四之間」[258]。為把這句模糊透頂的句子弄清楚，必須牢牢記住，紅利分配的依據並不是股票在交易所的市價，而是平價，即每股三千弗羅林。我有一張股票，該股票於一六七〇年價值一萬五千三百弗羅林，我按「老本」支取一張百分之四十的息票，一千二百弗羅林，息率相當於股票市價的百分之七點八四。股票的市價在一七二〇年為三萬六千，如仍仿照「老本」支取百分之四十的紅利，這一年的紅利僅相當於股票市價的百分之三點三三[259]。

這就意謂著：

（一）東印度公司失去了增資帶來的好處。為什麼不增資呢？我們得不到任何答覆。難道為了不擴大始終被撇在一邊的股東們的作用？這有一定的可能。

（二）一六七〇年前後，根據交易所的牌價，股本總額約在三千三百萬弗羅林左右。難道因為這筆資金本身，對放手大搞投機的荷蘭人來說顯得過份微薄，因而不必轉到在阿姆斯特丹廣泛展開的英國有價證券的投機方面來。

（三）最後，如果六百五十萬原有資金平均取得百分之二十的利潤，股東們每年就可收入一百多萬弗羅林。歷史學家和當時的觀察家異口同聲地告訴我們，分發紅利（有時用香料或用國家證券支付）對荷蘭東印度公司不是一個太重的負擔。然而，如果公司的利潤確如人們所說的那麼低下，這一百多萬弗羅林卻也為數不小。

癥結的確是在這裡。公司的利潤究竟有多少？問題似乎不好回答，不僅因為有關的研究還很不夠，一些資料已經散佚；不僅因為保存至今的帳本不符合目前結算規範，在資產和負債這兩方面都遺漏一些重要項目（如固定資金，出海航行的船隻、貨物和現金以及股東的資金等[260]），尤其因為會計制度本身不允許編製資產負債一覽表，因而也就不能確切算出真實的利潤。由於一些實際困難（距離很長，貨幣兌換困難等），公司帳目始終是處於結構性的兩極化狀態：按照格拉曼的說法，一方面有荷蘭商行的帳目，下屬六個部門，每年都作一總決算；另一方面又有巴達維亞政府的帳目，該政府接受遠東各商行的帳冊，並對海外活動作出年度決算。兩種分開的帳目的唯一聯繫，就是一方的債務可由另一方支付，但每一方並不知道對方的內部活動情況以及造成盈虧的真實原因。

十七世紀末任荷蘭東印度公司董事長的若昂·許德[261]完全意識到這個問題，因而著手全面修改會計制度。他的努力沒有取得成功。原因很多，其中包括不少實際困難。但可能還因為公司的董事們並不十分願意向公眾交出清楚的帳目。「十七董事」與股東之間確實從一開始就有衝突，股東們要求清理帳目，認為分紅

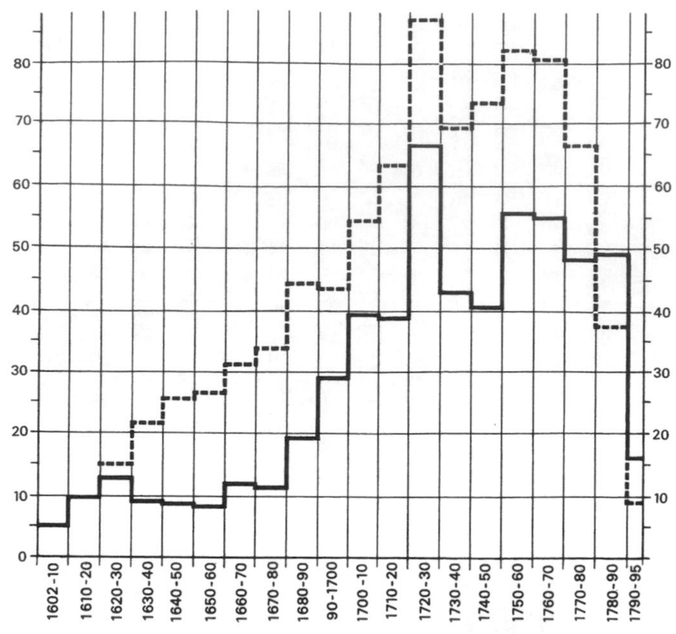

用於印度洋貿易的荷蘭船隻
(d'après F.S. Gaastra)

1641	56 艘
1651	60
1659	83
1670	107
1680	88
1700	66
1725	52
1750	43
1775	30
1794	?

表(22)　從帳目看荷蘭東印度公司的命運
一些荷蘭歷史學家（布律恩、肖弗爾、加斯特拉）已開始透過帳目研究 17 和 18 世紀荷蘭東印度公司的活動。從上面的圖表看來，1680 至 1690 年間，荷蘭東印度公司在遠東使用的船隻數量開始減少，表明印度洋貿易有所衰退。圖表用實線顯示荷蘭運往亞洲的貴金屬，用虛線顯示運返本土的貨物（按離岸時的價格計算，計算單位為百萬基特）。貿易不斷在擴展，但兩條曲線的比例關係暫時卻很難確定，因為從本土運出的貨物以及從印度洋貿易中所得的金屬貨幣均未涉及。

不足。英國東印度公司曾因這類要求而陷於困境（股東不願出錢支持亞洲的軍事行動，要求償還股金），荷蘭東印度公司則相反，始終能說一不二。股東們若要收回資金，除在交易所市場上賣掉股票外，沒有其他辦法。總之，荷蘭東印度公司董事會建立的帳目也許存心就要掩蓋公司許多方面的活動。

經過對歷年決算的研究，我們極其驚奇地看到，在商業經營最順利的一個世紀——十七世紀——所得利潤卻是十分微薄。本書作者歷來堅持認為，「遠程貿易」是商人興業發家歷史上的一個高級階段。這一認識有什麼錯的嗎？本書作者認為，遠程貿易能使少數幸運兒得以實現巨額利潤的積累。那麼，在沒有利潤或利潤不多的情況下，個人還能有興業發家的機會嗎？關於這兩個問題，我們隔一會再談。

如何解釋十八世紀的破產？

凡．德．歐德爾墨倫一七七一年根據今天已經散佚的資料對某些年分的帳冊進行了計算[262]，從而向我們提供了對這個問題最好的總結。一六一二至一六五四年中有二十二年實現的利潤總共為九百七十萬弗羅林，每年的平均利潤不高，略低於四十四點一萬弗羅林。東印度公司的收益竟比股東少三倍，這是可以想像的嗎？一六七四至一六九六年間的總利潤為一千九百萬，年平均利潤為八十二點六萬。一六九六年後，利潤開始下降，一七二四年前後竟降到零。隨後，公司不斷負債，但仍滿不在乎。公司不惜通過借債，向股東發放紅利；這是以破產相拚的窮途末路。到了一七八八年夏季，局勢越發變得不可收拾：「東印度公司以期票形式向國家借款一千五百萬弗羅林，過四、五年後償還，暫時度過難關。其實這無非使公司的債務從九千萬弗羅林提高到一億五百萬弗羅林而已」[263]。荷蘭東印度公司為什麼會遭遇如此嚴峻的財務災難？

解釋雖然可能不止一種，但唯有格拉曼提出的解釋[264]看來才合乎情理：印度洋貿易有所下降，或至少是從這一貿易中所得的利潤漸趨減少。確實，巴達維亞一端債台高築，「十七董事」暫時依靠「尼德蘭商行」

荷蘭人在中國人心目中的形象。東印度公司的瓷器，康熙年製。原由里斯本的埃斯佩里圖．桑托珍藏。

蒸蒸直上的商業收入（部份地受惠於物價上漲）彌補虧空，後來又聽任自己的債務逐漸增加。但「海島貿易」的減少應該怎樣解釋？十八世紀下半葉，貿易全面上升，荷蘭東印度公司處境的惡化不能僅僅歸罪於經濟形勢。格拉曼[265]認為，原因首先在於其他公司的競爭（特別是英國東印度公司），以及巴達維亞的負責人不理解交易和市場的急劇變化。「十七董事」苦口婆心想讓這些負責人懂得不經南洋群島轉口直接開展對華貿易的優越性，竟是白費唇舌。英國公司的競爭肯定因此得到很多方便[266]。

貿易衰退的原因還在於荷蘭東印度公司的商業代理人往往營私舞弊。與英國東印度公司不同，荷蘭公司不給其商業代理人自行從事印度洋貿易的權利。於是，荷屬東印度公司歷來存在的貪污受賄行為便氾濫成災。能否認為公司初期僱用的人員特別出色？雷納爾教士[267]在其名著《歐洲人在東西印度的貿易機構的哲學和政治史》（一七七〇）中指出，一六五〇年以前，從沒有人因欺詐枉法而發財致富，在這最初的幾十年裡，荷蘭人的克己奉公舉世無雙。這是可能的嗎？尚－巴蒂斯特．達維尼葉於一六四〇年就對此表示懷疑，人們至少知道一六二四年澤蘭駐福爾摩沙的要塞司令彼得．奈依斯的典型情況，這個蠢笨貪賄之徒竟坦然聲稱，他前來亞洲，並非甘心充當有財不發的傻瓜[268]。總之，到了十七世紀下半葉，奢侈和腐化已暢行無阻。官方文書指出了這一現象（一六五三，一六六四）[269]。勃拉姆在一六八七年的報告中有點吞吞吐吐。但他畢竟談到「公司的下屬人員行為不端」，並羞羞答答地指出「其他商人」的競爭，指出不可能阻止「個人對公司貿易的損害」，因為南洋群島沿海港口眾多，交通便利，「巨額利潤更使他們熱中各種可能的欺詐行為」[270]。

可見，這裡既有起因不明的經濟形勢的變化，也有遠在荷蘭千里之外的殖民地的社會變化，很可能還有殖民地社會與阿姆斯特丹寡頭統治之間的衝突。一方面是權高位重、坐享其成的食利者，另一方面是平民出身的、在殖民地生活的商業代理人，這些地位較低的人組成一個成份混雜和以四海為家的社會集團。阿姆斯特丹和巴達維亞在聯省共和國殖民布局中既是經濟的兩極，又是社會的兩極。朱瑟培．帕巴諾在其出色的簡論[271]中正確指出：二者不但隔絕，而且對立。抗命、走私、半獨立、騷亂在南洋群島不斷發生，那裡的荷蘭僑民當然過著闊綽的生活。巴達維亞高級住宅區的奢侈鋪張在十七世紀已很普遍，後來更逐年變本加厲。金錢、酒色征逐以及成群的僕役和奴隸，巴達維亞重演果亞那種紙醉金迷的奇特場景[272]。毫無疑問，在巴達維亞，荷蘭東印度公司的一部份虧空正悄悄地轉化成私人財富。

在鏈條的另外一端，黃金時代的荷蘭保持勤儉持家的社會風尚，但舞弊行為不也同樣存在嗎？關鍵是要知道誰購買從遠東運回的貨物和以什麼為條件。東印度公司出售貨物或者依據合同，或者在貨棧中拍賣，批量很大，買主通常為批發商辛迪加（syndicate）[273]。「十七董事」無權加入買主的行列，但買主往往屬於他們的社會集團或者他們的家族。儘管股東們竭力反對，與各商埠富商巨賈有著密切聯繫的商行董事長均不受以上禁令的影響。在此情況下，人們也就不會感到奇怪，公司在簽訂合同時，往往同時許諾停止售貨一、二年時間（保證買主能穩定地控制市場），或許諾向印度訂購一定數量的某種貨物。如果公司有某種產品供應，而阿姆斯特丹一大批發商擁有可觀的存貨，看似湊巧，沒有別的買主上門，最後便由批發商開出自己的條件，把公司供應的產品買下。值得人們深思的是，在與公司往來密切的客戶中，相同的批發商反覆出現。「十七董事」動輒訓斥股東，自己卻是大商人兼資本家的走卒，而且早在公司初期便是如此。巴布爾和格拉曼舉出了許多例子。這些商人（如大富商兼商行董事長寇納里斯．別克[274]）於十七世紀不論胡椒、香料、棉布和絲綢，統統都收購，而且同時在俄國、西班牙、瑞典和黎凡特地區進行貿易，這就證明他們並不單搞一項；到了下一個世紀，他們逐漸專門化，這就表明商業活動的現代化。儘管如此，這絲毫改變不了我們的問題；凡在商業壟斷開始獲利的地方，東印度公司的活動便告停止。

十七董事對股東們的這種巧取豪奪已為當時的人所洞察。一六二九年，澤蘭商行為反對剛簽訂的購貨合同，並抗議商行董事長加入買主辛迪加，拒絕把存放在米德爾堡的已售貨物交出。澤蘭代表在聯省議會斷然聲稱（但未獲勝訴），在這一政策中，股東的利益和公司的利益均未得到重視[275]。

以上種種與我前面談到的遠程貿易的「資本主義」效應不但不相矛盾，相反卻是殊途同歸。系統地查找這些大買主的姓名，就能開列出長期操縱荷蘭經濟的大亨名單。這些經濟大亨是否還是聯省共和國的真正主宰[276]，國家的有效決策人？這是可供調查的一個極好題材，雖然其結果事先已經知道。

有限的成就：尼德蘭在新大陸遭到失敗

尼德蘭在新大陸的失敗，在一定程度上，可以提供一種解釋。我曾一度想到，開發美洲必須先進行建設，而建設自然僅為西班牙、法國、英國等人口眾多、食品充裕和物產豐富的資源強國力所能及。荷蘭這種寄生植物在美洲的土地上不會繁殖得好。這種認識本來似乎還能言之成理；但是，聯省共和國的人群擁向遠東，葡萄牙在巴西的成功，都與這種認識背道而馳。荷蘭本來可以在美洲進行建設，但有一個條件，那就是它必須願意這麼做，並減少向東方移民。這也許是不可能實現的條件，荷蘭在巴西的挫折對它無疑是個教訓。

教訓來得很晚。如同伊麗莎白時代的英國人一樣，荷蘭人最初寧願從事劫掠，不肯為在空曠、敵對的異國定居而承擔各種費用。他們於一六〇四年洗劫了巴伊亞港，因此在巴西名聲很差[277]。比這早十年，即在一五九五年，他們肆意蹂躪與美洲種植園有著經濟聯繫的黑非洲沿海地區[278]。這些入侵行動，有的已經為我們所了解，有的則是絲毫未留下痕跡，都表明荷蘭開始對外擴張，並且胃口越來越大。

全部情形在一六二一年發生變化。一六〇九年與西班牙簽訂的十二年停戰協定未能續訂。西荷兩國戰端重開。一六二一年六月九日，新成立

船隻在出島停泊累月，荷蘭人枯坐無聊，便召請藝妓，借以消愁解悶。美酒自然不可缺少。日本格局的居室，地上鋪著榻榻米，但桌椅卻是西方式樣。

的西印度公司獲准開業[279]。新公司的任務是要打入西班牙和葡萄牙在新大陸的領地，自一五八〇年西葡兩國合併以來，它們的領地也連成一片。就在一六二一年，葡屬美洲是個防禦薄弱地區，荷蘭的攻擊矛頭相當合乎邏輯地指向那裡。瀕臨萬聖灣和背靠低窪平原的巴西首都聖薩爾瓦多於一六二四年被攻克，勝利者劫掠所得的金幣和銀幣，車載斗量，不計其數。但一六二五年三月二十八日，一支擁有七十篷帆的西班牙艦隊突然趕到，並在一個月後收復聖薩爾瓦多[280]。

五年過後，在盛產食糖的東北地區，一切又重新開始，荷蘭人在那裡佔領了兩個敵對但又互不可缺的鄰近城市：地勢低窪、面對海洋的累西腓是商人的城市，居高臨下的奧林達是「能工巧匠」的城市。消息迅速傳遍世界：在熱那亞，有人說勝利者不費一槍一彈便奪得「黃金百萬」[281]；這一細節也許並不可靠，因為葡萄牙人已把「庫存的全部食糖和染料木」[282]用一把火燒得乾乾淨淨。荷蘭人於一六三五年佔領北方的帕拉伊巴，從而支配「巴西最優良和最接近歐洲的六十法里海岸」[283]，但被佔領土還是十分有限。勝利者聽任地處內陸的葡屬巴西繼續存在；葡屬巴西依舊進退自如，保留其糖廠主、榨糖作坊和黑奴，並且在南部得到於一六二五年重獲自由的巴伊亞地區的支援。最糟糕的是巴西食糖往往逃脫荷蘭的監控，佔領者的大船不能在沿海淺水港灣停泊，而小噸位的葡萄牙船隻則往來自如，雖然它們在大洋海面或離歐洲海岸不遠處有時也會被人截獲。荷蘭佔領盛產食糖的巴西東北部產生了出人意外的結果，至此供貨充裕的巴西食糖竟不再成箱地運達阿姆斯特丹，糖價隨之上漲[284]。

我們在上文談到的戰爭[285]實際上使荷屬巴西處於持續的被圍狀態。一六三三年七月或九月，英國的兩名嘉布遣會（Capuchin）修士取道里斯本回國，他們在那裡等待便船，偶然遇到曾為荷蘭人效力的一名蘇格蘭士兵剛從巴西回來。後者對他們說：「他已整整八個月見不到肉，除了從荷蘭運來的淡水以外，再也沒有清水可喝[286]。」這話可能言過其實，但荷蘭人確實困難重重。他們所犯的錯誤是想不以生產為基礎，不實行真正的殖民征服，卻要建造一種商業上層建築。

一六三七年一月二十三日[287]，局面出現戲劇般的轉折，拿騷的毛里茨出任荷屬巴西總督，來到了累西腓，他將在該地停留七年。拿騷的毛里茨不愧是個傑出人物，他對當地的山川、平原、草木禽獸無不喜愛，並明智地試圖為移民定居創造條件。在他就職的第一年（一六三七），攻克了屢攻不下的聖喬治達米納要塞（一四八二年由葡萄牙人在幾內亞海岸建立），這並非事出偶然。第二年又從葡萄牙人手裡奪得緊貼安哥拉海岸的聖保羅·德羅安達島，隨後又拿下幾內亞海灣中的聖多美島，該島盛產食糖，且是向新大陸輸送奴隸的中繼站。這一切都合乎邏輯：沒有黑奴，荷屬巴西便不能存在；黑奴於是源源運來。但在此期間，葡萄牙起而反抗（一六四〇年十二月一日），掙脫西班牙的控制。和平的可能因此出現：葡萄牙和聯省共和國於一六四一年甚至簽訂了十年休戰協定[288]。

停戰並未在遠東實施。相對地，在美洲，局勢趨向緩和，西印度公司對能結束一場費用昂貴的戰爭極其滿意。拿騷的毛里茨不想就此罷兵，他把沒有作戰任務的武裝力量用來對付西班牙，調遣手下的五艘戰船前往太平洋。這些船在智利和祕魯的海岸肆意妄為，但因缺少後勤支援，不得不返回巴西；船隻到達時，正值拿騷的毛里茨打點行裝，準備應召回國，召回的命令大概是根據商人的要求而發出的。

荷蘭人從此以為他們能夠太平無事地開發巴西。繼拿騷的毛里茨之後的歷任總督，「經商的能手，拙劣的政治家」，只考慮發財致富和繁榮貿易，甚至向葡萄牙人出售武器和火藥，「因為他們開價極高」。於是，潛在的戰爭又繼續進行，這場在腹地（sertao[289]）支持下進行的消耗戰，終於在一六五四年把荷屬巴西拖垮。與此同時，葡萄牙人很快恢復了在非洲沿海所喪失的聖多美、聖保羅·德羅安達等大部份據點。荷蘭一六五七年對葡萄牙公開宣戰，使荷蘭西印度公司能放手向對手展開攻擊，摧毀和劫掠他們的船隻。但以戰養戰的原則這一次卻是行不通。一六五七年十二月，旅居巴黎的兩名荷蘭人，根據他們剛接到的一封荷蘭來信，對局勢作了很好的描述，他們說：「從葡萄牙奪得的戰利品僅值一百五十萬里佛，不夠抵銷我們所需支付的軍費約三百五十萬里佛[290]。」這是一場毫無出路的戰爭。和平慢慢實現，似乎是水到渠成。剛娶葡萄牙公主為妻的英格蘭新國王查理二世出面調停，和約於一六六一年八月十六日簽字。巴西仍屬葡萄牙所有，但是為換取這一協議，葡萄牙不得不對荷蘭商船開放其美洲殖民地的門戶，降低塞圖巴爾的鹽價[291]，並承認荷蘭在亞洲從葡萄牙手裡奪走的利益。葡萄牙此外還連續幾年通過交付食鹽，分期償還戰爭債務[292]。

荷蘭把戰爭失利歸罪於西印度公司的經營不善。印度公司共有二家，一好一壞。拉古爾（一六六二）寫道：「上帝作主，願東印度公司（好的一家）能及時從中吸取教訓[293]。」壞的一家印度公司於一六六七年由國家給予資金接濟，但始終未能振作起來。它從此滿足於在幾內亞海岸與蘇利南和古拉索之間從事貿易：古拉索於一六三四年被荷蘭佔領；蘇利南由英國一六六七年簽訂布雷達和約[294]出讓給荷蘭，作為對後者放棄新阿姆斯特丹（未來的紐約）的微薄報償。古拉索長期是黑奴買賣以及與西屬美洲進行走私交易的活躍中心，蘇利南的甘蔗種植園給荷蘭提供豐厚的收益，但也帶來重大的憂慮。西印度公司正是依靠這兩個據點苟延殘喘。它一度曾想把亞速群島據為己有[295]，並曾控制巴西一大塊土地，如今終於降格以求，允許私人運輸戶在交納償金之後，在公司自己所屬的領域內進行活動。

最後，是否應該僅僅歸罪於公司的經營不善？或者還應責怪公司的後方基地（澤蘭是西印度公司的後方基地，正如荷蘭是東印度公司的後方基地一樣）支持不力？再或者是因為公司野心太大，但又起步太晚？荷蘭的錯誤難道不正是認為他們在新大陸可以像在安汶、班達和爪哇那樣胡作非為，而新大陸則像這些人口稠密的地區那樣任人支配？荷蘭將與歐洲發生正面衝突，它的對手英國將協助葡萄牙進行抵抗，它也將碰上西班牙，而西班牙在美洲的地位比表面上看來要鞏固得多。一六九九年，一名居心叵測的法國人聲稱，聯省共和國的人已經「注意到西班牙人為在至今不為人知的陌生地區開展貿易和駐紮軍隊，不惜經受非凡的辛苦和付出巨大的代價；他們因而決定盡可能少做這種事情」[296]。總之，荷蘭人在他們所到之地，只求謀取利益，不願定居和發展當地經濟。我們至此是否應該認為（這就要回到我們原來的立場上來），荷蘭這個蕞爾小國一口吞不下印度洋、巴西森林以及非洲的一塊富庶地區？

領先地位與資本主義

阿姆斯特丹的經驗顯然證明，任何負有高級使命的中心城市幾乎以千篇一律的形式實現其領先地位。關於這個問題，我們沒有什麼可補充的了。我們這裡關心的是要根據一個特定的例子，在這種領先地位的範圍內，看一看處在現場的資本主義可能是什麼樣子。與其追求抽象的定義，我們寧願觀察具體的經驗。尤其，在阿姆斯特丹所觀察到的資本主義同時能為以前和後來的經驗作證。說實在的，這裡至少關係到兩個觀察場：

阿姆斯特丹究竟發生了什麼事？什麼是阿姆斯特丹的商業方法和商業實踐？經濟世界的這個中心怎樣與程度不同地受它控制的各個地區相聯繫？

第一個問題很簡單：阿姆斯特丹發生的事並不使我們感到意外。第二個問題則不同，其目的是要複製由阿姆斯特丹居高臨下地控制著的經濟世界的整體結構。這個整體結構並不始終一眼便可看出，因為其中包含著大量的特殊事例。

在阿姆斯特丹，貨棧興旺，一切全都興旺

在阿姆斯特丹，一切無不集中，無不堆積：海輪如同桶裝鯡魚擠在港內，駁船在運河上往返穿梭，商人在交易所齊聚，貨物不停地從倉庫搬出搬進。據十七世紀的一名見證人說，船隊「才剛靠岸，裝載的全部貨物已由商人在交易所第一次會面時通過經紀人買下，船隻在四、五天內卸貨完畢之後，立即開始準備從事新的航行」[297]。如此迅速地買下全部貨物，肯定不能做到。但是倉庫確能全部吞進，然後再全部吐出。市場上的物質、器材、商品以及種種可能的服務，數量眾多，應有盡有。一項指令發出，機器立即轉動。阿姆斯特丹的優勢就在這裡：有充足的存貨可供出售，有大批貨幣在不斷流通。當他們爬到相當的地位後，荷蘭的商人和政界人物都意識到即使在日常的活動中，他們也支配著巨大的力量。王牌在握，他們就能為所欲為，不管正當與否。

當時有人曾經（一六九九）寫道：「自從對阿姆斯特丹有更深的了解後，我把它比喻作一個交易會，商人們帶著貨物從四面八方來到這裡，相信在交易會

1700 年前後的鹿特丹銀行及一台卸貨吊車。興克製作的版畫。

國家	船隻總數	荷蘭船
普魯士	591	581
俄羅斯	203	203
瑞典	55	35
丹麥	23	15
北德意志	17	13
挪威	80	80
義大利	23	23
葡萄牙	30	30
西班牙	74	72
黎凡特地區	14	14
柏柏地區	12	12
法國	273	273
美洲殖民地（美國不在內）	109	109

荷蘭人在 1786 年仍是歐洲的「運貨人」，據法國駐阿姆斯特丹領事的統計，1786 年共有 1504 艘船到達阿姆斯特丹。所有這些船隻幾乎都屬於荷蘭。見勃呂格門《阿姆斯特丹歷史》，第 4 卷，第 260-261 頁。

上能找到銷路。正如參加交易會的商人通常不使用自己出售的貨物一樣，從歐洲各地收購貨物的荷蘭商人也只把他們認為絕對必要的商品留下自己使用，並把認為多餘的，也是最昂貴的商品賣給其他國家[298]。」

把阿姆斯特丹比作一個交易會，這並不稀奇，但這麼一比，阿姆斯特丹的作用便基本得到澄清：匯集、儲存、出售和倒賣全世界的貨物。威尼斯曾經推行過這種政策；照圭哈爾迪尼的說法，一五六七年前後的安特衛普已是「一個常設的交易會」[299]。阿姆斯特丹的倉儲能力在當時無疑使人覺得龐大無比，不可設想，其吸引力有時導致某些簡直不合邏輯的過境貿易。直到一七二一年[300]，查理·金在《大不列顛商人》[301]中對英國向法國出售的貨物交荷蘭船裝運，在阿姆斯特丹卸港，再經謬斯河或萊茵河送往目的地，仍感到大惑不解！這些貨物為此需要納付荷蘭的出入境稅，萊茵河或謬斯河的通行稅，以及法國邊界的關稅。「如果我們直接到盧昂卸貨，並只付該市的入市稅，貨物運往香檳區、梅斯及萊茵河或謬斯河地區的費用不是會便宜些嗎？」」查理．金是個英國人，他以為貨物進入法國在付過一次關稅後便萬事大吉[302]，這顯然是搞錯了。但是，從阿姆斯特丹轉口顯然使流通渠道拉長，並使事情變得複雜。到了十八世紀，當阿姆斯特丹不再有同樣的吸引力和轉移力時，直接貿易終於勝過轉口貿易。

直接貿易在一六六九年尚未成為規律，據我們所知，蓬博納、維特和范．伯寧根[303]在那年曾交換過意見，范．伯寧根的話比維特說得更加直截了當。范．伯寧根對蓬博納說，如果法國拒絕接受我們的製成品，我們就不可能繼續購買法國的貨物。雖說啤酒的地位已被葡萄酒所代替，讓荷蘭消費者忘記法國葡萄酒的味道是件極其容易的事：只要提高消費稅就夠了（限制消費的一項極端手段）。范．伯寧根又補充說，如果荷蘭人決定「厲行節儉和取締奢侈」，不再用昂貴的法國絲綢，他將繼續向外國輸送「他們在本國禁止使用的東西」。用明白的話來說，法國的葡萄酒、燒酒和高級織物仍將進入聯省共和國的市場，條件是只供出口；人們將把國內消費的龍頭關上，而商品儲存和轉口貿易不受限制。

倉儲貨物是荷蘭戰略的中心。一六六五年，有人在阿姆斯特丹堅持主張把已經多次討論過的關於從北邊發現一條印度通道的計畫付諸實施。東印度公司竭力予以阻撓。至於其理由，一名知情人解釋說，計畫一旦成功，行程將縮短六個月。公司在派出的船隊返回前，便不再有時間把每年堆放在倉庫裡的一千萬弗羅林存貨推銷出去[304]。市場上供貨充裕將使存貨降價。這項計畫終於自動擱淺，但以上的擔心可以說明一種心理狀態，甚至一個經濟時代。

大量倉儲貨物反映著當時商品流通的緩慢和不規律，倉儲也是商人用以解決種種實際問題的方法，幾乎所有問題的產生都由於到貨和發貨的時斷時續，信息和指令不確實或被耽誤。商人如果留有庫存，就能在某個市場開放時立即作出反應。各種資料表明，阿姆斯特丹操縱著歐洲的的物價；之所以如此，恰恰因為阿姆斯特丹依靠其充足的存貨，可隨意調節商品的銷售。

這一倉儲系統逐漸轉化成為壟斷。如果荷蘭人「實際上是世界的『運貨人』、貿易的中間人和歐洲的經紀人」[305]（笛福語，一七二八），這並非如同勒波蒂埃·德·拉海斯特羅瓦所說[306]，因為「世界各國願意接受」，而是因為它們無力阻止。荷蘭的倉儲系統建立在互相依存的各種貿易關係的基礎上，而所有這些貿易關係又構成各種商品一系列幾乎必經的流通渠道和分銷渠道。為保持這個倉儲系統，必須經常注意和努力排擠各種競爭，並使整個荷蘭經濟服從這個基本目標。一六六九至一六七〇年間，一些荷蘭人在與蓬博納談到「其他各國企圖使歐洲貿易的任務不再由他們（荷蘭人）單獨承擔」[307]時，正確地指出，「凡不再要他們經手這項貿易的人」，完全能夠使他們「喪失在世界各地包辦商品交換和貨物運輸所產生的重大效益」，但不能替代他們扮演這一角色和把利益據為己有[308]。

作為商品的集散地，荷蘭的這種畸形發達的職能之所以可能，僅僅因為它指導、改造乃至改變（或許應該說塑造）其他的商業職能。默隆的《政治隨筆》（一七三五）在談到銀行時曾指出這一點，他的認識雖然並不十分清晰，但無疑具有深遠的意義。他說：「辦得好的銀行不用付款」，也就是說，不發行銀行券[309]。阿姆斯特丹銀行及其仿照的範例威尼斯銀行[310]都符合這個理想。一切都「記在帳上」。存戶通過轉帳結清，使用一種所謂「銀行貨幣」：與通用貨幣相比，這種虛構的貨幣在阿姆斯特丹和在威尼斯分別享有百分之五和百分之二十的貼水。交代了這些概念過後，默隆就阿姆斯特丹與倫敦作了對照。他解釋說：「阿姆斯特丹銀行不得不記在帳上，因為阿姆斯特丹接受的貨物很多，而消費很少。從海上運來的貨物大部份轉送倉庫。倫敦消費本國自產的食品，倫敦的銀行必須支付可予兌現的證券[311]。」應該承認，這段文字寫得不很清楚，但它就荷英兩國進行了對照，前者倉儲貨物，開展過境貿易，後者則隨著商品流通的擴大，廣泛地面對國內的消費網和生產網，不斷需要動用現金[312]。阿姆斯特丹沒有貨幣發行銀行，不必每天為貴金屬儲備操心，原因其實正是它並不需要。根據倉儲的要求，必須利用迅速簡便手段，結清如潮水般擁來的大批應付款項，而不受現金暫時短缺的影響，亦即通過「劃帳」途徑使大部份收支互相抵銷。從這個角度看，阿姆斯特丹的銀行系統與包括最現代化的熱那亞交易會在內的各種歸類型交易會本質相同，只是因從不間斷而更加靈活迅速。據「銀行記帳員」的一份報告說，一七七二年危機前，像霍普公司這樣的商行在正常時期每天都有「六十至八十筆銀行走帳」分別記在借方或貸方項下[313]。一名可信的見證人聲稱一七六六年前後，經阿姆斯特丹銀行劃帳的金額「每天達一千萬至一千二百萬弗羅林之多」[314]。

在另一方面，阿姆斯特丹銀行不是信貸工具，因為存戶不得透支，違者罰款[315]。信貸對任何商埠都不可缺少，對阿姆斯特丹更生命攸關，因為阿姆斯特丹所購買和倉儲的大量貨物應在幾個月後轉銷別處，還因為荷蘭商人對付外國商人的武器正是金錢，通過眾多的貸款為購貨和售貨提供較多的方便。

荷蘭人其實是整個歐洲的信貸商人，這也正是他們繁榮興旺的最大祕密。阿姆斯特丹的商行和大商人通過許多渠道（從最穩妥的貿易到肆無忌憚的投機）提供大量低利率信貸，人們很難完全弄清楚其中的迂迴曲折。但低利率信貸在當時所謂「委託貿易」和「期票貿易」中的作用是清楚的，這兩項貿易在阿姆斯特丹分別以名目繁多的各種形式而出現。

委託貿易

「委託貿易」與個人貿易或所謂「自主貿易」恰好相反，這是為別人的利益經營商業。

在嚴格的意義上，委託（commission）是指「一名商人為從事商業而發給另一名商人的指令。發指令者為委託人，受指令者則為代理人。委託可分代購、經銷、銀行委託（代辦取款、收款、付款、交款等業務）和倉儲委託（代辦接貨和發貨的業務）等形式」。因此，「出售、購貨、造船、檢修、裝備、拆卸、投保以及受保均可實行委託」[316]。所有商業活動都通過委託辦理，委託的情形也可有多種多樣。委託人和代理人有時甚至並肩行動；例如，一名批發商到某城市的手工工廠直接採購（假定他在里昂或圖爾選中一批絲綢），他拉著經銷商與他一起配貨，經銷商給他指導，同他一起討論價格。委託貿易自古即已存在，不是荷蘭的發明，但它很早和很長時間內曾是荷蘭的首要商業活動[317]。也可以說，委託貿易的各種形式在荷蘭早已存在：平等的和不平等的，附屬的和相互獨立的。一名商人可以是另一名商人的代理人，同時又可以是他的委託人。

但在阿姆斯特丹，不平等正逐漸成為規律。有以下兩種情形出現；或者荷蘭批發商在國外正式委託代理人，後者執行他的指令，甚至為他充當掮客（在利佛諾、塞維爾、南特、波爾多等地便是這種情形）；或者阿姆斯特丹批發商扮演代理人的角色，借助信貸把要求他協助購買或出售貨物的商人置於自己的控制之

貨幣兌換商。荷蘭版畫，1708 年。

下。荷蘭商人天天給予「委託他們購買（貨物乃至有價證券）的外國商人一筆信貸，供付款之用，這筆款子只是在發貨後兩三個月才能收回，因而購貨人實際上得到四個月的信貸」[318]。對於發售貨物，這種控制更加明顯：當一名商人把一批貨物發給荷蘭的代理人，要他以某種價格售出時，代理人可給商人預付四分之一、二分之一乃至四分之三的貨款[319]（與支付小麥訂金和羊毛訂金的老辦法頗相似）。這筆預付款按一定利率計息，由出售貨物的商人負擔。

阿姆斯特丹的代理人就這樣為其客戶提供商業資金。一七八三年的一份文件提供了很好的證明[320]，該文件涉及西里西亞的一種被稱作「普拉梯依」（platilles）的麻布（麻布原來的產地為紹萊（Cholet）和波威（Beauvais），西里西亞後來從事仿造，用波蘭的優質亞麻製造價格更加低廉的產品，從此再無競爭對手）。「普拉梯依」麻布向西班牙、葡萄牙和美洲出口，中轉商埠主要是漢堡和阿爾托納（Altona）。「也有大量麻布運抵阿姆斯特丹。製造商在本地或鄰近商埠不能把貨物全部銷出時，便把貨物發往阿姆斯特丹，因為他們在那裡很容易取得相當貨物價值四分之三的貸款，只需支付微薄的利息，以便等待有利的出售機會。這種機會還相當多，因為在荷蘭的殖民地，特別在庫拉索（Curaçao），普遍使用這種麻布。」

在信貸配合下的委託貿易促使大批貨物——不論是麻布或別的商品——擁向阿姆斯特丹，貨物必定馴服地追隨信貸指定的方向。到了十八世紀下半葉，由於阿姆斯特丹的倉儲能力有所衰退，委託貿易大受損失；舉個假想的例子，在波爾多購買的貨物從此可以直接運往聖彼得堡，不必在阿姆斯特丹停留，儘管貿易所需的資金由阿姆斯特丹提供（沒有資金，什麼生意也做不成，或至少很難做成）委託貿易的衰退使得尼德蘭的另一個活動「部門」日益變得重要，即完全屬於金融業務範圍的所謂「期票」貿易；在阿卡里亞斯・德・塞里翁的時代，人們普遍地說期票貿易屬於「銀行」業務的範圍[321]，當時「銀行」一詞指的是一般的信貸。阿姆斯特丹仍舊是「出納倉庫」[322]，荷蘭人則是「全歐的銀行家」[323]。

這一種演變其實也很正常。查理．金特爾伯吉[324]對此作了很好的說明。他寫道：「某個水陸碼頭很難保住作為商品流通樞紐的壟斷地位。除風險和資金等因素外，這種壟斷建立在有關商品供求的信息十分靈通的基礎上。但商品信息傳播十分迅速，中心市場的貿易因而被生產者和消費者之間的直接買賣所代替。德文郡的嗶嘰和里茲的普通呢絨不再需要經阿姆斯特丹轉口，而可直接運往葡萄牙、西班牙或德意志。荷蘭的資金仍很充裕，但貿易有所衰退，並逐漸從為商品交換提供金融服務轉變為在國外開展銀行和投資服務」，一個巨大的信貸金融市場的利益畢竟比從事貨物買賣的貿易市場更加持久。我們已經十分清楚地看到，熱那亞在十五世紀實現了從商品到銀行的這一過渡。倫敦將在十九和二十世紀完成這一過渡。「期票」貿易在阿姆斯特丹的興旺正好說明，銀行的霸業最為持久。

承兌期票的緣由

薩瓦里．德布呂斯龍解釋說：「所謂承兌期票，就是在期票下方署名，承認自己是有關借款的主要債務人，並以自己的名義保證按期償還[325]。」如償還日期由期票簽發人確定，承兌人僅作副署；如償還日期並未確定，承兌人除副署外還應填上日期，所填的日期確定今後的償還期限。

這裡並沒有任何新鮮的東西：期票貿易中涉及的無數匯票很早就是在歐洲到處流通的信貸工具，這些匯票現在如積雲般聚集在荷蘭的上空，這當然並非出於偶然。匯票確實仍在「所有商業票據中居首位，是最重要的票據」，相比之下，不記名本票、記名本票和貨值本票只發生次要的和地區性的作用。會在歐洲的所有商埠，「匯票作為現金在商業中流通，並且始終比現金多一層好處，也就是說，藉由向別人轉讓[326]或是背書而扣除貼現率[327]。」轉讓、背書、貼現、發匯以及展期[328]使匯票在商埠之間，在商人之間，在委託人和代理人之間，在商人、客戶、貼現銀行（荷蘭不用escompteur一詞，而用discompteur，該詞在法國也曾通行，並且為薩瓦里．臺布呂斯龍所採納）乃至在商人與其開戶銀行之間不知疲倦地旅行。因此，為了真正抓住問題，必須像試圖弄懂荷蘭體系的當時人那樣，以驚奇而欽佩的眼光，看到問題的整體。

由於消費過程緩慢，不能在一天之內完成，由於商品的生產和運輸相當緩慢，甚至商務指令和匯票遞送也很緩慢，由於廣大客戶和消費者只能慢慢從自己的財產中抽出為購買商品所需的現金，批發商因而必須通過簽發期票，實行賒銷和賒購，直到用現金、商品或另一種票證償還為止。義大利商人在十五世紀已用背書和反簽匯票等方式試行這個辦法，在十七世紀更在利「連鎖契約」（pacte de ricorsa[329]）的範圍內予以推廣，並因此引起了激烈的神學爭論。但這些初期的進展與十八世紀的票證氾濫絲毫不能相比：票證竟達流通中的「實在」貨幣的四倍，五倍，十倍乃至十五倍。氾濫成災的票據有時反映商人的殷實家產和慣常做法，有時則是反映了我們所說的利「通融票據」（荷蘭人稱之為Wisselruiterij）[330]。

合法也罷，不合法也罷，這些票據必定向阿姆斯特丹集中，然後再分散，重新集中，反覆循環，就像血液隨著心臟的搏動，貫穿整個歐洲的商業系統。順應這一潮流的商人往往從中得到不可替代的方便。一七六六年前後，從「義大利和皮德蒙」躉批生絲，然後倒買給法國和英國製造商的批發商，很難能使用荷蘭的信貸。他們從義大利「第一手」購買的生絲必定用現金結清，當他們向製造商交貨時，卻「按一般慣例」，不得不同意賒帳，「為期二年左右」，以便製造商把原料轉化為成品，供銷售之用[331]。由於等待的時間很長，匯票往往需多次展期。這些批發商因而成為歐洲眾多的「流動」商人的一部份，他們「簽發匯票，由他們的客戶（當然是荷蘭人）承兌，他們依靠承兌客戶的幫助，能就地取得資金，第一批匯票到期時，他們又簽發新的匯票或讓客戶簽發匯票[332]。」匯票一簽再簽使債務不斷增加，時間長了，這種信貸方式便相當昂貴，但對收益特別豐厚的這一「貿易部門」來講，倒也還能夠承受。

荷蘭的貿易和信貸活動依靠無數匯票的眾多交叉運動而得以展開，但僅僅使用票證，機器仍不能轉動。

必須不時備有現金，供波羅的海貿易和遠東貿易之用，同時也為了裝滿荷蘭商人和貼現銀行的錢櫃，貼現銀行的工作就是把票據換成現金，或把現金轉為票據。荷蘭的貿易支付幾乎始終處於順差地位，現金並不短缺。據說，英國於一七二三年運往荷蘭的現金達五百六十六萬六千英鎊，其中金銀各佔一半[333]。逐日運達的現金有時數量驚人。那不勒斯駐海牙領事一七八一年三月九日寫道：「從德意志和法國轉到荷蘭來的貨款數量之多，令人咋舌。其中從德意志運來的金幣達一百多萬[334]，改鑄為荷蘭的達克特；從法國運交阿姆斯特丹幾家商行的金路易達十萬[335]。」他又補充說：「匯票的理由是匯率目前對荷蘭十分有利」，其說話的口吻似乎是為我們的政治經濟學教科書提供所謂「最佳點標準」[336]的例子。在天天從事觀察的人的眼裡，阿姆斯特丹的現金總額一般比票證少一些。但在商業運動中一旦出現偶然故障，現金很快便冒了出來。一七七四年十二月末[337]，一七七三年的危機已告結束，但其陰影尚未掃除，就在那時候，傳來英屬美洲出現新動亂的消息，阿姆斯特丹的市面於是十分蕭條，「現金空前膨脹，當匯票被某些商行接受時，貼現率為百分之二，甚至百分之一，這就證明商業的死氣沉沉」。唯有資本的大量積累才使通融票據的風險投機成為可能，才使人們在某項商業活動顯得有利可圖時，能夠自動地、方便地使用通融票據；除了荷蘭經濟的繁榮和優勢外，這種票據沒有任何保障可言。瓦西里．列昂捷夫最近就美國今天製造的大量美元和歐洲美元所說的話，我以為，可適用於十八世紀的以上情形：「事實是，在資本主義世界裡，國家乃至有瞻識的企業家和銀行家都使用或濫用鑄造貨幣的特權。美國政府尤其如此，它長期讓不可兌換的美元充斥其他國家。它之所以能夠這麼做，根本原因是它有足夠的信用，並且有充足的實力[338]。」阿卡里亞斯．德．塞里翁曾以自己的方式說過類似的話：「阿姆斯特丹的十名或十二名頭等批發商聚會研究一項銀行業務（信貸業務），他們當場能夠讓二億多弗羅林的紙幣在全歐流通，並且比現金更受歡迎。沒有一國的君主能辦到同樣的事……這種信貸使十名或十二名批發商能夠放手地在歐洲各國施加影響[339]。」由此可見，今天的跨國公司過去早有不祧之祖。

舉債之風盛行，資金使用不當

荷蘭的繁榮造成了資金過剩，這使荷蘭反而陷於困境；向歐洲各地的商人提供信貸，仍不足以吸收全部過剩資金，荷蘭於是也向各近代國家放債，近代國家恰好擅長耗費資金，雖然未必能如期償還。在十六世紀的歐洲，到處都有閑置資金難以找到出路，即使有出路，條件也很苛刻，王公們不用開口要求，只須稍加示意，熱那亞、日內瓦和阿姆斯特丹的富翁就把錢送上門來，懇請他們收下。一七七四年春經濟不景氣剛結束不久，阿姆斯特丹敞開放貸的大門：「荷蘭人今天給予外國人種種借款方便，幾位德意志王公為此決定接受他們的美意。梅克倫堡—施特雷利茨親王剛派來一名經紀人，商討一筆五十萬弗羅林的借款，息率為百分之五」[340]與此同時，丹麥王室又成功地獲得了為數二百萬的一筆借款，從而使王室欠荷蘭的債務達到一千二百萬。

金融業的這種突飛猛進究竟是正常的演變，或者像某些喜好道德說教的歷史學家所講的那樣，是一種畸形發展？早在十六世紀下半葉，資金過剩的熱那亞曾走過同一條道路，專一向天主教國王放款的「舊貴族」逐漸脫離了積極的商業性活動[341]。阿姆斯特丹竟然重蹈覆轍，拋開「倉儲貿易」的實際利益，追求食息取利的空幻希望，甚至以其資金推動倫敦的繁榮，使倫敦在競爭中穩操勝券。事情雖說如此，但阿姆斯特丹確實別無選擇。十六世紀末富有的義大利也別無選擇。當時不可能阻止北方的崛起，甚至連一絲一毫的可能也沒有。不管是正常演變或畸形發展，金融業的蓬勃高漲似乎預示著成熟階段的到來，這是秋季即將來臨的信號。

無論在熱那亞或在阿姆斯特丹，利率過低表明，通過正常渠道，資金在當地將得不到使用。阿姆斯特丹因銀根過鬆，借貸利率便像一六〇〇年前後的熱那亞一樣，下降到百分之三，甚至百分之二[342]。十九世紀初棉紡織業急劇發展後的英國也是同樣情況：銀根過鬆，甚至在棉紡織業也賺不了太多的錢。英國於是只能向冶金工業和鐵路交通進行巨額投資[343]。荷蘭的資本沒有這樣的機遇，因而每當借款利率高於當地利率時，資金便向外流，有時流向很遠的地方。後來倫敦的情況則並不完全如此；二十世紀初，經過神奇般的產業革命以後，倫敦再次因資金過剩而在當地使用不完。如同阿姆斯特丹一樣，倫敦把資金送往國外，但它出借資金卻往往採用向國外出售英國工業品的形式，從而反過來又促進了國內的經濟發展和生產。這後一方面與阿姆斯特丹毫無共同之處，因為阿姆斯特丹只有商業資本主義，卻沒有蓬勃發展的工業。

雖然如此，對外放貸的業務開展得還是相當興旺。荷蘭從十七世紀起就已從事這項業務[344]。到了十八世紀，特別在阿姆斯特丹開放對英貸款的市場後（最遲從一七一〇年起），借貸這個「行業」大大擴展。在十八世紀六十年代，各國紛紛向荷蘭借款，其中包括神聖羅馬帝國皇帝，薩克森選侯，巴伐利亞選侯，再三舉債的丹麥國王、瑞典國王，俄國的凱薩琳二世，法蘭西國王，甚至漢堡市（當時還是荷蘭強勁的競爭對手），最後還有正在進行獨立戰爭的美國起義軍。

籌集債款的過程就是人們熟知的老一套：商行同意以債券形式[345]把借款投放市場，債券在交易所標價後即開始徵集認購者，認睛債券原則上公開進行。因為，如果借款有可靠擔保，有時徵集尚未宣佈，債券幾乎已被認購一空。利率相當低，勉強比通用的同業拆息高百分之一至百分之二。百分之五已被認為很高。但在多數情況下，借款必須提供擔保，如土地、公共收入、首飾、珍珠、寶石等。一七六四年[346]，薩克森選侯把「價值九百萬的寶石」交阿姆斯特丹存放；一七六九年[347]，凱薩琳二世交來了皇室的傳家鑽石。其他抵押有汞、銅等大量庫存商品。此外，主持借款的商行有「溢價」可得，這對它幾乎是一種額外收入。一七八四年三月，「獨立的美洲」商談借款二百萬弗羅林，債券順利地被認購完畢。一位從「第一手」打聽到這個消息的靈通人士說：「現在要看國會是否批准背著它付出的額外佣金[348]。」

一般說來，發起借款的私人商行（錢莊）親自把款項交付借款人，並保證負責分配將來領到的利息（這一切均收取佣金）。隨後，「錢莊」與幾名專業人員分片承包，各自負責推銷一定數量的債券。這就需要動用相當數量的儲蓄。債券終於進入交易所，開始我們在談到英國時描述的種種交易活動[349]。把債券從平價抬高幾個百分點，簡直易如反掌。只要大張旗鼓地宣傳一番就夠了，有時只要假意宣佈債券認購已告結束。耍弄這類花招的人當然利用這次漲價，拋售他們買進的或留在自己手裡的債券。同樣，在因政治危機或戰爭可能導致債券跌價時，他們也最早把債券賣出。

這些交易極其頻繁，因而出現了一系列特殊的術語：「錢莊」的人被稱作「借貸商人」、「借貸經紀人」和「證券掮客」；一般的跑街和商業經紀人則是「承辦人」，正是他們向個人兜售「債券」，並從事「討價還價」。人們也稱他們為證券商人。不讓他們參與其事，那簡直就是瘋狂行為，他們會讓計畫徹底破產。以上術語是我從凱薩琳二世派駐阿姆斯特丹的領事奧爾特考普那裡得來的。我們從他的來往信件中看到，王公們每年都因財政窘迫，派遣他們的代理人到處借債，卻並不每次如願以償。奧爾特考普於一七七〇年四月寫道：「瑞典向霍爾內卡．霍蓋公司的借款目前正在談判中，為數據說達五百萬，先借一百萬。第一筆款一百萬已經借到，其中至少有一半已撥到布拉那特，甚至有消息說，這是用耶穌會的錢兌付的[350]。」至於尚待商談的債款，人們普遍認為，「籌集資金將遇到許多困難」。奧爾特考普當時正根據俄國政府的指令，親自在向霍普公司、安德烈．費爾斯父子公司和克利福特父子公司借款，並已「取得聯繫」，這些公司是「該市主要的批發商」[351]。困難在於聖彼得堡「不是一個重要的匯兌市場，不能利用每個郵班簽發和轉發匯票」。最好的辦法是在阿姆斯特丹就地付款，將來通過向荷蘭出口銅，供還本付息之用。一七六三年三月[352]，薩克森選侯要求借款一百六十萬弗羅林，應萊比錫商人的願望，款項用「市價很高的荷蘭達克特」支付。

法國政府較晚才在阿姆斯特丹市場要求借款，這些借款對法國政府和對荷蘭債權人都是災難：一七八八年八月二十六日法國停止償還債款，使債權人驚得目瞪口呆。奧爾特考普寫道：「消息傳到，如五雷轟頂，給所有外國債務談判帶來猛烈而可怕的衝擊，許多公司很可能因此垮台。」債券一下猛跌百分之六十至百分之二十[353]。規模巨大的霍普公司對英國債券投資很多，卻絕妙地對法國債款始終保持距離。究竟這是事出偶然，或者經過深思熟慮？總之，它不必因此感到後悔。在一七八九年，人們將會看到公司首腦對阿姆斯特丹交易所的「影響無出其右，在他到場以前，交易行市尚不能確定」[354]。「巴達維亞革命」期間，他將為英國向荷蘭提供援助從中牽線[355]。一七八九年，他甚至阻撓法國政府在比利時採購糧食[356]。

離開阿姆斯特丹，從另一個角度觀察

我們且離開遼闊商業網的中心，離開阿姆斯特丹這個居高臨下的控制塔。現在的問題是要看整個商業網（依我之見，這是上層建築）怎樣與下層的經濟基礎相結合。我們所關心的正是這一連串的交接、焊接和搭接，因為它們揭示出一種主導經濟怎樣能在利用各次等經濟的同時，不用親自承擔效益最小的任務和生產，並且往往不用直接監視市場的次等環節。

在不同的地區，根據主導經濟實行統治的性質和效能，有著不同的解決方案。我想以下四組例子足以顯示這些不同：波羅的海諸國，法國，英國，南洋群島。

波羅的海沿岸

波羅的海地區的情形十分複雜，因而我們選定的範例不可能涵蓋全部地區。內地的一些山區、林區或布滿湖泊和泥炭地的沼澤與外地沒有常態的交通聯繫。

這些荒涼區域的出現，首先是因為人口極其稀少。例如從達爾河流（Dalaïven valley）域開始的瑞典的諾蘭（Norrland）是一片廣袤的林區，西邊與挪威邊境的荒山禿嶺相鄰，東邊則與波羅的海沿岸的一塊狹長條耕作區相接。水流湍急的江河從西向東穿越其境，河道每年在解凍後，利用放排，可運輸為數可觀的樹幹，其情景至今依舊。諾蘭的面積佔瑞典領土一半以上[357]，但在中世紀末，居民不過六、七萬人。這塊處於原始狀態的土地只在可被開發的狹小範圍內，主要由斯德哥爾摩商會進行了開發；總的來說，屬於真正的邊緣地區。達爾河谷歷來被認為是一條鴻溝。瑞典的一句古諺說：「河流以北，不再能見到礫樹、螯蝦和貴族」[358]，我們還可以說，再也見不到小麥。

諾蘭的例子遠非獨一無二；我們還能想到芬蘭的許多地區（那裡樹木叢生，湖泊密布）以及立陶宛和波蘭內地許多自然條件十分惡劣的地區。但是，無論如何，到處都有一些經濟活動在這基礎水平上發展起來：內陸地區的整個經濟活動表現為創造剩餘產品的鄉村生活；在沿海地區，經濟活動始終十分活躍，令人驚奇的是有時幾個村莊從事近海運輸；城市經濟的崛起更多地依靠武力，很少以和解的方式實現；最後，民族經濟已逐漸形成和開始活躍：丹麥、瑞典、莫斯科公國、波蘭及自布蘭登堡選侯即位（一六四〇）後不懈地進行深入變革的普魯士。正是這些規模實體，正是這些民族經濟，將陸續扮演政治主角，並在波羅的海地區互相爭奪。

這塊地域擁有在十七和十八世紀可能存在的各種經濟形態，可供我們進行觀察，從一家一戶的個體經濟到城市經濟和民族經濟[359]，應有盡有。一個經濟世界在大海幫助下終於打入其間，覆蓋整個這塊地域。這個經濟世界居高臨下地包圍、限制、約束乃至帶動下層的各種經濟，因為統治者和被統治者之間的根本不平等不能沒有一定的相互服務為補充：我剝削你，但我有時也幫助你。

為了確定我們的觀點，我們不妨簡單地說，雖然擅長航海的諾曼人、漢撒同盟、荷蘭和英國先後在波羅的海地區實現過這種形式的經濟控制，但他們都沒有建立經濟基礎，而沒有現成的基礎，高層的經濟控制就會落空。我曾說過，威尼斯一度曾控制了亞得里亞海經濟，但沒有創造這種經濟[360]；這話講的是同一個意思。

我們這裡將主要以瑞典為例：瑞典的民族經濟正在形成，形成的時間既早又晚。之所以說早，因為瑞典的政治地域在十一世紀就以烏普沙拉以及馬拉倫湖沿岸為起點逐漸形成，隨著與西哥特蘭和東哥特蘭的合併，重心逐漸向南轉移。但瑞典的經濟十分落後；呂貝克人從十三世紀初即在斯德哥爾摩經商，直到十五世紀末，他們仍很活躍[361]；斯德哥爾摩瀕臨波羅的海，扼守馬拉倫湖（其面積約等於利曼湖的二倍）出口的咽喉，只是在一五二三年沃薩王朝建立後，該城才完全取得成功，從此無抗衡的對手。可見，如同其他民族經濟一樣，瑞典的經濟地域是在先已形成的政治地域範圍內慢慢形成的。但這種緩慢在瑞典也有相當明顯的特殊理由。

首先是交通困難，乃至與世隔絕（瑞典的康莊大道建於十八世紀後）[362]，四十萬平方公里以上的寬廣土地，又經過長年征伐，兼併了一系列領地（芬蘭、利伏尼亞、波美拉尼亞、梅克倫堡以及不萊梅和費爾登主教領地）。直到一六六〇年左右，整個國土的面積（包括瑞典在內）擴展到九十萬平方公里。瑞典分別於一七二〇（與丹麥訂立斯德哥爾摩和約）和一七二一年（與俄國訂立尼斯泰茲和約）喪失部份版圖，但芬蘭這一大塊殖民地仍長期歸於瑞典所有[363]，直到一八〇九年被俄國亞力山卓一世兼併為止。如果加上瑞典試圖用其領地包圍起來的波羅的海水域（四十萬平方公里），全部面積超過一百萬平方公里。

瑞典的另一弱點是人口不足，一百二十萬瑞典人，五十萬芬蘭人，一百萬其他各國的臣民[364]，分布在波羅的海以及北海沿岸。克洛德．諾爾特曼[365]正確地指出，路易十四統治下的法國臣民共二千萬人，而瑞典控制下的人口則是不超過三百萬，二者恰成鮮明對照。因此，如果不付出無限的努力為代價，瑞典的「強盛」[366]便絕無可能。早已實行的官僚集權制本身要靠昂貴的開支維持，因此瑞典建立的稅收制度超出了常理允許的限度，正是依靠這一稅收制度，古斯塔夫．阿道夫及其繼承人才得以推行窮兵黷武的政策。

最後的也是最嚴酷的一項劣勢，作為運輸要道的波羅的海水域不在瑞典的控制之下。直到奧格斯堡同盟國戰爭（一六八九—一六九七）時為止，瑞典的商船力量十分薄弱：船隻數量雖然很多，但噸位極小，只是一些沒有甲板的小船從事近海運輸。誕生於十七世紀的瑞典海軍甚至在一六七九年建立卡斯克羅納基地後[367]仍不能與丹麥艦隊抗衡，後來也不能與俄國艦隊較量。海上交通最初實際上為漢撒同盟所壟斷，十六世紀後，又由荷蘭所壟斷。一五九七年，波羅的海當時已完全被納入荷蘭的交換網內，駛往波羅的海的荷蘭船隻幾乎達二千艘之多[368]。雖然瑞典從開拓疆土中得到很多好處，並通過控制北德意志水陸要道而收取關稅，但它不能不受阿姆斯特丹資本主義的操縱。在十五世紀，斯德哥爾摩作為對外貿易的中心，幾乎

在荷蘭的幫助下，瑞典的軍火工業逐漸發展，並成為歐洲重要工業基地之一。這裡是尤利塔布魯埃克冶煉廠。

把所有貨物都運往漢撒同盟，特別是運往呂貝克[369]；後來，商品又向阿姆斯特丹出口。依附關係已經確立：即使瑞典人也完全明白，如果藉機脫離荷蘭，那就等於放棄利潤豐厚的波羅的海貿易和給本國一記重拳。因此，他們雖然對苛刻的主人懷有敵意，卻不願接受法國或英國的幫助，擺脫自身的束縛。瑞典當局於一六五九年警告英國人[370]，他們不應把荷蘭人逐出波羅的海，除非他們能取而代之！

直到十七世紀七十年代，當英國在波羅的海的擴張努力日趨明朗時，荷蘭仍排斥一切競爭。荷蘭商人不滿足於在阿姆斯特丹遙控瑞典的商業。許多荷蘭商人，而且是大商人，如德·吉爾、特里普、克隆斯特朗、布洛馬埃爾、卡比爾喬、韋威斯台、烏斯林克、斯皮林克[371]，紛紛在瑞典定居，有的加入瑞典國籍，取得貴族證書，從而具有完全的行動自由。

荷蘭商人向瑞典經濟深入滲透，甚至打進生產部門，使用廉價的農民勞動力。阿姆斯特丹控制著瑞典北部的林業產品（木料、厚木板、薄木板、船用桅桿、柏油、焦油、樹脂）以及離首都和馬拉倫湖不遠的貝爾斯拉格礦區的全部活動；礦區面積達一萬五千平方公里，礦產包括金、銀、鉛、鋅、銅和鐵。後兩種礦產在瑞典生產中佔決定地位，銅礦生產於一六七〇年左右因法隆礦枯竭而停止，鐵礦生產隨即發展起來，對英國出口的鐵錠和鐵板逐漸在增加。在貝爾斯拉格四周，一些高爐、鍛鐵爐、火炮和砲彈製造廠紛紛拔地而起[372]。冶金業的發達顯然有助於瑞典的政治強盛，但對它的經濟獨立並無好處，因為採礦部門在十七世紀附屬於阿姆斯特丹，正如在前幾個世紀曾附屬於呂貝克一樣。德·吉爾和特里普的樣板企業並不像人們所說的那麼新穎。列日地區操瓦隆語的工人（「鐵業大王」路易·德·吉爾是列日人）把磚砌高爐引進到貝爾斯拉格；但德意志工人早已用木料和泥土在當地建造了很高的高爐[373]。

瑞典在一七二〇至一七二一年間只剩下芬蘭一塊領地，它竭力朝西發展，以彌補在波羅的海方面所受的挫折。就在那時，一六一八年建於卡提加特海峽的哥特堡，作為瑞典開向西方的窗戶，蒸蒸日上地發展起來。瑞典的商船隊逐漸成長壯大，船隻的數量和噸位都有所增加（一七二三年為二百二十八艘，三年後，即一七二六年，增至四百八十艘），商船開始駛出波羅的海；一七三二年，第一艘芬蘭船從奧博出發，抵達西班牙[374]；比這早一年，即一七三一年六月十四日[375]，瑞典印度公司獲國王恩准開業。設在哥特堡的這家公司將經歷相當長時間的繁榮（紅利高達百分之四十，甚至百分之百）瑞典利用西歐諸國的海上糾紛，採取中立立場，藉機得利。瑞典往往應它國的請求，用中立國旗號掩護下的船隻開展有利可圖的活動[376]。

瑞典海運業的這種擴展在某種意義上是一次解放。瑞典從此可直接取得西歐的鹽、葡萄酒和紡織品，以及殖民地產品，不再需要中間環節。由於它注定要通過出口貨物和提供勞務來彌補貿易支付的不平衡，瑞典力圖準備一筆現金積餘，以便解決里克斯銀行（初建於一六五七年，重建於一六六八年[377]）的鈔票流通受阻的問題。瑞典為此一心一意地推行重商主義政策，發奮創立工業，但其結果卻有好有壞：造船工業相當成功，高級絲織毛織工業則很差勁。瑞典終究離不開阿姆斯特丹的金融流通渠道，欣欣向榮的瑞典印度公司接納了許多外國人參加，特別是英國人，他們不僅提供資金，而且提供船員和分行業務負責人[378]。由此可見，擺脫國際經濟的控制殊非易事，國際經濟總會找出壓倒對方的手段和方法。

斯汶．埃里克．阿斯特隆不久前的一份報告[379]等於帶我們去作一次芬蘭旅行，這次旅行的好處是把我們領到拉普斯特朗和維堡的市集，接觸交換的最低極限。維堡是個矗立在芬蘭灣沿岸的南方要塞，我們在這裡可見到農民的貿易，也就是米克維茨、尼特馬和索恩所說的「朋友交往」（「sobberei」一詞來自「sober」，在愛沙尼亞和利伏尼亞有「朋友」的意思），或芬蘭歷史學家所說的「賓客相待」（「majmiseri」來自芬蘭語的「majanies」，意思是「客人」）。這些詞事前向我們指出，這是一種脫離常規的交換類型，它向我們重新提出卡爾．波拉尼及其門生曾經思考過、但尚未得到完滿解答的那些問題[380]。

與挪威或瑞典相比，芬蘭離西方更遠，西方去那裡也更不容易。芬蘭主要提供林業加工產品出口，首先是柏油。維堡的柏油貿易納入一個三角體系：作為生產者的農民；希望農民能用現金納稅的國家；唯一能向農民供給一點現金的商人，即使他們隨後通過必要的物物交換（用鹽換柏油）又把現金收回。商人、農民和國家之間像在玩一種三人遊戲，總督則充當中間人和裁判。

維堡的商人，這個小城市中的「資產者」，都是德意志人。按照慣例，當農民作為供貨人和顧客進城時，商人把他留在家裡，同時照管他的食宿和其他開支。結果不難預料，農民必定欠債，債務便端端正正地記在維堡德意志商人的帳冊上[381]。但這些商人不過是代理人而已，採購的指令和所付的貨款都來自斯德哥爾摩，而斯德哥爾摩又接受阿姆斯特丹的指令和信貸。由於柏油是項很大的買賣（每年砍伐一百萬至一百五十萬株樹[382]，由於從事木材乾餾的農民經常光顧市集，能在附近的小海港打聽到食鹽的價格（鹽價至關重要），由於他們又是自由農民，他們得以逐漸擺脫那種「賓客相待」（majmiseri）的聯繫，柏油公司於一六四八年在斯

1781 年瑞典的鑄鐵廠（彼爾．希萊斯特龍作畫，斯德哥爾摩國家博物館》。勞力眾多，技術相當落後（手持鐵錘打鐵）。但在當時，瑞典的鐵無端井質量和數量方面都居歐洲之首，並且向英國大批出口。

德哥爾摩成立，密切關注並實際上操縱柏油和食鹽的價格。最後，農民還受經濟形勢變化的影響。例如，由於黑麥價格上漲比柏油更快，人們在十八世紀末大事砍伐，改森林為耕地。處在經濟基層的芬蘭農民雖有一定的迴旋餘地，卻並不是自己的主人。

為什麼會有這種相對的自由呢？阿斯特隆對這個問題比我們了解得更清楚，他認為這種相對自由是因農民參加芬蘭大公國的議會而得到保障的，正如斯德哥爾摩議會那樣，芬蘭議會包括一個第四等級，即越，而且比漢撒同盟的任何其他城市更善於保存其作為商站的寶貴權利。當地的少數城市貴族堪稱富豪[385]。「資產者擁有在市內收購來自波蘭的小麥和其他貨物的特許權利，外國人不得與波蘭開展貿易，也不得把他們的貨物經該市轉運波蘭；他們收購或出售貨物，必須與資產者打交道」。我們再一次對薩瓦里．德布呂斯龍的言簡意賅表示欽佩[386]。他只用三言兩語，就把格但斯克的壟斷解釋得一清二楚：這座城市如果不是廣大的波蘭以及外部世界之間的唯一出入口[387]，至少也是重要的門戶。這個特點導致城市在外部受阿姆斯特丹的極大束縛：格但斯克的價格絕對隨著荷蘭商埠的價格上落[388]；阿姆斯特丹以極大的關注維護維斯杜拉河口的城市的自由，因為這也是為了維護自己的利益。同時還因為格但斯克的根本問題上作了讓步：十六和十七世紀期間，荷蘭的競爭結束了格但斯克向西開展的航海活動，但作為報償，促成了格但斯克短暫的工業成長[389]。

格但斯克與阿姆斯特丹的關係同斯德哥爾摩與阿姆斯特丹的關係沒有根本的差別。不同的倒是為格但斯克充當後盾的波蘭的情形。波蘭與基於同樣原因為里加作後盾的那個地區的情形極為相似[390]，就在里加控制下的那個地區，農民再次淪為農奴。在芬蘭和在瑞典則相反，農民始終是自由的。確實，瑞典在中世紀沒有經歷過封建制。成批出口的商品小麥大力促成封建制的建立和復辟，而礦業活動或林業活動則很可能便於製造某種自由氣氛。

無論如何，波蘭的農民陷入了農奴制的羅網。奇怪的是，格但斯克寧願找市郊的自由農民或小莊園主進行貿易，而很少找較難操縱的大貴族；但格但斯克商人也通過支付小麥和黑麥預購訂金，或者用西方的奢侈品換取農產品，終究也把大貴族置於自己的控制之下。相對而言，商業主動權基本上掌握在商人的手裡[391]。

這裡也許值得對這些國內貿易作更深入的研究，我們要知道究竟是別人登門找貨主，或者是貨主親自前往格但斯克；要搞清貨主和格但斯克之間的中間人的確切作用；要了解誰是維斯杜拉河上的船隊主人或組織者，誰控制著托倫的轉運貨倉（小麥逐年在那裡翻晒儲存，就像在格但斯克的多層穀倉一樣）；誰掌握格但斯克的卸貨駁船（這些駁船因吃水較淺，能在連接城市和維斯杜拉河的運河中往返）。一七五二年，共有一千二百八十八艘大小船隻（波蘭的和普魯士的）抵達維斯杜拉河下游，到港的遠洋海船則超過一千艘。這一切使市內二百家批發商忙得不可開交，他們每天都在格但斯克熱鬧的交易所裡會面[392]。

由此可以清楚她看到，自私自利的格但斯克怎樣剝削、出賣和隨意擺布波蘭這個國家。

法國與荷蘭的一場並非勢均力敵的較量

在十七世紀，幾乎可以說，法國被置於小小的聯省共和國的控制之下。在從法蘭德斯到貝萊納的大西洋沿岸各港口，荷蘭船隻來訪的次數成倍增加，駕駛這些船隻的船員不多（七至八人），不斷裝運葡萄酒、燒酒、鹽、水果和其他容易變質的食品[393]，甚至還有布料和小麥。在這些港口，特別在波爾多和南特，都有一些荷蘭商人或其代理人定居。他們表面上只是些小人物（事實上，往往也是如此），居民（我說的不是當地商人）對他們似乎不懷敵意。然而，他們逐漸發財，等到積聚了一筆可觀的資金後，便動身回國。他們幾年如一日地參與商埠、港口和鄰近市集的經濟生活。例如，我曾指出，一些荷蘭商人在南特四周以支付訂金的方式，收購羅亞爾河流域生產的原汁葡萄酒[394]。當地商人雖然妒火中燒，煩躁不安，卻也無從抗拒和消除這種競爭：運往英吉利海峽和大西洋沿岸各港口的貨物往往是容易腐爛變質的食品，因而過往船隻頻繁是荷蘭商人的主要王牌之一。如果法國船想把葡萄酒和其他土產食品直接運往阿姆斯特丹，就會遇到種種困難和阻撓[395]。

面對法國採取的許多報復措施，荷蘭也不乏對抗手段。首先是不買法國的產品。荷蘭只要向其他供貨人接洽就夠了；為此，葡萄牙和西班牙以及亞速群島和馬德拉島的葡萄酒，還有加泰隆尼亞的燒酒，一時大受歡迎。荷蘭醃製的鹹魚歷來愛用新鎮和布羅阿日的食鹽，不用塞圖巴爾或加地斯味道過鹹的鹽，但荷蘭人後來學會把本國沿海的海水同伊比利的鹽混合，以沖淡這種鹽的鹹味[396]。法國製造的奢侈品在國外極其風行。但是奢侈品並非不可取代，而總是可以模仿，可以在荷蘭製造質量幾乎相同的產品。蓬博納作為路易十四派駐海牙的代表，一六六九年在與維特的一次會見中，頗感不快地看到，省督大人所戴的那頂海狸皮帽竟是荷蘭產品，而在幾年以前，所有這類帽子都來自法國[397]。

問題在於這不是一場勢均力敵的較量，即使最聰明的法國人對此也並不都能懂得。荷蘭在同法國的對抗中擁有自己的商業網和信貸手段，能夠隨意改變政策。所以，儘管法國堅持努力，暴跳如雷，儘管它想了各種對策，卻並不比瑞典更能拋開荷蘭中間商。路易十四、柯

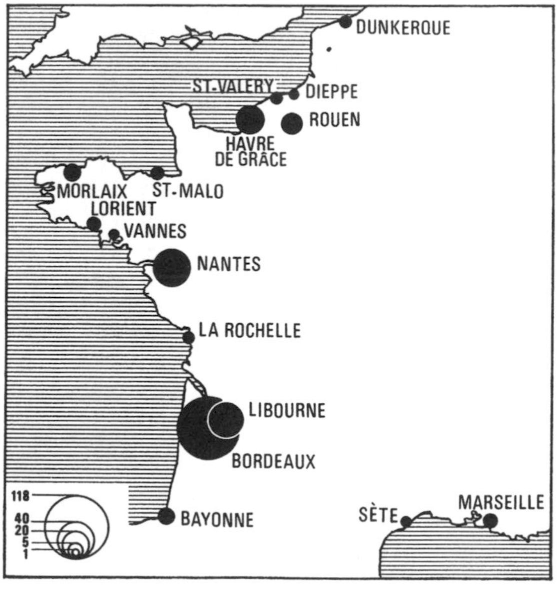

表(23)　從法國各港口駛抵阿姆斯特丹外港德克塞的船隻數量（1774）

這些船隻幾乎全都是荷蘭船，活躍在北海、英吉利海峽和大西洋的法國沿岸。相反，朝地中海的法國港口方面的活動十分有限。

爾貝爾及其繼承人都不能砸碎伽鎖。荷蘭人先後在奈梅亨（一六七八）和賴斯韋克（一六九七）的談判中讓法國撤銷了以往對其貿易所加的限制。博雷加德伯爵（一七一一年二月十五日）寫道：「我國在賴斯韋克的全權代表忘記了柯爾貝爾大人的重要準則，竟然認為可以同意取消每噸收五十蘇的稅款[398]。」這是多麼荒唐的錯誤，然而，這一錯誤竟在烏特勒支（一七一三）重演。就在曠日持久的西班牙王位戰爭期間，由於法國政府大批發放通行證，由於許多船隻用中立國旗號作偽裝，由於法國人樂於通融，由於陸路走私貿易在法國邊境沿線漸增，荷蘭從不缺少法國的產品，這對荷蘭自然正中下懷。

賴斯韋克和約簽訂後不久，法國的一份長篇報告歷數荷蘭玩弄的用心昭然若揭的種種花招，以及法國所採取的無數對策；法國的對策想要同時遵守和避開路易十四政府已訂協議的各項條款，但始終抓不住狡猾的對手，「荷蘭人的精明在一定的意義上是粗中有細，他們只是在事關切身利害的情況下才動心」[399]。這種「切身利害」，也就是要讓法國市場充斥荷蘭生產或者分銷的貨物。只有動武才使他們有所收斂，但戰爭又不是想打就能打得起來。關閉王國的港口和邊界，阻礙荷蘭的捕魚作業，擾亂阿姆斯特丹商人的「私人貿易」（與荷蘭公司在美洲、非洲和東印度進行的「公共貿易」相對而言），起草這些美妙的計畫自然不難，實現計畫卻很不容易。因為法國沒有大商人，「我們所能見到的大商人，多數不過是外國的經銷人或代理人」[400]，也就是說，荷蘭批發商是他們的真正後台。法國的金路易（Louis d'or）和白銀似乎湊巧都紛紛流往荷蘭[401]。最後，我們沒有足夠的船隻。上次戰爭期間，法國的劫掠行徑使它「擄獲適於遠程貿易的眾多商船，但由於缺少出資辦貨的商人和從事航行的船員，我們在和約簽訂後又讓英國人和荷蘭人把船贖了回去」[402]。

即使早在柯爾貝爾時代，情況也是如此。當法國北方公司成立時（一六六九），「總監以及彼埃爾和尼古拉．弗洛蒙兄弟雖然努力爭取，盧昂人仍拒絕參加公司……波爾多人十分勉強，迫於無奈才加入了公司」。難道因為「同荷蘭人相比，他們覺得自己的船隻和資金還不夠充足嗎」[403]？或者因為他們已作為中間

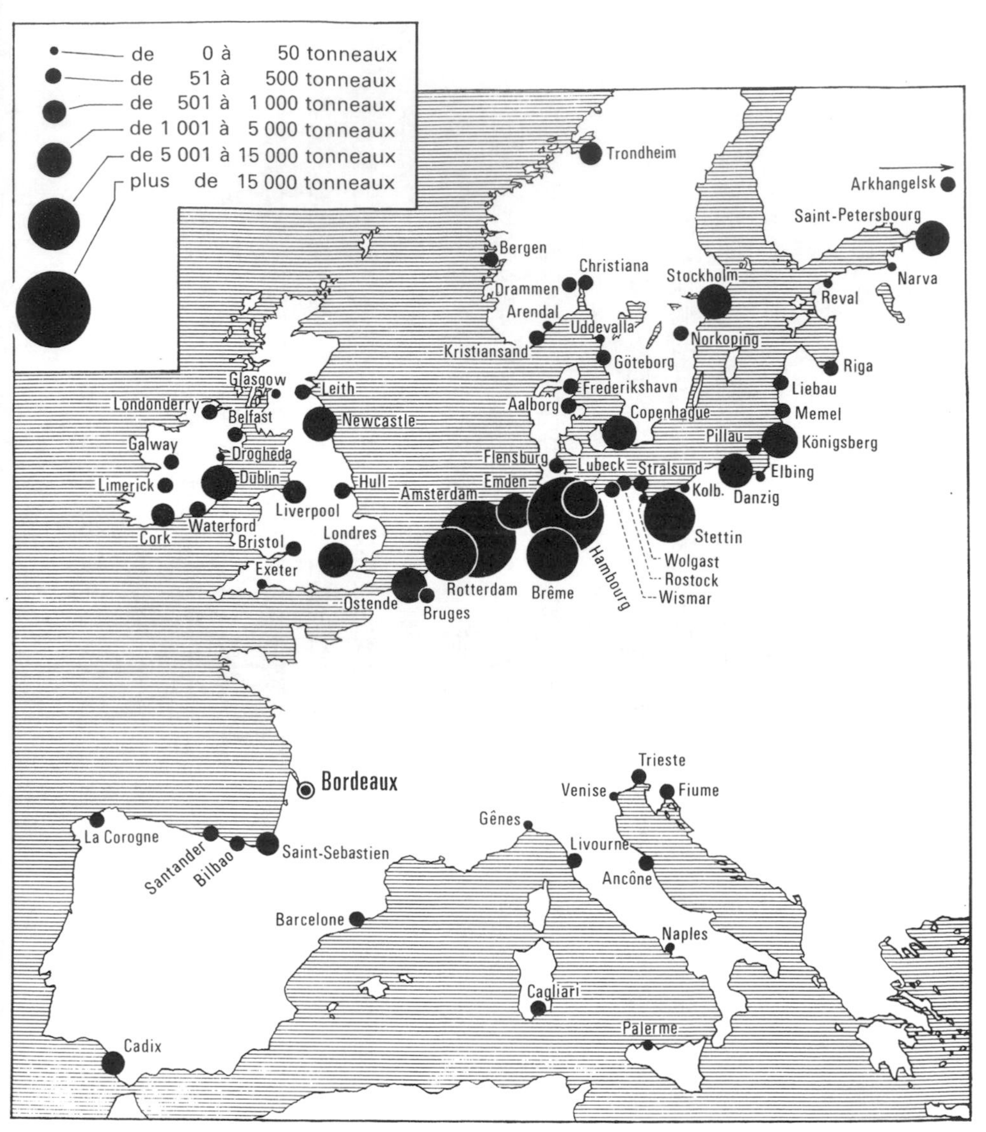

表(24) 波爾多同歐洲各港口的聯繫

1780 至 1791 年間波爾多每年平均出航船隻的總噸數。在這一航運量中，北歐顯然佔壓倒多數，商船以懸掛荷蘭旗號者居多（據法國領事德利隆庫爾的統計，1786 年從法國開往阿姆斯特丹的 273 艘船全都掛荷蘭旗）。所運貨物主要是葡萄酒、糖、咖啡、靛青。返程則裝載木材和糧食。（摘自保羅布代爾《波爾多在歐洲和殖民地的貿易圈》。）

人加入了阿姆斯特丹的商業網？總之，根據一七〇〇年前後撰寫長篇報告的勒波蒂埃·德·拉海斯特羅瓦[404]所說，一些法國商人當時為荷蘭批發商充當中間人。與馬蒂約·德·聖尚神父於一六四六年敘述的情形相比[405]，這已是一大進步。荷蘭人當時在法國商埠也充當中間人；看來他們至少部份地把這些職位讓給當地商人。我們已經說過[406]，必須等到十八世紀二十年代，法國商業資本主義才開始掙脫外國控制，並出現一批能與國際經濟平起平坐的法國批發商。但我們不要過份性急：據一位見證人說，十八世紀末，在商業十分繁榮的波爾多，「眾所周知，三分之二以上的貿易都在荷蘭的控制之下」。

英國和荷蘭

英國對荷蘭的侵蝕很早作出了反應。克倫威爾一六五一年頒布的《航運法案》，於一六六〇年為查理二世確認。英國曾四次投入到反對聯省共和國的激烈戰爭（一六五二—一六五四、一六六五—一六六七、一六七二—一六七四、一七八二—一七八三）中去。荷蘭每次都只招架，不還手。與此同時，英國在精明的關稅政策保護下，國民生產日益繁榮興旺。這無疑證明，英國經濟的發展比法國更加均衡，不易受到外力的損害，荷蘭人更加需要英國產品，他們對英國人歷來相當遷就，英國港口是荷蘭船隻遇到惡劣氣候時最好的掩蔽所。

但我們也不要以為英國逃脫了荷蘭的控制。查理·威爾遜[407]指出，任何一名肯用心計的荷蘭人都有許多辦法對付《航運法案》。布雷達和約（一六六七）已使法案的執行有所緩和。法案禁止任何外國船隻把並非本國生產的商品運往英國，但在一六六七年，經萊茵河運輸的或在萊比錫和法蘭克福收購的商品，一旦裝進阿姆斯特丹倉庫以後，便可被稱作「荷蘭」貨，其中包括德意志的細麻布，條件是必須在哈勒姆漂白。尤其，荷蘭各大商行在倫敦設有分行：凡奈克（Van Necks）、凡諾吞（Van Nottes）、納夫維爾（de Neufvilles）、克利福特（Cliffords）、巴林（Barings）、霍普（Hopes）、凡賴內普（Van Lenneps）等等[408]。因此，大海兩岸常有往來，維繫友情，互通聲氣，甚至互贈禮品，幾頭鬱金香或風信子的球莖，幾桶萊茵河的葡萄酒，幾隻火腿，一點荷蘭的刺柏子酒……某些英國商行甚至用尼德蘭語書寫信件。

正是通過這些渠道、途徑和聯繫，荷蘭商人在英國的進出口貿易中扮演了中間人的角色，這種狀況至少維持到一七〇〇年，也可能一直到一七三〇年為止。運進英國的貨物有俄國和波羅的海地區的毛皮、皮革、柏油和琥珀，在荷蘭漂白的德意志細麻布（十八世紀講究穿著的倫敦青年要求用這種麻布做襯衣，而他們的父輩則用比較土氣的英國麻布縫製襯衣，只是領飾以及袖飾才使用德國麻布）[409]。至於出口，英國東印度公司拍賣的大部份殖民地產品均由荷蘭人得標；荷蘭商人還購買許多煙葉、食糖，間或買些小麥和錫；呢絨收購量之大「令人難以置信」，笛福於一七二八年指出，每年達二百萬英鎊以上[410]。上述貨物分別在鹿特丹和阿姆斯特丹存放，然後轉運各國，主要運往德意志地區[411]。英國因而也長期是荷蘭倉儲貿易的一個組成部份。英國的一篇雜文（一六八九）甚至抨擊說：「我國的所有商人都正在變成荷蘭的代理人[412]。」

如果就此問題作一番過細的研究，肯定就會發現許多卓有成效的聯繫，特別是由信貸和預購訂金建立的聯繫，它們使尼德蘭的商業體系在英國能長期欣欣向榮，因而英國人（法國人也如此）往往驚奇地發現，他們的產品在阿姆斯特丹的售價竟比本國還低。

尼德蘭的商業活動在經過五十年（一六八〇—一七三〇）的發達興旺以後[413]，從一七三〇年起，開始在歐洲衰落。不過一直到十八世紀下半葉，尼德蘭商人才抱怨「不再參與真正的貿易活動，而只是充當海上運輸和發送貨物的一般經紀人」[414]。說得更清楚些，情況已顛倒了過來。英國從此已擺脫了外國的監護，隨時準備奪取世界的權杖。

尤其，荷蘭的商業衰退幫助了英國取得它在十七世紀深感缺少的東西：國家發放大筆公債的可能。荷蘭

1782 年的荷蘭資本		
據荷蘭省督凡·德·斯皮格爾的估計，資本共達十億弗羅林，投資項目（單位為百萬弗羅林）分列如下：		
向外國貸款	335，	其中英國 280 法國 25 其他國家 30
殖民地貸款	140	
國內貸款 （供給各省、各公司和造船工廠）	425	
匯兌貿易	50	
黃金、白銀、珠寶	50	
見德弗里斯：《尼德蘭歷史》1927 年版。		

歷來拒絕把資金借給英國政府，認為後者提供的保證是不可接受的。但在十七世紀的最後十年，設在倫敦的國會接受了以特定的稅收基金為國家公債還本付息提供保證的原則。從此，荷蘭人才逐漸地慷慨解囊。英國的抵押債款投資相當簡便，利息豐厚（比荷蘭息率高），在阿姆斯特丹交易所是引人注目的投資對象；所有這些重要條件，他們在法國統統找不到。

正因如此，荷蘭大商人的剩餘資金紛紛流往英國。整個十八世紀期間，他們大量認購英國公債，還就印度公司、南海公司或英格蘭銀行的股票和其他英國有價證券進行投機。倫敦的荷蘭僑民的數量和富有均屬空前。他們在奧斯定兄弟教堂聚會，就像巴勒摩的熱那亞人以聖喬治教堂為中心一樣。除了新教徒（其中很多是最初流亡到阿姆斯特丹的胡格諾派教徒），商人中還有猶太教徒，他們構成另一個僑民團體，雖然實力不如新教徒；二者如果合在一起，人們簡直會覺得，英國已被荷蘭所侵佔[415]。

這也恰恰正是英國人的感覺，威爾遜[416]甚至認為，英國人「厭惡」公債的一個原因正是覺得國債已受外國的控制。其實，荷蘭資金的源源流入給英國信貸輸送了活力。正如品托所說，英國的財富雖不如法國，但其信用卻更「可靠」，因英國始終能得到必要的貸款，不但及時，而且充足。這是一個極大的有利條件！

出乎荷蘭意外的是一七八二至一七八三年間，英國竟以兵戎相見，把它打翻在地。這結局難道是不可預見的嗎？十八世紀的荷蘭實際上聽任由英國的民族市場所征服；荷蘭大商人在倫敦的社會環境中生活更舒適，賺錢更多，甚至還能享受在節儉的阿姆斯特丹得不到的娛樂。在荷蘭的牌局中，英國看來是張很奇特的牌，一張能打贏的牌，後來突然又變成打輸的牌。

離開歐洲，來到南洋群島

利用荷蘭最初幾次遠航南洋群島的機會，我們能否試圖觀察到某種完全不同的東西？一種統治過程從無到有的誕生以及這種統治的迅速加重。

荷蘭對亞洲的早期滲透顯然經歷三個階段（歐洲任何一國對亞洲的滲透無疑也是如此）。莫爾朗[417]很久以前（一九二三）就作了以下的區分：商船可比作一家流動百貨店或者是加重了份量的一挑貨郎擔；商行或者商站像是在某地區或在某商埠設立的租界；最後為領土佔領。澳門屬於第二類，巴達維亞則意味著對爪哇的殖民征服已經開始：至於「流動百貨店」，我們在十七世紀初期可舉的例子多不勝數。

例如，一五九九至一六〇一年[418]，保羅・凡卡埃頓受布拉班特新公司（*voorkompanie*）[419]的派遣，率船四艘前往東印度，返回時僅剩二艘。一六〇〇年八月六日，船隊首次在萬丹靠岸。因港內停泊的荷蘭船隻太多，也就是貨少主顧多，凡卡埃頓的二艘船改道前往帕薩芒（Passamans），據說在這個小港口胡椒供貨極其充足。但貨主出售時慣於作弊，航行條件又很惡劣。經過一番猶豫，這兩艘船決定前往蘇門答臘西端的亞齊，並於一六〇〇年十一月二十一日抵達。算來已有多少時間白白過去！他們從德克塞島來到萬丹共花了七個半月，接著又花三個半月才抵達他們心目中的理想港口。旅行者其實正是自投羅網：狡詐的亞齊國王在向他們索取一千本洋以後，便虛言搪塞，遷延時日。為了爭取主動，荷蘭人躲在自己的船上，又扣住滯留港內的商船九艘，其中三艘恰巧裝載著胡椒；處事謹慎的勝利者接著對這些船「妥善看管」。談判繼續進行，直到一六〇一年一月二十一日至二十二日晚間，荷蘭人迫於無奈，離開了不懷好意的亞齊港；臨走前，他們燒燬被他們俘獲的二艘船，以示薄懲。就這樣，在這小蟲蛀食木質船身的危險的赤道海域，他們又耽擱了近二個月時間。除了返回萬丹之外，他們沒有別的出路；經過七個星期的航行後，他們於三月十五日到達萬丹。那裡倒是沒有任何困難．萬丹像是南洋群島的威尼斯。同時到達的一些荷蘭船故意抬價，但貨物仍照常裝船，四月二十二日，兩艘船終於揚帆啟航，返回歐洲[420]。

從這項經驗可以看出，在一個與歐洲極不相同的陌生而複雜的世界裡，企圖打進流通渠道十分困難，且不說控制這一流通渠道。就萬丹而言，每當荷蘭人在這個商埠出現，便有中間商迎上前來；他們等著新到的客商，以便把後者置於自己的控制之下。只是在荷蘭人壟斷了摩鹿加的香料貿易後，情形才開始顛倒過來。只有首先實現這一壟斷，然後才能逐一打入各流通渠道，使自己成為享有優惠條件的，乃至不可缺少的貿易夥伴。但是，荷蘭商人由於想把東方的一切全都抓到手裡，結果反而鑄下了大錯；限制生產，迫使土著商人破產，造成居民的貧困和大批死亡，這些做法無異殺雞取卵，哪怕取的是金蛋。

能否作個歸納？

以上所舉的例子具有抽樣調查的價值，其目的是從中心的高電壓出發，也從其他地區的軟弱與遷就出發，反映一種整體情況，表現一個經濟世界的運轉方式。只是當次等經濟和被統治經濟以這種或那種方式、有規律地受佔統治地位的經濟侵蝕時，中心地區的統治才有成功的可能。

與周圍次等強國（即歐洲）的聯繫可不費力氣地自動進行：吸引力，交換機制，資金和信貸流轉，足以保持聯繫。何況，在荷蘭貿易總額中，歐洲佔五分之四，海外不過佔五分之一。我們已經說過，中心之所以

巴達維亞：錨地和蓄水塔。拉克（J. Rach）作畫，1764 年。

始終能保持能量和效力，正因它與一些發達的、有時與它競爭的次等強國相鄰。中國沒有發展成為一個幹勁十足的經濟世界，難道僅僅因為它沒有佔據有利的中心位置，或換句話說，因為沒有一個足夠強大的半邊緣區為中心升壓？

位於極端外沿的真正邊緣區顯然只能用武力和強制加以壓服，甚至可以說，通過推行殖民主義這個早已存在的老辦法。荷蘭在錫蘭和爪哇推行殖民主義；西班牙在美洲發明這個辦法；英國在印度接著使用這個辦法。但早在十三世紀，威尼斯和熱那亞已經作為殖民強國出現在各自控制的區域：熱那亞在費奧多西亞（Feodosiya，古稱卡法）和希俄斯島；威尼斯在賽普勒斯、康提亞和科孚。顯而易見，這在當時是人們所能實現的最絕對的統治。

阿姆斯特丹的衰落

我們已經大致看到荷蘭飛黃騰達的經過。十八世紀末，荷蘭光艷奪目的歷史開始黯然失色。光線的暗淡意味著一種後退，一種一界退，但不是歷史學家所常用和濫用的那種「沒落」。阿姆斯特丹的地位無疑已被倫敦所取代，正如威尼斯曾被安特衛普所取代，倫敦將被紐約所取代一樣。但是這個城市繼續存在，而且仍有利潤可得，甚至至今還是世界資本主義的制高點之一。

在十八世紀，阿姆斯特丹把自己的某些商業利益出讓給漢堡、倫敦乃至巴黎，但它也取得其他一些利益，保持著某些貿易聯繫，當地的交易活動依舊極其興旺。阿姆斯特丹以各種方式提供資金，幫助歐洲的經濟成長，尤其在戰爭期間（長期商業信貸，海運保險，再保險等）；與此同時，由於「承兌」業務的增加，阿姆斯特丹更擴大了銀行的作用。因而在十八世紀末，波爾多有人說，「眾所周知」，該城大宗貿易的三分之一依賴荷蘭的貸款[421]。最後，阿姆斯特丹通過向歐洲各國發放貸款，獲利頗豐。拉普[422]在談到十七世紀已告衰頹的威尼斯時指出，威尼斯採用調整、轉業、開拓等措施，使國民生產總值仍可繼續保持上個世紀的高水平；他這是建議我們在給衰退的城市清理虧空時應持審慎態度。「銀行」的擴散確實意味著阿姆斯特丹的資金逐漸在改變性質；阿姆斯特丹的金融寡頭逐漸形成一個對外封閉的放款人集團；正如在威尼斯或熱那亞一樣，這些食利者退出商業活動，坐享既得特權，甚至尋求聯省共和國執政的保護。我們也許可以責備這少數特權者不該扮演以上的角色（雖然他們往往身不由己）；但他們的確算無遺策：他們安然無恙地經歷了法國革命和拿破崙帝國時期的風暴。據某些荷蘭作家說，他們直到一八四八年仍保持原來的地位[423]。阿姆斯特丹的資本已從承擔經濟活動的基本任務（有益的任務）轉而從事最精巧的金融活動。阿姆斯特丹的所作所為全係命運決定，不能由它自己負責：作為佔統治地位的資本主義，阿姆斯特丹勢必要經歷早在幾個世紀以前的香檳區交易會上已露端倪的發展過程，而且正因為發展順利，就在最精巧的金融活動的門檻上栽了跟斗，因為整個經濟很難跟上這個發展勢頭，如果不是拒絕跟上的話。關於阿姆斯特丹的衰退，歸根究柢，其原因或動因無非是那麼幾條一般性真理，既適用於十七世紀初的熱那亞，又適用於十八世紀的阿姆斯特丹，也許還適用於今天的美國，美國在操縱貨幣的信貸方面達到了危險的邊緣。對阿姆斯特丹十八世紀下半葉發生的歷次危機進行一番考察，我們至少能夠明白這個道理。

一七六三、一七七二至一七七三和一七八〇至一七八三年的危機

從十八世紀七十年代開始，荷蘭龐大的商業系統經歷了幾場嚴重的、災難性的危機。這些危機性質相似，且與信貸危機似乎有關。大量商業票據（即所謂「人為的金錢」）對一般經濟似乎享有某種獨立性，但不能超出一定的限度。法國駐阿姆斯特丹領事馬耶・杜・克萊隆在危機期間（一七七三年一月二十八日）曾

隱約地感覺到這個限度，他說，倫敦是個與阿姆斯特丹同樣「急需用錢」的商埠，這就「證明凡事都有一個限度，超過這個限度，就必須後退」[424]。

這些意外事故難道全都是同一個十分簡單、甚至過份簡單的過程造成的嗎？每當票據的數量超過歐洲經濟的可能，歐洲經濟便自動甩掉包袱。不平衡每隔十年出現一次：一七六三、一七七二至一七七三、一七八〇至一七八三年。就第一次和第三次危機而言，戰爭肯定曾起了作用：戰爭本質上促使通貨膨脹，阻礙生產，當戰爭停止時，必須進行結算，彌補由此造成的不平衡。但從一七七二至一七七三年的危機看來，當時沒有發生戰爭。我們能否認為這是一場所謂舊制度的危機，根本原因在於農業生產的下降，其影響波及到各種經濟活動。說來說去，難道這竟是一場普通的危機？一七七一至一七七二年間，歐洲確實農業歉收，災荒頻仍。海牙的一條消息（一七七二年四月二十四日）指出挪威因嚴重缺糧，「人們把樹皮磨碎，權充黑麥麵食用」，同樣的困境在德意志地區也比比皆是[425]。這場猛烈的危機也許起因於此，而一七七一至一七七二年間印度那場飢荒產生的後果（導致東印度公司運轉不靈）更促使了危機的加劇。以上這一切當然都有關係，但真正的動因還是信貸危機的週期反覆。總之，在危機的中心，無論屬於結果或者原因，每次都會出現銀根緊缺的現象，貼現率猛漲，甚至上升到百分之十和百分之十五這種不能承受的高水平。

當時的人總把這些危機與初期某家大商行的破產聯繫在一起：一七六三年八月納夫維爾商行的破產[426]，一七七二年十二月克利福特商行的破產[427]，一七八〇年十月范．法埃林克商行的破產[428]。這種看法不論多麼合乎情理，卻不能令人信服。資金分別為五百萬和六百萬弗羅林的克利福特商行和納夫維爾商行的破產不能不產生影響，破產事件在阿姆斯特丹交易所發揮摧毀信用的引爆作用。但能否認定假如納夫維爾在德國經商沒有導致災難的結果，假如克利福特沒有在倫敦交易所就東印度公司的股票進行瘋狂的投機，假如范．法埃林克市長在波羅的海貿易中沒有做虧本的買賣，危機將不會發生或不會全面鋪開？大商行的破產誠然促使了體系的傾覆，但體系事先早已搖搖欲墜。因此，最好還是在時間和空間這兩方面同時擴大觀察，特別應對有關的各次危機進行比較，因為這些危機相輔相成，分別標誌荷蘭衰退的不同階段，因為這些危機既相似又不同，通過比較就能得到更好的說明。

這些危機之所以相似，因為它們都是現代的信貸危機，與所謂舊制度的危機有著絕對的不同[429]，後者起因於工農業生產的週期波動。但這些危機之間又有很大不同，威爾遜認為[430]，一七七二至一七七三年的危機比一七六三年那次更嚴重和更深刻；他的這個看法十分正確，但一七八〇至一七八三年的危機是否又更加深刻呢？從一七六三到一七八三年，荷蘭的混亂是否每隔十年就變得更加嚴重？這種變化是否同時又改變下層的經濟框架？

第一場危機發生於一七六三年，緊接在七年戰爭（一七五六－一七六三）之後，對保持中立的荷蘭來說，七年戰爭是個空前的商業繁榮時期。戰爭期間，「荷蘭幾乎包攬了……全部對法貿易，特別是與非洲和美洲的貿易；與非洲和美洲的貿易數量大，利潤往往高達百分之百，乃至百分之二百……荷蘭的幾位大商人從中發了財，儘管他們有許多船隻被皆英國人奪走，而其損失據說在一億弗羅林以上」[431]。荷蘭為恢復往日的商業繁榮，不得不大肆發展信貸活動，通過對其他商行簽發新的匯票，似承兌和償付業已到期的匯票；除了轉帳匯票的空前膨脹外，還有一系列通融匯票交易[432]。一名行家[433]認為，「當時唯有冒失之徒才從事大筆投資。」此事當真？明智之士又怎麼能逃脫錯綜複雜的「流通」過程？正常信貸、強制信貸以及「虛幻」信貸終於促成了證券大量流通，「其數量之多，據一項確切計算，竟超過荷蘭現金的十五倍」[434]。對於萊登的一名荷蘭人提供的以上數字，我們可能感到懷疑，但明顯的是，當貼現銀行突然拒絕接受期票貼現時，或更正確地說當它們無力貼現時，荷蘭商人的處境將變得極其嚴重。由於銀根緊缺，企業紛紛倒閉，危機接踵而至，影響所及除了阿姆斯特丹，還有柏林、漢堡、阿爾托納、不萊梅、萊比錫[435]和斯德哥爾摩[436]，為阿姆斯特丹效力的倫敦也受很大震動。威尼斯的一封倫敦來信（註明的日期為一七六三年九月十三日[437]）指出在上星期，據傳聞說，一筆五十萬英鎊的巨款已寄往荷蘭，以救阿姆斯特丹「商人集團的燃眉之急」。「救急」二字說來也許並不恰當，其實這是荷蘭人抽回投放在英國的資金[438]。由於危機在八月二日約瑟夫・阿隆商行（虧空一百二十萬弗羅林）和納夫維爾商行（虧空六百萬弗羅林）破產時業已開始，而把資金從英國抽回荷蘭則需一個月的時間，驚愕、絕望以及央求在這期間到處可見可聞。更有觸目驚心的事件先後發生：漢堡有幾家商行破產，其中以猶太商行居多[439]，哥本哈根有四家，阿爾托納有六家[440]，阿姆斯特丹有三十五家[441]，「有一件事以前從未發生過，在本星期初，銀行存款的價格竟然比現金低百分之三十點五」[442]。八月十九日，破產商行達到四十二家[443]，「已經知道還有幾家即將破產」俄國領事奧爾特考普看到這場災難，毫不猶豫地指責「幾名利慾薰心的大商人在戰爭期間大搞股票投機」[444]。他於八月二日寫道：「水罐不離井邊碎，人們早已預見並擔心發生的事，不久前終於發生了。」

阿姆斯特丹交易所立即陷於癱瘓：「交易所的一切活動全告停頓……不再開展貼現和匯兌業務[445]；甚至沒有行市；猜疑情緒很普遍[446]。」唯一的辦法是求得延緩[447]，用交易會的術語，叫「展期」。一名喜好紙上談兵的人[448]主張，國家應同意「展期」、延期或暫緩，總之，多給一點時間，以使流通渠道終於恢復暢通。此人的錯誤正是認為只要聯合省作出一項決定，就能解決問題，而實際上，這項決定應得到歐洲各國王公的同意。

最好的辦法難道不是把鑄幣以及金條和銀錠運達阿姆斯特丹嗎？納夫維爾家族（並不單是他們）曾在哈勒姆附近的鄉村別業開辦了一個工廠，以便「提純和改鑄德意志地區向他們交付的幾百萬桶普魯士劣質銀幣」。腓特烈二世在七年戰爭期間發行的這部份劣質鑄幣，是與阿姆斯特丹猶太商人有聯繫的德意志猶太商人在當地積攢下的[449]。幾乎單純從事匯兌業務的阿姆斯特丹猶太商人在危機的打擊下受到很大震動，就靠得來的這筆金屬鑄幣簽發匯票。那不勒斯駐海牙領事寫道：「依法連和傑切格是為普魯士國王鑄造貨幣的猶太商人，他們在前天（一七六三年八月十六日）用武裝押送的郵車把三百萬埃居運往漢堡，聽說其他銀行家也把大筆款項交給荷蘭，以維持他們的信用[450]。」

輸入現金是個好辦法。何況從八月四日開始，阿姆斯特丹銀行一反以往的慣例，同意代客「存放金錠和銀錠」[451]，這一措施使以天然狀態交付的貴金屬立即能投入貨幣流通。

關於這場猛烈、嚴酷的信用危機，我們這裡不必再多談，受危機打擊而倒閉的只是一些實力單薄的商行，危機把那些小不點兒的投機者從市場上清掃乾淨，因而從某種角度看，特別是若站在這場金融地震的震央進行觀察，危機總的說來還是健康的和有益的。別處則不然：在漢堡，早在八月初，當納夫維爾破產的驚人消息傳出前，港口停滿了等待裝貨、準備開往東方的其他港口的船隻[452]；在鹿特丹，從四月起[453]，當地「百姓」已揭竿而起，「資產階級不得不拿起武器驅散暴亂者」。而位於震央的阿姆斯特丹，似乎沒有遇到這種麻煩和發生這種動亂。風暴過去後，它不難恢復元氣：「這裡的商人兼銀行家猶如涅槃的鳳凰一樣獲得重生，或更恰當地說他們重振旗鼓，最後以破產了的各商埠的債權人身份而出現[454]。」

一七七三年，隨著克利福特商行的倒閉（一七七二年十二月二十八日），危機又重新開始，並逐漸全面擴散。同樣的事情，同樣的經過。奧爾特考普簡直可把他十年前寫過的信重抄一遍。交易所陷於癱瘓。俄國領事寫道：「繼克利福特父子公司之後，多家商行接連倒閉。在法國和瑞典經營各項業務的哈尼卡－霍格爾股份公司曾有兩三次差一點破產。第一次，有人在一夜之間為他們調集三十萬弗羅林，供他們第二天付款之用」；第二次，湊巧從巴黎運來「一車金幣……弗雷德里希商行在聖彼得堡的客戶里吉、里奇和維爾吉松等先生又調來了英國的白銀」（法國運來的黃金價值約一百萬，英國的白銀約二百萬）。與瑞典有重大貿易往來的格里爾公司不得不停止付款，因為他們不能「用別人的匯票為自己的匯票貼現」。凱撒．薩迪股份公司是一家為維也納宮廷操辦多項生意的老字號，也「不得不隨波逐流[455]。這些喜好玩樂、不愛工作的義大利人確實已經看到他們的信譽下落[456]」。一七七三年的危機對他們更是致命的打擊。但某些商行其實很有實力，只是在風潮襲擊下，陷於破產的境地，如果不注意，其他商行還會接著倒閉[457]。阿姆斯特丹市再次決定，由當地最大的幾家富商擔保，從銀行撥出二百萬現金貸款，幫助銀根緊缺但有現貨或者是可靠票據充當抵押的商人度過難關。「但承兌的匯票將不予接受，即使由最殷實的商號承兌也是如此」，否則二百萬現金將起不了絲毫的作用[458]。擁有一百五十年歷史的克利福特商行令人觸目驚心的徹底破產，顯然造成了普遍的猜疑，要求付款的數額遠遠超過了可動用的現金。

人們可以想到，一七六三年的情況完全一模一樣。當時的人也作出了這樣的判斷。危機為時較短，在經歷了整個戲劇性過程後，到一月底就迅速結束。關於這次危機是否比上次危機更加嚴重的問題，威爾遜[459]已經基本上解決了。關鍵在於危機的起源地倫敦，而不是阿姆斯特丹。導致克利福特家族及其合夥人破產的災難，是因為英國東印度公司在印度。特別在孟加拉處境維艱，造成股票行市暴跌。行市下跌對「賭跌」的英國投機商來得太晚，對「賭漲」的荷蘭投機商則又來得太早，英國和荷蘭的投機商全都栽了跟斗，特別是投機商在買進股票時通常只付了其價格的百分之二十，其餘欠賬。他們所受的損失委實極大。

危機既然首先從倫敦引起，英格蘭銀行進行了干預，迅速採取對可疑證券，隨後對所有證券暫停貼現的對策。這對作為貨幣和信貸市場的阿姆斯特丹是個打擊，英格蘭銀行是否因此犯了錯誤，至今還是一個爭論不休的問題。總之，在這場危機中，如果有一頭不死鳥安然無恙地穿過火焰，那就是倫敦；當火警過去後，倫敦繼續把荷蘭不斷增多的剩餘資本作為投資吸引過來。

阿姆斯特丹的情形不如倫敦：一七七三年四月，火警過後已有三月，街上仍人心惶惶。「半個月以來，人們只聽到談論夜間的盜竊案件。因此，防衛比平時增加了一倍，各區又加強市民巡邏；但是，如果禍根不除，政府又束手無策，這種警惕又能夠產生多大結果？」[460]一七七四年三月，在危機過去一年多的時間以後，商人階級的失望情緒依然如故。領事馬耶・杜・克萊隆寫道：「五、六家最富有的大公司前不久停止從事商業，其中包括安德烈・佩爾父子公司，這對該商埠的信貨業將是一個致命的打擊；安德烈・佩爾公司在國外的名聲比在阿姆斯特丹更響，阿姆斯特丹的資金往往主要由該公司所提供。只要大商行離開了交易所，那裡很快也就會做不成大生意。交易所既然吃不起大賠帳，也就不敢再去冒險賺大錢。雖然相對而言，荷蘭的錢比任何別的國家都還多一些[461]。」

用歷史學家的眼光來看，問題的要害所在，是誰在歐洲經濟世界中居於領先地位。還在一七七三年二月，我們以上講到的那位領事，當他聽說熱那亞一筆一百五十萬比亞斯特的巨額借款剛發生信用破產時，立即把這一事故（以及使歐洲各商埠受到震動的各項事故）與阿姆斯特丹相聯繫，因為阿姆斯特丹是「歐洲各商埠的動力中心」[462]。但據我看：恰恰相反，阿姆斯特丹當時已不再是「中心」，不再是「震央」。中心已經是倫敦。這裡或許能得出一條規律，一條相當簡易的規律，就是說任何城市，當它位居一個經濟世界的中心時，就要先在經濟體系中發動定期的地震，並且隨後也最早真正復甦。有了這條規律，我們將用另一種觀點去觀察一九二九年華爾街出現的黑色星期四[463]，在我看來，這黑色星期四其實表明紐約已開始登上領先地位。

當第三次危機在八十年代出現時，阿姆斯特丹已不再居領先地位（至少在歷史學家看是如此）。這次危機與前二次不同，不僅因為持續時間較長（至少從一七八〇至一七八三年），對荷蘭的危害尤深（危機觸發了第四次英荷戰爭），而且還因為它匯合到範圍更廣的和從屬於另一種類型的經濟危機中去，這場經濟危機與拉布魯斯在談到一七七八至一七九一年間的法國[464]時所說的「跨界週期」[465]恰相吻合。第四次英荷戰爭（一七八一—一七八四）必須置於這個跨界週期中加以研究，戰爭最後以英國佔領錫蘭和在摩鹿加獲得自由通行權而告終。如同歐洲其他各國一樣，荷蘭當時正在一場長期危機中拚命掙扎，這場危機不僅影響信貸，而且影響整個經濟；荷蘭的處境與路易十六統治下的法國有一定的相似之處，法國在美洲戰爭中雖然取勝，但國家在財政上卻陷於山窮水盡和一片混亂的處境[466]。「法國為使美洲獲得自由，付出了如此巨大的努力，以至在打下英國傲氣的同時，自己卻落了個雖勝猶敗的結局：財政收入羅掘俱空，信貸減少，大臣意見分歧，國家四分五裂。」以上是奧爾特考普一七八八年六月二十三日對法國所下的判語[467]。荷蘭力量的削弱，法國力量的削弱，並不如人們常說的那樣，僅僅由戰爭所能解釋得了的。

一場長時間的和全面的危機，其結果往往使各國在世界的地位變得更加清晰，使每個國家突然都回到自己的位置上去，使強國的地位變得更強，使弱國的地位更加低下。如果從字面上來看凡爾賽條約（一七八三年九月三日），英國在政治上似乎是失敗了，但它在經濟上卻大獲全勝，因為世界的中心從此轉往英國，由此產生世界力量對比不平衡及相應的其他後果。

恰恰就在真相大白的時候，荷蘭的弱點猛然暴露無遺，其中有的弱點業已存在幾十年之久。原來很有效率的荷蘭政府，如今變得暮氣沉沉和四分五裂；緊迫的軍備計畫停留於一紙空文；兵工廠無力實行現代化[468]，在人們的印象中，國家被分割成幾個勢不兩立的派別；當局為試圖應付困難而開徵新稅，引起了普遍的不滿；交易所本身也變得「悽涼冷清」[469]。

巴達維亞的革命[470]

最後，荷蘭國內突然爆發了一場政治的和社會的革命，即擁護法蘭西和擁護「自由」的「愛國黨」革命。為便於理解和解釋，我們可說這場革命或者始於一七八〇年（即發生在第四次英荷戰爭之初）；或者始於一七八一年（愛國黨創建人凡·德·卡佩倫發表《告荷蘭人民書》）；或者始於一七八四年（英國與聯省

共和國[471]於五月二十日締結巴黎和約，宣告荷蘭的繁榮從此告終）

總體而言，這場革命包含一系列的事故和騷亂，既有喋喋不休的長篇大論，又有軍事對抗和武裝衝突。奧爾特考普對這些反抗者很不了解，但從本能上感到厭惡，因而十分自然地予以譴責。他抨擊愛國黨的自命不凡，以及他們對自由一詞的濫用，似乎荷蘭在當時並不自由！他寫道：「尤其滑稽的是，裁縫、製鞋匠、修鞋匠、麵包師、酒鋪掌櫃以及種種市井小民，居然裝模作樣地打扮成軍人出現[472]。」少數幾名真正的士兵足以制伏這夥烏合之眾。這些冒牌軍人是發起暴行的民兵，他們組成「軍團」，目的是要保護民主派在某些城市（不是所有的城市）中的市政機構。針對「愛國黨」的恐怖，不久便在全國各地出現了旨在擁護陸海軍統領的「奧蘭治派」的暴力統治。謠傳、起義和鎮壓此起彼伏，交相呼應。騷亂不斷蔓延：

英國的諷刺版畫：擁護法蘭西的「愛國黨」對著普魯士騎兵的人像靶練習射擊。

烏特勒支發生暴動，劫掠事件多不勝數[473]；一艘揚帆待發的印度船竟被洗劫一空，甚至準備發給船員的銀幣也不得倖免[474]。亂民們對貴族們（奧爾特考普有時稱他們為「富翁」）施加威脅。我們這裡所面對的既是一場階級鬥爭也是一場「資產階級革命」[475]。愛國黨人主要係小資產者，法國的報導乾脆稱之為「資產者」，或「共和黨」，或「共和主義者」。隨著反對陸海軍統領的某些「市政官員」的加入，愛國黨運動的規模有所擴大，市政官員希望依靠愛國黨運動，擺脫威廉五世這個寡廉鮮恥之徒，但無論如何，愛國黨運動的規模畢竟有限，這個運動不能依靠平民，平民既醉心奧蘭治派的神話，又動輒鬧事、破壞、搶劫和縱火。

我們不想低估這場革命的意義（可從反面證明尼德蘭的經濟成就），它是歐洲大陸的第一場革命，是法國革命的先兆（關於這個問題，人們至今談得很不夠），是一場十分深刻的危機（竟使「資產者家族中父子結仇、夫妻反目」[476]）。革命期間還形成了一整套革命的或反革命的論戰用語，言辭的激烈開風氣之先。一七八六年十一月，政府某要員煩透了喋喋不休的爭論，試圖為自由下個定義，他在一篇冗長的演說中開宗明義指出：「該詞如今已被用得如此之濫，竟使公正賢達之士莫明其妙；然而，在他們看來，這一呼聲（自由萬歲！）倒是全面暴動和摧毀政府的信號……自由的含義是什麼？……是和平地享有天賦的權利，得到本國法律的保護，安全地耕種土地，研究科學，經營商業和從事工藝活動……除開所謂愛國黨的行為以外，暫且再沒有別的東西與這些寶貴的利益更加背道而馳[477]。」

革命騷動不論多麼猛烈，實際上只會導致國家分裂成兩個對立的陣營了。正如亨利・霍普[478]所說：「結局只能是專制暴政，不論是君主的專制暴政，或者是人民的專制暴政」[479]（這裡把人民與愛國黨相等同，實在令人大惑不解），只要朝這個或那個方向輕輕一推，就能把國家推向這個或那個結果。但處於衰弱狀態下的國家單獨決定不了自己的命運。聯省共和國被擠在法國和英國之間，兩大強國的較量決定著它的命運。法國最初似乎佔了上風，法國和聯省共和國於一七八五年十一月十日在楓丹白露簽訂一項同盟協定[480]。但這對愛國黨和對凡爾賽政府都只是虛幻的成功。英國打的是海陸軍統領及其擁護者這張牌，英國的政策在當地由一位名叫詹姆士・哈里斯的異常幹練的大使具體實施。例如在弗里西亞省，曾委託霍普商行有選擇地發放援款。普魯士終於出兵干涉，在吉威地區派駐部隊[481]的法國則按兵不動。一支普魯士軍隊幾乎兵不血刃地進逼阿姆斯特丹，抵達萊登的門口。本有可能組織防衛的萊登市於一七八七年十月十日訂立城下之盟[482]。

陸海軍統領的權力一經恢復，立即實施了一系列在今天幾乎可稱之為法西斯的反動暴政。上街必須佩戴奧蘭治的徽飾。幾千名愛國黨人被迫出走；某些流亡者仍吵吵嚷嚷，但終究無濟於事。反對派在國內並不放棄鬥爭：一些人佩戴的奧蘭治徽飾小得難以察覺；另一些人則將徽飾結成V字形（Vrijheid，意即「自由」）；再一些人乾脆不戴徽飾[483]。十月十二日，霍普商行的合夥人戴著規定的徽飾在交易所出現時，竟然被趕了出去，並且不得不在公民衛隊的護衛下回到家裡[484]。另一次，仍然在交易所，發生了一起毆鬥：一名基督教商人因不戴徽飾[485]，被幾名擁護陸海軍統領的猶太商人[486]圍攻。這些事件，與奧蘭治派推行的鎮壓和處決行動相比，顯得相當的微不足道。在市政機構中，地方長官及其助理紛紛被撤換，他們的財產被剝奪，名門望族的後裔竟被一些無名之輩所排擠。資產者以及愛國黨紛紛前往布拉班特或法國，也許達四萬人之多[487]。最大的不幸是小小的普魯士軍隊竟如佔領軍般橫行霸道，「普魯士國王的部隊自從進入荷蘭省後便不再發餉……士兵除劫掠所得外，不再領別的薪餉，據說這本是普魯士的所謂戰時體制；可以肯定，士兵們就按這個體制行動，鄉村全遭蹂躪；士兵們在城市並不一定搶劫，至少在鹿特丹沒有搶劫，但他們進入店鋪，索取貨物，拒不付錢……在城市入口收納捐稅的也是他們[488]。」普魯士於一七八八年撤軍。但陸海軍統領的反動統治已經實現，並且繼續維持下去。

然而，革命的火把開始在鄰國布拉班特點燃。所謂布拉班特其實就是布魯塞爾，這個城市已變成一個近似阿姆斯特丹的活躍金融市場，而且處在貪得無厭的奧地利政府的強徵暴斂之下。一七八七年二月二十六日，逐漸寬心的奧爾特考普說了一句預言：「當歐洲對荷蘭的種種瘋狂已經取樂夠了以後，相當有可能會把目光再轉向法國」[489]。

第四章　民族市場

似乎沒有比「民族市場」這一古典概念更言之成理的了。當然這只是對於歷史學家而言，因為今天各種經濟詞典都不收此詞[1]。這一概念確指某個政治地域業已取得的經濟統一性，該地域必定相當寬廣，其範圍首先是今天我們所說的「領土國家」，也即是從前人們更常說的「民族國家」。既然在這一框架裡政治成熟先於經濟成熟，那麼就需要知道，從經濟上來看，這些國家在何時，以何種方式並基於何種原因取得某種內部統一性以及作為一個整體出現在世界其他地區面前的能力。總之，我們試圖釐清，民族市場的出現怎樣改變了歐洲歷史的發展方向，並使以城市為主體的經濟集合降到次等地位。

民族市場的崛起必定與流通的加速，農業與非農業生產的增長以及總需求的膨脹相呼應，人們可以設想所有這些條件的取得，似乎是市場經濟正常擴張的必然結果，無需資本主義從中插手。事實上，市場經濟往往具有地區性，往往侷限於產品交換為它劃定的範圍之內。因此，從地區市場發展到民族市場，把幾個範圍不廣，幾乎獨立而且往往頗具個性的經濟區聯為一體，不是自我完成的。統一的民族市場既是在政治意志的強制下（雖說政治意志在這一方面並不始終有效），也是在資本主義的商業擴張，尤其是在遠程對外貿易的強制下，才得以形成的。對外貿易的繁榮通常是統一的民族市場終告誕生的前奏。

這就使我們想到，民族市場應該首先在資本主義體系的網絡中，在某個經濟世界的中心或其鄰近地區發育成長。此外，我們還想到，民族市場的發育與由進一步的國際分工導致的地理差異有著相輔相成的關係。更何況反過來看，民族市場的「重量」在各國爭奪世界霸權的不斷鬥爭中起了作用，具體地說是在十八世紀，作為城市的阿姆斯特丹與作為「民族國家」的英國之間的抗爭。民族市場是在內外因素推動下對工業革命的發端至關重要的一個變化得以在其內部完成的框架之一，我指的是內部多種需求的增長，它使各生產部門加速發展，為進步開闢道路。

就民族市場作一番研究無疑是有益的。難處在於這一研究要求與之適應的方法和工具。經濟學家們在近三十、四十年間為了「宏觀經濟計量」的需要發明了這些工具和方法，但他們當然想不到歷史學家的特殊問題。歷史學家能否讓這種宏觀經濟學為自己效力呢？顯而易見的是，我們為研究過去所掌握的貧乏材料與當今我們眼看人們為稱之國民經濟的重量而運用的龐大數據不可同日而語。而且，原則上說，我們離可以直接觀察的現時越遠，遇到的困難就越大。更為不幸的是，至今沒有人真正力圖把今天的研究方法用於調查過去[2]。在這一領域越俎代庖，出色地從事歷史研究的少數幾名經濟學家，如尚・馬克祖斯基和羅伯─威廉・福吉爾[3]，沒有追溯到遙遠的過去，前者最遠沒有超過十八世紀，後者沒有超過十九世紀。他們的研究僅限於數據相對豐富的時代，一旦離開這些若明若暗的地區，他們就不能對我們有所裨益，甚至不能為我們祝福。唯有西蒙・顧志耐（Kuzuets）在這方面對我們有點幫助，我已在上文說過[4]。

然而，問題偏偏出在這裡。我們需要稱出國民經濟的「總重量[5]，需要發揚顧志耐和列昂捷夫（Leontieff）的精神，而不是在他們背後亦步亦趨，歷史學家為把握以往的工資和物價狀況，曾借用了萊斯庫爾、阿富塔里翁與厄內斯特・瓦格曼，尤其是西米昂的先驅思想。在這方面，我們歷史學家曾卓有建樹。但是我們此次能否成功，卻殊無把握。由於國民生產總值的增長與傳統經濟形勢的演變並不完全合拍[6]，不但傳統的經濟形勢幫不了我們的忙，而且我們每前進一步都必須推翻我們知道的，或者自以為知道的東西。唯一的好處——不過這很重要——是在接觸不習慣的方法和概念時，我們不得不用新的眼光去觀察事物。

霍拉爾為約翰・奧吉比的《不列顛》（1675）一書所配的卷首插畫，展現一條從倫敦出發的道路。該畫大體上反映十七世紀末英國人對自己的國家的財富的看法：海外貿易（遠景的船和近景的地球儀），普遍的陸路貿易（右上方的馬車、幾名騎馬人、一名商販），畜牧業（羊、牛、馬）和農業之間已達成某種平衡。獨缺工業。

初級單位與高級單位

民族市場佔地廣闊，自動劃分為較小的單位，它是彼此相似而又互不相聚的若干較小地域的總和，它對這些地域兼容並蓄，強制它們建立某些相互聯繫。首先，我們很難指出這些按不同節奏生活然而又不斷相互影響的地域之間，哪一個曾是最重要的，哪一個將決定整體的建成。在各種市場長期複雜的協調過程中，經常可以見到國際市場在一個國家十分興旺發達，若干地方市場也相當活躍，而界於二者之間的民族市場或區域市場卻停滯不前[7]。但這條規律有時會顛倒過來，特別在歷史悠久的地區，那裡的國際市場往往只是比一個多元化的、早已存在的省級經濟略高一籌而已[8]。

因此，對於任何民族市場的形成都必須研究其組成成份的多樣性，每一組合形式往往都呈現一種特殊風貌。在這一領域與在其他領域一樣，很難進行籠統的概括。

大大小小的地域

這些地域中最基本的、最根深柢固的，是人口學家所說的「隔離群」，即鄉村居民的最小單位。任何一個人群如不足四、五百人[9]，確實不能維持生存，尤其不能孳育繁衍。在舊制度下的歐洲，這一基本單位相當於一個村莊或幾個鄰近的村莊。它們之間多少具有聯繫，並共同組成一個擁有耕地、荒地、道路和居住區的社會單位。彼埃爾．德．聖雅科布[10]講到這一點時借用了「已開墾的林中空地」的說法，這一說法原本是指上布列塔尼常見的那種在森林中開闢出來的一方空地。整個情形於是不言自明，猶如打開的書本那樣一目了然。

在這成千上萬個小單位[11]各自的狹小圈子內，歷史發展十分緩慢，人們因循守舊，世代沿襲，甚至景觀也幾乎不變：這裡是耕地、草場、菜園、果園、大麻田；那裡是宅旁樹木，可供放牧的荒地；工具永遠不變：鍬、鎬、犁、磨坊、鐵匠爐、車匠作坊……。

最小型的經濟單位便凌駕在這些狹小圈子[12]之上，把它們組織起來（只要它們不是極度自給自足的）：這便是由一個集鎮（設置市集，有時還辦交易會）及散布在其四周、依賴它生存的幾個村莊組成的整體。每一村莊距集鎮的距離以村民前往集鎮當天可以返回為限。但是這一整體的規模同時取決於運輸手段、居民密度以及土地的肥沃程度。人口越稀少，土壤越貧瘠，鄉村與集鎮的距離就越大：十八世紀，阿爾卑斯山區沙莫尼以北的瓦洛西小山谷與世隔絕，山民們必須走很長一段崎嶇山路才能抵達山下瓦萊地區的馬蒂尼鎮，以便購買米、食糖，間或也買點胡椒和割點肉，因為該地〔瓦洛西〕竟無肉鋪；這是一七四三年的事[13]。位於另一個極端，是緊貼大城市的眾多繁榮的村莊，如托雷多周圍的「山地種植園」[14]，它們早在十六世紀前就把產品（羊毛、織物、皮革）送往佐科道維爾廣場的市集出售。由於鄰近的城市需求甚多，這類村莊已脫離農業，演化成為某種市郊。總之，應該在這兩種極端典型之間想像集鎮與附近村莊的關係。

可是，怎樣才能對初級經濟下這類小天地的份量、幅員或體積有所認識呢？阿貝爾[15]算出一個有三千居民的小城為能無求於人，需要以八十五平方公里的鄉村土地為依託。但是三千千居民在前工業世界裡已超過一個集鎮的通常規模；至於八十五平方公里，我又覺得這個數目還不夠大，除非這裡僅指耕地。在這種情況下，數字需要擴大一倍以上，以便把樹林、草場、荒地增加進去[16]。這樣就會得出約一百七十平方公里的面積。一九六九年法國共有三千三百二十一個鄉（據《市鎮詞典》）。「鄉」本是舊時行政單位，有的還淵源於更古老的單位。如果說「鄉」大致上可視作基本經濟集體，法國既有五十五萬平方公里土地，每個「鄉」今天應平均佔地一百六十至一百七十平方公里，擁有一萬五千至一萬六千名居民。

「鄉」是否被納入更高級的，因而幅員更廣的區域單位呢？法國地理學家們[17]一直持肯定的意見，他們

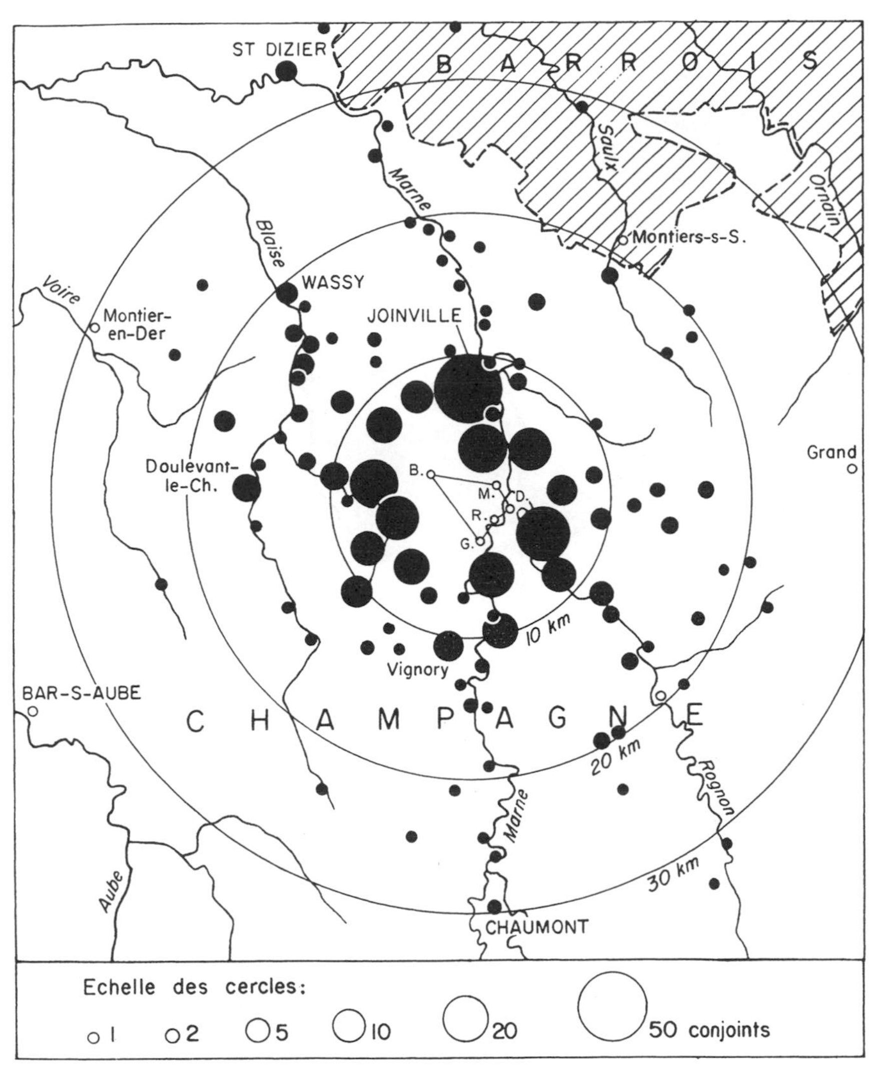

表(25)　1681 至 1790 年香檳地區 5 個村莊的婚姻關係

勃電古爾、棟熱、居德蒙、米塞、魯夫洛瓦（分別用字母 B、D、G、M、R 代表）是富庶的種植葡萄的香檳地區的 5 個村莊，它們共計約有 1500 名居民，此數高於舊制度下一個典型的「隔離群」的居民數。據統計，這 5 個鄉村教區一百年間共締結 1505 起婚姻，其中 56.3%屬於同一個教區成員之間的聯姻，12.4%係 5 教區之間的聯姻。剩下的 31.3%有一方配偶是「外鄉人」（總數為 471），圖上僅顯示涉及外鄉人的數字，他們中大部份來自距這 5 個村莊 10 公里以內的地區。（據阿培洛的《5 個鄉村教區（17 至 18 世紀），《歷史人口學研究》，1973 年）。

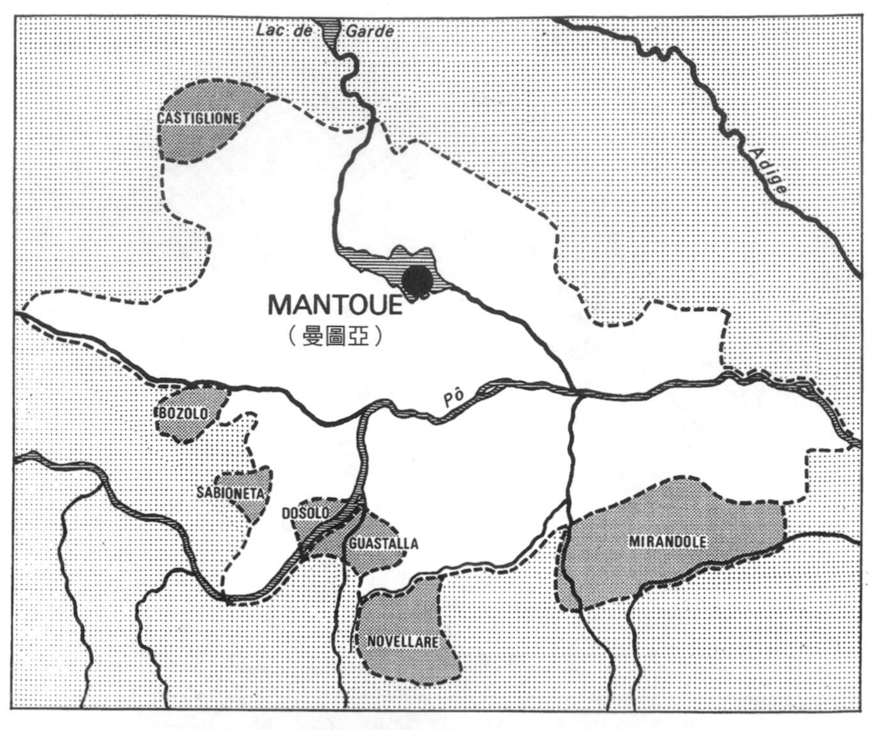

表(26)　從 1702 年的一份地圖看曼圖亞公國
有若干更小的國家與公國（面積約在 2 千至 2500 平方公里之間）接壤：米蘭多拉公國，卡斯蒂格里奧尼王爵采地，波佐洛，薩比奧奈塔，多索羅，瓜斯塔拉，諾威拉爾伯爵領地。更遠處則是威尼斯、倫巴第、帕馬與摩德納。曼圖亞城本身被明喬河附近眾多的湖泊所包圍。歷史悠久的曼圖亞公國是否相當於我們法國所說的「地區」？

提出了他們認為至關重要的「地區」概念。當然，法國領土上這四百、五百個「地區」的幅員在歷史上有過變動，它們的疆界不太分明，多少取決於土壤和氣候條件以及政治和經濟聯繫。這些地區犬牙交錯，各有特色，面積自一千[18]至一千五百或一千七百平方公里不等；它們代表的單位相對說來份量較重。波微齊、布賴、歐日、洛林的沃夫爾、奧特森林、瓦盧[19]、圖洛瓦[20]（一千〇五平方公里）、塔朗泰[21]（近一千七百平方公里）、福西[22]（一千六百六十一平方公里）的面積都不超過這一界限，可以證實我們的觀察。然而，奧斯塔河谷多崇山峻嶺和遼闊的山地牧場，其面積（三千二百九十八平

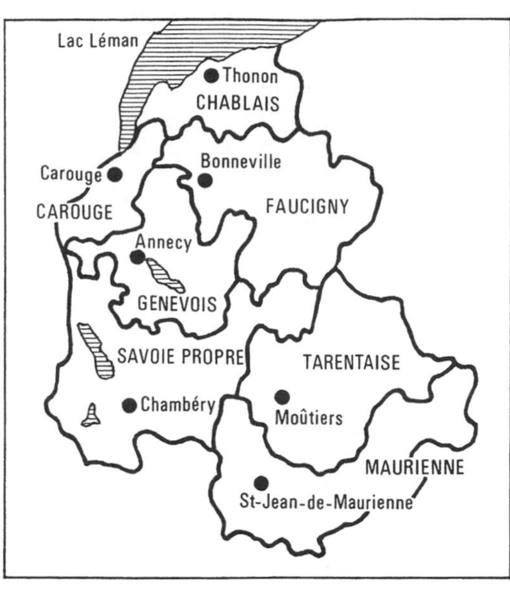

表(27)　一個省及其「地區」：十八世紀的薩瓦任何一個省都由牢固程度不等的單位組成，其中大部份單位一直延續至今。（保羅．吉肖奈，《薩瓦史》，1973年，第313頁）。

方公里）遠遠超過標準，關於這一地區的歷史情況，有本寫得很好的著作[23]可供參考。反之，洛代瓦（Lodévois）這個最具特色的地區，侷促於萊爾格河水系的範圍，面積僅七百九十八平方公里，這是朗格多克最小的主教管區之一；貝濟耶（一千六百七十三平方公里）、蒙貝里耶（一千四百八十四平方公里）、阿勒斯（一千七百九十一平方公里）大體符合標準[24]。

我們可以橫貫法國，乃至走出法國，橫貫歐洲去尋找體積、標準與特色各不相同的地區。但是這樣做就算完成任務了嗎？主要的應是看清從波蘭到西班牙，從義大利到英國，哪些「地區」與一個居高臨下統治它的城市唇齒相依。試舉一些精確的實例，圖洛瓦地區（Tonlois）便屬於這一情況，圖勒（Toul）是該地區的權力中心[25]；曼圖亞地區亦然，其面積在二千與二千四百平方公里之間變動，俯首貼耳地屈從貢扎格家族[26]統治下的曼圖亞城。任何「地區」只要有一個中心，必定呈現為一個經濟實體。但是「地區」也是——也許首先是——文化實體，是一塊有特殊顏色的瓷片；西方世界，尤其「以多樣化著稱」[27]的法國，這幅鑲嵌畫的斑爛色彩正是由若干色塊和諧地組成的。為此，我們也許應該研究民俗，探求服裝、方言、諺語、習俗（十公里或二十公里以外的習俗即不同）、房屋、屋頂的式樣以及材料，室內空間的劃分，家具、烹飪習慣等等——這一切落實到一塊土地上，便形成一種生活藝術，人們適應環境，量力而行，尋求與別地不必相同的快樂。在「地區」這個層面上，人們也可以發現某些行政職能。但是行政區與「地區」肯定不完全吻合，尤其在法國，四百個任意劃定的大小司法區和四百至五百個地理「地區」實在大相逕庭[28]。

在高一級的層面上，「省」（Province）[29]以巨人的姿態出現，他們的疆域自然有大有小，因為建造它們的歷史力量在各處使的勁頭不盡相同。維達爾·德·拉布拉什在《歐洲的國家和民族》（一八八九）一書中著重介紹了「區域」，其實就是省，可惜不夠詳細。西方世界正是由若干個省組成的。拉維斯的《法國史》以出色的「法國地理概況」（一九一一）開卷，他更看重的是「地區」，而不是自然區域或行省。總的來說，還是米希勒在《法國概貌》中為法國各省的丰姿多采勾畫出最生動的形象，在他看來，這一多樣性便是「法蘭西的啟示」[30]。當各省並非出於自願，而是在武力逼迫下合併時，這一多樣性並未消失，各省早已組成現代法蘭西在其中成長壯大的行政框架。馬基維利[31]不勝欣羨地讚揚法國花幾百年時間把從前與托斯卡尼、西西里或米蘭地區一樣獨立的地域耐心地逐一征服，置於自己的統治之下，這是法國王室完成的一項傑作。有的地域面積更大：在法國，「地區」的面積比「鄉」大十倍，省又由十來個地區組成，面積為一萬五千至二萬五千平方公里，這在從前是塊很大的地盤。如果根據運輸速度來衡量，路易十一時代單獨一個勃艮第地區便相當於今天的幾百個法國。

既然如此，省在從前不就等於我們今天的祖國嗎？尚·董特在談到法蘭德斯時寫道：「中世紀（和中世紀後的）社會生活的框架正在這裡：不是王國，不是領主轄區（前者太大，有點不著邊際，後者又太小），而是這個區域性的邦國，不管它是否有其組織形式[32]。」總之，省在長時期內都是「大小最合理想的政治結構」，當今歐洲沒有任何力量能粉碎這些自古形成的聯繫。何況，義大利和德意志在十九世紀實現統一前，一直是若干個省或「邦」的集合體。法國雖說早已形成「民族」，有時卻很容易分裂成若干各據一方的省，如在宗教戰爭（一五六二—一五九八）漫長、深刻的危機時期便是如此，難道還有什麼能比這更說明問題的嗎？

省區和省級市場

這些幅員相當廣大、性質相當單一的省級單位，從前其實是些小型民族。它們曾建立或試圖建立各自的民族市場，或者說各自的區域市場，以示區別。

人們甚至能夠從省區的命運大致上看出民族市場，乃至國際市場未來的性質和形態。同樣的規律性和同樣的過程在不同的層次重複出現。與經濟世界一樣，民族市場是上層建築和外殼。省級市場在自身的範圍內起著相同的作用。也就是說，省在從前構成一個民族經濟體系，甚至是個小型化的經濟世界；儘管規模相差懸殊，本書開頭闡述的理論逐字逐句適用於省級市場；省級市場也有其區域以及據統治地位的城市，有其「地區」和外圍，有的地帶比較發達，有的幾乎處於自給自足狀態……而且這些相當廣闊的區域的統一性正是建立在種種相互補充的、發達程度不等的多樣性的基礎之上。

在省級市場的中心，總有一個或幾個城市發號施令。在勃艮第，是第戎；在多菲內，是格勒諾布爾；在亞奎丹，是波爾多；在葡萄牙，是里斯本；在威尼西亞，是威尼斯；在托斯卡尼，是佛羅倫斯；在皮耶蒙，是杜林……在諾曼第則有盧昂和康城；在香檳區則有蘭斯和特魯瓦；在巴伐利亞則有雷根斯堡和慕尼黑，前者是自由市，一座大橋雄踞多瑙河上，後者是維特爾斯巴赫家族在十三世紀創建的大都會；在朗格多克則有土魯斯和蒙貝里耶；在普羅旺斯則有馬賽和愛克斯；在洛林則有南錫和梅斯（Metz）；在薩瓦先有善貝里，後有安錫，最重要的還是日內瓦；在卡斯提爾則有巴利阿多里德、托雷多和馬德里；最後舉一個突出的例子，在西西里有巴勒摩和墨西拿，前者是小麥集散地，後者是絲織業中心，長期統治該地區的西班牙當局對二者特意表現不偏不倚，以便分而治之。

當然，只要霸權不是獨佔，而是分享，早晚便會發生衝突：最終是某一城市獨霸，或者必將獨霸。長期對峙，懸而不決，只能是區域經濟發展不佳的信號：兩個枝幹同時往上長的杉樹可能長不大。存在這種勢不兩立的情形可能標誌省級地域有雙重導向或雙重結構：不是一個朗格多克，而是兩個；不是一個諾曼第，而是至少有兩個諾曼第……這種情況表明省級市場不夠統一，無力把若干區域聯成一體，各區域趨向於自給自足，或者向別的外部渠道開放：確實，任何區域市場都同時受到民族市場與國際市場的影響。區域市場可能由此產生皺裂、斷裂、落差以及下層小區域的各行其是。此外還有其他許多原因足以妨礙省級市場的統一，諸如重商主義時代國家和王公的策劃干預，或者是強大而精明的鄰國橫加干涉。一七六八年簽訂賴斯韋克和約後，法國貨幣湧入洛林，

墨西拿海灣及港口景色。哈凱爾作畫，那不勒斯聖馬丁諾博物館藏品。

這實際上是法國的一種統治手段，新任洛林公爵無力抗拒[33]。一七六八年，奧地利統治的尼德蘭對聯省共和國實行價格戰，後者深受其苦。海牙有人埋怨說：「科本茨爾伯爵[34]竭盡全力把商旅吸引到尼德蘭去，到處修橋鋪路，以便保證貨物運輸暢通[35]。」

話說回來，一個閉關自守的省級市場本身就意謂著經濟停滯。不管它是否願意，省級市場必定要向外部市場（民族的或國際的）開放。所以，對於不再自鑄貨幣，走私盛行的洛林，外國貨幣總還是帶來一股活力。最窮困的省份即便無力向外提供或購買任何物品，也有勞動力可供輸出，如薩瓦、奧文尼或利茅辛。隨著十八世紀的門戶開放，貿易盈虧日趨重要，據此可測定經濟狀況。何況從這個時期起，由於經濟及遠程貿易的發展，維持各省特色肯定已不合時宜。各省的長遠命運是融合在一個民族整體中，不管它們怎樣抗拒或者有多大牴觸。一七六八年，科西嘉在眾目睽睽之下併入法國；這個島嶼無論如何再也別想獨立了。但是地方主義並未壽終正寢；今天在科西嘉和其他地方依然存在，產生眾多後果，製造眾多倒退。

究竟有無民族市場？

民族市場歸根到底是個由眾多不規則鏈環組成的網絡，它的形成往往冲破一切阻力：過於強大、並有自己一套政策的城市，拒絕中央集權的外省，可能導致分裂和打開缺口的外國干涉；生產和交換方面的利益分歧還不算在內（請想一想法國的大西洋港口和地中海港口之間，內地和沿海地區之間的衝突）。此外，還有誰也控制不了的若干自給自足的小天地。

毫不奇怪，民族市場的誕生必定與一個中央集權的政治意志有關，這一意志體現在稅收、行政或軍事方面，或推行重商主義政策。利奧內爾．洛特克魯格[36]說，重商主義使經濟活動的領導權由市鎮向國家轉移。其實更應該說由行省向國家轉移。在整個歐洲，很早就有若干得天獨厚的地區，它們猶如搏動強勁有力的心臟，長期致力於建立未來領土國家的政治框架。如在法國，卡佩家族的領地法蘭西島佔盡地利，「再一次，一切都在索默河與羅亞爾河之間發生」[37]；英格蘭有倫敦盆地；在蘇格蘭是洛蘭茲的低地；在西班牙是卡斯提爾的開闊高原；在俄羅斯則是林莽包圍中廣袤的莫斯科平原……再往後，義大利有皮耶蒙；德意志有布蘭登堡，更確切地說是從萊茵河到科尼斯堡的普魯士，在瑞典是馬拉爾湖區……。

一切，或者幾乎一切都以交通要道為出發點而建立起來。我一度很喜歡埃爾溫·雷德斯洛勃的《財富之路》（一九四三），該書強調指出從美茵河畔的法蘭克福到柏林的大道昔日曾是何等重要，它曾充當德國統一的工具，乃至導火線。領土國家的形成並非全靠地理因素，但是地理位置畢竟起一定的作用。

經濟也在起作用。必須等到十五世紀中葉的經濟復甦以後，首批現代國家才重新脫穎而出，如都鐸王朝的亨利七世，路易十一和西班牙的天主教國王，東歐的匈牙利、波蘭及斯堪的納維亞各國也紛紛取得成功。二者的相互關係顯而易見。可是在這一時代，英國、法國和西班牙肯定不是歐洲大陸最發達的地區。從北義大利通過多瑙河和萊茵河的德意志諸邦直到尼德蘭十字路口的狹長地帶縱貫歐洲，而英法西三國位於這個居統治地位的經濟地帶之外。這個經濟地帶盛行古老的城市民族主義，容不得領土國家這一革命的政治形式。對馬基維利夢寐以求，而斯福薩家族本有可能實現的半島政治統一[38]，義大利各城市置若罔聞，威尼斯甚至連想都沒有想過；神聖羅馬帝國各邦對囊空如洗的奧地利的馬克西米連的改革計畫也不感興趣[39]，尼德蘭不願加入腓力二世的西班牙帝國，它的抵抗以宗教形式表現出來，因為宗教在十六世紀具有多種功能，曾不止一次充當正在誕生或正在形成的政治民族主義的口號。因此民族國家和城市地帶之間產生了分裂，前者建立在強力基礎之上，後者則建立在財富基礎之上。黃金鎖鏈有力量拴住政治怪獸嗎？十六世紀的戰爭說明它既能又不能。到了十七世紀，阿姆斯特丹已成碩果僅存的城邦國家，但它顯然推遲了法國和英國的發展。需要有十八世紀新的經濟成長，才能打碎枷鎖，使經濟置於從此力量無比、可以為所欲為的民族國家和民族市場的控制之下。所以，毫不奇怪，作為早熟政治成果的民族國家很晚才過渡到作為經濟成果的民族市場，而民族市場則預示著領土國家在物質方面的勝利。

剩下還需要知道，這一事先準備好的過渡怎樣完成，在何時完成和為什麼能完成。困難在於標記和標準同付闕如。人們首先假設，當一個政治區域內市場特別活躍，最終奪取了、佔據了本區域的全部或至少是大部份交換額時，該政治區域在經濟上即已統一。人們也設想在納入交換渠道的生產與就地消費的生產之間存在某種關係。人們甚至想到，總體財富必須達到一定水平，必須跨越某些界限，才談得上有統一的民族市場。不過這是什麼樣的界限呢？尤其要問，在什麼時候才能跨越界限？

國內關卡林立

傳統的解釋過份強調行政措施的作用。關卡林立導致國土支離破碎，至少妨礙運輸暢通。一旦用行政措施取消這些關卡，民族市場就開始顯示其效能。這種解釋不太簡單了嗎？

人們總拿英國做例子，英國確實早就廢除了境內關卡[40]。英國王室早就推行中央集權，於一二九〇年即迫使通行稅徵收者負責維修他們控制的道路，並限定他們的徵稅特權僅維持幾年。採取這種措施後，交通障礙並未完全撤除，但總是減少了；這些障礙最後已變得無足輕重。騷羅德·羅傑斯的大部頭著作《英國物價史》僅提供中世紀最後幾百年內有關通行費徵收額的幾個孤立、價值不大的數字[41]。赫克謝爾[42]不僅用英國王室早就集大權於一身來解釋這一過程，他還認為這與英國幅員較小有關，尤其是「海路暢通無阻」，與陸路競爭，縮小了後者的重要性。不管怎麼說，外國旅行者總是感到驚訝：法國人古阿耶教士（一七四九）給友人寫信說，「我在介紹旅途經過時，忘記告訴你一路上不見關卡和稅吏。你如到這個島國來，在多佛必定受到仔細檢查，過了這一關你就可以在大不列顛自由通行，誰也不會盤問你。人們既然如此對待外國人，對待本國國民就更不用說了。海關僅設在王國邊境，一經檢查便萬事大吉[43]。」一七七五年的一份法國報告內容相同：「進入英國境內，人們隨身攜帶的每一件東西都受到檢查。這一最初的檢查也是王國境內唯一的檢查[44]。」一位西班牙人[45]於一七八三年承認，「在英國旅行令人甚為愉快的是只須在上岸時接受檢查，隨後在王國境內任何地區都沒有海關人員找你的麻煩。就我個人而言，雖說人家告訴我海關手續很嚴格，我在多佛入境和在哈里奇出境時都沒有受到仔細檢查。關員們很有眼力，自能認出誰會企圖非法帶錢出境和誰會因好奇而在境內破費。」但是並非所有旅行者都有這麼好的運氣或者這麼好的脾氣。日後將在大革命時期任巴黎市長的佩蒂昂一七九一年十月二十八日在多佛過關，他覺得海關檢查「折騰人，相當麻煩；幾乎所有物品都要上稅，尤其是精裝書、金銀製品、皮革、香粉、樂器和版畫。話說回來，經過這首次搜查以後，在王國境內再也沒有別的檢查」[46]。

在這個時代，制憲會議廢除法國境內關卡已近一年，它這樣做無非是遵循大陸各國的普遍趨向。各國都把海關移到政治邊界上，責成由武裝人員充實的關卡組成漫長的保護線[47]。但是人們很晚才採取這些措施（奧地利於一七七五年，法國於一七九〇年，威尼斯於一七九四年）[48]，而且還不一定馬上實施。西班牙於一七一七年決定上述措施，可是政府後來又不得不開倒車，在巴斯克人居住的省份尤其如此[49]。法國在一七二六年至大革命之間撤除四千多個關卡，這個成績只能說是平平，因為制憲會議從一七九〇年十二月一日起廢除的境內關卡簡直多不勝數[50]。

假如民族市場誕生於這一整頓措施，那麼歐洲大陸在十八世紀末或十九世紀初已有民族市場。這一說法顯然過頭了。再說，難道取消關卡就能暢通貿易？柯爾貝爾於一六六四年建立五大包稅所的關稅同盟後（五大包稅所轄區的面積相當於整個英國，見下圖），法國經濟活動並未立即因此加速。可能這與當時的經濟形勢不利有關。相反，在形勢有利的情況下，經濟便能適應環境，克服一切障礙。夏爾．卡里埃爾在其關於馬賽商務的著作中標出隆河上的通行稅，包括我們歷史學家（根據當時人的怨言）為之談虎色變的里昂和瓦朗斯的關稅，在十八世紀對一億里弗的過境貨物抽稅三十五萬里佛，即百分之〇點三五[51]。羅亞爾河上的情況相同：我不認為關卡（到十九世紀還有八十處）不構成障礙，不迫使船工離開航道靠岸接受檢查，不導致敲詐勒索、濫用權力和不合理收費，也不說它們沒有延誤本來就緩慢、艱難的航行。但是，如果假定羅亞爾河的貨運量與隆河相等（一般認為前者高於後者），同為一億里佛，如果我們的資料可靠，納稅額僅為十八萬七千一百五十里佛，即百分之〇點一八七[52]。

此外，「貨物通運准單」允許

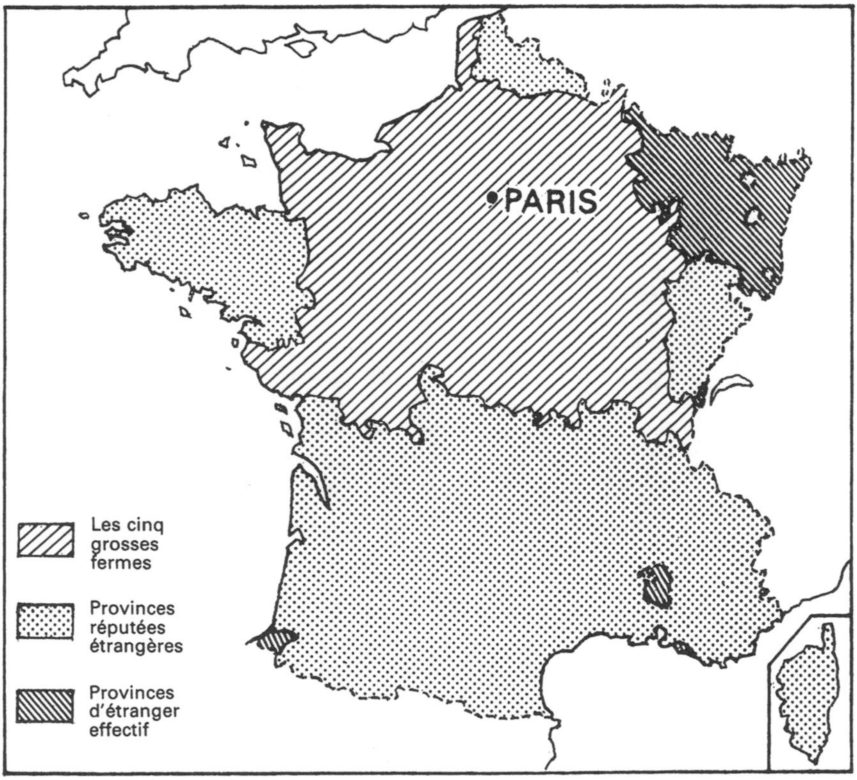

表(28)　五大包稅所轄區

採自謝潑德《歷史地圖集》，見理資森《法國簡史》，1974 年，第 64 頁。

過境商品在法國境內暢通無阻，關於這方面我們有許多早期的實例[53]。一六七三年十二月，幾名英國商人抱怨他們從地中海岸啟程縱貫法國全境抵達加萊後，人們要求他們為每一里佛貨物納一蘇的稅[54]。這裡向他們索取的無疑是一次交清的關稅。一七一九年，一千件馬賽羽紗運往聖馬洛，收貨人為博斯克先生與埃昂先生。貨物在馬賽啟運時打上鉛印，「抵達聖馬洛後將入倉貯存，以便發往國外，不必交付任何稅金」[55]。與糧食、麵粉和蔬菜的自由流通相比，這類運輸不值一提。一七六三年五月二十五日的國王敕令[56]（免除上述貨物的各種稅金，甚至通行稅，但該項敕令將於一七七〇年十二月二十三日撤銷。此外，國務會議一七八五年十月二十八日的決定[57]明文規定「禁止在王國境內對煤炭徵收通行稅，稅表從此不得列入此項貨物」。在這個稅卡林立的國家，找到這幾項貨物暢行無阻的例子也就不算少了。包括沃邦（一七〇七）在內的許多大人物早就夢想「把關卡挪到邊境上，並大大縮小其職能」[58]。柯爾貝爾曾致力於此。這一目的於一六六四年未能達到，那是因為巡按使們一致反對，他們不無理由地擔心糧食在王國廣闊的境內自由流通將會引起饑荒[59]。杜爾哥一七七六年的嘗試由於麵粉戰而以失敗告終。十年以後，一七八六年，法國政府雖然有此願望，卻未採取行動取消關卡，據說這是因為「經計算」，為執行這一措施必須付給通行稅徵收人八百萬至一千萬賠償，而「國家財政現狀無力承擔」[60]。事實上，這一數字與法國的稅收總額相比尚不足掛齒。如果這個數字屬實，它再次證實通行稅的徵收額相當有限。

所有這些細節都使人想到，遍佈各地的稅卡本身並不是個關鍵問題，它們不過是與當時所有其他問題有聯繫的一項麻煩。作為反證，能否舉英國的「收稅柵」為例？這是設有關卡的大路，有點像今天的高速公路。英國自一六六三年起准許這種道路存在，以便鼓勵興建新路。根據《法國新聞報》（一七六二年十二月二十四日）的一篇文章，這類設在關卡的道路徵收的「通行費殊為可觀，一年可達三百萬英鎊」[61]。與之相比，法國羅亞爾河或隆河徵收的通行稅少得可憐。

說到底，人們不能不產生這樣一個印象：惟獨經濟發展對民族市場的擴張和鞏固具有決定作用。然而，奧托·興茨認為歸根到底，一切都源自政治，源自英格蘭與蘇格蘭（一七〇七）和愛爾蘭（一八〇一）的聯合，這一合併創立了不列顛諸島的統一市場，加強了整體的經濟實力。事情肯定沒有那麼簡單。政治因素當然起了作用，但是品托於一七七一年問道：如果蘇格蘭併入英格蘭果真為後者增添了財富，法國吞併了薩瓦是否也會富起來[62]？拿蘇格蘭與薩瓦相比肯定不恰當，從這一點看，品托的論據是站不住的。但是我們將在本章看到，主要是十八世紀繁榮的經濟形勢掀動了不列顛諸島，使蘇格蘭併入英國成為對雙方都有利的事情。關於愛爾蘭卻不能這麼說，因為愛爾蘭的地位更接近殖民地，而不是聯合王國的一個組成部份。

反對憑空猜想

英國一條大路上的路卡：看守人在打開柵欄前要求付錢，歐仁·拉米（1829）作版畫。

所以我們既摒棄各種憑空猜想的、武斷的定義，也反對另一種說法，即認為某種近於完善的統一性是任何民族市場形成的必備條件。如果這一標準得以成立，那麼法國就談不上民族市場。與歐洲各地一樣，小麥市場在法國至關重要，它在法國分成三個區域：東北區價格較低，價格變化呈鋸齒狀；地中海區價格較高，但起伏不大；相當厚實的大西洋區，性質居二者之間[63]。照這麼說來，一切就都講不通了。我們可以附和特雷揚．斯托雅諾維奇的看法，認為「在歐洲，『民族國家』與民族市場恰相吻合的地區只有英國和聯省共和國」。但不列顛諸島的小麥價格也不整齊劃一，因為饑荒和歉收有時在英格蘭，有時在蘇格蘭，有時又在愛爾蘭出現。

莫里諾持論更苛刻。他寫道，「當一個民族對外沒有封閉，對內沒有形成統一的市場時，難道能說它是適於估算（指從宏觀經濟計量角度所作的各種估算）的基本單位嗎？歐洲當今形勢使我們重新意識到的地區差別，在十六、十七、十八世紀已經存在。人們難以提供在這些遙遠年代的德意志或義大利的國民生產總值，因為這兩個國家在政治上是分裂的。也因為這一總值在經濟上毫無用處：薩克森和萊因主教轄區的生活方式不同；那不勒斯王國、教皇國、托斯卡尼和威尼斯共和國也各按自己的方式生活。[64]」

我們不去逐條批駁這種看法（就英國而言，在英格蘭、康瓦爾郡、威爾斯、蘇格蘭、愛爾蘭之間，乃至在整個不列顛群島的「高地」與「低地」之間，不也存在地區差別嗎？今天世界各地，省與省之間不也存在強烈差異嗎？），但要指出，阿貝爾[65]曾想計算德意志十六世紀的國民生產總值。海關史專家奧托．斯托爾茲[66]認為十八世紀末橫貫整個神聖羅馬帝國的通衢大道「締造了某種統一」；約爾若．塔狄克[67]一再講到鄂圖曼治下的巴爾幹人從十六世紀就建成民族市場，創辦了若干如多瑙河畔斯特魯米查附近的多爾雅尼交易會那樣活躍、擁擠的定期市集：維拉爾[68]認為「十八世紀下半葉西班牙形成了一個對加泰隆尼亞有利的真正的民族市場必。既然如此，想要算出查理四世時代西班牙的國民生產總值，又有什麼荒謬可言？至於「對外封閉」的民族的概念，很難想像在這個走私盛行的時代有一個民族能閉關自守。英國在十八世紀也未能做到這一點，它的邊境表面上防範甚嚴，其實直至一七八五年茶葉走私都暢行無阻；一個世紀以前，一六九八年，就有人說英國「四門大開，貨物一經入境便得到安全，因而走私尤其容易」[69]。絲綢、天鵝絨、燒酒等商品，主要來自法國，在海岸上某一看守疏忽的地點卸貨後，便能安然運交市場和轉賣商，不必擔心再有盤查。

無論如何，我們並不尋求一個「完善的」民族市場，這樣一種市場今天也不存在。我們尋求的是一種類型的內部機制及其與廣大世界的關係，即卡爾．布歇爾[70]針對「城市經濟」而相應地稱之為「領土經濟」的東西。關於城市經濟，我們在前面幾章裡已經講得很多；領土經濟是一個龐大的經濟體系，在空間延伸很廣，如人們有時所說，「遍及全國」，同時它又相當統一，使政府能夠程度不同地加以操縱。重商主義恰恰意識到從總體上操縱一國經濟的可能性，或簡單地說是在摸索建立民族市場的途徑。

領土經濟和城市經濟

人們只是通過與民族市場提出的問題相比較，才能了解領土經濟和城市經濟的內在差別。

這裡說的是內在差別。因為一眼可見的差別，如體積和面積的差別，其實並不如表面所見的那麼大。略加誇張，我們可以說「領土」是個面，城市國家只是一個點。但是，無論佔統治地位的領土或佔統治地位的城市，都把一個外部區域置於自己控制之下，都要為自己擴張地域。就威尼斯、阿姆斯特丹或大不列顛而言，都要形成不折不扣的經濟世界。這兩大經濟形式原先佔有的空間後來已被大大超越，以至已失去其最初作為區分標準的重要性。尤其，在這一超越過程中，兩大體系彼此相似。威尼斯在黎凡特地區是殖民大國，猶如荷蘭在南洋群島，英國在印度一樣。城市和領土以同樣方式緊緊抓住一個國際經濟體系，後者支撐了它們，它們也加強了後者。城市和領土的統治手段，「運行」手段乃至逐日生活手段都是相同的：艦隊、軍隊、暴力，必要時行使狡計乃至背信棄義——請想一想威尼斯的十人會議和後來的英國情報部，就會明白。「中央」銀行[71]最早在威尼斯出現（一五八五），後來在阿姆斯特丹（一六〇九）和英國（一六九四）成立。金特爾伯吉[72]認為中央銀行是「在別無選擇時使用的辦法」，我卻以為它們首先是權力與國際統治的工具：我幫助你，救活你，但是你得聽我擺佈。正如我為使讀者也使我自己信服而反覆指出的，帝國主義、殖民主義與世界一樣古老，任何強力的統治都暗藏資本主義。

如果從經濟世界的角度看問題，那麼從威尼斯到阿姆斯特丹再到英國，就沒有離開同一個運動，始終停留在同一個整體實在之中。民族體系和城市體系的差異和對立在於它們各自特有的結構。城邦國家逃避粗笨的第一產業：威尼斯、熱那亞、阿姆斯特丹吃的小麥、食油、鹽乃至肉類等等，統統來自對外貿易；它們從外部得到它們消費的木材、原料乃至許多手工產品。是誰，用什麼方式——古老的或現代的——生產這些產品對它們無關緊要：它們只要在過程終端接收產品就夠了，在過程終端自有它們的代理人或本地商人為它們把產品貯存起來。為它們的生存以及它們的奢侈所需的第一產業全部或大部都在它們的國土之外，別人為它們生產，它們不需要為生產在經濟或社會方面遇到困難而操心。它們大概未必充分意識到自己佔了大便宜，更多的倒是想到不便之處。它們為仰給於國外感到不安（雖然金錢的力量實際上使這種依賴性化為烏有）。所有佔統治地位的城市確實都努力擴大領土，發展自己的農業和工業。是什麼樣的農業和工業呢？必定是最值錢的，最有利可圖的產品。因為，既然總要進口，佛羅倫斯不如進口西西里的小麥，而在托斯卡尼種植葡萄和橄欖。所以城邦國家的情況必定是：（一）其農村人口和城市人口之間保持「現代化」的關係；（二）若有農業，必定優先發展有厚利可圖的種植業，而且自然地吸引資本主義投資。荷蘭很早發展了一個「先進」的農業部門，並不是事出偶然，也不是因為它的土質好；（三）它們擁有一些奢侈品工業，往往很興隆。

城市經濟就這樣擺脫了被達尼埃爾．托爾內稱之為一切有效發展必經階段的「農業經濟」。相反，致力於政治統一和經濟建設的領土國家，長期陷於發展緩慢的農業經濟而不能自拔，其處境與當今許多不發達國家相同。一個幅員遼闊的國家通常都要借助戰爭實現其政治統一，因而開支甚多，更加需要廣闢稅源，而收稅就需要設置管理機構，為維持管理機構又需要更多的錢和更多的稅……但是，在農村人口佔百分之九十的國家裡，稅收是否成功要看國家能否有效地向農民收稅，看農民是否放棄自給自足，是否同意生產剩餘產品，在市場上出售，並養活城市。而這還不過是第一步。因為農民應該隨後也會富裕起來，也要求消費手工業產品，從而也出力養活手工業者。正在形成中的領土國家要做的事情委實太多，無暇立即去

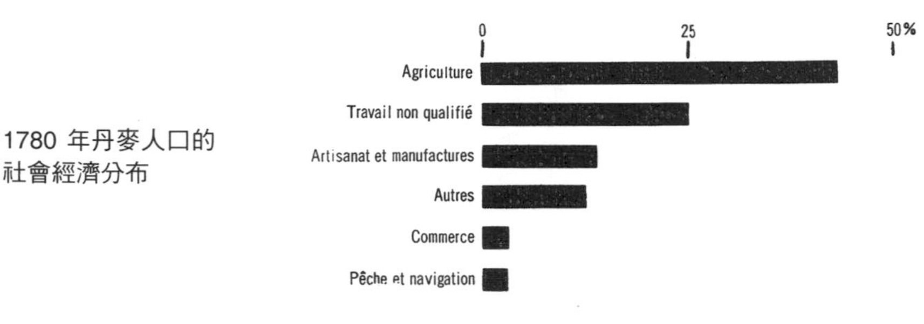

1780 年丹麥人口的社會經濟分布

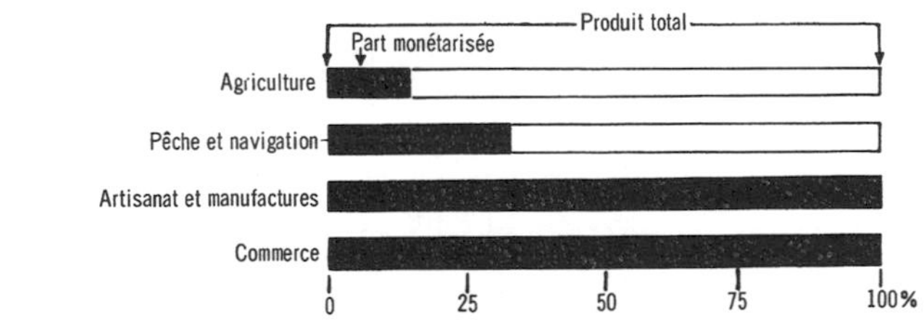

各部門產品進入貨幣流通的比重

表(29)　工商業推動貨幣經濟的發展

絕大多數城市活動屬於工商業活動，這也正是何以城市長期優越於領土國家的原因。據格拉曼提供的資料繪製。

征服世界大市場。為了生存，為了收支平衡，它需要促進農業和手工業生產的商品化，組織笨重的行政機器。它為此消耗全部精力。我很願意從這個角度介紹查理七世和路易十一時代的法國歷史。但是這段歷史已盡人皆知，它的說服力也就減弱了。那就不妨舉莫斯科公國，乃至大蒙兀兒帝國前的德里蘇丹國為例。後者是個奇妙的例子，我們下文還要提到。德里蘇丹國早在十四世紀上半葉就在其遼闊疆域內發展一種貨幣經濟。這一貨幣經濟以市場為依託，並通過市場，開發和促進鄉村經濟。國家財政收入嚴重依賴農業的收成。穆哈馬德．土格魯格蘇丹（一三二五－一三五一）為此推廣開鑿水井，向農民提供資金和種子，並通過行政部門的推動，鼓勵農民選種甘蔗等高產值作物[73]。

有鑑於此，資本主義所取得的最早的成就，資本主義最早對經濟世界的出色控制，應歸功於城市，也就不足為奇了。同樣不足為奇的是倫敦作為民族國家的首都，花了這麼長時間才趕上比它更靈活、更敏捷的阿姆斯特丹。任何民族市場的形成，都必須在農業、商業、運輸、工業、供應與需求之間達到艱難的平衡，英國自從達到這一平衡後，便顯示自己對小小荷蘭的無比優越；荷蘭這個蕞爾小國從此已永遠喪失稱霸世界的資格，而業已建立了民族市場的英國卻如虎添翼。金特爾伯吉[74]問過，為什麼震撼荷蘭的商業革命沒有把它引向工業革命。其中一條理由無疑是荷蘭不擁有真正的民族市場。對於安托尼奧．加西亞－巴克洛－貢薩雷茲[75]就十八世紀西班牙提出的問題可作同樣答覆，西班牙與殖民地的貿易儘管飛速發展，工業革命卻舉步維艱（加泰隆尼亞除外）。這是否因為西班牙的民族市場還不完善，各部份之間缺乏聯繫，經常出現明顯的呆滯現象？

計量

我們需要做的，是給正在形成或已經形成的國民經濟的總體過一次磅，是記下它們在這一或那一時期的重量，看它們是增長了，還是萎縮了。此外還需要比較它們在某一時期各自達到的水平。我們因此需要借鑑比拉瓦謝（一七九一）的經典計算還早得多的許多早期計量成果。威廉·佩蒂[76]（一六二三—一六八七）曾試圖比較聯省共和國與法國：二者人口之比為一比三，耕地之比為一比八十一，財富之比為一比三；格雷戈里·金[77]（一六四八—一七一二）也就他那個時代的三大強國荷蘭、英國和法國作比較。此外還有十來個「計算者」加入這一行列，從沃邦到品托直至杜爾哥本人。波阿吉貝爾（一六四八—一七一四）有一段悲愴的文字（一六九六年的法國確實也沒有令人欣喜或寬慰的景象），我們今天讀來依然受到衝擊：「……且不說事情可能會怎麼變，僅就既成事實而言，人們確認〔法國國民〕生產總值今天與四十年前相比，其工商業收益每年約少五百、六百萬。而且這一病症日益嚴重，收益日漸減少；因為同樣的原因始終存在，甚至變本加厲，而國王的收入也未見增加。從一六六〇年以來，國王收入的增長幅度很小，僅增加了三分之一左右，而二百年以前，總是每隔三十年增加一倍」[78]。這段文字確實引人注目。同樣值得欽佩的是，品托[79]把英國從土地到礦產的整個國民產值劃為十一個項目，這一區分與今天宏觀經濟計量使用的分類界限大致相似。

通過從前有關國民「財富」的研究，通過我們能夠收集到的零碎數字，是否有可能根據「總量分析觀點[80]」去觀察過去？一九二四年[81]前後開始形成的宏觀經濟計量法已使我們習慣於從這一角度看問題。這種計算方法當然有其缺點，但是貝洛什說得對[82]，它們暫時仍不失為通過當今的經濟——我補充說，也是通過過去的經濟——把握經濟增長這個根本問題的唯一方法。

我甚至同意馬克祖斯基（Jean Marczewski）的意見[83]，認為宏觀經濟計量不僅是一門技術，而且本身已是一門科學，它與政治經濟學合併，將使後者成為一門實驗科學。

請讀者不要誤會我的意圖，我並不在為具有革命意義的經濟史樹立第一批界樁。我只希望在明確了對歷史學家有用的有關宏觀經濟計量的幾個概念後，就回到基本的計算上來，我們掌握的資料與本書的篇幅只允許我們從事基本計算。我只求得出一些數量級，努力闡明一些關係、係數與接近真實的（如果還談不上可靠的）乘數，指出通向尚未開展而且近期內不可能開展的大量研究工作的道路。這些數量級至少能使我們推敲出建立某種歷史宏觀計量學的可能性。

三個變量，三個數量級

第一個變量是國民財富，是緩慢波動的財富積累；第二個變量是國民收入，是一種流量；第三個變量是人均收入，是按人計算的一種比率。

國民財富是一國財富的總量，是國民經濟積儲的總和，是正在投入或可能投入生產過程的資本總額。這個概念當年曾使「算術家們」[84]為之神往，可惜今天已很少使用。我曾向一位經濟學家[85]請教若干問題，他在答覆其中一個問題時說：今天還不存在「國民財富的宏觀計量學」，因而使「這類計量不夠正規，並使我們的計量科學不夠完善」。對於企圖衡量在經濟發展過程中積累起來的資本的作用的歷史學家來說，這一缺陷實在令人遺憾。他們有時注意到，國民財富具有顯而易見的效能；有時卻又發現，當資本徒勞地尋找投資場所時，單靠積儲的財富不能推動經濟發展；有時還發現，即使在有利時機下，國民財富仍遲遲不能投入預示未來的活動，似乎在惰性和守舊的束縛下不能自拔。英國工業革命的誕生在很大程度上處在大資本之外，倫敦之外。

我已經指出國民收入與資本積儲的比例關係的重要性[86]。顧志耐[87]認為這一比率為七比一到三比一；也就是說，一個舊式經濟需要把多至七個正常年頭生產的財富積儲起來，以便保證生產運轉。越接近現代，這個數字就越小。資本的效率可見越來越高，事情似乎也理應如此，我們這裡所考慮的當然只是資本的經濟效率。

國民收入初看起來是個簡單概念：宏觀經濟計量學不就是要把「一國的經濟比作一個巨大的企業」嗎[88]？但是這個簡單的概念卻曾引起專家們的「煩瑣」爭論，乃至「筆墨官司」[89]。時間平息了這些論戰，今天人們提供給我們的各種定義（實際上不如表面上那麼清楚）彼此十分相似。姑舉顧志耐（一九四一）的簡法公式為例：「一個國家在一年中生產的全部經濟財富的淨值」[90]，或者貝爾納與考利比較複雜的說法：「一個國家在一定時期內創造的資源、財富和勞務的總和」[91]。重要的是應該懂得，如克洛德．維蒙[92]所說，國民收入可從三個角度考察：生產、個人和國家所得的收入，以及開支。我們要做的事情不是求出一個總和，而是至少三個總和。只要人們稍微動點腦子，自會明白需要求出的總和會有所增減，全看你是去掉還是保留稅收總額，是去掉還是保留在生產過程中佔用的資金的利息，是按出廠價格（各生產要素的成本）還是市場價格（包括稅款）進行計算……我勸願意鑽出這個迷宮的歷史學家參考貝洛什[93]那篇提綱挈領的文章，他教讀者在視不同情況增減百分之二、百分之五或百分之十九的同時，怎樣從一個總和過渡到另一個總和。

需要記住三個重要的等式：（一）國民生產總值＝國民生產淨值加稅收額再加佔用資金的利息；（二）國民生產淨值＝國民收入淨值；（三）國民收入淨值＝消費加儲蓄。

從事這方面研究的歷史學家至少有三條路可走：從消費、收入或生產出發。但是不能要求過高。我們心安理得地擺弄的這些數字，據今天的了解，約有十到百分之二十的誤差，有關過去經濟的數字誤差至少達百分之三十。因此不可能做到精確。我們憑藉的是些變數和粗略的和數。何況歷史學家們已經習慣於——且不管是好習慣還是壞習慣——談論國民生產總值，而不把它同淨產值相區分。區分又有什麼用處？國民收入或國民產值（毛值或淨值）在我們的視野內混淆不清。對於某一時代和某一經濟，我們尋找的和找到的只是其財富的最低記錄，只是一個近似數，它只是與其他經濟的數量級相比才有意義。

人均國民收入是一項比率：分子是國民生產總值，分母是人口。如果生產增長速度大於人口增長，人均國民收入就增加，反之就減少；另有第三種可能性，即比率不變，人均國民收入原地踏步。對於企圖測定經濟增長的人來說，確定國民大眾平均生活水平以及這一水平變化的係數是解開困難的鑰匙。歷史學家長期以來一直努力通過價格和實際工資的運動，或者通過家庭主婦「菜籃子」的變化來了解這一係數。符拉斯蒂埃（Jean Fourastié）、格朗達米和阿貝爾的圖表（見本書第一卷）以及菲爾普斯・布朗和霍普金斯的圖表（見本卷）概括了這些嘗試的結果。它們如果未能說明平均收入的實際水平，至少說明了這一水平的變化趨勢。人們一直認為最低工資——即泥瓦匠幫工（我們對這個人物相當了解，這個人物對歷史研究具有獨一無二的價值）的工資——大體上隨著平均生活水平的變化而變化。貝洛什[94]最近一篇具有振聾發聵意義的文章說明了這個觀點。如果人們知道小工的工資——即「保底工資」（類似法國的「汰定最低工資」）——的精確數額，按照貝洛什的說法，只要將日工資乘以一百九十六，就能得出他根據統計資料研究的十九世紀的人均國民收入。從結構主義觀點來看，這就是發現了一種特別能說明問題的相互關係。這個出人意外和最初令人難以置信的係數是根據十九世紀的豐富統計數字測算的，而不是從理論上推測的。

這個係數對十九世紀的歐洲相當適用。貝洛什[95]對一六八八以及一七七〇至一七七八年的英國進行了探索，這次未免過於倉促，他算出一六八八年，在格雷戈里・金的時代，這一係數約為一百六十，而在一七七〇至一七七八年間則在二百六十上下。然而，他更加倉促地得出結論說，「計算取得的全部數據允許我們假設，採用平均為二百的係數應是研究十六、十七和十八世紀歐洲社會的可靠途徑」。我沒有他那麼自信，從他的看法中，我記住的是這所謂的係數曾有上升趨勢，這意味著，假定其他條件不變，人均收入曾相對地呈上升趨勢。

用十七幅圖畫表示的聯省共和國的「生活費料」或國民生產總值。考克作版畫，1794年。1.紡織。2.黃油與奶酪生產。3.捕鯡魚。4.捕鯨。5.泥炭開採。6.造船。7.阿姆斯特丹市政廳與公秤所。8.森林工業、鋸木業與造紙業。9.德克塞島。10.開礦。11.葡萄酒銷售業。12.農業與糧食貿易。13.煙草、糖與咖啡銷售業。15.鹿特丹交易所。16.商站。17.阿姆斯特丹交易所。

威尼斯兵工廠的工人一五三四年的日工資為二十二索地（夏季為二十四，冬季為二十）[96]，乘以二百即得到四千四百索地的平均收入，即三十五達克特，相當於羊毛行業工匠年工資（一百四十八達克特）的四分之一。雖說毛織工匠在威尼斯地位優越，但是三十五達克特的年收入我總覺得少了一點。如果我們接受這個數字，威尼斯的國民生產總值[97]（二十萬居民）則為七百萬達克特。我用別的算法算出的數字為七百四十萬達克特[98]，威尼斯史專家們還認為這個數字太低。兩個數字接近畢竟不是壞事。

另一個例子：一五二五年左右，奧爾良的小工日工資為二蘇九德尼埃[99]。如果人們同樣用二百去乘（居民數為一仟五百萬），得出的國民收入數將大大高於斯普納的圖表標出的最高數。所以，二百這個比數對威尼斯偏低，對同一時期的奧爾良又顯得太高。

最後一個例子：一七〇七年，沃邦在《國王十一稅》中把織工的工資選定為「工人」的平均工資。織工平均每年工作一百八十天，日工資為十二蘇，即年薪為一百〇八里佛[100]。以這個工資為基數，平均收入（十二蘇乘二百）應為二千四百蘇或一百二十里佛。按這種算法，織工的生活水準就略低於平均水平（一百〇八比一百二十），這倒是正常的。假定法國當時的人口為一千九百萬，法國的國民生產總值約為二千二百八十萬里佛。這一項結果與夏爾．杜鐸從沃邦的分行[101]估計數字出發計算得出的結果幾乎完全一致。這一次，二百的比數似乎十分恰當。

當然，還需要做上百次類似上面做過的核對，才能對這種算法建立信念，或者大致上可以放心。初看起來，這種核對工作並不困難。我們掌握許多資料。如我們剛才提到的杜鐸[102]就曾想弄清楚，法國王室的實際收入在漫長的歷史年代中是否有所增加。總之，他試圖——借用我們今天的說法——根據不變價格，不變的里佛，計算王室的收入。那就需要比較不同時代的價格。他選擇的價格很有趣（是否說明問題是另一回事）：一頭山羊羔、一隻雞、一隻小鵝、一頭牛犢、一頭豬、一隻兔……在這些他認為有代表性的物價之中，他記下一名壯工的工資：一五〇八年，在奧文尼為六德尼埃；同一時期在香檳區為一蘇……然後他去尋求這些價格與一七三五年，路易十五時代的價格的對應關係：小工的工資那時增加到夏天十二蘇，冬天六蘇。照此計算，二百這個係數會把我們引到什麼地方？它似乎不適用於十六世紀，最發達的國家除外。

無論如何，貝洛什的嘗試使無數彼此孤立、一直無人注意的工資數據獲得意義。它使我們可以進行比較。它也重新提出（如果我沒有理解錯）從未得到徹底解決的舊制度下工作日與休息日數量的問題，迫使我們再次闖入工資史的莽莽叢林。十八世紀的一份工資究竟是什麼呢？難道首先不應該拿它司一個家庭的開支（不是一個人的生活）進行一番對照嗎？這就有一系列工作等待我們去做。

三個模糊的概念

我們已明確了手段和工具。還需要明確一些概念。至少有三個詞有待討論：增長（croissance）、發展（développement）和進步（progrès）。前兩個詞在法語裡可以互換，猶如英語的「growth」和「development」，德語的「Wachstum」和「Entwicklung」（後一個詞為約瑟夫．熊彼得[103]所用，但日趨消失）；義大利語基本上只用一個詞「sviluppo」；西班牙語有兩個詞，「crecimiento」和「desarollo」，只有拉丁美洲的經濟學家區分這兩個詞的意義。據顧爾德說，他們必須區別與結構有關的發展（desarollo）和主要涉及人均收入的增長（crecimiento）[104]。為了迅速而穩妥地推行經濟現代化計畫，確實不能不區分兩個並不始終齊頭並進的指標，一個涉及國民生產總值，另一個與人均收入有關。概括地說，如果我的觀察目標是國民生產總值，我就關心「發展」，如果我轉向人均國民收入，我就更注意「增長」。

當今世界上，這兩種運動在某些經濟中是重合的，例如在西方就是這樣，人們於是趨向於只用一個詞；反之，在另一些經濟裡它們有所區別，甚至互相對立。歷史學家面臨的形勢更加複雜：他所看到的既有「增長」也有「負增長」；既有發展（十三、十六、十八世紀），也有停滯和後退（十四、十七世紀）。十四世紀的歐洲曾有朝著舊式城市和社會結構方向的倒退，前資本主義結構發展的一度停頓。與此同時，令人困惑的卻是人均收入都在增長。西歐人吃的麵包和肉從沒有像在十五世紀那麼多[105]。

不僅如此，還有別的對立。如十八世紀歐洲各國的競爭中，葡萄牙雖然沒有更新結構，但因開發巴西獲利頗豐，因而人均國民收入高於法國。葡萄牙國王大概是歐洲最富有的君主。對於這樣一個葡萄牙，你既不能說它在發展，也不能說它在後退，今天的科威特也同樣如此，雖然它有世界最高的人均收入。在這場討論中，遺憾的是「進步」一詞幾乎完全被拋在一邊。它的意義大致上與「發展」相同，而歷史學家為圖方便，區分中性發展（不打破現有的結構）和非中性進步（衝破原來的框架）[106]。所以，如果不死摳字眼，我們也許可以說發展是非中性進步，而石油給科威特源源不斷帶來的財富，巴西黃金給蓬巴爾（Pombal）的葡萄牙帶來的財富，則是中性進步。

數量級和相關係數

一九七六年普拉托討論會[107]表明，許多歷史學家對歷史宏觀經濟計量持懷疑乃至敵對態度。我們掌握的數字不但分散，而且不甚可靠。今天的統計學家會摒棄這些數字，因為他還有別的數字可資憑藉。不幸的是我們的情況與他們不同。雖說在追溯歷史時不能得出量值系列，但我們盡可以找出量值之間的相關係數，逐步重建一些總和，進而算出另一些總和。也就是說模仿瓦格曼在《作為偵探的數字》[108]中的做法，這本小書寫得很怪，很少有人讀過。當然，這裡的偵探不是數字，而是處理數字的人。

既然我們掌握的僅是數量級，我們的目的主要是要讓這些數字相互驗證和彼此核實。難道沒有一些幾乎不存爭議的比例嗎？如根據十九世紀前的人口數，大致可確定城鄉居民的比例：十八世紀的荷蘭在這方面創下記錄，其城鄉人口各佔百分之五十[109]。同一時期的英國，城市人口佔總人口的百分之三十[110]，法國則佔十五至百分之十七[111]。這些百分比本身都是整體指示性數據。

推測人口密度是項很有意義的工作，但很少有人做這項工作。瓦格曼為一九三九年繪製的圖表[112]並非如他本人認為的那樣，適用所有時代。我在上面複製這張圖表，是因它包含一個可能的道理，即存在一些密度界限，超過這些界限就進入吉利時期或不祥時期。有利或不利的人口密度對前工業化時代的經濟和社會影響之大，猶如它們今天對於不發達國家的影響。一個民族市場的成熟或瓦解，其部份原因在於人口。人口增長並非始終如人們通常認為的那樣具進步的和建設性的作用。不如說，它在一定時期內可能發生這個作用，但過了某一界限，形勢就出現逆轉。問題在於，我認為這條界限隨著市場和生產的技術，隨著交換的性質和數量發生變化。

觀察就業人口在經濟各部門的分布情況[113]，也有必要。我們了解一六六二年聯省共和國[114]，一六八八年左右的英國[115]，一七五八年的法國[116]和一七八三年的丹麥[117]的就業分布情況……格雷戈里·金估計英國一六八八年國民產值為四千三百萬英鎊，其中農業佔二千多萬鎊，工業略低於一千萬鎊，商業略高於五百萬鎊。這些比例不同於魁奈的模式[118]（農業佔五百億圖爾里佛，工業加商業佔二百億）；路易十五時代的法國比英國在更大程度上被淹沒在農村活動的汪洋大海裡。惟有阿貝爾[119]根據魁奈（François Quesnay）的模式作了近似計算，他認為十六世紀的德國，在經歷三十年戰爭的摧殘前，較之十八世紀的法國，更加具有農業國的深刻特徵。

農業產值和工業產值之間的比例關係（A／I）在各地都發生有利於工業的變化，但這一變化十分緩慢。直到一八一一至一八二一年間[120]，英國工業產值才超過農業。法國工業產值在一八八五年前仍低於農業，德國與美國的工業產值趕上來較早，前者於一八六五年[121]，後者於一八六九年[122]。我對十五世紀整個地中海地

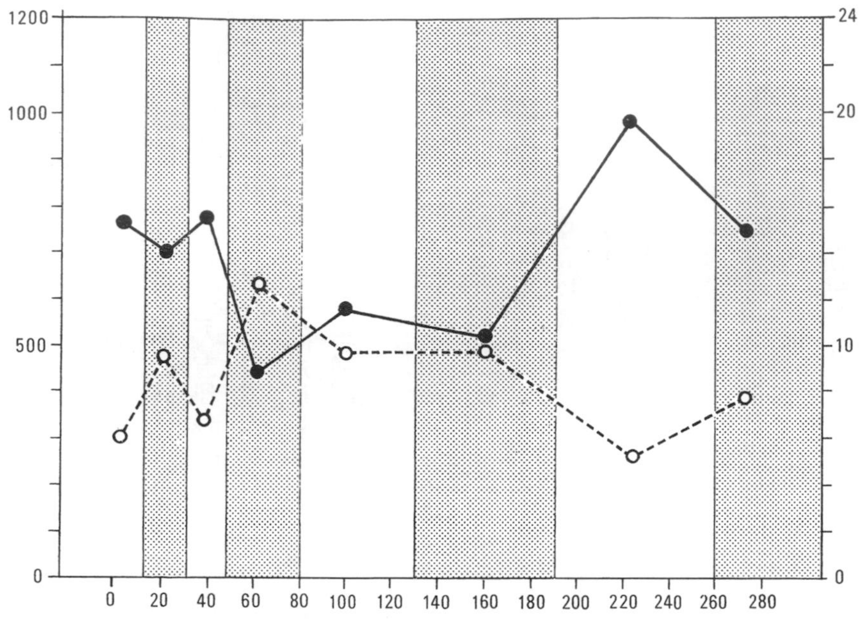

表(30)　瓦格曼的界限

本圖表（見《經濟、社會、文明年鑑》，1960 年第 501 頁，布勞岱爾根濾瓦格曼在《世界經濟》，1952 年第 1 期，第 59 至 62 頁提供的材料繪製）區分兩種人口密度，一種（空白欄）屬於吉利時期，另一種（灰點欄）屬於不祥時期，不管涉及哪一個國家。資料來自 30 來個國家 1939 年的統計。使用了三個數據：人口密度、就業人口平均收入（黑圖）和嬰兒死亡率（白圈）。瓦格曼在從空間轉入時間時，草率地作結論說，一國的人口在增長過程中每當越過表中所示的某一界限，便交替地從吉利時期轉入不祥時期。圖中左側指標為「就業人口平均收入（美元）」；右側為「嬰兒死亡率」；圖下指標示「人口密度」。

區作了不太有把握的計算[123]，得出工業產值與農業產值的比率為一比五，這一比率可能適用於同時代的整個歐洲。如果我的估計正確，人們就能由此看到歐洲走過了多長的一段路。另一個相關係數是國民財富和國民產值之間的比例關係。凱因斯習慣把他那個時代世界各國的資本儲備估計為國民收入的三倍或四倍。加爾曼和哥爾德斯密[124]確定十九世紀美國資本儲備和國民收入的比率分別為三比一和四比一；對於當今一些發展中國家，比率則為從五比一到三比一。顧志耐[125]認為，過去經濟中的比率在三比一和七比一之間徘徊。格雷戈里·金的估計確實很難在這裡應用。金認為，一六八八年英國的國民財富高達六億五千萬英鎊，其中土地佔二億三千四百萬鎊，勞動力佔三億三千萬鎊，餘下的八千六百萬鎊分解為牲畜（二千五百萬鎊）、貴金屬（二千八百萬鎊）和其他（三千三百萬鎊）。如果從中扣除代表勞動力的數額，則英國的國民財富達三億二千萬鎊，國民產值為四千三百四十萬鎊，比率為七比一。

愛麗絲·漢森·瓊斯[126]通過對幾個美洲殖民地的調查，計算出它們的國民財富，然後利用上述的可能係數推算各殖民地一七七四年的人均收入。她得到的數字在二百美元（比率為一比五）和三百三十五美元（比率為一比三）之間，於是她得出結論：美國在獨立前的生活水平高於歐洲各國。這一結論如果正確，自有其意義。

國債與國民生產總值

國家財政涉及許多數字，在它們之間能找到相關係數。這些係數為重建以往的宏觀經濟計量的嘗試提供了最基本的框架。例如在國債（我們知道它在十八世紀英國起的作用）和國民生產總值之間存在某種比例關係[127]。國債最多可以達到國民收入的兩倍，超過就會引起麻煩。據此也就得到證明，英國的財政狀況良好，因為即便在最困難的時候，如一七八三和一八〇一年，英國國債也未達到國民生產總值的兩倍。上限從未被衝破。

假定這是一項普遍適用的法則，那年法國在一五六一年也並非岌岌可危。那麼一月十三日，掌璽大臣米歇爾·德·洛比塔爾承認，國債已達四千三百萬里佛[128]，即國家預算的四倍，引起全國的震驚，而根據可能係數算出的法國當時的國民生產總值至少為二億里佛。瑪麗亞─德蕾莎時代的奧地利也沒有危險：奧地利皇位繼承戰爭（一七四八）後，國家收入為四千萬弗洛林，債台高築，達二億八千萬弗洛林，但是當時奧地利的國民生產總值應為五億至六億弗洛林。即便國民生產總值僅為二億弗洛林，這一國債總額原則上還是可以承受的。隨後的七年戰爭開支浩大，瑪麗亞－德蕾莎終於下決心放棄好戰政策。她甚至改善了財政狀況，把國債利率降低到百分之四[129]。

事實上，國債造成的困難在很大程度上同時取決於財政管理狀況和公眾信心的大小。法國一七八九年的國債並未超過國家的承受能力（債務為三十億，國民生產總值為二十億左右）；一切正常或者理應太平無事。但是法國的財政政策既不連貫，效率又低，遠不如英國那麼精明。法國處在一場財政危機和一場政治危機夾擊之下，但並非僅僅因國家貧窮而發生了危機。

另一些比例關係

我們將探討貨幣總量、國民財富、國民收入和國家預算間的比例關係。

格雷戈里·金[130]估計在他本國流通的貴金屬總量為二千八百萬英鎊，而國民財富為三億二千萬英鎊，前者等於後者的百分之十一點四二。如果我們接受二者的大致比例為一比十，路易十六時代法國的貨幣儲備估計為十億或十二億圖爾里佛（我以為這個數字太低），那麼當時法國的國民財富至少為一百億至一百二十億。我們也可以比較英國一六六八年的貨幣儲備和國民生產總值（不僅是國民財富），但是與貨幣流通量作比較不可能帶來較大的收穫。確實，當時的人總要隔好長時間，才想起估計一下貨幣流通量；我們有時在一百年內只找到一個數字，這還算運氣不錯。

相反，國家預算通常是逐年公布的；我們在預算中能找到令人欣慰的系列性資料。因此一九七六年的普拉托一周討論會選定「國家財政和國民生產總值」為討論題目。這個討論會如果沒有解決任何問題，至少清理了場地。前工業經濟中，國民生產總值除以國家預算的商數通常應停留在十和二十之間。二十為最低係數，即預算佔國民生產總值的百分之五（納稅人額手稱慶），十為最高係數，到那時引起的就不止是一般的怨言了。沃邦對稅收持現代觀念（《國王十一稅法草案》建議廢除現有的一切直接稅、間接稅和通行稅，代之以單一的「所得稅」，任何收益均「不得豁免」，每人「根據自己的收入」[131]納稅）他認為稅率絕不應超過百分之十。他估量了法國各行業就業人員的收入，根據社會各階層的收入狀況調整稅率，算出這個一攬子方案所能提供的稅收，從而證明自己的建議完全有理。他最後得出結論說，假如稅收達到國民總收入的百分之十，這將超過法國迄今為止的最大戰爭預算，即一億六千萬汰郎。

但是到十八世紀情況就變了。彼得馬賽厄斯和帕特里克，奧布賴恩[132]在一篇很具啟發性的文章裡介紹了從一七一五年起法國和英國的稅收狀況。他們算出的數字，拿來與沃邦的數字比較，可惜不盡相宜，因為這些數字只涉及實物生產。（農業和「工業」生產）而沃邦的數字還加上城市不動產收入、磨坊收入以及公私勞務收入（僕役、王國行政、自由職業、運輸、商業……）然而比較英法兩國稅收額佔實物生產的比例還是有意義

納稅圖。小布魯蓋爾（1564-1636）作，根特美術館藏品。

的。在法國，從一七一五至一八〇〇年，比例幾乎一直高於百分之十（一七一五年百分之十一，一七三五年百分之十七，一七七〇年和一七七五年分別為九和百分之十，一八〇三年百分之十）。英國的稅收負擔特別重：一七一五年為百分之十七，一七五〇年百分之十八，一八〇〇年拿破崙戰爭期間為百分之二十四。一八五〇年降為百分之十。

顯然，稅收壓力的輕重程度起到很好的指示作用，因為稅額視不同的國家和時代而異，至少隨著戰爭而變化。於是我們找到一個方法：為使問題簡單化，作為一個假設，我們可以通常的五至百分之十這一係數出發推算：如聖馬可市政會議的稅收總額於一五八八年為一百一十三萬一千五百四十二達克特[133]，威尼斯國民生產總值應在一千一百萬和二千二百萬達克特之間。如一七七九年沙皇的收入（俄國仍是舊式經濟）達到二千五百萬至三千萬盧布[134]，國民生產總值應在一億二千五百萬至三億盧布之間。

「剪刀差」極大。但是，一旦我們確定這個差別，對照各國的情況，就能看出它們各自的稅收壓力的大小。十六世紀末的威尼斯與其他一些城市經濟一樣，稅收壓力超過領土國家習慣的比例。後者一般在百分之五的低水平上徘徊，而威尼斯似乎突破了百分之十的上限。我曾嘗試用不同方法從羊毛業工匠和兵工廠小工的工資[135]出發計算威尼斯的國民生產總值，得出的數字遠遠低於一千一百萬達克特，約在七百萬至七百七十萬達克特之間。也就是說威尼斯的稅收負擔在那個時代大得驚人，約佔國民總產值的十四至百分之十六。

重要的是用威尼斯以外的例子去核實城市經濟承受的稅收壓力已處於最高極限。呂西安・費弗爾在研究梅斯併入法國那一年（一五五二）[136]的經濟情況時預感到這一事實，但拿不出明顯的證據。城邦國家的稅收在十六世紀是否達到了危險的界限，越過這個界限，舊制度下的經濟就有崩潰的危險？關於在城市統治下的經濟（包括十八世紀阿姆斯特丹經濟在內）的衰退，這是否提供了補充解釋？

今天的經濟顯示自己有能力承受國家貪得無厭的榨取。一九七四年，國家稅收等於法國和聯邦德國國民生產總值的百分之三十八，英國的百分之三十六，美國的百分之三十三（一九七五），義大利的百分之三十二，日本的百分之二十二[137]。稅收增加相對說是近幾年開始的現象，由於國家扮演保護人的角色，把增加稅收作為抑制通貨膨脹和減少消費的手段，這一現象一年比一年加劇。通貨膨脹依舊如脫韁之馬，一些持反對意見的經濟學家[138]於是認為稅收過重應對當前的危機與通貨膨脹負很大的責任。人們清楚地認識到高稅收負擔的界限一旦被越過，就會使高度發達的經濟蒙受危險。雖然當今的界限與幾百年前西方最發達的經濟的界限不在同一個水平上，但是今天發現的問題與過去的問題屬於同一性質。

承認在預算和國民產值之間有一個相關係數，這就賦予預算以指示的價值。人們也就覺察到許多當代人，甚至許多歷史學家，他們的看法未免太簡單化。據他們說無所不能的國家若要充實國庫，只需增加稅收，或者繞個彎，從間接稅下手就行了；各種政體，特別是專制政體，無不視間接稅為取之不竭的財源。人們反覆說，由於一六三五年「公開」宣戰的需要，李希留大大增加了法國的稅務收入：從一六三五至一六四二年，法國的稅收增加一倍乃至兩倍。事實上，如果國民產值不同時增長，稅收既不可能真正增加，也不可能引起預算的持續增長。十七世紀上半葉可能正屬於這一情形，我們因此要贊同勒內·巴雷爾的意見，對李希留時代經濟活力的習慣看法作出修正。

從消費推算國民生產總值

為確定國民生產總值，既可從生產出發，也可從消費出發進行推算。魯賓遜給國民收入所下的定義是「組成一個民族的所有家庭在一年內的支出總額（加上淨投資支出和出口的盈餘或差額）」[139]。根據這個法則，如果我知道某一經濟的「活動者」的平均消費量，我先能算出該經濟的總消費量，再加上節省的生產總量——大致相當於儲蓄——以及外貿的盈餘或差額，我就得出國民生產總值的近似值。

赫克謝爾在《瑞典經濟史》（一九五四）[140] 中最早作過這種嘗試。斯普納利用同一方法在下文複製的圖表上繪出法國一五〇〇至一七五〇年間的國民生產總值曲線，安德烈契．維贊斯基研究了十六世紀的波蘭國民收入[141]。後者寫道：「即使數字（以往的宏觀經濟計量）不夠精確，也總比含糊的文字表述更具體、更接近歷史實在」，而歷史學家們一直滿足於文字表述。他接著解釋說：「我們的假設很簡單：任何國家的居民都要吃飯，食物開支因此佔據國民收入的大部份；更確切地說，相當於農業生產加上加工、運輸費用等等。國民收入的餘下部份由不生產其消費品的那一部份居民的勞動價值構成。」國民總產值可見包括三個要素：Cl，農業人口的食物消費；C2，非農業人口的消費；T，非農業人口的勞動。如果把外貿盈虧撇開不算，國民生產總值＝Cl＋C2＋T。這種簡單化計算有一個方便，是T大致上等於C2：僱佣勞動者（首先是城市人口）的收入比他們為維持生存繁衍所必需的費用多不了多少。

最後，維贊斯基區分城市和農村兩種國民收入。關於如何精確劃分城市和鄉村，我們且不要提太多的問題，先假定問題已經解決。在這兩種收入中，城市和國民收入比較容易增長，而這一增長勢必帶動整個國民收入的增長。所以，只要觀察城市的人口演變就能了解國民生產總值的增長情況。舉例說，參照喬治，居波[142]關於法國一八二一至一九一一年間城市人口增長的一整套幾乎連貫的數字——平均增長速度為每年百分之一點二——這條曲線表明，法國國民生產總值也應以同樣速度遞增。

這一推算不足為奇：城市（所有歷史學家都同意這一點）是積累的主要工具，是增長的動力，是勞動進一步分工的實施者。作為歐洲整體的上層建築，城市可能與所有上層建築一樣，部份地帶有寄生性[143]，儘管它對增長的一般過程是不可缺少的。從十五世紀起，正是城市決定著「原生性工業」的巨大運動，即城市手工業向鄉村轉移：利用乃至徵用某些農村的半開散勞力。商業資本主義躲過城市行會設置的障礙，在農村建立一個隸屬於城市的新工業區。因為一切來自城市，一切也從城市出發。英國工業革命將歸功於伯明罕、雪菲爾德、里茲、曼徹斯特、利物浦等先鋒城市。

斯普納的計算

斯普納[144]的經典著作《一四九三至一六八〇年間的世界經濟與法國貨幣鑄造》於一九五六年先以法文出版，作者在該書英文版提供了一幅尚未發表過的、對法國歷史具有特殊意義的圖表。國民生產總值、國王預算和貨幣流通總量都在圖表內分別表現出來。惟獨預算用一條連續曲線表示，因為關於預算我們掌握許多官方數字；國民生產總值與貨幣總量用兩條曲線表示，一條高一條低，這就立即表明我們在這方面沒有把握。

國民生產總值係根據表現為麵包價格的平均消費量算出（好像消費的熱量都由這唯一的食物提供似的），麵包價格和人口總數有增有減，而國民生產總值的曲線卻始終上升——這是一個基本特點。

我認為這一圖表具有很高價值。從中可以看出，預算和國民生產總值的比例大致為一比二十，這證明沒有出現不能承受的稅收壓力。貨幣總量直到一六〇〇年一直與預算同步增長，它在一六〇〇至一六四〇年間停滯不前，乃至有所下降，而預算始終保持上升的趨勢。但是，一六四〇年後貨幣總量的曲線開始離開其餘兩條曲線，就像中了邪似的扶搖直上。歐洲中心的法國似乎突然被貴金屬與鑄幣所淹沒。這是否應歸罪於一六八〇年起美洲銀礦的復興（但法國貨幣流通量激增始於一六四〇年）？我國航海活動的復興也不能辭其咎？聖馬洛商船在太平洋沿岸的活動（但在時間上要晚得多）可能也起了作用：據說它們把價值一億多里佛的白銀帶到法國。無論如何，法國長期收集貴金屬，而大量的貴金屬儲備卻對預算和國民生產總值居然不產生影響，這豈非咄咄怪事！尤其因為，如果說法國因對西班牙貿易有盈餘而不斷取得貴金屬，它朝其他方向的貿易卻有虧空必須彌補，至少對黎凡特的貿易是如此；此外，它還要通過薩繆爾·貝爾納家族、安東·克羅查家族和日內瓦銀行家向歐洲各地輸出貨幣，路易十四對外用兵頻仍，國王必須供養派駐國外的大批部

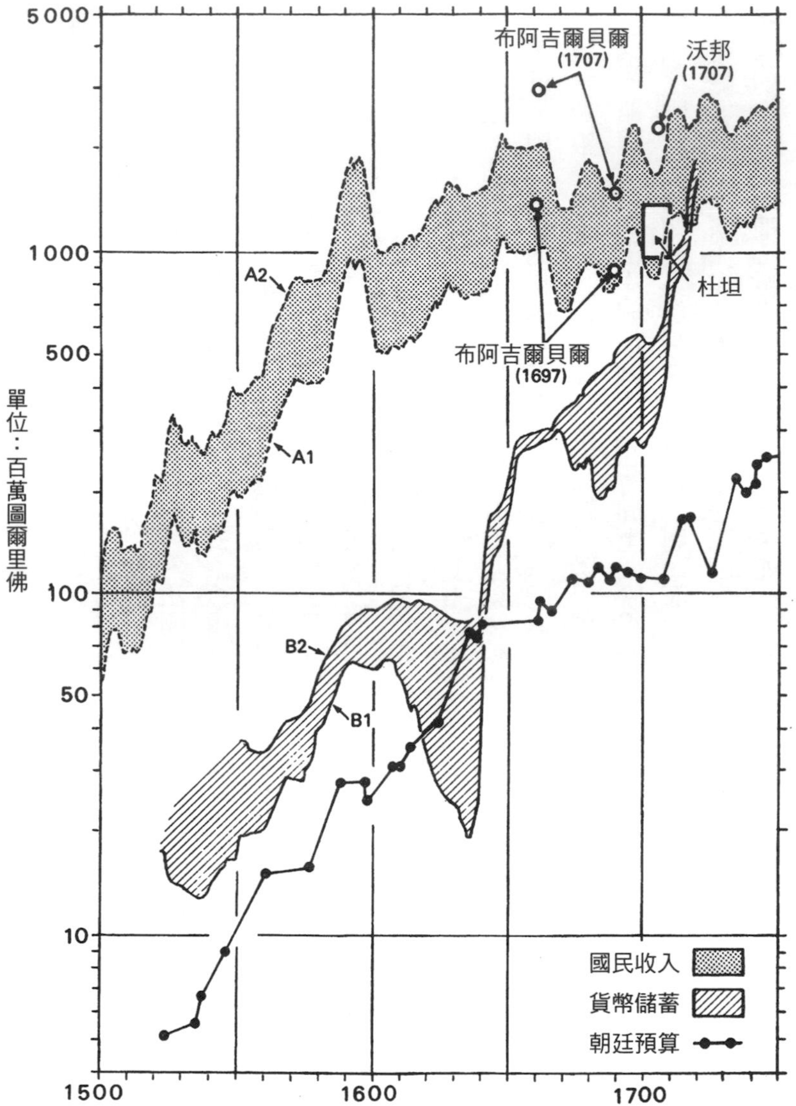

表(31)　1500 至 1750 年法國的國民收入、貨幣儲備和預算圖表引自斯普納的《1493 至 1725 年間的世界經濟與法國貨幣鑄造》，1972 年，第 306 頁。關於圖表的說明，請看前一頁的正文。

隊。儘管如此，法國卻在積累資金，積儲財富。波阿吉貝爾一六九七年說：「……雖然法國的白銀儲備達到空前的程度」[145]，這句脫口說出的話使我們百思不得其解。我們也很難解釋路易十四統治末期商人們的見解。在他們看來，與在王國境內流通或謹慎地收藏起來的白銀數量相比，八億紙幣（很快貶值）簡直無足掛齒。總之，貨幣儲備的增加不能用約翰．勞的體系來解釋，我倒是認為前者解釋了後者，前者使後者成為可能。這一過程延續到十八世紀，而且作為法國經濟的一種奇怪結構確立下來。我們的疑問結果仍未得到真正的回答。

明顯的連貫性

藉由總量分析考察歐洲歷史，可以發現幾個明顯的連貫性。

首先是國民生產總值始終排除一切干擾，有規律地上升。請看英國十八與十九世紀的國民生產總值曲線。如果斯普納的見解正確，法國國民生產總值從路易十二時代起，還可能從更早的時代起，一直在增長。這一增長勢頭在一七五〇年前很明顯，在路易十五統治後仍保持下來，一直延續至今。波折當然是有的，但為時很短，在長時段增長的洪流中，不過是幾圈漣漪罷了。總之，這些曲線與我們常見的表示經濟形勢的曲線不同，甚至與百年趨勢曲線也不同。兩次世界大戰曾使增長突然中斷，但是不管這兩次中斷有多嚴重，它們也不過是中斷而已。過去的戰爭造成的損失更易彌補。何況，一個社會雖然往往因自身的過錯而破產，但它也具有復甦的高超本領：法國歷史上曾多次在失敗後東山再起，這種情形肯定不是例外。

另一個連貫性是國家地位的不斷上升，這可從國家提成在國民收入中所佔分額的增長測知。事實是預算在增長，國家的胃口越來越大，勢必要吞噬一切。重要的是通過宏觀經濟計量確認這個事實，即使這樣做的結果，仍是回到傳統的看法，回到使用德語和具有德國文化的史學家們經常發表的原則性見解上去。威納爾·納夫[146]毫不猶豫地寫道：「有話應該首先對國家說。」桑巴特[147]則把國家比作龐大的企業，「其領導人以獲取、佔用盡可能多的金銀為主要目的」。對國家應該說句公道話：是總體經濟強制我們把國家放到它所在的那個重要位置上去。尚·布維埃[148]說得對：「國家的份量從來不輕。」

至少，在十五世紀下半葉經濟復甦後，國家的作用不容小覷。國家地位在長時段的上升，在某種意義上不就是整個歐洲的歷史？國家在五世紀隨著羅馬的陷落而滅亡，後來隨著十一至十三世紀的工業革命東山再起，然後在十四世紀中期的黑死病和異乎尋常的經濟蕭條後再次解體。國家向黑暗深淵的這一次墜落，是歐洲歷史上最大的慘劇，我承認被它嚇得目瞪口呆，毛骨悚然。世界歷史上不乏更悲慘的災禍，如蒙古人侵入亞洲大陸核心地區，大多數美洲印第安人在白人到達後被消滅等等。但是任何別的地方發生的同樣規模的災難都沒有導致如此巨大的復興努力，沒有導致從十五世紀中葉開始的持續進步，而工業革命和現代國家的經濟正是這進一步的結果。

巨人症使法國深受其害

從政治上說，法國毋庸置辯是歐洲出現的第一個現代國家，並在一七八九年革命[149]的鼎力推動下最早完成國家建設。然而，就其經濟基礎而言，法國到一七八九年這個較晚的日期還遠未建成完善的民族市場。人們自然可以說路易十一是「重商主義者」，是柯爾貝爾之前的「柯爾貝爾主義者」[150]，是一位關心王國經濟整體的君主。但是他的政治意志又怎能與他那個時代法國經濟的紛雜和古老相抗衡呢？這一古老狀態注定要延續下去。

分散的、地區化的法國經濟是由傾向於自我封閉的若干個體拼湊而成的。穿過（甚至不妨說從高空飛越）法國經濟的潮流只對城市和個別地區帶來好處，這些城市和地區充當了潮流的中繼站、起點或終點。與歐洲其他「民族」一樣，路易十四和路易十五時代的法國以農為本；工業、商業和金融不可能一下就改變法國。取得的進步像畫面上的斑點，在十八世紀經濟成長前不易被人覺察。拉布魯斯寫道：「與極少數襟懷寬廣〔即面向世界〕的法國人相對立，多數法國人，包括全部農村，一大部份集鎮乃至城市，滿足於與世隔絕。[151]」

民族市場的崛起是對無所不在的惰性的反抗，這一運動終究會促進交換和聯繫的發展。但就法國而言，惰性的主要根源難道不正是疆域遼闊嗎？聯省共和國幅員逼仄，英國領土不廣，它們的反應比較靈敏，較易統一。距離所起的不利作用不如法國那麼大。

多樣性和統一性

法國是若干色彩不同的小塊地區拼成的鑲嵌畫，每個地區皆在一狹小的空間內自給自足。它們很少接觸外界的生活，使用同一種經濟語言：凡對一個地區適用的，大致上也適用於與它毗鄰的或相距甚遠的另一個地區。認識一個地區，便能想像出所有地區。

在薩伏依（Savoy）未歸併法國時，福西尼地區的首府波尼維爾（Bonneville）沒有人數不多的遣使會修院[152]。修士們謹小慎微，節儉度日，他們的開支帳為我們提供了這方面的情況。這個角落在十八世紀與世隔絕。修士們閉門不出，難得在當地市集買點東西，那也主要是農民供應的葡萄酒和小麥。他們預先把小麥交給麵包師，換取每日所需的麵包。肉卻需要用現金在肉鋪購買。村裡的工匠和小工為他們搬運木板、柴薪或肥料堆，按日計酬；農婦登門為修士宰殺自己養的肉豬；鞋匠為修士以及他們唯一的僕人提供所穿的鞋；修道院只有一匹馬，在克呂茲一名熟識的鐵匠那裡釘馬掌；泥瓦匠、粗木匠和細木匠隨叫隨到，計日取酬。一

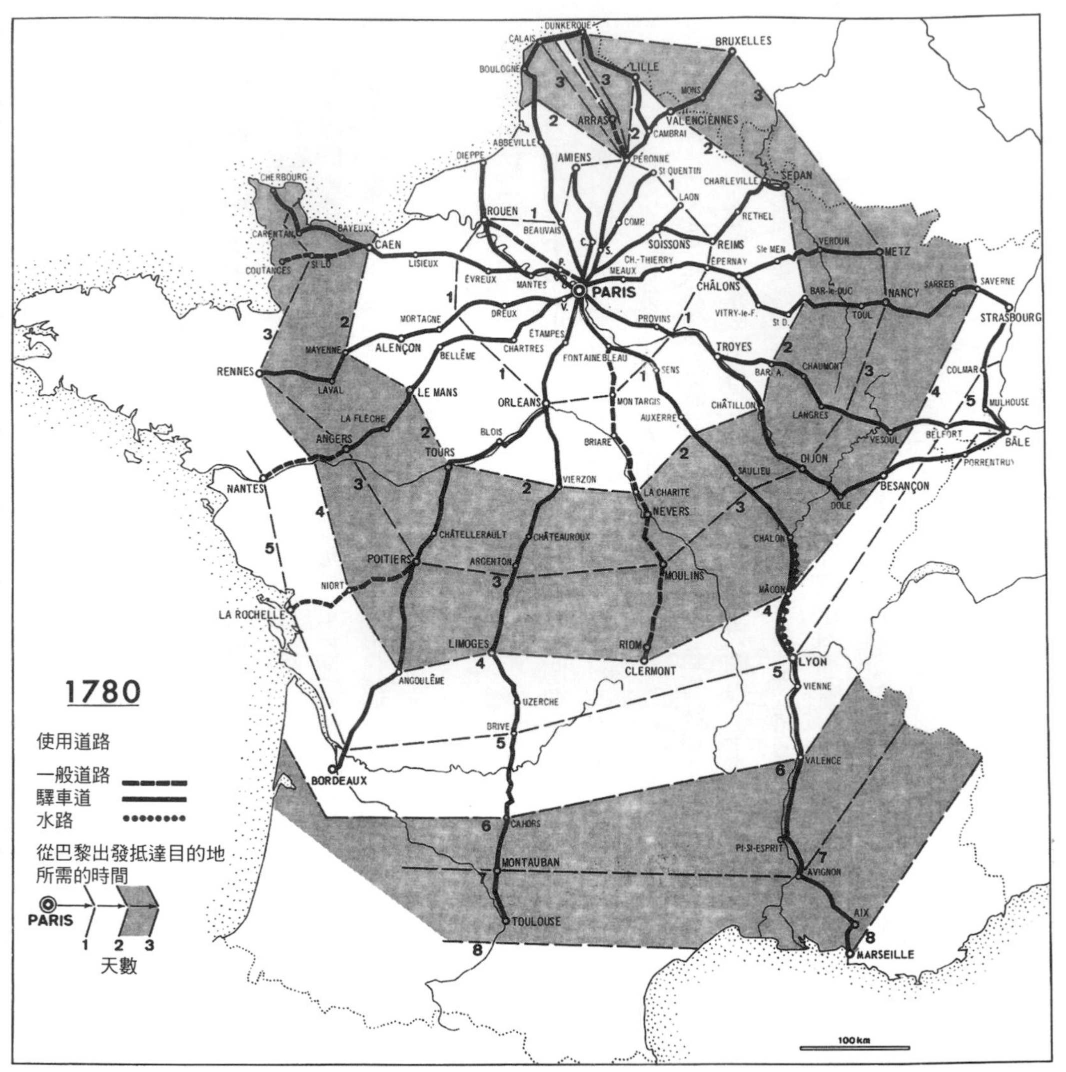

上，人們只看到幾條交通要道：巴黎至盧昂或巴黎至佩羅訥（1 天，相當於從巴黎到默倫）；巴黎至里昂（5 天，相當於從巴黎到夏理維，或康城，或維特里—勒弗朗索瓦）。在第二張地圖上，距離與歷時大體吻合（因此形成從巴黎為中心的近似同心圓）。在昔日的通衢大道（向里昂和盧昂方向）上，旅行所需時間不變。造成這個變化的決定性原因是杜爾哥在 1775 年設立客貨車專營局。

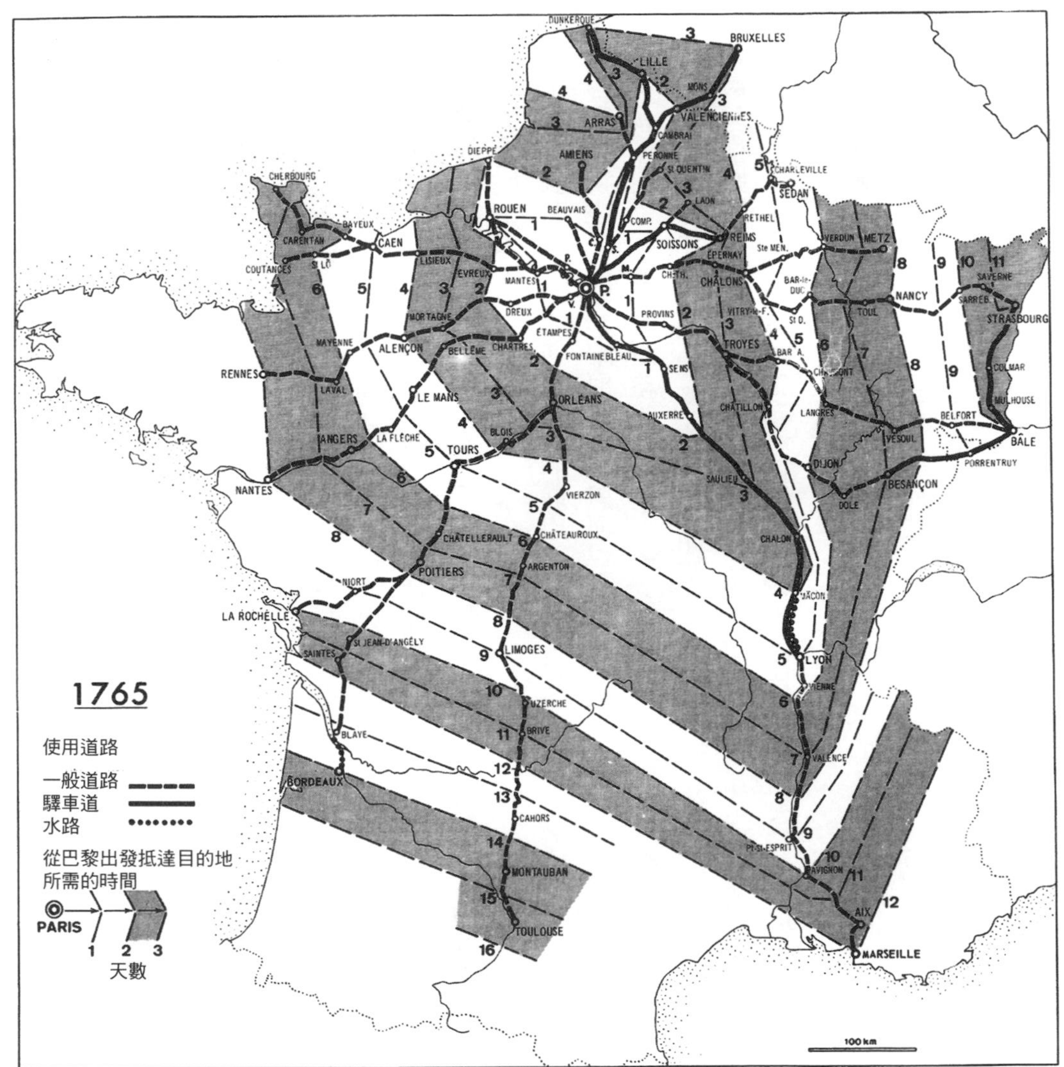

表(32)　法國國土遼闊，民族市場不易形成

阿培洛的這兩幅地圖（見《經濟、社會、文明年鑑》，1973 年，第 790 頁插畫圖）顯示「陸路交通巨變」。專為「急馳快車」修築的新路，「杜爾哥馬車」的普及以及驛站的增多使 1765 至 1780 年間法國的陸路距離大大縮短，最多甚至縮短一半。1765 年，從里耳到庇里牛斯山區或從史特拉斯堡到布列塔尼至少需 3 週。1780 年的法國仍感交通不便，旅行費時。但是，發展中的道路網逐漸覆蓋王國全境。在第一張地圖

切活動都在小範圍內進行，人們的眼界只到塔寧日（Tanninges）、薩朗什（La Roche-sur-Foron）和福龍河畔羅什為止。然而，完全的自給自足是不存在的。波尼維爾遣使會修士的小圈子的圓周上有一兩個缺口。他們不時派專人（除非拜託薩瓦公國的信差）到阿訥西，更經常的是到日內瓦去買不常用的物品：藥品、香料、糖……不過，十八世紀末波尼維爾一家雜貨店裡就可以買到食糖，這可是一場小小的變革。

總之，只要貼近一點，人們可以在許多其他狹小地區聽到同一種簡單的經濟語言。例如擁有眾多耕地和牧場的奧克索阿地區（Auxois）特別適於自給自足，這尤其因為該地區的中心城市瑟米爾「來往商旅不多」，「遠離通航河道」[153]。然而，奧克索阿同鄰近的歐塞爾（Auxerre）和阿瓦隆地區（Avallon）多少仍有來往[154]。下布列塔尼和中央山地的某些地區基本上自給自足。巴魯瓦地區亦然，雖然它與香檳區和洛林有聯繫，並經由謬斯河向尼德蘭出口葡萄酒。

如果人們來到某一位於交通要道上的城市或地區，景色就變了：道路如網，車船如織。凡爾登就是這種情況。勃艮第的這座小城緊貼都河，離索恩河也不遠。這兩條水道在該城以南的地方匯合。一六九八年一份報告說：「該地因位置優越，商務興隆〔……〕。糧食、葡萄酒和乾草生意做得很大。每年十月二十八日舉辦自由交易會，在使徒西門和達太節前八天開始，一直延續到節後八天，從前交易會上成交的馬匹數極大[155]。」凡爾登周圍的物資擴散區包括亞爾薩斯、法蘭西康提、里昂地區與所謂「下區」。這個小城位於幾個交換渠道的交叉點上，注定是開放的，宜於變化的。這裡的人受到大幹一番事業的誘惑，可在幾條道路中作出選擇。

馬孔地區同樣商業繁榮，而當地居民卻缺乏創業精神。馬孔葡萄酒在外埠之暢銷，幾乎不脛而走。其餘物資，如小麥、牛飼料、棉麻布和鞣革，僅佔次要地位。葡萄酒外銷足以使該地區興旺，何況還有連帶的製桶業。「雖然橡木板基本上來自勃艮第，由索恩河運達，馬孔地區有大量桶匠終年從事這項必不可少的勞動，因為葡萄酒是帶桶出售的，每年需量極大。」酒桶的價格後來甚至上漲了，因為「普羅旺斯酒商買走大量酒桶，以便換下他們原有的用更厚的木板製作的、比較笨重的大酒桶，這樣他們運酒到巴黎就更方便，花費較少」[156]。

短程、中程和遠程交易就這樣遍佈法國。亨利・塞[157]指出，如第戎、雷恩這類城市在十七世紀「幾乎只有排他性的地方市場」。「幾乎」這個詞意謂著也有遠程貿易來到這裡，雖然並不顯眼。而前途無量的正是遠程貿易。

長距離聯繫比無數的地方性交換更易為歷史學家發現，它們首先涉及不可缺少的貨物，這類貨物的流通在某種程度上自發進行，如小麥和鹽常從一個省運往另一個省。尤其是小麥，為得到小麥常須付出必要的、乃至極其高昂的代價。就其價值和噸位而言，小麥是「王國最重要的貿易貨物」。十六世紀中期，僅向里昂一市提供的小麥，其價值等於在整個法國市場上出售的熱那亞天鵝絨的價值，而這一織物是「使用最廣的絲織品」[158]。還應提到葡萄酒，它像展翅飛翔的候鳥，不辭辛勞地來到北歐諸國。還有各種質地和品種的織物，因為它們的生產幾乎不受季節限制，就在法國形成常川不斷的商品洪流。最後還有異國食品，如香料、胡椒，不久又有咖啡、食糖和煙草，人們對後幾種商品嗜之若狂，使國家和東印度公司大發其財。此外，除了船隻，除了無所不在的車輛，君主為傳遞命令和派

1610 年的魯汶河畔莫雷城（距巴黎 75 公里）。

遣差役而設立的驛站也起到促進貿易的作用。人比貨物更好運送，有身份的人趕驛站，窮人靠步行，都能周遊法國。

所以，「例外、特權和約束」[159]遍佈法國各地，這一各自為政的局面不斷被打開缺口。到了十八世紀，隨著交換的發展，各省將大力拆除壁壘[160]。波阿吉貝爾心目中那個省與省彼此隔絕的法國正在消失，幾乎所有的地區在交換洪流的衝擊下，紛紛傾向於專門從事某些對它們有利的活動，這證明民族市場開始起到它分配任務的作用。

天然的和人為的聯繫

再說，法國領土的構造及地理環境保證了國內交通的發達，而交通發達之後又促進國家的統一。除了中央山地難以穿越，法國在水陸運輸和貿易交換方面明顯地享有便利條件。法國還有海岸和近海航運業；雖然近海航運業不夠發達，它總還是存在著，即便大部份近海航運由外國人承擔，如荷蘭人[161]就長期經營此業，這一缺陷總還是被彌補了。至於內河和運河，法國與英國和聯省共和國一樣條件優越：隆河和索恩河的流向與「法蘭西地峽」的軸線恰相一致，成為一條直接從北到南的通道。一六八一年一名旅行者解釋說，隆河的長處在於它為「想經由馬賽前往義大利的人提供了極大方便。我就是走的這條路。我在里昂上船，第三天即抵達亞威農〔……〕。翌日我又前往阿爾勒」[162]。誰還能走得更快？

法國所有的內河都值得稱道。只要河道條件許可，就有船隻一試身手，至少也有木排或順水漂放的木材。法國和別處一樣，各地都有磨坊築閘斷水，但是遇有必要閘門可以打開，奪閘而出的水把船推向下游，水流不深的謬斯河上就是這種情況：在聖米耶勒和凡爾登之間有三個磨坊，只要過往船隻交微不足道的錢，就讓它們通過[163]。這一細節同時說明在十七世紀末，謬斯河上游是利用率很高的河道，船隻順河而下，可達尼德蘭。多虧謬斯河上的航運，夏理維和梅齊埃爾才能長期成為來自北方的煤、銅、明礬和鐵的集散地[164]。

但是這一切與隆河、索恩河、加倫河、多爾多涅河、塞納河（及其支流）和羅亞爾河等幹流上的繁忙運輸自不可同日而語。羅亞爾河雖然水流湍急，淺灘和稅卡比比皆是，仍不失為法國第一大河。由於船夫的機智靈巧，也由於船隻結隊行駛，逆水航行時利用大幅方帆，風力不足時又輔以拉縴，羅亞爾河得以發揮重大的作用。它把王國的四隅連接起來：從洛安到里昂的陸路聯運使羅亞爾河與隆河連接起來；奧爾良運河和布里阿運河則溝通塞納河和巴黎。在當時人們心中，羅亞爾河上水和下水的貨運量都很可觀[165]。奧爾良工業發達，又是貨物集散地，本應成為法國的中心，卻始終只是個二等城市。這可能因為敵不過巴黎的競爭。塞納河及其支流揚河、馬恩河、瓦茲河給巴黎帶來巨大的舟楫之利和食品供應的眾多方便。

法國還擁有巨大的陸路交通網。國王政府在十八世紀廣修道路，由於新路的路線不一定沿襲舊路，道路通過地區的經濟生活基礎往往因此改變。當然並非所有道路上的運輸都十分繁忙。阿瑟．楊把從巴黎到奧爾良的康莊大道與倫敦附近的道路相比，提到前者冷冷清清。「在十英里路上我們沒有遇見旅行馬車和驛車，只見兩輛郵車和寥寥幾輛驛站快車，不及同一時間出倫敦時能遇到的車輛的十分之一」[166]。

倫敦除擁有巴黎的全部職能外，它還是整個英國的物資轉運中心和巨大的海港。另一方面，倫敦盆地比巴黎盆地面積小，人口更稠密。杜潘男爵日後將在他關於英國的經典著作中一再強調這一見解。別的見證者沒有博學的楊那麼挑剔。一位名叫邦斯的西班牙人於一七八三年，即比這位英國人早四年，對巴黎到奧爾良和到波爾多大路上的交通情況印象很深。「運貨的車輛真是些了不起的東西；它們又長又寬，特別牢固，造價極高，視其載重不同而用六、八、十乃至更多的馬匹牽引。如果沒有維修得這樣好的道路，不管這個國家的居民如何聰明勤勞，我真不知道能否進行如此繁忙的運輸。」確實，與英國人不同，他參照的是西班牙，因此他更能理解新修道路的規模何等宏大[167]。他說，「法國由於多水、多沼澤，比別的國家更需要修築道路」。應該補充說，法國多山，尤其是領土遼闊，也是它廣築道路的原因。

總之，法國土地上鋪設的道路逐漸在增多，這是個事實；舊制度末期，共有四萬公里陸路，八千條通航河流和一千條運河[168]。各地區因道路覆蓋密度不等而分等級，運輸途徑趨於多元化。例如塞納河仍是進入巴黎的主要通道，食物既從布列塔尼通過羅亞爾河，也從馬賽通過隆河、洛安、羅亞爾河和布里阿運河運往首都[169]。一七〇九年十二月，應承包商和軍需商的要求，小麥從奧爾良運達多菲內[170]。歷來受到特別優待的貨幣流通也因交通改善而變得更加方便。一七八三年九月樞密院的一份報告指出，巴黎及王國主要城市和若干銀行家和商人「利用遍佈王國全境的道路以及運輸公司、驛車和其他運輸業給商業帶來的方便條件〔……〕把運輸金銀鑄幣作為他們的主要投機手段，任意抬高或壓低匯價，使貨幣在首都和外省不是太多就是太少」[171]。

由於法國幅員遼闊，交通的進步即使不足以單獨締造法國的統一，至少也起了決定性作用。有兩位學者在研究距我們更近的時代時提出了類似的見解。歷史學家布維埃認為，法國民族市場直到鐵路網建成時才開始存在；經濟學家彼埃爾．烏里持論更激進，他聲稱當代法國只有等電話網達到「美國」的完善程度時，才成為一個經濟實體。我對此可予同意。不過，道路和橋樑學院畢業的傑出工程師們在十八世紀修築的道路，對法國民族市場的形成必定有所促進。

首先是政治因素

但是，民族市場並不僅僅是個經濟實體，尤其在最初它產生於一個業已存在的政治地域。民族政治結構與經濟結構的相輔相成關係只是在十七和十八世紀才逐漸建立起來[172]。

這是合乎邏輯的。我們多次說過經濟地域的範圍總是大大超出政治地域，以致「民族」和民族市場都是在一個比它們寬廣的經濟整體內部，確切說是同這個整體相對應而建成的。一個範圍極廣的國際經濟早就存在，正是在那個超出民族市場範圍的廣大地域裡，一種明智程度容有不同，但總是很頑強的政策逐漸勾勒出民族市場的樣貌。遠在重商主義時代以前，王公已經干預經濟領域，試圖強制、刺激、禁止、提供方便、堵住缺口、開闢市場……王公努力發展能為他的生存和政治野心服務的規則，但他能否成功，最終要看在經濟方面是否趕上普遍的好機遇。法國是否趕上這種機遇呢？

法國國家無疑早已形成，至少早具雛型。如果說法國國家的出現不比其他領土國家早，但它很快就走在其他國家的前面。應該看到，這一發展的原因在於中心地區總是力圖向邊緣地區擴張。法國早期需要同時朝各個方向擴張，時而是南方，時而是東方，時而又是北方和西方。十三世紀的法國已是歐洲大陸上最大的政治實體。謝努[173]說得好，當時的法國「幾乎是個國家」，兼具國家新舊兩方面的特徵：罩在君主頭上的光暈，司法、行政和財政機構，財政機構尤為重要，沒有它政治地域就會死氣沉沉。不過，菲利普．奧古斯特和聖路易時代的政治成就之所以能轉變成經濟成就，那是因為歐洲最先進地區在起飛時把其活力注入法國。我們願意再次指出，歷史學家們對香檳區和布利交易會的重要性可能重視不夠。一二七〇年，當聖路易死於突尼斯城下時，交易會正值全盛時斯，假設歐洲的經濟生活就此停滯不前，不再改變其既有形式，法蘭西地域就會輕而易舉地實現統一，對外擴張，進而稱霸歐洲。

我們知道事實並非如此。十四世紀初的經濟一界退引起一連串的崩潰。歐洲的經濟平衡於是就去尋找別的基礎。法蘭西地域成了百年戰爭的戰場，到了查理七世（一四二二—一四六一）和路易十一（一四六一—一四八三）時代，當法蘭西地域恢復其政治統一和經濟統一時，它周圍的世界已大大改觀。

然而，到十六世紀初[174]，法國又重執歐洲「各國之牛耳」：三十萬平方公里土地，八十到一百噸黃金的稅收，國民生產總值可能相當於一千六百噸黃金。在義大利權力和財富都分等級，當一份文件提到「國王」時，那是指篤信基督的國王，不折不扣的國王，即法蘭西國王。法國的這種超級大國地位使其鄰國和競爭對手滿懷恐懼，歐洲經濟的新成長把這些國家置於自身的地位之上，使它們既野心勃勃，又戰戰兢兢。正是由於這個原因，歷任西班牙國王預為之謀，通過一系列王室聯姻把咄咄逼人的法國包圍起來。也正是由於這個原因，法蘭索瓦一世在馬里尼昂（一五一五）一戰成功，反而使維持歐洲均勢的力量轉過來反對他，而歐洲均勢早在十三世紀已開始起作用。一五二一年，瓦盧瓦王族和哈布斯堡王族發生戰爭時，這台平衡機器又開動起來反對法國國王，袒護查理五世皇帝，甚至不惜成全西班牙的霸權。西班牙不久果真稱霸歐洲，雖說單靠美洲的白銀早晚也會使西班牙稱霸。

但是法國的政治失敗，可以首先用它不再是而且不再可能是歐洲經濟世界的中心來解釋。財富的中心在威尼斯、安特衛普、熱那亞、阿姆斯特丹。這些先後崛起的軸心都在法國領土之外。只有一個很短的時期，法國曾再次接近霸主地位：那時正值西班牙王位繼承戰爭，西屬美洲對聖馬洛的船隻開放。然而機會轉瞬即逝。總之，歷史並未格外垂憐法國民族市場的

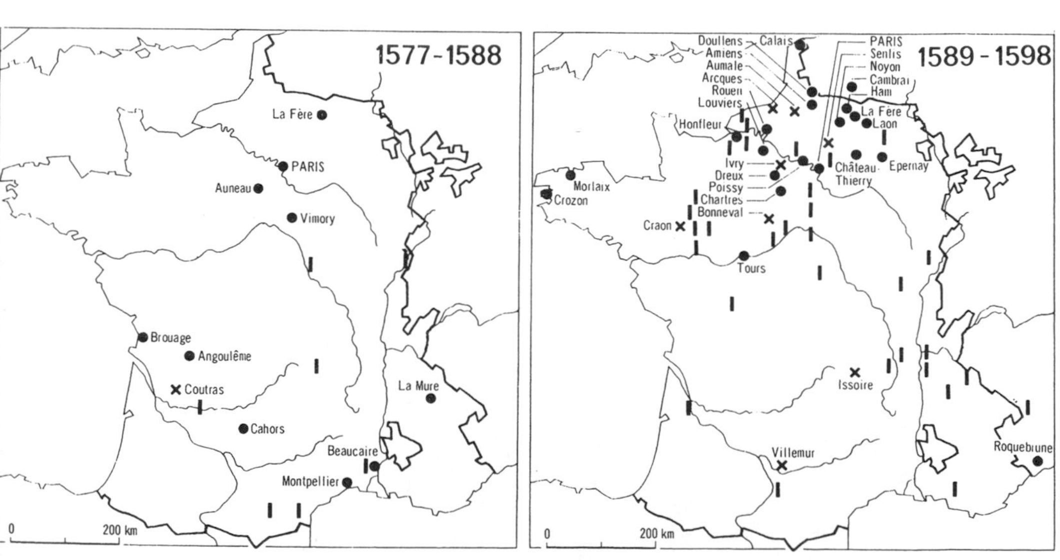

列出重要的戰事，因此實際情形被大大簡化了。顯而易見，這些事件不是同時發生的，遼闊的地域使戰火不易蔓延。亨利四世時期戰爭已臨末期，主戰場在法國北部。

形成。分割世界地盤時沒有法國在場，甚至損害了法國的利益。

法國是否隱約感到這一點？總之，從一四九四年起，它試圖在義大利立足，但未能成功，而且義大利這片呼風喚雨的土地在一四九四至一五五九年間喪失了對歐洲經濟世界的領導權。一個世紀以後，法國朝尼德蘭方向作同樣的嘗試，同樣遭到挫折。不過，假如尼德蘭戰爭在一六七二年以法國勝利告終——這本是可能的——經濟世界的中心多半也會從阿姆斯特丹遷往倫敦，而不是巴黎。一七九五年，當法國軍隊佔領聯省共和國時，倫敦已穩執經濟世界的牛耳。

地域過大

法國歷遭挫折的原因之一，是否它的疆土相對說來過大？十七世紀末，珮蒂已觀察到法國的國土等於荷蘭的十三倍；英國的四倍；人口等於英國的四至五倍，荷蘭的十倍。佩蒂甚至主張法國的良田等於荷蘭的八十倍，而法國的「財富」卻僅為聯省共和國的三倍[175]。如果今天拿小小的法國作為度量單位（五十五

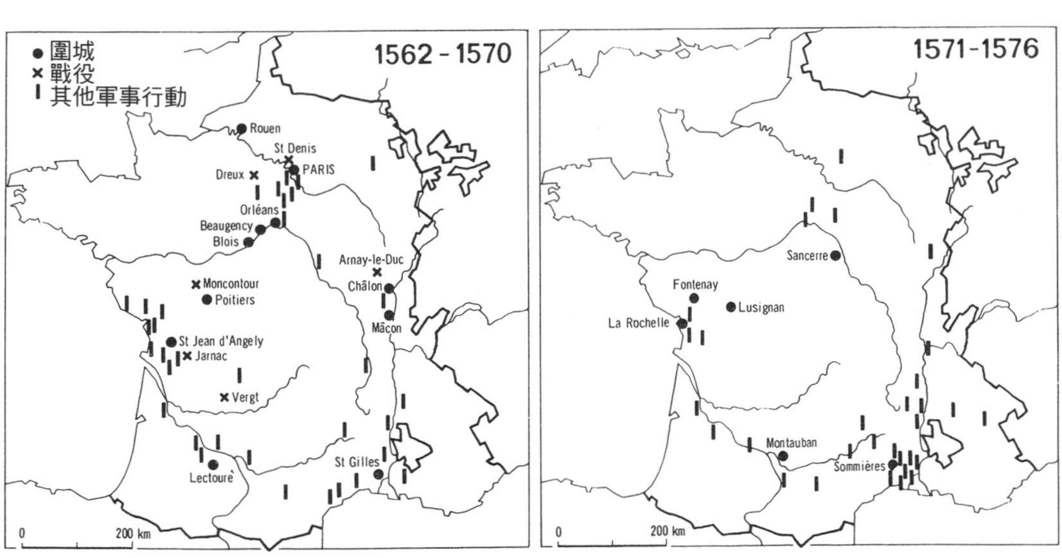

表(33)　即使在亨利四世登基後，宗教戰爭也未能一下子燃遍遼闊的法蘭西王國全境
本圖取材於拉維斯主編的《法國史》中亨利．馬里埃若爾編寫的那一卷，僅

萬平方公里），然後去找一個比它大十三倍的國家（七百一十五萬平方公里），你得到的是美國的規模。楊儘可以嘲笑巴黎到奧爾良的交通不夠繁忙，但是，如果我們把十八世紀以巴黎為中心的法國交通網移到倫敦，這些向四面八方輻射的道路就會伸到海裡去。相同的運量在較大的空間內必定被稀釋了。

加里亞尼教士說，一七七〇年的法國「與柯爾貝爾和蘇利時代的法國不復相似」[176]，他認為法國已達到擴張的極限；法國有二千萬人口，如果繼續發展手工工廠，就勢必超過世界經濟強行規定的限度；同樣，如果法國按照荷蘭的比例擁有船隊，荷蘭的船隊擴充三倍、十倍或十三倍後達到的規模將是世界經濟不能接受的[177]。加里亞尼是他那個時代頭腦最清醒的人，他觸及到了問題的要害。我們的國家首先受它自身之累，它的厚度、體積和巨人症都對它不利。幅員遼闊當然也有好處：正是因為領土廣大，法國才能始終抵禦外國的入侵：外敵不可能橫穿法國，擊中它的心臟。但是它自身的聯繫也變得不便，政府的命令，國內生活的運動和脈衝以及技術進步同樣難以傳遍全國。即使具有燎原之勢的宗教戰爭，其熊熊烈火也不能一下子燃遍法國全境。大革命史專家阿爾豐斯．奧拉爾就認為國民公會極難把它的「意志曉示全法國」[178]。

何況，法國的某些第一流政治家也感到，國土的擴張未必能使王國更加強盛。謝弗勒茲公爵給費內隆的信裡有一句奇怪的話，我認為這句話表達的正是這個意思：「法國務宜保持其現有邊界為滿足：……[179]」「應該從國家砍掉多餘的省份，猶如從樹上砍掉多餘的樹枝以利其生長：這句格言還將長期躺在書本裡，而不被王公們所接受」[180]。杜爾哥的這句話只是泛泛而談，並非專門針對法國：但是能否想像這樣的話會出自一個英國人或荷蘭人的手筆？法國如果沒有壯大得那麼快又會是什麼樣子，這頗能發人遐思。因為法國的領土擴張雖然對君主國家，也可能對法國文化和我們國家的遙遠未來好處甚多，它卻嚴重妨礙了經濟的發展。各省之間呼應不靈。那是因國土遼闊，距離處處與人搗亂。甚至對小麥也是如此，整個市場運轉不靈。法國大量生產小麥，但因國土廣大，被迫就地消費；直到十八世紀缺糧乃至饑荒仍時常發生，雖然不合情理，卻是有可能的事實。

這個局面一直維持到鐵路通到偏僻的鄉村時才告終。一八四三年，經濟學家阿道夫·布朗基還寫道：卡斯台拉納區（下阿爾卑斯省）的村鎮「較之馬克薩斯群島更遠離法國的教化〔……〕。不是交通不便，而是根本沒有交通」[181]。

巴黎加里昂，還是里昂加巴黎？

不必奇怪，一個如此遼闊、難以有效地聯繫起來的地域不會自然形成完善的中心。兩個城市爭奪法國經濟的領導權：巴黎和里昂。這曾是法國經濟體系為人忽視的若干弱點之一。

許多通史令人失望，它們在研究巴黎這座大城市的歷史時往往脫離開法蘭西命運的框架。它們不夠注意巴黎的經濟活動和權威。從這個觀點看，有關里昂的歷史也令我們失望：它們總是用里昂來解釋里昂。它們誠然指出了里昂的崛起與交易會之間的關係，交易會在十五世紀末把里昂推上王國的經濟頂峰。但是：

（一）路易十一的功勞被估計過高；

（二）我們應該贊同理查·加斯貢的見解，反覆說里昂交易會是義大利商人的發明，他們把交易會設在法蘭西王國的邊境上，在他們伸手可及的地方；這正是法國從屬於國際經濟的一個標誌。誇張地說，十六世紀的里昂對於義大利人，好比十八世紀的廣州對於開發中國市場的歐洲人。

（三）里昂史專家對里昂和巴黎的兩極現象未予充分注意，這一現象是法國經濟發展的穩定結構之一。

既然是義大利商人一手造成了里昂的繁榮，只要義大利商人主宰歐洲，里昂就一帆風順。但在一五五七年後，局勢開始惡化。一五七五年的危機與一五八五至一五九五年間的「大崩潰」[182]，嗣後的銀根緊縮和經濟蕭條（一五九七—一五九八）[183]，加速了里昂的衰退。隆河畔這座大城的主要職能於是向熱那亞轉移。熱那亞位於法國之外，卻在龐大的西班牙帝國勢力範圍之內；熱那亞的力量取決於帝國的力量和效能，即取決於遙遠的美洲採礦業。由於力量和效能相互支撐，持續不衰，熱那亞直到十七世紀二十年代在歐洲的金融和銀行活動中幾乎始終佔統治地位。

里昂於是退居次位。銀根並不短缺，有時還有過剩，但是投資帶來的好處已不如往昔。胡塞．讓迪．達．希爾瓦[184]說得對：里昂尋求交易會的黃金擔保以及穩當的「存款」息金，即把欠款從一屆交易會挪到下一屆付清所得的利息。里昂被認為「向歐洲所有其他商埠種號施令」的全盛時期一去不復返了，那時候里昂的商業和金融活動牽動「從倫敦到紐倫堡，從墨西拿到巴勒摩，從阿爾及爾到里斯本，再從里斯本到南特和盧昂的多邊形」，還不能漏掉坎波城這一重要中繼站[185]。一七一五年，自命不凡的里昂人只是謙遜地說：「本市在全國各省通常都說一不二。[186]」

里昂的衰退是否造成了巴黎的優勢？里昂的佛羅倫斯商人在十六世紀最後三十多年間被盧加商人取代，他們於是越來越轉向「巴黎在君主庇護下勢力穩固的國家財政事業」[187]。斯普納很留心義大利商行，尤其是卡波尼商行的轉移，他發覺資金悄悄流向巴黎，認為這一現象足以與從安特衛普向阿姆斯特丹的極其重要的轉移相比[188]。確實有過轉移，但是研究了同一課題的德尼．里謝有理由斷定巴黎的機會——如果有過機會——沒有後勁支撐。他寫道：「造成里昂衰落的經濟形勢使巴黎發展的幼芽萌發，但沒有把里昂的職能統統轉給巴黎。一五九八年的巴黎還沒有國際商業所必需的經濟基礎：既沒有能與里昂或皮辰札相比的交易會，也沒有組織牢固的匯兌市場，沒有資金和久經考驗的技術。[189]」然而巴黎是政治首都，國王的稅金以及積累起來的巨大財富集中在巴黎，作為消費市場，它浪費了「國家」收益的相當大一部份：因此，不能說巴黎在王國的經濟生活和資本再分配中不起作用。舉例說，一五六三年起[190]，就有巴黎資金流向馬賽。又如巴黎六大行業中的服飾用品商很早就從事獲利豐厚的遠程貿易。但是總的說來，巴黎的財富不怎麼投入生產，甚至也不怎麼投入商業。

巴黎是否在這一時刻錯過了實現某種現代化的機會？法國也與巴黎一起喪失了良機？這是可能的。人們儘可以指責巴黎的有產階級太醉心於官職和土地，做官和購置地產都是能「抬高社會地位，帶來個人收益，經濟上實行寄生」[191]的事情。杜爾哥[192]在十八世紀接過沃邦的話說：「巴黎是個深淵，國家的全部財富都陷進去了；巴黎的製造業和小玩意兒通過商業吸走了全法國的錢，這種商業誘使法國外省和外國人同樣掏空口袋。大部份稅收所得在巴黎被揮霍掉。」巴黎與外省的貿易是不平等交換的顯例。坎提龍說：「外省肯定總是欠著首都巨款[193]。」巴黎在這種情況下不斷壯大，美化市容，添丁進口，引來讚嘆不絕的參觀者。這一切都以損害別人為代價。

巴黎的權力和威望的另一個原因在於它還是法國有力的政治心臟。抓住巴黎也就控制了法國。宗教戰爭初期，新教徒就圖謀入主巴黎，未能如願。一五六八年天主教徒從新教徒手裡奪回巴黎的門戶奧爾良後，興高采烈地說：「我們奪回奧爾良，因為我們不願意他們從這麼近的地方向我們的巴黎城獻慇勤。[194]」後來巴黎先後被天主教同盟、亨利四世和投石黨人佔領，這些人對巴黎無所建樹，除了破壞它已有的結構。蘭斯一位批發商對此大為氣憤，他寫道：如果巴黎的正常生活被打亂，「法國和外國的其他城市（包括君士但丁堡在內）的商務都會停頓」[195]。蘭斯既在巴黎的卵翼之下，對於這位外省資產者說來，巴黎是世界的中心。

里昂不可能具有這麼高的威望，也不可能與首都的宏大規模相比。里昂雖不是「碩大的怪物」，但按當時的標準，它也算得上是個大城市了。它的面積顯得很大，一位來自史特拉斯堡的旅行者解釋說，「因為城牆裡有射擊場、公墓、葡萄園、農田、草地和其他土地」。同一位旅行者補充說：「人們斷定里昂一天內成交的生意比巴黎一周內還多，因為這裡主要是批發商，而巴黎大多是零售生意[196]。」一位通達事理的英國人說：「巴黎不是王國最大的城市。誰認為巴黎最大就是把大商人和店鋪主混為一談。里昂的優勢在於它的批

1749 年落成的里昂新交易所。

發商、交易會、匯兌市場和眾多的工業。[197]」

一六〇八年由巡按署起草的一份報告認定里昂的健康狀況相當好[198]。該報告羅列了通向鄰省和國外的水路給里昂帶來的種種天然的好處。具有三百多年歷史的交易會依舊興旺；同往常一樣，交易會每年舉行四次，章程不變；買賣雙方總是從上午十時至十二時在匯兌廣場的敞廊下會面，「有的成交額高達二百萬埃居，而付出的現金卻不見得有十萬埃居」[199]。把本屆交易會上的交易留待下屆交易會結清，這項信貸活動，即所謂「存帳」，開展相當順利。因為「資產者樂意解囊，以便使他們的錢就地生息」[200]。許多義大利人，尤其是

「開闢商埠」的佛羅倫斯商人離開後，機器繼續運轉。他們留下的空缺由熱那亞人、皮德蒙人或瑞士人填補。此外，在市內和四周發展了強大的工業部門（人們猜想工業的興起可能補償了商業和金融活動的虧空）。絲織工業獨佔鰲頭，生產美不勝收的黑色塔夫綢和聞名遐邇的金銀線緞料，為大規模的批發貿易提供貨源。十六世紀的里昂已位於包括聖艾蒂安、聖夏蒙、維里歐、納夫維爾在內的工業區的中心。

總結一六九八年里昂的各項活動，其銷貨金額為二千萬里佛，購貨金額為一千二百萬，即有八百萬里佛的順差。但是，如果我們接受沃邦的說法——由於沒有更準確的數字——假定法國的貿易順差為四千萬里佛，里昂只佔五分之一。里昂在與英國貿易中所佔的地位肯定要比這高。

里昂最大的貿易對象是義大利（出口一千萬里佛。進口六百至七百萬）。這是否證明，義大利在某種程度上比人們通常以為的要活躍得多？總之，在西班牙擁有龐大購銷網的熱那亞充當里昂與西班牙貿易的中繼站。相反，里昂與荷蘭的聯繫不多。與英國的來往略多一些。按照歷來的傳統，里昂仍主要從事地中海貿易。

巴黎獲勝

里昂儘管保持了活力，卻得不到歐洲最先進地區以及當時正在蓬勃高漲的國際經濟的積極支持。面對首都的競爭，外部助力也許是里昂奪取法國經濟活動中心地位的唯一手段。這兩個城市的鬥爭性質及過程很難弄清，最終是巴黎獲勝。

然而巴黎的優勢只是花了很長時間，以一種極其特殊的形式才建立起來的。巴黎壓倒里昂並不是商業戰的勝利。直到內克時代（一七八一年左右），里昂仍是法國第一商埠，出口額為一億四千三百萬里佛，進口額六千八百九十萬，總計二億一千一百七十萬；進出口差額七千三百九十萬。如果不考慮圖爾里佛本身的價格波動，這些數字便等於一六九八年的九倍。而巴黎同一時期的進出口總額僅為二千四百九十萬里佛，略高於里昂貿易額的十分之一[201]。

巴黎的優勢來自「金融資本主義」的崛起，這一崛起的時間比人們通常以為的要早。而要使這成為可能，里昂必定已喪失了它以前的作用的一部份乃至大部份。

有鑑於此，我們能否假設里昂交易會體系在一七〇九年的危機中遭到首次嚴重打擊？這一年的危機實際上是投入西班牙王位繼承戰爭的法國遇到的金融危機。路易十四政府的固定放款人薩繆爾·貝爾納因國王把付款日期最終推遲到一七〇九年四月，幾乎陷於破產的境地。關於眾說紛紜的這個悲慘事件，我們擁有大量文件和證詞[202]。我們還必須把這場極其複雜的賭局的底蘊弄明白。除開里昂不談，這場賭局首先涉及熱那亞銀行家，而薩繆爾，貝爾納本人多年來一直是他們的客戶與同謀，有時也是堅定的對手。為了能在法國境外，在德意志、義大利以及在路易十四的軍隊正在作戰的西班牙支取資金，貝爾納向熱那亞銀行家借款，提出以法國政府一七〇一年以來發行的紙幣作償還擔保；借款隨後在里昂交易會上，以貝爾納向他在當地的客戶貝特朗·卡斯當簽發匯票的方式償還。為了給後者提供資金，「貝爾納寄給他一些可在下屆交易會上兌現的期票」。這套辦法其實就是玩空頭匯票游戲，一切順利的時候，誰也不吃虧，熱那亞銀行家和其他放款人的錢可用鑄幣，或用貶值折算的紙幣（當時人的說法是「虧損」）償還，而對於貝爾納本人來說，大宗付款每次都被推到一年以後才兌現。幹這一行的基本要領是一再拖延時間，直到國王償清欠債為止。可是要國王付款又談何容易。

財政總監很快就使完了所有方便、可靠的招數，現在必須想出新的辦法。一七〇九年盛傳將創立一家私人銀行或國家銀行，其職能是借錢給國王。然後再由國王借錢給商人。這家銀行將發行起息的、可與國王紙幣兌換的票據。此舉等於恢復國王紙幣的信用。在里昂聽到這一消息的人無不額手稱慶。

顯然，這一招如果成功，所有金融家都會墮入薩繆爾·貝爾納的彀中。「集中」將對他有利，是他出來領導銀行，支撐並大量調度紙幣。德馬雷財政總監對這一前景並不感到高興。法國各大港口和商埠的批發商們也持反對意見，幾乎可以說這是「舉國一致」的反對。一個無名之輩想必在別人指使下說道：「有人講貝爾納的尼古拉先生以及其他猶太人、新教徒和外國人自告奮勇要承辦這家銀行〔……〕。這家銀行應該交給篤信羅馬天主教〔……〕並對陛下矢忠不渝的法國商人經營才是正理[203]。」事實上，組建銀行的方案無異於賭撲克時的冒叫，與一六九四年導致建立英格蘭銀行的設想有類似之處。這個方案在法國卻失敗了，形勢迅速惡化，人人自危。銀行體制如紙糊的城堡一般倒塌。尤其是一七〇九年四月，卡斯當又在火上燒油。他不無理由地懷疑薩繆爾·貝爾納的償付能力，在匯兌公所拒絕按例接受他開出的匯票，並聲稱他不能保持「收支平衡」。由此引起「一片恐慌」。薩罐爾·貝爾納確實處境維艱，為了報效國王，他被捲入一些莫名其妙的複雜困境之中。九月二十二日[204]，他費了好大勁，經過無數次聯繫和爭取，才從財政總監德馬雷那裡弄到「特准延期三年」結清債務的裁決。他總算免於破產。一七〇九年三月二十七日，聖馬洛和南特的幾艘船從南海返航，在路易港卸下價值「七百四十五萬一千一百七十八圖爾里佛」的里亞爾、金銀條和貴金屬餐具，國王的財政信用得以恢復[205]。

但是眼前我們關注的重點是里昂城市，而不是這次複雜混亂的金融動蕩。一七〇九年，面對不能如期結清欠帳的情況，里昂的支付能力又如何呢？這個問題很難回答，因為里昂人自己好作抱怨，往往把局勢說得漆黑一團。不過十五年以來，這個商埠確實遇到嚴重的困難。「一六九五年起，德國人和瑞士人不再光顧交易會。[206]」一六九七年的一份回憶錄指出一種相當奇怪的做法（活躍但是守舊的博爾扎諾交易會上也是這麼做的）：從一屆交易會到下一屆交易會的轉帳都記在「各自的資產負債表上」[207]。這就成了嚴格意義上的帳目遊戲，債權和債務不再以「記名和不記名票據」的形式流通，從而與安特衛普的做法大不相同。一小撮

「資本家」獨享交易會上轉帳的「應收債款」的利息。這是一個封閉的系統。人們簡捷明瞭地解釋說，如果票據在流通過程中一再有人背書，那麼小批發商和小零售商就有可能「做更多的生意」，就能參與「大批發商和代理商相反要把他們從中排擠出去」的交易。這種做法與「歐洲所有商埠」的通行規則相牴觸，但卻一直延續到里昂交易會的終結[208]。可以認為，它不利於促進里昂的商務，不能幫助它對抗國際競爭。

國際競爭是存在的，里昂通過貝雲取得比亞斯特，又眼看著金銀鑄幣從自己這裡流走，既從正常途徑流向馬賽、黎凡特或者史特拉斯堡的鑄幣所，也從祕密渠道大量流向日內瓦。里昂商人用現金在日內瓦換得阿姆斯特丹開往巴黎的匯票，從中獲取厚利。難道這已是里昂處於劣勢的證據？里昂巡按使特魯台納在給財政總監的信中附和了該地商人或誇大或屬實的怨言[209]。據商人們說，日內瓦的競爭會使里昂失去其交易會和信貸職能。特魯台納一七〇七年十一月十五日致德馬雷的信說：「很擔心里昂商埠的全部貿易會立即遷到日內瓦去。日內瓦人早想在他們那裡開闢匯兌市場，如里昂、諾維和萊比錫一樣舉辦交易會並結清帳目[210]。」這是事實，還是為影響政府決策而故意唬人？總之，兩年以後，即一七〇九年，形勢果真嚴重了。特魯台納在一封信中說：「貝爾納事件徹底斷送了里昂商埠的前程，這裡的局勢日益惡化[211]。」商人們確實運用技術手段使商埠停止運轉。里昂結帳通常「都用票據或結帳方式，所以一筆三千萬里佛的貸款往往不必支付五十萬現金。票據一旦停用，即使市面上的現金比平時多一百倍，付款也不可能進行。」里昂的工廠全靠信貸開工，金融罷工使它們不得不減少生產。結果是，「工廠部份停產，使一萬至一萬二千名工人陷入賴救濟為生的困境，因為停工期間他們沒有任何收入。這個數字與日俱增，如不及時找出辦法，大可擔憂工廠商店統統關閉……[212]」這裡雖有誇大，但絕非捕風捉影。無論如何，里昂的危機波及法國各交易會和商埠。一七〇九年八月二日的一封信指出波凱爾交易會「冷冷清清」，十分「蕭條」[213]。可以作結論說：一七〇九年在里昂爆發的這場深刻的危機確實來勢凶猛，雖然我們不能充份判斷其性質，也不能精確測定其規模。

另一方面，毫無疑問，里昂本已受到挑戰的優勢未能抵擋約翰．勞體系危機帶來的突然、強烈的衝擊。里昂當初拒絕皇家銀行設在本埠是否失策？皇家銀行當然會與傳統的交易會競爭，使後者處境困難乃至無法維持[214]，但這樣做也會抑制巴黎的蓬勃發展。因為當時法國發狂地、爭先恐後地湧向首都的坎岡波瓦街（Quincampoix）。這個不折不扣的交易場所，其熱鬧嘈雜與倫敦的交易所街相比毫不遜色。約翰．勞體系的失敗最終使巴黎和法國失去一七一六年由約翰．勞設立的皇家銀行，但是政府不久（一七二四）就在巴黎建立新交易所，其金融地位為首都所當之無愧。

巴黎的成功從此已成定局。但在巴黎持續不斷的前進中，公認的決定

1720 年的斯瓦松府邸。約翰．勞在這裡開辦「紙幣交易」，後來才遷到坎岡波瓦街。

性轉折卻出現相當晚，約在一七六〇年左右，即在七年戰爭中同盟關係突然改變和戰爭結束之間。「巴黎於是佔據優勢地位，它處於西歐大陸這個整體的中心，是一個經濟網絡的匯合點。這一經濟網絡在擴張中已不再如不久前那樣遇到敵對的政治壁壘。兩個世紀以來包圍法國的哈布斯堡王族領地形成的障礙已被粉碎〔……〕從波旁王族入主西班牙和義大利到同盟關係的改變，法國四周開放地區逐漸擴大：西班牙、義大利、南德意志與西德意志、尼德蘭。巴黎到加地斯、到熱那亞（再從這裡到那不勒斯）、到奧斯坦德和布魯塞爾（到維也納的中轉站）以及到阿姆斯特丹的道路從此暢通無阻，三十年間（一七六三—一七九二）未被戰爭所切斷，巴黎於是成為西歐大陸的政治和金融中心。商務發達，資金源源不斷地湧來」[215]。

巴黎吸引力的增長在國內國外均可感受到。市郊阡陌縱橫、市內聲色犬馬的法國首都能成為一個巨大的經濟中心，一個投入激烈國際競爭的民族市場的理想中心嗎？南特駐商事院的代表戴加佐·杜·哈萊在一七〇〇年撰寫的長篇備忘錄中預先對這個問題作了否定的回答[216]。他抱怨法國社會對商人缺乏尊重，認為其原因部份在於「外國人〔顯然指荷蘭人和英國人〕對商業的偉大及高尚有比我們更明確、更直接的認識，因為這些國家的宮廷都設在海港，有機會親眼目睹滿載全世界的財富的船舶從四面八方駛來，容易看到商業的值得稱道。如果法國商業有同樣的幸運，那麼不需要別的引誘就能使全國從商」。可惜巴黎不在英吉利海峽的岸邊。一七一五年，約翰·勞剛開始其冒險事業時，已看到「巴黎作為經濟大都會的抱負大受限制，因為城市距離遠，河流不通航〔意思想必是說海船不能直達〕，人們不能把它建設成對外貿易的重鎮，但它可以成為世界第一匯兌中心」[217]。巴黎即使在路易十四時代也未能變成世界第一金融中心，但肯定在法國首屈一指。然而，如同約翰·勞隱約預見的那樣，巴黎的首要地位不是完整的。法國的兩極結構仍將繼續下去。

巴黎與里昂之間的衝突狀態遠不能概括法蘭西地域上的全部張力和對抗。但是這些差別和張力本身是否具有某種整體意義呢?少數歷史學家持肯定的意見。斯普納[218]認為,十六世紀的法國大體上以巴黎為子午線分成兩個部份:東部大部份地區屬於內陸:皮卡第、香檳區、洛林(尚未並入法國)、勃艮第、法蘭西康提(仍屬西班牙)、薩瓦(隸屬杜林,但一五三六至一五五九年間一度被法國人佔領)、多菲內、普羅旺斯、隆河谷、中央山地的一部份、朗格多克的全部或一部份;巴黎子午線以西是瀕臨大西洋或英吉利海峽的地區。鑄幣數量的多寡是劃分兩大區域的標準。這一標準既有效,也大可商榷,因為必須把馬賽和里昂也劃分在「劣勢」區域中。勃艮第與布列塔尼或普瓦圖之間的反差同樣明顯:前一地區使用銅幣[219],後兩個地區則接納西班牙的里亞爾。法國西部在十六世紀由於大西洋貿易的興盛而活躍起來,其動力策源地來自迪耶普、盧昂、哈佛、翁夫勒、聖馬洛、南特、雷恩、拉羅歇爾、波爾多、貝雲,除了雷恩,其他都是港口。

還需要知道,儘管法國水手和海盜越來越多,西部地區的發展從什麼時候起,為什麼放慢了速度,乃至停頓下來。羅斯[220]和其他幾位歷史學家提出過這個問題,但沒有真正找到明確的答案。一五五七年發生強烈的金融危機,一五四〇至一五七〇年間的跨週期經濟衰退又深化了這一危機:假如把一五五七年當作斷裂點,那就是用商業資本主義一度出現的故障來解釋法國西部大西洋沿岸地區過早退縮的原因[221]。我們差不多有把握說故障確實曾經出現;而對於這一退縮,卻把握不大。萊翁[222]斷言,法國西部「向來自東方的影響廣開大門(早在十七世紀),從法蘭德斯到布列塔尼和曼恩的法國土地盛產呢絨和布料,其地位遠比從事採礦和冶金業的內地優越」。也就是說,東西部的反差將延續下去,可能一直延續到路易十四個人統治的初期——時間上的斷裂點並不明晰。

然而,早晚總要形成一條從南特到里昂[223]的新的分界線:不是子午線,而是近似於緯線。在這條界線以北是屬於技術發達、經濟活躍的法國，那裡用馬拉犁，農田連綿成片；界線以南的法國除了個別例外，越來越變得落後。彼埃爾·戈貝爾[224]認為甚至存在南北兩種不同經濟形勢：北方相對健康，南方處於強烈的衰退衝擊之下。尚·德呂莫進一步說：「……至少應使十七世紀的法國部份地區同南方的經濟形勢相脫鉤，並且不宜把法蘭西王國始終看做一個整體。[225]」如果這一看法正確，那就是說，法國再次適應了世界經濟生活的外部條件。當時的世界經濟生活促使歐洲向北部發展，並使脆弱、可塑的法國朝著英吉利海峽、尼德蘭和北海的方向傾斜。

此後，直到十九世紀初，南北分界線基本上沒有變動。安吉維爾（一八一九）認為，這條線仍從盧昂伸向埃甫勒，然後在日內瓦。界線以南則是「一派鄉村景色，不見都市風貌」，分散的農舍與「未開化的法國」並行不悖。這話未免言過其實，但是反差確實十分明顯[226]。

最後，我們看到分界線又逐漸變動，巴黎的子午線恢復了原來的地位。不過由它劃分的兩個區域已改變了面貌：西部是不發達地帶，是「法國的沙漠」；東部是與佔統治地位的、向外擴張的德意志經濟相聯繫的先進地帶。

兩個法國各自勢力的消長因此是隨著時間而改變的。沒有一條固定不變的界線把法國領土一分為二，而是先後出現好幾條界線。至少有三條，可能更多。或者不妨說只有一條界線，但它像時針一樣移動。這就意謂著：

（一）在一個已知的地域內，進步和落後的分界線不斷變動，某個地區的發達或不發達不是一成不變的，最落後的地區可能發展成最先進的地區，在總體對抗的表層之下潛在著地區的多樣性，前者涵蓋後者，但不能取消後者，人們透過前者可以看到後者。

（二）法國作為經濟地域只有被放回到歐洲的大環境中去才能得到解釋：南特至里昂一線以北地區在十

七至十九世紀的明顯發展不能僅僅用內部因素（三年輪作制的優越性，耕田用的馬匹數量增加，人口迅速增長）作解釋，外部因素（法國在與北歐佔主導地位的經濟的接觸過程中改變了自己，正如它在十五世紀曾被光輝燦爛的義大利所吸引，在十六世紀曾被大西洋所吸引一樣）在這裡也發揮了作用。

贊成或反對從盧昂到日內瓦畫線

上文我們介紹了十五與十八世紀之間法國地域先後出現的「二裂變現象」，可為有關法國地域歷史多樣性的討論指出一個方向，但不能真正解決這個爭論不休的問題。法蘭西這個整體不能分成若干個一次便能確認其特性和稱謂的次整體：這些次整體不斷在調整、適應和改組，不斷地改變電壓。

安德烈·雷蒙的一幅地圖（參見四百五十頁）根據內克時代法國人口自然增長率的地區差別，提出了三裂變而不是二裂變的設想。這幅地圖取自那本精妙的十八世紀法國地圖集（集子已經完工，可惜尚未出版）。主要的特徵是從布列塔尼到汝拉山脈附近，好比有一道長長的粗線橫貫法國全境，形成一個人口極其稀少的地帶，至少也可說是人口增長停滯或極其緩慢的地帶。這一粗線隔開兩個情況較好的區域：北方的康城、阿朗松、巴黎、盧昂、馬恩河畔沙隆、斯瓦松、亞眠、里耳等財政區，瓦連辛財政區、三主教區、洛林和亞爾薩斯的人口增長尤其迅速；南方從亞奎丹到阿爾卑斯山形成一個極其活躍的地帶。在這一地帶，越過中央山地、阿爾卑斯山和汝拉山的阻隔，人口向極須勞動力的城市和富庶的平原集結；沒有外來的臨時勞力的幫助，這些城市和平原就不能維持正常生活。

從盧昂（或從聖馬洛，從南特）到日內瓦劃出的線並不是顯示法國所有對立現象的、具有決定意義的斷裂帶。雷蒙的地圖所表現的當然不是國民財富的分布，不是經濟的進步或退步，而是人口的增多或減少。人口眾多的地方勢必向外移民與發展工業，或兩者兼而有之，或選定其中一項。

至於莫里諾，他通常對任何太簡單化的解釋都持保留態度。關於以巴黎為圓心旋轉的直徑把法國分成兩部份的假設當然不能得到他的贊同。舉例說，他對從聖馬洛到日內瓦劃線，大致上也就是勒魯瓦．拉杜里繼安吉維爾之後提出的那條線，就大不以為然[227]。為了反駁這一假設，他引用了這條線劃分的兩個地區各自的貿易盈虧數字。如果這些數字還不足以抹掉這條界線，至少它們改變了兩邊的符號：財富轉到南方，窮困轉往北方。一七五〇年，無疑「南部地區大大壓倒北部。出口額的至少三分之二由南部提供。這一優勢的原因部份在於南部盛產葡萄酒，部份在於波爾多、南特、拉羅歇爾、貝雲、羅利安和馬賽等港口是殖民地產品的集散地。但是原因也還在於茁壯發展的工業，布列塔尼能出售價值一千二百五十萬圖爾里弗的布匹，里昂出售的綢緞和絲帶價值一千七百萬，朗格多克出售的粗細呢絨價值一千八百萬」[228]。

這次該輪到我表示懷疑了。根據對外貿易結算來秤出法國不同地區的重量，對這一做法的意義我未能信服。顯而易見的是：外銷工業的份量單獨沒有決定性；在昨天的世界裡，工業往往是貧困或生計艱難地區尋求的補償方案。價值一千二百萬里佛的布匹不能把布列塔尼變成法國的經濟先進省份。真正的分類應該依據國民生產總值。儒爾．杜坦在一九七八年的愛丁堡大會上就試圖這麼做，他根據人均產值（與全國平均數相比）為一七八五年法國各地區排了一次隊[229]；巴黎高居榜首，為百分之二百八十；中部的羅亞爾河和隆河流域達到百分之百的平均數；勃艮第、朗格多克、普羅旺斯、亞奎丹、庇里牛斯山區、普瓦圖、奧文尼、洛林、亞爾薩斯、利茅辛、法蘭西康提低於平均數；布列塔尼屈居末位。第四百五十一頁的草圖標出這些數值，它沒有從盧昂到日內瓦畫出一條分明的界線，但貧困地區顯然位於南部。

海疆和邊塞

事實上，如同任何其他問題一樣，對地理差異問題的認識隨著涉及時間的長短而有所不同。經濟形勢的演變必定緩慢，在由形勢演變引起的變化底下，是否還存在歷時更久的對抗？法國難道同任何其他「民族」一樣，只是若干不同實體的集合？而其中最基本的（至少我以為是最深厚的）實在，無論根據定義或是觀察，應是最耐磨損，即最頑固地停滯不動的實在。具體說，借助地理這個不可缺少的光源，我們便能看到無數恆久的差異：山脈和平原，北方和南方、東部的大陸和西部的茫茫海霧……這類結構，這些對立，比壓在人們頭頂上的經濟形勢，給人的壓力更大，它們對人們生活的各個地區有時有利，有時則不利。

但是，歸根到柢，對我們來說，最有代表性的結構性對抗是狹窄的邊緣地帶和廣闊的中心地區之間的對抗。「邊緣」地帶沿著隔開法國與外國的曲折邊界走向展開。雖說這裡本應使用「外圍」這個詞，我們卻避免用它，因為在我們的某些討論中，這個名詞對於包括我在內的許多作者已有被經濟世界得天獨厚的中心棄之不顧的落後地區的意義。邊疆或者以河流為天然分界線，或者與往往是人為劃定的陸地邊界相吻合。奇怪的是，作為一條規則，除了個別例外，法國邊緣地帶總是相對富庶，而內地則相對貧困。阿尚松自然而然地作出區分，他在一七四七年的《日記》中寫道：「王國內地的商業比一七〇九年（該年給人留下陰暗的回憶）的情形更糟。那一年，由於蓬夏特朗先生出資裝備私掠船，我們在海上的襲擊使敵人寢食不寧[230]；我們的南海貿易收益頗豐；對馬洛的船帶回國內的錢財數以億計。一七〇九年，王國內地比今天富裕一倍。[231]」下一年，即一七四八年八月十九日，他再次提到「羅亞爾河以南的王國內地陷於嚴重的貧困境地。去年收成不佳，當年的收成只及去年的一半。小麥漲價，乞丐從四面八方湧來」[232]。加里亞尼神父在《關於小麥的對話》中說得更加直截了當：「請注意，法國現在以商業、航運和工業立國，它的全部財富流向邊境；所有富庶的大城市都在國境邊上；內地極其貧困[233]。」十八世紀日益增長的繁榮不但沒有縮小反差，反而有所擴大。一七八八年九月五日一份官方報告宣稱：「海港的收入不斷增加，內地城市的商務僅限於本地和鄰近地區的消費，居民除了開設工廠別無良策」[234]。一般說，工業化是落後地區的經濟報復手段。

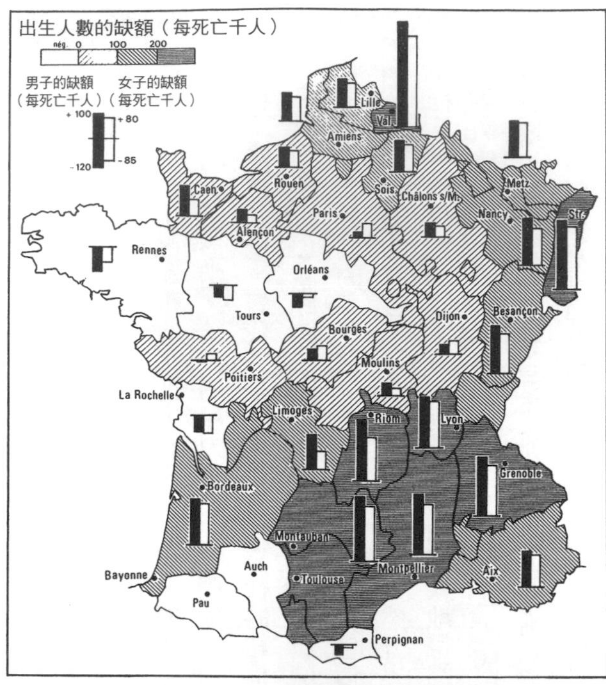

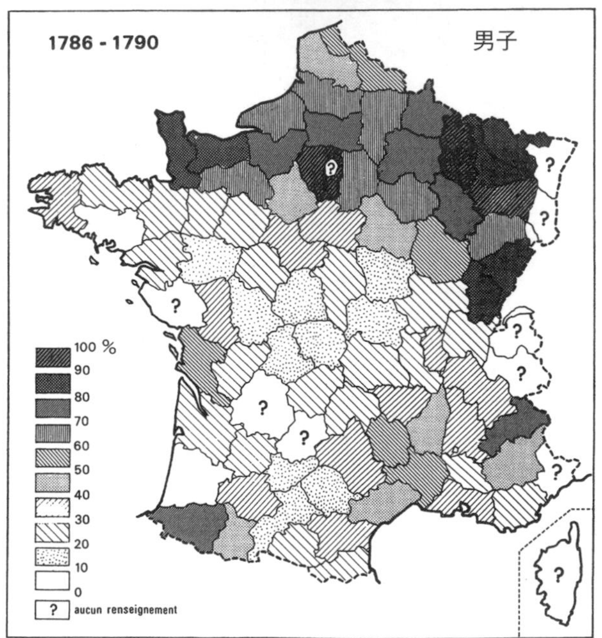

表(34)　秤四次重量

1.法國 1787 年間的出生和死亡
本圖是雷蒙編製的地圖集內業已發表的極少幾張地圖之一。如圖所示，有的地區人口減少（雷恩、圖爾、奧爾良、拉羅歇爾、佩皮尼昂等財政區），有的明顯超過平均數，人口激增（瓦連辛、史特拉斯堡、柏桑松、格勒諾布爾、里昂、蒙貝里耶、里埸、蒙托班、土魯斯、波爾多）。這一人口自然增長優勢可能與這些地區推廣玉米和土豆等新作物有關。

2.法國大革命前夕的閱讀和書寫概況
本圖係根據能在結婚證書上簽名之男性配偶的數量而繪製，北方明顯佔優勢。（引自法蘭索瓦、富萊與烏佐夫的《讀和寫》1978 年）。

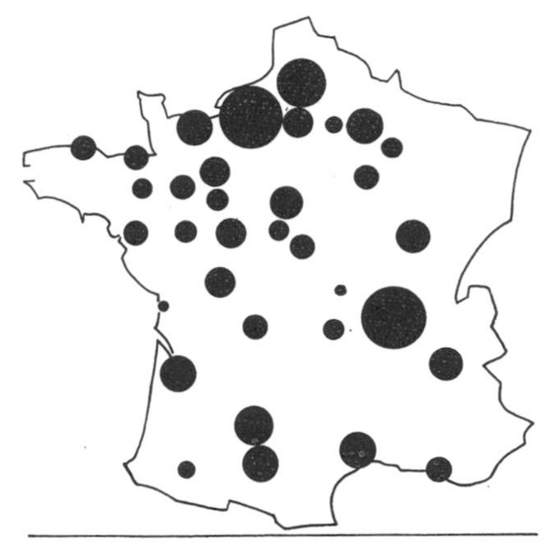

3.徵稅也是測量

1704 年前後，政府計畫對王國各城市的商人團體進行徵稅。里昂和盧昂的稅額高達十五萬里弗；波爾多、土魯斯、蒙貝里耶為四萬里佛：馬賽為二萬……從這些數字可以測知圖中其他地區的徵稅規模。巴黎不在徵稅城市之列。根據稅收水平劃分王國的不同地區很不容易。明顯的事實是，如以經過拉羅歇爾（稅額六千里佛）的緯線劃界，北方小城市居多，南方則由大商埠佔統治地位。

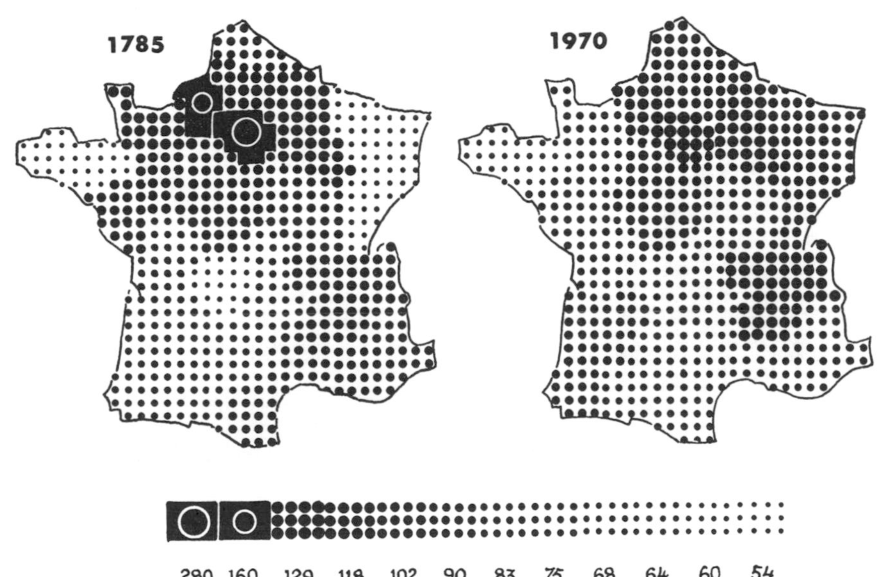

4.各地區的人均收入

按人均收入（物質產值）為 100，圖示各地區的百分比。1785 年，巴黎為 280，上諾曼第 160，盧瓦爾．羅訥 100 等等。是否如圖所示，北方佔據優勢？是的，不過得出這一結果的計算很複雜，有待驗算。1970 年的情形可資參證。到 1970 年，各地區人均收入發生明顯的改變。（引自杜坦：《1840 至 1970 年法國各地區收入的不平衡增長》，見《第七屆國際經濟史學大會論文集》第 368 頁，愛丁堡，1978 年）

有幾位歷史學家敏感地意識到內部和外部的這一持久的對抗。莫里諾認為，法國的財富以及經濟活動在路易十四統治的最後幾年向沿海地區轉移[235]。此話不錯，但是這一運動開始的時間要早得多，尤其是它將延續很長時間。

愛德華・福克斯寫了一部標題聳人聽聞的書：《另一個法國》。該書的價值在於它一口咬定存在一種結構性的對抗。根據該書的說法，自古以來就有兩個法國，一個向海洋敞開，追求貿易自由和遠方冒險；另一個株守內陸，反應遲鈍，受到重重束縛。法國的歷史便是這兩個法國之間的無從溝通的對話，雙方都不肯改換位置和方向，每一方都固執地想佔盡一切好處，絲毫不能理解對方。

在十八世紀，作為最現代化的法國，「另一個」法國是財富和早期資本主義已在那裡站穩腳跟的各大海港。幾乎可說是一個小型的英國，而且夢想仿傚英國一六八八年的「光榮革命」，在法國也發動一場和緩的革命。不過這個法國能單獨行動並且取得勝利嗎？不能。只需舉吉倫特派當政時期（一七九二—一七九三）發生的這個有名的事例，就能說明問題。與舊制度那時一樣，無論在大革命時期或在帝國時期，甚至更晚的時候，總是土地穩操勝券。一方面是商業，如果任其自由，就會更加興旺發達。另一方面是始終受土地小私有制束縛的農業，以及因缺乏財力、物力和創造力而舉步維艱的工業。這便是福克斯描述的兩個法國[236]。

儘管這位作者富有才華，但這一持久的、重複的對話不可能概括法國的全部歷史。至少可以說，邊緣的法國不止一個。法國疆土既在西邊止於大海——這裡是福克斯描述的另一個法國——也在東邊與歐洲大陸接壤：阿爾卑斯山以北的義大利，瑞士各邦，德國，西屬尼德蘭（一七一四年改屬奧地利）和聯省共和國。我不認為法國這一東部邊境與它的海疆同等重要，同樣引人矚目，但這個邊境畢竟是存在的。如果「邊境」這個詞有一定意義，那麼東部邊境因此必然具有一種獨特性。簡單說，法國在其海岸擁有若干「終點」和海洋轉運站：敦克爾克、盧昂、哈佛、康城、南特、拉羅歇爾、波爾多、貝雲、納磅、塞特（柯爾貝爾創建的），馬賽以及普羅旺斯的眾多小港口。不妨說這是法蘭西一號。法蘭西二號則是遼闊的、多樣的內陸，我們下文再談。還有法蘭西三號，這是由十幾個城市組成的一條長長的鎖鏈，包括格勒諾布爾、里昂、第戎、朗格爾、馬恩河畔沙隆、史特拉斯堡、南錫、梅斯、色當、梅齊埃爾、夏理維、聖昆坦、里耳和亞眠。它們之間還有若干次級城市，共同把網絡從地中海和阿爾卑斯山一直拉向北海。里昂在這一城市地帶中居樞紐地位。問題在於這一地帶不如沿海城市群那樣容易理解，那麼整齊劃一，那麼輪廓分明。

法國經濟地域在東邊合乎邏輯的彊界（這是我的事後之見，讀者可以相信，並無任何帝國主義野心）本應從日內瓦開始劃線，經由米蘭、奧格斯堡、紐倫堡、科倫直到安特衛普或阿姆斯特丹，以便向南攫取倫巴第平原這一個十字路口，在聖哥達增闢通向阿爾卑斯山的門戶，並且控制所謂「萊茵河走廊」這條軸線以及許多沿線城市。法國既未能奪取義大利和尼德蘭，同樣的原因阻止它把邊境推向萊茵河（亞爾薩斯是例外），推向與海路同樣重要或差不多同樣重要的道路網。義大利、萊茵地區和尼德蘭長期是歐洲資本主義的「脊樑骨」，是不容別人染指的禁臠。

法國向東方的開拓，困難重重，十分緩慢。它吞併各省需要通過妥協，保留它們的部份自由和特權。阿特瓦、法蘭德斯、里昂地區、多菲內和普羅旺斯不受一六六四年五大包稅所通過稅率的約束；更有甚者，所謂「實際上的外國」省份，如亞爾薩斯、洛林和法蘭西康提，則完全劃在法國稅卡範圍之外。在地圖上標出這些省份，也就等於畫出法蘭西三號的位置。格林、法蘭西康提和亞爾薩斯對外享有完全自由，向外國商品敞開大門，並能在走私活動配合下，把外國商品運往王國內地加價出售。

如果我沒有搞錯，享有某種程度的行動自由，正是這些邊境地帶的特徵。有必要進一步了解邊疆地區怎樣在法國和外國之間周旋。它們是否傾向一方或另一方？舉例說，瑞士商人在法蘭西康提、亞爾薩斯和洛林佔什麼地位，起什麼作用？十八世紀他們在這些地區幾乎像在自己家裡一樣。從多菲內到法蘭德斯，在一七九三至一七九四年的革命危機時期，人們對外國人也採取相同的態度，雖然外國人未必總受歡迎。在這些享有比鄰近的法國地區更大自由的地域裡，南錫、史特拉斯堡、梅斯、里耳又起了什麼作用？里耳的例子尤其有代表性，因為它緊靠尼德蘭，離英國也很近，可以通過鄰國走向全世界。

里耳提出了法蘭西三號的全部問題。用時間尺度去測量，里耳是個了不起的城市。荷蘭佔領結束（一七一三）後，里耳及其周圍地區迅速得到恢復。根據包稅所一七二七至一七二八年間的視察報告，里耳「實力雄厚，其製造業和批發業足以養活本地以及法蘭德斯省和海諾省的十八萬人」[237]。在里耳城內和四郊，各類紡織廠、高爐、鍛造廠和熔鐵廠長年開工，生產豪華織物、爐灶用鐵板、鐵鍋鐵罐、金銀線飾帶以及小五金：大量貨物從外省和鄰國向它湧來：黃油、牲畜、小麥，應有盡有。它充分利用水陸交通之便，甚至政府迫使它改變貨物流向，不再運往伊普爾（Ypres）、圖爾奈（Tounai）或蒙斯（Mons），而是朝西朝北運往敦克爾克與加萊，它也沒有多大困難就順應要求。

里耳尤其起著交通樞紐的作用。它從荷蘭、義大利、西班牙、法國、英國、西屬尼德蘭、波羅的海各國接受種種貨物，把從甲地取得的貨物轉售給乙地，如把法國的葡萄酒和燒酒轉銷北歐。不過它與西班牙和美洲的貿易佔的比例肯定最高。里耳每年運出價四百、五百萬里佛的商品（主要是布匹和呢料），或者由城裡的批發商自擔風險，或者由代理人負責經銷。返程帶回的現金多於貨物，一六九八年有人估計每年帶回三百、四百萬里佛[238]。不過這筆錢並不直接送到里耳「省」，它先在荷蘭或英國停留，那裡匯兌交易更方便，而且匯率比法國有利：別的不說，檢驗貨幣成色的方法也與法國不同。總之，雖說里耳與別的城市一樣參與法國經濟活動，同時它又多半置身法國經濟之外。

在作了這些解釋後，我們就能更好理解某些位於內地，與邊境有一段距離的城市（如特魯瓦、第戎、朗格爾、馬恩河畔沙隆和蘭斯）的某種趨向。它們原來都是地處邊緣的城市，後來卻變成內陸城市，根深蒂固的傳統在那裡得以保存。法蘭西三號，即面對東邊和北邊的法國，如同樹木的外皮那樣，是逐層形成的。

「另一個法國」的城市

關於瀕臨海洋的「另一個法國」的城市，我們對那裡的情況看得要清楚更多。那裡取得的成功也全靠行動和創業的自由。這些活躍的港口誠然以其貿易活動深入法國腹地，從中吸取養料，但它們的利益卻往往選擇海洋。一六八〇年前後的南特希望得到什麼[239]？它要求禁止英國船隻停靠法國港口，因為英國人的小噸位快船能搶在別人前面運來紐芬蘭的鱈魚。能否排斥他們，或至少向他們徵收高額關稅？南特還要求用聖多曼的煙草來取代充斥法國市場的英國煙草，從荷蘭人和漢堡人那裡奪回他們搶走的捕鯨業利潤。還有相應的其他要求：南特不斷要置身法國之外。

基於同樣的考慮，福克斯在提到波爾多時問道：「究竟它屬於大西洋還是屬於法國？」[240]保羅，布代爾乾脆說波爾多是個「大西洋都會」[241]。總之，根據一六九八年的一份報告，「王國的其他各省，除了布列塔尼部份地區外，不消費吉耶納的任何食品」[242]：波爾多及其腹地的葡萄酒是否只供應講究飲食的北歐等國的酒徒？同樣地，貝雲主要關心鄰近的西班牙的道路、港口和白銀。住在聖靈郊區（Saint-Esprit Suburb）的猶太商人遵循這一規則，一七〇八年被指控——大概不無根據——「把他們從朗格多克和其他地方搞來的質地最差的呢絨」運往西班牙[243]。敦克爾克和馬賽位於法國海岸的兩端，前者力圖躲開英國的禁令，並插手各種活動：捕鱈魚、與安地列斯群島貿易、販賣黑奴[244]；後者則是王國邊緣所有城市中最奇怪、最有特色的一個。雷蒙挖苦馬賽「與其說是典型的法國海港，不如說是柏柏爾和黎凡特的港口」[245]。為了觀察得更加仔細些，我們僅選聖馬洛一個城市為例。聖馬洛無疑是最能說明問題的城市之一，但是它的面積很小，「與杜伊勒里宮的花園一般大」[246]。即使在一六八八至一七一五年間的鼎盛時代，聖馬洛人也寧願把自己說得比實際更小。一七〇一年，他們說自己的城市「僅是一塊突兀的礁石，除了居民的心靈手巧沒有別的產生，而正因為靈巧，他們才成了法國的運輸專業戶」。這些運輸專業戶非同小可，他們有一百五十艘船駛向世界各大洋[247]。假如我們相信他們的話——事實上，他們也不是全然吹噓——他們「首先從事捕撈鱈魚，在阿米里克·韋斯普奇和卡布拉爾之前發現了巴西和新大陸」。他們對布列塔尼公爵（一二三〇、一三八四、一四三三、一四七三）和法國國王（一五八七、一五九四、一六一〇、一六四四）出讓給他們的特權津津樂道。這些特權賦予他們與布列塔尼其他港口不同的地位，但是總包稅人從一六八八年起發佈的各種規定，也給他們不斷製造麻煩，從而成功地限制了他們的特權。聖馬洛要求與馬賽、貝萊納、敦克爾克和「不久以來的色當」一樣被宣佈為自由港，未能如願以償。

聖馬洛顯然並不置身於布列塔尼之外，布列塔尼的布匹歸它出口；它也不置身於法國之外，它的快船定期向加地斯運去法國最貴重、最易脫手的貨

十七世紀的聖馬洛（木刻）。巴黎國立圖書館藏品。

物：里昂與圖爾的綢緞、金銀線織物、海狸皮。當然它也轉售外國商品，既有它自己運回來的，也有別人帶給它的。但就聖馬洛商業的整體而言，與英國的貿易佔著樞紐地位。聖馬洛人在英國購買的商品數量很多，以致他們要用開給倫敦的匯票來結帳。荷蘭佔第二位，荷蘭商船給聖馬洛運來杉木板、桅桿、纜繩、寧麻和柏油。聖馬洛人在紐芬蘭海域捕鱈魚，然後把漁獲運往西班牙和地中海。他們也常去安地列斯群島，聖多曼一度是他們的殖民地。他們在加地斯大發其財，加地斯從一六五〇年起事實上成了西班牙對美洲貿易的專用港口；早在一六七二年前[248]，聖馬洛人已在加地斯活動，他們先做白銀生意，後來在當地創立實力雄厚的、活躍的商行，從而紮下根子。所以，一六九八年乃至更晚的時候，聖馬洛人最關心的是不要錯過大帆船在加地斯啟航的日期，大帆船駛往喀他基納，事先不預告船期；更重要的是要趕上駛往新西班牙的船隊，「船期必為七月十日或十五日」。通常需待「船隻啟航後十八個月到二年」，美洲貿易所得才能返回聖馬洛，平均年入為七百萬里佛現金，最好的年份高達一千一百萬。此外，聖馬洛船隻從地中海返航時在加地斯停泊，「帶回現金十萬至二十萬比亞斯特」。早在西班牙王位繼承戰爭前，國王「於一六九八年九月發布詔書建立南海公司，又稱太平洋公司」[249]。從此以後，走私活動和直接開發美洲銀礦的活動異常發達。這些活動具有世界歷史的意義，可說是聖馬洛海員乃至法國海員一七〇一到一七二〇年間進行的最奇特的、最聳人聽聞的冒險。

這方面的卓越成就使聖以洛徹底成為一個置身法國之外、自成天地的海上綠洲。它擁有那麼多的現金，沒有必要開設與其他商埠往來的匯兌市場[250]。更何況這個城市與布列塔尼的陸路聯繫稀少，與諾曼第和巴黎的聯繫更差。一七一四年，從聖馬洛到「距該城九法里的蓬托爾松沒有定期驛車」[251]。蓬托爾松瀕臨庫埃農河，這條沿海小河流經聖馬洛以東，是布列塔尼和諾曼第的分界線。信件因此受到耽誤，「每週二與週六從康城發出一班驛車，每週四從雷恩間來另一班；錯過班期，信件就不能及時送達[252]。」聖馬洛人當然嘖有煩言，但是他們並不急於改變這一狀況，因為他們沒有迫切的需要。

內地

一邊是呈圓周狀的邊疆；另一邊是大而無當的內地。地處邊疆的城市燦爛奪目，早熟，相對富庶（波爾多在圖爾尼時代相當於凡爾賽加安特衛普）[253]。困守內地的城市黯淡無光，窘迫窮困（巴黎的傑出成就是個例外），其雕欄玉砌也往往是昔日的遺產，傳統的霞光。

不過在進一步從事探索之前，我們對這一巨大的觀察場不能不感到手足無措。我們掌握極其豐富的資料，研究報告數以千計，絕大多數又限於某一個省的特殊情形。而在民族市場中起重要作用的，顯然是各省的相互關係。誠然，「普查的傳統始於一六六四年，王國所有財政區在那年同時展開調查」[254]。我們因而掌握一些「共時性」剖面或認識。其中最著名的該是勃艮第公爵領地的調查，或稱「巡按使調查」，始於一六九七年，費了大勁到一七〇三年才告完成；財務總監奧利大張旗鼓進行的調查素負盛名，一七四五年調查甫告完成，適逢大臣失寵，報告因此被束之高閣。直到一九五二年，法蘭索瓦．德．丹維爾才偶然發現由調查組一名成員起草的報告提要，此人係學士院院士，姓名不詳[255]。

但是，這類共時性認識具有明顯的缺陷；它們主要偏於描述，而我們需要的是進行統計，取得數字，至少也要用圖表顯示這些描述，以便一目了然，而描述文字初讀之下往往不夠明白曉暢。我曾試圖粗略地圖解巡按使調查的結果，用紅鉛筆標出各財政區的對外貿易，用藍鉛筆標出財政區之間的交換，用黑鉛筆標出同一財政區內部的短程貿易。我由此確信，法國在十七世紀末開始形成一個網眼細密的市場網，也即民族市場。然而這幅地圖仍停留在草圖階段。必須有個專門班子投入工作才能使之完善，尤其需要利用其他資料來平衡已知數據，這樣做等於就國內貿易量和對外貿易量作一比較，而對於這個決定性問題我們只擁有一些先入為主的判斷，即認定國內貿易額大大高於對外貿易額，至少是後者的二至三倍。

我們掌握的「共時性認識」的另一個缺陷是它們彼此過於相似乃至重複，因為它們涉及同一個相對短促的時段，即從一六九七到一七四五和到一七八〇年，前後還不到一百年時間。這就不能區分結構的恆在和隨機的變遷。我們很想通過各省的相互關係就某些深層規律理出一個頭緒；這個頭緒理應存在，我們卻還抓不住它。

財務總監奧利的調查提供了幾把有用的鑰匙。他根據「居民的貧富狀況」把法國各省劃分為五個等級：「富裕」、「小康」、「小康以及貧困二者兼而有之」、「貧窮」、「赤貧」。第三等級（「小康和貧窮兼而有之」）與第四和第五等級（「貧窮」、「赤貧」）之間的界線，也就是貧困地區與相對富裕地區之間的界線。這條線大致區分條件優越的北方與條件不利的南方。但是，一方面，南北

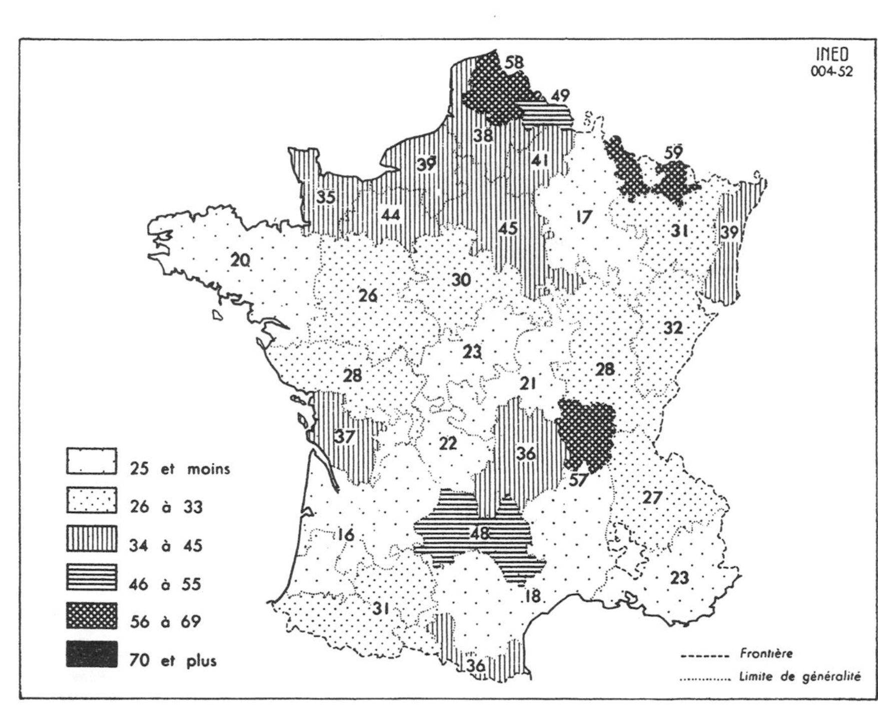

表(35) 1745 年法國人口密度 丹維爾製圖（參看註 255）。

兩部份全都存在例外地區，規律並不絕對可靠。北方和香檳區人口稀少（每平方公里十七人），屬於貧窮地區，阿朗松財政區乾脆就是赤貧區；南方的拉羅歇爾財政區以及波爾多和魯西永地區屬於「富裕」地區。另一方面，北部與南部的地理分界線並不如人們斯待的那樣構成界於富裕和貧窮之間的第三級地區。這一分界地帶從西向東伸展，首先是個「貧窮」地區（大西洋沿岸的普瓦圖），然後是利摩日和里翁財政區這兩個「赤貧」地區（雖然里翁財政區內的下奧文尼是富庶地帶），接下去的里昂地區和多菲內仍是貧窮和赤貧地區，最後的薩瓦地區還未歸屬法國。這些地區位於法國的心臟，卻是法國地域中最有代表性的落後地帶，其中多半還是移民輸出區，如利茅辛、奧文尼、多菲內、薩瓦。不過移民通常把錢帶回老家，從而改善原籍的生活（上奧文尼雖然「赤貧」，可能並不比「富裕」的利馬涅更加貧苦）。

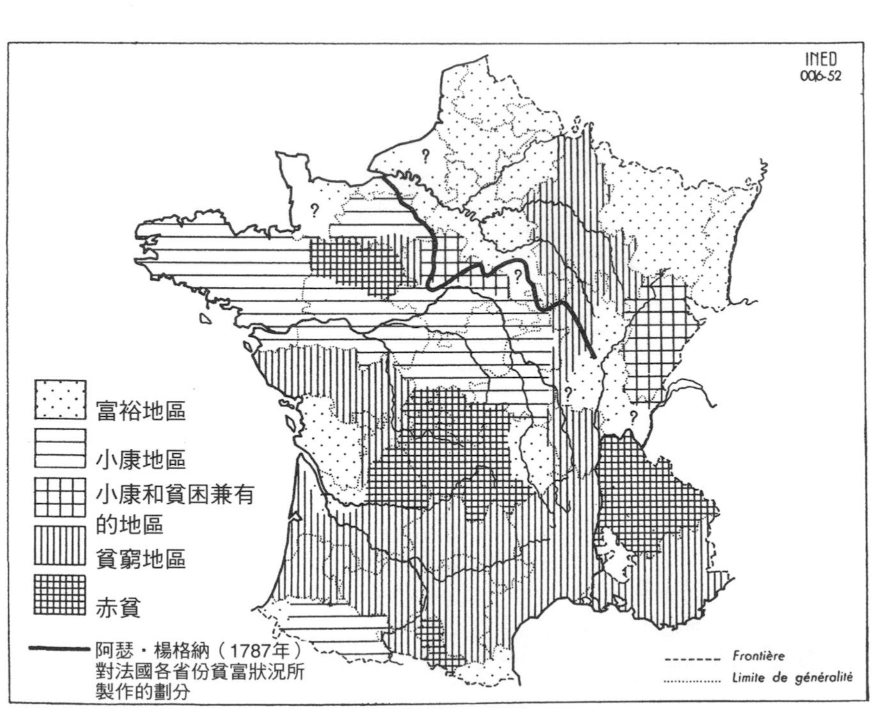

表(36)　十八世紀法國「居民貧富狀況」丹維爾製圖（《人口》1952 年，第 1 期，第 58-59 頁）

另一條標誌窮困的軸線呈南北走向，從貧窮的朗格多克到同樣貧窮的香檳區。對這條線是否保留了十六世紀區分大陸法國和海洋法國的那條南北軸線的遺跡，我還有點懷疑。總之，奧利的調查表明，法國領土上的貧富差別比人們原先設想的要複雜得多。

雷蒙[256]繪製的地圖恰也說明了這一點。他提供一七八〇年前後幾年的三套指數：糧食產量、小麥價格、稅收負擔。我們當然還可以加上大致可靠的人口數據。為繪製這些地圖付出了驚人的勞動。可惜每當人們企圖把這些指數聯繫起來解釋，就會遇到困難。布列塔尼似乎勉強保持平衡，因為稅收負擔不太重（這是設置三級會議的省份的特權），而糧食輸出則是當地糧價居高不下的首要原因。何況，每當時機有利，如在一七〇九年[257]，糧價高昂往往帶來厚利。勃艮第糧食產量既高，稅收負擔又較輕，經由索恩河和隆河運出小麥十分頻繁；在這個地區小

土魯斯，巴扎克爾塔樓和磨坊。十七世紀的版畫。

麥價格高可能是有利的。相反地，在普瓦圖、利茅辛、多菲內，貧困與糧食的產量低和價格高完全吻合。

與人口數字和人口密度作比較也還得不出滿意的結果。必須同意瓦格曼的看法：人口密度僅為一般經濟狀況作證。我們不妨就把每平方公里三十人定作一條界線，試著去測定其意義。人口密度低於這條界線先驗地不利於經濟發展，高於這條界線便是有利。法國南方各地基本上符合這個標準，但是一七四五年經濟不發達的蒙托班財政區人口密度為每平方公里四十八人，與標準不符。

有沒有別的辦法呢？有的，但是很複雜。雷蒙的圖表使我們得以重現每個財政區的小麥平均年產量及價格；按「廿一稅」（Vingtiéme）[258]的指數推算，我們可以算出土地收益，至少得出一個數量級（因為二十分之一是個原則比例，實際從未達到）。然後再把這些土地收益加起來，看在法國國民生產總值中佔多大的比例。這樣我們就得到一個係數，再把這個係數用於某一財政區的土地收益，我們就算出該財政區國民生產總值及人均收入，後者是最能說明問題的數據。如此這般，我們就能掌握各省的人均收入數字，據此判斷法國財富的分布差別就心安理得了。完成這項任務需要瞻大心細，雷蒙是唯一合適人選。可惜他沒有去做，至少他還沒有公布得到的結果。

所以，若說舊制度下法國的實際情形及內部關係還有待發現，這並不過份。尚—克洛德．佩羅（Jean-claude Perrot）的近著《法國地區統計的黃金時代》彙集了從共和四年至十二年（一七九六—一八〇四）之間有關的全部書刊資料目錄。這批資料數量驚人，不是從財政區，而是按行政省為統計單位[259]，從這個基礎出發可以做大量調查工作，得到的結果足以補償我們為之付出的辛苦勞動。但是還必須躲開十八世紀的「數字夢囈」，盡可能地上溯到更遠的時代。此外，法國內部關係體系的演變過程中是否仍保留了以上的結構性不平衡，在這方面作一番檢驗恐怕也大有必要。

外圍征服腹地

外圍城市在內地這個「中立」——意思是說缺乏抵抗力——區域廣事征服，這一事實清楚地說明內地大體上屬於法國生活的次等區域，在這方面如有例外也正好證實了規律。外圍城市組織內地產品的出口，控制進口。它們統治著並從內部吞噬一個可塑性極大的法國。例如，波爾多就吞併了佩里戈爾（Périgord）[260]。不過還有更好的例子。

喬治・弗萊什在一部近著[261]中恰如其份地提出了這個問題。十八世紀以土魯斯為中心的南部地區和庇里牛斯地區佔據法國內地的一大塊面積。儘管有加倫河的水道，寶貴的南方運河和眾多可以利用的陸路，這塊土地仍是「陸地的囚徒」。與該地區的內陸性起著同等作用的，是來自里昂、波爾多與馬賽三方面的吸引：土魯斯四周各地區和土魯斯本身因而淪為「衛星地帶」。從這個角度去看小麥貿易地圖，就不必添加說明文字了。如果再加上里昂對絲綢的吸引力，支配土魯斯命運的那個三角形當即一目了然。所以，無論是小麥還是絲綢，甚至十六世紀的菘藍染料，都未能解救土魯斯，歷史註定它列於次等地位不能自拔。「仰人鼻息的貿易」和「寄人籬下的商業網」，弗萊什以上的話說得恰到好處。甚至小麥貿易也不由本地商人獨立經營，而是為波爾多或馬賽的批發商充當經紀人[262]。

以關鍵性城市（即位於國土邊緣的海港和大陸商埠）為出發點，法國分割成若干從屬性地區，這些地區和區域通過城市作媒介，與左右脈搏跳動的歐洲經濟溝通。從這個角度去考察經商的法國與務農的法國對話，才能把握其真相。商業社會儘管有這些優勢，卻不能在法國戰勝土地社會，這正是因為後者深厚邃密，很難從深部把它動員起來。這也因為法國在國際秩序中未能如阿姆斯特丹、倫敦那樣佔據領先地位，它缺乏雄踞首位所必須具備的活力，不能帶動、激活那些並不始終主動地、不惜任何代價地尋求擴張的地區性經濟。

英國的商業領先地位

英國怎樣變成了一個統一的民族市場？提出這個問題十分重要，因為它立即引出第二個問題：英國民族市場怎樣因其自身的份量和環境的便利在擴大的歐洲經濟奠定領先地位？這一領先地位是慢慢確立的：烏特勒支條約（一七一三）簽訂時初露端倪，到一七六三年，七年戰爭行將結束時，彰明較著，到了凡爾賽條約（一七八三）則已不容置疑。英國以戰敗國（其實大謬不然）身份簽約，實際上荷蘭既被淘汰，英國此時確定成了世界經濟的中心。這一初勝決定了英國將取得第二個勝利，即工業革命。但是勝利本身的原因可上溯到英國久遠的往昔，所以我以為區分商業領先地位和隨後形成的工業領先地位是合乎邏輯的，工業領先地位的問題我們留待後面一章再去談論。

英國怎樣變成一個島國

在一四五三至一五五八年之間，即在百年戰爭結束到法蘭索瓦·德·吉茲奪回加萊那一年之間，英國不知不覺地變成了一個島（請原諒我使用這個說法），即一個與大陸隔開的獨立地域。直到這個有決定意義的時期之前，儘管有英吉利海峽、北海和加萊海峽的阻隔，英國與法國、尼德蘭和歐洲猶如血肉相連。它在百年戰爭期間與法國的長期衝突（實際上這是第二次百年戰爭，第一次百年戰爭是金雀花王室與卡佩王室的戰爭），按照菲利普·德弗里斯的正確說法，只是「省際衝突」[263]。這是說英格蘭作為英法地域的一個省（或幾個省的群體）而行事，英法地域的整體或者絕大部份是這場無休止的鬥爭的爭奪目標。

英國在長達一個多世紀的時間內投入、沉浸在法國這個巨大的戰場，而法國則致力於慢慢地擺脫英國勢力。英國在這場冒險中遲遲不能實現自己的奢望；它犯了好大喜功的過失，把自己推向險境：直到被趕出了法國，它總算回到自己的家裡。亨利八世企圖再次把英國納入歐洲地域，未能成功，這對英國倒是一個新的機會。亨利八世的大臣托馬斯·克倫威爾提醒國王，在國境外作戰耗資太大。據說是他在下議院發表的演說（一五二三）[264]從多方面作了說明。他說，戰費將相當於王國境內的貨幣流通總量；「戰爭將再次迫使我們鑄造銅幣。我個人完全可以遷就。但是，如果國王御駕親征，不幸落入敵人手中，我們又該用什麼支付贖金？法國人連出售葡萄酒都要索取黃金〔……〕難道他們能接受我們用銅幣贖回國王？」亨利八世一意孤行去冒險，結果招致失敗。後來，伊麗莎白只是在口頭上聲稱要收復瑪麗·都鐸丟失的加萊，法國人雖說答應根據勒卡托，康布雷齊條約（一五五九）歸還加萊，其實毫無誠意。伊麗莎白一度佔領哈佛（Le Havre），該地在一五六二年又被法國奪回。

從此大局已定。英吉利海峽、加萊海峽與北海形成一個斷裂帶，一個起保護作用的「海上通道」。一名法國人一七四〇年評論英國的話頗有見地：「這個海島似乎為商業而存在，它的居民與其在大陸上征戰擴張，還不如多想想怎樣保衛自己。由於距離遙遠和海上風險，他們連保住在大陸上的征服成果都很困難。」[265]反過來，大陸上的歐洲人想征服這個島國同樣不易。一七八七年五月，楊渡過加萊海峽回國時，他慶幸「海峽恰到好處地把英國與世界其他地區隔開」[266]。這當然是個優點，可是英國人長期沒有意識到這個優點。

在近代史的初期，英國人因被趕回自己家裡，轉而經營國內，開發土地、森林、荒地和沼澤。從此以後，英國人更關心危險的蘇格蘭邊境，鄰近的令人不安的愛爾蘭以及威爾斯的局勢。威爾斯在十五世紀初期發生歐文·格倫道爾的起義，一度獲得獨立，後來再度被英國統治，但仍然「拒絕歸化」[267]。最後，英國經過那場顯而易見的失敗縮小了領土野心，這對它日後迅速建成民族市場大有好處。

隨著英國與大陸的隔離，一五二九至一五三三年間又發生了與羅馬的決裂，英國地域的「間離效果」從而加深。納米埃說得對，宗教改革也是民族主義使用的語言。英國突然採用這一語言，自覺或不自覺地投入到產生眾多後果的一場冒險中去：國王變成英國國教的首領，他是英國的教皇；沒收和出售教會土地推動了英國經濟的發展；英國經濟的更大動力在於長期位於世界的盡頭，地處歐洲邊陲的不列顛諸島在地理大發現後變成走向新世界的起點。英國當然不是為了更好地面向新世界而有意切斷與歐洲聯繫的古老橋樑，但結果卻正是這樣。此外，作為往昔的回憶，作為分離和自主的附加保證，英國還保留了對近在咫尺的歐洲的念念不忘的敵意。一六〇三年，蘇利[268]作為亨利四世的特使來到倫敦。他指出：「英國人肯定仇視我們，這種仇恨如此普遍和強烈，簡直成了這個民族的天性的組成部份。」

但感情總不是無緣無故產生的，至於過錯，假如真有過錯，也總應由雙方分擔。英國還沒有進入「光榮的」孤立階段；說它受到團團包圍也許言過其實，但它至少感覺不友好的歐洲的威脅。法國在政治上對英國構成危險，西班牙很快佔盡天時地利，安特衛普以及後起的阿姆斯特丹商人統治世界經濟，他們因為是勝利者，既招欽羨又受憎恨……我們能否說這個島國有自卑情緒？它有自卑感也是合乎邏輯的，尤其因為在十五世紀末和十六世紀，英國紡織工業的興起，即從生產羊毛過渡到製造呢絨，使它比以往更加離不開歐洲的商品流通渠道；英國商業活動的範圍有所擴展；英國的航運業面向世界，世界也在英國激起反響。在這樣一個世界裡，英國看到危險、威脅乃至「陰謀」。舉例說，格雷欣（Gresham）的同時代人認為，義大利商人和安特衛普商人串通起來任意壓低英鎊的行市並廉價收購英國織工的勞動成果。這些威脅並不純屬臆想，但往往被誇大了；英國對之反應強烈。義大利商人兼銀行家在十六世紀遭到排擠；漢撒同盟商人在一五五六年被剝奪了優惠待遇，「斯塔爾會館」一五九五年又遭沒收。

格雷欣為了與安特衛普對抗，才在一五六六至一五六八年間創建皇家交易所的前身；股份公司事實上正是為與西班牙和葡萄牙人決一雌雄而建立的；一六五一年的《航運法》針對荷蘭；十八世紀來勢凶猛的殖民政策與法國為敵……英國生活在緊張狀態下。它驚覺、好鬥，不但在本國力求令行禁止，而且隨著地位的增強，還要在國外發號施令。一七四九年，一位並非特別懷有惡意的法國人挖苦說：「英國人把自己的要求看作權利，把鄰國的權利看作僭越。[269]」

英鎊

英鎊的奇特歷史證明了——如果還用得著證明——這樣一句老生常談：英國發生的任何事情都與別處不同。確實如此：英鎊本是許多記帳貨幣中的一種。可是，其他記帳貨幣在國家操縱下或在不利的經濟形勢的捉弄下不斷改變比價，而英鎊自從在一五六〇至一五六一年間由伊麗莎白女王穩定了以後，其幣值直到一九二〇年，乃至一九三〇年始終不變[270]。這裡發生了某種奇妙的、乍看很難解釋的事情。一英鎊相當於四盎斯純銀或半馬克白銀[271]，在歐洲貨幣價值表上英鎊令人驚訝地劃出一條長達三百多年的直線。莫非英鎊置身歷史之外，或者竟因清淨無為而不招惹麻煩？肯定不是，因為英鎊的歷程是在伊麗莎白時代，在艱難、混亂的環境中開始的，它克服了種種危機才保持直線前進，而一六二一、一六九五、一七七四以及一七九四年的危機本可以使它改變方向。這些插曲盡人皆知，已經詳細研究，並分別得到明智的解釋。但是真正的、不可能解決的問題是如何理解這些意外事件和這些成就的整體，理解這一沉著鎮定地走自己的路的歷史：我們了解這一歷史過程中先後發生的插曲，但是不甚了解它們之間的聯繫。英鎊的歷史是個令人惱火的問題，也是一部荒誕的小說，因為小說逐章展開，卻始終不向我們披露它的祕密，而這裡應該有，必定有一個祕密，有一種解釋。

我們不需要說明這個問題如何重要，英鎊的穩定是英國強盛的一個關鍵因素。沒有穩定的價值尺度，便不容易得到信貸。借錢給君主的人就沒有安全感，也就沒有人們可以寄予信賴的契約。而沒有信貸，就談不到國家的強盛和金融優勢。何況里昂交易會以及柏桑松和皮辰札交易會為了確保交易順利進行，分別創造了穩定的專用價值符號，即「太陽埃居」（*écu au soleil*）和「馬克埃居」（*écu de marc*）。一五八五年建立的里亞托銀行和一六〇九年開業的阿姆斯特丹銀行同樣強制推行一種銀行貨幣。其標價高於價值變幻不定的流通貨幣：銀行貨幣與流通貨幣的差價提供了安全保證。一六九四年成立的英格蘭銀行卻不需要這種保證：它的通用記帳貨幣英鎊因其價值穩定，足以給它帶來安全。這一切都無需爭論，但是重要的是找出由此產生的後果。一位對歷史有所偏愛的銀行家尚—加布里埃爾·托馬斯有感於英國人的智慧，在不久前發表的著作（一九七七）[272]中指出，約翰·勞體系失敗的一個重要的原因通常不被提及，即作為記帳貨幣的圖爾里佛不合時宜的貶值：這就妨礙正常的信貸活動，導致信用破產，造成殺雞取卵的結果。

說到英鎊的歷史，請不要相信只有一種解

1644 年的倫敦交易所。霍拉爾作版畫。

釋，而是應該相信有一連串解釋；不要相信存在一個指導具體政策的理論思想，而不相信有一系列實際解決方案：採用這些方案都是為了應付燃眉之急。然而從長遠看，每個方案無不符合最英明的決策。

一五六〇至一五六一年間，伊麗莎白女王及以格雷欣為首的顧問們著手整頓由「大衰落」[273]產生的極度混亂，即一五四三至一五五一年間驚人的通貨膨脹。在這艱難的歲月裡，流通銀幣（先令和便士）的成色一落千丈。原先每十二盎斯銀幣含銀一百一十一盎斯[274]（即每盎斯銀幣含四十分之三十七盎斯的純銀），跌到含銀十盎斯，一跌再跌後，到一五五一年只含銀三盎斯，即銀幣的含銀量僅四分之一。伊麗莎白的改革使貨幣成色恢復原來的標準，即每十二盎斯含一百一十一盎斯白銀。這一改革勢在必行：混亂已到達極點，流通中的錢幣重量、成色各異，往往還有殘缺，而它們的價值卻完全相同；這些錢幣雖然用金屬鑄造，卻與指券無異，僅是信用貨幣而已。物價在幾年內漲了一倍或二倍，英鎊在安特衛普的匯價大跌，可謂禍不單行。英國作為呢絨出口大國，猶如在歐洲停泊的一艘商船；它的全部經濟生活取決於它與歐洲的維繫，取決於安特衛普舉足輕重的匯兌市場的行市。英鎊的匯率像是英國對外關係的發動機和方向舵。甚至如格雷欣這樣頭腦清醒的觀察家也深信，倫敦和安特衛普的義大利貨幣兌換商隨意操縱匯兌行市，在有利條件下攫取英國人的勞動成果。這種看法無視匯兌和貿易盈虧之間的關係，它既包含部份道理，也帶有臆測成份。問題在於：匯率不是兩個商埠（如倫敦和安特衛普）之間的對話，而是歐洲各商埠的大合唱；這其實是一種循環運動，義大利商人通過實踐對此早有認識。既然如此，錢幣兌換商並不支配匯兌運動，但是他從中得利，利用匯率的變化進行投機，如果他擁有手段並且掌握訣竅。義大利人出色地具備這兩個條件，格雷欣在這上頭害怕他們並非沒有道理。

總之，倫敦政府通過改鑄全部流通銀幣，提高英鎊的固有價值，希望達到兩個目的：（一）英鎊在安特衛普的匯價有所改善；（二）國內物價下跌。這兩項希望中，只是前一項沒有落空[275]。英國居民為這一運作付出了代價（政府以遠遠低於法定的價格收購有待回爐重鑄的貨幣），卻沒有得到物價下跌的補償[276]。

伊麗莎白的改革因此沒有收到立竿見影的成果，它反而讓人覺得像是一副枷鎖，因為用劣幣改鑄的良幣數量不敷正常流通所需。後來由於美洲白銀大批運達，從十六世紀六十年代起遍佈整個歐洲[277]，英國的貨幣改革才得到轉機。新大陸的白銀也可解釋一五七七年圖爾里佛的幣值何以得到穩定。

作為法國的記帳貨幣，里佛與黃金掛鉤，當時一個金埃居被宣佈等於三個里佛，商人用埃居做記帳單位。實際上是里昂的法國和外國商人迫使亨利三世穩定里佛，因為這對他們有利。所以不宜把亨利三世的功勞估得太高。法國與英國一樣，全靠新西班牙和祕魯銀礦的天賜之助，才能維持局面。不過一種經濟形勢給予的東西，另一種經濟形勢也能奪走：一六〇一年，法國的穩定被打破，里佛與黃金脫鉤。相反，英國的伊麗莎白體制卻維持了下來。這是否應歸功於島國的商業擴張，歸功於僅對北歐有利的經濟形勢？這麼說未免走得太遠。但是，英國作為一個島國，在與世界的關係中，正是處於進退自如的地位。法國則相反，大門對歐洲敞開，鄰國有所舉動都在它那裡引起反響，它的地理位置決定各種貨幣都在法國境內流通；它受制於「市場」上貴金屬價格的波動，甚至鑄幣局門口掛的牌價也隨之漲落。

一六二一年[278]，英鎊的穩定性又發生問題。不過這一關很順利地就渡過了。英國呢絨製造商由於產品滯銷，要求英鎊貶值，以便降低生產成本，並增強在國外的競爭力。是否托馬斯·孟（Thomas Mun）挽救了英鎊的穩定性？英國輿論大概對「大衰落」記憶猶新，務從穩定英鎊為念。孟本人的睿智明達當然也起了作用，他在英國第一個看到匯兌和貿易盈虧之間的明顯關係，並在領導建立不久的東印度公司期間積累了豐富的商業經驗。但是一個人再聰明，再有遠見卓識，怎麼可能單槍匹馬就決定影響整個英國經濟乃至歐洲經濟形勢的貨幣運動？若不是英國與西班牙（自一六二一年起再次與聯省共和國作戰）共同約定由英國船隻負責運送為支付西屬尼德蘭的財政開支所需的白銀，孟的論述可能不會長期取勝。英國與西班牙這次結盟實在奇怪，而歷史學家們（例外正好證明規律[279]）卻往往不予重視。運抵英國的白銀在倫敦塔加工成銀幣，然後（不是全部）運往尼德蘭。這對英國是一筆飛來橫財，不過以這種形式得來的好處到一六四二或一六四八年便告結束。然而，由於某些我們尚未了解的原因，儘管有內戰的劇烈動盪，英鎊仍維持穩定，甚至安然度過非同尋常的困難局面。

貫穿十七世紀困難重重的後半葉，在英國流通的貨幣都是年代久遠、磨損嚴重、缺邊少角的舊銀幣，有的只剩原來重量的一半。儘管寫雜文的不時冷嘲熱諷，誰也沒有把此事認真看待。良幣僅得一點貼水的好處：一個金基尼價值二十二先令，雖說官價是二十先令。情況還不算太壞。實際上，由於金匠簽發莊票（雖係私人發行，這已是一種紙幣），廣為流通，尤其由於記帳貨幣的穩定讓人安心，這些份量不足的銀幣與歐洲別處的銅幣一樣，變成真正的信用貨幣。人人都能將就。

直到一六九四年才出現問題，那一年突然發生猛烈的信用危機，這種穩定和這種令人驚奇的寬容心理一下子就被打亂了[280]。英國農業連年歉收；舊制度下這種典型的危機在英國綿亙不絕，其波瀾也衝擊了「工業」部門。此外，英國自一六八九年起與法國作戰，政府必須在國外支付大筆款項，也就是要輸出現金。最好的銀幣以及金幣流向國外。危機氣氛和銀根緊缺（倫敦比外地更嚴重）促使人們一致拒收劣幣並廣為積攢良幣。金基尼[281]價格打破一切記錄：基尼的價值由原來的二十二先令升到一六九五年六月的三十先令（即比二十先令的官價高一半）。金銀本身的價格也在上漲，英鎊在阿姆斯特丹的標價一落千丈本已說明形勢十分嚴重，加上大批抨擊性文章廣事渲染，於是形勢更顯危急，輿論一片恐慌。鑄幣、紙幣（金匠的票號和一六九四年剛建立的英格蘭銀行的鈔票）的價值大跌，想搞到現錢必須貼出百分之十二、百分之十九乃至百分之四十的溢價。難得有人願意貸款，利率定得極高；匯票難以流通，甚至停止流通。危機侵入一切領域。一位目擊者寫道：「在倫敦一條名叫長巷的街上就有二十六所房屋招租（……）。甚至在希普薩埃德區目前也有十三座房屋和店鋪關門出賃，此事說來奇怪，因為在人們的記憶中，該區閒置房屋從未到過此數的四分之一[282]。」一六九六年，「局勢混亂已極，好幾位貴人因手頭現金告竭，只得離開倫敦。他們空有六、七千英鎊的歲入，卻無法在倫敦生活，因為從外省拿不到現金」[283]。

好事的文人自然幸災樂禍，大做文章，滔滔不絕地爭論這一局勢的真正原因及補救辦法。大家在一個問題上意見一致：必須整頓貨幣流通，重鑄銀幣。但是，新鑄銀幣的成色應與伊麗莎白女王的規定保持一致，或是預先就接受貶值？另一個令人擔憂的問題：由誰承擔改鑄費用？如採用第一個方案，耗資極大；採用第二個方案顯然花費較少。財政大臣威廉·朗迪斯[284]主張貶值百分之二十，原因之一是他要保住國家財政。在他的論戰對手中，最著名的該是身兼醫生、哲學家和經濟學家的約翰·洛克，此人不顧一切捍衛英鎊原來的價值，認為英鎊應是「不變的基本單位」[285]。洛克在維護一個健全的政策的同時，可能也在維護產業主的權利、契約的有效性、向國家放貸資金的不可觸犯性，總之是統治集團少數人的利益。但是，為什麼是洛克的意見壓倒了財政大臣的主張呢？

無疑應該考慮到下列事實，當時英國國王（即前奧蘭治的威廉親王）的政府陷於嚴重的財政困難之中，它剛開始推行的長期借款和負債政策在英國是異乎尋常的，引起了大多數英國人的疑慮和批評。尤其因為新君是荷蘭人，而在國家的債權人中有許多是阿姆斯特丹的放款者，他們開始出資購買英國的股票和公債。國家必須使信用不容懷疑，不受懷疑，方能繼續推行不得人心的廣為舉債政策，方能使新成立的銀行不致陷入困境，因為銀行的資金才剛籌齊，就全數借給了政府。這可能是對英國政府決定拒絕英鎊貶值，不顧困難重重，贊同洛克建議的最好解釋。這個耗資巨大的方案於一六九六年一月得到上院和下院的迅速批准。重鑄銀幣的全部費用（七百萬里佛）由政府承擔，雖然為支付戰費已捉襟見肘。但是目的畢竟達到了：作為恢復信用的標誌，英鎊在阿姆斯特丹的標價回升，同時英國國內的物價漸趨下跌，英國公債在倫敦和阿姆斯特丹市場上的發行量激增。

這個問題剛解決，又出現新的緊張局勢，預告金本位制將被採用。金本位制拖了很長時間方才正式宣佈實施，並非經過深思熟慮，而是頂不住事態的逼迫[286]。白銀仍將長期頑抗，洛克等人竭力為它辯護。在洛克看來，銀本位制無疑是最方便的、最適合交換活動的貨幣體制。他說：「讓黃金如同其他商品一樣去找到它自己的比價吧[287]。」情況其實並不完全是這樣的，因為基尼的比價由國王宸衷獨斷，被硬性規定為二十二銀先令，這本是在危機前市場上的「自由」價格。而現在卻等於足色的二十二先令，也就是說，金銀比率就定在一比十五點九，黃金無形中增值了：荷蘭的金銀比率僅為一比十五。黃金因此大量湧到英國，以待善價，而新鑄的銀幣則流出英國。在洛克再次干預下，基尼的價格在一六九八年被拉回到二十一點三先令，不過這還不足以阻止金、銀的逆向流動。一七一七年，在鑄幣局總辦牛頓的干預下，金銀比價定為一比十五點二一，金價依舊居高不下，英國因此繼續輸出白銀，同時引來大量金幣。

這個局面延續整個十八世紀，導致了事實上的金本位制。官方遲到一八一六年才正式宣佈採用金本位，規定一英鎊等於一個塞弗林（真實的金幣，淨重七千九百八十八克，純度為十二分之十一）。然而，從一七七四年起，黃金作為貨幣調節手段已明顯地超過白銀。凡有磨損的金幣一概停止流通，回收後改鑄成足量的新幣，而重鑄銀幣因耗費過高，不被採用。人們因此決定，凡超過二十五英鎊的付款，銀幣今後不具解除債務的能力。英鎊如果不是在法律上，至少在事實上開始與黃金掛鉤，從而獲得新的穩定性。

這些事實誠然眾所周知，但是原因何在呢？這一現象的根源是金價始終居高不下，而且金價僅僅由政府直接決定。那麼，政府為了推行什麼政策，滿足什麼經濟需要，才決定抬高金價？事實上，偏袒黃金必定促使白銀向反方向流動。我個人一直認為，在舊貨幣制度下，定價較高的貨幣會變成足以驅逐良幣的「劣幣」。擴大應用所謂的格雷欣法則（Gresham's Law，劣幣驅逐良幣），解釋也就省事多了。當英國吸引黃金

1790 年倫敦的優雅街區格羅弗納廣場。

十八世紀末倫敦泰晤士河畔。

十八世紀末的索霍區，成群牛羊迤邐而行。

時，它同時把白銀逐出國門，使之流向尼德蘭、波羅的海、俄國、地中海、印度洋和中國，白銀在中國是交換的先決條件。黎凡特對於威尼斯的商業繁榮是不可缺少的，而威尼斯為促使白銀流向黎凡特，使用的也是這套辦法。從另一方面看，英國自梅休因爵士簽約（一七〇三年條約）那天起，便打贏了葡萄牙，巴西的黃金源源不斷而來，把英國推著走上這條道路。它於是在自己渾然不知的情況下選擇了黃金，拋棄了白銀。它一旦這樣做，就像穿上了童話中的千里靴。

英國對葡貿易的盈餘後來發生逆轉，來自巴西的黃金因而斷檔或者減少，英國於是走向合乎邏輯的下一階段：紙幣階段。這同樣不是偶然的。隨著英國逐漸接近，最終抵達世界中心位置，它與全盛時期的荷蘭一樣對貴金屬的需求有所減少；方便的，幾乎能自動取得的信貸使它的支付手段成倍增長。一七七四年，在美國獨立戰爭前夜，英國聽任它的金幣和銀幣流向國外。它對這乍看很不正常的形勢處之泰然：英國國內的高層貨幣流通已由英格蘭銀行和私人銀行的銀行券承擔；誇張一點說，金銀已降為次等角色。紙幣（法國人早就使用這個簡短而方便的詞，品托對此大為惱火[288]）之所以取得決定性地位，是因為英國在取代了阿姆斯特丹後變成全世界交換的匯合點，不妨說全世界的交換都在英國結算。作為過去時代的交換匯合地點，交易會曾有過類似的集中現象，廣泛應用信貸而不是現金。英國只不過賦予舊的解決方案以新的規模，於是湧向英國的票據多於柏桑松交易會，甚至與阿姆斯特丹不相上下。

朝這個方向走下去，必定要邁出新的步伐。一七九七年，貨幣困難日益增大：為動員歐洲大陸與法國作戰，就必須掏錢，即向大陸輸出大量現金。皮特[289]為人素來頗具自信，但在讓議會通過關於英格蘭銀行的銀行券暫停兌換現金的議案時卻憂心忡忡，深怕這一法令產生不可收拾的後果。最後的奇蹟正是在這裡開始的：「銀行限制法」規定了銀行券強制流通，原定有效期僅六星期，卻實施了二十四年而未引起任何嚴重的混亂。銀行券原則上沒有任何擔保，但照舊流通，與鑄幣的比價保持不變，至少直到一八〇九至一八一〇年間是如此。也就是說，到一八二一年為止的二十五年間，英國走在時代前面，已經採用了我們今天熟悉的貨幣制度。拿破崙戰爭期間居留英國的一名法國人甚至在這些年頭，從未見過一枚金基尼[290]。一場本身特別難以支持的危機就這樣度過了，沒有造成太大的損失。

這一成就的取得全靠英國公眾的態度，他們的公民責任感以及他們對一個始終以穩定為務的貨幣制度由來已久的信任。不過這一信任也建立在財富帶來的保證和信心之上。銀行券的保證金肯定不是金銀，而是不列顛諸島巨量的勞動產品。英國用它製造的工業品和它的轉口貿易取得的收益向它的歐洲盟友提供數額驚人的資助，從而使他們能打敗法國，維持一支在當時嘆為觀止的艦隊以及龐大的陸軍，從而在西班牙和葡萄牙扭轉局勢，使拿破崙陷於困境。在那個時代，任何別的國家都沒有能力做同樣的事。一八一一年一位頭腦清醒的見證人說當時的世界雖大，卻容不下兩場這麼大規模的試驗[291]。這話大概不錯。

可是，我們得承認，從英鎊歷史的總體來看，雖然每個插曲都很清楚，都能得到解釋，但英鎊何以保持穩定仍令人驚詫，似乎十分講究實際的英國人從一五六〇年起就能預見未來的平坦道路。誰能相信英國人竟有先見之明？那麼，是否應該認為英國因為地處島嶼（需要保衛的島嶼）的一隅之地，因為它力求闖進世界的舞台，因為它清楚地認識有待打敗的對手（安特衛普，阿姆斯特丹，巴黎），它不得不長期處於緊張的進攻態勢。英鎊的穩定性不過是它的一個作戰手段而已。

倫敦創造民族市場，也由民族市場所創造

英國的興盛，端賴倫敦。英國的建設和發展從頭到尾離不開倫敦。倫敦臃腫而龐大，相比之下，其他城市只能勉強算是地區性首府：所有英國城市，可能布里斯托是唯一例外，無不為倫敦效力。阿諾德·湯恩比指出：「在任何其他西方國家裡，沒有一個城市能使所有其他城市同樣徹底地黯然失色。十七世紀末，英國

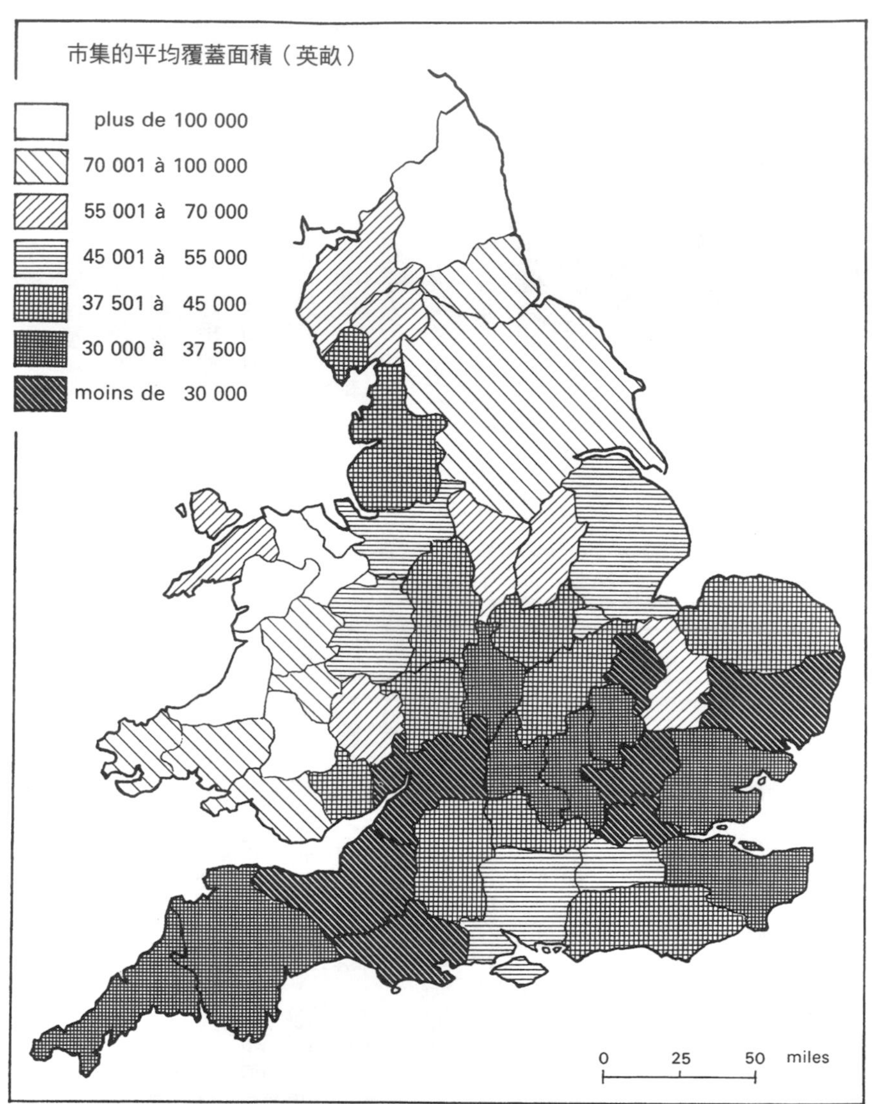

表(37) 市場密佈的地區就在倫敦的肘腋之下

本書（摘自英格蘭土地史，瓊舍斯克著，1967 年版，第 4 卷，第 496 頁）顯示倫敦市怎樣在其周圍創建一個交換活動頻繁、迅速的地帶。民族市場的現代化首先從英格蘭南部和首都開始。

人口與法國或德國相比顯得微不足道，也少於西班牙或義大利。但那時倫敦很可能已算是歐洲最大的城市[292]。」一七〇〇年，倫敦約有五十五萬居民，佔英國人口的百分之十。儘管有瘟疫和黑死病的頻繁襲擊，倫敦的發展一直引人矚目。法國疆土過廣，深受內部份裂之害，又在巴黎和里昂兩個中心之間無所適從；英國只有一顆腦袋，但碩大無比。

倫敦同時包括三、四個城市；倫敦城是經濟首都；國王、議會和富人卜居威斯敏斯特；泰晤士河下游是港口區和平民區；左岸薩瑟克的市郊街巷逼仄，劇院眾多：天鵝劇場、玫瑰劇場、地球劇場、希望劇場、紅公牛劇場……（一六二九年共有十七家，同一時期巴黎只有一家。[293]）

整個英國經濟都服從倫敦的王權。政治權力的集中，英國王室的強大，商業活動的向心化趨勢：一切都有利於首都的繁榮興旺。但這種繁榮興旺本身保證了倫敦對整個英國區的統治，使這一地域內建立起眾多的行政聯繫和市場聯繫。格拉認為，倫敦在組織供應圈方面比巴黎領先一個世紀[294]。倫敦的優勢更在於它是一個極其活躍的港口（至少佔英國對外貿易額的五分之四），又位居英國生活的頂峰：作為一台寄生的、製造奢侈浪費的，從而也是創造文化的龐大機器，倫敦比巴黎有過之而無不及。更重要的是，倫敦早就享有英國進出口的准壟斷權，這使它能控制島上的全部產品以及全部轉銷業務：首都對於英國各地區就像是鐵路的中央編組站。一切都運抵首都，然後再從首都運走，或者運往國內市場，或者運往國外。

若想恰如其份地評判倫敦為開創英國民族市場所做的工作，最好還是閱讀或者重讀笛福的《英國商人大全》（*The Complete English Tradesman*）。笛福觀察精確，細緻入微，雖然他沒有用過「民族市場」這個詞，但民族市場的實在，它的統一性，它的錯綜複雜的交換關係，它在廣闊地域內實施的勞動分工：這一切無不躍然紙上，使人如有身臨其境之感。

如果不計極其重要的、旨在運輸新堡（Newcastle）的煤和重貨的沿海航運業，英國在大舉開鑿運河前只

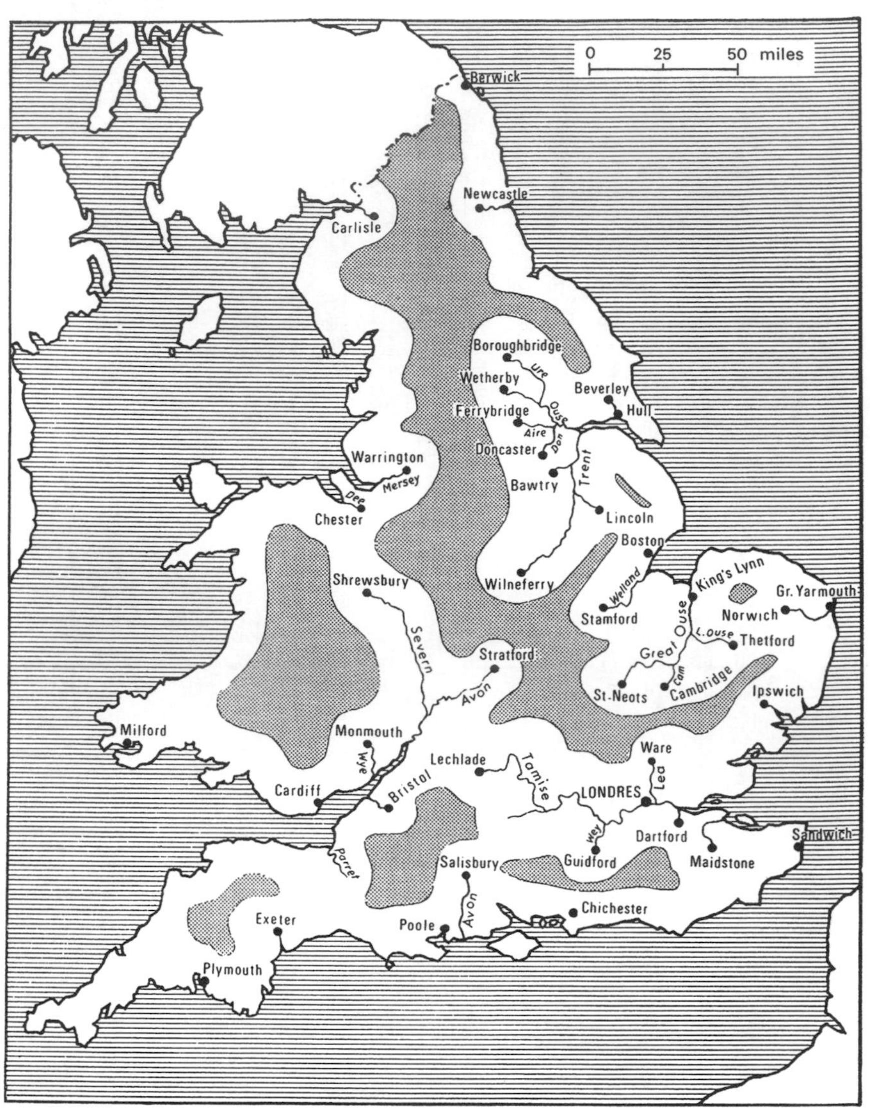

表(38)　民族市場與通航河道（1600-1700）

維倫的地圖（見《英國 1600 至 1750 年間的內河航運》，1964 年版）涉及的年代還在「運河熱」以及河道治理工程以前，圖中的河流僅標出通航河段，距航道 15 英里以遠的地區用暈線標出。比較本圖與上圖，人們簡直會認為本圖是上圖的負片。同近海航運網一樣，內河航道促進了民族市場的形成，其作用堪與首都的吸引力相比。18 世紀末，隨著交通的進步，黑色暈線表示的不通舟揖的地區幾乎完全消失了。

剩幾段不長的通航河道可供利用，交通以陸路為主，運輸使用大車、馱馬乃至無數負販[295]。上述運輸工具和人員都向倫敦集中，然後再從倫敦出發散向各地。無疑，「曼徹斯特人的財富姑且不論，他們當時是些到處流動的商販，親自〔不經過中間人〕送貨上店鋪，就像今天約克郡和科芬特里郡的製造商一樣」[296]。但是在笛福描寫的那個時代（一七二〇年左右），生產者與外省銷售者的直接聯繫是件新鮮事，它將在普通的產銷聯繫中逐漸推廣，並使之複雜化。笛福寫道在一般情況下，某一產品在遠離倫敦的某郡一經製成，便運給倫敦的一名經紀人或貨棧主，由他或者賣給倫敦的店鋪以便零售，或者賣給出口商，或者賣給批發商以便在英格蘭各地區零售。舉例說，出售羊毛的羊群主人和出售呢絨的店鋪主人分別是「介入這一過程的第一名和最後一名商人。從生產、運輸到出售產品經手的人越多，對於國家的公共積累就越有好處，因為百姓安居樂業是國家的重大和主要利益所在」[297]。笛福好像還怕讀者不完全明白市場經濟具有提供勞動和就業機會的優越性，他回過頭來再舉一個例子：威特郡的沃明斯特生產的寬幅呢絨。製造商通過運輸商把產品運到倫敦，交給布雷克威爾廳（Blackwell Hall）的經紀人A先生；A先生負責推銷，他把布料賣給呢絨批發商B先生，後者負責轉售，把商品經由陸路運給北安普頓的店鋪主C先生：後者把整匹呢料剪開，賣給某位鄉紳。正是這些以倫敦為目的地，又從倫敦出發的運輸過程構成英國市場的基本網絡。所有商品，包括進口產品，就這樣在英國的道路上流通，笛福認為英國道路的繁忙程度超過歐洲。在最小的城鎮乃至在鄉村裡，「現在誰也不滿足於當地的製成品，人人都想得到外來的產品」[298]，如英國其他省份的織物、印度的織物、茶葉、糖……無疑，英國市場從十八世紀初開始，也就是說，很早就呈現為一個活躍的整體。也正是在十八世紀的前二十五年英國進行巨額（相對而言）投資，把內河航道的總長度延伸到一千一百六十英里，並使全國絕大部分地區與水運網的距離不超過十五英里[299]。陸路交通跟著有所發展，這也不足為奇。笛福在一七二〇年談到冬天道路以往不能通行[300]，其實不過是車輛無法行駛罷了，因為在十七世紀馱畜一年四季都從事運輸活動。更不必奇怪的是，負責貯存、出售和轉銷商品的市場無視官方的各種規定迅速組織起來；中間商甚至看不到他們經銷的商品，這正是商業活動幾乎臻於完美的證據。十八世紀中期，倫敦小麥市場由十五名經紀人把持。只要有機會，他們毫不遲疑地把小麥存在阿姆斯特丹，那裡的倉儲費（隨息率而變動）比英國便宜。另一個好處是小麥出境能得到英國政府的出口補貼，而萬一英國缺糧，把小麥運回來毋須繳納進口稅[301]。這一切標誌著十八世紀英國國內市場的現代化程度越來越高。

下一世紀初，在一八一五年，一位久居英國的前戰俘發表的見解很說明問題：「如果說英國的全部利益都集中在今天萬商雲集的倫敦市，同樣可以說倫敦的影響遍及英國各地」[302]，換句話講，在倫敦出售的來自英國四面八方的貨物同樣也在英國各城鄉市場出售。服裝（尤其是款式一致的女子服飾以及風靡各地的時裝）足以指明英國經濟地域已告統一。但是此外還有別的測試標準，如銀行在全國各地普遍設立。最早一批地方銀行出現於一六九五年[303]，規模不大，那一年發行的全部銀行券僅達五萬五千英鎊。但是這一開端意義深遠，因為信貸通常要等到最後，在事先促使信貸成為可能和必要的經濟過程已告結束後，終於才肯露面。尤其是地方銀行的數量將成倍增長，並與倫敦各銀行以及與一六九四年建立的英格蘭銀行保持聯繫。在信貸方面，外省經濟的一體化、衛星化已經實現。

是否應該說，倫敦雖然為統一的民族市場奠定了初步基礎，但民族市場後來卻是自己發展壯大的？十八世紀與上一個世紀不同，外省的製造業中心和港口，特別是從事黑奴與殖民地產品貿易的港口，如利物浦、布里斯托或格拉斯哥，得到迅速發展[304]，從而促進了全面繁榮。在整個不列顛諸島中，英格蘭已形成組織緊密的民族市場，歐洲找不到能與它相比的例子。既然如此，不列顛諸島遲早都會感受到它那異乎尋常的質量，並根據英格蘭的要求改造各島的經濟。

英格蘭怎樣變成大不列顛

英格蘭的北部和西部與交通阻塞的高原地區接壤。這些地區主要從事牧業，長期陷於貧困，人口不多，居民以抗拒英國文化的凱爾特人為主。迫使這樣的鄰居就範便是不列顛諸島內部歷史的關鍵過程。達到這個目的只能採用壞的解決辦法，即使用武力。在這裡，政治考慮理所當然地先於經濟因素，因為經濟長期滿足於有限的、個別的成功。在康瓦爾郡，倫敦的批發商早就控制的唯一產品是錫[305]。威爾斯於一五三六年被再度征服後，該地運往倫敦的活牲畜到一七五〇年後[306]才構成大宗貿易，而且要等到十九世紀英格蘭人引入重工業以後，威爾斯才真正改變了面貌。正如人們預料的那樣，最重要的兩局棋是分別以蘇格蘭和愛爾蘭為對手的：蘇格蘭的形勢發展總的說來令人感到出乎意料之外，愛爾蘭則歷來受到近在咫尺的英格蘭的殖民剝削。

蘇格蘭本可以保持獨立自主，不被當作「邊鄙之地」而多少受人另眼相看。它的疆域遼闊，大體等於英格蘭的一半，境內多山，居民貧窮，與英格蘭接壤的邊境地勢險峻，不易翻越。歷史上與英格蘭的激烈鬥爭更注定它對鄰居拚命抵抗。即便在一六〇三年蘇格蘭的詹姆斯四世繼承了伊麗莎白的王位，成為英格蘭的詹姆斯一世，身兼兩國的君主以後，蘇格蘭仍保留自己的政府和議會。議會的權力雖然相對削弱，但它畢竟繼續存在[307]。蘇格蘭與英格蘭之間的邊境和海關也繼續存在，邊境和海關既使蘇格蘭有可能阻止英格蘭商品侵入，也使英格蘭得以禁止蘇格蘭的牲畜和麻織品入境，乃至不准愛丁堡、格拉斯哥或丹地（Dundee）的水手在英格蘭殖民地登岸……。

蘇格蘭在十七世紀是個窮國。拿它同英格蘭相比，哪怕一時一刻，也是擬於滑稽。蘇格蘭的經濟古老陳舊，農業採用傳統方式，歉收頻仍（如一六九五、一六九六、一六九八、一六九九），饑荒接踵而至。「我們永遠不會知道（這些年頭）有多少人喪生；同時代人說死了人口的五分之一、四分之一，在某些地區甚至高達三分之一或更多，那裡的居民不是死於非命，就是外出逃荒[308]。」

然而蘇格蘭的港口經營活躍的對外貿易：首先是愛丁堡的外港利斯，然後是亞伯丁、丹地、格拉斯哥，外加許多小港。無數小噸位商船從這裡出發，駛往不同方向：挪威、瑞典、但澤、鹿特丹、費勒、盧昂、拉羅歇爾、波爾多，有時也前往葡萄牙和西班牙。這些大膽的商船往往最後一批趕在冬天海面封凍之前向西渡過松德海峽。蘇格蘭水手和商人有時中止旅行，在國外定居，其中有的繼續小本經營，負販為生，也有的在斯德哥爾摩、華沙、雷根斯堡發財致富，當上

十八世紀愛丁堡的市集廣場。左側的車輛位於城西門入口處。遠景是古堡。愛丁堡公共圖書館藏畫。

氣派的市民[309]。蘇格蘭低地的沿海城市商務活躍，航海活動規模不大，但不斷增長。愛丁堡和格拉斯哥商人（都是本地商人，我們認為這是商業發展健康的標誌）儘管本錢不大，卻幹勁十足。這既能解釋他們於一六九四年組成蘇格蘭非洲公司，也可說明該公司為何失敗：公司在倫敦、漢堡和阿姆斯特丹籌集資金皆未成功[310]。一六九九年蘇格蘭人在達連地峽沿岸建立殖民地的嘗試同屬徒勞。英格蘭人不但不助他們一臂之力，看到他們失敗反倒鬆了一口氣[311]。像是這個民族命中註定不幸，蘇格蘭有所舉動必不成功。

可能因為蘇格蘭希望英格蘭和美洲的市場能對它開放，愛丁堡議會於一七〇七年以三至五票的多數通過與英格蘭合併。如果說這是出於計謀，這番心計沒有用錯，因為正如司莫托所指出的與常理相悖，蘇格蘭的進一步政治依賴並沒有造成它在經濟上被奴役，並沒有使它淪為「邊鄙之地」。原因在於：一方面，蘇格蘭既然基本上變成英國的一個「省」，它就能分享英國人在國外享有的全部商業特權。蘇格蘭商人自然不會錯過機會；另一方面，蘇格蘭本身擁有的東西對英格蘭不具任何特殊經濟利益，因而也不勞後者伸手攫取。然而，蘇格蘭期待的繁榮和振興並不是立竿見影的。需要借以時日，才能利用在整個大英「帝國」、北美、安地列斯群島乃至印度經商的可能性。蘇格蘭人紛紛到印度去發財，使當地的英格蘭人大為惱火。一直要等到十八世紀中期的普遍經濟成長，蘇格蘭的出口和工業才真正談得上發展。一經起飛，便成績斐然。首先是活牲畜的大宗貿易興旺。一七四〇至一七九〇年間，由於英國艦隊需要補充給養，活牲畜的出欄價格漲了三倍，同時也帶動了羊毛出口的增長。於是發生了不一定始終帶來好處，但至少合乎邏輯的變化：土地的價值勝過勞動的價值，畜牧業侵佔耕地和集體土地。最後，於一七六〇年後，蘇格蘭帶著它的獨特性，大力參與英國的工業改造。由於蘇格蘭的亞麻和棉花加工廠在銀行系統的支持下蓬勃發展（英格蘭人也往往認為蘇格蘭的銀行系統比他們自己的更優越），蘇格蘭城市大為擴張，終於向農業提出新的需求，推動農業姍姍來遲的，但又卓有成效的改造。啟蒙時代最得人心的名詞「進步」成了蘇格蘭各地的口號。「社會各階級無不意識到有一股活力正把它們推向一個更富裕的社會」[312]。

蘇格蘭確實啟動了。一八〇〇年一位作者寫道：「沒有蘇格蘭的繁榮，就決不會有格拉斯哥現在這樣的大發展，愛丁堡的城牆長度也不會在三十年內增加一倍，人們此刻也不會再興建一座新城，僱用約一萬名外地工人。[313]」這種演變與我們下文就要談到的愛爾蘭模式大不相同，是否得力於機緣湊巧？抑或有賴蘇格蘭商人的創造性和經驗？或者全靠司莫托指出的事實，即蘇格蘭的人口增長至少在低地比較緩慢，沒有如今天許多不發達國家那樣抵銷經濟發展帶來的好處？上述因素無疑都起作用。但是還應該想到，蘇格蘭不像愛爾蘭那樣遭到英格蘭刻骨銘心的仇視。蘇格蘭居民並不都是凱爾特人，蘇格蘭最富庶的地區，即從格拉斯哥延伸到愛丁堡的低地，居民早就講英語。不管其確切原因是什麼，英國人在蘇格蘭低地可能會感到與在自己家裡一樣。高地則相反，通用蓋爾語（極北部有一個地區甚至保存了一種挪威方言）。可以肯定蘇格蘭的經濟發展更加拉開了高地與低地之間的差距。不妨說，十八世紀日益富庶的英格蘭與相對貧困化的蘇格蘭之間的界線已從原來英格蘭和蘇格蘭的邊境挪到高地和低地的分界線上。

愛爾蘭的情形大不相同：十二世紀的英格蘭人已在愛爾蘭圈地定居[314]，就像他們後來在美洲殖民地那樣。愛爾蘭人是英格蘭人的敵人，是既受蔑視又被畏懼的當地居民。由此產生彼此的隔閡，許多放縱乃至暴行。這些悲慘的往事，說來真是一言難盡。英國歷史學家已誠實地、清醒地完成了這項工作[315]。一位英國歷史學家說，肯定「與被當作奴隸販賣的黑人一樣，愛爾蘭是保證大不列顛取得世界霸權的那個體制的最大受害者」[316]。

不過我們在這裡感興趣的既不是阿爾斯特的殖民化，也不是設在都柏林的所謂愛爾蘭政府的鬧劇（一八〇一年愛爾蘭議會與倫敦議會合併，乾脆連這一個騙人的幌子也不要了），而是愛爾蘭受英國市場的支配。這一支配地位使得與愛爾蘭的貿易「在整個十八世紀成為英格蘭海外貿易最重要的分支」[317]。信奉新教的英格蘭人在愛爾蘭的領地是剝削愛爾蘭人的大本營，這些領主把愛爾蘭四分之三的土地據為己有。愛爾蘭農村的年收入為四百萬里佛，向不在鄉村居住的地主繳納的租稅每年達八十萬里佛，到十八世紀末年，更上升到一百萬里佛。在這種情況下，愛爾蘭農民陷於赤貧的境地，人口增長更猶如雪上加霜。

愛爾蘭日益淪為「邊鄙之地」：境內接連出現幾個經濟「週期」（這裡我們用的是呂齊歐・德・阿塞維多[318]在談到巴西經濟時賦予該詞的含義）。一六〇〇年前後，愛爾蘭遍地都是森林，便成為英格蘭的木材供應者，而且為英格蘭主子的利益發展了煉鐵工業。一百年後，島上林木砍伐殆盡，煉鐵工業也就自動熄火。此後，面對英國城市日益增長的需求，愛爾蘭就專門發展畜牧業，出口鹹牛肉、鹹豬肉和桶裝黃油。英格蘭市場消費的活牲畜由蘇格蘭和威爾斯供應，不取給於鄰島。大量輸出上述貨物的主要港口是愛爾蘭南部的科克（Cork）：英格蘭、英國艦隊、盛產食糖的西印度群島、西歐各國的艦隊，尤其是法國艦隊，都是它的主顧。在一七八三年十、十一和十二月的宰殺季節，科克港屠宰量達五萬頭牛，還有價值相等的豬「在春季屠宰」，外地屠宰場的宰殺量不計在內[319]。每逢宰殺季節結束時，歐洲商人想方設法打聽桶裝鹹牛肉和鹹豬肉，每公石生熟豬油以及黃油和奶酪的價格。克洛因主教列舉愛爾蘭每年輸出的牛肉、豬肉、黃油和奶酪的驚人數量後，好奇地問道：「在一個食品如此充足的國家竟有一半居民淪為餓殍，這情形讓一個外國人怎麼可以理解」[320]？如同波蘭的小麥不歸種麥的農民享用一樣，這些肉食也絲毫不供當地消費。

十八世紀最後八十年間，愛爾蘭鹹肉遇到經由阿干折斯克出口的俄國鹹肉以及來自美洲英屬殖民地的同一商品的競爭。那時候，愛爾蘭開始它的小麥「週期」。法國領事一七八九年十一月二十四日從都柏林寫信說：「我就近請教的明達之士無不認為愛爾蘭的鹹肉貿易大勢已去，但他們並不擔憂，倒是高興看到，這將迫使大地主們為了自身利益改變迄今推行的經營體制，不再把大片膏腴之地僅用於放牧。這些土地如經耕種，必能為人數多得多的居民提供工作機會和食物。這一革命業已開始，並進展神速。愛爾蘭過去從英國輸入小麥，供其首府〔都柏林〕消費，只有這個地區的居民對小麥多少有點了解。但是近年來，該島已能大量出口小麥[321]。」我們知道，英格蘭早先出口小麥，隨著人口增長和工業起步，已變成糧食進口國。愛爾蘭的小麥週期一直延續到一八四六年廢除《穀物法》。小麥輸出在初期可是費了大勁，其情形使人想起十七世紀的波蘭。這位法國領事進一步解釋說：「愛爾蘭之所以能〔在一七八九年〕出口〔小麥〕，是因為愛爾蘭人多數並不消費小麥；輸出的不是剩餘產品，而是在其他各地區公認的必需品。島上四分之三的居民以馬鈴薯果腹，北部則用燕麥麵烙餅或煮麵糊。一個貧窮但是習慣節衣縮食的民族就這樣供養另一個遠比自己擁有更多天然財富的民族〔英格蘭〕[322]。」如果我們僅限於對外貿易的統計資料（其中包括捕鮭業、獲利豐厚的捕鯨業、本世紀中葉開始生產的亞麻布的大批出口），一七八七年愛爾蘭有一百萬英鎊的順差；這其實是它不論年成豐歉總要交給盎格魯撒克遜地主的租稅。

但是，美洲戰爭為愛爾蘭和蘇格蘭同樣帶來良機。倫敦政府再三作出許諾，並於一七七九年十二月和一七八〇年二月取消了某些有關愛爾蘭對外貿易的限制和禁令，允許愛爾蘭與北美、西印度和非洲直接經商，准許黎凡特公司接納英國國王的愛爾蘭臣民[323]。消息傳到巴黎，人們驚呼「愛爾蘭發生了革命」，英國國王「將空前地變得無比強大，而法國肯定將成為這一切的受害者，如果它不立即阻止英國國力的驟增。辦法有一個：給愛爾蘭一個新國王」[324]。

愛爾蘭利用了這些讓步。可能已經佔用了島上四分之一居民的亞麻紡織工業還要進一步發展。一七八三年十一月二十六日的《法國新聞報》聲稱，貝爾法斯特向美洲和印度出口一萬一千六百四十九匹布，相當於三十一萬六百七十二維爾熱〔面積計量單位〕。它還不無誇大地說：「愛爾蘭的科克和沃特福德城的商業不久將會超過利物浦與布里斯托」。一七八五年[325]，第二屆皮特政府靈機一動，建議在經濟上徹底解放愛爾蘭，但是下院表示反對。首相根據他的習慣做法，一旦遇到阻撓便不再堅持。

很可能愛爾蘭因此喪失了天賜良機，因為在這之後不久，法國革命政權多次組織在愛爾蘭軍事登陸，厄運重又在這個島上留下不走。一切都從某種方式恢復原狀。維達爾．拉布拉什[326]說得好，愛爾蘭離英格蘭太近，難逃後者的掌握，它的面積又太大，不易被同化，因此一直受其地理位置之害。一八二四年，都柏林與利物浦之間首次開闢輪船航班，不久就有四十二艘船走這條航線。一八三四年一位同時代人：「以前從利物浦渡海到都柏林平均需要二周，今天只要幾個小時。[327]」愛爾蘭因此離英格蘭更近，更加聽任擺佈了。

我們現在重新再回到真正討論的問題上來，以便作個小結。人們必定不難同意以下看法：不列顛島的市場源自早具雛型的英格蘭市場，自美洲戰爭起形成其明確、有力的格局；美洲戰爭在這方面起到某種加速作用，標誌一個轉折點。這就和我們早先的結論一致，即英國在一七八〇至一七八五年間成為歐洲經濟世界公認的主宰。英格蘭市場同時完成三項事業：主宰本國市場，主宰不列顛市場，主宰世界市場。

英國的強大國力及公債

歐洲從一七五〇年起日漸欣欣向榮，英國自不例外。在英國經濟明顯成長的眾多標誌中，我們應該記住什麼？哪些標誌應列在首位？英國商業生活的等級化？或者高得出奇的物價（英國的高物價並非只是缺點，也有吸引「外國產品」和不斷刺激國內需求的優點）？再或者居民的平均生活水平和人均收入不低於小而富的荷蘭？再或者英國的貿易額？這一切無疑都起了作用。英國的強盛將導致當時誰也未能預見的工業革命，其原因並不僅僅在於經濟的上升勢頭，不列顛市場的形成和擴張，以及十八世紀整個歐洲活躍地區普遍分享的繁榮。它還得力於一系列特殊的機遇，正是這些機遇推動英國在自己並不始終意識到的情況下走上現代化的道路。英鎊是一種現代貨幣。英國的銀行體系是朝著現代化方向自動形成和自動演變的體系。英國的公債作為一種長期或永久性債務穩如磐石，這個根據經驗提出的體制事後將表明是個功效卓著的技術傑作。當然，回過頭來看，公債也是英國經濟健康的最佳標誌：因為源自所謂英國金融革命的這一體制不管多麼巧妙，它必須對公債持有者按期還本付息。做到這一點與維持英鎊的經久穩定同樣是件費勁的事。

事情之難辦，尤其因為英國及大多數人對此持反對態度。英國在一六八八年前就借國債，但這都是短期借款，利息很高。付息不按期，還本更不準時，有時需要借新債還舊債。總之，國家的信譽不佳，一六七二年查理二世頒布延期償付法令後變得更差。該法令不僅宣佈暫不歸還銀行家們借出的本金，而且停止償付利息（後來為此打了一場官司）。光榮的革命與奧蘭治的威廉親王登基後，政府必須大舉借債，為使債主放心，便於一六九二年實行長期借款（甚至有「永久」借款的提法）政策，債款利息由明確指定的一項稅收收入擔保。後世人看待這一決定好像是一項巧妙的、極其正直的金融政策的開端，其實當初是在混亂中，在激烈的爭論中並在事態的強大壓力下倉促作出的。各種對策先後都已試過：養老儲金會、終身年金、彩券乃至一六九四年創立英格蘭銀行。前面說過，英格蘭銀行一成立就把全部資金借給國家。

糟糕的是，英國公眾認為這些新花樣與股票投機是一碼事，是奧蘭治的威廉從荷蘭的行李中帶來的外國招數。喬納森．斯威夫特一七一三年寫道：「人們不相信這套「新的治國方略，大家認為國王堅持推行這套政策，是因為他在本國早已搞熟了」」。荷蘭人相信「國家負債符合公共利益」。這對荷蘭可能適用，對英國未必行得通，英國的社會和政治畢竟與荷蘭不同[328]。有些批評更加激烈：政府是否企圖通過發行公債而贏得公債認購者，特別是擔保公債發行成功的各家商行的支持？公債不僅能便利投資，而且利率也高於法定標準，這對不斷促進經濟和貿易發展的自然信貸豈不是個極大的競爭？笛福本人早在一七二〇年就留戀過去，說那時候「沒有欺詐、股票投機、彩券、公債、年金，沒有人購買海軍債券和公共安全債券，沒有國庫券在市面上流通」，王國的全部資金投入商品流通的大河，沒有任何力量使它偏離正常的流向[329]。至於硬說國家舉債是為了不使臣民的稅收負擔太重，更是笑話！每筆新的債款都迫使國家開徵新稅，開闢新的財源，以便保證償還本息。

最後，許多英國人被債款總額之大嚇得咋舌。一七四八年，使英國人感到失望和屈辱的亞琛和約簽訂不久，一位喜愛推理的英國人[330]眼看國債接近八千萬英鎊，不禁哀嘆。他說：這個水平很可能是「我們的極限，再向前邁出一步，就有全面破產的危險」。我們已到了「懸崖的邊緣」。休謨在一七五〇年也說，「不必未卜先知，就能猜出即將發生的災難。二者必居其一：不是國家毀了公共信貸，就是公共信貸毀了國家。」[331]七年戰爭過後不久，諾森伯蘭爵士向坎伯蘭公爵訴說他的擔憂。他看到英國政府「得過且過混日子，而法國卻整頓財政，償付債務，重整海軍」。萬一「法國想跟我們作對」[332]，一切都可能發生。

外國旁觀者也對英國債台高築大感驚詫，認為簡直不可思議。他們附和英國人的批評，一有機會就嘲諷他們無法理解的這個過程，往往以為這是國力極其虛弱的信號，認定這個貪圖方便的、盲目的政策將把國家引向災難。曾在塞維爾長期定居的法國人杜布歇騎士在一份很長的備忘錄（一七三九）中對費勒里樞機主教解釋說，英國已被六千萬英鎊的債務壓垮；「英國的國力雖然眾所周知，但大家明白它無力償還債務」[333]。人們一直在策劃向英國開戰，在這種情況下，戰爭會給英國致命的打擊。當時政治專家們的筆下無不流露這種錯覺。正是出於這一原因，荷蘭人阿卡里亞斯·塞里翁一七七一年在維也納發表的題為《英國的財富》一書中悲觀地指出，英國的財富受到生活費用高昂、稅收增多、國債龐大乃至所謂人口減少的威脅。此外，一七七八年六月三十日的《日內瓦新聞》刊登了一段挖苦的話：「經計算，英國如每分鐘拿出一基尼償還國債，尚需二百七十二年九月又八天十五分才能還清，也就是說債款總額達一億四千一百四十萬五千八百五十五基尼。」好像存心要嘲弄這幫無能的專家和旁觀者，戰爭後來又使債額大大增加。一八二四年，杜弗雷恩·聖萊昂算出：「歐洲全部公債高達三百八十到四百億法郎，其中英國獨佔四分之三還多」[334]。當時（一八二九），薩伊對英國的債務制度持嚴厲的批評態度，認為「剛到四十億」[335]的法國公債已經「為數過大」。

莫非為勝利付出的代價要比失敗更大？

這些通情達理的觀察家們偏偏都錯了。公債正是英國勝利的重要原因。當英國需要用錢的時刻，公債籌集巨款歸它調撥。品托看得準，他在一七七一年寫道：「公債的利息準時償付，不容違約，債款由議會保證還本，這一切確立了英國的信譽，因而借到的款項之大令歐洲驚詫不已」[336]。他認為英國在七年戰爭（一七五六－一七六三）中的勝利便是公債政策的結果，而法國的贏弱就在於它的信貸組織不善。托馬斯．莫蒂默也看對了。他在一七六九年讚譽英國的公共信貸是「英國政治的奇蹟，使歐洲各國既驚訝又畏懼」[337]。早三十年，喬治．柏克萊曾推崇這一政策是「英國對法國的主要優勢」[338]。可見當時確有少數人心明眼亮，懂得這一貌似危險的遊戲有效地動員了英國的有生力量，提供了可怕的作戰武器。

一直要等到十八世紀最後幾十年，英國公債的優越性才為世人公認。第二屆皮特政府才能在下院宣佈：「這個民族的生機乃至獨立建立在」[339]國債的基礎之上。寫於一七七四年的一條箚記說到「英國自身

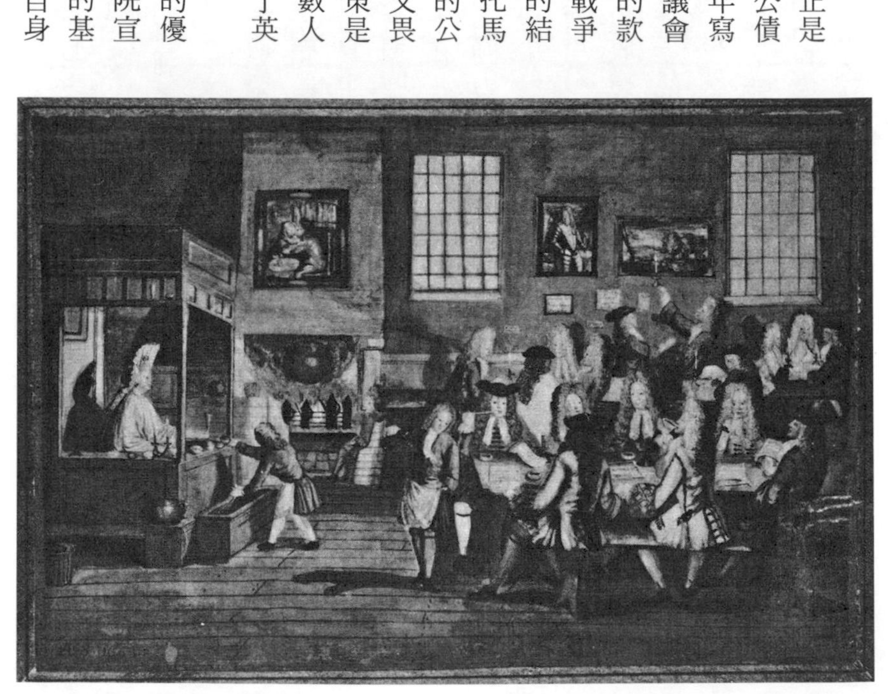

1700 年倫敦的咖啡館。摘自《英格蘭平民的生活和工作》。

弱小，若無商業、工業及其僅存在帳面上的信貸，決不可能對幾乎整個歐洲發號施令」[340]。準會有人說，這是「人為財富」的勝利。但是人為的東西不正是人的傑作嗎？一七八二年四月，法國及其盟國以及其他許多歐洲人認為英國處境困難，簡直沒有出路時，英國政府卻發行三百萬英鎊公債，認購數竟達五百萬！只要向倫敦四、五家大公司打個招呼，錢就來了[341]。奧地利駐法國大使安德列阿·道爾芬始終頭腦清醒，前一年在給友人安得烈·特隆的信裡談到對英戰爭：「一場新的特洛伊圍城戰開始了，它的結局很可能和直布羅陀圍城戰一樣。不過我們理應佩服英國的頑強，它在那麼多地區同時抵抗那麼多敵人。現在該是承認打敗英國的計畫毫無希望的時候了，謹慎要求我們安排和作出一些犧牲，以便換來和平[342]。」這是對英國的實力雄厚、也是對它的堅韌不拔的極高禮讚。

從凡爾賽條約（一七八三）到艾登條約（一七八六）

一七八三年發生的事件最能顯示英國的強盛。儘管英國在凡爾賽條約（一七八三年九月三日）中蒙受屈辱，儘管法國得意洋洋，英國當時還是證明了自己的實力、政治智慧和經濟優勢。米歇爾·貝尼埃說得好，英國打輸了戰爭，但它隨後立即贏得了和平。英國其實不可能不贏得和平，因為它手中握有全部王牌。因為爭奪世界霸權的真正決鬥不僅在英法之間，而且更大程度上在英荷之間進行。

而荷蘭的元氣已在第四次英荷戰爭中消耗殆盡。

因為法國追逐世界霸權的失敗在一七八三年已成定局，三年後簽訂的艾登條約將證明這一點。

關於艾登條約的情形可惜不很清楚。一七八六年九月二十六日法國與英國簽訂的這個商務協定以英方談判代表威廉·艾登的名字命名。法國政府似乎比聖詹姆斯宮的內閣更急於締約。凡爾賽條約第十八條規定雙方應立即指定專人商討締結商務協定事宜，但英國政府似乎寧願讓第十八條躺在檔案櫃裡睡覺[343]。法方一再催促，其動機當然既是為了鞏固和平，也是為了能結束兩國之間龐大的走私活動。走私販子發了橫財，物價卻並未因此下跌。結果，兩國海關坐失大筆收入，而美洲戰爭耗資甚巨，英法兩國的財政無不捉襟見肘，自然願意藉此挹注。總之是法國採取主動。凱薩琳二世駐倫敦的大使西穆蘭一七八五年一月寫道，英國「不到任人頤指氣使的地步」，而那些「在親眼目睹前」以為英國會屈從的人，如法國在倫敦的談判代表雷納瓦爾，「真是大錯特錯了」。協定簽訂後，皮特趾高氣揚（其實也大可不必）地「在議會聲稱，一七八六年的商務協定是對凡爾賽條約的實實在在的報復」[344]。可惜歷史學家回顧這段歷史時不可能毫不猶豫地作出判斷。一七八六年協定並不完全證明英法之間的經濟對抗，尤其因為該協定在一七八七年夏天才付諸實施[345]，當時有效期為十二年，到一七九三年被國民公會廢止。這次試驗歷時太短，不足以提供令人信服的結論。

法國人在這場糾紛中既是仲裁人又是當事人，根據他們的見證，英國人詭計多端，自行其是。英國商品抵達法國港口時，他們利用法國海關管理混亂，官員缺乏經驗並收受賄賂，貨物報價很低。他們還想方設法做到，英國煤從不用法國船運往法國[346]；他們對用法國船運送出境的英國商品課以重稅，以至停在此間倫敦河裡的「二、三艘法國雙桅船足足等了六星期才總算裝夠貨物，免得空船返航」[347]。不過這已是英國的老習慣。一七六五年，薩瓦里，德布呂斯龍的《詞典》指出，「英國民族天性」的一大特點是不允許「別人到他們國內經商」。他補充說，「所以應該承認，外國商人在英國受到的接待，他們被迫繳付的過高進口稅和出口稅以及經常遇到的凌辱，這一切都談不上鼓勵他們在英國設立相應機構」[348]。艾登條約簽訂後，法國人不必大驚小怪：「皮特先生便違背條約精神，按照與法國葡萄酒同等的減免比例，削減葡萄牙的葡萄酒進口稅。正因為這個行動是不道德的，他就認為這是一項政治行動。」一名法國人事後說：「我們還不如把葡萄酒留著自己喝！」[349]話說回來，一些法國投機商確實也進口了數量過多的劣質葡萄酒[350]，輕率以為英國顧客不識貨。

無論如何，一七八七年五月三十一日宣佈條約生效的法令為懸掛英國旗的商船敞開了法國港口的大門，引來成群的商船以及大批英國商品：呢絨、棉布、五金乃至陶器。這在法國引起強烈反響，尤其在諾曼第、皮卡第等紡織工業區，一七八九年三級會議陳情書紛紛要求「修改商約」。最激烈的抗議見諸著名的《諾曼第商會對英法商約的意見》（盧昂一七八八）。事實上條約生效日期恰與法國工業經歷的一場危機不期而遇，當時某些地區，如盧昂，正處於現代化過程中。但整個法國工業正備受結構老舊之苦。法國有些人希望英國的競爭能加速必要的演變，推動業已開始的引進英國先進技術的潮流（如設在達爾訥塔與阿爾帕容的棉紡廠）。達拉岡先生一七八七年六月二十六日從倫敦寫信說：「我很高興看到大批英國工人想來法國安家。只要給他們一點鼓勵，我不懷疑他們會把自己的朋友也招來。人數一多，其中必有一些才幹人物。[351]」

但是從法國大革命開始之後，新的困難又出現了。倫敦匯價「動蕩不已」。由於法國資金外流，匯價一七八九年五月已經損失百分之八，同年十二月達百分之十三[352]，以後的情形更糟。雖然法國幣值慘跌可能一度刺激了法國對英國的出口，但是肯定也阻塞了商業流通渠道。我們需要掌握統計資料才能作出判斷，可是我們只有備忘錄和辯護詞。以《關於一七八六年與英國締結的條約的備忘錄》[353]為例，這個文件寫於一七九八年，遠在條約簽訂之後，作者很可能是杜邦．納穆爾。他試圖說明，英法條約本應是個成功（言外之意它並非如此）。通過向英國商品抽取百分之十到百分之十二的進口稅，條約有效地保護了「我們的製造廠」，尤其因為英國人為出口貨物「需支付不低於百分之六的額外開支，他們就多支出總數的百分之十八……」這條款足以保護我們的工業抵禦從英國進口的商品。何況，在「精紡」呢絨方面，「色當、阿布維爾和艾伯夫的製造廠沒有任何異議」；這些工廠一直[354]很興旺……生產「普通呢料的廠家，如柏利和喀卡孫的工廠」也沒有抗議。總之，毛紡織業沒吃大虧，頂住了競爭。棉紡織業情況不同。不過只要把紡紗工序機械化就可以了。這是老霍爾克的意見，此人原籍英國，當時任法國工廠總督察。他說：「只消安裝（與英國人一樣的）

紡紗機器，我們的產品就會跟他們的一樣好。」總之，英國的競爭原本可以給已經走上軌道的法國現代化進程追加一鞭——但是我們再說一遍，這個試驗必須貫徹下去才能達到上述效果。尤其必須不讓英國抓到足以壓倒一切的王牌，即在大革命和拿破崙帝國的戰爭期間英國對無限廣闊的世界市場的壟斷。

從這個角度看問題，把十九世紀初法國經濟落後的原因歸咎於法國大革命和嗣後的拿破崙戰爭的論據就有一定的道理。但是，除了靠不住的艾登條約，我們還有別的證據足以斷定，早在一七八六年前大局已定，英國已經贏得了對世界經濟的主宰權。信服這個說法不難，只要看倫敦怎樣迫使俄國、西班牙、葡萄牙、美國接受它的貿易條件，看英國怎樣排擠歐洲競爭對手，在凡爾賽條約後不費吹灰之力便重新征服新大陸原英屬殖民地的市場，使美國的盟友們在驚訝之餘感到強烈不滿；再看英國怎樣度過一七八三年後經濟蕭條的動盪歲月，皮特怎樣把秩序以及明智重新引入英國財政[355]，一七八五年茶葉走私被取締，前一年通過的《東印度法》[356]標誌英屬印度開始有一個比較廉潔的政府。此外，一七八九年底，海軍准將菲利普斯率分遣艦隊把「政府遣送的首批歹徒運抵植物學灣」，揭開了英屬澳大利亞的序幕。羅伯特・貝尼埃的見解很可能是正確的：英國「在美洲戰敗，放棄了過大的軍事勝利，以求保全和擴展它的市場」[357]；它放棄了任何復仇願望以便維護其「經濟發展和優勢」[358]。

至於法國，劫難接連不斷，處境更加惡化。在柯爾貝爾和路易十四時代，按國未能掙脫荷蘭的羈絆。現在它又掉進英國的網罟。正如昨天或前天法國必須通過阿姆斯特丹，今天它必須通過倫敦才能呼吸遼闊世界的空氣。當然逆境對它也並非沒有好處或方便。法國失去遙遠大陸之日，可能正是其印度貿易獲利豐厚之始。可惜這些好處維持不了多久。

統計說明問題，但不解決問題

英法爭雄是十八世紀及十九世紀初期世界歷史的核心問題，這一問題能否用數字的比較加以說明乃至得到解答？兩位英國歷史學家馬賽厄斯和奧布賴恩不久前在一九七六年普拉托學術討論週期間[359]著手解決這個前人從未認真研究過的問題。我們面臨的這項考證開始令人困惑，隨後倒也發人深省，不過總嫌不夠完整。之所以令人困惑，是因為縱觀他們的研究成果，似乎法國顯而易見地佔有某種優勢。報告在普拉托引起轟動，一位法國歷史學家在隨後的討論中說，照這麼計算，法國本該在爭奪世界霸權中獲勝，工業革命也應該在法國開花！可是我們知道，事實並非如此。所以英國為何取勝的問題又重新以不容規避的方式再次提出，而且我們當然沒有得到答案。

從這兩位英國歷史學家畫出的英法兩國自一七一五至一八一〇年的經濟增長曲線來看，即使統計的只是物質生產總量，十八世紀法國經濟增長速度比英國快，前者的產值超過後者。於是問題顛倒了過來。確實法國產量從一七一五年的一百上升到一七九〇至一七九一年的二百一十，一八〇三至一八〇四年的二百四十七，一八一〇年的二百六十。英國同期的產量從一七一五年的一百上升到一八〇〇年的一百八十二。差距仍然很大，即使考慮到英國產量由於兩方面的原因而被低估：（一）統計僅限於物質生產，不計服務業，而英國的服務業肯定大大高於法國；（二）由於法國起步晚，發展速度很可能比較快，在賽跑中比對手更有利。

不過，就是用圖爾里佛或用百公升小麥作單位計算總產值，差距仍然很大。法國在生產的天平上是個巨人——巨人雖然沒有打贏（這個問題有待解釋），但不容否認他是巨人。馬科維奇（T. J. Markovitch）[360]不會被懷疑為偏袒法國，連他也堅持說，法國十八世紀的呢絨工業居世界首位。

還可以從財政預算出發作一番比較。一七八三年四月七日《法國新聞報》的一則短文刊出一位「政治計算家」（我們不能很快就知道他的姓名）提供的歐洲各國的財政收支總額（為便於進行比較，折算成英鎊計算）。法國居首，共一千六百萬英鎊，英國居次或者說與法國接近，為一千五百萬英鎊。如果承認在預算

（即稅收總額）與國民生產總值之間存在某種對應關係（不管係數大小），那麼英法兩國的國民生產總值就基本相等。可是兩國的稅收負擔恰不相同，我們的英國同行一再指出：當時英吉利海峽以北的徵稅額佔國民生產總值的百分之二十二，而在法國僅佔百分之十。所以，如果計算準確，而且計算很可能是準確的，英國徵收的稅金比法國高一倍。這就與歷史學家通常的斷言發生矛盾，他們設想的法國遭受專制君主橫徵暴斂的壓迫。這也表明，十八世紀初（一七〇八）西班牙王位繼承戰爭期間的一份法國報告說得有理：「看到英國臣民繳納的巨額貢賦以後，應該認為生活在法國真是大幸[361]。」此話說來未免倉促，而且出自一名特權者之口。事實上，與英國情形不同，法國納稅人還必須接受貴族和教會強加的沉重「額外」負擔。這些額外賦稅的存在事先限制了國王歲入，使之不能貪得無饜[362]。

儘管如此，法國國民生產總值仍比英國高一倍多（法國為一億六千萬英鎊，英國為六千八百

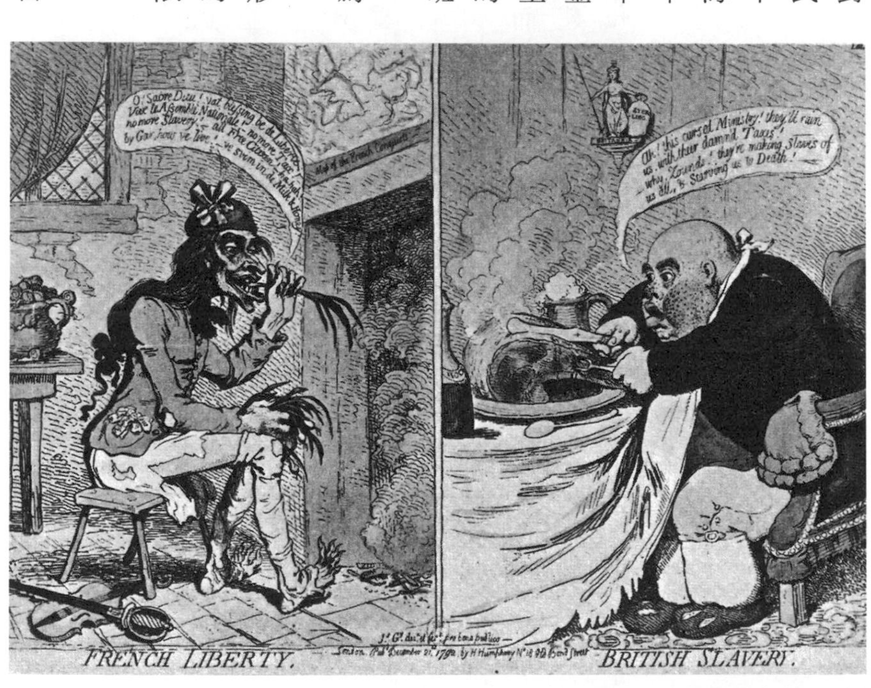

1792 年 12 月，對於這位英國漫畫家來說英國的優越顯而易見：不管納稅多少，且看誰吃得更好！

萬）。這種計算哪怕有一定出入，兩個數字之間的差距如此之大，即使加上蘇格蘭和愛爾蘭的國民生產總值，也難以填平。法國因其幅員遼闊和人口眾多在比較中佔優勢。英國的功績在於它居然與一個比它地廣人眾的國家在預算上拉平。同拉封登（La Fontaine）那則寓言的教訓相反，青蛙果真把自己撐得與牛一般大。

英國的業績只有從人均收入和稅收結構這兩方面去解釋。直接稅在法國是主要的稅收負擔，它在政治上和行政上總是不受歡迎，而且很難增加。英國則以從許多消費品（包括大眾消費）徵收的間接稅為大宗稅項（一七五〇至一七八〇年佔百分之七十）。間接稅不太顯眼，容易隱藏在價格裡。英國的民族市場比法國更開放，消費一般都經過市場，間接稅的收入就尤其可觀。最後，即使我們接受以上國民生產總值差距（法國為一萬六千英鎊，英國為六千八百萬英鎊）一說，由於英法兩國人口的比例為一比三，英國在人均收入方面顯然領先，比例為六比七點三一。差別確實可觀，但不如英國漫畫家們相信的那麼大，他們習慣於把英國畫成粗壯的約翰牛，把法國畫成瘦弱的小個子。也許因為這個形象已經根深柢固，抑或出於民族主義情緒的驅使，路易．西蒙[363]這位美籍法國人一八一〇至一八一二年間在倫敦街頭與矮小的英國人交臂而過，不禁為之愕然。他在布里斯托看到的新兵個頭同樣不高，只有軍官的身材在他眼裡勉強還過得去。

那麼該得出什麼結論呢？可能人們低估了法國十八世紀的經濟增長：法國那時趕上了部份差距，當然也遇到急劇增長通常產生的結構變革的種種不便。但是也可以說，法國實實在在的財富未能勝過英國的「人為」財富——姑且借用阿卡里亞斯．塞里翁的說法。讓我們再一次讚頌「人為」。如果我沒有看錯，與法國相比，英國長年生活在高度的緊張狀態之下。正是這種緊張培育了英國的靈活。最後還不能忘記環境因素在這場持久的爭鬥中所起的作用。如果歐洲的保守和反動力量不為英國效勞，英國可能還要等一段時間才能挫敗革命的法國和法蘭西帝國。假如拿破崙戰爭沒有使法國置身於世界貿易之外，英國也不會那麼容易就稱霸世界。

第五章　世界支持歐洲或是反對歐洲

我們且把歐洲經濟世界列強——阿爾比昂（Albion，不列顛群島的古稱）、韋爾熱訥伯爵時代的法國以及它們的配角、同夥或者是對手之間的爭奪擱在一邊不談，先試圖對世界其他地區的情形作進一步的觀察：

——遼闊的歐洲東部邊緣地區，直到彼得大帝時代為止，莫斯科公國乃至近代俄羅斯長期單獨構成一個經濟世界；

——還處於原始階段的黑非洲（這種說法略嫌牽強）；

——正在緩慢地、堅定不移地歐洲化的美洲；

——盛極而衰的伊斯蘭；

——最後是幅員廣大的遠東[1]。

我們很想根據其本身的情形去研究這個非歐洲的天地[2]，但是在十八世紀前，如果不用西歐的情形作借鑑，這個天地就不能被理解。世界的所有問題還在那個時候已從歐洲中心論的角度被提出。這個觀點即使偏狹、牽強，人們據此卻可以形容說是歐洲在美洲取得了幾乎完全的成功；在黑非洲已遠不是初步的成功；俄國和鄂圖曼帝國這兩種既矛盾又相似的情形可說是歐洲正在緩慢地，但不可避免地醞釀中的成功；從紅海沿岸、衣索比亞和南非直到南洋群島、中國和日本的遠東地區可被認為是歐洲華而不實、尚可爭議的成功。歐洲在遠東地區誠然已初展宏圖，但這是因為我們用過份偏愛的眼光注視它。如果讓小小的歐洲陷到亞洲的大陸和海洋中去，它就會慘遭沒頂之災。歐洲後來取得的巨大的工業力量使它一度能抵銷這種比例懸殊，但在十八世紀還談不上。

總之，歐洲已從全世界吸取它的一大部份養料和力量。這些補充使歐洲在前進道路上能夠勝任超過自己能力的各項任務。沒有這個一貫的助力，對歐洲命運至關重要的工業革命能在十八世紀末的歐洲發生嗎？儘管歷史學家們作出種種答覆，問題卻始終得不到解決。

問題還在於：歐洲是否具有與世界其他地區不同的人性和歷史性？也就是說，本章通過對歐洲與世界其他地區的比較，強調二者的差別和對立，能否使讀者更好地判斷歐洲及其成就？我們在旅行後實際上將不會得出單向的結論。我們將會經常看到，世界的經濟歷程與歐洲也有相似之處。二者的差距有時很小。不過，差距總還存在，理由主要是歐洲可能因其幅員相對狹小而比較整齊劃一和效率較高。從當時來看，如果法國因面積過大而與英國相比處於劣勢，那麼亞洲、俄國、新興的美洲和人口稀少的非洲面對經濟極其活躍的西歐蕞爾之地又該是如何呢？我們已看到，歐洲的優勢還在於它擁有特殊的社會結構，這些結構促使資本積累在歐洲具有更廣闊、更有保障的發展前景，資本往往得到國家的保護，而不是衝突。但同樣明顯的是，如果這些相對輕微的優勢沒有轉化成十足的統治地位，歐洲經濟發展決不會如此輝煌，如此迅速，尤其不會產生同樣的後果。

美洲是關鍵的關鍵

美洲是歐洲的「外圍」、「外殼」？這兩種說法都相當清楚地說明，新大陸怎樣從一四九二年起，帶著其過去、現在和未來逐漸進入歐洲的活動和思考[3]範圍，它怎樣與歐洲結合，並最終在歐洲取得其神奇的新意義。華勒斯坦毫不猶豫就把美洲包括在十六世紀的歐洲經濟世界內，這個美洲難道不是歐洲的根本解釋嗎？歐洲不是發現了、「發明」[4]了美洲，而且把哥倫布的航海當作「有史以來」最重大的歷史事件嗎[5]？

佛雷德利希．呂特格和貝希特爾[6]無疑有權貶低發現新世界的最初成果，尤其這從德國史角度來看是有道理的。但是，美洲一旦進入歐洲的生活，它就逐漸改變了歐洲的全部基本條件，甚至調整了歐洲的發展方向。伊格納斯．邁耶松[7]繼其他幾位學者之後認為人是自己的創造物，人通過其行動顯示自己的形象和特性，「存在和行動」合為一體。那麼，我也可以說，美洲是歐洲的創造物，是歐洲藉以顯示自身存在的最佳傑作。不過這件作品的完工是如此緩慢，因而只有在它經歷的全部時間中，從整體上進行觀察，作品才有其意義。

既敵對又友好的廣袤大地

美洲被發現後立即帶給歐洲的好處並不多，這是因為白人一開始僅是部份地認識並控制了美洲。歐洲必須耐心地按照自己的形象重建美洲，才能使它符合歐洲的需要。這項工作當然不是一天之內辦成的。最初，面對這一模糊矇朧、需要超人努力才得以完成的任務，歐洲甚至顯得有點畏首畏尾和無能為力。事實上，歐洲花了幾個世紀的時間，經歷無數反覆和波折，才在大西洋彼岸獲得重生，它必須逐個克服一系列障礙。

首先是荒野的自然環境和杳無人煙的遼闊地域設下的障礙。美洲「蟲露肆虐，氣候惡劣，流沙遍地，毒物叢生，令人沮喪不已」[8]。一個法國人在一七一七年感嘆「西班牙人在美洲的帝國比整個歐洲還大[9]。」此話不假。不過疆域過大妨礙了西班牙人的征服活動。征服者只用三十年工夫就擊敗了脆弱的美洲印第安文明，然而這個勝利帶給他們的至多不過三百萬平方公里土地，而且他們的統治並不穩固。一個半世紀後，一六八〇年，西班牙和歐洲的擴張開始進入全盛時期，新大陸只有一半面積被控制，即在一千四百或一千五百萬平方公里中可能有七百萬平方公里被征服[10]。在控制了印第安文明的重要地區以後，他們就得與空曠的地

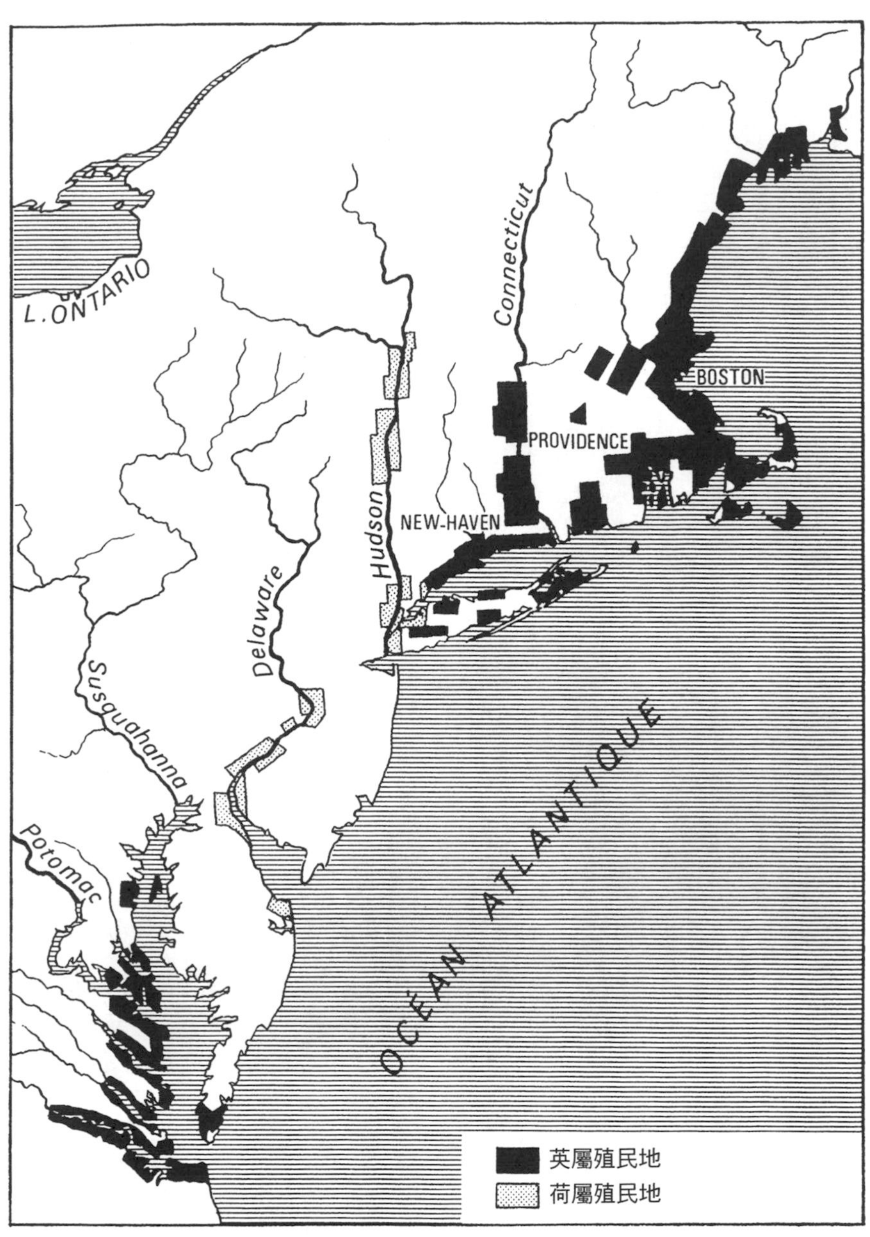

表(39)　1660 年英國人和荷蘭人在北美

佔領地很分敵，而且限於沿海，在 1660 年僅佔有待征服的土地的很小一部份。荷蘭人在新阿姆斯特丹和哈得孫河沿岸的據點後來根據 1676 年的布當達和約放棄。（據瑞恩《歐洲的擴張》，全頁插圖第 17 幅。）

域和仍處在石器時代的居民鬥爭，而對於後者，任何征服者都不能依靠。在十六世紀，聖保羅探險隊橫貫南美洲遼闊土地進行著名的探險活動，尋找黃金、寶石和奴隸。這些活動既不是征服，也不是殖民開發，留下的痕跡並不比一條海上航船留下的航跡更深。西班牙人在十六世紀抵達智利南部時發現了什麼？幾乎是一片空白。埃爾西亞說過：「在加亞他馬那一邊，靠近荒涼的海岸，只見無人居住的土地，沒有飛禽走獸，沒有樹木綠葉[11]。」美洲歷史上總是提到「邊疆」，即有待人去開發的空間。邊疆既在祕魯東部，也在智利南部，既在委內瑞拉的大草原對面，也在一望無際的加拿大，或在美國的「大西部」，或在十九世紀廣袤的阿根廷，乃至在二十世紀巴西[12]聖保羅的西部腹地。空間意謂著令人筋疲力竭的長途運輸和走不完的路。在新西班牙（墨西哥）內地，旅行時須帶上羅盤或星盤，猶如航海[13]。布艾諾・達・希爾瓦同他的兒子一六八二年在巴西遙遠的哥亞斯地區發現了黃金，十年後，「在一六九二年，後者帶著幾名夥伴再次動身去哥亞斯；他們花了三年時間才找到礦層」[14]。

英屬殖民地當時人口稀少，分散在從緬因州到喬治亞洲二千公里長的土地上，相當於「巴黎到摩洛哥」的距離。道路設施簡陋，基本上沒有橋樑，很少渡口。一七七六年，「宣佈獨立的消息從費城傳到查爾斯頓（位於南卡羅萊納州）花了二十九天，與從費城到巴黎的時間相等」[15]。

與其他自然條件一樣，美洲的遼闊無邊以多種方式發揮了作用，使用多種語言；這既是抑制，又是刺激，既是約束，又是解放。惟其土地充裕，地價低賤，人力也就昂貴。空曠的美洲只有當人被牢固地捆綁在這塊土地上並一心一意地從事勞作時才能「生存」。農奴制、奴隸制這些古老的鎖鏈便像是對空間太大的一種詛咒，勢在必然地奪舍還魂。但是地域也是解放和誘惑。逃離白種主人的印第安人擁有無窮盡的藏身之地。黑奴只要向山區或林莽走去，就能逃脫工廠、礦山和種植園。可以想像，追捕逃亡奴隸竟是何等困難。為了在沒有道路的巴西密茂叢林中展開討伐行動，「士兵不得不把武器、火藥、子彈……麵粉、飲水、魚、肉統統背在背上」[16]。帕爾馬里斯的避難所[17]，即我們已經說到的曾長期存在的那個錫馬龍黑人共和國（La république de nègres cimarroms），它在巴西腹地所佔的面積就相當於整個葡萄牙。

至於程度不同地自願移居當地的白種工人，他們受到與難得善良的主人簽訂的合同的束縛。可是合同一滿期，有待開拓的地帶就向他們提供無邊無際的新土地。美洲殖民地有許多可怕的「天涯海角」，但其價值不亞於西伯利亞大森林以南土質疏鬆的荒野；它們與後者起著同一作用，因為它們提供自由，便是天賜的福地。這是新大陸與古老西歐的重大區別所在。用謝努的說法，西歐是「擁擠的世界」，沒有空地、處女地，必要時需用饑荒和向外移民來重新平衡食物和人口之間的關係[18]。

地區市場或民族市場

空地逐漸被佔領。一個城市的誕生，即便很小的城市，總是贏得了一分；任何一個城市的壯大總是一個勝利，不管勝利多麼不起眼。同樣，一條被探明的道路（大多數情況下依靠印第安人的經驗和土著提供的給養）都意謂著進步，這一進步又為其他進步創造條件，如城市供應更方便了，各地湧現的市集更活躍了。我說的不僅是農布雷·德迪奧斯、貝洛港、巴拿馬、韋拉克魯斯或通向墨西哥城大路上的哈拉巴等在國際經濟界名噪一時的交易會，也指在空地上湧現出來的地方交易會和小市集，如紐約背後的奧爾巴尼皮貨交易會，聖胡安—德洛斯拉戈斯和沙提約的貨物集散市場，後二地在墨西哥北部日漸興旺發達[19]。

十七世紀末的人口增長震撼了整個美洲，經濟佈局得到初步的完善。在早已畫分了行政區域的西屬美洲，開始出現各具特色的地區市場（乃至民族市場）。在這些原先只具空架子的行政區內，終於填滿了人、道路和馱畜隊。祕魯總督轄區便是如此，它不僅管轄今天已獨立的祕魯，而且還包括基多司法區（今厄瓜多）、查爾卡斯司法區和今天的波利維亞。尚—彼埃爾·貝爾特[20]曾試圖勾勒出墨西哥新里西亞司法區（一五四八年設置）內地區市場的形成情況，該市場以瓜達拉哈拉城及其附近地區為中心。馬塞羅．加瑪尼尼[21]關於十八世紀智利的研究可能是有關地區市場乃至「民族」市場形成的現有最出色的著作，尤其因為該書主要以通用理論作為其立論依據。

地域分區控制是個緩慢的過程。美洲十八世紀末還有——今天仍有——人跡罕至的荒僻地，也就是說整個美洲還有可供開發的餘地。直到今天，眾多的流動人員已足以組成專門的社會範疇，並用一個專用名詞統稱，如巴西的「vadios」（窮漢），智利的「votos」（襤褸者）和墨西哥的「vagos」（盲流）。人們在美洲廣闊無垠的土地上真正紮根。十九世紀中葉，分散在巴西的內地荒漠中尋找鑽石和黃金的「淘金人」回到巴伊亞南部，他們在沿大西洋的伊列烏斯灣一帶創建的可可種植園至今猶存[22]。但是務農並不能使他們就此安家定居，他們隨時準備遷移，主人、佣工和牲畜統統搬走，好像新大陸很難如同歐洲那樣造就並容納安土重遷的農民。巴西內地昨天和今天的典型農民幾乎與現代的工廠工人一樣容易易地而居；阿根廷「géon」（窮苦勞工）的流動性雖不如上個世紀的「gaucho」（加烏喬牧民），但也性喜走南闖北。

可見人們只是控制了局部地域；直到十八世紀，美洲仍是野獸的樂土，尤其在遼闊的北美大陸，野牛、棕熊、裘皮獸和灰松鼠活得極其歡暢。美洲灰松鼠與東歐的灰松鼠同類，它們成群結隊，越過江河湖泊，浩浩蕩蕩地進行大遷移[23]。來自歐洲的牛和馬回到野生狀態，以令人難以置信的速度繁殖，威脅作物的生長。歐洲人在新大陸的早期殖民活動不是在我們眼前展現了最生動的歷史畫面嗎？何況，在新西班牙廣大地區，由於土著居民遭受摧殘，人口頓時大減，野獸又佔據了人空出的位置[24]。

層出不窮的奴役

這片太過遼闊的土地經常面臨人口稀少的問題。正在建設中的美洲為發展新的經濟需要越來越多的、易

喬治亞州斯瓦那莊園的建設。班傑明・馬丁著《喬治亞移民區成立緣起》（1733）一書的卷首畫。

於控制的、廉價的，最好是無償的勞動力。艾瑞克・威廉斯[25]富有創見的著作經常指出新大陸的各種奴隸制、農奴制、和僱佣制與古老歐洲的資本主義發展有著因果關係。他簡明扼要地指出：「重商主義的本質是奴隸制[26]。」馬克思在他之前用另一種方式說過一句「簡潔的話，其含義之博大精深為今古所僅見」——「歐洲的隱蔽的僱佣工人奴隸制，需要以新大陸的赤裸裸的奴隸製作為基礎[27]。」

對於這些不同膚色的美洲人的艱苦勞作，誰也不會感到驚訝；強迫他們艱苦勞作的不僅是守在一旁的種植園主、礦主、墨西哥城和其他地方的放款商人、西班牙國王貪得無饜的官吏、食糖和煙草販賣者、奴隸販子、「熱中經商的」商船船長等等。這些人都發揮作用，但是他們在某種程度上僅是代表及中間人。拉斯卡薩斯揭發這些人對印第安人遭受「地獄般的奴役」負有全部責任，他很想拒絕讓這些人參與聖事，把他們革出教門；但是他對西班牙的統治從未有過異議。卡斯提爾國王又稱「大使徒」，肩負傳播福音的使命，有權「號令各土著君主」[28]。惡的真正根源其實是在大西洋的彼岸，在馬德里、塞維爾、加地斯、里斯本、波爾多、南特，甚至在熱那亞；肯定在布里斯托，很快就到了利物浦、倫敦、阿姆斯特丹。惡的根源在於遙遠的歐洲迫使新大陸淪於「外圍」的地位；歐洲對於人員犧牲無動於衷，它按照經濟世界近乎機械的邏輯行事。就印第安人或非洲黑人的遭遇而言，種族滅絕一詞並不過份，不過也該指出，白人在這場冒險中並非一點代價也沒有付出，他們至多不過是倖免於難罷了。

事實上，新大陸的奴役層出不窮，一劫未平，一劫又起。最早是本地的印第安人遭受奴役，他們經不起難以置信的殘酷考驗；然後是歐洲白人（我指的是法國的「立約者」和英國的「服役者」），他們主要在安地列斯群島和英屬殖民地受過短期的奴役；最後是非洲黑人，他們終於戰勝一切不利條件並紮根繁殖。此外還要加上十九、二十世紀從歐洲各地大批湧來的移民。似屬湊巧，正當非洲的勞力來源告竭或即將告竭時，歐洲的移民速度加快。一位法國船長一九三五年對我說，四等艙的旅客是最便於運輸的商品：他們自動上下船。

只是在人口稠密、社會結構緊密的地區，印第安人才經住了奴役的考驗：人口稠密使奴役得以長期維持，而社會結構的緊密則造成服從和馴順，也就是說僅在原來的阿茲特克帝國和印加帝國轄區。另一處的原始居民在考驗一開始就自動垮下來了，如在遼闊的巴西，沿海土著逃往內地。又如在美國（十三個前英國殖民地）境內，「一七九〇年賓夕法尼亞只剩下三百名印第安人；紐約州有一千五百人；麻薩諸塞州有一千五百人；南北卡羅萊納州有一萬人……[29]」在安地列斯群島，隨西班牙人、荷蘭人、法國人和英國人的到來，土著居民染上歐洲傳來的疾病，並因不被新來者所用而遭淘汰[30]。

相反，在西班牙征服者一開始就看中的人口稠密地區，印第安人似乎容易得到控制。他們奇蹟般地挺過了征服和殖民開發的考驗：大批的殺戮、無情的戰爭、社會聯繫的斷裂、「勞動力」的強制使用、搬運夫和礦工的高死亡率，以及白人和黑人從歐洲、非洲帶來的流行病。據估計，墨西哥中部原有二千五百萬居民，後來只剩下一百萬。西班牙島（海地）、猶加敦半島、中美洲和稍晚一些時候的哥倫比亞[31]，同樣發生人口驟然「跌入深谷」的現象。舉個令人震驚的細節：征服初期，墨西哥的方濟各會教徒在教堂大門前的廣場上舉行聖事，因為信徒實在太多；但從十六世紀末起他們改在教堂內部，甚至在簡單的小教堂內望彌撒[32]。十四世紀在歐洲猖獗肆虐的黑死病奪走無數生靈，但與美洲的人口驟減還是無法比擬。不過，土著居民並未因此被消滅，他們從十七世紀中葉開始又再度恢複了元氣，這自然對西班牙主人有利。對印第安人的剝削採用一種名為「監護徵賦制」的奴役形式，在城裡則用他們當僕人，在礦井裡強迫他們勞動，後一種奴役形式統稱為「分派勞役制」，在墨西哥叫「玉米地勞役」，在厄瓜多、祕魯、玻利維亞和哥倫比亞叫「傜役」[33]。

不過，在一場複雜危機的促進下，新西班牙十六世紀出現了僱工的「自由」勞動。首先，隨著印第安居民人口驟減，形成了十四、十五世紀曾在歐洲有過的若干個真正的無人區。印第安村落四周的土地如驢皮一般日益收縮，而大莊園就在自發形成的或擅自沒收土地後造成的真空中發展起來。印第安人如想逃避本村以及國家強加的集體勞役，可以在大莊園找到藏身之地，那裡正推行一種事實上的農奴制，日後將不得不使用僱工；印第安人可以到城市去做僕人或在手工工廠工作；最後還可以去礦山，不過，不是離墨西哥城太近的礦山（那裡仍維持強迫勞動），而是更往北去，尋找那些沙漠中從瓜那華托（Guanajuato）直到聖路易斯波托西（San louis de potosi）一帶新建的居民點。那裡散布著三千多家礦山，有的規模極小，十六世紀使用的礦工約在一萬到一萬一千上下，十八世紀可能為七萬；工人來自各地，有印第安人、混血種人和白人，統統混在一起。一五五四至一五五六年後引進了汞齊法[34]，貧礦從此可得到加工，成本降低，勞動生產率和產量均有提高。

和歐洲一樣，礦山自成小天地，主人和工人全都胡亂花錢，無憂無慮，嗜賭成癖。工人根據生產礦石的多少領取獎金。他們的工資相對來說很高，但是工作極其艱苦（十八世紀前不用火藥）。這些愛動愛鬧、舉動粗暴、有時近乎殘忍的人尤其喜歡吃喝。一位歷史學家[35]打趣說，他們不僅過著「天堂」般的生活，而且到處尋歡作樂，特別愛出風頭。在十八世紀，由於經濟繁榮，他們的行為變得更加乖張。有名工人週末在口袋裡有三百比索[36]，馬上把錢統統花掉。某個礦工買了晚禮服和荷蘭布的襯衣。另一人發現一個小礦脈後得到四萬比索，當下請二千人赴宴，把錢揮霍盡淨。這個永遠不知安靜的世界就這樣繞著自身旋轉。

十六世紀美洲最重要的礦山在祕魯，那裡的情況不那麼富於戲劇性，不

這是一幀地圖的裝飾圖案，顯示 1640 年 1 月 13、14、17 日荷蘭人和西班牙人同葡萄牙人進行的三次海戰。圖案中的印第安勞動者在奴隸宿舍前集合，想必是為了支援作戰。見《帕拉伊巴和里奧格蘭德州圖》，1647 年刻版。法國國立圖書館藏品。

那麼歡樂。汞齊法遲到一五七二年才傳入，而且沒有帶來解放。強迫勞動制度維持了下來，波托西仍是活地獄。這一制度是否因為它取得了成功才得以維持？可能如此。波托西要到十六世紀末才失去其領導地位，從此一蹶不振。十八世紀經濟活動復甦時它也未能恢復。說到底，印第安人承擔了開發新大陸的巨大工作，得利的卻是西班牙。印第安人開礦，務農（玉米種植是美洲的命脈所繫），照料騾幫和羊駝幫。沒有馱幫，白銀和其他產品就不能公開從波托西運往亞力加，也不能祕密地從上祕魯經由哥多華運往拉布拉他[37]。

相反，在印第安人僅以部落形式分散活動的地區，歐洲殖民者不得不靠自己出力進行建設。發展甘蔗種植園以前的巴西，英國和法國的「大陸」殖民地以及安地列斯群島便是這種情況。直到一六七〇年代，英國和法國仍需從國內大量招募勞力。應徵者在法國叫「立約者」，在英國叫「契約服役者」。這兩種人與奴隸相差無幾[38]。他們的命運與這時已開始抵達美洲的黑人基本相同：他們被塞進狹小的船隻的底艙漂洋過海，艙內擁擠不堪，伙食極壞。此外，如果他們的船票由一家公司墊付，到了美洲後，公司有權索還：「立約者」於是就像奴隸一樣被賣掉，買主在他們身上東摸摸西拍拍，就像相馬一樣[39]。當然，「立約者」和「服役者」不是終身奴隸，他們的後代也不是奴隸。惟其如此，主人更不憐惜他們：他知道合同期滿後（在法屬安地列斯群島為三年，在英國屬地為四至七），也就奈何他們不得了。

英國和法國全都不擇一切手段招募必需的移民。拉羅歇爾檔案館保存著在一六三五至一六七五年間簽訂的六千多份合同；新應募者半數來自聖東吉、普瓦圖、奧尼斯這些虛有富名的省份。為讓更多的人前往美洲，就不惜使用欺騙性宣傳，乃至暴力。巴黎某些街區曾為此目的拉伕[40]。在布里斯托，男女老幼不分青紅皂白就被綁架，或者對罪犯判處重刑，後者為了不上絞刑架就「自願」報名去新大陸。總之，判處去殖民地服役等於從前判處在划槳船上服苦役。克倫威爾治下曾多次遣送大批蘇格蘭和愛爾蘭囚犯前往美洲，一七一七至一七一九年，英國流放五萬人[41]去各殖民地。一位頗有愛人之心的傳教士約翰·奧格爾索普於一七三二年建立新的喬治亞殖民地，以便接納眾多的債務囚徒[42]。

所以，白人受「奴役」的人數很多，時間也長。威廉斯強調這一事實，因為他認為美洲的各種奴役是依次替代的，在某種程度上是彼此制約的：一種奴役停止了，另一種就取而代之。取代雖非自動完成，但大體上遵循一定的規律。印第安勞力不足時，白人才被奴役，而黑奴制——非洲向新大陸的神奇投影——只是在印第安勞力和由歐洲輸入的勞力都不足時才發展起來的。黑人未被使用的地方，如紐約北面的小麥種植區，「服役者」一直待到十八世紀。在這裡發揮作用的是一種殖民需求，它根據經濟原因而不是種族原因規定著變化和程序，「與皮膚的顏色毫不相干」[43]。「白奴」被取代是因為他們有臨時性這一大缺點；也可能因為他們的價格太高，光是他們的食物就所費不貲。

「立約者」和「服役者」一經解放就從事墾殖，他們經營生產煙草、靛藍、咖啡和棉花的小塊土地。但是他們後來往往被大種植園擠垮。後者經營不斷擴大的甘蔗生產，投資甚高，具有資本主義性質。甘蔗種植園需要大量勞動力和器材，且不說固定資本。而黑奴便是這一固定資本的組成部份。大種植園排擠為它開道的小農莊：經小農莊開墾、清理的土地確實有利於大種植園的建立。本世紀三十年代在巴西聖保羅州的墾殖區也能看到同一過程：臨時性的小農莊為大規模的咖啡種植園準備好土壤，種植園最終取而代之。

十六和十七世紀，隨著大地產（相對而言）的增多，作為大地產存在的必備條件，黑奴的人數也成倍增加。印第安居民人口銳減以後，美洲大門向非洲居民開放的經濟過程便自動進行。「是金錢，而不是向善或作惡的激情策劃了陰謀」[44]。非洲黑人比印第安人強壯（據說一名黑人頂四名印第安人）馴順，由於與家鄉失去聯繫而更依賴主人；他像商品一樣被買賣，甚至可以訂購。販賣黑奴為建立按照當時標準來看其規模極為龐大的甘蔗種植園奠定了基礎。甘蔗收割後，必須用車輛立即運往榨房壓榨，以免變質[45]，而種植園的面積往往達到甘蔗運輸能力的極限。在這類大型企業裡，除三、四名技師和熟練工人外，其餘就是按部就班、

德勃萊著《別開生面的巴西古地重遊》(1834)的插圖，作者自撰說明(第78-79頁)。在里約熱內盧亞爾隆哥街的這家鋪子是「地道的奴隸倉棧」。剛從非洲前來的黑奴都被主人領到這裡。一名礦主有意買個兒童，店主坐在大靠椅裡與他討價還價。畫面深處用柵欄擋住的閣樓是黑人的宿舍，他們爬梯子上去。除了氣孔，閣樓不開窗戶。德勃萊說：「這就是買賣人口的市場。」

分工明確、單調、不需要技巧的工作崗位。

黑人勞動力因其馴順、耐苦和強壯成為最便宜、最划算和最受歡迎的工具。維吉尼亞和馬里蘭的煙草最初由白人小農莊主種植，一六六三至一六九九年間[46]煙草產量激增（出口額增加五倍），就是因為改由黑人種植。同時，理所當然地形成一個半封建性的貴族階級，他們氣度不凡，頗有教養，但也不免胡作非為。大規模種植供出口的煙草，如同西西里或波蘭的小麥，巴西東北部或安地列斯群島的甘蔗，創造了同一種社會秩序。類似的原因必定產生類似的結果。

黑人也被用於許多其他勞作。十七世紀末，巴西興起淘金業是由於成千上萬名黑奴集中在米納斯傑拉斯、哥亞斯和巴伊亞內陸荒漠的腹心。黑人不在安地斯山或新西班牙北部的銀礦工作，其重要原因是他們必須經過長途跋涉才能抵達內陸，售價比在大西洋沿岸要高，而並非僅僅如有人所說，因為高山的寒冷（當然也是個原因）使他們無力從事礦井的艱鉅勞動。

美洲各種奴隸勞動力的轉換，其實比人們所說的要容易得多。印第安人可以淘金，他們在基多附近就做這項工作。說白人在熱帶氣候下不可能靠自己的雙手勞動為生（亞當斯密和其他許多人都這麼認[47]）也是無稽之談。十七世紀的「立約者」和「服役者」都在熱帶氣候下工作。一百多年前德國人在牙買加的夕福安頓下來：他們今天還在那裡生活、工作。義大利的挖土工人開鑿了巴拿馬運河。澳大利亞北部屬於熱帶，那裡的甘蔗種植全由白人承擔。美國南部的黑人向北方遷移後，他們留下的空缺便由白人填補，而黑人到了寒冷的北方後，在芝加哥、底特律或紐約生活，身體不見得更好也不見得變壞。再說一遍，假如氣候果真發揮了作用，它單獨也決定不了新大陸的人口佈局，顯然是歷史擔當了這一任務。這裡既有歐洲開發新大陸的歷史，也有在這以前美洲印第安人本身的歷史。印第安人成功地創造了印加和阿茲特克文化，他們強大的過去事先給美洲土地打上不可磨滅的印記。歷史最後讓印第安人的美洲、非洲人的美洲和白人的美洲統統流傳至今；歷史把它們混在一起，但是混雜程度不夠充分，因為它們彼此之間今天依舊存在很大的差別。

對歐洲的順從

人們常說，美洲不得不重複歐洲經歷過的一切。此話只有部份正確，不過，這就足以使我們不必完全附和阿貝托·弗羅雷斯·加林多（Alberto Flores Galindo）[48]的主張：對任何美洲現象一概不用歐洲歷史作解釋。從大體上看，美洲為了自身的利益盡可能把歐洲歷史上的各主要階段都經歷一遍，不過有時打亂順序，也不完全照搬原來的模型。歐洲的經驗——古代、中世紀、文藝復興、宗教改革[49]——混在一起在美洲重現。今天美洲的開墾區給我留下深刻的視覺印象，再淵博的描述也不如它們更能使人宛如親眼目睹十三世紀歐洲開闌林莽的情景。同樣，新大陸最早一批歐洲式城市及其宗法制家庭的某些特徵為歷史學家重現了大致相似的古代歐洲風貌，真假摻半，但是令人難忘。先於農村或至少與農村同時發展起來的美洲城市，其歷史也使我入迷。這類城市使我們對十一至十二世紀歐洲具有決定意義的城市大崛起，得出一種嶄新的認識，中世紀史專家多數只願意承認，這是農業而不是商業和城市緩慢發展的結果。其實不然！

歐洲控制著海外屬地的發展，強制它們遵守歐洲的法則行事。在這種情況下，再把美洲看作是以往歐洲的模糊影子，難道是合理的嗎？歐洲每個宗主國既然都想在美洲分到一塊不容他人染指的禁臠，迫使該地遵守「殖民條例」，尊重「專營貿易特權」，大西洋彼岸的各個社會就不可能脫離歐洲的遙控及其強人所難的模式。歐洲好比寸步不離守護在後代身旁的誕育女神，它僅在初期創立第一批殖民地時，才有過片刻的懈怠。英國和西班牙最初都曾讓各自的美洲屬地自行其是。後來孩子長大了，家業興旺了，他們就被管束起來。待殖民地的一切就緒之後，便形成對母國有利的「權力集中」。

殖民地樂意接受這一理所當然的權力集中，特別因為它對保衛年輕的殖民地不受其他歐洲強國的襲擊是必需的。瓜分新大陸的列強之間競爭激烈，在陸地邊境和美洲綿延萬里的海疆都有無休止的爭鬥。

權力得以順利集中的另一個原因肯定是因為它在殖民地保證少數白人的統治，而這些白人無不眷戀「古老」歐洲的信仰、思想、語言和生活藝術。十八世紀統治智利中部河谷的土地貴族不過「二百個家族」[50]，人數不多，但很活躍，辦事效率也高。一六九二年波托西的富翁是一小撮「大人物」，「衣料用金銀線織成，因為別的服飾不合他們的身份」[51]；他們的住所之豪華令人咋舌。一七七四年革命前波士頓的殷實批發商同樣屈指可數。這少數人之所以能安享尊榮，首先是因為勞動者持消極態度，也因為囊括一切的社會秩序與他們共謀，而歐洲出於自身的利益也竭力維持這一社會秩序。

當然，各殖民地對宗主國的馴順和依賴程度不盡相同。但即使有抗命的時候，也絲毫改變不了它們的本質，因為它們的秩序和職能是不可分離的。最不馴順、控制最差的美洲社會是那些未被納入國際交換洪流的社會，那些社會「不發達的經濟……未被一項主要產品帶動」[52]，未被某一受到大西洋彼岸遙控的生產部門帶動[53]。這些社會和經濟無法引起歐洲批發商的興趣，從歐洲得不到投資和訂貨單，依然貧窮，相對自由，只能自給自足。安地斯山脈背後，位於亞馬遜叢林上方的祕魯牧區屬於這種情況；委內瑞拉大草原上的領地也屬於這種情況，那裡的監護徵賦人不肯聽任卡拉卡斯專制政府的宰割；聖弗朗西斯科河谷同屬這種情況，巴西內陸這條「畜群之河」哺育的畜群野性未淨，那裡的封建領主加西亞．雷森迪擁有的土地（基本上無人居住）據說比路易十四時代法國的面積還大；同屬這種情況的，還有一些偏僻、孤寂的城市，即使無意獨立，也不得不自己治理自己。十七世紀末乃至十八世紀，被最初的「探險隊」[54]選為首都的聖保羅就是這樣一個例子。阿卡里亞斯．塞里翁在一七六六年寫道：「葡萄牙人在巴西內地殊少建樹，他們視聖保羅為最重要的據點〔……〕。該城深入內陸、距海岸行程超過十二小時……[55]」科雷爾說：「這是某種共和國，起初由一幫亡命之徒組成[56]。」「聖保羅人」把自己看成自由的民族。實際上這是個馬蜂窩：他們出沒在內地的道路上，既為礦工的營地提供給養，也搶掠巴拉那河沿岸耶穌會傳教區的印第安人村莊，甚至侵襲祕魯和亞馬遜地區[57]（一六五九）。

然而順從的或被馴服的經濟為數很多。維吉尼亞的煙草和牙買加的蔗糖全靠英國市場收購並且依賴倫敦的信貸，它們怎麼可能與自己的衣食父母作對呢？美洲殖民地必須具備一系列先決條件才能達到獨立，而這些條件很難湊齊。此外還要時機合適，如最早的反抗歐洲的大革命，即一七七四年英屬殖民地的革命，就是遇上了好時機。

最後，殖民地本身還必須有足夠的力量，能使殖民秩序獨立維持和自行發展，而不必求得宗主國的幫助。這一殖民秩序難道不是始終岌岌可危的嗎？牙買加的種植園主為奴隸暴動擔心受怕；巴西內陸有好幾個逃亡奴隸的「共和國」」；「未開化的」印第安人[58]威脅著巴拿馬地峽的交通命脈；智利南部的阿勞坎人（Araucanians）直到十九世紀中葉仍是腹心之患；路易斯安那於一七〇九年發生印第安人暴動，法國不得不派去一支小型的遠征軍……[59]。

對歐洲的反抗

但是，這種明顯不平等的「殖民關係」難道能千秋萬代地永遠保持下去嗎？殖民地只是為了增加宗主國的財富、威望和實力而存在的。殖民地的貿易和全部活動都處在宗主國的監視下。後來當上美國總統的托馬斯·傑佛遜直截了當地說道：維吉尼亞的種植園只不過是「倫敦幾家商行的附屬產業」[60]而已。另一個牢騷：英國經常聽到美洲殖民地抱怨現金緊缺，卻從不採取補救措施；宗主國執意與殖民地的貿易保持順差，因而力求現金只進不出[61]。所以，不管處於屈從地位的地區有多大耐心，要不是實際情況不盡符合法律條文，要不是距離——即便只計算橫渡大西洋的航行里程——創造了某種程度的自由，要不是無孔不入、無法肅清的舞弊給齒輪上了潤滑油，殖民制度恐怕難以長期維持下來。

由此便產生某種鬆懈和聽之任之的傾向。某種調和和平衡於是不聲不響地形成慣例；它們剛發生時，很少有人發覺，事後卻再也奈何它們不得。舉例說，海關監督不力；行政部門不盡嚴格執行宗主國的指令，而是向本地和私人利益讓步。更有甚者，交換的興旺促進了美洲朝貨幣經濟發展，從而通過舞弊或者單憑市場本身的邏輯，把一部份美洲白銀留在本地，不再運往歐洲。」「一七八五年前已經常見，墨西哥教會與農民相互商定十一稅收取現銀[62]。」單是這一細節就能說明問題。作為經濟進一步發展的見證，信貨在巴西偏僻的內地發揮作用。誠然，黃金使那裡的一切都發生了變化。比亞里卡「鎮公所」一五七一年五月七日致信國王說：許多礦主「顯然欠著他們擁有的奴隸的身價，所以表面上富有的人其實貧窮，而許多過著窮日子的人其實相當的有錢」[63]。這就是說，經營淘金場需依靠商人的貸款，這筆貸款主要用於購買奴隸。產銀地區經歷同樣的演變過程。勃拉丁（D. A. Brading）關於十七世紀新西班牙那部引人入勝的著作，人們讀後得到下列印象：在當時美洲和世界最大的礦業城市瓜那華托這個得天獨厚之地，信貸形式名目繁多，錯綜複雜，廢除掉一種又會想出另外一種，如此等等。

結果十分清楚：本地商人開始了不容忽視的資本積累。西屬美洲有些克里奧商人極其富有，以至十八世紀末有人說，西班牙是它的殖民地的殖民地。這或許只是說說而已，但也表明西班牙人對那些不守本份的人的不滿。無論如何，當各殖民地紛紛要求獨立時，我們往往看到新大陸的商人與宗主國的資本家之間存在著衝突和強烈的敵對，波士頓是如此，布宜諾斯艾利斯也是如此，後一個商埠的商人一八一〇年想與加地斯的批發商斷絕往來。同樣，巴西各城市對葡萄牙商人的敵意升級成仇恨。盜竊和凶殺在里約熱內盧成了家常便飯，手指上戴滿戒指、家裡陳設銀器的葡萄牙商人是本地人憎恨的仇敵，人們想方設法對他們下手，如果沒有別的報復手段，就惡意嘲弄，把他們形容成地道的喜劇人物，蠢笨、可憎、外加戴綠帽子。西屬美洲各地用「洋盤」（chapetones）和「外洋佬」（gachupines）

十八世紀祕魯的刺繡工廠。女工是混血種人。馬德里皇宮藏品。

二詞專指那些剛到美洲的西班牙人。他們經驗不足，滿懷奢望，卻往往保證能夠發財；分析他們的情形，將是社會心理學極好的題材。他們前來加入已在本地安家立業，並在商界佔據要津的西班牙人小團體。整個墨西哥就這樣控制在原籍巴斯克各省或者桑坦德山區的商人手中。這些商人家族把侄子、外甥、姑表兄弟以及鄰居從老家的村莊裡接來，從中挑選合作者、繼承人和女婿。新來的人在「求親競賽」中毫不費勁就著先鞭。墨西哥革命家伊達爾戈與其他許多人一樣想結束這種移民，一八一〇年指責這幫人「喪盡天良〔……〕。他們一切活動以可鄙的吝嗇為動力〔……〕。他們只是出於政治需要才信奉天主教，他們的上帝就是金錢」[64]。

工作糾紛

工業方面與商業領域一樣，殖民地與宗主國之間長期醞釀著衝突。從十六世紀末起，不僅西屬和葡屬美洲，很可能整個美洲都經歷了長期的危機[65]。當時歐洲資本主義至少也陷於困境；到十七世紀，大西洋彼岸自顧不暇。正在形成的地區市場擴大了交換量：巴西人頑強地打入安地斯山區；智利供應祕魯小麥；波士頓商船給安地列斯群島帶來麵粉、木材和紐芬蘭的魚，如此等等。工業紛紛出現。一六九二年基多有「生產供平民穿著的嗶嘰、棉布和粗布料的工廠。瓜亞基爾成了基多〔面向太平洋〕的外港，產品從該地遠銷祕魯．智利乃至於鐵拉菲爾梅以及巴拿馬。也從陸路運往波帕揚」[66]。新格瑞那達的索科洛[67]，祕魯的庫斯科省和墨西哥南部印第安人居住區的拉普埃夫拉[68]也發展了紡織工業。里扎哈加主教說在阿根廷內陸，特別「在門多薩，由我們培養的印第安人紡出的紗與比斯開最細的紗不相上下」[69]。其他許多農畜產品加工工業也有發展；到處生產肥皂和蠟燭；各地都加工皮革[70]。

這批初級工業建立於十七世紀的艱難歲月，當時隨著大莊園的擴張，美洲的一大部份地區走上「封建化」的道路。後來經濟形勢好轉後，這批工業是否會像油花一樣擴散呢？為此，歐洲就必須放棄對工業生產的壟斷。西班牙肯定沒有這個打算。恰撒姆爵士據說曾講過以下的話：「如果美洲準備生產一隻長襪子或一枚馬蹄鐵釘，我就要動用英國的全部力量去教訓它[71]。」如果他真的講過這番話，這既說明大不列顛的意圖，也證明它對海外的實際情況一無所知：新大陸決不會不生產自己需要的產品。

總之，整個美洲隨著年齡的增長達到了自身的平衡，並為自己安排了出路。西屬美洲比新大陸其他地區更善於在有組織的走私活動中找到補充的自由和利潤來源。全世界都知道，馬尼拉大帆船截留美洲的白銀，西班牙乃至歐洲因此受損，得利的是遙遠的中國以及墨西哥商會的資本家。更何況，到了十八世紀末，絕大部份銀幣和銀錠已不歸淪為窮親戚的西班牙國王所有，而是歸商人個人所有。新大陸的商人也佔一份。

英國殖民地選擇自由

新大陸的普遍不滿首先在美洲的英屬殖民地爆發。把波士頓茶黨案和三個人的孤立行動說成是一場「起義」顯然太過份了。一七七四年十二月十六日，三名波士頓居民偽裝印第安人，潛入三艘停在港內的英國東印度公司商船，把船上裝載的茶葉傾入大海。這事情本身不大，但是殖民地——未來的美國——與英國的決裂從此開始。

衝突肯定源自十八世紀的經濟成長。美洲各地無不欣欣向榮，但英屬殖民地無疑受惠更多，因為那裡的對內和對外貿易都十分活躍。

經濟成長的標誌首先是移民不斷抵達，其中包括英格蘭的工人，愛爾蘭的農民，也有蘇格蘭人——後者往往原籍阿爾斯特地區，在貝爾法斯特登船。一七七四年前的五年內，從愛爾蘭各港口啟程的一百五十二艘船共運來「四萬四千人」[72]。此外還要加上人數眾多的德國移民。一七二〇至一七三〇年間，後者差點「沒把賓夕法尼亞〔……〕日耳曼化了」[73]。那裡的公誼會（Quaker，又稱貴格會）教徒面對得到愛爾蘭天主教徒增援的德意志人處於少數。美國獨立後，日耳曼裔定居者人數增多，因為在戰爭結束後，為英國效力的德意志傭佣軍選擇了留在美國。

這一移民運動是真正的「人口貿易」[74]。一七八一年，「一名大商人自調僅他一個人在戰前就輸入了四萬名歐洲人，包括巴拉丁人，士瓦本人和若干亞爾薩斯人。上述人員經由荷蘭移民」[75]。人口貿易的主要對象還是愛爾蘭人，不論人們是否願意承認，這項貿易與販賣黑奴十分相似，在美國獨立後不但沒有停止，反而更加興旺。一七八三年的一份報告解釋說：「進口愛爾蘭人的貿易在戰時一度停頓，後即恢復，經營此業者獲利甚豐。〔一艘船〕才剛運到的三百五十名成年男女和兒童，立即找到了僱主〔辦法很簡單〕：船長在都柏林或愛爾蘭任何一個港口向移民講明條件。有能力付船錢者（一般為八十至一百圖爾里佛）抵達美洲後可自找門路，悉聽其便。遇有無力支付船錢者，船主便於抵港後張貼告示，說他運來工匠、短工和僕役，可與他妥商僱佣事宜，僱佣期成年男女為三至五年，兒童為六至七年，工價作運輸費用償還船主[76]。僱主視受僱者性別、年齡與體力而異，交給船長一五十至三百里佛[77]，對僱工只供食宿和衣著。服務期滿，僱主發給他們一件衣服和一把鍬，他們就此享有絕對自由。下個冬天可盼有一萬五千至一萬六千人前來，其中大部份是愛爾蘭人。都柏林的官員們為阻止移民傷透腦筋。經營此業者又把眼光轉向德意志地區[78]。」

由此形成了「從大西洋沿岸向山區乃至向西部的經常性人口遷移。在各家各戶分別建成自己的住所前，大家擠在同一所屋子裡。」新來的人一旦掙夠了錢，「就到費城付清地價」，分配給他們的這些土地通常是殖民地政府（或隨後成立的州政府）作價賣給他們的。殖民者「往往轉手出售這些新開墾的土地，到別處去尋找荒地，開墾後再次賣掉。有的耕作者先後開墾荒地達六處之多」[79]。十八世紀末的這個文件生動地說明了歷時已久的「邊疆」現象。渴望發財的移民於契約滿期後，無不受到邊疆的吸引。蘇格蘭人尤其突出，他們深入林莽，過著印第安人般的生活，不斷開拓墾區。冒險精神較差的德國人跟在他們後面，佔領並經營被征服的土地[80]。

湧向西部土地和林莽的人流伴隨著並激發了普遍的經濟增長。觀察家們眼見美洲的人口爆炸，印象頗深。他們說，美國人「生兒育女多多益善。多子女的寡婦必能再嫁」[81]。高出生率使人口的洪流進一步膨脹。按這種增長速度，連費城以北原來差不多由清一色英格蘭移民居住的地區也逐漸摻入別的成份。由於蘇格蘭人、愛爾蘭人、德國人和荷蘭人對英格蘭不是表現冷漠就是懷有敵意，這一早已開始並迅速加快的人種混雜過程無疑促成了與宗主國的分離。一八一〇年，剛抵達紐約的法國領事根據巴黎對他的要求[82]，試圖了解「該州居民的思想狀況以及他們對法國的真正態度」。請看他的答覆：「不應根據我居住的這個人口稠密的城市〔紐約當時有八萬居民〕作出判斷，該城居民多數是外國人，各國的都有，獨缺美洲人。一般說他們除了做生意就別無想法。紐約不妨說是一個長川不息的交易會，三分之二的人口不斷更新，那裡成交的生意極大，幾乎都是買空賣空，那裡的奢侈達到驚人的程度。所以那裡的商業不穩固；牽連甚廣的破產案件經常發生，卻並不引起轟動；更有甚者，破產者往往得到債權人的寬宏大量，似乎每個債權人都在尋求取得同等待遇的權利。」法國領事最後說：「應該到農村，到內地城市去尋找紐約州的美國居民。」所謂人的「大熔爐」的說法，正是人口尚不太多的全體美國人（一七七四年為三百萬居民）對外國人大批入境的切身感受，當時入境規模之大並不亞於美國十九世紀末的移民高峰。

然而，這一現象更多涉及北部的英屬殖民地（新英格蘭、麻薩諸塞、康乃狄克、羅德島、新罕布什爾、紐約、紐澤西、德拉瓦、賓夕法尼亞），較少觸及南部殖民地（維吉尼亞、馬里蘭、南北卡羅萊納、喬治亞），南部是截然不同的種植園和黑奴區。今天去維吉尼亞州內地蒙提瑟洛參觀傑佛遜（一七四五—一八二六）的華麗舊居的人，還能發現它與巴西的「大屋子」或牙買加的「大屋」相似，唯一不同的細節是大部份奴隸宿舍位於地下室，就像被巨大的建築壓在地底下似的。所以，吉爾貝托．弗雷里關於巴西東北部的種植園和城市的描述，有許多也適用於英屬殖民地的南部，即所謂「南部腹地」。不過，儘管自然環境相似，兩地的風土人情卻相距甚遠。它們之間隔著葡萄牙與英國之間的距離，在文化、心態、宗教和性慾表現等方面大不相同。弗雷里談到的巴西莊園主毫不避諱他們與女奴的私情，而傑佛遜對他的一名年輕女奴的長期熱戀卻是防守惟恐不嚴的祕密[83]。

南北對峙是美國的一個十分突出的結構性特點，美國立國伊始就帶上這個印記。一七八一年，一位證人這樣描寫新罕布什爾州：「這裡與南部諸州不同，見不到擁有一千名奴隸和八千到一萬英畝土地的大地主欺凌財產不豐的鄰居[84]。」下一年，另一名證人也作了比較：「南部人數不多，比較富裕，北部繁榮比較普遍，人口較多，過著小康之家的幸福生活……[85]」這種說法未免過份簡單，富蘭克林．詹姆森為此把話說

1801 年波士頓的州前街和老州政府。磚房、四輪輕馬車、歐洲時裝。馬斯頓作畫，麻沙卻塞歷史學會藏品，波士頓。

得婉轉一些[86]。新英格蘭極少大地產，那裡的貴族主要是城市貴族：即便如此，大地產總還是存在的。紐約州的莊園共佔地二百五十萬英畝，其中距哈德遜河一百英里左右的范·倫塞萊爾莊園長二十四英里，寬二十八英里，相當於羅得島殖民地全部面積的三分之二，雖說後者的總面積不算大。大地產在南部殖民地也趨擴大，如在賓夕法尼亞，尤其在馬里蘭和維吉尼亞，後者境內的費爾法克斯產業佔地六百萬英畝。在北卡羅萊納，格蘭維爾爵士一家的地產佔該殖民地全部面積的三分之一。不僅南部，北部的部份地區也實行一種或明或暗的貴族制度，其實就是從古老的英格蘭移植過來的、以長子繼承權為支柱的社會制度。然而，由於到處都有小地產擠在大領地的夾縫中生存——不僅在北部，那裡高低不平的地形不太適宜大規模耕作，也在西部，那裡需要毀林開荒——在這個農業佔壓倒優勢的經濟裡，土地分配的不平等並不妨礙確立一個相當穩固的、對大富翁有利的社會平衡。這個平衡至少維持到革命前。革命推倒了許多擁護英國的大地主世家，隨後又剝奪、出售他們的財產，而社會則「以盎格魯撒克遜方式安穩、平靜地」逐漸演變[87]。

所以，英屬殖民地的土地制度比人們慣常提出的南北對峙的簡單模式要複雜一些。在十三個殖民地的五十萬名黑奴中，二十萬在維吉尼亞；十萬在南卡羅萊納；七至八萬在馬里蘭，同等數目在北卡羅萊納，紐約州可能有二萬五千，紐澤西有一萬，康乃狄克有六千，賓夕法尼亞有六千，羅德島有四千，麻薩諸塞有五千[88]；波士頓在一七七〇年「有五百多輛四輪輕馬車，用一名黑人當車伕，顯得很有氣派」[89]。奇怪的是，蓄奴最多的維吉尼亞州的貴族擁護輝格黨，也就是說擁護革命，而且正是他們保證了革命的成功。

一方面要求英國給與白人自由，另一方面對奴役黑人似乎心安理得，這是個明顯的矛盾，但居然誰也不以為怪。一七六三年，一名英國牧師在維吉尼亞佈道時說：「我為你們說句公道話，世界任何地方的奴隸不比他們在殖民地一般得到的待遇更好」[90]，這裡指的是英國殖民地。當然誰也不會把這些話當作福音書上的真理。何況從殖民地一處到另一處，乃至在南方種植園內部，奴隸的實際境遇相差極大。也沒有任何事實能說明黑人因與西班牙和葡萄牙社會融合較好，他們在這些社會裡生活更幸福，或者至少在某些地區生活不那麼悲慘[91]。

商人間的爭執和競爭

英國的十三個殖民地基本上還是農業地區：一七八九年，「整個美國至少有十分之九的勞力用於農業，農業投資比其他產業部門的資本總和大好幾倍」[92]。儘管墾荒和耕作佔優勢地位，北部地區尤其是新英格蘭日益發達的航運業和貿易還是推動了各殖民地起而反抗。商業活動在北部地區不佔多數，卻發揮決定性作用。亞當斯密對遠在天邊的殖民地比近在眼前的英國工業革命認識更加真切，他感受到美洲事態的進展及其反響，可能說出了美洲殖民地起而反抗的主要原因。《國富論》出版於一七七六年，即波士頓事件後二年。亞當斯密只用一句話作出了解釋。他首先理所當然地讚揚英國政府對殖民地遠比其他宗主國慷慨大度，指出「英國移民在各方面享有完全的自由」，但是不得不在句末舉出一項限制：「除了對外貿易」[93]。這一例外可是事關重大！它直接地和間接地束縛整個殖民地的經濟活動，迫使後者事事通過倫敦，依賴倫敦的信貸，尤其使後者必須置身於大英帝國的商業範圍之內。新英格蘭以波士頓和普利茅斯為主要港口，早已展開了商業活動。它不甘心受到英國的束縛，總在偷偷摸摸地設法繞過障礙。美洲的商業活動自發而又活躍。即使別人不給它自由，它也會自己爭取自由，不過它只成功了一半。

新英格蘭是一六二〇至一六四〇年間由被斯圖亞特王朝逐出英國的清教徒建立的[94]。這些清教徒的初衷是創立一個封閉的、與塵世的罪孽、不公正和不平等隔絕的社會。當地自然資源雖然貧乏，但有海洋為之效力；一批人數不多但異常活躍的商人很早就在這裡立足生根，可能這是因為英屬殖民地的北部距母國最近，因而與母國的聯繫最為方便。也可能因為阿卡迪亞海岸、聖羅蘭海灣和新地島的漁場近在咫尺，為這一地區提供了天賜的海生食物：新英格蘭的移民以捕魚為「大宗財源。他們不必翻耕土地，而是把這一工作讓給西班牙人和葡萄牙人去做，自己則是通過把魚賣給他們而獲利」[95]，此外，還因為新英格蘭有吃苦耐勞的水手和必須為他們修造的船隻。一七八二年有六百條船和五千人從事漁業。

不過，歐洲在新英格蘭的移民不滿足於就近從事這項活動。「他們被叫做美洲的荷蘭人（單是這一稱呼就很說明問題）。據說美洲人航海比荷蘭人更加節省。這一特性以及他們的食物的低廉價格造成他們在航運業的優勢。」他們確實推動了中部和南部殖民地的沿海航運業，並且向遠方轉銷中部和南部的產品，諸如小麥、煙草、大米、靛藍等等。他們負責向分屬英國、法國、荷蘭和丹麥的安地列斯群島供應貨物，運來魚、鹹鯖魚、磨魚、鯨魚油、馬匹、鹹牛肉以及木材、橡木板、木板，乃至預製的房屋：「材料都已齊備，一名木匠隨貨抵達，指導現場裝配」[96]。他們在返程時運走食糖、糖渣和甘蔗酒。也運走金屬貨幣，因為他們通過安地列斯群島或鄰近的大陸港口進入西屬美洲的白銀流通渠道。北部殖民地商人向南部推進獲得成功，無疑使他們實力倍增，促使他們去建立工業：造船業、呢絨業以及粗布製造業、五金業、萊姆酒廠、鐵條和鐵錠生產、鑄鐵業。

此外，北方港口——包括紐約和費城——的商旅足跡遍及整個北大西洋、馬德拉等島嶼、黑非洲沿海、柏柏爾地區、葡萄牙、西班牙和法國，當然也到英國。他們甚至把乾魚、小麥、麵粉運往地中海。這一世界範圍的商業擴張締造了若干三角貿易關係，英國自然未被遺漏。美洲商船雖然直達阿姆斯特丹，倫敦卻幾乎總是三角形的一個頂端，美洲商人從歐洲各商埠把錢匯往倫敦，也從倫敦得到貸款。他們把一大部份利潤留在倫敦，因為殖民地與英國的貿易有逆差需要彌補。一七七〇年，即殖民地獨立前，一位觀察家寫道：「通過購物和支付佣金，殖民地的金錢悉數流向英國，它們自己剩下的財富只有紙幣[97]。」然而，美洲肯定早就成為英國的競爭對手，它的繁榮損害了島國本身的繁榮，引起倫敦商業巨頭的不安。於是英國採取限制措施，但是除了惹惱對方之外，不見成效。一七六六年一位敏銳的觀察家指出：「今天英國頒佈的旨在阻礙、限制在美移民經營實業的法令全都無用。它們暫時緩和病痛，但未能根治疾病」。由於歐洲在美移民的商業、經濟活動和轉口貿易，英國「失去了海關收入、倉儲費、佣金及其港口的部份勞務收入。今天最普遍的做法是船隻不經由英國本土直接駛回殖民地，因而波士頓和費城的航運商（他們有一千五百多條船）在外國港口裝載的商品不僅供應美洲殖民地，而且供應英國所有其他殖民地。這樣做不能不嚴重損害英國的商業及財政收入」[98]。

殖民地與宗主國之間當然還出現別的衝突。一七六二年英國佔領法屬加拿大，隔年經巴黎條約確認。這一事件使英屬殖民地的北部邊境從此無後顧之憂，可能加快了事態的發展。英屬殖民地從此不再需要幫助。一七六三年，戰勝國的英國和戰敗國的法國的表現至少在我們看來都出人意外。英國本想放棄加拿大（奪自法國）和佛羅里達（由西班牙讓出），而佔有聖多曼，但是牙買加的種植園主卻獨出心裁，拒絕與其他人分享他們視作禁臠的英國食糖市場。由於他們的堅持，加上法國的抵抗（法國一心保全聖多曼，產糖諸島之王），「皚皚積雪」的加拿大結果就歸了英國。但是我們有不容辯駁的證據證明英國對聖多曼垂涎三尺。一七九三年與法國重開戰火後，英國為佔領該島花了六年時間，不惜勞師糜餉，卻仍然毫無結果[99]。「英國在戰爭最初六年（一七九三—一七九九）無所作為的祕密正是看中了聖多曼這個要命的地方。」

總之，從巴黎條約簽訂（一七六三）次日起，殖民地與英國之間的緊張氣氛逐漸升級。英國要殖民地聽話，讓它們部份承擔剛結束的戰爭的巨大開支。殖民地乾脆於一七六五年抵制英國的商品，這可是犯了彌天大罪[100]。局勢已是如此明朗，以致荷蘭銀行家於一七六八年十月「擔憂如果英國與其殖民地的關係惡化，由此引起的商業破產會使本國〔荷蘭〕受到影響」[101]。阿卡里亞斯·德·塞里翁早在一七六六年就看到「美利堅」帝國正在崛起。他寫道：「對於西屬殖民地的生死存亡，新英格蘭的威脅比老英格蘭更加可怕……幾年後（一七七一）他又說，一個「獨立於歐洲的」[102]帝國「不久將主要危及英國、西班牙、法國、葡萄牙以及荷蘭的繁榮」[103]。也就是說，美國日後覬覦歐洲經濟世界霸主地位的野心已初露端倪。我們驚奇的是法國駐喬治城全權公使也明確表達了同樣見解，雖說時間上晚了三十年。他在共和十年霧月二十七日（一八〇一年十月十八日）的信中說：「我認為英國對於美國所處的地位酷似第一強國（指英國）在十七世紀末對於荷蘭所處的地位，當時荷蘭被浩大的開支和債務纏得筋疲力盡，眼睜睜看著自己的商業優勢轉到在商業領域不妨說乳臭未乾的對手手裡[104]。」

西班牙和葡萄牙在美洲的開發

另一個美洲，西屬和葡屬美洲卻是另一種情況，另一種歷史。它們與新英格蘭並非沒有可以類比的地方，但是北方發生的事情沒有逐一在南方重現。北歐和南歐在大西洋彼岸再次製造了它們的分歧和對立。此外，還有重要的時間差距：英國殖民地於一七八三年得到解放，西屬和葡屬殖民地的解放不早於一八二二至一八二四年——何況南方的解放帶著虛偽的性質，因為英國取代了原有的統治者，其託管統治大體上一直延續到一九四〇年；這以後由美國接替。總之，北方表現為生動活潑、實力充沛、獨立自主和興旺發達，南方則是惰性、奴役、宗主國的重壓以及為任何「外圍地區」固有的一系列限制。

這一差別顯然是不同的結構、歷史和遺產的產物。形勢很明朗，但是昨天的教科書採用的方便的分類法，即把殖民地分成移民型殖民地和開發型殖民地兩大類，卻不能說清問題。怎麼可能有不加開發的移民型殖民地，或者不搞移民的開發型殖民地呢？與其說「開發」，不如說在一個經濟世界範圍內淪為「邊鄙之地」，即它們命定要為別人效勞，接受毫不容情的國際經濟分工強加給它們的任務。這正是派給西屬和葡屬美洲的角色（與北美相反），而且無論在它們獨立前或獨立後始終不變。

重新考察西屬美洲

西屬美洲發展緩慢，很晚才得到解放。這一解放過程於一八一〇年始於布宜諾斯艾利斯。由於西屬殖民地對西班牙的依賴將由它們對英國資本的依賴所取代，所以一八二四至一八二五年[105]間倫敦開始大批投資，這標誌著西班牙勢力的消退。

至於巴西，它獲得獨立比較順利；一八二二年九月七日，佩德羅一世在聖保羅附近的伊比朗加宣佈對葡萄牙獨立，同年十二月他自封為巴西皇帝。當時在位的葡萄牙國王胡安六世是新皇帝的父親，所以巴西的獨立自有其曲折的底蘊。此事十分複雜，與歐洲和美洲的政局演變有關[106]。不過我們在這裡只要記住它的平靜結果就行了。

相反，西屬美洲的獨立卻是演出

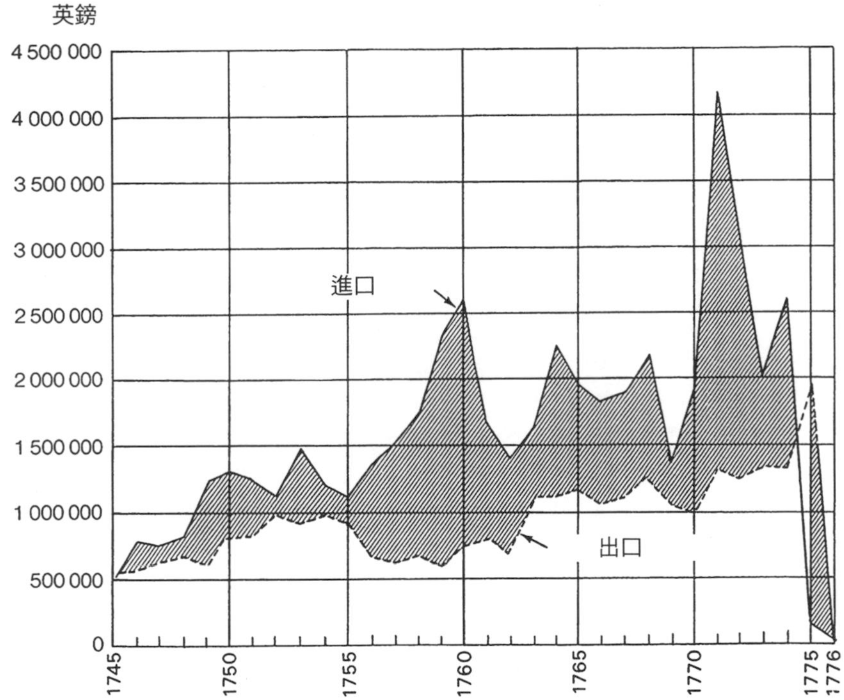

表(40)　美洲英屬殖民地與宗主國的貿易結算對大不列顛有利

殖民地的貿易逆差迫使它們為恢復對外收支平衡而從事「三角」貿易：在非洲買下黑奴，到安地列斯群島賣出，再把群島的產品運往歐洲乃至地中海。（摘自福克納著《美國經濟史》，1943 年版，第 123 頁）

了一場漫長的情節劇。不過我們更感興趣的不是劇情本身，而是一個斷裂的醞釀方式。這個斷裂就其國際後果而言比巴西與宗主國的決裂更重要。西屬美洲打從開始就勢必成為世界歷史的一個決定性因素，而巴西的十九世紀一旦不再是重要的黃金產地，它對歐洲的重要性就大為減小。

西班牙即使在最初也沒有獨自開發「龐大的」[107]新大陸市場的能力。這個還停留在古代狀態的國家，就是調動它的全部力量和人員，加上安達魯西亞的葡萄酒和食油以及工業城市生產的呢絨，也顯得份量不夠。何況到了十八世紀，一切事業都擴大了現有的規模，任何歐洲「民族」單槍匹馬都不足以當此重任。勒波蒂埃·拉海斯特羅瓦於一七〇〇年解釋說：「西印度群島消費的物品必須從歐洲取得，其數量之多遠遠超過我國〔法國〕的實力，我們在國內設立的製造廠再多，終歸無法解決問題[108]。」西班牙因此不得不求助於歐洲，尤其因為它本身的工業還不到十六世紀末就已經衰敗。歐洲趕緊抓住機會，參與了對西屬和葡屬殖民地的開發，甚至比西班牙有過之而無不及。厄內斯特·路德維希·卡爾在一七二五年說西班牙「幾乎成了外國人的貨棧」[109]，其實不如說是中間商。西班牙禁止「運送」作為美洲主要資源的白銀的法令誠然嚴厲，然而英國國王查理二世在一六七六年十一月指出，「全歐洲都能見到西班牙銀幣」[110]。

早先二十年，葡籍耶酥會教士安東尼奧·維埃拉神父在巴西的貝倫佈道時大為感嘆：「西班牙人開採銀礦，運走白銀，得利的卻是外國人。」這種貴金屬派了什麼用場呢？從不用於賑濟窮人，「只是為了養肥那些統治窮人的人，讓他們暴殄天物」[111]。

西班牙嚴峻的立法之所以不起作用，顯然是由於走私猖獗：舞弊、行賄、弄虛作假、旁門左道並非美洲貿易和經濟所專有，但在美洲這個廣闊天地裡，這類行徑更大肆氾濫，整個大西洋以及南海都是其活動場所。腓力二世本人曾談到，這些貌似誠實的商船一五八三年啟程時「聲稱運葡萄酒到〔加那利〕群島，實際前往印度，據說發了大財」[112]。有時一條船在塞維爾裝滿運往印度的貨物，「官員們竟毫無所知」[113]！過後不久，荷蘭人、法國人、英國人、義大利人（以原籍熱那亞的居多）竟毫無困難就把貨物非法裝上結隊駛往印度的官方船隻。一七〇四年，（塞維爾）「商事裁判所承認船隊以及大帆船裝載的貨物中屬於西班牙人的僅佔了六分之一」[114]，而原則上只有西班牙人才准許載貨[115]。

在大洋彼岸的「卡斯提爾印度」，走私舞弊同樣猖獗。一名西班牙旅行者一六九二年指出「從利馬啟運的國王財寶至少值二千四百萬本洋[116]，但是不等這筆錢從利馬運到巴拿馬、貝洛港、哈瓦那，地方長官、辦事員和海關銳吏等人無不見財起意，從中截留一部份……[117]」大帆船既是商船也是戰艦，它們內部的舞弊已是常規，外來的偷盜則在十七和十八世紀成倍增多。針對當地的殖民地體

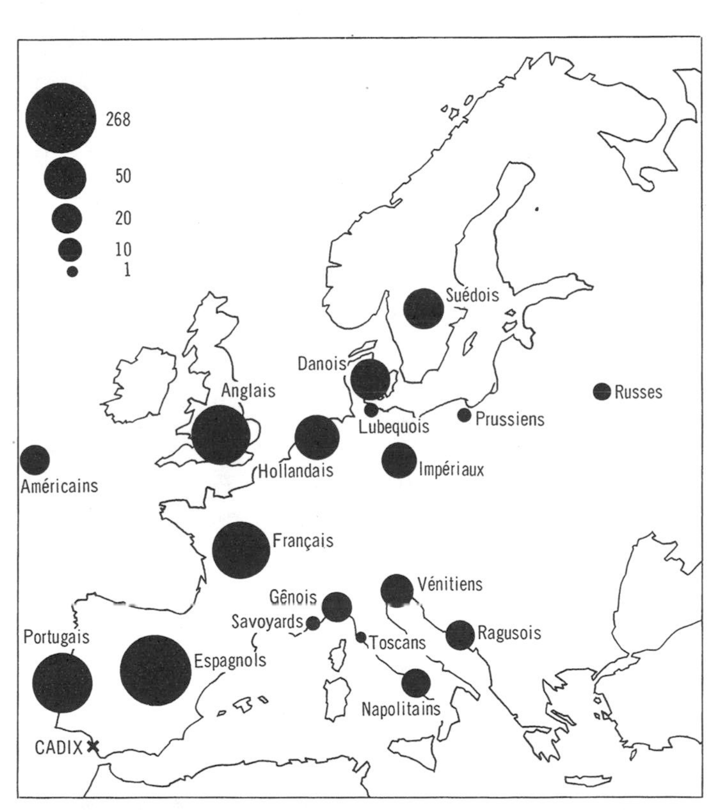

表(41)　全歐洲協力開發西開美洲　1784 年駛入加地斯海灣的船隻的數量及國籍。

制，建立了若干靈便、有效的平行體制。聖馬洛商船在南海沿岸的航行便屬於這種情形，事情始於西班牙王位繼承戰爭前，一七一三年戰爭結束後繼續保持下去。一支西班牙艦隊似乎已於一七一八年把它們逐走[118]，但它們在一七二〇年又回來了[119]，一七二二年還待在那裡[120]。再舉一個例子，從美洲非西班牙屬地的港口出發駛向綿長的因而無法嚴加看守的大陸海岸的航行，也屬於同樣的情形。這種所謂「見縫插針」的貿易，荷蘭人以聖厄斯塔什和古拉索（一六三二年起該地歸屬荷蘭）為基地；英國人以牙買加為基地；法國人以聖多曼及安地列斯群島的其他法屬島嶼為基地。一群蘇格蘭冒險分子也是打這個主意：他們於一六九九年使用武力在達連地峽邊緣強行登陸，希望在「大陸沿海」站穩腳跟，以便就近奪走英國人和荷蘭人的財源，因後者的據點距這裡較遠[121]。北美的水手不甘落後。十八世紀八十年代，他們的捕鯨船以在海上停泊為藉口，肆無忌憚地把走私商品運進祕魯。當地商人自然表示歡迎，因為他們用低價買進後以「官價」賣出，而官價並沒有降低[122]。

長時期內，最大規模的走私活動無疑是把波托西的西班牙銀礦的白銀運往葡屬美洲，即巴西。一五八〇年起，里約熱內盧是主要走私通道[123]。西班牙與葡萄牙一六四〇年實行分治後，葡萄牙人仍堅持走私，他們長期在今天的烏拉圭境內的薩克拉門多殖民地（一六八〇年被佔領）保留一塊小小的飛地，作為理想的前哨據點。西班牙人不得不包圍這塊葡萄牙殖民地，於一七六二年用武力攻克[124]。

但是，本地商人若不共同作弊，負有監察職守的行政當局若不受賄，走私顯然不可能如此發達。阿卡里亞斯·塞里翁指出，走私規模如此巨大，是因為「這一貿易的利潤足以同時應付巨大的風險和支付賄賂」[125]。難怪一位無名氏一六八五年談到當時正在出售的美洲殖民地總督職位時乾脆說：「這其實是向外國商品發放入境通行證的變通辦法」[126]。一六二九至一六三〇年間，利馬一位很有身份的大法官出任走私審理官，他家裡存放違禁商品，人贓俱獲，卻照當法官不誤[127]。

何況，照那些為走私辯護的人的說法，走私只會有利於公益。一名法國人一六九九年振振有詞地說：「大帆船不能為西班牙人帶來他們需要的商品的一半，他們當然樂意外國人〔當時主要是法國人〕為他們送貨上門[128]。」西班牙人「費盡心機」為非法貿易提供方便，以致二百多艘船不避整個歐洲和西班牙人的耳目，公然從事「嚴行禁止的貿易」。一七〇七年一份法國報告透露，「法國商船『勝利者號』、『加斯巴號』及『德拉福斯公爵號』載運的貨物在啟航前已賣給了韋拉克魯斯的批發商」[129]。路易十四的法國和腓力五世的西班牙確實互相勾結，當時的西班牙對自己的前途缺乏信心。

走私始終存在，但其規模隨時代而有所不同。根據很可能符合實際的計算，我們得到的印象是：一六一九年後，甚至更早一點，走私貿易額超過西班牙帝國的正常（官方）貿易額。這一局面可能一直維持到十八世紀七十年代，即延續了一個多世紀[130]。不過這只是一個有待核實的假設。如果歷史研究者願意擔當這個任務，那麼他們下一步就應該到整個歐洲的檔案中，而不僅是西班牙的檔案中去尋找答案。

西班牙帝國重新控制局面

西班牙政府終於對這些混亂情形作出了反應。它慢慢地、費力地扭轉局面，到十八世紀末更採取了強有力的、「革命的」行動。我們聲明在先：對宗主國在這方面採取的行政措施，人們始終沒有掂出它們的真正份量——設置「巡按使」的職位不是簡單地把法國體制照搬到美洲，不是一種文化的移植；此舉體現馬德里政府粉碎把持當地要職的克里奧爾貴族的決心。同樣，取締耶穌會（一七六七）則標誌著開始用「軍事」體制的權威和武力取代某種道德秩序，這種體制將禍延後世，為未來的各獨立國家所繼承。這裡發生的也是一種變革，甚至是一場革命。這一切是否應歸功於把君主集權原則和成套的重商主義措施裝在行李裡帶給西班牙的波旁王室？或者應該用西班牙本身強烈要求變革的願望來解釋？整個歐洲在啟蒙時代都將產生這種願望。克洛第奧・桑切斯・阿爾波諾斯[131]甚至說，波旁王室並非西班牙實行變革的原因，倒是西班牙要求改變的願望為法國王室敞開了通向伊比利半島的大門。

從一七一三年起，改革派的注意力自然而然地轉向他們最大的賭注和最後的機會：新大陸。西班牙能保全它在大西洋彼岸開創的事業嗎？法國船隻在戰爭期間曾隨意光顧美洲海岸，法國無意放棄覬覦南大西洋沿岸和新西班牙邊境的野心。還在約翰・勞的時代，法國政府曾想以路易斯安那為據點蠶食鄰近的西班牙領地。至少一位西班牙人一七二〇年就是這麼想的。他悶悶不樂地寫道：「如果上帝不去制止，我們將不幸見到新西班牙四分五裂，落入法國統治[132]。」英國的威脅不那麼顯眼，但更加嚴重。一七一三年的烏特勒支條約將黑奴販賣權和准予航行權出讓給英國，造成的後果就不容輕視：南海公司從此兼得合法舞弊和非法走私之利[133]。

不過一切尚可挽回。政府著手整頓，於一七一四年按照法國的榜樣建立海軍（English South Seu company）和（西）印度事務部；同年成立宏都拉斯公司；一七二八年成立的卡拉卡斯公司日後將興旺發達；一七四〇年成立哈瓦那公司[134]；一七一七年至一七一八年之間，塞維爾的壟斷組織「貿易公司」和印度理事會遷往加地斯，也就是說，長期與塞維爾衝突的加地斯終於成為對（西）印度貿易的唯一港口。設立享有專利權公司確實並不成功；一七五六年不得不終止它們的壟斷[135]。但是這一失敗無疑有助於自由貿易在「笨重的船隊制度」[136]之外發展起來，後者不能經常地活躍新大絡的經濟。一七三五年的改革規定了船隻航行「登記制」[137]，但未能立見成效，因為「登記」的船隻本應單獨航行，卻不易改變結隊航行的原有習慣。一七六四年左右，西班牙和新大陸之間開始有定期航班[138]」。郵船在加地斯、哈瓦那、波多黎各之間每二月往返一次。一七七八年十月十二日的法令宣佈美洲與西班牙十三個港口（後來增加到十四個港口）之間實行自由貿易[139]。西班牙與新大陸的貿易額因此激增，西班牙對海外屬地的控制也必定有所加強。

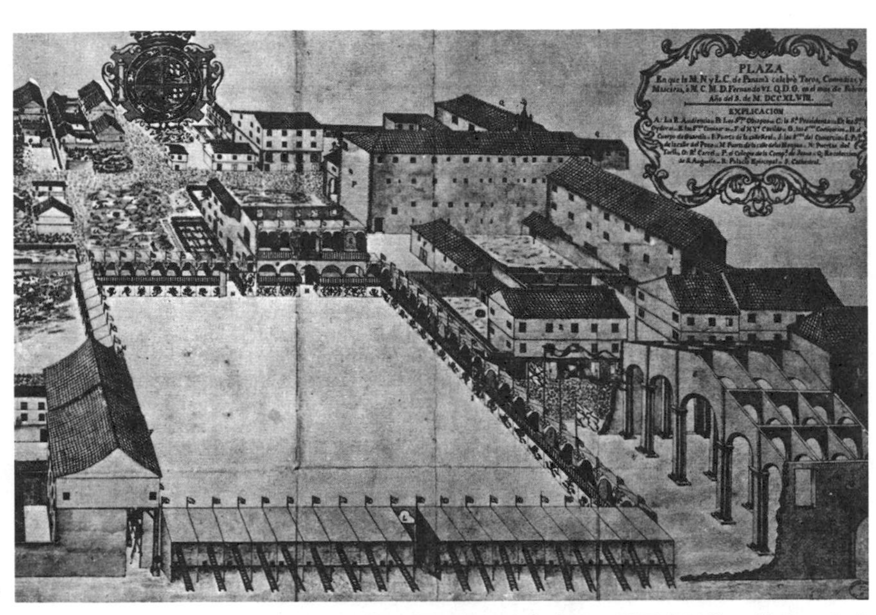

1748 年巴拿馬的大廣場。這是個典型的西班牙城市廣場，周圍有法院、教堂、市政廳、為公共慶典（賽牛、喜劇、假面舞會）準備的看台。水彩畫，塞維爾印度檔案館藏品。

另一重要措施是一七七六年設立布宜諾斯艾利斯總督府，使經由拉布拉他的走私活動有所抑制。整個西屬美洲走私貿易額的絕對數字無疑繼續增大，但由於商業普遍發達，走私活動卻相對縮小了（十八世紀九十年代，走私貿易額萎縮到正常貿易額的三分之一左右）。加強監視走私活動曾產生一些說來有趣，乃至滑稽可笑的事件。有人於一七七七年發現馬拉開波沿海的奧爾納島竟被荷蘭人一聲不響地佔領，島上的荷蘭總督變成「在這裡藏身的西班牙和其他國家的所有歹徒、罪犯和走私販子」的當然保護人[140]。

然而，西班牙帝國既已變得身強力壯，寄生於健康軀體的走私活動造成的損害就不如上一個世紀那麼嚴重。改革後的體制甚至能經受兩次嚴重的考驗：一七八〇年祕魯的圖帕克·阿馬魯起義[141]和一七八一年委內瑞拉的人民起義。這兩次大規模的反抗部份是由「波旁王室推行現代化措施」激起的。圖帕克·阿馬魯起義強烈震撼祕魯社會，鼓動印第安人、混血人種乃至克里奧爾人起而反抗的各種複雜潮流都參與了進去。這場波瀾壯闊的暴動深刻地顯示了社會內在矛盾，但是只延續了五個月：摧毀教堂、工廠和莊園的行動歷時很短，終究被西班牙人招募、武裝的印第安部隊鎮壓下去。

與所有進步一樣，美洲的進步導致了舊秩序的崩潰。波旁王室存心不尊重早就形成的特權。在已有舊商會[142]的墨西哥城和利馬又設立了新商會，它們與舊商會競爭，例如韋拉克魯斯的商會專門與墨西哥城強大的舊商會作對。同時，從歐洲（特別從英國和西班牙）大批運來的製成品淹沒了當地市場。由於歐洲產品價廉物美，本地工業逐漸被擠垮。最後，商業渠道經常變化，對當地貿易時而有利，時而不利。例如，祕魯[143]失去了上祕魯礦區（一七七六年改屬布宜諾斯艾利斯總督府），礦區不再依附祕魯，因不再要求它供應食物和紡織品，祕魯的經濟也就不能保持平衡。又如，一七八五與一七八六年饑荒期間，新西班牙的局勢極為動蕩[144]，為恢復平靜，至少恢復虛假的相對平靜，各統治階級（克里奧爾人與西班牙移民）不得不停止相互間的激烈對抗……

寶中之寶

後來被稱為拉丁美洲的西屬和葡屬美洲，其命運顯然取決於一個比它更大的整體，即歐洲經濟世界的總體，而西屬和葡屬美洲不過是這個總體中被牢固控制的一個邊緣地帶。它能掙斷奴役的鎖鏈嗎？也能也不能。首先是不能。原因很多，其中最重要的是巴西和西屬美洲雖有零星的船隻和水手，卻不是海上強國（美國則不同，它的水手是名副其實的「開國元勛」）。也因為西屬和葡屬美洲早在十八世紀前，而且在這個具有決定意義的十八世紀期間，始終處於雙重的依附地位，它既依賴伊比利半島的宗主國（西班牙和葡萄牙），也依賴歐洲（首先是英國）。英國殖民地只要掙斷一根鎖鏈，擺脫與英國的聯繫，全部問題也就迎刃而解。另一個美洲則不然，它掙脫了與宗主國的隸屬關係後，並不等於就此從歐洲的控制下解脫出來。它只是擺脫了長期監視它、剝削它的兩個主人中間的一個。歐洲怎麼能放棄美洲的金銀呢？早在美洲的西屬和葡屬殖民地紛紛獨立前，人人都預感到繼承問題已經臨近，無不想先下手為強。英國於一八〇七年佔領布宜諾斯艾利斯，但未能保住。法國於一八〇七年入侵葡萄牙，一八〇八年又進軍西班牙。法國加快了西班牙殖民地的解放過程，但並未因此佔到什麼便宜。

歐洲列強如此爭先恐後，如此貪多務得是否有其道理？是出於理智考慮，還是想入非非？在那十九世紀的初期，是否如尼科爾·布

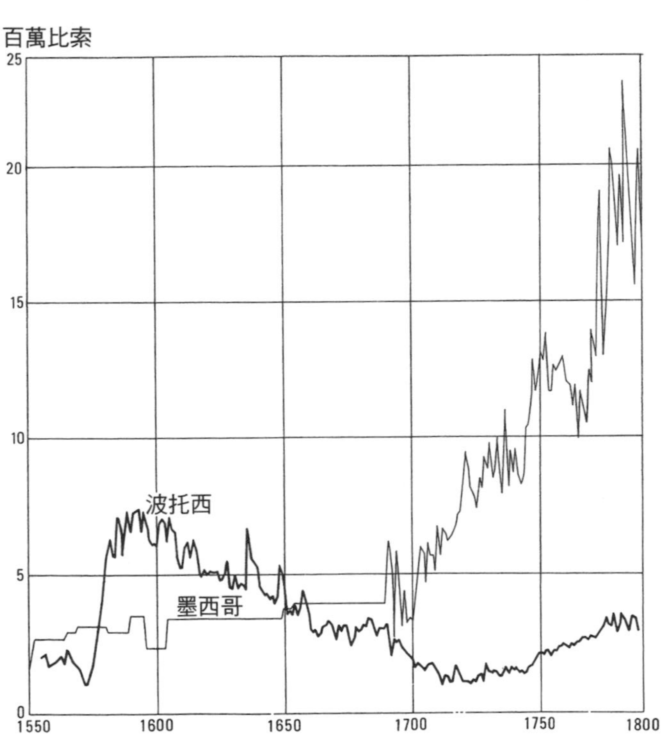

表(42) 美洲白銀的兩個週期
波托西的曲線係根據莫萊拉·帕茲·索爾丹的論文繪出，見《歷史》第 9 卷，1945 年；墨西哥鑄幣曲線係根據豪威的《1770 至 1821 年間新西班牙的礦業同業公會》繪製，1949 年版，第 453 頁及以後數頁。波托西標誌著美洲初期白銀生產的決定性飛躍。墨西哥銀礦則在 18 世紀末達到空前的發展規模。

斯蓋所想的那樣，美洲是世界的寶中之寶？為解決這個問題，必須擁有數字，估算西屬美洲和巴西的國民生產總值，以及西屬和葡屬美洲能夠提供給歐洲的剩餘產品，因為剩餘產品才是抓得住的寶物。

唯一可信的估計是韋拉克魯斯商會祕書荷西，瑪麗亞．基洛斯[145]提供的關於一八一〇年新西班牙的數字。這一估計僅涉及新西班牙的物質生產，以百萬比索為單位，取其整數，農業產值為一百三十八點八，製成品為六，礦產品為二十八，總計二百二十七點八（令人驚訝的是，礦業產值只佔總產值的十二點二九）。但是怎樣才能從物質產值折算國民生產總值呢？首先要加上巨大的走私貿易額，其次要考慮也很重要的勞務產值：墨西哥缺乏通航河流，騾幫運輸為數眾多，條件艱苦，價格極昂。不過，國民生產總值算來應該不會超過四億比索。人們常說新西班牙一地的礦業產值相當於其他西屬殖民地的礦業總產值，那麼我們能否推論整個西屬美洲（一千六百萬居民）的國民生產總值為墨西哥國民生產總值的兩倍，即不高於八億比索的極限？最後，如果我們接受庫茨華斯[146]就一八一〇年的巴西作出的計算，巴西國民生產總值略低於墨西哥國民生產總值的一半，即一億八千萬比索左右。整個「拉丁」美洲的國民生產總值略低於十億比索。

從這些不甚可靠的數字至少可引出一個結論，即人均收入很低：墨西哥（居民共六百萬）為六十六點六比索；整個西屬美洲（居民共一千六百萬）為五十比索；巴西（三百多萬居民）不到六十比索。根據庫茨華斯認可的數字[147]，一八〇〇年墨西哥人均收入僅為美國的百分之四十四，而根據我們自己的計算（庫茨華斯以一九五〇年的美元為計算單位），美國當時的人均收入為一百五十一比索或美元（當時兩種貨幣等值）。漢森．瓊斯關於美洲最發達的三個殖民地的研究報告提出這三處的人均收入在二百至三百三十六美元之間[148]。我們算出的數字即使與這個數字相比也不顯荒謬。與得天獨厚的北美殖民地的人均收入相比，南美條件最好的墨西哥的人均收入約為前者的百分之三十三。後來差距日益擴大，到一八六〇年後者僅為前者的百分之四。

但是這裡的問題不是要確定西屬和葡屬美洲各地居民的生活水平，而是計算它們向歐洲的出口抵銷進口後的餘額。據一七八五年的官方數字[149]，向西班牙出口的貴金屬和商品分別為四千三百八十八萬比索和一千九百四十一萬比索，總計六千三百三十萬（金銀佔百分之六十九點三三，商品所佔份額有大幅度增長，達百分之二十七點六）。朝另一個方向，西班牙向美洲的出口達三千八百三十萬比索；二者的差額為二千五百萬比索。這個數字大可商榷，不過我們姑且不加評論地接受它。再加上巴西的份額（總數的百分之二十五，即六百二十五萬比索），我們得到的數字為三千萬或三千一百萬比索，即整個西屬美洲國民生產總值的百分之三。不過這個數字以官方統計為依據，只是個下

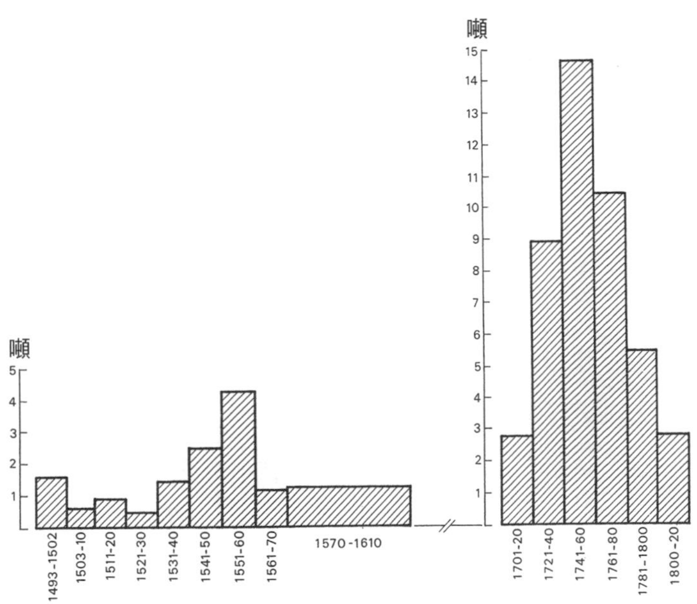

表(43)　美洲黃金生產的兩個圈

「西班牙」圈（安地列斯群島、新西班牙、新格瑞那達和祕魯的黃金）由「葡萄牙」圈（巴西的黃金）接替。前者在 120 年間為歐洲提供了約 170 噸黃金，後者在同等時間內提供了 442 噸，幾乎為前者的三倍。產量係按年平均計算，並不絕對可靠；但有一點確定無疑：巴西圈佔壓倒優勢。（關於西班牙的數字引自謝努著《新大陸的征服和開發》，1969 年版，第 301 頁及其後數頁；關於葡萄牙的數字引自莫洛著《葡萄牙擴張的經濟學研究》，1970 年版，第 177 頁。）

限，它不包括巨大的走私貿易額。把這三千萬比索換算成英鎊（五比索等於一英鎊），歐洲從美洲得到的財富至少為六百萬英鎊。這個數字顯然極大，因為一七八五年，包括英國在內的歐洲從印度平均只得到一百三十萬英鎊[150]。

可見西屬美洲（約一千九百萬居民）每年向歐洲提供的財富為印度（約一億居民）的四到五倍，堪稱世界頭號寶庫，而且民間的想像力又加以誇大，使這個寶庫帶上神話色彩。一八〇六年，由於革命戰爭與拿破崙戰爭的影響，西屬美洲擔心其礦產品在海上運輸途中遭劫，只得存放原地。當時一名法國代理人寫道：「假如所聞屬實，祕魯、〔波哥大的〕聖塔菲和墨西哥三個總督府的錢庫裡貯存的金條銀條價值一億多比亞斯特，分散在私人礦主手裡的巨額資金還不計在內〔……〕。資本家商人在戰時被迫停止發貨。」非法貿易只能讓「這些白銀中的某些部份進入流通」[151]。

這麼肥的獵物對英國政治很具誘惑力，然而英國有所遲疑，因為它願意尊重巴西（里斯本的國王一八〇八年到巴西避難）和西班牙（威靈頓統率的英國軍隊正慢慢地、費力地解放西班牙）。所以西班牙帝國的解體也就被拖了下來。但是結局不可避免：當西班牙實行工業化，著手重新控制殖民地，不再在美洲與歐洲間簡單地充當中間人的時候，「帝國的傾覆為期不遠，因為維持西班牙帝國對任何國家都不再有利」，尤其是對高踞所有國家之上的國家無利可圖。英國長期施用計謀，但是一旦法國被打敗，美洲的革命已經完成，它就不必再謹言慎行了。一八二五年，英國資本家蜂湧而來，在原為西屬與葡屬殖民地的新國家，一擲千金地向商業部門和採礦企業進行投資。

這一切都符合邏輯。歐洲各國效法英國實行工業化，與英國一樣用關稅壁壘保護自己。各國間的歐洲貿易因而缺氧[152]，於是各國不得不轉向海外市場。在這場賽跑中，英國的地位最優越，尤其因為它利用了最可靠的捷徑，即金融聯繫。拉丁美洲從此被倫敦拴住，成為歐洲經濟世界的外圍。美國一七八七年立國後，儘管早已具備種種有利條件，也費了好大的勁才完全擺脫歐洲經濟世界的挾制。隨著債券牌價的變化，美洲新國家的命運主要在倫敦交易所，其次在巴黎的交易所上下起伏[153]。

話說回來，這寶中之寶雖說始終存在，但其重要性到十九世紀似乎大為縮小。所有「南美」債券的牌價都低於面值，這是一個信號。一八一七至一八五一年歐洲經濟的衰退在南美竟於一八一〇年就開始出現徵兆，在外圍地帶發生的這一危機具有極大的破壞性，墨西哥國民生產總值的下降趨勢從一八一〇年開始一直延續到十九世紀六十年代。上述事實同樣表明，十九世紀上半葉西班牙美洲的畫面相當黯淡。美洲的寶庫不僅縮小，也被浪費，因為曠日持久的獨立戰爭消耗太大。僅舉一例，墨西哥礦工當時反應極其強烈，他們有的投身革命，有的鎮壓革命，也有的送了性命。礦井被拋棄，水泵則停止工作，坑道淹沒在水下。不久前還因高產而聞名的大礦井首當其衝。在採掘並未完全停止的礦場，粉碎礦石的工序又拖後腿。更嚴重的是為汞齊法必須的汞要麼不到貨，要麼到貨的價格極高。西班牙政府保證由行政當局供應相對便宜的汞。獨立戰爭結束時仍在開工的礦井都是些小企業，利用簡單的坑道開採，不裝水泵排水。

不久就發生「發達」國家在向「不發達」地區輸出技術時最早的判斷錯誤。請聽法國駐墨西哥領事就英國的創舉所寫的報告（一八二六年六月二十日）：「英國人被他們在本國使用蒸汽創造的奇蹟弄昏了頭，他們以為蒸汽同樣可以在這裡為他們效勞。蒸汽機於是從英國運來，伴隨前來的還有運輸機器的車輛。什麼都沒有忘記，除了能供車輛行駛的道路。墨西哥最繁忙，條件最好的交通要道是從韋拉克魯斯通向首都的大路。閣下只要知道，在這條路上一輛四人乘坐的輕馬車必須套上十頭騾，一天才能走上十到十二法里，便能判斷路面的好壞。英國載貨車輛必須經由這條道路攀登科迪勒拉山脈；為此，每輛車用不下二十頭騾子牽引，每頭騾子每天走六法里，耗資十法郎。不管這條路有多糟糕，它好歹是條大道。輪到需要離開這條大道前往礦井時，能找到的只有羊腸小徑了。幾名包工頭懾於障礙重重，只好暫時把機器存放在聖塔菲、昂策洛、夏拉帕和珀羅特；另有幾位瞻大的出重資修路，總算把機器運到礦井口。不料到了那裡，卻找不到煤來開動機器。有木材的地方就燒木材代替；可是墨西哥高原上木材稀少，而最富的礦，如瓜納華托的礦井距森林有三十多小時的行程。英國採礦師為遇上了這些障礙而驚訝不已，其實亞歷山大・洪堡先生早在二十年前就指出這些障礙了……[154]」

若干年內，美洲礦井營業不佳和在倫敦交易所牌價不高的原因正在於此。但是投機者總有辦法可想。由於公眾一度熱中，墨西哥銀礦股票在急劇下跌之前曾為某些資本家贏得巨額賺頭。英國政府則把威靈頓在滑鐵盧戰場上用過的軍械賣給墨西哥國家，總算不無小補！

既非封建主義，又非資本主義？

臨到做結論的時候，很難躲開在美洲大陸社會經濟形態問題上引起的一場激烈而抽象的爭論。美洲的社會經濟形態實際上同時是舊大陸模式的翻版和歪曲。有人企圖根據歐洲熟悉的概念來給它們下定義，為它們找到某種一致的模式。這種嘗試多少是徒勞的：一些人談論封建主義；另一些人說到資本主義；某些自作聰明的人提出一種過渡形態。這一過渡形態說來倒是頗為圓通，使爭論各方全都有理，既同意封建主義及其變體，又接受資本主義的前提和先兆。真正聰明的人，如斯利歇・凡・巴特[155]等，排除這兩種概念，主張徹底推倒以上的舊認識。

何況，說整個美洲只有唯一一種社會模式，這怎麼能讓人相信？你剛確定一種模式！就有一些社會立即與這個模式不相符合。不僅國家間的社會制度各不相同，而且各種社會制度在一國內部也同時並存，把某些不可能用現成標籤歸類的成份混在一起。美洲本質上是個「外圍地帶」，唯一的例外是一七八七年組成政治實體的美國（美國在十八世紀末是否已成例外尚可商榷）。不過這個外圍地帶是上百塊不同顏色的瓷磚拼成的鑲嵌畫：現代形態、古代形態、原始形態以及各種形態的大雜燴！

關於新英格蘭[156]和其他英屬殖民地，我已經說了不少，只用兩三句話就可以把它們交代過去。說它們是資本主義社會未免過份。晚至一七八九年，它們的經濟——例外證實規律——仍以農業為主。往南走，到切薩皮克灣沿岸，就能遇到地道的奴隸社會。一七八三年和平來臨後，年輕的美國顯然受到前所未有的創業熱情的振奮。人們創建一切：家庭作坊、手工工廠和製造廠，還有用英國新機器裝備的紗廠，以及銀行與多種批發業。然而，雖說有了銀行，至少市面上響噹噹的鑄幣少於各州發行的、幾乎分文不值的紙幣，也少於已有殘缺的外國鑄幣。另一方面，戰爭一結束，船隊作為保證國家獨立和強盛的工具，有待重建。一七七四年前後，船隊分為沿海航行和遠洋航行兩部份，前者擁有五千二百艘（載重二十五萬噸），後者擁有一千四百艘（載重二十一萬噸）。二者的噸位基本相等，但是沿海航行船隊是「美國的」，遠洋船隊卻歸英國所有，因此需要全部重建遠洋船隊，費城的造船廠為此忙得不可開交。此外，英國從一七八三年起成功地恢復了它在美洲貿易中的主導地位。真正的資本主義始終在世界的中心倫敦，美國只有二等資本主義，這個朝氣蓬勃的國家將在英國與革命時代和帝國時代的法國的戰爭中（一七八三—一八一五）逐漸羽翼豐滿，但即使如此，也總還未成氣候。

在美洲其他地方，我只見到侷限於個別人和個別資本的細點狀資本主義。與其說它們構成一個地區網，不如說它們是歐洲資本主義的組成部份。巴西比西屬美洲在這條路上走得更遠，但是巴西的資本主義也僅限於個別城市，如累西腓、巴伊亞、里約熱內盧。廣大的內地則是這些城市的「殖民地」。到十九世紀，面對廣闊無垠、一直伸展到安地斯山脈的南美草原，布宜諾斯艾利斯是個別具一格的資本主義城市。它貪得無厭，力圖通過控制和組織把一切引向自己，其中包括內地的車隊和世界各地的船隻。

人們無需發揮很大的想像力，就能認出範圍狹隘的商業資本主義據點之外，這裡那裡還存在一些「封

1830 年左右新英格蘭的一座「工業村」。

建」形態？赫爾曼．阿爾西涅加斯[157]認為，在整個西屬美洲，在一半已被歐洲遺棄了的新大陸廣大地區，十七世紀曾發生過「再次封建化」現象。至於我，我傾向於認為委內瑞拉的大草原或巴西內地某個地區實行的是領主制，而不是封建制。至少很難說是封建制，除非同意韋特．法蘭克的看法，把封建制理解成一種自給自足或傾向於自給自足的制度，「一種與周圍世界聯繫薄弱的封閉體系」[158]。

如果我們從土地所有制出發，也不容易得出明確的結論。西屬美洲有三種所有制共存：種植園、莊園以及監護徵賦制。我們已經談到過種植園[159]；它們具有某種資本主義性質，但這種性質體現在種植園主的身上，並在更大程度上體現在幫助他的商人們身上。莊園是主要形成於十七世紀新大陸「再次封建化」時期的大地產。在這個「再次封建化」過程當中得利的既有莊園主，也有教會[160]。大地產部份實行自給自足，部份與市場相聯繫。在某些地區，如中美洲，多數大地產自給自足，但是耶穌會的領地往往很大，兼容以維持自身生存為目的的自然經濟和以貨幣為標誌的外向經濟。因為它們的檔案保存至今，我們對它們比對其他產業了解更多。這類莊園雖用貨幣記帳，我們有理由認為帳上的工資僅在年底結清，而到那個時候，農民一文現錢也拿不到，因為預支給他們的實物的價值已經超過或相當於他們應得的款項[161]。歐洲也有類似情況。

「監護徵賦制」原則上與「封建制」更加接近，雖然這些印第安人村落是作為收益，而不是作為采邑出讓給某些西班牙人的。原則上這是臨時產業，業主有權向印第安人徵收貢賦，但不享有土地所有權，也無權自由支配勞力。不過這是理論上的界定，「監護徵賦制」實際上越過了這些限制。一五六三年一份報告[162]揭露某些肆無忌憚的監護人，「名為出售莊園或牲畜」，實則出賣印第安人，而「辦事糊塗或收受賄賂的法官」則視而不見。在毗鄰地方行政當局的地區，這類越軌行為有所收斂，但在離首府遠的地區[163]就無法控制了。「監護徵賦人」原則上屬於殖民地的統治集團，在一定程度上應像國王官員一樣為西班牙政府效力。實際上，他們努力掙脫這一束縛。隨著一五四四年祕魯皮薩羅兄弟的反抗，監護徵賦制與西班牙殖民當局的關係開始出現危機，這一危機將長期延續下去，因為監護徵賦人與國王官員之間的衝突是在所必然的。多數情況下，官員們——地方長官和仿照西班牙法庭建立的殖民法庭的法官——只能與監護人作對，因為後者若無人監視必定會很快建立或重建封建制。正如喬爾格・弗雷德里契[164]指出的，就其一部份行動（並非全部行動）而言，西屬美洲已變成一個典型的公務員制和官僚制的國家。這就很難把它納入封建主義的標準形象，猶如巴伊亞的甘蔗種植園主及其奴隸不能堂而皇之進入真正的資本主義模式一樣。

能否作結論說，既非封建主義，也非資本主義？就其整體而言，美洲像是多種社會經濟形態的疊合。在底層是一些半封閉的經濟形態，你管它們叫什麼都行；這上面，是一些半開放的經濟形態；再往上，是礦山、種植園，也許還有某些大型牧業組織（不是所有的）以及批發業。資本主義至多是最高一層的商業活動：大礦主，墨西哥城商會享有特權的商人，一貫與墨西哥城商人衝突的韋拉克魯斯商人，打著宗主國創立的公司的旗號大耍威風的商人，利馬的商人，與「領主制」的奧林達對峙的累西腓商人，與上城對峙的巴伊亞下城商人。不過，所有這些生意人事實上都與歐洲經濟世界相聯繫，並且如漁網那般籠罩整個美洲。他們不屬於民族資本主義的範疇，而是完全處在歐洲心臟的操縱之下。

威廉斯[165]認為歐洲的優勢（他指的是即將來臨的工業革命，而我則同時也指英國的世界霸主地位及其商業資本主義的崛起）直接來自對新大陸的開發，特別得力於種植園源源不斷的利潤，這些利潤加速了歐洲的經濟發展，而使用黑人農民的甘蔗種植園在其中又佔著首位。路伊治．波萊里[166]持同一見解，而且更為簡單化。他把大西洋與歐洲的現代化歸功於食糖，也就是歸功於美洲，美洲的食糖生產、資本主義和奴隸制是齊頭並進的。難道美洲，包括經營礦業的美洲在內，是歐洲強盛的唯一締造者？顯然不是，正如並非印度單獨締造了歐洲的優勢一樣，雖然印度歷史學家們今天能用有份量的論據證明，英國的工業革命通過剝削印度吸取了養分。

黑非洲被佔領並非純屬外因

我這裡只談黑非洲，撇開北非——即屬於伊斯蘭範圍的白非洲—同樣也不談從紅海入口和衣索比亞沿海直到大陸南端的東部非洲，雖然這樣並非不言而喻。

非洲南端在十八世紀仍有一半空著：荷蘭人於一六五七年創立的好望角殖民地有一萬五千居民，雖是歐洲在非洲大陸最大的殖民地，其實不過是印度航路上直接為荷蘭東印度公司[167]服務的一個歇息地點。東印度公司極其關心這一戰略要地。至於非洲瀕臨印度洋的漫長海岸，在葡萄牙人於一四九八年抵達前[168]，屬於以印度為中心的經濟世界範圍，既是這個經濟世界的重要通道，又是其外圍地帶。葡萄牙人的活動佔了很長一

好望角的荷蘭殖民地。拉克作畫，1762 年。

段時間，許多事情顯然有所改變。達伽馬在繞過好望角以後，曾經沿著這條海岸線北駛印度。他在莫三比克、蒙巴薩與梅蘭德依次停泊。從後一個錨地，一位原籍古吉拉特的領航員伊本·馬吉伯借助季風的力量，不費力氣就把船開到卡利克特。東非海岸因此是往返印度的寶貴航道，船員能在沿海的泊地補充新鮮食物，修理船隻。如果季節太晚，繞行好望角有危險時，他們乾脆在那裡等候返航。

南非的印度洋沿[169]因長期具備額外的好處而受到特別重視：幅員遼闊的莫諾莫塔帕國內地有若干金礦[170]，黃金經由桑比西河三角洲南部的索法拉港出口。索法拉早先不過是個小小的居民點，長期受位於其北邊的啟瓦城的控制，轉眼便成為葡萄牙人覬覦的對象。葡萄牙的武力征服於一五〇五年獲得成功，一五一三年後建立了秩序。但黃金抵達海岸後非有商品與之交換不可，如梅蘭德的糧食，特別是印度的棉布。葡萄牙人為此不得不利用並且巧妙地利用了古吉拉特的棉布。不過這一獲利豐厚的貿易歷時很短：莫諾莫塔帕內戰頻仍；黃金越來越少，葡萄牙的保護也逐漸失效。阿拉伯商人恢復對桑吉巴和啟瓦的控制，在那裡收買黑奴，轉手再到阿拉伯、波斯和印度賣出[171]。不過葡萄牙人還是保住了莫三比克，勉強維持局面。據說，十八世紀末，他們每年從莫三比克獲得幾千名黑奴。甚至法國人在一七八三至一七九三年間也參與了這一貿易，為法蘭西島和波旁島提供勞力[172]。

關於漫長的東非海岸，人們大體上可以同意致俄國政府的一份備忘錄（一七七四年十月十八日）所持的悲觀論斷：「索法拉河及其支流早就不流淌黃金了。」莫三比克南部的梅蘭德和蒙巴薩兩個商埠不妨說已無人光顧，還住在那裡的幾家葡萄牙人「野蠻有餘，文明不足」；他們的商業「僅限向歐洲運送一些體質退化的黑人，其中大部份人什麼活都幹不了」[173]。俄國當時正在尋找國際市場，人們提醒它東非不是好去處。因此，我們忽略南非的印度洋沿岸，不必為此後悔，那個地區的好時光早已一去不復返了。

只看西非

從摩洛哥到葡屬安哥拉的非洲大西洋沿岸，情況就不同了。歐洲早在十五世紀就勘探了環境往往惡劣、不利於健康的西海岸，並與土著居民對話。是否如人們常說的那樣，歐洲人的好奇十分有限，因而無意深入非洲大陸的內地？其實，在黑非洲，歐洲人沒有找到阿茲特克帝國和印加帝國在印第安美洲為他們提供的方便[174]。他們以解放者的姿態[175]出現在美洲眾多受壓制的民眾面前，並且最終以當地的馴順社會當靠山，因而他們進行剝削大可不必費勁。

葡萄牙人和其他歐洲人在非洲海岸遇到的只是許多小部落和一些靠不住的小國。稍有根基的國家，如剛果[176]或莫諾莫塔帕，位於內地，處在縱深的陸地以及由政治組織不善的若干沿海社會組成的環狀地帶保護之外。沿海地區肆虐的熱帶疾病可能也對內地國家起著屏障作用。不過我們對此有所懷疑，因為歐洲人在美洲熱帶地區畢竟克服了同樣的障礙。另一個理由比較站得住腳：非洲內陸免受侵犯得力於它相對密集的人口及其社會的蓬勃生機。與美洲印第安人社會不同，非洲社會已掌握煉鐵技術，居民往往好勇鬥狠。

何況歐洲沒有任何必要深入腹地，因為它在沿海就近可以得到象牙、蠟、塞內加爾樹膠、幾內亞胡椒、金砂以及最美妙的商品——黑奴。除此之外，至少在初期，這些物品可用不值錢的小玩意兒輕易地換得，如玻璃珠子，顏色鮮艷的布匹，少量葡萄酒，一瓶萊姆酒，一支所謂供「交易」的步槍，以及叫做「馬尼剌」的銅手鐲。後者是非洲人「戴在足踝上與肘彎上部胳膊上的相當古怪的裝飾品。」[177]。一五八二年，葡萄牙人用廢鐵和釘子換取剛果黑奴，非洲人「視之比金幣更珍貴」[178]。總之，非洲人是極易愚弄的顧客和供應者，他們性格隨和，懶散，「滿足於一天一天混日子……」不過，「一般說來，這個民族的農業收成極差，到他們那裡去販賣人口的歐洲航海家不得不從歐洲或美洲帶去必需的糧食，以便養活應作為船上的貨物帶回的奴隸」[179]。總之，歐洲人所到之處，經濟還都處於原始形態。安德烈·特凡[180]於一五七五年用一句話作了概括：貨幣「在那裡不通用」。真可說一語中的。

不過，貨幣究竟是什麼東西呢？非洲經濟有它們的貨幣，即「一種交換手段和一種公認的價值標準」，不論是布料、鹽、牲畜，或者在十七世紀是進口的鐵條[181]。說這些都是「原始的」貨幣，並不等於馬上可以得出結論，認為非洲經濟形態缺乏活力，或認為在十九世紀受到歐洲工業與商業革命的衝擊前，非洲經濟尚未覺醒。十八世紀中葉，這些落後地區可能每年輸送五萬多名黑奴到交易碼頭，而西班牙的塞維爾十六世紀平均每年只有一千人啟航出海[182]，一六三〇至一六四〇年間[183]平均每年只有二千人移居新英格蘭。非洲儘管擄獲人口當作牲畜出售，日常生活並不因此停頓，因為內地各國是在農活不忙的旱季動用許多押送人員把成千上萬名奴隸發送到大西洋海岸的[184]。奴隸頸部套著皮條，並前後連成一串。

非洲經濟必定具有某種特殊的活力，才能承受人口買賣年復一年造成的損失。非洲問題專家們最近的研

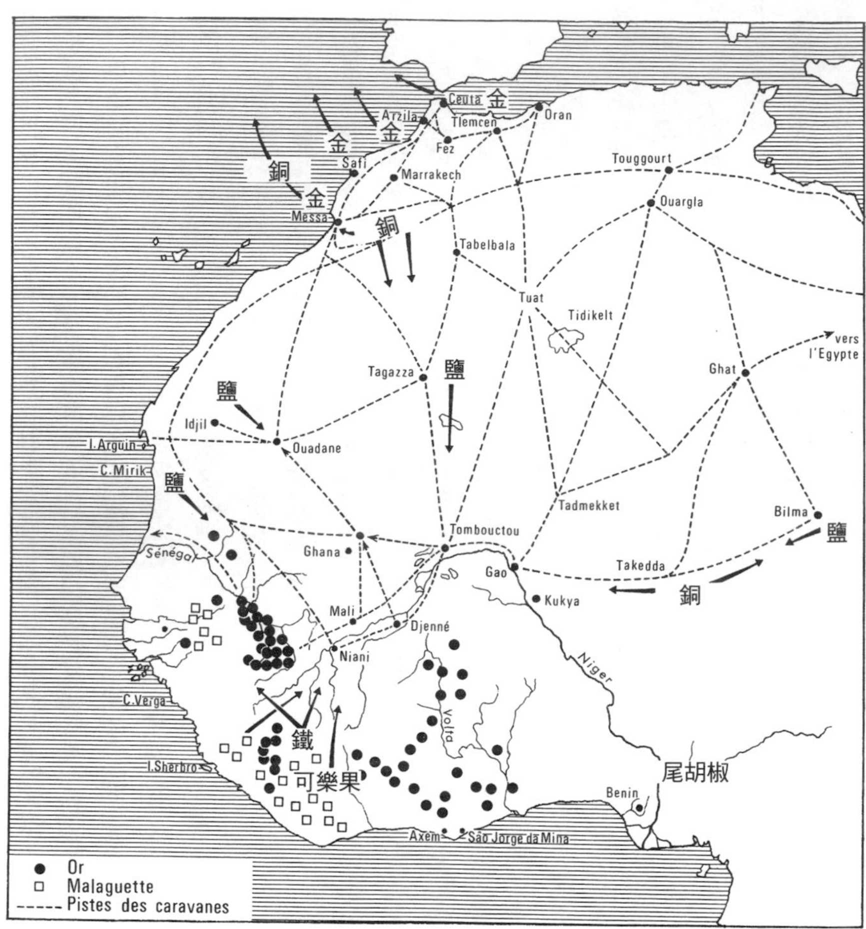

表(44) 葡萄牙征服非洲沿海地帶（15 至 16 世紀）

海上航道在 16 世紀已使撒哈拉原有的陸路運輸相形見絀。送往地中海的黃金取道大西洋。葡萄牙人開發的財萬不盡於此，顯然還要加上黑奴。（摘自戈蒂諾著《15 至 16 世紀紀葡萄牙帝國的經濟》，1969 年版，單頁插圖）

究成果在不同程度上都表達了這樣的見解。所以，單是黑奴船的往返航行不足以解釋黑奴貿易，這個問題還需要從非洲的角度予以考察。菲利普．柯廷寫道：「奴隸貿易是大西洋經濟的一個次生體系，但它也是西非社會及其外在表現、宗教、職業標準、本性以及其他許多因素組成的那個寬廣模式的次生體系[185]。」應該把非洲的權利和責任都歸還給非洲。

一個與世隔絕但又並非不可進入的大陸

黑非洲的形狀像是一個巨大的三角形，夾在同樣巨大的三塊地域之間；北方是撒哈拉沙漠；東方是印度洋；西方是大西洋。上面已說過，我們姑且不談東海岸。至於與撒哈拉沙漠接壤處和大西洋沿岸，到處都是向外部世界（不管叫什麼名字，在什麼時代，處於什麼環境）敞開的門戶，外來者每次都能隨意進入。這幾乎是理所當然的事：在黑色大陸居住的是些農民，他們背向大海和撒哈拉沙漠，後者「在許多方面酷似大海」[186]。奇怪的是，黑人不從事任何航海活動，越過大西洋或撒哈拉沙漠，這對他們本不是難事。面對大西洋，他們僅在剛果河入海口兩岸的水域航行[187]。大洋和沙漠一樣，對於他們不是簡單的邊境，而是密不透風的屏障。

西非黑人稱白人為「繆岱勒」（murdele），意思就是從海裡鑽出來的人[188]。民間傳說至今還談到黑人初見白人時感到的驚奇：「他們看到海上冒出一條大船。船身長著白色翅膀，如刀刃般閃閃發光。白皮膚的人從水裡鑽出來，說著人們不懂的話。我們的祖先害怕了，說他們是『鬼魂』。人們射出了密集的箭矢，想把他們趕回海裡去。但是『鬼魂』噴出火來，聲如雷鳴……[189]」黑人在與白人接觸的初期甚至很難想像，後者居然能不在船上居住、生活。

歐洲船隻在大西洋沿岸沒有遇到抵抗和監視。它們享有絕對行動自由，想去哪裡就到哪裡，愛在哪裡做生意就在哪裡做；幾天前在一處沒有做成或已經做成的生意，可換到另一處重新再做。歐洲船隻甚至仿傚「印度洋之間的貿易」，開展「非洲之間貿易」，雖然規模遠遠不及。沿海一帶建造的碉堡是牢固的據點，而近海島嶼可作瞭望哨，如馬德拉群島、加那利群島以及幾內亞灣的聖多美島。聖多美島的情形特別有意思，該島輸出食糖和奴隸，十六世紀時發展快速，原因想必是西風與南信風在此匯合，西往美洲與東向非洲鄰近的航路同樣暢通。

我們是否搞錯了？撒哈拉邊境沿線的開放過程完全相同。伊斯蘭的駱駝商隊進入非洲竟與歐洲的船隻同樣自由。攻擊的地點和出入的大門任憑他們挑選。迦納、馬利、加奧帝國之所以被選作突破口，似乎與開發當地的象牙、金砂和奴隸資源有關。何況自從葡萄牙人來到幾內亞灣，這項開發活動被包抄了後路，原有的政治贅疣開始惡化。廷巴克圖一五九一年被摩洛哥冒險家一舉攻克[190]。

伊斯蘭帝國主義和西方帝國主義之間的內在同一性在這裡再次暴露無遺。兩種文明都具有侵略性，都推行奴隸制。黑非洲因其軟弱無力和喪失警惕而付出了代價。侵略者在黑非洲邊境出現時確實帶著當地從未見過的物品，足以迷惑可能的顧客。貪婪也起了作用。剛果國已說道；夜幕剛落，「盜賊和無恥之徒竟綁架〔我們的貴族和附庸的子弟〕，一心想得葡萄牙的物品和商品，以滿足自己的貪欲」[191]。雷森迪一五五四年寫道：「他們互相把對方賣身為奴，許多商人專門誘騙他們上鉤，把他們交給黑奴船[192]。」義大利人喬凡尼·安東尼奧·卡瓦齊一六五四至一六六七年間在非洲居住，他指出：「剛果人為了一串珊瑚項鏈或一點葡萄酒，不惜出賣自己的父母、子女、兄弟姊妹，一邊還對買主指天發誓，說他賣的是家中的奴隸[193]。」誰也不否認非洲人的貪婪起了作用，而歐洲人則有意煽起他們的貪心。葡萄牙人講究服飾，以此作為社會等級的標誌；他們在依附的黑人中也培養對穿戴的喜好。此舉可能別有用心，因為一名葡萄牙人於一六六七年在索法拉建議「強制」習慣赤身裸體的普通黑人戴上纏腰布；如此這般，「印度生產的全部織物也不夠保證一半黑人的需要」[194]。人們為了達成交易不擇一切手段，包括墊借貨款；欠債人如無力償還，債主扣押他的財產乃至他本人都是合法的。純暴力也被廣泛使用：每當暴力橫行無阻，利潤便打破紀錄。一六四三年，一名證人說他「確信這個王國〔盛行武力捕捉黑奴的安哥拉〕使有些人發的財比在東印度更大」[195]。

非洲之所以出現人口買賣，當然是因為歐洲有此要求，並且強制這麼做。但這也因為非洲人本身早在歐洲人到來前已有此惡習，他們向伊斯蘭世界、地中海和印度洋輸出奴隸。奴隸制是非洲社會的地方病和日常結構，人們力圖進一步了解這一社會，但終屬徒勞。耐心如慣於利用不完整資料的歷史學家，大膽如從事比較研究的專家，別出心裁如馬里安·馬洛威斯特[196]，都不足以再現非洲社會的框架。太多的問題依然沒有

伊斯蘭的奴隸制。十三世紀葉門贊比德的奴隸市場。「瑪卡梅」（阿拉伯敘事韻文）的插圖。

答案：城市對周圍星羅棋布的村莊的影響；手工業和遠洋貿易的地位；國家的作用，等等。此外，非洲必定不是到處只有同一種社會形態。奴隸制以不同的形態出現，不同的形態在不同的社會卻又具有同質性：宮廷奴隸、編入王公部隊的奴隸、家奴、農奴、工奴，還有用於送信、充當中間人乃至經商的奴隸。奴隸既來自當地，從本社會內部取得（西方的罪犯罰充划槳船的苦役，非洲的罪犯不是處死就是罰作奴隸）；也如古羅馬一樣，通過襲擊鄰近部落或發動戰爭，從外部擄獲奴隸。久而久之，這類戰爭和襲擊變成一門專門行業。在這種情況下，被俘的奴隸是否過多，難以養活，甚至可能無所事事？非洲把他們賣到國外市場，可能也防止了自身的人口過剩。

在美洲需求的急劇推動下，黑大陸的人口貿易極度發達，遍及各地。黑奴貿易在內地與沿海之間起著雙重作用：它削弱和破壞莫諾莫塔帕和剛果等內陸大國；同時卻推動了發揮中間作用的沿海小國的發展。這些小國充當「指客」，為歐洲商人提供奴隸和商品。對伊斯蘭世界來說，尼日的歷代帝王也無非是向北非和地中海供應砂金和奴隸的掮客。十世紀歐洲易北河沿線也曾是個中間地帶，取得斯拉夫農奴後，轉售給伊斯蘭國家。十六世紀起，克里米亞的韃靼人不是也向伊斯坦堡提供俄羅斯奴隸嗎[197]？

從沿海到內地

黑非洲經過這些劫難，所受奴役程度之深超過了以往歷史學家的認識。歐洲把它的根扎進黑大陸的心臟，並不限於它在沿海的據點，航線上的中繼島嶼，久泊港內以至腐爛的船隻，常用的交易場所或堡壘（最早的、最有名的是葡萄牙人一四五四年在幾內亞海岸建造的聖喬治達米納要塞）。先是葡萄牙人，然後是荷蘭人、英國人、法國人不惜巨資興建和維修的堡壘既用於抵禦黑人可能發動的襲擊，也用於防範歐洲競爭者。因為做同樣生意的白人一有機會就鬧內訌，攻佔對方的堡壘，大仗之外，小仗不斷，打得十分起勁。他們只有需要對付共同敵人時才可能達成諒解。如英國皇家非洲公司與法國塞內加爾公司（一七一八年該公司併入法國印度公司）聯手對付英國或其他國家的私掠船和無照商人以及越過這兩家公司從事貿易的所有商人，就配合得相當默契。這兩家公司以及荷蘭東印度公司確實處境不佳，沒有國家的津貼，它們無力維持要塞和駐軍，最後不得不放棄它們原來的許多野心，聽憑事態自由發展。

以海岸為基地的歐洲商人利用逆流而上的划槳小船，可直達上游的停泊地點以及非洲商隊光顧的交易會。他們在內地從事貿易長期需要求助於葡萄牙人與黑人的混血後裔做中間人。歐洲商人無不爭奪這些「土生土長」的中間人為自己效力。後來，英國人和法國人決定逆流而上，自己在內地定居開業。拉巴神父記載：「亞吉斯船長（一名英國人）當時不在賓坦。英國人派他去河流上游做生意，他幹勁十足，最遠曾到過距開努拉的聖艾蒂安堡一天路程的法雷美河[198]。」十八世紀下葉，英國皇家公司放棄了大部份活動，甘比亞河口的聖詹姆斯堡也被棄之不顧，歐洲貿易於是又依靠土著充當中間人。黑人划槳手的工資比英國划槳手低廉，他們帶著歐洲商品逆河而上，下行時帶回往往是為私掠船準備的商品，包括黑奴在內。黑人變成貿易的第二號主人。

這一演變恰好重現了葡萄牙貿易以前的經歷，葡萄牙人在非洲和遠東都為歐洲打先鋒。第一批冒險家[199]就是葡萄牙人；聖多美島上的商人也是葡萄牙人，他們從幾內亞灣到安哥拉，從事非洲間的貿易，有時經商，有時當海盜。十六世紀末，在剛果首都聖薩爾瓦多有一百多名葡萄牙商人和上千名同一國籍的冒險家。他們的活動後來有所收斂，小角色讓給非洲中間人、代理商和助手去扮演。代理商以曼丁哥人為主，通稱「mercadors」；助手或為混血種或為黑人，通稱「pombeiros」。不管受僱於什麼主人，黑人助手剝削同一膚色的兄弟時比白人更要兇狠[200]。

三角貿易與進出口貨價比率

我們知道黑奴買賣的歸宿是橫渡大西洋，擠在狹窄船艙裡的黑奴無不視為畏途。這一旅行只是三角貿易體系的一個組成部份，在非洲海岸起錨的任何船隻——不管是葡萄牙的、荷蘭的還是英國的或法國的——全都從事三角貿易。某條英國船前往牙買加賣掉黑奴後，返回英國時攜帶食糖、咖啡、靛藍和棉花，然後又朝非洲航行。所有黑奴船大體上都照此辦理。在三角形的每一頂端全都有利可得，歷次所得加起來便是每一循環的總利潤。

從利物浦或南特啟航的船隻裝載的貨物相同：大量織物，包括印度棉布和斜紋塔夫綢，銅製器皿，錫盆錫罐、鐵條，帶鞘的刀，帽子，玻璃製品，假水晶，火藥、手槍、步槍，還有燒酒……這張貨單照錄一七〇四年四月一位銀行家在南特裝上他的「孔第親王號」（載重三百噸）的貨物名稱[201]，南特是法國經營黑奴貿易最大的港口。在這一較晚的時代，從利物浦或阿姆斯特丹啟運的貨物基本相同。當初葡萄牙人總是避免運武器和燒酒到非洲去，他們的後繼者沒有這種顧忌，或者不如他們謹慎。

最後，為使交換能適應歐洲激增的需求，非洲市場必須對歐洲不斷增加的商品供給具有某種彈性。塞內甘比亞便屬於這種情況。柯廷不久前就這個位於沙漠和大洋之間的奇特地區寫了一本震聾發聵的書[202]。該書對非洲經濟作了重新估價，指出非洲雖然交通不便，但交換的規模卻不小，市場和交易會上人山人海，充滿活力的城市必定以存在過剩產品為條件，貨幣體系雖然原始，卻不失為稱手的工具。

隨著時間的推移，非洲接受歐洲商品便有所選擇：黑人顧客不再盲目購買一切。塞內甘比亞購買鐵條和零星鐵材，那是因為它與非洲其他地區不同，沒有冶煉業；某個地區（通常為較小的地區）大量購買衣料，那是因為當地紡織業不敷需求，如此等等。令人吃驚的是，面對歐洲貪婪的需求，非洲最後採用了符合經濟學經典法則的對策：提出更多的要求，抬高貨物的價格。

柯廷[203]通過對物價與進出口貨價比率的研究證明他的論斷。「貨幣」的原始性不妨礙出口額高於進口額：塞內甘比亞以鐵條為記帳貨幣，英國商人確定的牌價為每條三十英鎊，其實這不是一種價格，而是作為虛擬貨幣的英鎊與同樣作為虛擬貨幣的鐵條的比價。用鐵條（後用英鎊）標價的商品價格如下表所示會有變化，我們可以算出塞內甘比亞大致可信的進出口貿易總額，並進一步推算進出口貨價比率，「根據這項指數便能估量某一經濟從其對外關係中得到的好處」[204]。柯廷根據到岸價格和離岸價格比較塞內甘比亞的進出口貿易額，確認該地區從對外貿易得到的好處不斷增大。事實是為了取得更多的黃金、奴隸和象牙，歐洲不得不增加其供貨量，相對壓低其商品的價格。這一看法是針對塞內甘比亞提出的，大概也適用於整個黑非洲。為了滿足新大陸的種植園、淘金場和城市的需要，黑非洲向黑奴船提供的奴隸越來越多：十六世紀為九十萬人；十七世紀為三百七十五萬人；十八世紀為七百至

I

塞內甘比亞的進出口貨價比率

1680	100	基數　出口指數除以進口指數乘即為進出口貨價比率
1730	149	
1780	475	一百（$\frac{E}{I}\times 100$）
1830	1031	

非洲從出口得到的收益約增長 10 倍。即便計算有很大的誤差，增長趨勢也是明顯的

II

塞內甘比亞出口商品的演變

（各產品佔出口總額的比例）

	1680	1730	1780	1830
總計	5.0	7.8	0.2	3.0
	8.1	9.4	12.0	71.6
黃金	8.5	—	—	8.1
樹膠	12.4	4.0	0.2	2.8
皮革	55.3	64.3	86.5	1.9
象牙	0.8	14.5	1.1	9.9
奴隸	—	—	—	2.6
蜂蠟				
花生	100	100	100	100

以上兩表摘自祠廷著《前殖民時期非洲的經濟演變》，1975 年版，第 336 至 337 頁。

八百萬人；到了十九世紀，儘管一八一五年已廢止蓄奴，仍然有四百萬人[205]。黑奴貿易能夠動用的財力和運輸手段都很有限，達到這麼高的數字可算創紀錄了。

歐洲需求的衝擊引起塞內甘比亞商業的專門化，每次都以出口一種產品為主：十七世紀初是皮革，然後一直到十九世紀是奴隸；再往後是樹膠，最後是花生。可與巴西殖民地的前後「週期」相比較：染料木、食糖、黃金、咖啡。

奴隸制的結束

黑奴貿易已具有那麼大的規模，因而一八一五年維也納會議根據英國的提議正式予以廢除後，這一貿易並沒有立即停止。一名英國旅行者一八一七年[206]說，里約熱內盧、巴伊亞，尤其是古巴已變成依舊十分活躍的「人口買賣」的終點。哈瓦那可能是最興旺的人口市場。七條黑奴船同時駛入哈瓦那港，其中四條是法國船。不過，在剩下的黑奴貿易中，還是葡萄牙和西班牙人撈到的油水最多，他們利用了英國撤退造成的收購減少和價格下跌（一名黑奴的收購價為二至五英鎊，在哈瓦那的售價為一百英鎊，由於走私不易，在佛羅里達和紐奧爾良的售價高達二百英鎊）。黑奴收購價只是暫時下跌，然而這位英國旅行者因此更加嫉妒葡萄牙人和西班牙人由於英國主動引退而從這項貿易獲得厚利。他問，葡萄牙人和西班牙人既然佔了奴隸價格便宜的好處，他們將來不就「有辦法以比我們低的價格在外國市場上出售食糖和咖啡乃至所有的熱帶產品嗎」？一名葡萄牙人一八一四年大聲疾呼：「大陸列強應正式拒絕贊同英國宣佈黑奴貿易有悖人權的狡詐建議，這是它們的利益和義務所在」[207]！許多英國人當時都與這位葡萄牙人有同感。

最後要問，巨大的人口流失是否摧毀了安哥拉、剛果和幾內亞灣沿岸地區的黑人社會的平衡？為了答覆這個問題，需要了解非洲與歐洲初次相遇時的人口數字。不過我認為黑奴貿易之所以能創造紀錄，其原因說到底還是黑非洲人口自然增長極快。假如黑奴貿易人口仍在增加——這是可能的，那麼有關這個問題的數據就要全部修改。

我發這番議論，並非想減輕歐洲對非洲居民的過錯或責任，否則，我一開始就可以強調歐洲有意無意地帶給非洲的禮物：玉米、木薯、美洲菜豆、紅薯、菠蘿、番石榴、可可樹、柑桔類果樹、煙草、葡萄，以及多種家畜家禽：貓、柏柏爾鴨、火雞、鵝以及鴿子……還應提到基督教的傳入，黑人往往把基督教作為獲得白人上帝的神力的手段而予以歡迎。真要為歐洲辯護，理由還有很多：黑色美洲屹立在世界，今天已不容小覷。

俄國長期單獨構成一個經濟世界

歐洲建立的經濟世界[208]並不囊括狹小歐洲大陸的整體。位於波蘭另一側的莫斯科公國長期與歐洲經濟世界相隔絕[209]。在這個問題上，我們的看法與華勒斯坦一致，他毫不猶豫把莫斯科公國排除在西方範圍之外，不納入「歐羅巴的歐洲」，至少直到彼得大帝親政的初期（一六八九）[210]。巴爾幹半島的情形也是如此，鄂圖曼征服後者，使那裡信奉基督教的歐洲人屈膝稱臣達幾世紀之久。鄂圖曼帝國在亞洲和非洲的其他屬地也同樣如此，這些幅員遼闊的地區是自主的，或趨向於自主。

面對俄國和鄂圖曼帝國，歐洲以其貨幣優勢，以其技術和商品的吸引力和誘惑力，乃至以其武力施加自己的影響。但是，在莫斯科公國這邊，歐洲的影響幾乎是自動傳入的，逐漸推動這個巨大的國家倒向西方。鄂圖曼帝國則相反、頑強地保護自己免受歐洲的毀滅性入侵。總之，它進行了抵抗。武力、消耗和時間終究使鄂圖曼帝國不再視歐洲為死敵。

俄國經濟迅速回到差不多自給自足的狀態

莫斯科公國從來沒有對歐洲經濟世界完全封閉[211]。在一五五五年俄國人征服愛沙尼亞面向波羅的海的小港口納瓦以前，或者在一五五三年英國人初次到阿干折斯克開業經商以前，都是如此。但是，在「海水貴如黃金」[212]的波羅的海打開一個窗口，讓新成立的英國莫斯科公司在阿干折斯克推開大門（即使由於冬季海面封凍，這扇門每年很早就得關閉），這都意謂著同意與歐洲直接打交道。荷蘭人不久就控制了納瓦，整個歐洲的船隻紛紛擁到這個小港，然後分別返回到歐洲各海港。

然而，利伏尼亞戰爭以俄國慘敗告終。俄國人趕緊與進入納瓦的瑞典人於一五八三年八月五日簽訂停戰協定[213]，他們丟失了通向波羅的海的唯一出口，僅保留阿干折斯克通向白朗希海的這個並不方便的門戶。俄國向歐洲進一步開放，從此便告停止。不過納瓦的新主人不禁止俄國的進出口貨物過境[214]。通過納瓦、雷瓦爾或里加[215]，交換得以繼續進行。俄國的貿易順差用金銀結算。俄國糧食和大麻的買主，特別是荷蘭人，通常帶來成袋鑄幣結帳，每袋裝四百到一千「里克斯泰勒」[216]。如他們一六五〇年帶二千七百五十五袋鑄幣到里加；一六五一年帶來二千一百四十五袋；一六五二年帶來二〇一二袋。一六八三年，俄國人在里加的貿易盈餘有八十二萬三千九百二十八「里克斯泰勒」。

俄國在這種條件下仍處於半封閉狀態，是因為它的領土過廣，人口不足，對西方的興趣有限，國內平衡難以建立，並經常出現反覆，而不是因為它與歐洲隔絕或它反對進行貿易。俄國的經歷與日本有點類似，但有一個很大的差別，日本一六三八年後根據政治需要自動對世界經濟關閉門戶。而俄國既不是自己斷然採取的立場的受害者，也不是來自外部堅決排斥的犧牲品，只不過趨向於在歐洲之外單獨組建一個擁有自己的聯絡網的獨立經濟世界。如果費契奈說得對，十六世紀俄國的貿易和經濟取得平衡，主要得力於南方和東方，其次才是北方和西方（即歐洲）[217]。

十六世紀初，俄國主要的國外市場是鄂圖曼。貿易來往經由頓河河谷和亞速夫海，貨物在亞速夫海一律由鄂圖曼船隻轉運：當時黑海是鄂圖曼帝國的一統天下，不容他人染指。克里米亞與莫斯科之間有騎馬的信使負責聯絡，足以證明貿易的經常性及重要性。十六世紀中葉，俄國佔領伏爾加河下游（喀山於一五五二年陷落；阿斯特拉汗於一五五六年陷落），向南方的通道從此大關，雖然伏爾加河流域尚未完全敉平。陸路交通受阻，水路也不太平：每次靠岸都要冒點風險。俄國商人在河上結隊航行，人多勢眾，萬一遇險可以自衛。

喀山，尤其是阿斯特拉汗，便成了俄國商業的中繼站，貨物由此發往伏爾加河下游草原地區，特別運往中亞、中國和伊朗。商旅的足跡遠達卡斯文、設拉子、荷姆茲島（距莫斯科三個月的路程）。十六世紀後期阿斯特拉汗建立的一支俄國船隊在裏海甚為活躍。別的商人則前往塔什干、薩馬爾罕和布哈拉，乃至與東西伯利亞接壤的托波斯克。

俄國與南方和東方的貿易額（雖然不知道數字）肯定高於與歐洲的交換額。俄國出口生皮、裘皮、五金製品、粗織物、鐵器、武器、蠟、蜜、食品並且轉口輸出歐洲的產品：英國或法蘭德斯呢絨、紙張、玻璃、金屬……進口貨物有伊朗轉口的香料（主要是胡椒）；中國或印度的絲綢；波斯天鵝絨和錦緞；小亞細亞的食糖、乾果、珍珠和金銀器；中亞生產的供大眾消費的棉布……這些商業活動受到國家的監督和保護，有時也由國家主持。

如果我們僅限於已知的幾個有關國家壟斷的數字（僅為交換的一部份，而且不一定是最大的部份），俄國與東方的貿易頗有盈餘，而且就其整體而言對俄國經濟有促進作用。西方只需要俄國的原料，只向它供應奢侈品和鑄幣（後者自有其重要性），東方卻向它購買製成品，提供工業需要的染料，在供應奢侈品的同時也供應大眾消費的廉價絲綿織物。

一個強大的國家

願意也罷，不願意也罷，莫斯科公國選擇了東方而不是西方。是否應該認為這是經濟落後的原因？或者因為俄國推遲與歐洲資本主義的對抗，從而避免了落得與鄰國波蘭相同的悲慘命運，這也有一定的可能。波蘭的所有結構都根據歐洲的需要而重新改造，格但斯克（但澤是「波蘭的眼睛」）富可敵國，大貴族權勢黑天，國家的權威卻日漸減小，城市的發展有所萎縮。

俄國則相反，國家猶如大海中的礁石巍然屹立。一切都由國家全權決定，離不開國家強化的警察機構及其對於城市、保守的東正教會、農民和貴族的專制統治。與西方不同，俄國「城市的空氣並不使人感到自由」[218]；農民首先屬於沙皇，然後才屬於領主；貴族本身，無論是世襲貴族還是因其勞績受君主賞賜的「領地貴族」（pomestie，讀者可以各隨所好，把它看作西屬美洲的「監護徵賦地」，或者土耳其的「西帕希采邑」）都對沙皇唯命是從。此外，國家還控制了

十七世紀的阿干折斯克港。

主要的交換活動，壟斷食鹽、石鹼、燒酒、啤酒、稀蜂蜜、裘皮、煙草以及後來的咖啡貿易。小麥貿易在國內暢行無阻，但是出口糧食需獲沙皇准許，而沙皇常以出口小麥為理由進行領土擴張[219]。從一六五三年起，沙皇組織官方商隊前往北京，原則上三年一次，帶去寶貴的裘皮，帶回黃金、絲綢、錦緞、瓷器和茶葉。燒酒和啤酒由國家專賣，開設的酒店「俄語叫kobaks，一律歸沙皇所有，任何人不得插手〔……〕哥薩克人居住的烏克蘭部份地區例外」。沙皇每年從中取得巨額收益，可能達一百萬盧布。「由於俄國人慣飲烈酒，而士兵與工人的薪餉一半為麵包或麵粉，一半為現金，他們就把現金花在酒店裡，以致在俄國流通的全部現金又回到沙皇陛下的錢櫃裡」[220]。

當然，對於國家的事情，誰都不會認真。流弊「層出不窮」，「切爾克斯和烏克蘭盛產煙草，貴族和其他人設法偷售」。社會各階層都參與伏特加酒走私。明目張膽且不得不容忍的走私活動是向鄰近的中國出口西伯利亞裘皮。中國的需求甚殷，前往北京的官方商隊很快就不能予以滿足。一七二〇年，「前西伯利亞總督加加林親王因貪瀆被梟首示眾……聚斂之財富不計其數，至今僅發賣其家具以及西伯利亞和中國貨物，仍有許多房屋堆滿待售的物品，據說價值高達三百多萬盧布的寶石和金銀尚不計在內」[221]。

但是，走私、舞弊和違法並非俄國特有的現象，而且這些活動不管有多麼嚴重，也未能真正限制沙皇的專橫獨斷。俄國的政治氣候與西方不同，「羅斯富商」（gosti）組織[222]便是一個證據。「羅斯富商」是經營遠程貿易的大批發商，這在俄國與別處一樣是發財的行當，不過在俄國受國家的控制。「羅斯富商」共有二十、三十名，為沙皇效力，享有巨大特權，也負有重大責任。他們輪流負責徵稅，管理阿斯特拉汗或阿干折斯克的海關，出售裘皮和其他國庫物資，經營國家外貿，特別負責銷售國家專賣商品，主持鑄幣局以及西伯利亞事務部。他們以身家性命來擔保完成這些任務[223]。他們中有的積聚巨大的財富。飽利斯．戈東諾夫時期（一五九八—一六〇五），一名勞動者的「年薪」估計為五盧布。斯特羅加諾夫家族為俄國商人之冠，依靠高利貸、食鹽貿易、開礦、辦廠、征服西伯利亞、裘皮交易以及國家於十六世紀出讓的伏爾加河以東珀姆地區面積極大的墾殖地發了大財。在兩次波蘭戰爭期間（一六二三—一六三四，一六五四——一六五六），他們借給沙皇四十一萬二千〇五十六盧布，換取終身年金[224]。在這以前，他們曾為擁立米哈伊爾·羅曼諾夫即位，向他提供巨額小麥、鹽、寶石和貨幣（以借款或特別稅金名義）[225]。擁有土地、農奴、傭工和家奴的「羅斯富商」登上了社會的最高層。他們單獨組成一個「行會」[226]，另有兩個行會是二流、三流商人的團體，雖然也享有特權。彼得大帝親政後，「羅斯富商」的職能將被取消。

總而言之，與波蘭發生的情況顯然相反，唯恐大權旁落和饒有遠見卓識的沙皇最終維護了覆蓋俄國全部領土的獨立商業活動，並促進了俄國的經濟發展。與西方一樣，沒有一名巨商大賈是專營單一業種的。「羅斯富商」中最富的一位，格雷戈·尼基特尼可夫兼營鹽、魚、呢絨和絲織品的銷售；他在莫斯科有買賣，也參與伏爾加河的貿易，在下諾夫哥羅德擁有船隻，經營對阿干折斯克的出口業務；他一度與伊凡·斯特羅加諾夫談判，以令人咋舌的九萬盧布高價購買一片世襲地產。另一名叫伏洛寧的在莫斯科的許多商場[227]開了三十多家店鋪；還有一位姓肖林的從阿干折斯克運送貨物到莫斯科，又從莫斯科運貨到下諾夫哥羅德和伏爾加河下游地區；他與人合夥一次就購入十萬普特[228]食鹽。這些大商人還經營零售業，想方設法把外省的過剩產品和物資運到莫斯科發售[229]。

俄國農奴制的加劇

俄國與別處一樣，國家和社會組成同一實體。國家既然強大，社會相對受到嚴格控制，社會註定要生產國家和統治階級賴以為生的剩餘產品。離開了統治階級，沙皇單槍匹馬不可能控制作為其重要財源的農民大眾。

任何一部農民史因此都涉及四到五個人物：農民、領主、君主、手工工匠、商人——後二個人物在俄國往往也是農民，只不過變了職業，但社會地位和法律地位仍然不變，始終受領主制的束縛。領主制的壓迫變得越來越沉重。從十五世紀起，自易北河到伏爾加河的農民處境不斷惡化。

但是俄國的演變不遵循常規：在波蘭、匈牙利和波希米亞，「二次農奴制」的建立對貴族和領主大為有利，他們於是置身在農民和市場之間，甚至控制對城市的食物供應，雖然城市並非純屬他們的私人產業。俄國是國家在唱主角。一切取決於國家的需要、任務以及歷史的重負：金帳汗國韃靼人長達三個世紀的鬥爭對俄國的影響，要比百年戰爭對查理七世和路易十一建立君主專制所起的作用更大。伊凡雷帝（一五四四－一五八四）創建並塑造了現代的莫斯科公國，他迫於無奈，只得排斥舊貴族，必要時甚至取締舊貴族，而為了建立聽命於他的軍隊和行政機構，他又設置效力王事的新貴族，頒賞只供他們終身享用的領地。這些土地或是沒收舊貴族的，或是舊貴族遺棄的，也有南方草原的荒地，由新貴族率領幾個農民，甚至幾名奴隸去開墾。俄國農民中仍然存在奴隸的時間比人們所說的要長。如歐洲開發美洲初期那樣，俄國的重大問題是要掌握稀少的人丁，而不是多極了的土地。

正是這個原因最終促成了農奴制並使之加劇。沙皇使貴族俯首聽命，但貴族們總得生活下去。如果農民撇下他們不管，都去墾殖新征服的土地，貴族們又將怎麼生存？

建立在自耕農基礎上的領主所有制[230]在十六世紀隨著「莊園」的出現而有所改變。「莊園」是與西方一樣由領主收回「份地」後親自經營的產業。事情先從世俗領地開始，後來發展到寺院和國家的領地。「莊園」使用奴隸勞動，但更多地役使欠債的農民，後者為償清債務而自願賣身為奴。這一制度越來越趨向於要求自耕農提供勞務貢賦，勞役在十六世紀逐漸增加。不過農民有可能逃往西伯利亞（從十六世紀末起），更好的辦法是逃往南方的黑土帶。農民顛沛流離，執意擺脫領主，或投奔「邊境」的空地，或去當手工工匠和小商販碰碰運氣！這已成了俄國農村的宿疾。

農民外流而且是合法的：根據一四九七年法典，在聖喬治節（十一月二十五日）那一週內，大家農活幹完後，農民只要清欠完畢，便有權離開領地。另一些節日也為農民敞開自由之門。封齋期、封齋前的星期二、復活節、聖誕節、聖彼得日……為阻止農民外出，領主動用了他掌握的各種手段，包括體罰和增加償金。但是，如果農民選擇了逃亡，領主又怎麼能強迫他們重返家鄉？農民的流動威脅到領主社會的基礎，而國家的政策致力於鞏固領主社會，使之成為國家手中的方便工具：每個臣民分屬不同的社會等級，社會則確定不同等級的臣民對君主的義務。君主因此必須制止農民的逃亡。最初規定只在聖喬治節才是合法出走時間。後來，伊凡四世一五八〇年的敕令「暫時」停止任何行動自由，等候發布新的規定。這個臨時處置就此維持下去，尤其因為農民不顧新的敕令（一五九七年十一月二十四日，一六〇一年十一月二十八日），繼續逃亡。最後終於頒發了一六四九年法規，這至少在理論上表明已無法後退了。該法規明確規定，農民未得領主同意擅自外出即為非法，取消從前關於逃亡農民在外一段期限後有權不被押解回領主身邊的規定。這一期限最初定為五年，後來延長到十五年。這次乾脆取消任何期限：不管農民在逃時間多長，人們都可以強制他攜同妻室子女以及掙下的家當回到他從前的領主那裡去。

這一演變得以實現，完全仰賴沙皇站在領主這一邊。彼得大帝抱有發展艦隊、陸軍以及行政機構的宏圖，並且要求整個俄國社會——領主與農民統統在內——絕對服從。國家的需要壓倒一切，這就說明俄國農民與波蘭農民相反，他們名義上雖然徹底淪為奴隸（一六四九），事實上卻是被要求用現金或實物交納貢賦（向國家和向領主交納），而不是服勞役[231]。十八世紀的勞役最重，每星期也不超過三天。用現金交納貢賦顯然意謂著農民始終可以進入市場。何況，領主直接經營其「莊園」可以用市場來解釋（他希望出售其產品），國家因現金稅收增多而得到發展也是如此。根據相輔相成的道理，我們既可以說很早就在俄國出現的市場經濟有賴於農村經濟的開放性，也可以說市場經濟決定了農村經濟的開放性。俄國與歐洲的貿易在這一過程中發揮了作用（有人會覺得好笑，認為這一貿易與巨大的國內市場相比微不足道），因為正是俄國的外貿盈餘給俄國經濟注入最低限度的流通貨幣（歐洲的白銀或中國的黃金），否則就不可能有市場活動，至少市場活動不可能達到這個規模。

市場與鄉下人

農民享有進入市場這一基本自由可以解釋許多矛盾。一方面，農民的處境明顯惡化：彼得大帝和凱薩琳二世時代，農奴淪為奴隸，變成一件「東西」（沙皇亞歷山大一世的話），一筆可由主人任意出售的動產；領主憑司法權隨意處置農民，或判他流放，或把他投入監獄；此外農民需服兵役，甚至被征發去戰艦或商船當水手，或到工廠去做工……所以才有那麼多農民暴動，但每次都慘遭血和酷刑的鎮壓。農民起義的風暴永不平息，布加喬夫起義（一七七四—一七七五）不過是其中最悲壯的一幕而已。然而另一方面，正如勒普拉[232]後來想的那樣，俄國農奴的生活水平可以與西方許多農民相比。至少一部份俄國農奴的生活水平不是很低，因為同一領地上的農奴，有的近乎小康，有的家徒四壁。再說各地的領主行使司法權也並不同樣嚴酷。

事實是農奴自有求得解脫的出路：屈從不等於沒有一些奇特的自由。俄國農奴常能獲准以全部時間或部份時間從事收入歸自己擁有的手工業活動，這就等於是出售自己的勞動成果。一七九六年保羅一世把達什柯娃王妃流放諾夫哥羅德省北部的一個村莊。王妃問她兒子這個村民的確切位置所在，是屬於誰的領地。她兒子打聽不出結果。「幸好最終在莫斯科找到一名該村的農民，此人為運送自己製造的一批釘子（當然是為了出售）來到莫斯科[233]。」農民往往也能領到主人發給的通行證，以便在遠離家鄉的地方經營工商業。儘管如此，農奴即使發了財也不能改變身份，而且需要按照他的財產的一定比例交納貢賦。

有些農奴得到領主的恩准，變成小販、行商，在城郊或在市中心開店，或者專事運輸。每年冬天，幾百萬農民用雪橇把收穫季節積累起來的食品運往城市。萬一如一七八九和一七九〇年那樣，下雪太少，雪橇不能行走，城裡的市場便空空如也，隨即便發生饑荒[234]。夏季則有無數船夫在大江小河上穿梭往返。運輸與經商之間只隔著一步距離。博物學家兼人類學家彼埃爾·西蒙·帕拉斯在俄國作考察旅行，一七六八年他在特維爾附近的上沃洛喬克停留，記載說：「這個大村莊好像一座小城市。它的發達全靠連接特維爾扎河與姆斯塔河的運河。伏爾加河與拉多加湖由此相通，所以該地區幾乎無農不商，農業荒廢」，村莊也就變成城市，一躍而為「該地區的首府[235]。

另一方面，農村工匠為市場生產的古老傳統在一七五〇至一八五〇年間得到驚人的發展。這些工匠名叫「庫斯塔里」(*Kustari*)，從十六世紀起就脫離或基本脫離農活。他們提供的手工產品的產量遠遠超過手工工廠主組織的農民家庭生產的產量[236]。彼得大帝登基後，手工工廠在國家的鼓勵下得到迅速、巨大的發展，連農奴

傑米多夫親王旅途中所見的諾夫哥羅德和特維爾之間的伏爾加河（1830 年 8 月 12 日）。

也從中受惠。一七二五年俄國有二百三十三家工廠，一七九六年凱薩琳二世去世時發展到三千三百六十家，礦山和冶金工廠不計在內[237]。這些數字誠然包括寥寥幾個人的小工廠和規模極為龐大的製造廠，但它們總是表明了手工工廠的巨大發展。礦業除外，工業主要集中在莫斯科四周。首都東北部伊凡諾沃村（切列梅捷夫家族的產業）的農民世世代代織布，後來索性開辦真正的印花布廠（先織麻布，後織棉布），一八〇三年即有四十九家。這些工廠的利潤驚人，伊凡諾沃成為俄國重要的紡織中心[238]。

某些經營批發業的農奴同樣致身巨富。批發商中市民的數目相對較小，這是俄國的一個特點[239]。農民因而紛紛投入這個行業，發家致富。他們有時違抗法律，但也得到領主的保護。十八世紀中期門尼克伯爵代表俄國政府指出一個世紀以來，農民「不顧各種禁令一貫投入巨資經商」，以至批發業能有「今天的發達」全靠「這些農民的幹練、勤勞和投資」[240]。

這些新富翁在法律面前仍是農奴，當他們想贖得自由時，悲劇（或是喜劇）便開場了。主人總是很不爽快，或者因為讓農奴繼續向他交納數目可觀的年金對他更為有利，或者因為出於虛榮心他喜歡在手底下保有幾名百萬富翁，或者因為他存心大大抬高贖金數目，農奴為了以最小代價贖得自由，便處心積慮隱蔽自己的財產，最後往往是他贏了對手。如一七九五年，伊凡諾沃的大工廠主格拉切夫要求贖身，他的主人切列梅捷夫伯爵開價高達十三萬五千盧布，外加他擁有的工廠、土地和農奴，從表面看幾乎是他的全部財產。但是格拉切夫已把巨額資金寄存在他的代理商的名下。以如此高價交付贖金之後，他仍是紡織業的巨頭[241]。

當然，發大財的只是少數人。不過多得數不清的農民經營中小商業總是俄國農奴制的一大特點。幸運或不幸，反正農奴階級沒有被限制在村莊自給自足的圈子裡，他們與國家的經濟保持接觸，有可能在其中生存並創辦事業。何況一七二一至一七九〇年間人口增長一倍，這是經濟活力的信號。更重要的是國有農奴的數目不斷增長，最終達到農村人口的一半；國有農奴享有相對的自由，他們所受的壓迫往往僅僅停留在名義上。

不僅是西方的白銀，某種資本主義也侵入俄國的肌體。這一資本主義帶來的革新未必都是進步，但在這些革新的影響下，舊制度確實正在解體。僱佣勞動者很早就出現了，他們的人數在城市裡，在運輸行業大為增加：農村在收割草料和收穫糧食的大忙季節也需要大批僱工。受僱者多數是破產的農民，他們外出闖蕩，當小工或壯工：或是破了產的工匠，他們繼續留在工人區，但是改為運氣較好的鄰居幹活：或是充當水手、船夫、縴夫的窮人，光是伏爾加河上就有四十萬名縴夫[242]。勞動力市場也組織起來了：四面八方的勞動力前來下諾夫哥羅德求僱，預示著該地區日後的興盛。礦山和手工工廠除了農奴工還需要使用僱佣工。僱主先得付一筆訂金，若有人拿到訂金後不辭而別，就算他晦氣。

我們不要把情況說得太好，也不要說得太壞，俄國農民總是習慣於節衣縮食，艱苦度日。「極易養活」的俄國士兵的形象是他們最好的寫照：「士兵隨身帶一個白鐵小盒；他有一小瓶醋，有時便倒幾滴在飲用水中；遇有大蔥時，他便就著大蔥吃用水調開的麵粉。他比別人更耐飢。逢到發肉，他把這一改善看作額外的獎賞」[243]。軍隊倉庫食品緊缺時，沙皇下令禁食一天，事情居然就此了結。

說是城市，更像小鎮

俄國的民族市場早具雛型。由於領主和教會的莊園產品可供交換，農民又需出售他們的剩餘產品，俄國民族市場的基礎相當龐大。農村活動極其興旺的反面可能是城市的不發達。不僅因為它們的規模小，而且因為它們沒有高度發展城市特有的職能，俄國城市更像小鎮。在歐洲旅行者的印象中，「俄羅斯是個無邊無際的大村莊」[244]，使他們驚奇的不僅是繁榮的市場經濟，而且是這一經濟處於初級階段。市場經濟源自鄉村，覆蓋市鎮，而市鎮與周圍的農村很難區別。農民佔據市郊，在那裡從事最有利可圖的手工業生產，並在市內開設數目驚人的自產自銷的小店鋪。德國人基爾伯格一六七四年寫道：「莫斯科的商店多於阿姆斯特丹或德意志一個邦。」不過這類商店規模極小；一家荷蘭店鋪容納十來家莫斯科商店還綽綽有餘。有時二、三、四名零售商共用一家鋪面，以致「售貨者在商品中間幾乎沒有轉身的餘地」[245]。

這些商店按其行業集中，沿著「拉吉」（radj）排成長長的左右兩行。所謂「拉吉」，直譯就是「行列」，也可譯成阿拉伯語的「蘇克」（市場），因為比起西方中世紀集中專門商店的街道，這些商業區更接近穆斯林城市的格局。普斯柯夫一百〇七家聖像生產商的店鋪在「聖像市」[246]一字排開。今天莫斯科的紅場原先「店鋪林立，街巷輻輳；每一行業皆有專門的街和區，絲綢商絕不與呢絨布匹商混雜，金銀匠不與鞍具匠、裁縫、皮貨商或其他工匠為伍（……）。有一條街專賣各行業供奉的聖像」[247]。不過只要再往前走，就會遇到名叫「安巴里」的以批發為主、兼營零售的大鋪子。莫斯科也有市場和專門市場，乃至跳蚤市場和肉市、魚市。跳蚤市場上理髮師擠在估衣攤中間露天營業；至於肉市和魚市，一位德國人說，人們「未臨其地，先聞其味（……）。臭氣黑天，外國人無不掩鼻！」[248]他還說只有俄國人似乎毫無覺察。

除了市場的小型經濟活動，還存在遠距離交換。俄國各地區的資源千差萬別，有的缺小麥和木材，有的缺鹽，因此需要在全國範圍展開交換。進口產品或皮貨貿易更需橫貫全境。「羅斯富商」和後起的其他大批發商靠皮貨貿易致富，而推動這一貿易的主要是交易會而不是城市。十八世紀可能已經有三千到四千個交易會[249]，等於城市數目的十到十二倍（據說一七二〇年有二百七十三個城市）。有的交易會足以與我們的香檳區交易會媲美，由其聯繫的地區相隔的距離等於從義大利到法蘭德斯的路程。在這類巨型交易會[250]中，有北方的阿干折斯克：由此往南有異常活躍的索利維切戈茨克，是帝國最大的交易會之一[251]；伊爾比特交易會扼守通往西伯利亞托波斯克的道路；馬卡里耶夫交易會為下諾夫哥羅德這個萬商雲集之地打下基礎，後者要到十九世紀才達到全盛；莫斯科與基輔之間有布良斯克交易會；拉多加湖附近，朝波羅的海與瑞典方向有季赫溫交易會。這些交易會都不能算是古老的交換工具，因為西歐直到十八世紀也還停留在交易會階段。俄國的問題在於它的城市與交易會相比顯得微不足道。

城市未臻成熟的另一個標誌是沒有現代的信貸，條件極其苛刻的高利貸在城鄉肆虐：債務人稍有延誤，便不能自拔，喪失自由，乃至丟掉性命。因為「一切都可以出借：錢、食物、衣服、原料、種子」，一切都能抵押：工廠、店鋪、貨攤、木屋、花園、整塊或部份耕地，乃至鹽井的管道設施。利率高得嚇人：一名俄國商人一六九〇年在斯德哥爾摩向另一名俄國商人貸款，為期九個月，利率為百分之一百二十，即月息為百分之十三[252]。黎凡特地區盛行高利貸，在十六世紀，猶太或穆斯林放款人借錢給基督徒時，月息也不過百分之五。相形之下顯得多麼克制！在莫斯科公國放高利貸是最佳聚財之道，與其收取契約規定的利息，不如扣下抵押品：地產、工廠或者磨坊的水輪。這也是利率定得那麼高，償還期限定得那麼嚴格的附加原因。一切都經過精心安排，以便契約無法執行，獵物被逼到窮途末路，只能束手就擒。

俄國是什麼樣的經濟世界？

賣肉餡餅的小販。澤林科作版畫，十八世紀，摘自《波得堡的市聲》。

版圖巨大的俄國儘管保留著古老的經濟形態，卻無疑是一個經濟世界。如果在俄國的中心莫斯科進行觀察：人們會看到，俄國不僅表現某種活力，而且體現某種統治意志。沿伏爾加河的南北軸線是決定性的分界線，猶如十四世紀歐洲從威尼斯到布魯日的資本主義「脊樑」。如果我們借助想像力把法國的疆域放到俄國那麼大，那麼阿干折斯克就好比敦克爾克；聖彼得堡是盧昂；莫斯科是巴黎；下諾夫哥羅德是里昂；阿斯特拉汗是馬賽。南方的終端後來移到一七九四年建立的敖得薩。

作為擴張中的經濟世界，莫斯科公國不斷向其四周幾乎無人居住的地區推進其征服行動，疆域的無比遼闊使它躋身於頭等經濟大國的行列。外國觀察家們往往突出俄國的這個根本特點，倒是沒有看錯。他們之中有一位說，俄國如此之大，盛夏季節「帝國的一端白天僅十六小時，另一端長達二十三小時」[253]。另一位說，俄國面積為五十萬平方法里[254]，「容納全世界的居民可是綽綽有餘」[255]。他接著說：不過他們在那裡很可能「找不到足夠的食物」。

在這種情況下，旅程必定拉得很長，變得沒有盡頭，非常人所能忍受。距離延誤一切，使一切變得複雜。交換需歷時幾年才能完成。官方商隊從莫斯科到北京往返需三年。商隊在漫長的旅途中必須穿越戈壁沙漠，這段路少說也有四千俄里，即差不多四千公里[256]。兩名耶穌會神父（一六九二）向一位在這條道上走過好幾次的商人打聽情況。為使他們放心，商人對他們說闖這條道不比橫穿波斯或小亞細亞更艱苦[257]，好像穿越波斯和小亞細亞並不特別困難似的！一五七六年，一名義大利證人談到阿巴斯大帝的國家[258]時說，穿越該國「需連續走四個月的時間」。莫斯科到北京的旅程必定歷時更久：抵達貝加爾湖之前使用雪橇，然後是馬匹或駝幫。還不算必要的休整以及意外地被迫「就地過冬」。

南北方向從白朗希海到裏海旅行同樣困難重重。一五五五年，幾名英國人從阿干折斯克出發，總算抵達伊朗的市場。他們曾多次計畫，從北到南穿過「俄國地峽」以便抄印度洋香料貿易的後路，卻不了解此舉的艱辛。一七〇三年，俄國收復納瓦[259]，消息迅速傳到倫敦，商人的想像力大受激發：從納瓦出發穿越俄國，抵達印度洋，與荷蘭商船競爭，豈非易如反掌！英國人闖了幾次都沒有成功。一七四〇年前後，他們在裏海邊上終於安頓了下來。但沙皇於一七四六年卻收回了一七三二年頒發給他們的不可缺少的許可[260]。

這塊地域不僅使俄國經濟世界成為現實，賦予它形體，而且還有保護它免受外來入侵的優點。地域還使俄國的產品多樣化，地區與地區之間的分工程度不同地具有等級性。俄國經濟世界的真實存在，也可以通過遼闊的外圍地帶的存在而得到證明：南方朝裏海方向[261]；亞洲方面是遼闊無垠的西伯利亞。我們舉後者的例子就足以說明問題。

發現西伯利亞

如果說歐洲「發現」了美洲，那麼俄國也就「發現」了西伯利亞。面臨如此巨大的任務，歐洲和俄國都力不從心。然而歐洲在十六世紀初已十分強盛，而且美洲通過條件優越的大西洋航道與它緊密相連。俄國在十六世紀人力物力皆感不足，大諾夫哥羅德城從前使用過的西伯利亞與俄羅斯之間的海道很不方便：這條路貼近北極圈，經由寬廣的鄂畢河口，每年封凍期長達數月。沙皇政府擔心西伯利亞皮貨走私貿易鑽這條路的空子，最後只好下令封閉[262]。於是西伯利亞與俄國本土的聯繫全靠漫長的陸路，幸虧烏拉山沒有形成阻隔。

由來已久的陸上聯繫一五八三年也由哥薩克葉爾馬克的遠征進一步打通，葉爾馬克為商人兼工廠主斯特羅加諾夫兄弟效力。後者曾由伊凡四世贈與烏拉以遠的大片領土，並「有權部署大砲與火槍」[263]。由此揭開了相當迅速的征服過程（每年十萬平方公里）的序幕[264]。俄國人在一個世紀內為追逐皮貨，陸續征服鄂畢河、葉尼塞河和勒那河流域，在黑龍江邊與中國前哨劈面相撞（一六八九）。堪察加於一六九五至一七〇〇年間落入俄國手中；白令海峽一七二八年被發現後，最早幾批俄國人從一七四〇年開始陸續到阿拉斯加開創事業[265]。十八世紀末的一份報告指出，在這片美洲土地上，有二百名哥薩克走遍各處，盡力迫使「美洲人習慣納貢」，貢品是與西伯利亞一樣的貂皮和狐皮。報告補充說：「在堪察加濫施暴虐的哥薩克人不久必將進入美洲」[266]。

俄國人的推進一直抵達南方草原，通常並不越過西伯利亞密林。在一七三〇年前後，從鄂畢河支流額爾齊斯河沿岸到阿爾泰山支脈沿線確定了邊界。這是一條由哥薩克把守的連綿不斷的邊界，堪稱真正的羅馬帝國長城，與僅有稀稀拉拉的木結構小堡壘負責防守的西伯利亞邊界不可同日而語。這條於一七五〇年形成的基本邊界將一直維持到尼古拉一世（一八二五—一八五五）在位期間[267]。

征服的土地加在一起，面積大得驚人。最初發起征服的只是個別冒險家的自發行動，其經過與官方的意志和計畫毫無關係。官方的意志和計畫是後來才出現的。有一個名詞統稱早期從事征服的無名人物，即所謂「創業者」，他們是獵人、漁夫、牲畜飼養者、設置陷阱捕獸者、工匠和農民，「手執斧子，肩負一袋種子」[268]。此外還有到處不受歡迎和讓人害怕的亡命之徒，還有叛教者，俄國商人和非俄國商人，以及十七世紀末陸續前來的流放犯。與西伯利亞的面積相比，這批移民少得可憐，平均每年最多二千人，只夠在密林的南方邊緣（這裡與北方黑色的針葉林不同，是白色的樺樹林）建立稀疏的農墾據點。這裡最寶貴的優點是農民幾乎享有完全的自由。土地鬆軟，經由榛木或山毛櫸木製作的鋒犁耕後，即能種植黑麥[269]。

俄國移民當然選中肥沃的土地與產魚的河流兩岸居住，把土著居民趕往南方貧瘠的草原或北方的密林：南方從裏海邊上的吉爾吉斯人到各蒙古部落（如伊爾庫次克地區古怪、好鬥的布里亞特人，一六六二年專為對付他們建造了一座碉堡）皆為突厥韃靼血統居民，北方則為薩莫耶德人、通古斯人和雅庫特人[270]，無不遭此厄運。南方是氈製的帳篷，是從一塊草地到另一塊草地的遊牧生活和商隊的長途跋涉；北方則是密林裡的小木屋，獵人追逐毛皮獸，有的使用羅盤辨別方向[271]。對人種學頗感興趣的歐洲旅行者留下許多關於這些被趕到自然環境不利於謀生的不幸民族的記載。老格墨林寫道：「奧納河的通古斯人幾乎人人能說俄語，他們也穿俄國服裝，但是根據他們的身材和畫在臉上的圖案，不難認出他們。他們的衣服很簡單，從不洗臉洗澡。上酒店必須自帶杯子，因為店主不給他們杯子。除了上述特點使他們與俄國人有所區別之外，根據散髮的氣味，也很容易辨認他們[272]。」

十八世紀結束時，西伯利亞有不到六十萬居民，土著包括在內。土著因其貧窮和人數有限，不難統治；他們甚至被編入守衛碉堡的小部隊。他們常被用於艱苦的勞作：拉縴、運輸、採礦。總是他們向驛站提供裘皮、野味和來自南方的商品。從蒙古人和韃靼人那裡所奪來的奴隸——通常都是在阿斯特拉汗的市場上出售[273]——以及在西伯利亞本地托波斯克或托木斯克市場上出售的奴隸所增添的人口實在微不足道。這種奴隸制與美洲的情形，甚至與俄國某些地區的情形，都不可同日而語。

一切都離不開運輸，而運輸又從來不容易。從南向北流的大河每年有幾個月封凍期，春天解凍時的浮冰又使人為之談虎色變；夏季在某些地勢有利的隘口可把平底船從一條河搬抬到另一條河裡繼續航行，有的城市就在這些隘口發展起來，雖然開始並不起眼，猶如歐洲人在新大陸內地建立的城市。冬季嚴寒卻相對有利於運輸，因為有雪橇之便。一七七二年四月四日《法國新聞報》引用聖彼得堡的消息說：「最近抵達的雪橇運來西伯利亞礦區〔想必是尼布楚地區〕和阿爾泰山出產的大量金條和銀條[274]」。

面對這一緩慢的萌芽過程，俄羅斯政府有足夠的時間逐漸採取防範措施，實行管制，派遣哥薩克部隊及其軍官分駐各地。軍官們間或有失職之處，但無不銳意開拓。一六三七年在莫斯科設立的西伯利亞事務部加強了對西伯利亞的控制。這是一個部級機構，負責管理東方殖民地的全部事務，其作用類似塞維爾的印度事務院和貿易署，它既要組織西伯利亞的行政，也要徵集國家商業按規定提存的貨物。當時還談不上貴金屬，那是進入礦業週期以後的事情：一六九一年在尼布楚發現含金的銀礦石，由希臘承包商負責開採；首批白銀於一七〇四年交貨，首批黃金於一七五二年交貨[275]。西伯利亞提供的商品因此長期限於數量驚人的皮貨，人稱「軟金」。國家嚴格監視皮貨來源：土著或俄羅斯的捕獸者及商人都要用裘皮納貢上稅，西伯利亞事務部把徵收到的裘皮集中後轉銷中國和歐洲。不過，國家經濟用裘皮支付官吏的俸祿（它留下品質最好的）；此外，它也不能完全控制獵人的獵獲。走私的西伯利亞皮貨在格但斯克或威尼斯的售價高於莫斯科。朝中國方向的走私當然更容易，中國是裘皮、海獺皮、貂皮的大主顧。一六八九至一七二七年間，共有五十支俄國商隊前往北京，其中只有十來支屬於官方[276]。

這是因為沙皇政府對西伯利亞的控制遠非滴水不漏。還在一七七〇年，據一名當時的人（波蘭流亡者，後來曾闖蕩到馬達加斯加）作證說：「出於政治的考慮，政府對這一犯法行為（走私）睜一隻眼閉一隻眼：西伯利亞人如被激怒，挺身反抗，危險就太大了。最小的騷亂也會使居民們抄起武器；如果事情到了這一地步，俄國就會完全失去西伯利亞」[277]。別尼歐斯基言過其實，西伯利亞無論如何逃不出俄國的掌心。西伯利亞的枷鎖體現在它的經濟發展還處於原始階段；新興城市中生活低廉，許多地區幾乎還是自給自足，長距離交換具有某種人為的性質（雖然也造成了一些連鎖性義務），這一切都顯示其經濟的原始性。

確實，不管交換的距離有多遠，時間有多長，買賣雙方總是互相制約的。西伯利亞的大型交易會——托波斯克、鄂木斯克、托木斯克、克拉斯諾亞、葉尼塞斯克、伊爾庫次克、恰克圖——互有聯繫。從莫斯科前往西伯利亞的俄國商人先在馬卡雷克和伊爾比特停留，然後在西伯利亞逐站停留，還在各站之間往返（如在伊爾庫次克與恰克圖之間）。全程歷時四年半，在有的站頭逗留甚久，如在托波斯克，「卡爾梅克人與布卡斯基人的商隊度過整個冬季」[278]。只要不遇順風，人、駕車的牲口和兼套狗和馴鹿的雪橇就得長期擠在一起；一旦風起，人們在車輛和雪橇上安上帆便可陸地行舟，不勞牲口費力。這些沿線城市商店鱗次櫛比，是聚會和尋歡作樂之地。托波斯克市場上「顧客多到水泄不通的程度」[279]。伊爾庫次克酒館林立，人們為遣愁解悶而徹夜狂飲。

西伯利亞的城市和交易會因而被納入雙重交易網：一方面是大宗貿易，是用俄國和歐洲的商品換取中國乃至印度和波斯的商品；另一方面是用本地產品（主要是皮貨）換取為所有迷失在西伯利亞無垠的空間中的居民點所必需的食品：肉、魚、麵粉和人人嗜之苦命的伏特加。伏特加以迅猛之勢征服亞洲北部——離了它怎能夠苦熬流放歲月？當然，越往東和往北走，土產品和外地產品的價格剪刀差越大。伊爾庫次克以東很遠的伊利姆斯克是西伯利亞一個同名省的首府，那裡的交易會用皮貨交換種類不多的西方商品。一七七〇年，商人在交易會上可以得到百分之二百的賺頭，他們把皮貨賣給中國又可使利

俄國和中國商人在恰克圖市長家裡聚會。俄中交易會在恰克圖舉行。據雷希貝爾格著《俄國各民族》，聖彼待堡，1812 年，第一卷。

市翻好幾倍。當地一斤火藥值三盧布；一斤煙草值一點五盧布；十斤黃油值六盧布；一桶十八品脫的燒酒值五十盧布；四十斤麵粉值五盧布。反過來，一張貂皮只值一盧布；一張黑狐皮值三盧布；一張熊皮值零點五盧布；五十張北方小灰松鼠皮值一盧布；一百張白兔皮值一盧布；二十四張白鼬皮值一盧布，其他貨物的價格與此相稱。實行這種價格體系的商人豈有不富有之理[280]！在中國邊境，「水獺皮的價格為八十到一百盧布」[281]。

話說回來，如無厚利可圖，哪個商人又肯到這個無路可通的鬼地方去冒險呢？那裡野獸出沒，盜賊四伏；馬匹在途中活活累死；六月的舊寒未消，八月的新寒又已襲來[282]；木製雪橇十分容易破裂，趕上降大雪就難逃葬身雪下的危險。離開被往來商旅的腳步踩實的小徑一步，馬匹很可能陷入齊脖子深的鬆軟雪層。更加嚴重的是，從十八世紀三十年代起，北美的皮貨與西伯利亞相「軟金」競爭，西伯利亞這個「圈」從此告終，至少漸趨衰落。礦業圈應運而起，到處都在興修水壩，安裝水輪和水錘，建造鍛爐和熔爐。不過北亞的條件不如美洲完備，它沒有黑人和印第安人可供驅使，只能使用俄國和西伯利亞的勞力解決問題，而這些人與其說是自願，不如說是被迫前來的。十九世紀上半葉西伯利亞出現了大規模的淘金熱。種種奇特的形象至今還在我們的腦際縈繞：人們逆流而上，沿著河岸到處尋找金砂沖積層；在沼澤區永無盡頭的密林裡探路前進；在流放者和農民中招募只幹夏季四個月的工人。應募者如牲口一般被圈起來，受到嚴密的監視；他們一獲自由便把掙到的錢盡數花在酒店裡；因此，好不容易熬過冬天以後，他們沒有別的生路，只得再次應募，領到一筆預支款和必需的食品，以便踏上重返礦區的漫漫長路[283]。

劣勢與弱點

俄國的擴張並非十分牢固和不容置疑。擴張成果大得驚人，但頗多脆弱之處。面對北方和西方，俄國經濟世界與西歐國家相比，其弱點自不待言。但在南方，從巴爾幹半島和黑海直到太平洋，面對穆斯林世界和中國，俄國也相形見絀。

滿族統治下的中國是個政治強盛、尚武好戰和四出征伐的大國。一六八九年的尼布楚條約實際上意謂俄國在黑龍江流域的擴張受到遏制。中俄關係隨後大為惡化，一七二二年一月，俄國商人被逐出北京。兩次恰克圖條約（一七二七年八月二十日和十月二十一日）簽訂後，雙方重續舊好。條約劃定蒙古和西伯利亞的邊境，並規定在伊爾庫次克往南的邊境線上舉辦中俄交易會。兩國的交易主要將在這裡進行，雖說直赴北京的官方商隊[284]還要維持一段時間。這一演變對中國有利，中國得以把俄國商人趕到蒙古，遠離首都的北方，並且提高其要求。中國的金條和金錠從此只與白銀交換。一七五五年，俄國商隊的商人在北京被逮捕並處絞刑[285]。恰克圖交易會還有一段興旺日子，但是俄國人打入中國勢力範圍的努力被擋住了。

面對伊斯蘭世界，形勢有所不同。伊斯蘭世界因政治分裂而削弱，分為鄂圖曼帝國、波斯和蒙兀兒帝國。從多瑙河到土耳其斯坦，未能形成一個不間斷的政治陣線。相反，這一帶的商業網古老而堅固，影響所及幾乎不可抵擋。印度、伊朗和巴爾幹商人紛紛侵入俄國的地盤，足見俄國的劣勢。印度商人在阿斯特拉汗和莫斯科經商，亞美尼亞商人在莫斯科和阿干折斯克營業。亞美尼亞人之所以自一七一〇年起得到沙皇的特許，一七三二年沙皇之所以同意幫助英國人以喀山為基地與波斯貿易，都是因為俄國人在裏海屢遭失敗[286]。朝這個方向，只有在沿線主要驛站城市有當地商團可資依靠時，才能保持良好的聯繫。如在阿斯特拉汗，就有韃靼人集居的市郊，另有亞美尼亞區、印度人聚居地和一個所謂「外國」客商館。一六五二年有兩名渴望前往中國的耶穌會神父在後一地點居住。朝黑海方向的聯繫以及包括伊斯坦堡在內的巴爾幹半島的土耳其市場，則由土耳其商人（往往是希臘人的後裔）控制，輔以幾名拉古薩商人。

彼得大帝確實用一名拉古薩人與巴爾幹人打交道，然後責成他組織西伯利亞的遠程貿易[287]。此人名叫薩瓦・路基奇・弗拉迪斯拉維奇・拉古琴斯基，生於波士尼亞，在威尼斯長大並受教育，一七〇三年來到俄國。西伯利亞有希臘人收購皮貨，阿爾泰地區有希臘人經營礦業。一名旅行者說，一七三四年一月二十日伊爾比特交易會開張時，各條通路都被「人、馬、雪橇堵塞〔……〕我見到希臘人、布哈拉人及各色各樣的韃靼人〔……〕。希臘人帶來的多為購自阿干折的外國商品，如法國的葡萄酒和燒酒」[288]。

靠歐洲這一邊，外國的優勢更加明顯，漢撒同盟、瑞典、波蘭、英國和荷蘭的商人盡佔利藪。十八世紀時，因為當地客戶配合不力，荷蘭商業勢力逐漸後撤，商人相繼破產；英國人躍居首要地位，十八世紀末批發業已在他們掌握之下。先是在莫斯科，後來在聖彼得堡，莫斯科商人比外國商人總是矮了一截。一七三〇年前後，西伯利亞最有錢的商人勞倫茲・朗吉作為莫斯科商隊的成員常去北京，日後還被任命為伊爾庫次克省副省長。有意思的是此人很可能是丹麥人[289]。一七八四年後俄國向黑海方向開展直接貿易時，經手其事的是威尼斯人、拉古薩人和馬賽人，就是說還是離不開外國人。此外還有

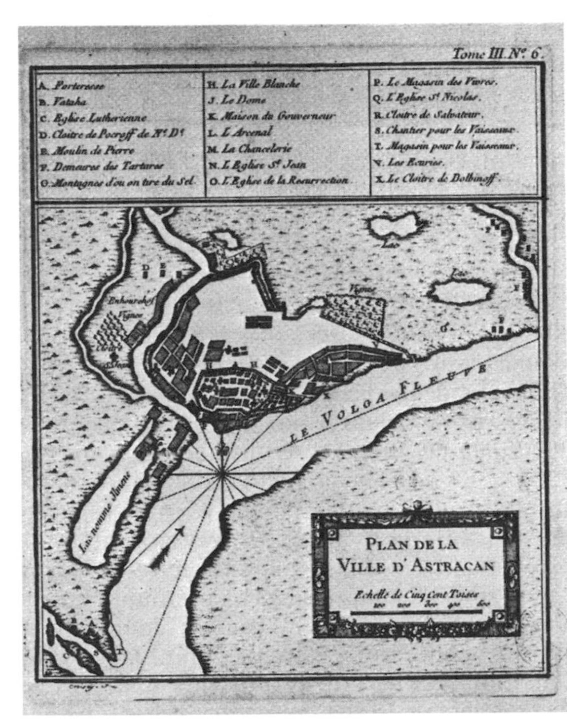

1754 年阿斯特拉汗城市地圖。《海圖集》第三冊，1764 年版。

冒險家、「詭詐之輩」和「無賴之徒」，他們從彼得大帝時代起就在俄國商界扮演重要角色。一七八五年四月，西蒙·沃龍佐夫從比薩寫信給他的兄弟亞歷山大說：「義大利的所有惡棍無路可走時，都會大聲嚷嚷他們要到俄國去發財」[290]。

結論一目了然：俄國巨人在其邊緣地區立足未穩。它的對外貿易受到來自北京、伊斯坦堡、伊斯法罕、萊比錫、利沃夫、呂貝克、阿姆斯特丹等等城市的操縱。俄國商人只在國內市場，在散布各地的大型交易會上佔優勢，利用從聖彼得堡或阿干折斯克進口的歐洲商品，換取伊爾庫次克乃至更遠地區的各種產品。

歐洲人侵的代價

彼得大帝的軍事勝利和強勁改革據說「使俄國從此走出歷時已久的孤立狀態」[291]。這個說法既不全錯，也不全對。彼得大帝以前，龐大的莫斯科公國已逐漸向歐洲靠近。聖彼得堡的建立是俄國朝著波羅的海和歐洲打開的一個窗口或門戶，俄國經濟以彼得堡為中心重新調整。有了這個門戶，俄國從家裡出去自然更加方便，但歐洲進入俄國也更容易。歐洲得以擴大它在俄國貿易中所佔的比重，征服俄國的市場，根據歐洲的利益進行調整，並在可能情況下加以引導。

為確保進展順利，歐洲再次使出全身解數，首先是靈活的信貸——預付貨款——以及硬碰硬的現金清帳。一七四八年九月九日，一名法國領事在埃爾西諾記下有關丹麥海峽的情況：「經過此間前往聖彼得堡的英國船幾乎都載有大量西班牙本洋[292]。」這是因為在聖彼得堡、里加和後來在敖德薩（一七九四年建立）結算的進出口貿易帳目總對俄國有利——若有例外，也證明規律——而俄國政府總是在國外進行或即將進行大規模行動時要求結算。促進與不發達國家貿易的最好方法是輸入貴金屬，歐洲商人同意在俄國與在黎凡特各商埠或印度一樣「出血」。結果也相同：俄國市場逐漸受歐洲貿易體系的統治，真正的利潤在返程後，當商品在西方轉銷或重新利用時實現。此外，通過先在阿姆斯特丹，後在倫敦[293]進行的匯兌交易，俄國得到的錢有時只在帳面上存在。

俄國逐漸習慣了使用歐洲的製成品及奢侈品。俄國進入舞場較晚，也就不會很快走出來。當權者認為，眼下發生的變化是他們一手造成的，他們將推動這個變化，幫助它作為一種嶄新的結構在俄國安頓下來。他們以為這符合他們的利益，也符合信奉了「啟蒙思想」的俄國的利益。然而為此已經付出相當高的代價。一名俄國醫生寫的呈文（一七六五年十二月十九日）就提出這個見解，這個幾乎力排眾議，至少不隨大流的文件要求俄國完全關閉或基本上關閉對外國開放的門戶。他指出，最好還是模仿印度和中國的做法（是他想像的印度和中國）：「這兩個國家與葡萄牙人、法國人、英國人成交巨額貿易。外國人購買他們的各種製成品和多種原料，但是中國人和印度人不買歐洲的任何產品，除了鐘錶、五金和幾種武器。」所以歐洲人不得不用現銀購買，「這兩個國家有史以來一貫實行這個辦法」[294]。呈文作者認為俄國應該恢復彼得大帝時代的淳樸民風；可惜從那以後，貴族習慣了奢侈生活，奢風「綿延四十年」，並且愈演愈烈。最可怕的是法國商船，數目雖然不多，但「裝的全是奢侈品」，一條船上的貨物價值通常等於別國十到十五條船。奢風如果剎不住，它將使「帝國農業凋蔽，使為數不多的製造廠以及工廠淪於蕭條、一蹶不振」。

有諷刺意味的是這份提交沃龍佐夫的，也就是送呈俄國政府的「民族主義」呈文卻用法文書寫。這個事實恰好從另一方面為歐洲入侵作證，即不僅俄國貴族，而且一部份資產階級和全體知識份子的生活方式和思想方法都為適應新的環境而發生了改變。知識份子也為建設新俄羅斯出力。風行歐洲的啟蒙哲學深入俄國統治集團和知識階層。誠摯可親的達什柯娃公主在巴黎覺得需要辯白自己對農民不施任何暴虐。一七八〇年左右，狄德羅對她談起「農奴制」，她趕忙解釋說，威脅農奴的是「外省官吏」的貪得無厭。農民富有對地主只會有利，只會使地主「日子過得興旺，收入也能增加」[295]。十五年後，她慶幸自己在特羅伊茨利耶（奧廖爾附近）的產業經營得法。當地居民人數在一百四十年內差不多增加一倍，沒有一名女子情願「嫁到我的領地以外的地方去」[296]。

隨著啟蒙思想的傳播，歐洲的影響也造成了各種時尚，而且對那位俄國醫生所抨擊的奢侈習氣無疑起著推波助瀾的作用。閒散的俄國富翁醉心歐洲的生活方式，沉溺於巴黎或倫敦精緻的享樂之中，就像西方人幾百年間曾為義大利城市的犬馬聲色所陶醉一樣。沃龍佐夫本人對英國生活的魅力曾有所領略，並大加讚揚，但他於一八〇三年四月八日不無惱怒地從倫敦寫信說：「聽說我們的大人先生在巴黎揮金如土。傑米多夫這個笨蛋訂做了一套瓷餐具，每個碟子值十六金路易[297]。」

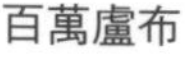

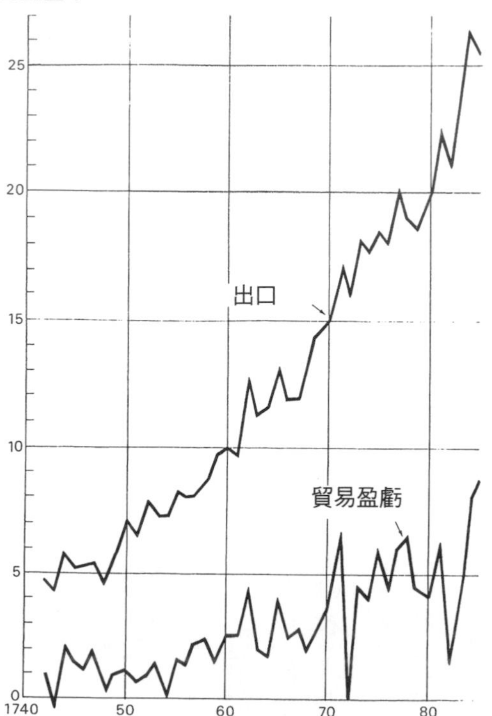

表(45)　俄國貿易盈虧（1742-1785）根據莫斯科中央檔案館的一份文件（沃龍佐夫卷 602-1-59）繪製。該文件提供俄國陸路和海路貿易的盈虧狀況，1772 和 1782 年的外貿盈餘驟跌無疑與軍備開支有關。

總而言之，俄國的情形與波蘭等國對西歐的依附不可同日而語。當歐洲經濟勢力侵襲俄國時，俄國已走上了工業化的道路，因而有力量保護其國內市場，保護其建於十七世紀的手工作坊和製造廠[298]，保護其活躍的貿易。在工業革命的準備時期，俄國的表現甚至十分出色，十八世紀生產普遍高漲。根據國家的命令，並在國家的幫助下，從莫斯科直到烏拉，出現了許多礦山、煉鐵廠、兵工廠、玻璃廠以及新興的天鵝絨和絲綢工廠[299]。而在基層，龐大的作坊手工業與家庭手工業仍久盛不衰。相反，當真正的工業革命，十九世紀的工業革命來臨時，俄國卻停步不前，逐漸落後。在十八世紀，俄國的情況並非如此。照布洛姆的說法，十八世紀俄國工業發展與歐洲其他地區並駕齊驅，有時甚至居領先地位[300]。

這一切不妨礙俄國繼續扮演原料和食品供應者的角色：大麻、亞麻、柏油、船桅以及小麥和鹹魚。甚至與波蘭的情況一樣，俄國出口的物資並不真正出現過剩。例如在「一七七五年，雖然帝國部份地區發生饑荒，俄國仍允許外國人買走小麥」[301]。何況，這份一七八〇年的備忘錄還提到「現金短缺迫使種植者節衣縮食以交納賦稅」（徵收現金）。地主也感到貨幣匱乏的壓力，他們被迫「通常以一年為期賒購物品，在收穫前一年或六個月預售農產品」，並「為支付借款的利息而低價脫手農產品」。這裡與波

1778 年的聖彼得堡港。根據勒普林斯的素描製作的版畫。

蘭一樣，預購青苗的做法使貿易雙方處於不平等地位。

尤其因為地主，至少是大地主，處在歐洲商人勢力所及的範圍內。他們被迫遷到聖彼得堡居住。一七二〇年的一份報告說，「他們厭惡在首都生活，因為這使他們破產，讓他們遠離自己的土地和古老的生活方式。他們珍視古老的生活方式勝過世上一切，如果沙皇駕崩前不確保其繼承人能繼續推行他如此出色地開創的事業，他的民眾就會如激流一般急轉直下，重返他們的野蠻陋習」[302]。這段預言沒有應驗，因為一七二五年沙皇暴卒後，俄國依舊向歐洲開放，提供越來越多的原料。一八一九年一月二十八日，羅斯托普欽從巴黎寫信給他一直在倫敦的朋友沃龍佐夫說：「俄國是條肥牛，人們又吃它的肉，又用它為別國生產固體牛肉汁[303]。」順便說一句，這段話證明，早在李比希（一八〇三—一八七三）發明以他的名字命名的方法之前，人們已經知道蒸發肉湯以提取其乾汁了。

羅斯托普欽描繪的形象雖然有點誇大，但不全然失真。我們不能忽視下列事實：俄國向歐洲提供的原料保證它的外貿盈餘，從而使它能不斷取得貨幣補給。貨幣補給是把市場引入農民經濟的條件，而農民經濟是俄國實現現代化及抵抗外國入侵的重要因素。

鄂圖曼帝國的情況

鄂圖曼帝國的情況雖與俄國大不相同，但也有類似之處。鄂圖曼帝國建立很早，一開始就很強大，到十五世紀已形成一個與基督教世界、與歐洲分庭抗禮的世界。費爾南．格勒那爾正確認為，作為「一場亞洲的、反歐洲的革命」[304]，鄂圖曼土耳其征服與五世紀的蠻族入侵不能相提並論。這個帝國建立伊始無疑就組成一個經濟世界。這個經濟世界繼承了伊斯蘭的拜占庭同外部的古老聯繫並由令行禁止的國家權力予以維持。法國大使德·拉埃說（一六六九）：「鄂圖曼蘇丹凌駕法律之上，他不需要履行手續，甚至往往沒有司法根據，就處死其臣民，沒收他們的財產並隨意支配……」[305]不過這一專制權力也有積極的一面，它使鄂圖曼帝國境內久享使西方敵羨不已的和平。它也使國家有能力把不可缺少的歐洲夥伴的活動限制在一定範圍內。威尼斯在伊斯坦堡不得不曲意周旋，尋求妥協。它只能前進到人家允許它落腳的地方。只有當鄂圖曼蘇丹的權威衰落時，鄂圖曼經濟世界才出現混亂的徵兆，而史書上津津樂道地說到的鄂圖曼「衰落」實際上「沒有人們通常想像的那麼迅速、深入」[306]。

經濟世界的基礎

鄂圖曼自主的首要條件是領土遼闊：鄂圖曼帝國的影響遍及全球。對鄂圖曼土耳其神話般的廣大幅員，西方有誰不加讚嘆，不在驚訝之餘感到不安？博台洛（一五九一）估計鄂圖曼帝國有三千海里長的海岸，指出從陶里到布達的距離為三千二百海里，傑爾賓特到亞丁的距離與此相等，巴斯拉到特蘭森的距離略小於四千海里[307]。蘇丹君臨黑海、白朗希海（我們叫愛琴海）、紅海和波斯灣的三十來個王國。哈布斯堡帝國全盛時期的幅員比這還大，但是這個帝國的屬地分布世界各地，中間有遼闊的海域阻隔。鄂圖曼帝國卻是連成一片的陸地，深入其中的海域反倒像是被陸地囚禁了。

處在大規模國際貿易路線之間的陸地構成一個持久的聯絡和約束體系，它幾乎形成壁壘，但也是財富的泉源。陸地奠定了近東作為十字路口的重要位置。鄂圖曼帝國源源不斷的活力來自這個十字路口，尤其在一五一六年征服敘利亞，一五一七年征服埃及後，鄂圖曼土耳其的強盛更達到登峰造極的地步。與拜占庭時代和伊斯蘭崛起的初期不同，近東那時已不再是世界最繁忙的要衝。美洲的發現（一四九二）和好望角航道的開通（一四九八）為歐洲廣開利源。如果說忙於經營西方的歐洲未用全力對付鄂圖曼帝國，那是因為若干有決定性的障礙自動在阻攔鄂圖曼伊斯蘭的征服活動。除阿爾及爾淪為屬國外，鄂圖曼土耳其未能奪得摩洛哥、直布羅陀和通向大西洋的出口；它也未能主宰整個地中海；在東方，它未能征服波斯，後者形成不可逾越的障礙，使鄂圖曼土耳其無法取得面向印度和印度洋的重要據點。夏爾・博克瑟認為鄂圖曼擴張受阻的主要原因是雷龐多戰役（一五七一年十月七日）的失利以及阿拔斯一世統治下的波斯（薩非王朝）國力強盛[308]。三十多年前，鄂圖曼於一五三八年打贏了普雷韋扎戰役，開始在地中海稱霸，雷龐多戰敗結束了鄂圖曼全面支配地中海的機會。博克瑟言之有理，但我們不應低估葡萄牙在印度洋的勢力對伊斯蘭的挑戰；歐洲優勝的航海技術為阻止鄂圖曼怪物闖出波斯灣和紅海發揮了一定的作用。

近東作為地理要衝的價值因此有所喪失，但遠沒有達到無所作為的地步。寶貴的黎凡特貿易長期佔據首屈一指的地位，在鄂圖曼佔領敘利亞（一五一六）和埃及（一五一七）後並未中斷，而鄰近的地中海仍有商船來往。紅海和黑海（後者對伊斯坦堡的重要性不亞於「印度」對於西班牙）繼續通航。一六三〇年後，歐洲消費的香料和胡椒肯定已改經大西洋運輸，但是絲綢，不久以後的咖啡和藥材，再往後的棉花以及印花布或單色布，仍舊由近東運往歐洲。

此外，廣闊無垠的鄂圖曼帝國因當地消費水平低下，擁有大量的剩餘產品：肉用牲畜、小麥、皮革、馬匹乃至紡織品。另一方面，帝國繼承了伊斯蘭的大城市及其設施，境內遍佈各業齊備的商業城市。東方城市幾乎都以商業興旺和人口稠密而使西方旅行者驚嘆不已。開羅堪稱獨樹一格，它既是巨大的寄生中心，也是發動機，，阿勒坡乃風景佳勝之地，四周圍著一片沃土，面積與帕多瓦不相上下，「人口眾多，幾乎沒有一點空地」[309]；羅塞塔也屬於「一座大城，居民眾多，街道兩旁的磚房錯落有致，高達兩丈」[310]，巴格達市中心極其熱鬧，「六、七條街上，商店和手工作坊鱗次櫛比；街坊入口設有街門或粗鐵鏈，天黑後關閉」[311]；毗鄰波斯邊境的大不里士城「格局宏大，商業繁榮，居民眾多，日常生活物品應有盡有，令人讚嘆」[312]。皇

十八世紀的安卡拉城及其商場。1699 至 1737 年間居留伊斯坦堡的法國畫家尚一巴蒂斯特・梵穆爾所作畫的細部。

家學會會員愛德華．布朗一六六九年訪問貝爾格勒，說這是「一座佔地廣闊、實力雄厚、人丁興旺的大商埠」[313]。這一評語幾乎適用於亞洲。非洲和巴爾幹半島的所有鄂圖曼城市，在巴爾幹地區，城市被稱為「白城」，與「幽暗的」農村世界適成對照[314]。

這些城市中有古老而青春重返的，有新建的，甚而也有接近西方城市模式的。正當鄂圖曼處於衰落之中時，人們怎能相信，這些城市居然興旺發達？城市的興起在別處都被看作是經濟發展的徵兆，在這裡怎麼能是衰敗的標誌呢？

更加錯誤的是認為，鄂圖曼帝國的經濟史完全遵循政治史的日程表。從鄂圖曼土耳其史專家們的猶豫不決，就可以知道，這張日程表有多麼不可靠。一位歷史學家[315]指出，鄂圖曼帝國從一五五〇年起，在蘇里曼大帝（一五二一－一五六五）統治的晚年達到鼎盛，另一位同樣可信的學者[316]認為，衰落始於一六四八（一個世紀以後），但是這一日期對於歐洲歷史的重要性大於其對鄂圖曼的重要性：威斯特伐利亞條約於這一年簽訂，蘇丹易卜拉欣一世於同一年被刺身亡。如果非要提出一個日期不可，我寧願採用一六八三年。維也納圍城戰（一六八三年七月十四日至十一月一二日）剛結束，蘇丹派人去貝爾格勒絞死敗績的宰相穆斯塔發汗[317]。但我不以為任何政治事件可充當絕對可靠的界石。政治和經濟並非沒有相互關係，但是鄂圖曼帝國的「衰落」——就算它衰落了——並不立即引起經濟衰落。十六至十七世紀之間，帝國的人口激增，幾乎翻了一番。根據塔狄克[318]的說法，鄂圖曼帝國的和平以及伊斯坦堡的需求使巴爾幹地區得以建成真正的民族市場，至少加速了交換。而在十八世紀，經濟振興的跡象也很明顯。

事實上，鄂圖曼為其霸業付出了代價。「鄂圖曼帝國一方面控制了伊斯蘭世界在地中海的所有港口（摩洛哥的港口除外），另一方面又控制了朝紅海和波斯灣方面銷售商品的港口」[319]，以及與俄國展開貿易的黑海諸港口。橫貫鄂圖曼帝國的重要商業軸線足以使帝國具有某種明顯的整體性。這些軸線可能移動位置，但始終存在著。十五世紀時，龐大的首都伊斯坦堡需要重建，商業中心與其說在伊斯坦堡，不如說在布爾薩，那裡的商業、轉運業以及各種手工業都很活躍。鄂圖曼向敘利亞和埃及的擴張使帝國的經濟中心移往阿勒坡和亞力山卓，由此造成了帝國的重心在整個十六世紀偏離伊斯坦堡，向南傾斜。在十七世紀，經濟中心再次移動，遷到了士麥納（Smyrna，伊茲密爾），這個事實已眾所周知，但尚未得到認真的說明。十八世紀，中心看來又重新回到伊斯坦堡。透過這些曲折的情節（其內涵未被充分認識），人們能否想像鄂圖曼帝國這個經濟世界已隨著經濟形勢的變化，先後曾出現過幾個經濟中心？

一七五〇年前後，伊斯坦堡恢復了經濟領導權。這座大城一七四七年向莫斯科通報的海關稅則本身不能證明貿易額的巨大，但這一文件有個特點，它區分「已在舊稅則登錄」的商品與一七三八年後增添的商品。進口產品的單

騾馬店投宿圖（威尼斯科萊爾博物館藏手稿）。附有義大利文說明：「洪沙漠商隊歇宿的客店開張營業：鐵鏈把住大門，爐火為旅客提供方便。武器掛在牆上，馬匹拴在屋內的炕床下方。各種身份的突厥人來到這裡，就像基督教徒在客店投宿一樣。」

子極長：種類繁多的紡織品、玻璃、鏡子、紙、錫、糖、巴西與坎佩奇的木材、英格蘭啤酒、水銀、各種藥材和香料、印度靛藍、咖啡等等。「新」產品包括來自法國、英國和荷蘭的其他品種織物，如呢絨、絲綢和布匹；鋼、鋁、皮貨、印花布、聖多曼靛藍、「基督咖啡」；所有這些產品又分許多等級。出口商品的單子較短，列舉君士坦丁堡的傳統出口貨物：水牛皮、「黑牛」皮、羊羔皮、驢皮、山羊毛、駝毛、蠟；僅增加幾種新的商品，如細羽紗、絲綢或「製作假髮用的加工山羊毛」。也就是說，從遠方國家——尤其從歐洲——進口的商品數量和種類越來越多。歐洲向君士坦丁堡輸出奢侈品乃至新大陸的產品。相反，出口商品的變化不大[320]。法國人寫的一份有關黎凡特貿易的報告證實這一印象「法國商船運送君士坦丁堡的商品多於運往黎凡特的其他商埠。船上裝載的是呢絨、香料、糖果、染料及其他雜貨。這些商品的貨款不能在君士坦丁堡使用，因為法國商人只買劣質皮革、嗶嘰、長毛絨、毛皮、印花布、少量的蠟、木材以及驢皮。他們把剩下的錢匯到黎凡特的其他商埠，由士麥納、阿勒坡和謝伊達的法國商人交給需要向鄂圖曼蘇丹國庫輸送財政收入的帕夏[321]。」可見君士坦丁堡是一個獲利豐厚的匯兌市場以及巨大的消費中心；總的說來黎凡特其他商埠的出口業務相反比較活躍。

歐洲的地位

這裡提出的問題關係到歐洲貿易在鄂圖曼交換總額中的相對地位。歐洲貿易往往僅觸及鄂圖曼經濟的表層，或者只是假道經過而已。廣大鄂圖曼帝國的真正經濟活動在基層進行，處於初級階段，但充滿活力。斯托雅諾維奇給它找了個漂亮的名稱，叫做「商場經濟」，意思是說，這是一種以城市和地區交易會為核心的市場經濟，交換遵循傳統慣例，按照斯托雅諾維奇的說法，即以誠實無欺為標誌。十八世紀時信貸活動仍未得到充份的發展，倒是高利貸四處盛行，連鄉間也不例外。當然此時已不再是貝隆·杜芒在一五五〇年記載的情況：「在鄂圖曼，一切都用現金交易，因而那裡沒有太多的單據和借貸帳目[322]）及逐日流水帳；鄰里之間零星售貨不行賒購，除非買的是古怪的德國貨[323]。」然而這一古老風尚部份保存下來了，即使西方商人對轉銷者實行賒銷，即使他們在伊斯坦堡結帳後有盈餘，可以如我們在上文說過的那樣在斯麥納或阿勒坡出售在伊斯坦堡兌現的匯票。總言之，某種古代形態的交換保留下來了，其標誌之一是物價與西歐相比出奇地便宜。一六四八年在大不里士，「用一個蘇就能買到夠一個人吃一星期的麵包」[324]。據一六七二年十二月十三日的《阿姆斯特丹新聞報》說，在被鄂圖曼人攻克的赫梅利尼茨基，「用四里克斯達爾能買到一匹馬，二里克斯達爾買一頭牛」[325]。加達納一八〇七年在小亞細亞的托卡特附近看到「居民的服飾如古代長者，且如他們一般好客。他們殷懃招待客人食宿，客人付錢竟使他們感到十分驚詫[326]。」

這是因為作為西方貿易的神經的金錢在鄂圖曼地區往往只是路過而已。一部份錢進入蘇丹貪婪的國庫，另一部份用於促進上層商界的交換活動，其餘的大量流向印度洋。這種局面使西方在黎凡特市場上利用其貨幣優勢時更加得心應手。根據不同的經濟形勢，西方甚至利用貨幣本身賺錢，即利用金銀比價的變化或利用黎凡特對某些貨幣，如西班牙的銀里亞爾和威尼斯的金色庚的偏愛，後者在黎凡特地區始終待價而沽。一六七一年，威尼斯造幣局長曾[327]指出，如某人在威尼斯以十七威尼斯里拉的價格買一個金色庚，或以十六里拉買一個「翁加洛」[328]，然後在君士坦丁堡出售，他將分別可得百分之十七點五和百分之十二的賺頭。過幾年後，出售金色庚的賺頭甚至高達百分之二十[329]十六世紀末，把黃金從鄂圖曼祕密運到波斯是項有利可圖的行當[330]。十七、十八世紀期間，威尼斯與東方的貿易日漸減少，威尼斯仍繼續鑄造色庚，向黎凡特地區傾注，以便獲得需要的返程貨物，而且謀取厚利。

在十八世紀末，馬賽幾乎也不再向近東輸出商品，而是運去銀幣，主要是在米蘭鑄造的瑪麗亞—德蕾莎塔勒[331]。對馬賽說來，這是在黎凡特市場保住自己地位的最好辦法。

鄂圖曼保留的古代經濟形態是否導致經濟衰退？不，只要國內市場保持活躍，只要鄂圖曼擁有軍事工業、造船業、活躍的手工業、重要的紡織工業（如在希俄斯或布爾薩）及數目眾多的地方織造工廠。後者因其規模極小，往往逃過後世觀察者的視線。夏爾·索尼尼[332]十八世紀末在黑海作過一次令人驚奇的旅行，他為本地織物開了一張長得沒完沒了的單子。此外，從當時在君士坦丁堡當大使的韋爾熱訥的一封信（一七五九年五月八日）看來[333]，鄂圖曼帝國從西方進口的全部呢料只夠八十萬人穿著，而帝國居民卻有二千萬到二千五百萬之多。所以帝國境內織造業的產品仍有銷路。只是十八世紀末來自奧地利和德國的大宗產品曾使它們的日子變得難過。不過，正如奧梅爾·呂夫提·巴爾坎[334]解釋的那樣，直要等到十九世紀工業革命後英國紡織品的傾銷才把當地產品徹底擠垮。

可見，如果說鄂圖曼經濟的門戶早就被沖開，這一經濟在十七世紀既未被征

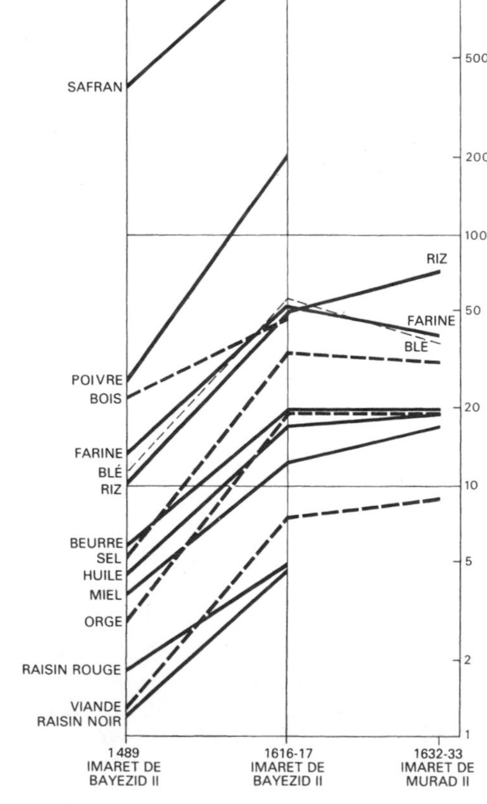

表(46)　鄂圖曼的物價隨著經濟形勢漲落
摘自呂夫提·巴爾坎的這些物價數字證明，鄂圖曼的物價在十六世紀有所上漲。「伊瑪萊」是慈善性的基金會組織，為窮人和學生供應膳食。物價用阿斯普爾的面值表示，該貨幣的貶值因素不計在內。

服，也未被絕對排斥到邊緣地位。鄂圖曼土耳其地區以自身的生產供養其城市。小麥出口與在俄國一樣受當局的控制。糧食走私誠然相當可觀，以愛琴海諸島為基地的希臘水手從中獲利。某些「西夫里克」的大莊園主也參與走私，不過這類莊園建立較晚，它們的生產主要供應伊斯坦堡，不總是為了出口；羅梅利亞生產大米的莊園[335]就屬於這種情況。總的說來，鄂圖曼市場依靠古老但始終有效的運輸組織確保行使其職。

馱商的世界

鄂圖曼世界的特徵確實表現為無所不在的駱駝商隊。巴爾幹各地的馬幫運輸雖說保留了下來，但在十六世紀末，駱駝隊的足跡已遍佈半島，所以在某種程度上「黎凡特各商埠」轉移到了達爾馬提亞的斯普立特，而威尼斯的划槳商船當時滿足於穿越亞得里亞海，不再前往敘利亞[336]。直到一九三七年，杜布羅夫尼克的居民還把駱駝隊當作富有浪漫情趣的過去來回憶。

馱馬和駱駝商隊離開安卡拉。第 511 頁圖的細部。

在世界地圖上，單峰和雙峰駝隊的活動遍及廣大地區，從直布羅陀到印度和中國北部，從阿拉伯和小亞細亞到阿斯特拉汗和喀山。鄂圖曼經濟的活動地域即以這個天地為背景，它甚至是這個天地的中心。

西方旅行者對這種運輸方式常有描寫：旅行者成群結隊，漫長的路線上「與英國不同，找不到市鎮以及每晚投宿的客店」，「天氣暖和時搭個帳篷」露宿，或者住進「為行善而建造的供所有過客歇宿」的驛馬店。驛馬店是宏敞、便利、造價不高的建築，「但通常蕭然四壁，旅客必需自備食物、飲料、鐵床和飼料[337]。」這類驛馬店有的已成廢墟，有的保存完好，今天在東方仍很多。如阿爾貝．加布里埃爾[338]所做的那樣，把驛馬店標在地圖上，就能重現古代的道路網。

歐洲人雖說利用這些交通路線運輸商品，有時也沿線旅行，他們卻不可能組織這一運輸。驟幫運輸為伊斯蘭所壟斷。西方商人不去阿勒坡、大馬士革、開羅、士麥納以外的地方，這在很大程度上是因為他們控制不了商隊世界，因為鄂圖曼經濟是商隊運輸的唯一主宰。商隊運輸是鄂圖曼帝國的經濟命脈，有嚴格的組織，並受到嚴密的管理，往返頻繁，而且比海路交通更有規律。其效率極為明顯，鄂圖曼經濟保持獨立的祕密正在於此。波斯的絲綢不可能輕易離開地中海而從別處轉道，英國人和荷蘭人做過嘗試，都未能成功。荷蘭人能擋住胡椒與香料的去路，那是因為絲綢一開始即由商隊運輸，而胡椒和香料是「海運商品」，必須裝船啟程。鄂圖曼經濟的力量和靈活來自這些不知疲倦的商隊，它們從四面八方來到伊斯坦堡或與這座大城隔博斯普魯斯海峽相望的位於亞洲的斯庫台（Scutari）；也來自以伊斯法罕為樞紐的遠方道路，它們深入波斯全境，抵達印度的拉合爾；還來自從開羅出發前往衣索比亞、帶回寶貴砂金的商隊。

長期得以固守的海域

鄂圖曼的海域也防守得相當好，大部份運輸由黎凡特地區和黑海的近海航運承擔，就像是小亞細亞的

「國內貿易」一樣。東地中海沿海一帶很早就受到西地中海基督徒海盜的威脅，近海航運終於落到了西方人的手裡，尤其受五十至六十條法國船的把持。但到十八世紀末，西地中海的海盜活動有所收斂，近海航運開始擺脫西方船隻的支配。這可能應歸功於鄂圖曼帝國已用帆船代替了划槳船（此事由來已久），帝國艦隊在愛琴海一帶展開巡航[339]。一七八七年十二月，卡普丹帕夏率領破舊不堪的船隊駛入伊斯坦堡，卸下在埃及裝船的二千五百萬比亞斯特[340]。在這以前，出於安全考慮，埃及的貢賦常由陸路運達君士坦丁堡。此舉是否標誌形勢真正起了變化？據幾名法國目擊者說，切斯梅（Chesme）戰役後十五年，一七八四至一七八八年間，土耳其艦隊已有二十五艘「裝備六十門以上火炮」的戰艦，其中一艘尤為出色，配有七四門「法國工程師新造不久」的火炮[341]。雖然在這條漂亮船上的六百多人中，「只有八名水手，其餘均未見過大海」，這支艦隊仍照常航行，並基本上完成其任務。

至於黑海，為伊斯坦堡效勞的船隻也許沒有充分加以利用，但重要的是，拉丁國家的船隻長期被禁止駛入黑海。一六〇九年，由於英國企圖進佔特拉布宗，鄂圖曼對黑海的防務作了新的佈置。歷史學家往往指責鄂圖曼政府掉以輕心，但他們應該記得，黑海對伊斯坦堡的食品供應以及土耳其艦隊的武器裝備至關重要，因而直到十八世紀末，始終未容他人染指。一七六五年三月，亨利·格倫維爾在致英國政府的一份報告中寫道：「鄂圖曼土耳其人不准別國分享黑海航行之利，外國人概遭排斥（……）黑海是君士坦丁堡名副其實的乳母，該國的食物和必需用品幾乎全靠黑海輸送，諸如普通小麥和優質小麥、大麥、小米、鹽、活牛、活羊、羊羔、雞、蛋、新鮮蘋果及其他水果、黃油（這也是一項大宗消費品，裝在巨大的水牛皮口袋裡運輸，摻雜羊油並帶哈喇味，品質低下，但鄂圖曼土耳其人對這種黃油的喜愛勝過最好的英國和荷蘭黃油）、油脂、廉價蠟燭、羊毛、牛皮、鹹牛肉乾（……）黃蠟、蜂蜜（鄂圖曼人則是利用蜜取代糖）、大量鉀肥、磨刀石、大麻、鐵、鋼、銅、建築用木料、柴薪、煤……魚子、乾魚和鹹魚」；外加主要由韃靼人提供的奴隸。貯存在伊斯坦堡貨棧裡的商品，諸如棉花、乳香、葡萄酒、柑桔、檸檬、愛琴海各島的乾果、鄂圖曼本國生產或從基督教國家進口的紡織品，由貨船在返航時運往俄國、波斯、高加索或多瑙河。咖啡和大米不准外運，以便「君士坦丁堡取用不匱」[342]。

貨物成交額為數甚大，但運輸手段卻很簡陋：陸上使用「無鐵木車」，即車輪不箍鐵圈的木製貨車，既不堅固，又不宜重載，拉車的水牛比黃牛更加健壯，但速度之慢令人失望；海上誠然千舟競發，但多數是僅掛兩片斜帆（行家們稱之為「兔子耳朵」）的小船或者名叫「薩伊克」的小型商船，在這風暴頻仍的海域，沉船事件經常發生。三桅大船隻是載運小麥和木材，船員眾多，因為常需拉縴。裝木材的船隻的船員且需上岸砍樹燒炭[343]。人們常說，在黑海航行的三條船中若有一條返航，商人必有賺頭，又說君士坦丁堡的房屋皆係木構，如全城每年焚燬一次，黑海運來的木材足以保證重建。格倫維爾說：「不必多說，這是誇大其辭[344]。」

俄國在這種情況下進入黑海，一七七四年博斯普魯斯海峽和達達尼爾海峽的對外開放[345]，尤其是一七八四年[346]後，威尼斯、法國和俄國首批商船的到來對鄂圖曼帝國的強盛以及對伊斯坦堡城的平衡是個嚴重的打擊。但是新興的貿易需要等到十九世紀初期俄國小麥大量輸出才顯示其重要性。這是歐洲歷史上的重大事件，雖然很少被人所承認[347]。

在幾乎被鄂圖曼帝國團團圍住的紅海，鄂圖曼的處境比在黑海更好，同時也更糟。一五三八至一五四六年間，鄂圖曼鞏固了它在亞丁的地位，從而確立了對紅海的控制。在這以前，鄂圖曼意識到紅海在商業、戰略、政治和宗教等方面的重要性，已經奪得了麥加及伊斯蘭其他聖地。穆斯林的聖海紅海從此不對基督徒開放，長期成為伊斯蘭的一統天下，並是裝載胡椒和香料的船隻駛向開羅、亞力山卓和地中海的主要航道。但在一六三〇年左右，荷蘭人似乎已使遠東運往歐洲的全部胡椒和香料改道好望角。因此，鄂圖曼帝國在這重要的國際海上走廊上所受的打擊比在黑海更早。

香料改道並未導致紅海的關閉。每年仍有幾百條商船和「長型船」（germes）通過艱險的曼德海峽，把埃及的大米和蠶豆，以及開羅商人堆放在蘇伊士倉庫裡的歐洲商品運往南方。每年還有七、八條船組成的一支船隊通過同一海峽，直接為鄂圖曼蘇丹把四十萬比亞斯特和五十萬金色庚運往摩卡和亞丁等地；陸路則有一支商隊從阿勒坡出發，經過麥加，前往蘇伊士，運送數額大致相等的錢幣，但以金幣為主。據當今的一位歷史學家認為，「新大陸的貴金屬流向印度以及更遠的東方，以紅海為主要通道」[348]，十六世紀後很長一段時間內仍是這種情況。威尼斯金色庚和西班牙比亞斯特[349]正是隨同呢絨、珊瑚等歐洲和地中海商品，通過商隊的長途運輸，陡然變得身價百倍。直到十八世紀七十年代，紅海貿易主要仍由印度商人把持，向蘇拉特輸送數額巨大的金銀。我們擁有很多這方面的證據。一七七八至一七七九年，一條印度船從摩卡帶來三十萬金盧比，四十萬銀盧比和十萬顆珍珠；另一條船帶來五十萬金銀盧比。地中海史專家驚訝地發現，十八世紀末的情形竟與十六世紀相同：作為最佳商品的金銀鑄幣繼續通過最短的、可能也是最可靠的途徑抵達印度洋[350]。

在相反方向，南阿拉伯的咖啡日益成為貿易的動力。作為咖啡貿易的中心，摩卡一躍而為紅海的最大港口，其次才是吉達港。印度洋貨船滿載遠東各地的商人和商品駛入這兩個港口。商品中自然少不了香料。一七七〇年五月的一份報告一再說「藥材和香料在一六三〇年左右」[351]已不再經由紅海運輸。儘管如此，每年仍有十艘船從印度洋、卡利克特、蘇拉特或默蘇里珀德姆（Masulipatam）出發，或有葡萄牙船從果亞啟航，運送胡椒、肉桂、肉豆蔻和八角茴香到摩卡。除這類香料外，還有數量越來越多的咖啡抵達吉達和蘇伊士。

能否認為香料的旅行到此為止？法國人喜歡開羅勝過亞力山卓和羅塞塔。開羅有三十名法國批發商，其中一位解釋說：「印度商人多不勝數，他們經營咖啡、乳香、樹膠、各種蘆薈樹脂、番瀉葉、羅望子果實、藏紅花、沒藥、鴕鳥毛、各種棉布、衣料和瓷器」[352]。貨單上確實沒有食用香料。但是咖啡變成「王牌」商品，紅海靠它進入新的繁榮期。咖啡由亞力山卓或羅塞塔轉口比起裝在東印度公司大貨船的底艙裡能更快地送達小亞細亞和歐洲的顧客手中，雖說印度公司的貨船在返程往往繞道前往摩卡。黎凡特商業復興的中心摩卡港基本上是個自由市，主宰著咖啡市場，許多印度洋商船常來光顧。儘管今天的歷史學家以及過去的文件持相反見解，我們可以打賭說，仍有香料和胡椒經由吉達進入地中海。

總之，蘇伊士、埃及和紅海再度引得歐洲垂涎三尺。英國和法國在君士坦丁堡和開羅的爭奪十分激烈[353]。在法國本土乃至國外，無人不想開鑿蘇伊士運河。一份未標明日期的備忘錄預先設想好了一切：「必須把挖河工人集中安置在木板屋裡居住，夜間門戶緊閉以保安全。全體工人、不分男女老幼，宜穿統一的服裝，以便在任何情況下都能辨認。紅色上衣、白色包頭布、短髮[354]。」法國大使德．拉埃要求鄂圖曼蘇丹同意紅海自由通航，以及「設立商行」[355]的自由，未獲允准。審慎但頑強的英國東印度公司對黎凡特商道可能重振雄風深感不安，一七八六年派人在開羅打聽消息[356]。同年，法國上校愛德華．狄龍經鄂圖曼帝國高級官員特許，前往埃及考察「經由紅海和蘇伊士地峽開闢與印度交通」[357]的可能性。凱薩琳二世駐巴黎的大使西穆蘭通報女皇說：「據我所知，這位使者絕非見多識廣之輩。」事情結果是雷聲大雨點小。總之，還要等一個世紀（一八六九），蘇伊士運河才動工開鑿，地中海到印度的古道重新暢通才成為事實。

商人為鄂圖曼帝國效勞

鄂圖曼帝國的經濟發展以大批商人為後盾，他們遏制、阻擋西方的入侵。法國馬賽的商人在黎凡特開設的「商站」可能有四十家，也就是說，最多不過一百五十到二百人在那裡負責經營，其他西方國家在黎凡特諸港的情形也不相上下。日常商業活動由阿拉伯、亞美尼亞、猶太、印度、希臘（除了地道的希臘人，還包括馬其頓人、羅馬尼亞人、保加利亞人、塞爾維亞人）乃至鄂圖曼土耳其人經營，雖說經商對鄂圖曼土耳其人並無很大的吸引力。流動商販，零售商，守著逼仄鋪面的小店主，來自四面八方，屬於各種民族、出身於各種社會階層的經銷商充斥帝國各地。此外還少不了財力足以向政府放貸的包稅人和巨商大賈。商人、貨物和馱畜在興旺的交易會上川流不息，成交額達幾百萬比亞斯特。

西方商人在活躍的、商旅雲集的鄂圖曼國內市場上施展不開手腳。他們誠然進入了某些商埠，如美索尼、沃洛斯、薩羅尼加、伊斯坦堡、斯麥納、阿勒坡、亞力山卓、開羅。但遵照黎凡特貿易的舊規，任何商埠都不准威尼斯、荷蘭、法國或英國商人與直接向消費者售貨的零售商發生接觸。西方商人只得求助猶太或亞美尼亞中間商，對他們「必須有所提防」。

尤其，東方商人十六世紀就在亞得里亞海沿岸的義大利城市定居。一五一四年，安科納出讓給瓦洛納、阿爾塔灣和伊奧尼亞灣的希臘人若干特權：該城的「麵粉公所」改為「鄂圖曼土耳其人和其他穆斯林的商館」。與此同時，猶太商人也在當地定居。十六世紀末，東方商人大批湧入威尼斯、賈拉拉、安科納，乃至佩沙洛[358]、那不勒斯以及義大利南部地區的交易會。其中最引人注目的可能要數希臘商人兼水手。他們的家鄉是些幾乎無寸土可耕的荒島，註定必須四出謀生。他們經商不免採用欺詐手段，遇有機會也幹海盜營生。二百年過後，俄國駐墨西拿領事於一七八七年十月記下每年有「六十多條希臘船經過海峽駛往那不勒斯、利佛諾、馬賽和地中海其他港口」[359]。法國革命和拿破崙帝國（一七九三—一八一五）的長期危機摧毀了法國在黎凡特的商業勢力，希臘商人兼水手便趁機填補空缺。希臘不久後的獨立，也與希臘人這一成功有關。

奧匈帝國通過貝爾格勒和約（一七三九）把邊境推進到沙維河和多瑙河。「東正教」僑商十八世紀在新轉讓給哈布斯堡皇室的土地上取得的成就雖然並不引人矚目，但同樣值得注意。維也納政府致力於向被征服地區移民：農村又見人煙，一些規模不大的城市開始出現，希臘商人蜂擁而來征服這個新天地。一鼓作氣之下，他們甚至超出了這一空間的界限，從此在全歐洲都能見到他們的身影。他們在萊比錫交易會上利用阿姆斯特丹提供的信貸方便，甚至到俄羅斯西伯利亞去活動，此事我們已在上文提及[360]。

經濟衰落和政治衰落

於是出現一個問題：這些商人在鄂圖曼帝國境內是否算外國人？他們究竟是維持鄂圖曼經濟經久不衰的功臣，還是隨時準備離開沉船的老鼠？這個疑問引向讓人頭痛的另一個問題：鄂圖曼帝國衰落的原因。這個問題可惜沒有答案。

我以為，鄂圖曼帝國真正衰落始於十九世紀初年。如果一定要提出更確切的日期，我們傾向認為，衰象於一八〇〇年在巴爾幹半島出現。巴爾

伊斯坦堡托普—哈內廣場噴泉。

幹半島是帝國最富活力的地區，兵源和稅金主要來自這裡，但它所受的威脅也最大；埃及和黎凡特的衰落可能發生在十九世紀的頭二十五年，安納托利亞的衰落可以定在一八三〇年左右。這是亨利・伊斯拉摩格魯和薩格拉爾・凱岱爾[361]一篇值得推崇但又尚可商榷的文章得出的結論。這些日期如果可信，那麼歐洲經濟世界的擴張（起著除舊布新的作用）是從最活躍的地區（巴爾幹半島）逐漸推進，深入次等活躍地區（埃及和黎凡特），最後抵達安納托力亞，即發達程度最低因而面對這一進程反應最遲鈍的地區。

還需要知道，十九世紀最初的三分之一是否正值鄂圖曼帝國政治衰落日趨加劇的時期。專攻鄂圖曼帝國歷史的專家總把「衰落」這個危險的名詞掛在嘴上，只因為它牽涉的因素很多，本想用它解釋一切，反而把一切都搞混了。如果奧地利、俄國和波斯在維也納一度採取的聯合行動能得到貫徹始終，鄂圖曼帝國或許會像波蘭一樣被瓜分。但是，鄂圖曼帝國的體格要比波蘭共和國強壯得多。並且法國革命和帝國時期的戰爭給它帶來暫時的喘息，雖說拿破崙遠征埃及曾是一個危險的插曲。

人們說，鄂圖曼的致命弱點是它不能適應歐洲的作戰技術。這一項失敗其實只是在事後回顧才看得清楚。一七八五年三月，凱薩琳二世的大使西穆蘭[362]在凡爾賽抗議法國不斷派遣軍官前往鄂圖曼帝國，韋爾熱訥回答說，此乃「區區小事」，不值得大驚小怪。這誠然是外交辭令，不過俄國政府之所以惶惶不安，那是因為它並不如歷史學家們所說的那樣對自己在鄂圖曼帝國的優勢有十分把握。一七七〇年七月五日，奧洛夫的艦隊在希俄斯島對面的切什梅焚燬了全部鄂圖曼戰艦，後者浮出水面太高，成為敵方射出的砲彈和扔來的火把的理想靶子[363]。不過俄國艦隊配備英國軍官，而且它事後未能實現大規模的登陸行動。鄂圖曼砲兵誠然有很多缺點，但是肯動腦筋的俄國人，如沃龍佐夫，知道他們本國的砲兵也未必高明。鄂圖曼帝國當時真是百病叢生：朝廷不能令行禁止；官員領取舊時的俸祿，而物價卻在上漲，他們於是「貪污自肥」；貨幣儲備大概也嫌不足。總之，經濟周轉不靈。實行改革，保衛國土以及重整陸軍和海軍都絕非一日之功，並要求付出與臃腫的軀體相應的巨額開支……。

一七八三年二月，鄂圖曼帝國新任宰相看到了問題的癥結。他的第一個絕定是：「把穆斯塔法蘇丹於上次戰爭期間出讓的蘇丹領地收歸國家所有。此舉將為政府增加五千萬比亞斯特收入。但這些出讓的領地現在都掌握在帝國最有權勢、最富的人手裡，他們施展各種影響以挫敗這項計畫，而蘇丹本人又並不堅定[364]。」那不勒斯駐海牙領事從君士坦丁堡得到的這條消息與莫里諾不久前提出的關於鄂圖曼帝國徵稅基數偏小的見解恰好不謀而合：「……每當軍事失利，帝國的財政需求擴大，居民的稅賦隨之增加。由於居民除向外國出售貨物外幾乎無法得到為納稅必須的比亞斯特，他們就甩賣商品。這情況與中國二十世紀的貿易收支惡化相去不遠」[365]。

工業化的歐洲昂首闖入這個困難重重的世界，為所欲為，貪得無厭，步步進逼，最終敲響了鄂圖曼帝國的喪鐘。不過，上文提出的時間表還值得商榷，不宜輕信當時人的說法，因為十八世紀的歐洲已開始目空一切。一七三一年，一位不值得在此為他揚名的作者寫道：「對付這個在作戰中不守任何規矩和法則的國家〔鄂圖曼帝國〕，只要等到一個好時機，就能把它如羊群那樣逐走〔我猜意思是逐出歐洲〕[366]。」二十五年後，古達爾騎士甚至認為不再有必要等待「好時機」，他寫道：「只要商定怎麼處理鄂圖曼的善後事宜就行了，這個帝國從此再也不必提起[367]。」真是狂妄到了極點！鄂圖曼帝國空有健壯的體魄，卻不能擺脫其因循守舊和沉重的遺產，工業革命最終將要把它整垮。

幅員最大的經濟世界：遠東

就其整體而言，遠東[368]包括三大經濟世界：伊斯蘭、印度和中國。伊斯蘭以紅海和波斯灣為基地，控制著從阿拉伯到中國的一系列沙漠地區，橫亙亞洲大陸的腹地；印度的勢力遍及科摩林角以東和以西的全部印度洋；中國既是內陸國家（其影響直達亞洲的心臟），也是海洋國家——太平洋的陸緣海以及沿海各國都在它的勢力範圍之內。

但是，在十五和十八世紀期間，能否說這三個經濟世界程度不同地屬於同一個經濟世界呢？由於季風和信風定期提供的動力方便，遠東是否形成一個統一的整體，有其輪流佔統治地位的中心，範圍廣大的聯繫網，以及環環相扣的貿易和價格聯繫？我們以下所要探討的問題正是關於這種可能存在的龐大、脆弱、時斷時續的聯繫。

聯繫之所以時斷時續，因為這些面積特大的土地結合在一起是以印度為中心的蹺蹺板向兩端擺動的結果：時而東邊得勢，時而西邊抬頭，任務、優勢以及政治和經濟高漲便隨著擺動而重新調整。不過，變來變去，印度的地位始終保持不變；古吉拉特、馬拉巴海岸與科羅曼德海岸的印度商人幾個世紀內始終壓倒無數競爭者：紅海的阿拉伯商人，伊朗海岸和波斯灣的波斯商人，往來南洋群島的中國商人（他們已使中國帆船適應南洋海域的航行）。但蹺蹺板也有停止工作或者出故障的時候；亞洲的外圍空間那時就比平時更傾向於分裂成各行其是的區域。

這個簡單化的模式主要說明雙向運動時而對西面的伊斯蘭有利，時而對東邊的中國有利。位於印度兩端的這兩種經濟的任何發展都會引起幅度極大，往往歷時幾百年之久的運動。如果西邊的重量增加了，紅海和波斯灣的水手就侵入和橫渡印度洋；例如，他們在十八世紀時曾突然出現在被阿拉伯地理學家稱作「漢府」[369]的廣州大門口。中國素來對航海不很積極，但如果它決心走出國門，中國南方沿海的水手就會抵達他們一直留心的南洋群島，以及科摩林角以東的所謂「第二個」印度……他們當然也完全可以走得更遠。

十五世紀前的一千年間，歷史無非是單調的重複；一個活躍的港口在紅海興起，主宰紅海沿岸，然後被鄰近的另一港口取代。波斯灣沿岸和印度沿海地區也是如此，南洋群島和南亞各半島同樣是如此；各個海域也輪流盛衰。儘管港口和海域各領風騷於一時，歷史的根本格局卻依然如故。

本書涉及的時間起自十五世紀，這一世紀初的重大事件是中國的復興（明朝於一三六八年逐走蒙古人）及其規模驚人的海上擴張。對後一事件至今眾說紛紜。事情的發端及其在一四三五年中止的原因對我們仍是一個謎[370]。中國帆船遠航錫蘭、荷姆茲乃至「曾治人」（Zendj）[371]的非洲東海岸，驅趕了和至少擾亂了穆斯林貿易。東方的嗓門從此比中央或西方更高。我想說的是正是在這個時期，這一廣闊無邊的超級經濟世界的極點將穩定在南洋群島，那裡出現活躍的城市，如萬丹、亞齊、麻六甲以及後起的巴達維亞和馬尼拉。

這些城市的規模並不十分大，把如此重要的角色派給它們扮演似乎荒誕不經。但是，在香檳區交易會時代，特魯瓦、普羅旺斯、奧布河畔巴爾、拉尼也都是小城市，由於地理位置優越，位於義大利和法蘭德斯之間的必經之途，它們便成為一個廣大的商業體系的中心。南洋群島作為交通要衝不是長期處於同一地位嗎？那裡的交易會為等待季風變更方向，把商人送回出發地，一開就是好幾個月。南洋群島的這些城市可能與歐洲中世紀的商業城市一樣，得力於它們未被嚴格納入某個強大的政治實體。儘管受國王或蘇丹的統治和管理，這些城市差不多保持自主：它們對外開放，隨商情變化而調整方向。所以，當一五九五年豪特曼來到萬丹時，不管事出偶然或事先策劃，一開始就在遠東複雜的中心站住了腳，真可說一矢中的。

歸根到柢，作為一名歷史學家，我想把未經前人充份研究的若干歷史片斷組合成一個整體。此舉是否明智？我們確實對這些歷史片斷不夠了解，但比過去總要了解得深一點。在凡勒爾[372]的大力宣揚下，這些亞洲商人一度被認為是些神奇的行商負販，他們在單薄的行囊裡裝著體積不大但價值昂貴的商品：香料、胡椒、珍珠、香精、藥材、鑽石等等。事實並非如此，這一古老的形象今天已經消失。從埃及到日本，我們遇到的是些資本家、大批發商、大商人、成千上萬的經銷人、代理人、指客、貨幣兌換商和銀行家。從交換手段、交易可能或貿易保證的角度看，上述任何一種類別的商人與他們的西方同行相比，都並不遜色。在印度境內和境外，泰米爾[373]、孟加拉和古吉拉特的商人結成緊密的團體，他們的商務和合同從一幫傳給另一幫，如同歐洲的佛羅倫斯商人傳給盧加和熱那亞商人，或傳給南德意志商人或英國商人一樣……早在中世紀初期，開羅、亞丁和波斯灣各港口已有富比王侯的豪商巨賈[374]。

於是，「一個海上交易網越來越清晰地顯現在我們眼前，其貨品之多和成交額之大堪與地中海或歐洲北方諸海和大西洋的交易網媲美」[375]。奢侈品和大路貨在這裡應有盡有，任憑挑選；絲綢、香料、胡椒、黃金、白銀、寶石、珍珠、鴉片、咖啡、大米、靛藍、棉花、硝石、柚木（造船用）、波斯的馬、錫蘭的象、鐵、鋼、銅、錫、供貴人使用的精美織物或者供產

阿拉伯式的運輸船。攝於今天的孟買港。這種類型的船隻仍在印度和阿拉伯海岸和紅海之間航行。

香料各島的農民或莫諾莫塔帕的里一人穿著的粗布……[376]在歐洲人到來前，印度洋貿易早已存在，因為各地的產品互相補充，互相吸引，互相調劑；它們促使遠東各海的貿易渠道保持暢通，如同歐洲各海的情形一樣。

第四個經濟世界

三個經濟世界說來已經不少，但隨著歐洲的入侵，第四個經濟世界又擠了進來——這要歸功於葡萄牙人、荷蘭人、英國人、法國人以及其他一些歐洲國家的人。一四九八年五月二十七日，達伽馬抵達卡利克特，為歐洲人打開了大門。不過這個世界對他們是陌生的，儘管他們傑出的先輩，幾位西方旅行家，留下了聳人聽聞的遊記，他們還必須去發現這個世界，不能立即在這個世界之中得其所哉。亞洲是使他們為之困惑的另一個星球：植物不同，動物不同[377]，人情不同，文明不同，宗教不同，社會形態和所有制形態也不同[378]。一切都以新的面貌出現。甚至那裡的河流也與歐洲的不同。在西方已是龐然大物的東亞，在這裡更大得漫無邊際。亞洲的城市簡直人山人海。奇怪的文明，奇怪的社會，奇怪的城市！

何況需要幾個月艱難的航行，才能抵達這些遙遠的國家。第四個經濟世界到那裡去碰運氣，往往超過理性允許的限度。伊斯蘭國家及其商人在近東擁有基地（基督徒在十字軍時代曾企圖奪取這些基地），因而他們能隨意憑藉武力在印度洋活動。可是，面對數目眾多的亞洲國家及其幅員遼闊的疆域，歐洲商船帶來的人員卻少得可憐。在遠離故土的地方，歐洲即使在取得最出色的成果時也佔不了數量優勢。十六世紀，從荷姆茲到澳門和長崎，葡萄牙人最多不過一萬人[379]；英國人雖然早期就獲得很大成績，但人數也始終不多。一七七〇年前後，馬德拉斯有一百一十四名英國「文職人員」；孟買有七百到八百名，加爾各答有一千二百名[380]。馬埃是法國的一個次等據點，一七七七年九月有一百一十四名歐洲人和二百一十六名印度僱佣兵[381]。一八〇五年左右，「全印度的英國人不超過三萬一千人」，即使他們能統治這個巨大的國家，但畢竟只是個很小的集團[382]。十八世紀末，荷蘭東印度公司在本土和遠東之間往返的人員最多不過十五萬[383]。就算其中不到半數的人在海外服務，這也已經是創造紀錄的了。還得補充說明，在杜普累和克萊武時代，純由歐洲人組成的部隊在遠東數量微不足道。

歐洲表面上掌握的手段如此有限，而其征服成果又如此輝煌，二者極不相稱。一八一二年，一位法裔美國人寫道：「只消一個偶然事件或輿論轉向……便能瓦解英國在印度的政權[384]。」二十年後，維克多．雅克蒙於一八三二年重申這一見解並作進一步的闡發：「英國在印度的政權像是奇怪的製造工廠，那裡一切都是人為

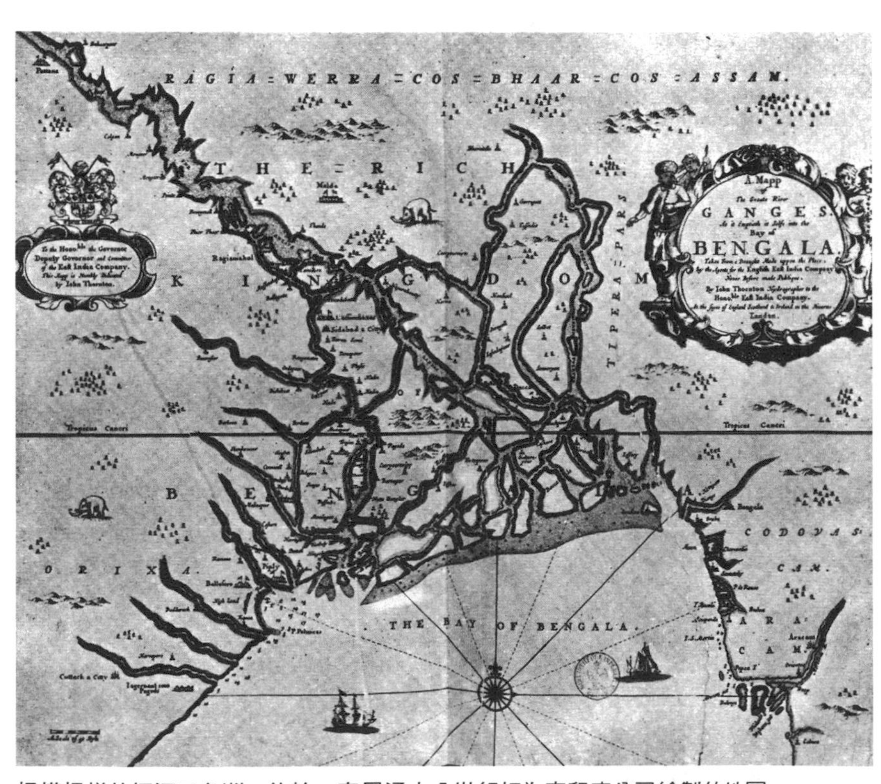

怪模怪樣的恆河三角洲。約翰．索恩通十八世紀初為東印度公司繪製的地圖。

的、不正常的、例外的[385]。」「人為的」這個詞沒有貶義，人為意味著聰明才智，而在這裡即是成功。少數歐洲人不僅迫使印度，而且迫使整個遠東承認其權威。他們本無成功之理，然而他們卻成功了！

印度被其自身所征服

首先，歐洲人從來不是單槍匹馬。在他們還沒有當上主人的時候，已有成千上萬名奴隸、僕人、助手、合夥人、合作者圍著他們轉，其人數多過他們幾千倍。早在葡萄牙人的時代，從事「區域貿易」的歐洲商船就僱用不同國籍的船員，其中本地水手佔多數。菲律賓商船也僱用「為數很少的西班牙人，許多馬來人、印度人和菲律賓混血兒」[386]。拉斯戈特斯神父一六二五年乘船從馬尼拉前往澳門，該船未能抵達目的地，在廣州沿海沉沒，船員中印度水手不下三十七名[387]。迪凱納的侄子指揮的法國艦隊一六九〇年七月在錫蘭海面俘獲荷蘭軍需品運輸艦「蒙福爾．德．巴達維亞號」，戰利品中包括「兩名其醜無比的黑奴。這兩個倒楣蛋寧可餓死也不碰基督徒可能碰過的東西」，這裡指的是經烹製的食物[388]。

同樣，在各國的印度公司後來蓄養的軍隊裡，絕大多數兵員是當地人。一七六三年左右在巴達維亞，每一千到一千二百名「各個國籍」的歐洲士兵配有九千至一萬名馬來輔助人員和二千名中國兵[389]。究竟是誰發現了（不過真有必要去發現嗎？）在印度招募土著士兵為歐洲人效力這個奇妙又簡單的辦法，以便借助印度人征服印度？是法蘭索瓦．馬丁[390]還是杜普累？或者根據一位當時人（當然是法國人）的說法，是英國人「仿效杜普累招募土著僱傭軍」[391]？

在遠東商業活動的中心，同樣也有無數本地人自荐效力。成千當地的經紀人包圍歐洲人，主動提供服務，其中有埃及的摩爾人，無所不在的亞美尼亞人，婆羅門商人，摩卡的猶太人，廣州、澳門和萬丹的中國人，還有「古吉拉特」商人，科羅曼德沿海商人以及爪哇人。爪哇人尤其眼明手快，葡萄牙人剛到盛產香料的島嶼，就被他們團團包圍。不過這也合乎情理。喜愛旅行的馬埃斯特·曼里克一六四一年來到坎達哈時，一名印度商人誤認這位西班牙人為葡萄牙人，提出願為他效勞。這位印度人解釋說：「因為貴國人不會說本地話，如沒有人充當嚮導，必定會遇到困難……[392]」隨著時間的流逝，幫助、合作、勾結、共處乃至相依為命，逐漸成為理所當然；本地商人處事精明，自奉甚儉，長途旅行中每餐只吃一點大米，他們猶如絆腳草一般芟除不盡。何況在蘇拉特，英國東印度公司的「辦事員」剛來不久就與本地的風險放貸人串通一氣。英國公司的分行，無論在馬德拉斯或威廉堡，不知多少次得到倫敦上司的授權向印度商人借錢。一七二〇年[393]，由於「南海泡沫事件」發生，英國銀根吃緊，東印度公司為取得現金便在印度借錢。此舉對東印度公司大有好處，使它以與陷入困境同樣快的速度擺脫困境。法國東印度公司於一七二六年緩過氣來，但它避免在蘇拉特恢復商業活動，因為它欠著當地婆羅門商人四百萬盧比的巨款[394]。

這些合作者是不可缺少的，也是不能擺脫的，因為他們在當地土生土長，並創造財富。一七三三年一份報告說，本地治理「如不設法吸引獨立從事貿易的批發商」[395]，就不能成為繁榮的商埠。這裡當然包括來自各地的商人，其中主要是印度人。何況，沒有祆教商人和婆羅門商人，孟買又怎能建成？馬德拉斯少了亞美尼亞人又會成什麼樣子？英國人在孟加拉和印度其他地區一貫是利用本地商人和銀行家。只是當大不列顛在孟加拉的統治完全確立後，加爾各答當地的資本家才被從最有利可圖的活動領域（銀行，對外貿易）排擠出去，被迫轉到別的部門，以保全他們的資金（土地、高利貸、稅收，乃至一七九三年前後買下英國東印度公司發行的大部份債券）[396]。但在當時，孟買百廢俱興，英國人對祆教商人、「古吉拉特」商人和穆斯林商人還不加排斥，後者得以在對外貿易中並作為本港的商船主積聚巨額財富，直到一八五〇年建立蒸汽船航運業為止[397]。最後，儘管英國銀行曾多次嘗試，但也未能完全取消印度商人使用的匯票。這是印度商人擁有行動自由及穩固的銀行組織的標誌，英國人在企圖消滅這一組織前曾長期利用它。

金銀究竟體現力量或是軟弱？

人們常說歐洲、美洲、非洲、亞洲互相補充。可以同樣正確地說，世界性貿易曾努力使各大洲截長補短，而且往往達到了目的。遠東接待歐洲產品大體上不如歐洲對胡椒、香料或絲綢那麼瘋狂。由於貿易平衡要求以一種狂熱取代另一種狂熱，亞洲從羅馬帝國時代起，只同意歐洲用貴金屬來進行交換。科羅曼德沿海偏愛黃金，但亞洲主要接受白銀。我們多次說過，中國和印度已成為在世界各地流通的貴金屬的最後歸宿。貴金屬進入這兩個國家後，就再也出不來了。這一奇怪的恆在因素決定了西方的貴金屬向東方流失，有人認為這是歐洲的弱點和亞洲的弱項，而我已在上文說過，這不過是歐洲為打開特別有利的市場而在亞洲，也在別處乃至在歐洲本土經常使用的手段。到十六世紀，由於美洲的發現以及新大陸礦業的高漲，這一手段將發展到空前的弘大規模。

美洲白銀通過三條渠道抵達遠東：黎凡特和波斯灣、好望角、馬尼拉大帆船。印度史學家告訴我們，在十七與十八世紀，黎凡特和波斯灣仍是通向印度的最重要途徑。日本情況特殊，姑置不論（日本本國的銀礦生產在對外貿易中有時起一定作用）；在遠東流通的白銀幾乎都是從歐洲，也就是說從美洲運來的。所以，歐洲商人向印度錢幣兌換商或銀行家借的盧比，實際上是還了又借，他借到的白銀是由以前的歐洲貿易輸入印度的。

輸入的貴金屬對於印度最活躍的經濟運動——中國想必也是如此——是不可缺少的，我們下文將再談到這個問題。從蘇拉特駛向摩卡的印度商船如果運氣不好，沒有碰上裝載金銀的紅海商船，長期作為印度經濟中心的蘇拉特就會發生危機。既然歐洲與亞洲貿易只是為了滿足對奢侈品的嗜好，在這種情況下，認為歐洲通過白銀擁有對遠東各國經濟的調節能力，並因此在日後處於實力地位，這並不過份。但歐洲是否清醒地意識到這一優勢並充分加以利用，卻值得人們懷疑。歐洲商人為了能在亞洲進行有利可圖的貿易，必須依賴加

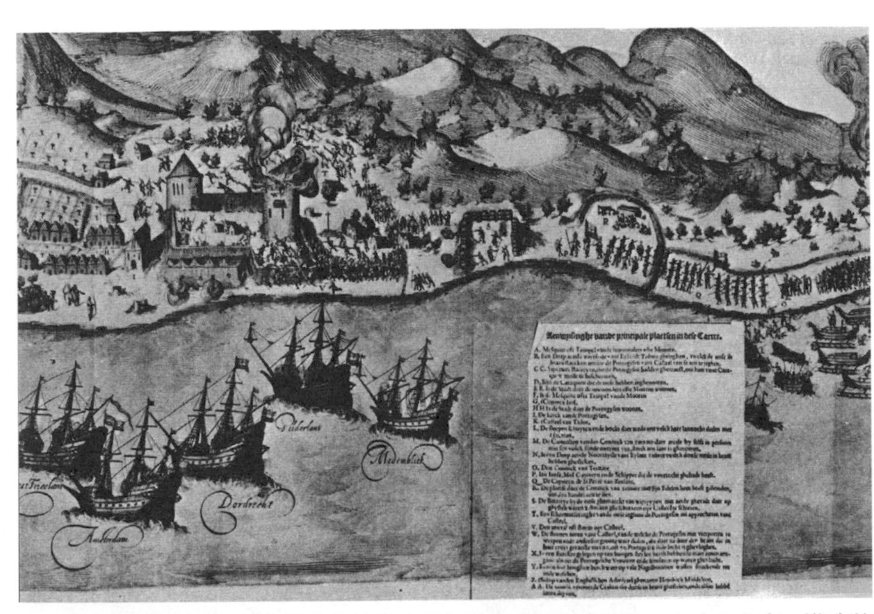

1606 年，荷蘭人攻克葡萄牙人佔據的摩鹿加群島中的蒂多雷島。在文件右方，進攻的船隻正運送部隊登陸。

地斯港的美洲白銀到貨，而到貨總是不準時，有時還數量不足。為了保證亞洲貿易，他們必須不惜任何代價取得白銀，這對歐洲商人無異是一種重擔。尤其在一六八〇至一七二〇年間[398]，白銀相對缺少，市價超過鑄幣局的定價。結果造成英鎊和弗洛林等主要鑄幣事實上的貶值，荷蘭和英國對亞洲進出口貿易的交換比率一落千丈[399]。白銀既為西方創造優越條件，又給它製造種種困難，使它有惶惶不可終日之感。

與眾不同的商人：來者不善

歐洲人最初還擁有另一項優勢：西方的戰艦。這個優勢是他們意識到的。而且缺了它什麼都無從開始；它幾乎決定了其他一切，至少使其他一切有可能實現。西方戰艦操縱自如，裝著多種帆具，能頂風航行。自從舷牆普遍推廣後，火炮更具威力。一四九八年九月，達伽馬的船隊駛離卡利克特海面後，遇到八艘印度艨艟巨艦前來攔截。後者甫經交火便倉皇逃遁，其中一艘被俘獲，另外七艘在沙灘上擱淺。因為水深不夠，葡萄牙船未能前往追擊[400]。印度人在海上一向與人無爭。這一非戰傳統只有一個例外為人所知：十三世紀的朱羅帝國（Empire of chola）在科羅曼德海岸建立一支強大的艦隊，曾幾度佔領錫蘭、馬爾地夫和拉克代夫群島，把印度洋一刀切成兩半。十六世紀時，這一往事已被遺忘，儘管某些海岸仍有海盜活動，商船不難躲開他們，從來不必武裝結隊航行。

葡萄牙人及其後繼者的任務因此變得不難完成。他們無力佔領遠東遼闊縱深的土地，但是不難佔據作為聯絡和運輸場所的海洋。海洋向他們提供最根本的東西。佛朗西斯科・德・阿爾梅達寫信給里斯本的國王說：「如果船堅炮利，印度貿易就歸您掌握；如果您在這方面不夠強大，即使在陸地上造了一座堡壘，那也無濟於事[401]。」阿方索・德・阿布克爾克認為，「萬一葡萄牙在海上打了敗仗，我們在印度的屬地能維持多久就全看當地權貴是否予以容忍」[402]。下一個世紀，一六二三年荷蘭在日本的平戶基地的頭目說了類

馬拉巴沿海的土著海盜使用槳、帆、火槍和弓箭。十六世紀一位久居果亞的葡萄牙人所作的水彩畫。

似的話：「如果沒有艦隊保護，我們沒有足夠的力量在陸上取得立足之地[403]。」澳門一位中國人哀嘆：「無論葡萄牙人轉了什麼壞念頭，我們都有辦法把他們收拾得服服貼貼。但是他們一旦到了海上，我們又怎麼能夠去懲治他們、控制他們、保護自己不受他們的侵犯呢？」[404]一六一六年，東印度公司駐蒙兀兒皇帝宮廷的大使托馬斯·羅持同一見解，因此他勸告英國負責人說：「如果你們想獲利，就應堅守這條規則：在海上的和平交易裡尋求利潤；因為維持駐軍並在印度的陸地上作戰無疑是大錯特錯[405]。」

這些見解雖然千真萬確，但不宜因此認為歐洲人有和平的誠意，而應看作他們逐漸清楚地意識到任何攻城掠地的嘗試都太過危險。不過，只要遇上機會，歐洲在其入侵初期也表現為粗暴的侵略，劫掠和挑釁均在所不免。一五八六年，無敵艦隊出征前夕，西班牙駐菲律賓總督佛朗西斯科，薩爾多曾自告奮勇率領五千人征討中國：考恩後來在比大陸易於統治的南洋群島以武力、殖民措施和棍棒推行其建設方略[406]。再往後，雖為時略晚，到杜普累、布西、克萊武等人則乾脆進行了領土征服。

早在大規模殖民擴張前，歐洲已在海上或從海上出發利用其壓倒優勢。本地海盜猖獗時，歐洲依賴海上優勢招攬企求安全的非歐洲商人的貨物運輸，對拒不聽命的港口施加武力脅迫或砲火轟擊；強制本地船舶交納通行稅[407]（葡萄牙人、荷蘭人和英國人都幹過這種勒索勾當）；甚至在與陸地國家發生衝突時使用禁運這一有效武器。英國東印度公司董事約書亞·柴爾德於一六八八年挑起對奧朗則布的戰爭。他本人解釋說：「蒙兀兒皇帝的臣民如與英國連續作戰十二月，勢必大批淪為餓俘，因為他們不工作就無錢買米下鍋；這不僅由於我們中止與他們貿易，也因為我們既與他們作戰，就得封鎖他們與所有東方國家的貿易，而這一貿易額十倍於我國及所有歐洲國家與他們的貿易額的總和[408]。」

這段文字極好地說明英國意識到蒙兀兒印度的雄厚實力及其強大的商業聯繫，同時也說明英國決心充份利用自己的優勢，如同東印度公司一名辦事員主張的那樣要「執劍經商[409]。」

支行、分行、分理處、巡迴商人

各國的印度公司已具「跨國公司」的性質。它們不僅要處理「殖民地」問題，還要與創立並支持這些公司的國家作鬥爭。各大印度公司是國中之國或國外之國。它們與股東鬥爭，創造了與商業習慣決裂的資本主義。它們必須同時兼顧股東的資本（股東要求分紅）、短期債券（英國的bonds）持有者的資本乃至流動資金（現金），還要維持船隻、港口、堡壘等固定資產。它們必須遙控多個國外市場，使之與民族市場的可能和利益，即與倫敦、阿姆斯特丹或別處進行的拍賣相互協調。

在所有的困難中，最難克服的困難是距離。黎凡特的古老通路用於傳遞信件和重要指令，運送人員和金銀。一七八〇年，一名英國人得季風之助創造了航速最高紀錄：據說他只花了七十二天時間走完從倫敦經馬賽和埃及的亞力山卓到加爾各答的旅程[410]。若走大西洋，單程平均需要八個月。如果一切順利，旅行途中不在某個港口過冬，繞過好望角時不出事故，往返一次也至少需要十八個月。船舶和商品周轉太慢，因此倫敦或阿姆斯特丹的公司經理們不可能控制一切。他們只得實行權力下放，與派駐各地的幹部份享權力。公司在各地（如在馬德拉斯、蘇拉特）的主事者各自作出緊急決定，負責在當地貫徹總公司的意圖，及時簽發「合同」[411]和訂單（提前六個月到一年），預籌應付款項，匯集待運的貨物。

這些遠離中心的商業單位名稱各異：支行，分行，分理處。前兩個名稱在日常語言中常被混用，不過我們大致上是根據重要程度的大小排列這些名稱的。如英國公司在蘇拉特的分行便在果岡、布羅奇、巴羅達、法特浦夕克里、拉合爾、塔特塔、勒赫里港、加斯克、伊斯法罕、摩卡等地設立了一系列分理處[412]。法國公司在昌德納加的分支機構分為三級：在昌德納加總支行周圍設有「六家支行：巴拉索爾、帕特納、卡辛巴扎爾、達卡、朱格迪亞和沙蒂甘；設在蘇普茲、凱爾普瓦、卡里高爾、蒙高普茲和塞拉姆普茲的則為普通的商行」，派駐後兩地的是「無轄區的代理商」[413]。

支行或「總支行」的「轄區」來自地方當局出讓的租界，租界不易獲得，而且從來都是有償出讓。總的說來，這一體制也是某種純商業性的殖民擴張：歐洲人在鄰近產區和市場的交通要衝安頓下來，利用原有的「基礎設施」，不必自己動手，而是讓當地人負責把貨物運輸到輸出港口，組織和出資安排生產和初級交換。

歐洲以寄生方式依附在異體之上，因而直到英國征服印度前（如果把荷蘭在南洋群島這一特殊地帶的成功視作例外）僅僅佔領著零星的據點。零星的點，不大的面。廣州前邊的澳門不過一個村莊那麼大。孟買島長三法里、寬二法里，剛夠容納港口、造船廠、兵營和住房，沒有鄰近的沙瑟特島的食物供應，孟買的富人甚至不能每天吃到肉[414]。出島位於長崎港內，無疑比威尼斯的「新猶太人居住區」還小，島上眾多的「洋行」不過是加固防盜的住房，甚至是倉庫，住在裡面的歐洲人比屬於最封閉的種姓的印度人更與外界隔絕。

當然也會有例外，果亞島、巴達維亞、法蘭西島、波旁島不同於上述情形。歐洲在中國的地位更為脆弱。歐洲商人不得長駐廣州，也不准經常進行自由貿易（與印度不同）。各家公司分別派人在自己的船上經商，好比是開設了流動的分行。這些巡迴商人（super cargoes）隨船流動，人們為他們選定一名主事。如果他們發生爭執，或者不服從主事，就會遇到種種的麻煩[415]。

能否因此作出結論：直到英國征服之前，歐洲的活動只觸及亞洲的表層，歐洲限於設立一些對亞洲這個龐然大物幾乎不產生影響的商業分支機構，它的佔領是表層的和無足輕重的，不足以改變亞洲的文明和社會，經濟上僅涉及出口貿易，即生產的一小部份。國內市場和對外貿易之間的爭論在這裡以隱蔽的方式再次出現。事實上，歐洲公司的「分行」在亞洲的作用不亞於漢撒同盟各國商站或荷蘭商行在波羅的海和黑海的作用，也不遜於熱那亞或威尼斯大商行在拜占庭帝國建立的商站。同樣可資比較的實例還可舉出許多。歐洲派駐亞洲的機構確實很小，是人數極少的小團體，但它們與西方最先進的資本主義相聯繫。人們儘管可以說這少數人只是些「外強中乾的上層建築」[416]，但它們接觸的並非亞洲龐大的整體，而是另一些由少數商人組成的、操縱著遠東貿易和交換的小集團。正是印度的本地商人集團一半被迫，一半自願地為歐洲人打開了入侵的道路，並把印度洋貿易的訣竅首先傳授給葡萄牙人，然後是荷蘭人，最後是英國人（乃至法國人、丹麥人和瑞典人）。由此開始的過程最終將使英國壟斷印度對外貿易的百分之八十五至百分之九十[417]。不過歐洲商業資本主義之所以能侵入遠東市場，利用遠東市場本身的力量為它服務，那是因為遠東地區已經形成一系列結構緊密的經濟，並由一個有效的經濟世界聯成一片。

怎樣把握遠東的歷史底蘊

我們感興趣的是亞洲的歷史底蘊，可是我們得承認這一歷史不易把握。倫敦、阿姆斯特丹、巴黎都藏有出色的檔案，但借助這些檔案，只是使人能透過各國東印度公司的歷史瞥見印度和南洋群島的風貌……歐洲和世界各地都有出色的東方學家。但傑出的伊斯蘭問題專家在研究中國、印度、南洋群島或日本時就並不在行。再說東方學家往往是些優秀的語言學家和文化專家，並不專攻社會史或經濟史。

今天，情況有了一些變化。漢學家、日本學家、印度學家和伊斯蘭學家們比過去更關心社會以及政治和經濟結構。有些社會學家甚至從歷史學家的角度思考問題[418]，二十、三十年以來，在已從歐洲統治下解放出來的各國，致力於尋找本國特性的歷史學家的隊伍日益壯大，他們普查原始資料，並在多項研究中顯示了對費弗爾稱之為「問題史學」的敏感。這些歷史學家正在締造一種新的歷史學，其成果將不斷見諸他們的專著及一些傑出的刊物。我們正處在用嶄新眼光重新考察歷史的前夕。

想靠他們把所有問題全都涉及當然是辦不到的。材料如此豐富（雖然仍有許多問題懸而未決），作出全面總結尚非其時。不過我還是甘冒犯錯的風險，試圖從一個實例出發，揭示已經湧現出來的問題的廣度及其新穎之處。我選中了印度。關於印度，我們擁有幾部用英語撰寫的基礎著作和一批極為優秀的印度歷史學家的集體研究成果，幸而用英語寫成，我們可以直接閱讀。他們好比熟練的嚮導，帶領我們經歷所謂中世紀印度的盛衰興亡。根據一個早已約定俗成的觀點，他們把印度的中世紀劃到英國統治確立時為止。惟獨這個觀點尚可商榷，因為它暗示有一些先驗的假設（總的說是印度比歐洲落後幾個世紀），也因為它把有關「封建主義」的問題引入辯論，而這種封建主義在十五世紀和十八世紀之間雖日見衰敗，卻一息尚存。以上批評涉及的只是細節而已。

我選定了印度，並不僅僅由於上述的原因。也並非因為印度的歷史比別國的歷史更易把握。恰恰相反，從通史的標準來看，我覺得印度歷史在政治、社會、文化和經濟等方面是個極其複雜的、略微偏離常規的特例。不過，印度地處經濟世界中央，一切都以印度為基地。一切的根源都出自它的遷就和軟弱。葡萄牙人、英國人、法國人的殖民事業都從印度起家。惟獨荷蘭人例外，他們把南洋群島的腹心當作聚寶盆，並且搶先取得壟斷地位。但他們既然這樣做了，輪到他們也去打印度的主意已為時太晚；來自西方的入侵者，首先是穆斯林，然後是西歐人，他們要建立持久偉業，最終都取決於印度。

印度的村落

印度是成千上萬個村落的世界。「村落」[419]一詞這裡用的是複數，而不是單數。若用單數就等於誤認為，對外封閉的、過著集體生活的印度村莊，經過印度歷史上的頻繁動亂似乎仍保持原狀，始終處於自給自足的狀態，並且似乎在遼闊次大陸上的村莊竟奇蹟般地全都屬於同一種類型，儘管各省都有自己的特點（如南方德干地區的特點十分明顯）。在某些閉塞的、古風猶存的地區、無疑存在衣食無求於人，只關心自己事情的村莊。但這畢竟是例外。

印度村莊一般說來是對外開放的，受到各種權力的挾制，並被納入市場體系。村民在市場上出售剩餘產品，市場也把貨幣經濟的便利和危險強加給村民。這就是印度全部歷史的祕密：在基層攝取的生命力為龐大的社會和政治肌體提供熱量和營養。同一時代的俄國經濟屬於同一種模式，雖然外界環境完全不同。

根據最近的研究成果，我們已看到機器怎樣隨著收成的好壞、租賦和國稅的交納情況調整其運行。無孔不入的貨幣經濟是極好的傳送帶；它給交換帶來眾多的便利和機會，包括強迫交換在內。暢通商業渠道只應部份地歸功於蒙兀兒帝國政府。實際上幾百年以來，印度已是貨幣經濟的天下，它與地中海世界的聯繫是造成這一局面的部份原因所在。地中海世界早在古希臘和古羅馬時代就接觸到貨幣，在某種意義上是它發明了並向遠方輸出貨幣。按照傑恩的說法[420]，印度在公元前六世紀已有銀行家，比伯里克利的時代約早一百年。總之，在德里蘇丹統治印度前若干世紀，貨幣經濟已滲入印度的交換。

德里蘇丹在十四世紀的主要貢獻是建立了強制的行政組織，從省到縣直到村莊逐級貫徹行政權力，把村莊置於國家的控制之下。蒙兀兒皇帝於一五二六年繼承了龐大的國家機器及其運行體系，這使他有可能促進農村生產剩餘產品並掌握這些產品，他為此鼓勵農村保持並發展剩餘產品生產。因為蒙兀兒帝國的穆斯林專制統治包含著「開明專制」的成份，他們避免殺雞取卵，顧全農民的「再生產」，注意擴展耕地，推廣更有利可圖的作物，組織向荒地移民，興修水井、水庫等灌溉設施。此外，村莊還受到流動商販以及各種市場的包圍和滲透。設在鄰近市鎮的市場自不待言，還有設在大村莊內或在村莊間的曠野上，專門從事以物易物的食品市場，還有遠近城市中的市場，以及與宗教節日相聯繫的交易會。

印度村莊究竟受誰的控制？力圖控制村莊的既有邦和郡的行政當局；也有受蒙兀兒皇帝（普天之下莫非王土）的分封，徵收「封邑」部份租賦（扎吉爾，義為「出息」）的領主；還有稱為柴明達爾[421]的勤勉奉職的稅吏，他們對土地也享有幾種世襲權利；最後是商人、高利貸者和貨幣兌換商，他們收購、運輸、出售農產品，也把用實物交付的稅收和租賦換成現金，以便運送。領主本人在德里的宮廷中生活，需要支撐與其身

蒙兀兒宮廷，一名印度領主覲見君主。

份相稱的場面。「扎吉爾」（jagir）封地的出讓期很短，一般都只有三年，領主抓緊時間，恬不知恥地進行壓榨，他與國家一樣希望得到的租稅不是實物，而是現金[422]。因此這一體系的關鍵是把農業收穫轉化成錢幣。白銀和黃金不僅是積攢的目標和手段，而且是這架大機器從基層的農民到上層的社會和商界正常運轉所必需的工具[423]。

此外，村莊內部受等級制和種姓制（手工匠和賤民）的束縛。各村有辦事認真的村長和人數不多的「殷戶」，即「khud—kashta」，是相對富裕或家道小康的農民，擁有村裡最好的土地，四、五把犁和四、五對牛，還享受納稅優惠。他們實際上組成人們常說的所謂「村社」。國家賦予他們某些優惠待遇，他們本人和家庭勞動力耕種的土地也歸他們個人所有。作為交換條件，他們需共同負責向國家交納全村的稅金。徵收到的錢有一部份歸他們所有。需要向荒地移民或建立新的村落時，他們享有優先權。但他們也受到當局的監視，因為當局擔心他們推行對他們有利的租金制、分成制乃至僱農制（僱農雖有，為數極少），也就是一種超越常規的所有制，這種所有制若在他們享有的納稅優惠條件下發展起來，最終會減少稅收總額[424]。村裡其他農民耕種的土地不歸自己所有，他們來自外地，有機會就帶著牲口和犁遷到別的村莊去。他們的稅收負擔較重。

村莊還有自己的手藝人。工匠所屬的種姓限定他們世代相傳；作為勞動報酬，他們有權從集體收穫中分成，外加一小塊耕地（有些種姓領取工資）[425]。這個制度確實複雜，不過世界上有簡單的農民制度嗎？「農民不是奴隸，也不是農奴，但是他的身份毋庸置疑具有依附性[426]。」農民收入的三分之一到一半被國家、「扎吉爾」領主以及其他部門提取，富饒地區的比例更高[427]。這種制度怎麼能維持下去呢？農民經濟怎麼能容忍這一制度並且能具有某種擴張能力呢？印度十七世紀儘管人口有所增長，生產的糧食卻仍能滿足居民需要。同時還發展了經濟作物生產乃至果木生產，後一項用於滿足有產者增加水果消費的新時尚[428]。

這些成就應歸功於農民生活水平低以及農業產量高。

一七〇〇年前後，印度農村只耕種一部份土地。根據相當可靠的統計資料，如恆河流域當時的耕地只等於該地區一九〇〇年耕地的一半；印度中部只有三分之二到五分之四的土地得到耕種；我們最多只能猜想南部的耕地比例較高。有一樁事實不容懷疑：十五到十八世紀，印度各地農民幾乎都只耕種良田。由於印度沒有經歷農業革命，由於農具、耕種方法和主要作物一直到一九〇〇年為止沒有變化，印度農民一七〇〇年的人均產量很可能高於一九〇〇年[429]。尤其，可資建立新村莊的處女地為農民提供了後備空間，利於發展畜牧業；因此就有更多的力畜，更多的拉犁的牛，更多的奶製品，更多的供烹飪用的酥油。伊方·哈比勃[430]認為，由於印度一年收穫四季，糧食單產量直到十九世紀為止始終高於歐洲。即使單產量與歐洲相等，印度也佔了便宜。熱帶地區勞動者個人的需要比歐洲溫帶國家小。

十六世紀的印度馱牛把巴拉卡德（中央邦境內）的小麥運交果亞的葡萄牙人。

印度農民從收穫中提取一小部份就足以維持自己的生存，從而騰出更多的剩餘產品以供交換。

除了一年兩熟（兩季大米、一季小麥加一季豆，兩季鷹嘴豆或兩季油料作物），印度農業的另一優勢是供出口的「貴重」作物佔重要位置：靛藍、棉花、甘蔗、罌粟、煙草（十七世紀初引入印度）、胡椒（一種攀緣植物，播種後第三年到第九年結實，但需照料[431]，並非如人們常說的那樣不必管理）。這些作物的收益高於小米、黑麥、大米和小麥。關於靛藍草，「印度人通常一年收割三次」[432]。從靛藍草提取靛藍需經若干道複雜工序，因而如同種植甘蔗一樣，靛藍種植要求大量投資。這項資本主義經營在印度廣為推行，大包稅人、商人、歐洲公司的代表與大蒙兀兒皇帝政府積極合作，咸與其事。政府並企圖通過獨家出租土地的辦法壟斷靛藍生產。歐洲人偏愛產於亞格拉地區的靛藍，特別是植株長成後首批收割的呈「鮮紫色」的葉片。由於本地和歐洲的需求量甚大，靛藍價格不斷上漲[433]。一六三三年，德干的靛藍產區受到戰爭的影響，波斯和印度買主對亞格拉靛藍的需求比平時更加殷切，其價格竟打破每「蒙特」（maund）五十盧比的記錄[434]。英國和荷蘭公司決定停止收購。也許是得到了主持靛藍生意的商人和包稅人的通風報信，亞格拉農民隨即拔掉靛藍草，暫時改種其他作物[435]。這一靈活適應性是否表明農民和市場間存在的直接聯繫及資本主義的效率？

儘管如此，廣大農民仍然十分貧困。制度的一般性條件已使人預見到這一點。此外，德里的政府提取的收成份額原則上一經確定便不再變更，但是許多地區的行政當局為圖方便起見，事先估計出土地的平均產量，然後在這個基礎上確定用實物或現金交納的「固定稅額」，其多寡與種植面積成正比並視作物性質而異（大麥納稅額少於小麥，小麥少於靛藍，靛藍小於甘蔗以及罌粟）[436]。在這種情況下，如果預期的收成沒有達到，如果缺少灌溉，如果從德里出發的運送貨物的馱牛或馱象踐踏莊稼，如果物價出乎意外地上漲或下跌，倒楣的便是生產者。最後，債務[437]加重了農民的負擔。由於租佃制、所有制和稅收制極其複雜，由於各省的措施和王公的寬容程度不盡相同，平時和戰時也不一樣，情形隨時有所變化，通常是越變越壞。然而，總的說來，只要蒙兀兒帝國強大有力，便尚能保持為它自身的繁榮所必需的最低限度的農村興旺。整個局面只是到了十八世紀才全面惡化：國家腐敗，行政官員不再服從和效忠，道路不再安寧[438]。農民起義此起彼伏。

手工工匠及工業

印度另一部份勞苦大眾由無數手工工匠組成。他們遍佈城鎮和鄉村，某些村莊的居民清一色都是工匠。如果印度十七世紀的城市人口確實如某些歷史學家所說已增長到總人口的百分之二十——即與法國十七世紀的人口大致相等，手工工匠的大批繁殖自在情理之中。即便這個數字略有誇大，印度的手工工匠加上無專門技能的勞動力大軍，足足有幾百萬人之眾，這些人既為國內消費也為出口而工作。

印度歷史學家們渴望總結他們的國家在英國征服前夕的情況，尤其想知道當時的印度工業是否堪與歐洲的工業媲美，是否能夠憑藉自己的衝力推動一場工業革命。為此，他們所關心的與其說是這無數工匠的歷史，不如說是印度舊工業的性質。

工業（或毋寧說原始工業）在印度遇到重重障礙。有些障礙未免被誇大，大概只存在於少數歷史學家的想像之中，特別是他們關於種姓制束縛工業發展的見解難以成立。照他們說，種姓制如天羅地網一般籠罩整個印度社會，工匠世界也在網內。根據馬克斯·韋伯的推論，種姓似乎阻礙了技術進步，扼殺了工匠的創造力，把一批人死死拴住，專門從事某項工作，任務一經確定，便不再變更，並且世代相傳，不得改習任何新的技藝，不得改變自己的社會地位。哈比勃認為，有充分理由懷疑這一理論（……）。首先因為無專門技能的勞動者大眾組成後備隊伍，需要時可隨時擔任新的工作。例如農民無疑為開發卡那蒂克的鑽石礦提供了需要的勞動者：據說，某些礦山被廢棄後，礦工「便回家種地」。某些種姓的手工技藝經過長期演變，可能偏離方向，乃至改弦易轍。如馬哈拉什特拉的裁縫種姓[439]，部份工匠轉營染布業，另一部份人甚至是專門以靛藍印染為生[440]。勞動力無疑存在某種程度的可塑性。何況舊的種姓制度隨著勞動分工的發達也在演變，十七世紀初在亞格拉即有一百多種手工行業[441]。此外，與歐洲一樣，印度工人也各地流動，尋找報酬更高的工作。一七二五至一七五〇年間，亞美達巴得的毀滅促使蘇拉特紡織業的興旺發達。歐洲人開設公司也招募織工，除礙於特殊規定（如某些種姓被禁止航海旅行）外，各地織工紛紛應召而來。

倒是另一些障礙更為嚴重。印度工匠使用的工具品種極少，而且都很簡陋，歐洲人對此往往感到驚訝。索納拉根據插圖解釋說，由於「工具貧乏」，一名鋸木工「需用三天鋸一塊木板，而我們的工人只花一小時」。「我們讚賞不已的美麗的平紋細布竟然是用埋在土裡的四根木棍組成的織機織成[442]。」，誰對此不感驚奇，印度工業能製成精妙絕倫的產品，是因為他手藝高超，並且各有專長。荷蘭人彼勒賽爾特指出：「荷蘭一個人的工作在這裡需經四人之手完成[443]。」可見工具十分簡單，幾乎全係木製，而歐洲早在工業革命前已大量使用鐵製工具。其次是因循守舊：直到十九世紀末，印度農田灌溉始終使用源自伊朗的傳統器械：木製曲輪傳動，皮袋，陶製水斗，畜力或人力驅動……但哈比勃[444]認為，原因主要不在技術方面（因為這些木製機械與紡織機械一樣，往往極見巧思），而在於成本的考慮：歐洲的金屬機械價格太高，對使用豐富廉價勞動力的經濟說來並不上算。除了程度上有所不同，今天第三世界各國遇到的正是相同的問題。它們難以採用要求許多資金，但佔用很少勞力的某些尖端技術，即使採用，效果也令人大失所望。

同樣，印度人對採礦技術不甚精通，只能開採地表的礦石，但我們在本書第一卷曾指出，他們用坩堝煉出一種質量極佳的鋼，高價出口波斯和其他地區。他們在這方面領先於歐洲的冶金技術。他們也會加工金屬，製造船錨，精美的武器，各種式樣的馬刀和匕首，性能良好的步槍，適用的火炮（雖然不是澆鑄成型，而是用鐵條焊接而成）[445]。據一位英國人於一六一五年所見，蒙兀兒皇帝在巴台博爾（位於從蘇拉特到德里的途中）的兵工廠生產各種口徑的鐵炮，「雖說炮筒太短，筒壁太薄」[446]。但是，這畢竟是一位見慣了船用長筒炮的水手的想法，何況這些火炮後來並非沒有改進。無論如何，奧朗則布在一六六四年左右擁有一支重炮隊和一支輕炮隊。牽引重炮的牲口數量之多令人難以置信，而且由於重炮隊行動遲緩，皇帝總讓它先走一程。每門輕炮由兩匹馬拖拉，隨駕行動[447]。在那時候，歐洲砲手已被印度砲手代替；即使印度砲手不如外國人靈巧，技術進步已顯而易見[448]。火槍和火炮已在印度全境普遍使用。一七八三年，邁索爾（Mysore）的末代蘇丹提普・薩希普遭法國人拋棄，不得不退守山區，其重炮隊在高止山脈的崎嶇小路幾乎難以行進。在門加洛爾地區，每門炮需用四十至五十頭牛牽引，外加一頭象在後面推；大象如不幸失足，一大串人就得跟著它墜入深淵[449]。由此可見，印度在技術上的落後還不到災難性的地步。印度的鑄幣廠並不比歐洲遜色：一六六〇年僅為滿足英國東印度公司的要求，蘇

十六世紀果亞的土著鐵匠：技術原始，手動風箱，形狀奇特的鐵錘大概兼作斧子之用。

拉特每天即鑄造三萬盧比[450]。

造船業更堪稱盡善盡美。根據一份法國報告，一七〇〇年左右在蘇拉特建造的船隻「性能良好、〔法國印度公司〕如欲訂購幾艘，殊為有利」，即使造價與法國相等，也仍然有利，因為柚木船身可保航行四十年不壞，不比法國船隻保「十至十二年，最多不過十四年」[451]。十九世紀前葉，孟買的祆教商人把大量資金投入造船業，在孟買本地或其他港口，特別在科欽[452]建造船舶。孟加拉，包括加爾各答在內，自一七六〇年[453]開始也有了船廠：「上次戰爭〔一七七八—一七八三〕以來，英國人僅在孟加拉一地至少裝備了四百、五百艘大小不等，均由他們出資在印度建造的船隻[454]。」有的船噸位很大：「蘇拉特城堡號」（一七九一—一七九二）吃水為一千噸，配有十二門炮和一百五十名船員；「洛基家族號」為八百噸，配有一百二十五名印度水手；最大的「欣品特號」（一八〇二）達一千三百噸[455]。印度建造的最漂亮的船俗稱「印度船」，這在當時屬於大型商船，主要從事對華貿易。直到十九世紀中期蒸汽機船獲勝前，英國人在亞洲海域只使用印度建造的船隻。但是沒有一條印度船駛向歐洲：英國港口禁止它們進入。一七九四年，因戰爭和運輸的緊急需要，該項禁令解除了幾個月。但是印度船和水手在倫敦出現引起了強烈的敵意，英國商人很快不再讓印度船承擔運輸任務[456]。

印度紡織生產異常發達已為眾所周知，不必在這裡多費筆墨。無論需求有多大增長，英國的呢絨工業都能充份予以滿足；印度的紡織業同樣擁有這一令人讚嘆的能力。村村都有織機；城市裡的織匠更比比皆是；從蘇拉特到恆河，織布工廠密如星雲，或自產自銷，或接受大出口商的定貨；喀什米爾的紡織業尤其根深柢固；織機在馬拉巴沿海難得見到，但在科羅曼德海岸則蔚為大觀。歐洲公司試圖按照西方的實用模式，首先是仿照我們曾講得很多的「外包工制度」組織這一生產，但未能成功。最明顯的嘗試在孟買進行[457]，隨著蘇拉特和其他地方的印度工匠移居該地，外包工制本有可能從無到有地發展起來。但印度傳統的預付款制和合同制卻毫不動搖，至少一直維持到十八世紀末年英國征服孟加拉並把工匠置於自己的直接控制之下為止。

印度的紡織生產確實不易駕馭，因為它不像歐洲那樣納入單獨的一個網絡；原料的生產和銷售，紡紗（工序很長，尤其是用於織造平紋細布的細紗）、織布、漂白、整理，印花各有不同部門和渠道經營其事。在歐洲實行垂直管理（佛羅倫斯在十三世紀已做到這一點）的組織系統，在印度卻分割成各不相通的部門。大公司的採購員有時也到織匠出售其成品的市場上去購買，但是遇有大筆定貨（定貨量不斷增大[458]），往往還是與印度商人簽訂合同更好。後者僱有若干辦事人員走遍各棉布產區，由他們再與工匠簽訂合同。中間商有義務在預定日期，按照一經商定便不得變更的價格，向某家商行的「辦事員」交付一定數量和一定品種的織物。他按照慣例預付織匠一筆現款作為訂金，供工匠購買棉紗並維持生產期間的生計。工匠交活後，將根據行市收取價款，預付款自當扣除。棉布價格隨行就市，不在預訂時定死，是因為它隨棉紗和大米的價格而變動。

商人因此要冒一定的風險，其利潤率顯然大受風險的影響。但織匠的確十分自由，他接受預付訂金（不像在歐洲接受的是原料），但可直接在市場出售產品，受包買商制度束縛的歐洲工人則無此迴旋餘地。另一方面，印度織匠有可能更換工作地點乃至罷工、改行、重新務農或應募從軍。鑑於這種情況，喬杜里覺得有口皆碑的印度織匠的貧窮令人難以理解。難道是古老的社會結構註定農民和工匠只能得到最低報酬？十七和十八世紀期間需求和生產的巨大增長可以加強工匠的選擇自由，但不能打破普遍的低薪制，雖然生產已被直接的貨幣經濟所包圍。

一般情況下，實行了以上辦法便不必再開辦工廠。不過工廠也還存在，寬敞的車間裡集中了大量勞力。這就是所謂「卡卡那」，其產品僅供廠主即貴族或皇帝使用。廠主有時也樂意輸出這些高級奢侈品。曼德爾斯羅（一六三八）曾說起一種華麗而昂貴的金花棉絲織物，在他路過亞美達巴得城時，當地的工匠才剛開始

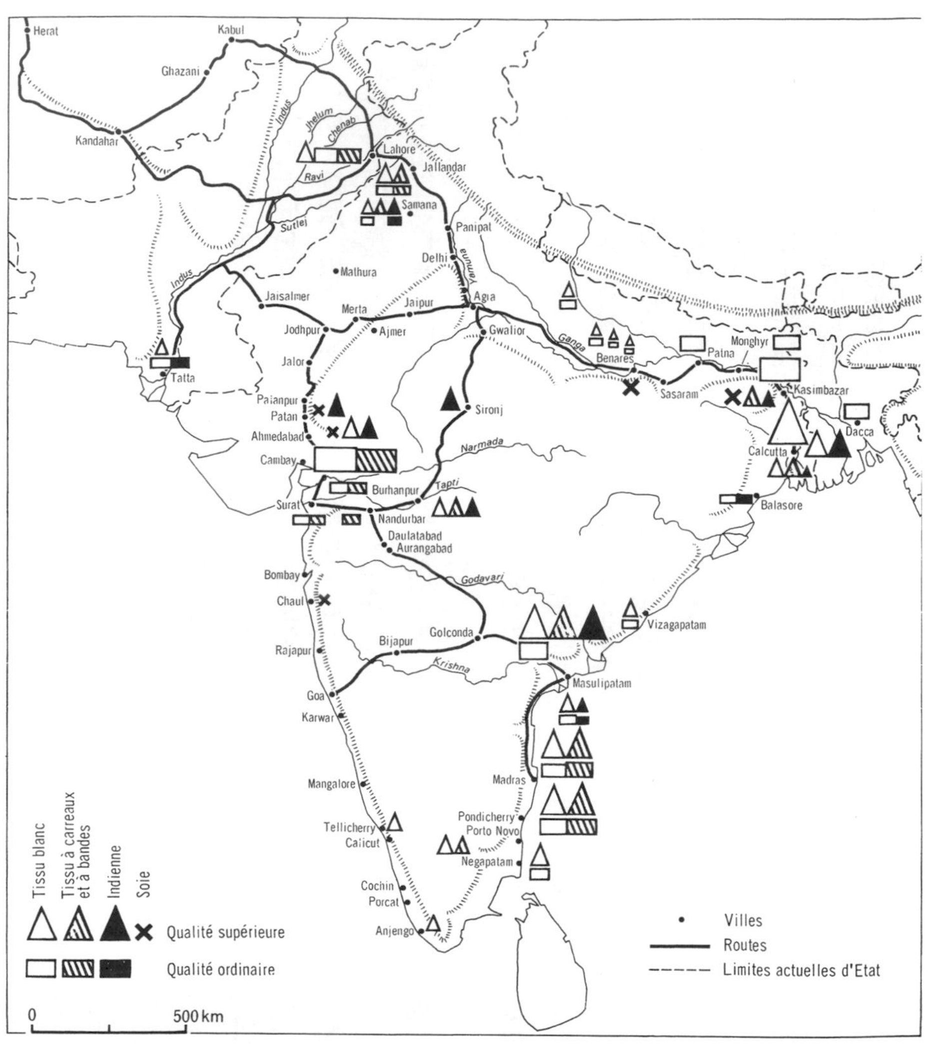

表(47)　十八世紀中期印度的道路及紡織工業

除盛產胡椒的馬拉巴海岸外，印度各大地區都有紡織工業。圖中不同符號表示不同的產品以及估計的產量大小。（摘自喬杜里著《亞洲的商業世界及英國東印度公司》，1978 年版）

生產這種織物，「專供御用，但也允許外國人攜帶出境」[459]。

實際上，印度全國都從事生絲和棉花紡織，出口數量大得令人難以置信的織物，從最普通的到最豪華的應有盡有。產品遠銷世界各地，甚至美洲也通過歐洲的媒介得到大量織物。藉助旅行者的記述和歐洲公司開列的貨單，我們能夠想像其品種之繁多。僅以法國一份備忘錄中列舉的印度各省生產的紡織品為例（照錄原文，不加評論）：

「Toiles de Salem écrues et bleues, guinées bleues de Maduré, basins de Gondelour, percales d'Ami, napes de Pondichéry, bétilles, chavonis, tarnatanses, ourgandis, stinkerques dôtec, cambayes, nicanias, bajutapeaux, papolis, korotes, branls, boelans, limanas, tapis de lits, chittes, cadées, doulis blancs, mouchoirs de Mazulipatam, sanas, mouselines, terrindins, doréas (mousselines rayées), mouchoirs stinkerques, malmolles unies, brodées en fils or et argent, toiles communes de Patna exportées en telle quantité jusqu'à100000 pièces, qu'on peut les obtenir sans《les faire contrac ter》[460] sirsakas (étoffe de soye et cotton), baffetas, hamans, cases, toiles àquatre fils, basins communs, gazas, toiles de Permacody, guinées d'Yanaon, conjus……」[461]

備忘錄作者還補充說：某些品種的織物質量差別很大：如在達卡市場上出售的「精美絕倫的平紋細布中……有的單色細布售價自每十六法尺二百法郎至每八法尺二千五百法郎不等」[462]。這份貨單本已洋洋大觀，但與喬杜里那本書附錄的九十一種紡織品名單相比，又是小巫見大巫了。

毋庸置疑，直到英國工業革命為止，印度棉布業在產品質量和數量以及出口額方面均佔世界第一位。

一個民族市場

剩餘農產品、原料和供出口的製成品無不在印度流通。鄉村市場上匯集的糧食經由一系列本地商人、高利貸者在放款人之手抵達小城鎮，然後再由專營糧食和鹽[463]等重貨運輸的大商人運往大城市。

這種流通方式並非盡善盡美：饑荒突然到來會使人措手不及，而距離過遠往往使飢荒釀成大災。不過在淪為殖民地的美洲，或在古老的歐洲本土，情況不也一樣嗎？何況印度的商品流通採用各種可能的形式，因而能沖破障礙，把經濟結構和生產水平各不相同而又相隔遙遠的地區聯接起來；結果是各類貨物無分貴賤，都暢通無阻，而且運輸可享保險，保險費相對低廉[464]。

陸路運輸由浩浩蕩蕩的有武裝保護的商隊承擔。根據不同的地段，這些商隊使用牛車以及水牛、驢、駱駝、馬、騾和山羊等馱畜，有時也僱用馱夫。雨季商隊停止活動，於是水路（河流和運河）運輸躍居首位。水運價格低得多，往往速度更快，奇怪的是收取的保險費更高。商隊所到之處無不受到熱情接待，村莊裡樂於為他們提供住宿[465]。

敘述至此，我們不得不想到「民族市場」這個術語用在這裡有點過甚其詞。龐大的印度次大陸具有某種嚴密的結構，貨幣經濟則是形成這種結構的重要和基本因素。這種結構產生出若干發展極點，而極點又造成為活躍的流通所不可缺少的不平衡形態。

誰還會注意不到蘇拉特及其所在地區的中心地位？蘇拉特地區在商業、工業、出口等物質生活領域都佔優勢。蘇拉特港是進出口貨物的大門，遠洋貿易使紅海的貴金屬源源不斷地運來，使蘇拉特與遙遠的歐洲及南洋群島的港口息息相通。另一個不斷壯大的極點在孟加拉，這是印度的奇蹟，埃及般的龐然大物。一七三九年，一位法國船長駕駛他的六百噸級的商船溯恆河而上，好不容易才抵達昌德納加（Chandernagor）。他對恆河的看法很有道理：「這條河是印度商業的源泉和中心。在河上開展商業甚為方便，因為這裡沒有在科羅曼德沿海所遇到的諸多麻煩[466]〔……〕因為這裡土地肥沃，人口極其稠密。這裡不但生產質量極佳的工業品，而且還提供小麥、大米以及各種日常生活用品。物產豐富吸引著並將永遠吸引大量商人前來此地，商人們派他們的船隻駛往從紅海到中國的整個印度洋沿海地區。歐洲和亞洲各民族在這裡會合，秉性和習俗各不相同，卻相處十分融洽，但有時也彼此不和，他們莫不以利益為唯一準繩[467]。」當然，若要重現商旅雲集的印度地理概貌，還得補充其他描述。必須談到古吉拉特的「工業群落」，這是遠東最強大的工業中心；還要談到卡利克特、錫蘭、馬德拉斯；還有各式各樣的外國商人和印度商人，他們隨時準備拿出資金或貨物，租船出海去碰碰運氣。除荷蘭外，歐洲各國的船隻都爭相承攬這類貨運。同樣還應該談到在水陸兩路進行的國內交換（食物、棉花、染料）。這些貿易是對外貿易的補充，不如後者引人注目，但是對於印度生活的總體來說可能更加重要。國內貿易對蒙兀兒帝國的結構畢竟具有決定意義。

蒙兀兒帝國的份量

蒙兀兒帝國於一五二六年取代德里蘇丹國，接管了一套業已證明行之有效的組織系統。在繼承了這筆遺產和重新煥發了活力以後，蒙兀兒帝國這台笨重而有效率的機器將運轉很長時間。

十六世紀印度行旅圖。康貝王國境內婦女乘坐牛車旅行：武裝人員護送商旅。

它完成的第一件大事（一五五六至一六〇五年間阿克巴的創業）是順利地推動了印度教和伊斯蘭教和睦共處。伊斯蘭教徒皆係權貴，當然備受崇敬，以致歐洲人在印度北部和中部見到無數清真寺後，長期認為伊斯蘭教是印度普遍信奉的宗教；商人和農民信奉的印度教是一種正在消失過程中的偶像崇拜，好比歐洲與基督教共存的異教。歐洲思想界晚至十八世紀末和十九世紀初才發現印度教的存在。

第二項成就是借鑑鄰國波斯的藝術、文學和靈感，使波斯文明適應印度的國情並在幾乎印度全境發揚光大。由此產生了兩種文化的融合，結果是原屬少數人的伊斯蘭文化被廣大印度群眾所吸收，雖然印度群眾早已主動接納了許多外來文化因素[468]。波斯語是享有特權的貴族和上層階級的語言。一名法國人在貝那拉斯遇到了麻煩（一七六八年三月十九日），對昌德納加的總督說，「我將叫人用波斯文給本地的王公寫信」[469]。行政機構使用印度斯坦語，但其組織形式仍仿照伊斯蘭國家。

德里蘇丹國及後來的蒙兀兒帝國都成功地在印度各省（sarkars）和各縣（parganas）建立了行政系統。遍佈各地的行政部門負責徵收稅賦，也以促進稅源所出的農業為己任，發展灌溉，推廣供出口的高收益作物[470]。行政部門的這一行動有時輔之以國家津貼和巡迴宣傳，頗見成效。

這一體系的中心是極其強大的軍隊。作為帝國的心臟，軍隊確保帝國的生命，同時又靠帝國養活。軍隊的骨幹由皇帝周圍的貴族，即「曼沙達爾」（mansabdars）或「歐姆拉赫」（Omerahs）組成，一六四七年共有八千人，他們根據各自的級別，招募幾十、幾百乃至於幾千名僱佣兵[471]。常駐德里「待命」的部隊人數之多，為歐洲所難以想像：將近二十萬騎兵，四十多萬持槍步兵和砲兵。另一個首都亞格拉（Agra）的情況相同，每逢大軍出征，亞格拉只剩一座空城，惟有婆羅門商人留下不走[472]。如果我們試圖統計在帝國各地分散駐防以及衛戍邊境的兵員，則人數接近一百萬[473]。「在任何一座小城鎮裡，至少總有二名騎兵，四名步兵」[474]，他們負責治安，也考察和探聽民情。

軍隊本身就是政府，因為帝國的高官顯職首先屬於軍人。軍隊也是外國奢侈品，尤其是歐洲呢絨的主要顧客。印度氣候炎熱，進口呢絨並非用於衣著，而是供「王公大人為馬、象、駱駝等坐騎配備繡被[475]和鞍墊，製作轎帷、防潮槍套以及步兵的禮服」[476]，當時（一七二四）進口的呢絨每年價值高達五萬埃居。從波斯或阿拉伯大批進口的馬（一名騎兵擁有多匹坐騎）本身就是奢侈品：它們價格極昂，為英國平均價格的四倍。宮廷裡「貴庶咸與」的慶典開始前，皇帝的一大樂趣是讓「御廄裡若干匹上等駿馬列隊受閱」，繼之以「幾頭洗刷乾淨的巨象，通體除了兩道粗大的紅槓都塗上黑色」，並飾以繡被和銀鈴[477]。

「歐姆拉赫」的豪華堪與皇帝本人相比。他們與皇帝一樣擁有自己的手工工廠（「卡卡那」），其精美的產品專歸他們享用[478]。他們也與皇帝一樣喜好興建宮室。他們出入必有大批奴僕隨行，有的積聚財寶之多令人瞠目結舌[479]。我們不難想像貴族階級給印度經濟帶來多重的負擔。他們或由國庫直接支付俸祿，或在皇帝賜予的「扎吉爾」封邑收取農民交納的稅賦，「以保持其高貴身份」。

蒙兀兒帝國滅亡的政治原因和非政治原因

帝國這架龐大的機器到十八世紀顯示老化和衰竭的跡象。若要確定所謂蒙兀兒帝國衰落的開端，真還不知道選哪一個日期才好；一七三九年波斯人攻佔德里，把全城洗劫一空；一七五七年英國人打贏普拉西戰役；一七六一年，正當用近代武器裝備的馬哈拉什特拉人準備重建大蒙兀兒帝國時，披著中世紀甲冑的阿富汗人在第二次巴尼伯德戰役中把他們打得一敗塗地。歷史學家們沒有太多爭論，長期把奧朗則布去世那一年，即一七〇七年，定為蒙兀兒帝國盛極而衰的轉折點。如果我們接受了他們的看法，那麼蒙兀兒帝國純屬壽終正寢，沒有讓外國人，不管是波斯人、阿富汗人還是英國人，來結束它的性命。

這真是個奇怪的帝國，以幾千名封建主為柱石。稱作「歐姆拉赫」或「曼沙達爾」（身份高貴的人）的他們將去治理的吉卜林筆下的印度。

封建主既從印度也從外國招募。沙・賈汗統治（一六二八－一六五八）末年，封建主已從波斯和中亞等十七個不同地區前來印度。他們對於自己將在其中生活的國家的陌生程度，不亞於後來的牛津或劍橋畢業生對於他們將去治理的吉卜林筆下的印度。

歐姆拉赫每天上朝兩次。與在凡爾賽一樣，朝臣務事獻媚取寵。「皇帝說的每一句話無不被傳誦、讚嘆，都使顯要的歐姆拉赫舉手高呼『卡拉馬特』，意思是『妙極了』[480]。」不過他們朝見的主要目的是要確信皇帝健在，由於皇帝健在，帝國也就安然無恙。皇帝一不露面，御體違安的消息或者主公駕崩的謠言立時會引起一場繼位戰爭的風暴。所以享高壽的奧朗則布在他生命的最後幾年，即便病得要死，也要強打精神接見群臣，以便向公眾證明他還活著，帝國也還巍然存在。這一專制體制的弱點是它未能確立可垂之萬世的帝位繼承方式。角逐帝位之爭並非始終十分嚴重。一六五八年，奧朗則布打敗了他的父親和他的兄弟達拉・蘇柯，結束了皇位繼承戰爭，建立起他的血腥統治，但戰敗者一方未見特別悲痛。「幾乎所有歐姆拉赫都被迫去朝見奧朗則布〔……〕難以置信的是竟沒有一個人敢於為老皇帝出面求情，雖然正是老皇帝給了他們今天的地位，把他們從草野賤民，也可能如這個宮廷中常見的那樣，從奴隸擢昇為高官，享盡富貴榮華[481]。」說這番話的是與柯爾貝爾同時代的法國醫生法蘭索瓦・貝尼埃。他的證詞說明他儘管久居德里，還沒有忘記自己感受和判斷事物的方式。但德里的權貴們另有一套倫理觀念，遵循另一個世界的行為準則。他們究竟是何許人呢？不妨說與義大利十五世紀的僱佣兵隊長相像，他們招募步兵和騎兵，實行論功行賞。招募兵員、武裝士兵是他們的事，所以蒙兀兒部隊的裝備簡直五花八門[482]。作為「僱佣兵隊長」，他們久經沙場，完全懂得應該怎樣躲開危險；他們對打仗並不起勁，只想著一己的私利，與馬基維利時代的軍事領袖一樣，他們有時故意拖延戰爭，避免進行決戰。過份顯眼的勝仗自有其弊病：統帥滿意之餘，還會橫生嫉妒。拖長戰爭，擴充兵員，多從皇帝那裡得到餉銀和收入，則有百利無一弊。尤其當戰局不太險惡時，只要在被圍困在城堡前安營紮寨，坐待城堡內部糧盡彈絕，拖延時間反而更有好處。這種營寨大如一座城市，有幾千頂帳篷，幾百家鋪子，生活方便，甚至還能享受某種奢侈。法蘭索瓦·貝尼埃對這種帳篷城市作過很好的描寫。奧朗則布一六六四年出征喀什米爾途中，曾搭建容納成千上萬人的帳篷城市。軍營中帳篷林立，井然有序。歐姆拉赫與在朝時一樣，按時覲見皇帝。「在一片漆黑的曠野裡，只見長長的火把行列在大軍宿營的無數帳篷中穿行，引導歐姆拉赫們前往御帳，或把他們送回各自的帳篷，真沒有比這更加壯觀的景色了……[483]」

總體來看，這是一臺驚人的機器，既堅硬又脆弱。要使這臺機器運轉，必須有一個剛毅、能幹的君主，奧朗則布在其統治的前半段可能做到了這一點，也就是說大致上到一六八〇年為止，他在那年鎮壓了自己的親生兒子阿克巴的反叛[484]。機器運轉還有另一項條件，即國家必須不打亂既有的社會、政治、經濟和宗教秩序。可是，矛盾重重的大蒙兀兒帝國不斷在變化。不僅君主在變，變得偏狹、多疑、優柔寡斷、篤信神明，整個國家和軍隊本身同時也跟他一起在變。軍隊沉湎於奢侈享樂，因此喪失了戰鬥力。尤其，軍隊不斷擴充，招募了過多的兵員，但扎吉爾「封邑」的數額不以同等速度增長，而且皇帝出讓的領地往往不是已經備遭蹂躪，便是位於貧瘠地帶。扎吉爾受封者通常採取的對策是抓住一切機會謀利。蒙兀兒帝國的貴族僅及自身，他們死後財產例應歸還給皇帝，而在無視公益的氣氛下，某些貴族就設法隱匿部份財產；有的甚至像同一時期鄂圖曼帝國的貴族那樣，成功地把自己的終身財產變成世襲產業。這一體制的另一腐敗現象見於十七世紀中葉：王子公主、後宮嬪妃和貴族領主紛紛從商，或者親自出面，或者利用商人出名頂替。奧朗則布本人擁有一支船隊，從事紅海及非洲各港貿易。

蒙兀兒帝國臣民的財產不再是對他們為國宣勞的獎賞。各省地方長官不再聽命。奧朗則布出兵制服了德干的兩個穆斯林國家：比賈布爾王國（一六八六）和哥康達王國（一六八七）：當他凱旋回朝時，一場廣泛的抗命浪潮又突然向他襲來。那時候，馬哈拉什特拉人已經公開表示與他為敵。馬哈拉什特拉人是高止山脈西段貧窮、人數不多的山民。這些出色的騎兵，在大批不逞之徒和不滿份子的協助下，四出襲擊搶掠，皇帝竟奈何他們不得。他用武力、狡計和收買手段都未能擊敗馬哈拉什特拉人的首領西瓦吉，一個粗野的農民、一頭「山老鼠」。皇帝的威望因此大損。一六六四年一月，馬哈拉什特拉人攻佔並洗劫蘇拉特，皇帝更是丟盡體面，因為蘇拉特是蒙兀兒帝國最富的港口，赴麥加貿易和朝聖的出發點，蒙兀兒統治和權力的象徵。

由於上述原因，皮爾遜[485]不無道理地把漫長的奧朗則布統治時期包括在蒙兀兒帝國衰落過程之中。他的論據是，面對前所未有的、頑強的內戰，帝國已表明未能恪守其天職，忠於其存在理由。這是可能的。但戰爭的悲劇難道如今天有人所說[486]，僅僅由於奧朗則布一六八〇年後推行了以猜疑、殺戮和排斥異教為特點的政策嗎？這是否過高估計了這位「印度的路易十一」[487]的作用？印度教的反抗是從底層湧起的巨瀾；馬哈拉什特拉人的戰爭，錫克族的異端抬頭和殊死鬥爭[488]，都是這一反抗的外在表現。但我們對反抗的根源並不清楚。根源如果弄明白，我們很可能就不難解釋蒙兀兒統治及其使兩種宗教和兩種文明——穆斯林和印度教——共存的努力何以在深部不可挽救地失敗。穆斯林文明以其典章制度、獨特的市政建設及宏偉建築表現它在印度取得了罕見的成功，甚至德干地區也力圖進行模仿。但是一旦大功告成，印度卻分裂成了兩塊。正是這一分裂為英國征服鋪平了道路。長期擔任荷蘭東印度公司駐孟加拉代表的荷蘭人伊薩克·提津格說得很乾脆（一七八八年三月二十五日）：英國人可能遇到的唯一不能克服的障礙將是穆斯林與馬哈拉什特拉的王公結成聯盟，「今天，英國的政策始終致力於排除這一聯盟的可能性」[489]。

肯定無疑的是蒙兀兒帝國解體過程緩慢。普拉西戰役（一七五七）發生於奧朗則布去世（一七〇七）後五十年。這苦難深重的半個世紀裡，印度是否已進入經濟衰退時期？衰退又是對誰而言？因為十八世紀在印度全境，對歐洲的貿易大為增長。這一增長又有什麼意義？

印度十八世紀的真正經濟形勢實際上很難判斷。當時某些地區必定衰退了，另一些地區維持原狀，個別地區反有進步。有人把蹂躪印度的歷次戰爭與德意志地區在三十年戰爭（一六一八－一六四八）中遭受的苦難相比[490]。同樣作比較，不如與法國的宗教戰爭（一五六二－一五九八）相比更說明問題，因為宗教戰爭雖使法國遍體鱗傷，這期間法國的經濟形勢卻是比較好的[491]。正因為經濟形勢較好，戰爭才能維持並延續，新教和天主教雙方才能發餉給不斷招募的外國僱佣軍。印度的戰爭是否依靠相同的有利經濟條件？這是可能的：馬哈拉什特拉人發動進攻時必有商人合作。商人來到他們的營地，沿著選定的路線為他們籌集必需的食物和彈藥。必須以戰養戰。

總之，問題已經提了出來。而為了解答問題，就需要進行調查、統計、繪製價格曲線……我想發表由我個人負責的一個見解：十八世紀後半葉的印度似

大蒙兀兒皇帝出獵圖。扈從的臣僕都有坐騎：馬、象、駱駝，只有背景右側的少數步兵是例外。

乎處於從廣州到紅海的上升經濟形勢之中。各歐洲公司，獨立經營的商人和插手「區域貿易」的公司「辦事員」生意做得很好，他們的船隻的數目與噸位都有所增加，這可能意味著給印度經濟帶來一定的損害，要求它作出某些調整，但是遠東的生產，尤其是始終佔據中心位置的印度的生產，必須跟上這一運動。霍爾敦．福伯信筆寫道：「印度每生產一匹向歐洲出口的棉布，就必須同時為國內消費者生產一百匹」[492]。當時甚至印度洋沿岸的非洲也在古吉拉特商人的推動下再度活躍起來[493]。印度史專家們對十八世紀的悲觀看法難道只是一種先驗的推定？

不管印度由於經濟發展或衰退而敞開大門，印度對外國征服未作激烈的抵抗。不僅英國人輕取印度，法國人、阿富汗人、波斯人也躍躍欲試。

印度經濟的衰退，究竟是因為政治生活和經濟生活的頂層運轉失靈，還是由於鄉鎮密集的經濟活動出了毛病？在後者這一初級層次上，並非一切都始終不變，但許多東西保持原狀。無論如何，英國人佔領的不是一個日暮途窮的國家。一七八三年後，蘇拉特雖已破落，英國人、荷蘭人、葡萄牙人和法國人仍在該城有重要的商務[494]。馬埃的胡椒價格高於英國收購站出的價錢，一七八七年時[495]吸引了大宗胡椒貿易。依靠在印度當地商行供職的法國職員，更賴在模里西斯（Mauritius）和留尼旺（Réunion）島定居的法國人出力，法國的印度洋貿易日漸興旺，至少也維持舊觀。法國人到印度來尋求發財機會已為時太晚，他們無不想好好對付英國人的策略和經商方案：印度始終是頭獵物，是令人垂涎的征服對象。

印度十九世紀的落伍

印度在十九世紀肯定是退步了。既是絕對的退步，也是相對的落伍，因為它跟不上歐洲工業革命的步伐，不能仿傚其英國主子的榜樣。應該歸諸什麼原因？是印度十分特殊的資本主義是以低工資為特徵的帶有強制性的經濟和社會結構？或是政治形勢的困難，十八世紀印度境內戰爭頻仍，兼以歐洲特別是英國得寸進尺的侵犯？或是技術進步不足？或是如同俄國那樣，致命的打擊來自歐洲的機械革命？

印度資本主義顯然有其缺陷。但是這一資本主義是一個體系的組成部份，而這個體系說到底運轉並不太壞，雖然印度是個碩大無比的實體，比法國大十倍，比英國大二十倍。這個實體為了能生存，這個在地理上分割成若干碎塊的民族市場為了能運作，都需要一定數量的貴金屬。我們已看到，不管印度的經濟、社會、政治制度是何等僵硬乃至邪惡，卻註定了必須實施貨幣經濟，從而具有必要的靈活性和效率。印度本身不產貴金屬，但它進口了足夠數量的貴金屬，導致早在十四世紀，中部地區的農民就用現金交納租稅。當時的世界上，包括歐洲在內，哪個國家能超過它？由於貨幣經濟的運轉條件是必須留有儲備，既有蓄水的時候，也有開閘放水的時候，必須在收穫或支付前創造一種人為的金錢，組織交易和信貸，也出於貨幣經濟的廣泛發展不能離開商人、批發商、船東、保險商、經紀人、中間商、店主和商販，商業等級體系必定在印度存在而且發揮其作用。

正因為如此，蒙兀兒體系中包含著一定的資本主義成份。批發商和銀行家身據要津，掌管著資本積累和再投資。與伊斯蘭國家一樣，印度並沒有西方那種在積累財富的同時也積累權勢的大地主世家。然而種姓制度促使商人和銀行家通過世世代代堅持不懈的努力，使資本的積累過程穩定地繼續進行下去。某些家族積聚財富之眾，堪與富格爾家族或麥第奇家族相比。蘇拉特有的批發商擁有船隊；我們知道數以百計的大商人屬於婆羅門種姓。同等數目的富商巨賈是穆斯林。到十八世紀，銀行家似乎抵達財富的巔峰。我個人傾向於認為，一方面他們可能在歐洲歷史的影響下被推上銀行業務的高峰，而另一方面印度經濟生活本身的發展邏輯也趨向於在過程的終端創立高級銀行業務。根據萊喬杜里的看法，這些商人之所以轉入金融領域（收稅、銀行和高利貸），是因為歐洲的競爭把他們日益排斥在航海活動和遠程貿易之外[496]。兩種運動可能形成合力，奠定賈加塞斯特家族的財富。「賈加塞斯」（Jagatseths）原意為「世界銀行家」，這家人一七一五年用這個顯赫的頭銜取代他們的舊姓。

我們相當了解這個家族的情況，他們原籍齋浦邦，屬於馬瓦里種姓的一個分支。他們定居孟加拉後，靠著為蒙兀兒皇帝收稅、放高利貸、發放銀行貸款和經營莫夕達巴的鑄幣廠發了大財。根據幾個與他們同時代人的說法，他們單憑確定盧比與舊幣的比價就足以致富，他們用匯票把巨額款項交給德里的大蒙兀兒皇帝。一支馬哈拉什特拉騎兵隊攻佔莫夕達巴後，他們一下子就損失了二千萬盧比，但是他們的業務照常進行，好像什麼事也沒有發生……需要補充說，賈加塞斯家族並非獨一無二。我們還知道另一些商人不比他們遜色[497]。從十八世紀末起，這些孟加拉資本家逐漸破產，但這是由於英國人的意志，並不是他們自己無能[498]。相反，在印度西海岸的孟買，十九世紀上半葉，一群富商（包括古吉拉特商人和祆教商人，穆斯林商人和印度教商人）在商業和銀行業的各個部門，在造船業、貨運業、對華貿易乃至在某些工業部門無不春風得意。祆教商人吉吉勃霍依是最富者之一，他在城裡一家英國銀行存有三千萬盧比[499]。在孟買，本地商業網的組織及協作對英國人是不可缺少的，印度資本主義不用費力就證明了它的適應能力。

這是否等於說，資本主義在印度一直發展順利？肯定不是，因為商人和銀行家並非不受約束。早在英國統治者前，壓在他們頭上的不僅有大蒙兀兒皇帝，而且還有印度各邦的專制國家機構。大商人家族的財富註定他們要受到有權勢者的敲詐勒索。他們終日擔心會遭到巧取豪奪或受皮肉之苦[500]。所以，作為商業資本主義和印度經濟的靈魂，貨幣流通雖然十分活躍，婆羅門商人卻缺少自由、安全以及政治上的配合，而正是這些因素促成了西方資本主義的興起。不過，有人從這一點出發，進而指責印度資本主義軟弱無能，那又走得太遠了。印度不同於中國，自發的資本主義，即財富的積累，並不受國家有意識的阻攔。印度大商人雖然常受敲詐勒索，但他們人數很多，而且始終富有。種姓成員間強大的團結力量保護商人集團的財產，確保他們從南洋群島到莫斯科的種種協作關係。

因此我不認為資本主義應對印度的落後負責。落後的原因總是包括內部和外部兩方面。

在內部原因中，低工資也許是個重要因素。印度工資與歐洲工資相差懸殊，道理不言自明。一七三六年，英國東印度公司的董事認為法國工人的工資（大家知道，法國工資遠低於英國勞動力的報酬）比印度工資高六倍[501]。喬杜里覺得印度熟練工人報酬極低一事不易解釋，並非沒有道理，因為印度的社會環境似乎留給他們相當的自由和足夠的自衛手段。但低工資難道不是印度一般經濟制度歷來存在的結構性特徵？我的意思是說，低工資是貴金屬流向印度的必不可缺的條件。貴金屬流向印度由來甚久，早在古羅馬時代已是如此。與皇帝及特權人物貪得無厭的攢錢癖好相比，低工資更能解釋貴金屬似在旋風吸引下從西向東的流動。金幣和銀幣抵達印度後，因當地勞動力價格低廉而自動升值，勞動力便宜必定意謂著食物便宜，乃至香料價格也相對低廉。作為回報，印度出口的原料以及棉布和絲綢有力地打入西方市場；與英國、法國或荷蘭產品相比，印度出口商品不僅質量高，外觀美，而且價格低。今天香港或朝鮮紡織品湧入世界市場，也正是依靠價格低廉。

「外部無產階級」的勞動是歐洲與印度貿易的基礎。孟捍衛出口貴金屬的原則，一六八四年提出一個不容辯駁的論據：東印度公司以八四萬英鎊的價格買進的印度產品在歐洲以四百萬鎊的價格脫手，這些進口貨物最終為大不列顛回籠貨幣[502]。從十七世紀中期起，棉布佔進口貨物的大宗，其數額迅速地增長。一七八五至一七八六年，英國公司一年間僅在哥本哈根一地即出售了九十萬匹印度紡織品[503]。從這一事實出發，喬杜里推論說，在一個工匠數以百萬計，全世界都爭購其產品的國家裡，不可能存在鑽研技術以求提高生產率的刺激。這一推斷自有道理。既然一切順利，一切就都可以維持原狀。相反，面臨威脅的歐洲工業卻受到刺激。在十八世紀的大部份年代裡，英國禁止印度紡織品入境，而把貨物轉運美洲和歐洲出口。後來，它又竭力佔領這個如此豐腴的市場。全賴極度節約勞力，它才達到這個目的。機器革命發端於棉紡織工業並非偶然。

我們這裡接觸到印度落後的外部原因，而不是內部原因了。一言以蔽之，這第二個原因是英國。光說英國人強佔了印度及其資源還不夠。印度對於英國人是一個工具，依靠這個工具他們佔據了比印度更遼闊的地域，進而統治了亞洲超級經濟世界。正是在這個擴大了的框架內，人們很早就看到，印度的內部結構和平衡怎樣被扭曲，以便適應一些與它自身不相干的目標。人們還可以看到，在這個過程中，印度怎樣在十九世紀終於被「非工業化」，淪為原料生產國的地位。

總之，十八世紀的印度並不處在誕育革命的工業資本主義的前夜。在它自身的界限內，它呼吸自在，行動有力而且卓見成效。印度擁有傳統的農業，勞動力密集，但產量很高；工業是舊式的，但異常活躍、有效（直到一八一〇年為止，印度鋼的質量優於英國，僅次於瑞典[504]）；市場經濟早就在本國境內運作，它擁有人數眾多，講求效率的商人團體。最後，印度的工商業實力理所當然地建立在發達的遠程貿易之上：它的經濟活動地域比它本國的地域更大。

但印度工商業並不主宰這個經濟地域。我甚至曾經指出，印度最活躍的貿易有賴於四周的鄰國。但印度對這些鄰國卻又持消極態度。正是由於外部原因，由於亞洲「區域貿易」的渠道被人霸佔，印度逐漸陷於貧困，喪失其領導地位。歐洲人前來印度最初刺激了印度擴大出口，最終反過來使印度大受其害。最具諷刺意味的是，印度的巨大力量將被用於完成自身的毀滅。英國從一七六〇年起利用印度的棉花和鴉片撞開中國的大門。英國的實力由此倍增，回過頭來正好收拾印度。

印度和中國合為一個超級經濟世界

以上解釋講過以後，我們又回到一開頭提出的問題：整個遠東經濟生活從一四〇〇年起即被納入到一個極其遼闊、廣大，但是脆弱的超級經濟世界之中。這種脆弱性無疑是世界史的重要因素之一。因為遠東是個天造地設的侵略目標，其組織形式便於外族入侵，卻不利進行自衛，因此歐洲人侵入遠東不應由他們獨任其咎。何況歐洲入侵之前有過別的入侵，伊斯蘭入侵即是其中一例。

這一超級經濟世界的合乎邏輯的匯合點和中心只能是南洋群島。南洋群島位於亞洲邊緣，處在中國和日本前往印度和印度洋國家的途中。然而，地理位置提供的可能性要由歷史決定取捨，而且不論接受或者拒絕，還根據印度和中國這兩個遠東大國的態度，情況會有無數的細微差別。當兩個大國處在清平盛世，並致力於對外活動時，遠東的重心就大有可能在相當長一段時間內固定在麻六甲半島、蘇門答臘島和爪哇島一帶。但這兩個大國覺醒既慢，行動又十分遲緩。

印度在基督紀元初年，也就是說，在較晚的時候才認識南洋群島並給它注入活力。印度的水手、商人和傳教者從事經濟開發，促使居民脫離愚昧和皈依宗教，成功地介紹了政治生活、宗教生活和經濟生活的高級形態。南洋群島當時簡直被「印度化」了。

中國巨人又晚了好久，到五世紀才來到這裡。它沒有給已經印度化的國家和城市強行打上中國文明的印記。中國文明本可以在這片大小島嶼上獲勝的，正如它已經或將要在日本、朝鮮、越南取勝一樣。中國的影響僅限於經濟和政治領域；中國多次強迫南洋群島各國納貢稱臣，接受它的保護和管轄。但這些國家基本上長期保持了他們自己的和最初的一批主子的生活方式。對南洋群島來說，印度的份量比中國更重。

印度的擴張以及後來中國的擴張大概與它們各自的經濟起飛同時發生，經濟起飛促成、推動了對外擴張；我們因而必須進一步了解其具體經過，辨認其起因和動力。對於這些為一般歷史學家難窺其詳的問題，我並不十分在行，但我認為，印度在向東擴張時可能把遙遠的西方，即地中海帶給它的衝擊傳到東方。歐洲和印度由來已久的、在各方面都帶來創新的攜手共存難道不正是世界古代史結構的重大特徵之一嗎？對中國來說，情況就不同了，它在南洋群島達到了難以逾越的極限。南洋群島的大門或柵欄總是容易從西向東和向北跨過，而很少從相反的方向。

總之，早先的印度擴張和後來的中國擴張把南洋群島變成一個往來繁忙的十字路口，如果不說是經濟制高點。這個十字路口的經濟成長先後經歷了以蘇門答臘東南部巨港為中心的室利佛逝王國（七—十三世紀），以盛產大米的爪哇為中心的麻喏巴歇王朝（十三—十五世紀）。兩個政權先後控制了海上交通的主軸線，尤其是頭等重要的麻六甲海

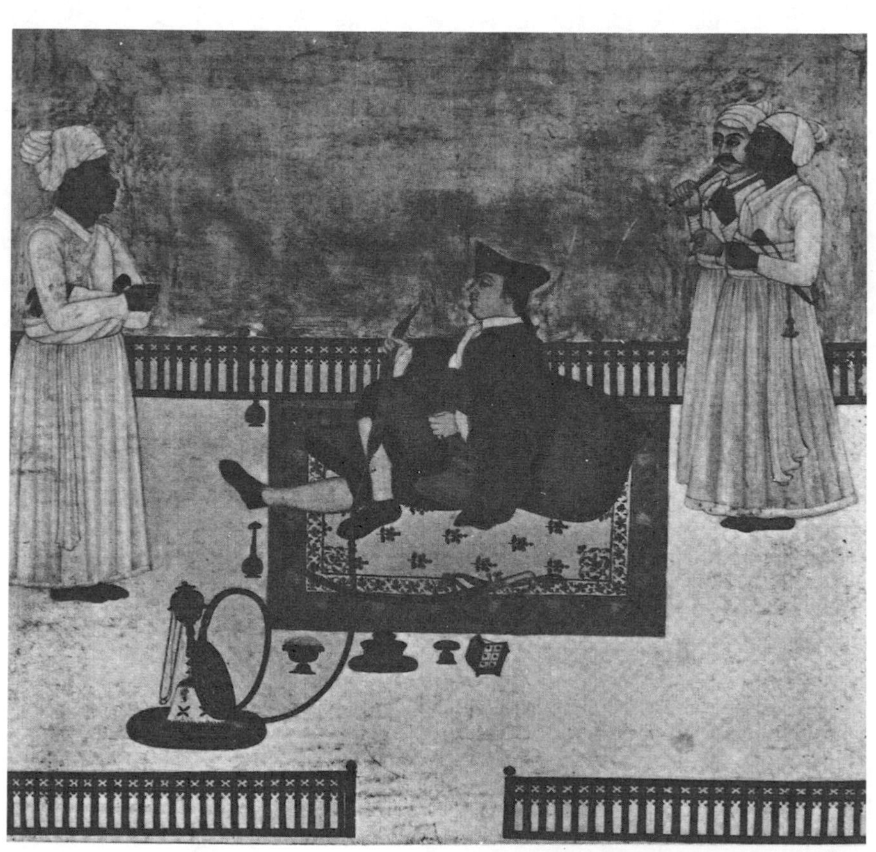

英國東印度公司的職員吸上鴉片，沉溺於享樂生活。迪普．昌德作印度畫（十八世紀末）。維多利亞和阿爾貝博物館藏品。

峽通道。兩個王國都是以制海權立國的有力嘗試，且歷時甚久；前者五、六個世紀，後者三、四個世紀。它們如果還算不上是遠東的超級經濟世界，至少已形成了一個南洋群島經濟區。

以南洋群島為中心的超級經濟世界大概從麻六甲的首次繁榮開始，即從一四〇三年麻六甲建城算起，或從一四〇九年麻六甲立國算起，直到一五一一年八月十日[505]阿布克爾克攻佔該城為止。我們應該就近考察這一突如其來的、延續了百年之久的成就。

麻六甲早期的繁榮

地理位置對麻六甲的興盛起了促進作用[506]。麻六甲瀕臨海峽一側（海峽以城市而得名），地形十分有利，扼守連接印度洋和太平洋陸緣海的海上通道。狹長的馬來半島（今天築有良好的公路，騎自行車也能迅速通過）從前僅在克拉地峽一帶有簡陋的土路通行，路與路之間則是野獸出沒的叢林。半島環行航線開闢後，麻六甲海峽的價值更見重要[507]。

麻六甲建在土地「鬆軟」、「泥濘」的一個小山丘上（「一鍬就能挖出水來」[508]），一條清澈的河流把它分割成兩部份，船隻可在河岸停泊。這座城市與其說是真正的港口，不如說是個錨地和避風口：，大帆船都在城市對面葡萄牙人命名為石島和船島的兩個小島之間下錨。船島「不如阿姆斯特丹市政廳所在的廣場大」[509]。然而，另一位旅行者指出，船隻「一年四季均可在麻六甲靠岸，是為果亞、科欽或蘇拉特港所不及……」[510]唯一的障礙是海峽的潮汐，通常「從東方漲起，在西方降落」[511]。這麼多優點好像還嫌不夠，麻六甲（見四百七十一頁的草圖）不僅與兩大洋相接，而且處於西方的印度洋季風帶與南方和東方的信風帶這兩大氣流區的交匯點。更加幸運的是，赤道無風帶隨著太陽的運動時而向北，時而向南移動，相當長時間停留在麻六甲海域（北緯二度三十分），使船隻得以先後自由進入南方和東方的信風帶與印度洋季風帶。索納拉讚嘆地說：「在這得天獨厚之國，四季常春[512]。」

南洋群島當然還有自然條件優越的其他地點，如巽他海峽。室利佛逝王朝和麻喏巴歇王朝的興盛[513]表明，從蘇門答臘東海岸，甚至更往東從爪哇出發，也同樣可以控制海上通道。一五二二年一月，麥哲倫在菲律賓去世，探險隊船隻返航途中在帝汶島附近穿過巽他群島南行，進入東南信風帶。德雷克一五八〇年作環球航行時也循同一條路線抵達南洋群島的南側。

麻六甲的興起誠然可用地理原因作解釋，但從當地經濟和從亞洲經濟的角度來看，歷史也發揮了很大的推動作用。這座新興城市把鄰近海岸的馬來水手吸引過來，並在某種程度上把他們置於自己的控制之下。這些水手以沿海航行和捕魚，更以海上搶劫為生。麻六甲一舉兩得，既使海峽不再受他們的騷擾，又為自己增添了小型載貨帆船、勞動力、船員乃至它需要的戰艦。至於為遠程貿易必需的大帆船，它可從爪哇和勃固得到。例如，麻六甲蘇丹（他十分關心貿易，並在其中佔很大分額）出資組織一支遠航麥加的船隊謀利，就在上述地點購買船隻。

這座城市的迅速發展很快就產生了問題：它靠什麼養活自己？麻六甲背靠的半島多山；林木繁茂，錫礦蘊藏豐富，卻不宜糧食種植，除沿海漁產外，沒有別的食物來源。它因此必須依賴生產和出售大米的暹羅和爪哇。暹羅是個尚武好鬥、不易對付的國家，麻喏巴歇帝國雖然衰老，但尚未滅亡，依舊統治著爪哇島。如果麻六甲不是在一四〇九年向中國輸誠納貢，暹羅和爪哇無疑會一口吞掉這個因地方政治的偶然機遇而誕生的小城市。中國的保護直到十五世紀三十年代始終有效，在這期間，麻喏巴歇帝國已自行解體，從而使麻六甲得以倖存。

麻六甲城異乎尋常的幸運也還是印度與中國會合的產物。中國在南洋群島和印度洋推行令人驚訝的海上擴張，歷時三十多年時間，印度所起的作用更大，也更早。十六世紀末，在德里蘇丹統治的穆斯林印度的推動下，原籍孟加拉、科羅曼德和古吉拉特的印度商人及運輸業主大力向外發展，同時積極展開傳教活動。八世紀阿拉伯航海家在南洋群島傳播伊斯蘭教的未竟事業，終於在幾百年以後由印度商人借貿易之便完成了[514]。沿海各城市陸續接受了伊斯蘭教。於一四一四年皈依真主的麻六甲獲此天賜良機，經商傳教從此攜手並進。此外，麻喏巴歇王朝之所以逐漸解體，不再成為危險，正是因為其沿海城市改奉伊斯蘭教，而爪哇內地及其他島嶼仍舊信仰印度教。穆斯林秩序的擴張其實只能及南洋群島三分之一或四分之一人口。有些島嶼依舊排斥伊斯蘭教，如峇里島今天仍是絕妙的印度教博物館。在遙遠的摩鹿加群島，伊斯蘭的傳教活動進展並不順利；葡萄牙人日後驚奇地發現，島民名義上是穆斯林，對基督教卻毫無敵意。

但是，麻六甲的崛起直接淵源於印度的商業擴張。原因不言自明：印度商人給蘇門答臘和爪哇帶來了胡椒樹這份厚禮。從接觸麻六甲貿易的地點開始，市場經濟到處在取代一種以自給自足為特徵的仍處於原始狀態的生活，一名葡萄牙編年史家在談到摩鹿加島居民的過去時說：「他們很少關心播種、種植，好像生活在太古時代，每天早晨，他們從大海和森林取得他們一天所需的食物。他們以劫掠為生，不會利用八角茴香謀利，也沒有人向他們收購[515]。」自從摩鹿加群島被納入商業網內，島上陸續開闢了種植園，麻六甲與生產香料的各島嶼建立定期聯繫。科羅曼德的印度商人尼納·蘇里亞·德瓦每年派八條帆船到摩鹿加群島收購八角茴香，到班達群島收購肉豆蔻。這些島嶼種植單一作物後，全靠爪哇帆船運來的大米為生。爪哇帆船遠航直達太平洋中心的馬里亞納群島。

伊斯蘭擴張可見起著組織的作用。麻六甲、蒂多雷、特納提以及後來的望加錫紛紛建立了「蘇丹國」。最有趣的是形成了一種為經商必須的通用語言。該語言源自麻六甲這個大商埠普遍使用的馬來語，一名葡萄牙編年史家說在南洋群島及其「內海」，「使用的語言多若牛毛，相鄰的兩地居民也彼此說不通。如今各島通行了馬來語，大多數人都能說能用，就像歐洲使用拉丁語一樣」。人們因此不必奇怪，麥哲倫探險隊帶回

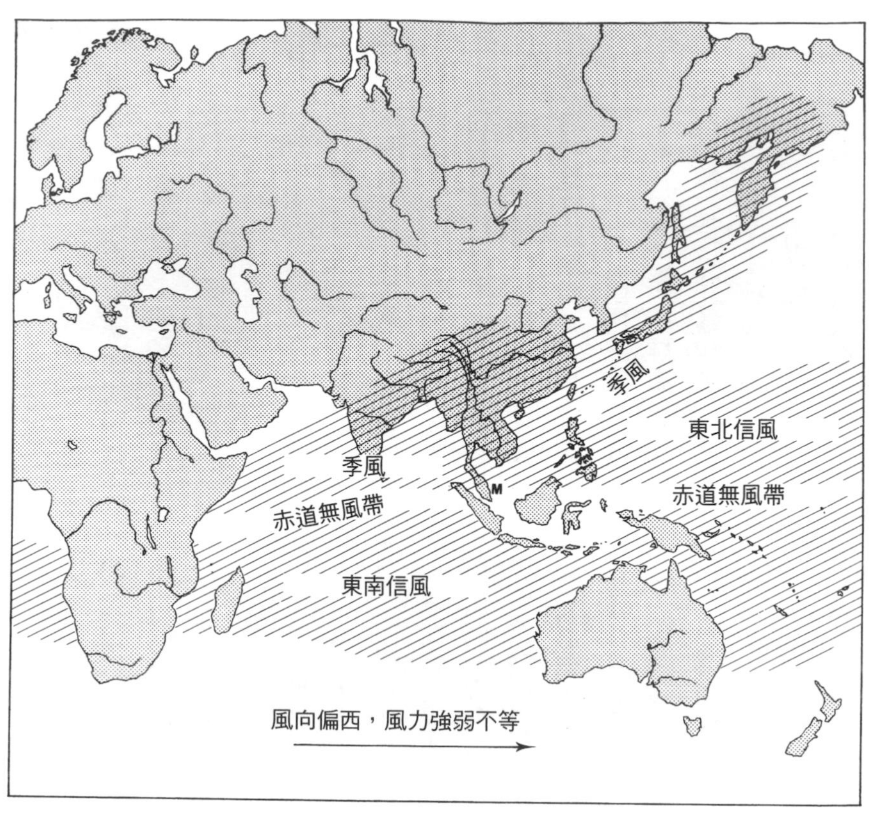

表(48)　麻六甲盡得天時地利之便

赤道無風帶隨著太陽的運動先朝北，後朝南移動。麻六甲因而成為連接印度洋季風、東北和東南信風的紐帶戟走廊。（據維達爾·德·拉布拉什的《地圖集》，第 56 頁。）

歐洲的摩鹿加詞彙表上的四百五十個單詞都是馬來詞[516]。

從「通用語言」的推廣可以測知麻六甲的擴張力量。不過麻六甲的擴張與十六世紀安特衛普的發跡一樣，是由外部促成的。麻六甲城雖然提供住房、廣場、商店，設置保護商業的機構，頒發殊屬珍貴的航海法規，但其貿易無不依賴外國商船、商品和商人進行。外國商人中以古吉拉特和卡利克特的穆斯林商人居多（據托姆·佩爾斯說，有一千名古吉拉特人，「外加四、五千名往返兩地的水手」）；科羅曼德的印度教商人，即所謂「凱令」（keling），也組成重要的集團，他們有自己的居住區

「凱令村」[517]。古吉拉特商人的優勢在於他們在蘇門答臘、爪哇與麻六甲同樣站穩了腳跟，控制了轉手銷往地中海的大部份香料和胡椒。有人說，康貝（古吉拉特的另一名稱）一手伸向亞丁，另一手伸向麻六甲，否則就不能生存[518]。印度就這樣再次顯示它潛在的優勢，它在對外關係方面遠比中國開放，並與伊斯蘭和瀕臨地中海的近東地區的商業網連成一片。中國自一四三〇年後徹底放棄航海遠征，不管歷史學家們作何想像，我們對其原因仍不清楚。再說中國對香料的興趣不大，消費量也小。除了胡椒例外，中國往往不經麻六甲轉手，直接在萬丹收購胡椒。

阿布克爾克率領的葡萄牙小艦隊（一千四百名水兵，其中有六百名馬拉巴人[519]）慕麻六甲繁華富庶之名（麻六甲當時號稱「印度名聲最響的市場」[520]），從遠道趕來。征服者濫施暴力：河上的橋才剛失守，城市便告陷落——這是一五一一年八月十日——繼之以九天洗劫。不過麻六甲的繁華並不在這致命的一天突然告終。阿布克爾克在這裡一直留到一五一二年一月，並在被征服的城市重整秩序。他建造了一座雄偉壯觀的要塞；「從暹羅到產香料各島」，他到處作為穆斯林的敵人出現，但他也宣佈自己是異教徒的朋友，實際上是所有商人的朋友。葡萄牙佔領麻六甲後推行的政策變得寬容、和善。作為葡萄牙國王和東印度的主人，腓力二世於一五八〇年後主張在遠東務求宗教寬容。他說：「不應用武力迫使別人改變宗教信仰[521]。」在葡萄牙佔領的麻六甲市內，耶穌會的聖保羅大教堂高踞要塞之上，從教堂門口的廣場放眼望去，大海景色盡收眼底。儘管如此，中國市場和清真寺也還各得其所。路易斯．菲利普．托馬斯說得好：「一五一一年八月麻六甲被征服，為葡萄牙人打開了通向南洋群島和遠東海域的門戶：戰勝者奪得麻六甲後，不僅統治著一座富庶的城市，而且主宰著一個商業網：各條通商路線以麻六甲為樞紐，並在該地相交」[522]。總的說來，儘管曾有過幾次中斷，葡萄牙人維持了這些聯繫。為在十六世紀中葉困難的經濟形勢下另找出路，葡萄牙人於一五五五年在廣州對面的澳門建立據點，並把他們的活動一直推進到日本，他們的商業聯繫、商路甚至有所擴展。

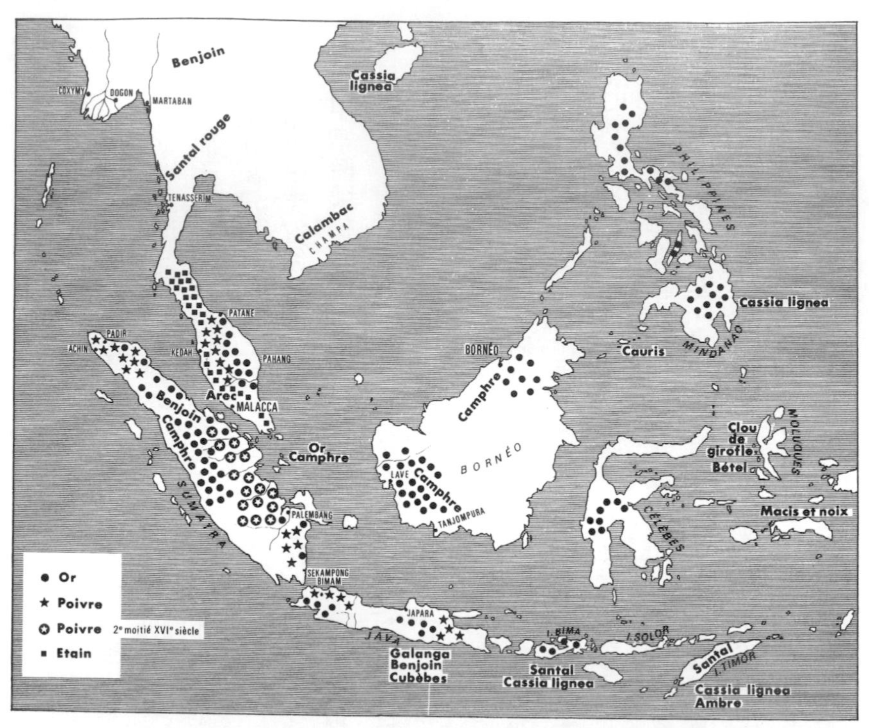

表(49)　南洋群島向歐洲人提供其富源

以麻六甲為據點的葡萄牙人很快就把南洋群島的賣源調查得一清二楚。首先是胡椒、細香料和黃金。歐洲的初次衝擊已相當猛烈，足以使 1550 年後南洋群島改種新的作物（特別是胡椒），出現新的市場。印度的馬拉巴海岸也發生同一現象。根據戈蒂諾繪製的地圖，出處同上。

當時由葡萄牙人掌握的麻六甲是太平洋、印度與歐洲間的聯繫樞紐，相當於日後荷蘭人手中的巴達維亞。

荷蘭人的來到使葡萄牙人在亞洲處境困難。在這以前，葡萄牙人在麻六甲安享富貴，里斯本的國王，葡萄牙本土，歐洲的胡椒轉銷商以及在東方的葡萄牙冒險家全都從中得益。葡萄牙冒險家有時也有與美洲的西班牙征服者相同的半封建心態，雖說並非始終如此。在這期間，曾經有過突厥人的襲擊，不過都是間歇性的，見效甚微。總的說來，葡萄牙人過著太平日子。但是，「由於他們在這些海域橫行無阻，他們忽略了為防守所需採用的各種謹慎措施」[523]。例如，一五九二年兩艘英國蘭卡斯特船經由當年達伽馬的老路突然闖到，不費力氣就俘獲相遇的幾條葡萄牙船。一切情形很快都將改變：歐洲人把他們在歐洲本土的戰爭和敵對照搬到印度，麻六甲這座葡佔城市將喪失它長期保持的優勢。一六四一年荷蘭人攻陷麻六甲後，立即使它降到次等地位。

遠東的新中心

巴達維亞早在麻六甲淪陷前已是遠東的貿易中心，指揮、組織遠東貿易。該城建於一六一九年，於一六三八年達到如日之中天的地位；那時候，日本對葡萄牙人關上了大門，但仍向荷蘭東印度公司的商船開放。商業王國的首邑以及「區域貿易」的主要網絡的控制權因此仍留在南洋群島；在荷蘭東印度公司保持其靈活、審慎和專橫的商業優勢的情況下，巴達維亞的地位也將保持不變，就是說，為時達一個多世紀之久，儘管曾遇到不少挫折。例如，一六六二年初，荷蘭人被逐出中國大陸對面、位於通往日本的航路中途的福爾摩沙島（他們於一六三四年在島上興建熱蘭遮城[524]後，即盤踞該地）。我們已說過，巴達維亞的商業繁榮出現在十七世紀，與一六五〇至一七五〇年（大約日期）震撼歐洲經濟世界（包括新大陸）的長期經濟危機幾乎巧合。但遠東很可能未受經濟危機的影響，因為十七世紀在整個印度是經濟繁榮、人口增長時期。我們也說過，在歐洲經濟危機中，荷蘭經濟不但安然無恙，並且成了歐洲商業活動最好的避風港，荷蘭主宰著遠東經濟可能是其中的原因之一。

總之，巴達維亞這座新城是荷蘭霸業的顯赫標誌。市政廳建於一六五二年，以其三層樓房雄踞市中心。幾條運河分割全城，街巷垂直相交如棋盤，加固的城牆闢有四門，上設二十二座碉堡。亞洲、遙遠的歐洲和印度洋的各國商人如水赴壑般地前來這裡匯集。城牆外是爪哇人和安汶人居住區，也有若干鄉間別墅，但主要是稻田、甘蔗園和運河；沿著一條經過整治的河流，設有許多水磨，「磨麥、鋸木、造紙、造火藥」或製糖，還有磚廠、瓦窯……城內整齊清潔，一切井然有序：市場、商店、貨棧、肉鋪、魚店、警衛所以及「紡紗場」，妓女在該處罰做紡紗苦工。荷蘭殖民社會十分富有，耽於聲色，懶散度日，這些不必一一贅述。外科醫生格拉夫一六六八年在長途旅行中抵達巴達維亞，他所見到的那種富裕和享樂生活，早先在一五九五年前後的果亞，後來在加爾各答，全都存在，這是經濟成就輝煌的標誌，千真萬確，絕不有誤[525]。

然而，從十八世紀初起，荷蘭龐大的商業機器開始運轉失靈。有人把這歸罪於東印度公司職員日益嚴重的營私舞弊。英國東印度公司的「辦事員」在這方面比荷蘭人有過之無不及，但這並不妨礙英國公司在一七六〇年前後躍居首位。難道因為十八世紀中葉的趨勢逆轉在各地促成了規模更大的經濟活動，增大了貿易額，為變化、斷裂和革命創造了方便條件？這個看法確實頗為誘人。歐洲發生了國際機會的再分配，英國的領先地位迅速奠定。在亞洲，印度把整個遠東的經濟重心吸引了過來，但印度是在英國的監督下，為著英國的利益才取得首位的。福伯那本問世已久的著作出色地描述了這一轉變過程[526]。英國東印度公司（又名「約翰公司」）戰勝了荷蘭東印度公司（又名「杰安公司」），因為後者於十八世紀七十年代在孟加拉和印度輸了棋，也因為當中國逐漸敞開大門時，後者未能在廣州的洋商中取得領袖地位。我故意不說「約翰」在廣州比「杰安」更聰明，更靈活，更狡猾。有人持這種見解，也並非沒有道理。但是一位嚴厲批評法國印度公司的法國證人聲稱，在一七五二年前後的廣州，瑞典公司和丹麥公司比別的公司更善於見風使舵，雖然這兩家公司規模最小，最缺乏成功的條件[527]。英國人最終取勝，是因為他們自身的力量再加上印度的巨大重量，如虎添翼。普拉西之戰（一七五七）不僅完成了印度的政治征服，而且完成了對印度商業「渠道」的征服。這些商路緊貼次大陸的海岸，一端通往紅海與波斯灣，另一端遠屆南洋群島，不久就直抵廣州。印度船廠不僅為了「區域貿易」的需要，尤其為了遠航中國，曾建造了眾多別名「印度人」的船舶。根據福伯的說法[528]，一七八〇年掛英國旗從事印度洋貿易的船隊總噸位於四千噸，一七九〇年即上升到二萬五千噸。實際發展速度並沒有這麼快，因為一七八〇年正值戰爭期間，這是英法兩國在法國革命前的最後一場較量。當時英國商船出於謹慎，航行時改掛葡萄牙、丹麥或瑞典旗。戰爭結束後，它們才亮出真相。

與此同時，經濟中心迅速從巴達維亞轉移到加爾各答。恆河口上這座大城市的崛起正好說明荷蘭東印度公司在一邊昏昏欲睡。加爾各答雜亂無章地發展起來。法國旅行家和冒險家莫達夫伯爵[529]一七七三年抵達此地時，瓦倫．黑斯廷斯剛出任總督。莫達夫同時記下了該城各行各業的繁榮和缺乏秩序。加爾各答沒有巴達維亞那些筆直的運河和街道。恆河岸上甚至沒有濱河馬路；「房屋在岸上隨處亂建，有些房屋的牆壁竟泡在水中」。城市四周沒有城牆。英國人建造的房屋可能最多只有五百所，被包圍在密集如林的茅頂竹舍之中。街道泥濘如鄉間小道，有的倒也寬

十七世紀初的澳門，泰奧都爾．德．勃利作畫。該城 1557 年起被葡萄牙人佔領，成為與中國通商的出發點。

闊，但是盡頭設有厚木板釘成的柵欄。到處是一片混亂。有人說，「這是英國式自由的結果，似乎這種自由與秩序和對稱絕不相[530]。」我們的法國旅行家接著說：「外國人看到加爾各答時不免感到驚奇而惱火。只要肯花點功夫，進行一番規劃，本來很容易就能建成世上最美麗的城市之一。實在不明白英國人何以忽視如此優越的地勢提供的方便，反而讓各人聽任最古怪的趣味，按照最荒誕的佈局建造房屋。」加爾各答在一六八九年不過是個聊蔽風雨的棲身之地。一七〇二年在附近建了一座碉堡（威廉堡），一七五〇年時還是不足掛齒的小城：普列伏神父當年發表的遊記集中甚至沒有提到它。莫達夫伯爵一七七三年見到加爾各答時，它已匯集了世界各地的商人，處於大興土木的發展高潮之中；木材從恆河上游漂送，或經勃固海運而來，磚頭在附近鄉村燒製；房租之高已創記錄。加爾各答此時可能已有三十萬居民，到十八世紀末人口將增加一倍多。城市自生自長，與當地的經濟發展，乃至與城市的財富毫不相干。英國人在這裡為所欲為，誰妨礙他們，他們就給誰吃點苦頭，甚至予以排斥。印度另一側的孟買與之適成對照：孟買好比是自由的中心，印度資本主義在孟買取得驚人的成就，得到報復或補償的機會。

能否作個結論？

這長長的一章展現的非歐洲地區的畫面顯然是不完整的。

本應該多談談中國的情況，尤其是福建省的海外擴張。這一擴張過程從未間斷，只是到一六六二年荷蘭人被迫退出福爾摩沙，更確切地說是到一六八三年滿清攻陷該島時，才告中止。但是到十八世紀，隨著廣州與歐洲通商，福建又恢復其擴張活動。

還應該再次談論日本的特殊情形。根據萊奧納爾·勃呂塞[531]出色的概述，一六三八年後，日本建立了一個為它所用，適合它的規模的經濟世界（朝鮮、琉球、一六八三年前的福爾摩沙，獲准通商的中國帆船以及特許荷蘭人的「朝貢」貿易)。

還應該多講一點印度的情況,介紹希斯特曼[532]提出的嶄新解釋。希斯特曼認為,蒙兀兒帝國衰落的重大原因之一是十八世紀城市經濟的發展破壞了帝國的統一。

最後還應該介紹波斯薩非王朝的情況,說明波斯的「統制經濟」,解釋波斯何以不得不在印度、中亞、土耳其(波斯恨之入骨的仇敵)、莫斯科公國以及遠在天邊的歐洲之間充當中間人角色……。

但是,假定展現的畫面果真完整無缺,以致本章的篇幅不亞於一部巨著,難道我們就能大功告成,不再留下疑問了嗎?肯定不是。為了能對歐洲和非歐洲,即對整個世界作出結論,必須具備有效的尺度和數據。我們這裡所做的主要是介紹了和提出了一些問題,也提示了一些大致可信的解釋。不過我們沒有就此解開歐洲與非歐洲的關係這個謎。這是因為,如果說非歐洲十九世紀前在人口方面無疑超過歐洲,如果說當歐洲尚處在舊經濟制度期間,世界的財富也超過歐洲,如果說即使在拿破崙覆滅,英國霸權的曙光昇起時,歐洲無疑也還不如遭它剝削的世界富裕,那麼,需要提出的問題是:歐洲何以能確立其優勢的地位?尤其,歐洲何以能推進其優勢地位?因為事實是歐洲的優勢有增無減。

貝洛什再次幫了歷史學家的忙,他恰好從統計學角度提出這個問題,不僅他的提法與我的立場一致,而且他走得比我更遠。可是,他的見解正確嗎?我們的見解正確嗎?

我不想深究這位日內瓦同行應用的方法,也不想評論它們是否確有道理。為了解釋簡便起見,我假定他的研究方法有足夠的科學根據,因而他得出的近似結果(他本人承認數據會有誤差,並且提醒我們注意)可以被認真對待。

他選定的尺度是人均國民收入。為便於測定各國的競賽成績,國民收入水平都用同一單位,即用一九六〇年的美元價格作計算。計算結果如下,英國(一七〇〇)為一百五十到一百九十;美洲英國殖民地,即未來的美國（一七一〇），為二百五十到二百九十；法國（一七八一—一七九〇）為一百七十到二百；印度（一八〇〇）為一百六十到二百（但一九〇〇年為一百四十到一百八十）。我在改本書校樣時剛獲悉這些數字，它們證實了我以前的論斷和假設。日本一七五〇年人均國民收入達到一百六十美元，我們對這個數字也不會感到驚訝。唯獨中國一八〇〇年的紀錄二百二十八美元令人吃驚，雖然這個高水平後來降下來了（一九五〇年為一百七十美元）。

但我們最感興趣的還是比較包括美國在內的歐洲與非歐洲這兩大集團同一時期的收入水平。在一八〇〇年，西歐平均國民收入達到二百一十三美元（美國為二百六十美元），這個數字不足為奇；但西歐的水平僅略高於當時「第三世界」的水平，後者為二百美元左右。這裡就有點令人詫異。問題是中國的人均收入估算得很高（一八〇〇年為二百二十八美元，一八六〇年為二〇四美元），使非歐洲集團的平均值水漲船高。在一九七六年的今天，西歐人均收入達二千三百二十五美元，中國雖然開始回升，僅三百六十九美元，整個第三世界停留在三百五十五美元的水平，遠遠落在富國的後面。

貝洛什的計算結果表明，在一八〇〇年，正當歐洲在世界各地所向無敵，庫克、拉佩魯茲和布干維爾率領的船隻完成了在浩瀚無涯的太平洋的探險航行時，歐洲達到的財富水平遠不像今天那樣把世界其他國家甩在自己的後面。今天的發達國家（西歐、蘇聯、北美、日本）一七五〇年的國民生產總值加在一起，按一九六〇年的美元計算，共三百五十億，當時世界其他地區的國民生產總值為一千二百億；到一八六〇年，二者分別為一千一百五十和一千六百五十億；到一八八〇至一九〇〇年間，前者才超過後者：一八八〇年分別為一千七百六十和一千六百九十億；一九〇〇年分別為二千九百和一千八百八十億。到一九二六年，如取其整數，二者分別為三兆和一兆。

這一對照促使我們用另一種眼光重新考察一八〇〇年前和工業革命後的歐洲（加上當時享有優越條件的

其他國家）在世界的地位，工業革命所發生的作用將因此大大提高。毫無疑問，唯獨歐洲（可能更多由於社會和經濟結構的原因，而不是由於技術領先）能步英國後塵，完成機械革命。但工業革命不僅是發展經濟的手段，也是推行國際統治和摧毀國際競爭的工具。歐洲實現工業機械化，也就能夠排斥其他國家的傳統工業。當時拉開的距離日後只可能逐漸加大。從一四〇〇至一四五〇年間開始到一八五〇至一九五〇年間為止的歷史，表現為古老的平等關係在幾個世紀（從十五世紀開始）不平衡發展的作用下終於破裂。與這一主線相比，其他一切都退居次要地位。

第六章　工業革命與經濟增長

十八世紀五十至六十年代在英國發端或崛起的工業革命是個極其複雜的過程。工業革命可說是若干世紀前早就開始的「工業化」進程的終點。但它不斷獲得新生，至今還始終在我們周圍徘徊。它可被認為是一個新紀元的開端，未來的時代仍將長期屬於它。然而，不論工業革命如何波瀾壯闊、無孔不入和除舊佈新，它單獨畢竟不構成，也不可能構成近代世界歷史的總和。

我在下文敘述的內容不過是想給工業革命下個定義，如果可能的話，把它放在恰當的位置上。

有益的比較

實至名歸：工業革命是蒸汽時代的到來，是詹姆斯·瓦特（1736-1819）的勝利。雷諾爾茲所畫的這幀肖像表現瓦特在實驗室裡專心致志地試製蒸汽機。

為求一個初步認識，這裡有必要先考察幾個定義並進行幾項比較。一方面，工業革命自在英國發軔以來，帶動了一系列別的革命，而且它本身也尚未完成，眼下還在繼續進行，並向未來奔去：後世發生的事情正好回過頭來為工業革命在英國的開端提供見證；另一方面，早在英國工業革命以前，人類社會為實現工業化而努力從事的種種嘗試可供我們觀察，這些早期努力雖然取得程度不等的進展並開創未來，但最終都流產了。探索失敗的原因實在大有必要，這將有助於我們更好地弄懂後來的成功。

革命是個含義複雜而模糊的名詞

「革命」（*révdntion*）一詞係借用天文學的術語[1]，大概於一六八八年最早在英語中出現，意思是現存社會的動蕩和破壞[2]。弗雷德里希·恩格斯一八四五年[3]創造的「工業革命」這個方便的說法既有這層含義，也有相反方面的「重建」的意思。不過法國經濟學家阿道夫·布朗基，即比他遠為出名的革命家奧古斯特·布朗基的兄長，已於一八三七年用過這個說法了[4]。該詞的起源或許更早，見諸一八二〇年左右法國其他作家的議論[5]。無論如何，這個名詞變成歷史學家們的經典用語是湯恩比一八八四年出版《工業革命講演集》以後的事。該書是湯恩比一八八〇至一八八一年間在牛津大學的講稿，在他去世後三年由他的門生公開發表。

人們往往責怪歷史學家濫用「革命」一詞。據其本義，該詞應專指猛烈而迅速的變革。但是一涉及社會現象，迅速與緩慢總是不可分離的。任何一個社會無不始終處在維護社會和顛覆社會這雙重力量的作用之下。顛覆性力量自覺或不自覺地致力於粉碎這個社會，革命的爆發不過是這一長時段的潛在衝突如火山噴發一般短促而劇烈的表現。我們研究一個革命過程，總要進行長時段的和短時段的比較，確認它們的親緣關係以及不可分離的依賴關係。英國十八世紀末發生的工業革命沒有違背這條規律。它既是一系列急遽的事件，也是一個顯然十分緩慢的過程。是一支樂曲在兩個音域的同時演奏。

所以，不管人們願意承認與否，長時間和短時間的辯証關係在這裡起作用。例如，根據羅斯托夫[6]的解釋，英國經濟在一七八三至一八〇二年間隨著投資增長越過臨界點而「起飛」。顧志耐[7]以數據為證對這個解釋提出了異議，但「起飛」，即飛機從跑道上升空的形象卻保留了下來。也就是說，這是一個準確、短促的事件。話說回來，在英國這架飛機起飛前，英國的建設必須先已初具規模，起飛的條件必須事先已準備完畢。何況，任何社會都不是猛一下子，比如說由於儲蓄率的增加，就能如阿瑟．劉易斯[8]說的那樣，同時改變其「姿態、體制以及技術」。總得先具備某些前提，經歷若干階段，並進行必要的調整才行。菲力斯．迪安正確地提醒我們說，英國十八世紀末的所有革新乃至間斷都可納入到「一個連續的歷史過程」中去，在這囊括過去、現時和未來的連續過程中，間斷和斷裂便喪失它們作為唯一的或決定性的事件的性質[9]。根據大衛．朗德[10]的解釋，工業革命是總量達到了臨界狀態，從而導致革命性的爆炸。他使用的形象倒也貼切，不過應該明白，這個質量必定是由多種必不可缺的成份，經過一個緩慢的積聚過程，然後才形成的。不管我們使用什麼推理方式，長時段總在轉折的地方守候我們，要求給予它應得的地位。

因此，工業革命至少具有雙重意義。它是普通意義上的革命，包括肉眼可見的一系列短時段變革。它也是一個漸進的、不露聲色的、往往難以辨認的長時段過程。與羅斯托夫的觀點相反，克洛德．福赫倫[11]強調連續性，認為工業革命「很少可能真正算是一場革命」。

所以，即使在相對具有爆炸性的年代（大致上可從一七六〇年算起），這一頭等重要的現象竟沒有引起當時最負盛名的經濟學家的注意，也就不足為奇了。亞當斯密僅舉蘇格蘭一家生產別針的小工廠為例，在後人眼裡，他的觀察力實在算不上高明，雖然他晚至一七九〇年才去世。李嘉圖（一七七二－一八二三）比他年輕，因此更不可原諒，他的理論思辨幾乎沒有提及機器起的作用[12]。薩伊於一八二八年描述了英國的「蒸汽車」以後，又添了一段話，今天讀來未免令人解頤：「然而，在人群擁擠的大城市，任何機器都會像最不聽使喚的劣馬一樣，無從承擔運送旅客和商品的任務[13]。」預測本是一門很難保證可靠的學問，偉人們——就算薩伊是名偉人——當然也未必在行。最容易做的莫過於事後指責馬克思、韋伯乃至於桑巴特未能正確理解——就是說未能以與我們同樣的方式——工業化的長期過程。艾希通（T.S. Ashton）素來立論公正，竟借用克羅伯奈爾（Kroebner）的一句話，對前面三位橫加指責[14]，我對此實難苟同。

再說，今天專攻工業革命史的許多專家對自己的論斷難道就更有把握？一些人主張工業革命過程早在十七世紀初已經展開；另一些人認為一六八八年光榮的革命具有決定意義；還有一些人以為英國的徹底變革與十八世紀後葉的普遍經濟復甦不期而遇……以上觀點各有其說服力，就看強調的究竟是農業、人口、對外貿易、工業技術、信貸形式或者其他。但是，難道應該把工業革命看成一系列產業部門的現代化，看成若干個連續的進步階段，還是應該從整體經濟增長的角度進行考察，並賦予「增長」這個詞以全部可能的含義？如果說英國十八世紀末的經濟增長已是大勢所趨，或用羅斯托夫[15]的話來說，已成為英國的「正常條件」，這肯定不是某一特殊進步（包括儲蓄率或投資率）所賜，而是相反，是一個不可分割的整體，是各部門相互依賴、相互解放的結果。得力於人類智慧或偶然機遇，各個部門的發展可能有早有晚，但每個部門的發展無不為其他部門創造了有利的發展條件。一件真正的「增長」（有人愛說真正的「發展」，不過用詞無關緊要！）必定以不可逆轉的方式使許多部門的進步互相聯繫，互相支持，一起上升到更高的水平。

先看下游：不發達國家

英國工業革命為一系列革命敞開了大門。這些革命是它的嫡親後裔，有的成功，有的失敗。早在英國工業革命以前，也曾發生過幾次同樣性質的革命，有的淺嘗輒止，有的進展深入，但在經過一段或長或短的時間後，統統夭折了。我們因而要把目光投向兩個方向，既看到過去，也看到現在。我們可以沿兩條路線作一系列旅行，借助比較史學的寶貴方法，從兩方面去研究同一個課題。

朝下游方向，我們不選擇歐洲或美國幾乎立即仿照英國模式進行的工業革命做例子。今天還處在工業化過程中的第三世界為歷史學家提供了一個難得的機會，使他們能研究一些看得到、聽得見和摸得著的材料。展現在我們眼前的情景不是燦爛奪目的成就。大體上講，近三十、四十、五十年來，第三世界並沒有取得持續的進步，努力和預測十之八九落空，帶來苦澀的失望。這些試驗失敗或勝負參半的原因也許能從反面印證英國在什麼條件下取得了非同尋常的成功。

經濟學家，還有歷史學家，紛紛警告我們切不可採用從現時出發推測過去的那種推理方法。他們不無道理地說，「擬態模式，即主張重走工業化國家老路的模式，業已過時」[16]，因為環境完全變了，在第三世界的這個或那個國家，今天不可能仿照日本國家專制主義的模式或英國喬治三世時代放任自流的模式去實行工業化。這是肯定不可能的事情。不過，如果按伊尼亞西，薩克斯[17]的說法，「發展的危機也是發展理論的危機」，如果我們再想一想理論的缺點何在，為什麼二十世紀六十年代熱情洋溢的計畫工作者們對計畫的困難竟估計不足，那麼發展過程本身出現危機，包括十八世紀英國的發展過程在內，也就容易理解了。

人們會毫不猶豫地說，成功的工業革命包含著一個普遍的增長過程，也就是全面的發展過程，這個過程「歸根到柢表現為經濟、社會、政治和文化從結構到體制的徹底改變」[18]。所以，一個社會及一個經濟的各個層次全都牽涉在內，並且應該都能伴隨、承擔乃至忍受所發生的變化。只要在變革過程中出現一點故障，也就是我們今天所說的「瓶頸堵塞」，機器就會卡殼，運動就會停止，甚至可能發生倒退。在今天努力趕上差距的那些國家裡，領導人剛剛發現出了毛病，就已經為之付出了代價，他們的發展戰略因而變得既審慎又複雜。

針對這種情況，如薩克斯（Ignacy sachs）那樣在行的經濟學家能提出什麼忠告呢？主要還是不可推行任何先驗的經濟計畫。先入為主的計畫決沒有好結果，因為每個國家的經濟都是一種特殊的結構組合，不同國家的經濟結構即使相似，那也只是大致相似而已。不論哪一個特定社會，計畫制訂者最好從一個假設出發，即他選定某一增長率（如百分之十）為假設目標，然後逐項研究「假設的後果」。由此，應從國民收入中提取的投資比重，根據國內外市場的需求可能發展的工業類型，所需勞動力的數量和質量（有專長的或無專長的），為養活僱佣勞力所需的市場食品供應，可以使用的技術（特別從資金以及從勞動力的類型和數量的角度考察），計畫增加進口的原料或機床，新增產品對國際收支平衡和對外貿易的最終影響等各方面逐一進行驗證。只要一開始假定的增長率有意「定得相當高，足以揭示既定目標將會產生的各種瓶頸堵塞」[19]，上述檢驗工作就會指出在哪些部門可能出現不可克服的障礙。然後，第二步，人們再設想「在各層次的可變因素」，著手修訂計畫，直到得出一個有限度的，但原則上可行的計畫為止[20]。

薩克斯的著作裡提到的實例具體說明今天第三世界遇到的主要瓶頸堵塞：人口增長達到足以抵銷經濟發展的程度；熟練勞動力不足；國內市場因對普通工業品需求不旺而趨向於發展奢侈品生產，也可能發展出口工業。最後，最主要的障礙在農業，即一個因循守舊的、在很大程度上自給自足的農業缺乏食品供應的伸縮餘地，不能滿足僱佣勞力的增加必定自動引起的消費增長，農村甚至不能始終養活本身的多餘人口，而是向城市輸出失業的無產者大軍，農村居民因過於貧困不能擴大對基本工業品的需求。與這些重大困難相比，資金需求、儲蓄水平、信貸的組織與價格都退居次要地位。但是，以上羅列的種種障礙在十八世紀的英國，甚至至早在十七世紀難道就不存在嗎？

由此可見，經濟增長所要求的乃是各部門之間的協調發展，當一個啟動部門前進時，另一個部門不能停滯不動，以致使整個機器卡殼。我們於是又回到上文論述「民族市場」概念時已預見的事情：民族市場要求協調的、普遍的商品流通，要求人均收入達一定的高度。法國之所以起步緩慢（只是在鐵路網建成後，流通才達到協調），難道不正因為國內長期存在與今天不發達國家類似的某種兩極分化現象嗎？在法國，一個十分現代化的、富有而先進的部門與若干落後地帶、「黑暗地區」為鄰。有鑑於此，一位工程承包商一七五二年希望闢通阿韋龍河一條小小的支流凡爾河的航道[21]，以便通過交換，開發這類「黑暗地區」中的一個及其豐富的森林資源。

但在民族市場起作用的不單是經濟增長的內部條件。當今國際經濟的現狀及其分工的專斷方式也阻礙著落後國家的起飛。本書已反覆強調了這些事實。英國全靠其世界中心的地位，因為它是世界的唯一真正中心，才完成了工業革命。第三世界各國也企求和渴望實現工業革命，但它們位於邊緣。於是一切都對它們不利，包括它們買下專利後採用的新技術（因為這些新技術不一定適合本國社會的需要），向外國借貸的資金，海上運輸（它們無力控制），乃至過剩的原料（有時反而使它們聽憑買主擺佈）。正因為如此，眼下的情景令人沮喪，工業已經發達的地區更加發達，不發達國家與發達國家之間的差距日益擴大。然而，在當今的世界上，力量對比關係有沒有變化的苗頭呢？石油和原料生產國以及因其工資低下可以生產價格十分低廉的工業品的國家，不是已從一九七四年開始，對超工業化國家進行報復了嗎？今後若干年的歷史將對這個問題作出回答。第三世界為了求得進步，只能以這種或那種方式打碎世界的現存秩序。

再看上游：夭折的革命

今日的失敗有益地提醒我們：任何工業革命都要依靠眾多潮流的匯集，整體經濟的協調發展，幾股力量的推動，並且要「持之以恆」。我們將逐一考察的發生於英國工業革命成功之前的歷次革命運動，正是在與這些必要條件完全具備的情況相比較時，才體現其意義。工業革命前的歷次革命無不缺少一項或多項必要因素，因而我們由此及彼，就能看到失敗或失誤的各種類型。有時孤立地出現一項發明雖然燦爛輝煌，卻無實用，成了純粹的智力遊戲，不能帶動經濟的增長。有時適逢一次能源革命，一個突然的農業或手工業進步，一個商業機遇或人口增長，經濟開始起動；生產闊步前進；發動機才剛運行，卻又戛然而止。這些先後出現的失敗，原因各不相同，我們把它們集中起來，從同一個角度予以考察是否妥當？它們至少有一個相似之處：起動迅猛，接著出現故障。它們都是尚不完善的迸發，但演習必定又是反覆，因而可知比較之處特別明顯。

總的結論不會使任何人驚訝，至少沒有一個經濟學家會感到驚訝。一場工業革命，甚至可以更廣泛地說，生產或貿易的一次起飛，在嚴格意義上不是也不可能是一個簡單的經濟過程。經濟活動從不是關起門來進行的，它同時要觸及生活的所有領域，並與生活的各個領域互為依存。

亞力山卓城鼎盛時期的埃及

第一個例子是托勒密時代的埃及，年代實在太久，讓人左右為難。能否在接觸正題前走一段彎路，先在那裡稍作停留？公元前一百至五時年間，即早在丹尼斯・帕潘一七〇〇或一八〇〇年前，蒸汽[22]已在亞力山卓出現。當時一位名叫希羅的「工程師」發明了一種蒸汽動力裝置，近似玩具，但是利用它的設備，可從遠處打開或關上神廟笨重的大門。這項發現難道無足輕重嗎？在這以前還有許多其他發明：抽吸水泵，原始的溫度計和經緯儀，理論意義大於實用價值的戰爭機器（利用空氣的脹縮或利用巨大的彈簧力量）。在那遙遠的時代，亞力山卓城以其發明狂熱顯示了奪目的光彩。短短一百、二百年間來，革命在文化、商業、科學（歐幾里得、天文學家托勒密、埃拉托斯特尼[Eratosthénes]）等各個領域如火如荼地展開；狄西阿庫斯（Dicaearchus）似於公元前三世紀初卜居該城，他是「在地圖上標出從直布羅陀海峽沿托魯斯山和喜馬拉雅山直到太平洋的緯線」[23]的第一位地理學家。

若要仔細考察亞力山卓城鼎盛時期的長段歷史，牽涉的範圍就太廣了，我們就得走遍亞歷山大大帝遠征後產生的奇怪的希臘化世界。那裡的領土國家（如埃及與敘利亞）取代了希臘城邦國家的原有模式，這個變化使我們還不能不看到一樁以後經常重複出現的事實：發明是成群結隊地、相攜相挽地出現的，或者不如說，好像是在社會的推動下，齊頭並進的。

然而，不管亞力山卓城的這段歷史在知識領域如何燦爛輝煌，但在這段歷史行將結束時，各項發明卻未能導致工業生產中的一場革命，雖然這些發明以致力於技術應用為特點，亞力山卓城甚至在公元三世紀創立了工程師學院。這無疑首先應歸罪於奴隸制，奴隸制為古代世界提供了它需要的、使用方便的全部勞動力。在東方，臥式水磨因此始終十分簡陋，僅適合日常繁重的磨麥工作，而蒸汽僅用於一些精巧的玩具，正如一位技術史專家所說，「當時還不需要有一種比已知動力更強的動力」[24]。希臘化社會因此對「工程師」的傑出發明冷漠視之。

緊隨這些發明而來的羅馬征服是否也有責任？古希臘社會的經濟幾百年來一直對外開放。古羅馬則相反，它把自己禁錮在地中海的範圍內，而且在毀滅迦太基，征服希臘、埃及和東方時，曾三次關閉了通向外部世界的海港。假如安東尼和克莉奧佩脫拉打贏亞克興之戰（公元前三十一年），一切是否會改觀？換句話說，工業革命是否只在一個開放的經濟世界的中心才有可能發生？

歐洲首次工業革命：十一、十二、十三世紀的馬和磨坊

我在本書第一卷花了很長篇幅談論馬、肩軛（從東歐傳入，能增加牲畜的拉力）、燕麥地（福克斯[25]認為，查理大帝時代重騎兵飛躍發展，燕麥種植的推廣把歐洲活躍的經濟中心推向北方廣袤的、氣候潮濕的產

糧平原），三年輪作制（本身就是一次農業革命）等等。我也曾談到水磨和風磨，前者是舊物重現，後者是新發明。所以我在這裡可以說得簡短些，何況關於這場「首次」革命，由於我們有了尚．甘佩爾[26]那部生動明晰的著作以及居伊．波瓦[27]那部剛勁有力、富戰鬥性的著作，以及其他專題研究，包括卡留斯—威爾遜夫人[28]那篇常被引證的論文（一九四一），一切都還容易理解。卡留斯—威爾遜夫人重新採納[29]「首次工業革命」這個說法並使之流行，以確指水磨在英國的普遍推廣，用於縮絨（十二和十三世紀期間約有一百五十台水力縮絨機）、鋸木、造紙、磨麵等方面。

卡留斯—威爾遜夫人說：「縮絨工序機械化這件事的決定意義不亞於十八世紀的紡織機械化[30]。」呢絨生產是當時最普遍的工業，採用水輪帶動的粗大棒槌，以代替工人腳踩，終於打亂了這個行業的現存秩序，並產生了革命性後果。城市一般位於平原地帶，那裡的河流不及山中的溪澗湍急，所以縮絨機逐漸多設在鄉間（有的地方還很荒涼），並吸引商人前往。城市視作禁臠手工業特權就此旁落。城市自然力圖保護自己的利益，阻止在城內營業的織匠把呢料送到城外去縮絨。布里斯托市政當局於一三四六年禁止「任何人把有待縮絨的各種呢料送往城外加工，違者每匹呢料處以四十德尼埃的罰金」[31]。可是這並不妨礙「磨坊革命」在英國以及整個歐洲大陸步步推進。歐洲大陸在這方面一點不比與它隔海相望的島國落後。

但重要的是，這一革命由若干別的革命相伴隨。一場強大的農業革命驅使農民排成密集隊形向森林、沼澤、海灘與河岸進軍，推動了三年輪作制的飛躍發展；同時，人口增長促成了城市革命：城市數量空前的增多，幾乎彼此相接。城鄉判然分離，形成明確的、間或帶有強制性的「勞動分工」。城市攫取了推動積累和增長的工業活動，貨幣又在城市重新露面，市場遍設，交易倍增，隨著香檳區交易會的定期舉行，初步形成了並最終確立了西方的經濟秩序。不僅如此，地中海的航路和通向東方的道路逐漸被義大利城邦再次征服。經濟空間由此得到了擴展；不然的話，經濟增長也就無從談起。

十三世紀一部法文聖經的插圖：參孫被非利士人罰做苦工，推動磨輪磨麵，並受一名看守的鞭打。有意思的是圖中的磨輪被畫成十三世紀那時的形狀，甚至連技術細節也一覽無遺。機械構造也畫得一絲不苟，看得出垂直運動怎樣轉化為水平運動，而由人轉動的那個輪子完全可以由水流驅動。對於機器的讚賞，本圖提供的見證，可與 717 頁羅吉爾・培根的話作比較。（法蘭索瓦・加尼埃的聖經，1220-1230）

勞恩正是在全面發展的意義上毫不猶豫地使用「增長」這個詞[32]。在他看來，十二和十三世紀期間的佛羅倫斯或威尼斯毋庸置疑都曾出現過持續的增長。義大利當時位於經濟世界的中心，情況不可能是別的樣子。阿貝爾甚至認為，整個西方從十到十四世紀都處於普遍發展之中。證據是工資增長速度高於糧價。他寫道：「十三以及十四世紀初年，歐洲經歷了首次工業革命。城市及其庇護的手工業和商業活動當時都大大發展，其原因可能主要不在於這個時代的純技術性進步（進步顯而易見），而是在於勞動分工的普及〔……〕。由於勞動分工，勞動效率得以提高。生產率的增長很可能不僅解決了向新增人口提供必需的食物的難題，而且能使他們吃得比以前更好。除了這一次，只有在十九世紀的『第二次工業化』時期，才出現過相似的局面，當然後一次的規模更大得多[33]。」

也就是說，雖然在程度上有大小的不同，從十一世紀起確實有過現代形式的「持續增長」，而且這是英國工業革命發生前絕無僅有的一次。對這一現象作出「綜合性」解釋是合乎邏輯的，人們不會感到奇怪。在生產方面，在工農業生產率方面，以及在商業和市場擴展方面確實曾發生了一系列相互關聯的進步。歐洲處在這個初次覺醒時期，「第三產業」的蓬勃興起是這一廣泛發展的另一個跡象：律師、公證人、醫生和教員的人數成倍增長[34]。關於公證人，甚至可能提供具體數字：在一二八八年米蘭的六萬居民中，有一千五百名公證人：在一五〇〇年波隆納的四萬居民中，有一千〇五十九名公證人：維羅納一二六八年有四萬居民，公證人有四百九十五名；佛羅倫斯一三三八年有九萬居民，公證人為五百名（不過佛羅倫斯的情況特殊：商業組織十分完善，帳目一清二楚，往往不必求教公證人）。可以預料，隨著十四世紀的經濟衰退，公證人在居民總數中佔的比例有所縮小。這一比例到十八世紀再度增大，但未能恢復十三世紀的盛況。公證業在中世紀異常發達的原因不但與當時的經濟成長有關，無疑也因為在這些遙遠的年代裡，居民中文盲佔大多數，不得不請公證人書記員代筆。

十四和十五世紀（大致從一三五〇至一四五〇年）發生的災難性經濟衰退，使歐洲的闊步向前功虧一簣。黑死病可能既是衰退的原因，也是其結果。黑死病猖獗前，一三一五至一三一七年間的小麥危機和饑荒[35]對瘟疫傳染起到推波助瀾的作用。大禍降臨時經濟大發展已經減速，甚至停頓。所以瘟疫不是葬送經濟發展的唯一元凶。

那麼該怎樣解釋在十八世紀英國得勢前歐洲經歷的這一最大的勝利和最大的失敗呢？原因十分可能在於農業生產趕不上人口增長的速度。任何農業一旦超越其生產力極限，又缺少能夠防止土壤肥力迅速耗盡的辦法和技術時，單產量必定逐漸降低。布伊士（Guy Bois）本書以諾曼第東部為例，分析了這一現象在社會方面的原因：封建制的潛在危機破壞了古老的領主加小自耕農的所謂「雙向式」，社會中結構失衡，「亂了章法」，騷動和混戰趁虛而起：社會必須尋求新的平衡，確立新的法規。為達此目的，又必須建立領土國家，以挽救領主制。

當然還有別的解釋。其中特別要提到水磨和風磨帶來的能源革命首先波及的地區，即從塞納河到須德海、從尼德蘭到倫敦平原的歐洲北部地區，這些地區在一定程度上依然脆弱。作為新興的領土國家，法國和英國已構成強大的政治單位，但還不是操縱自如的經濟單位，危機對它們影響極大。加之十四世紀初，香檳區交易會衰落以後，一度是西方心臟的法國被排除在獲利豐厚的早期資本主義關係之外，地中海城市從此勝過了北方的新興國家。人們對機器懷有的美妙希望也從此暫時消退。這種美妙的希望在羅傑·培根對機器的讚頌中可見一斑。他於一二六〇年寫道：「人們能夠製造機器，艨艟巨艦依靠機器只需一人駕駛，航行速度卻比滿載槳手的划槳船更快；也可能建造飛速行駛的、毋需畜力牽引的車輛；也可能生產飛行器，由一人操縱機翼，便能如鳥一般展翅飛翔。另一些機器能潛入海下和河底[36]。」

阿格里科拉和達文西時代的革命

在這場嚴酷的長期危機過去之後，歐洲重新活躍起來，交換飛速發展，經濟急劇增長，沿著從尼德蘭經過德意志到義大利半島的軸線不啻發生了一場革命。原來是次要商業區的德意志走在工業發展的最前列。這可能因為，德意志夾在南北兩個佔統治地位的經濟世界之間，必定要介入國與國之間的交換。但首要的原因還是德意志地區礦業生產的發展。礦業發展不僅使德意志經濟從十五世紀七十年代起早已復甦，領先於歐洲其他地區。金、銀、銅、錫、鈷、鐵礦的開採還引起一系列技術革新（試舉一例：用鉛分離混在銅礦石中的銀），促使人們為井下抽水和提升礦石而採用就當時的水平而言極為龐大的機械裝置。從阿格里科拉（Alexander Agricola）那本書氣勢宏偉的版畫插圖中可以看到，當時人們已發展了一套靈巧的工藝。

既然英國後來抄襲了這些技術成就，人們往往把它們看成真正的工業革命的前奏[37]。何況礦業發展推動了德意志經濟的所有部門：絨布、毛線、皮革加工、礦冶、白鐵、鐵絲、造紙、新式武器等等。商業活動創造了規模可觀的信貸網；「大公司」（Magna Societas[38]）等巨型國際商行得以組成。城市手工業繁榮發達：一四九六年科隆有四十二個同業公會；呂貝克有五十個；美茵河畔法蘭克福有二十八個[39]。運輸活躍，日趨現代化；若干實力雄厚的公司專營運輸業。主宰黎凡特貿易的威尼斯需要白銀，與上德意志建立了特別優惠的商業聯繫。不容否認，不管就哪一部門而言，德意志城市在半個世紀內呈現著一派欣欣向榮的氣象。

不過，正如約翰・內夫所證明，到了一五三五年左右，美洲白銀終於同德意志銀礦生產相抗衡，於是一切就停頓下來，或者開始停頓；一五五〇年左右，安特衛普的領先地位漸趨衰落，德意志大受影響。德意志經濟的劣勢在於它依附威尼斯和安特衛普，並且是根據二者的需要而發展起來的。威尼斯和安特衛普才是歐洲經濟的真正中心。說到底，富格爾家族的世紀其實是安特衛普的世紀。

在義大利，大致相當於佛朗西斯科・斯福薩在米蘭執政時（一四五〇），一次更引人矚目的技術革命取

十五世紀末的一幅細密畫。按照當時的習慣做法，圖示庫特納荷拉銀礦的一個縱剖面。可見穿白衣服的採掘工，下并用的梯子，提升礦石的絞車。在本圖沒有複製的那部份中，有一套已很現代化的機械裝置（德意志掌握了當時最先進的採礦技術）：用幾組馬匹驅動的絞車以及抽水和通風系統。維也納國立圖書館藏品。

得初步成功。說它更引人矚目，因為在這以前，其他領域發生了一系列具有榜樣意義的革命。首先是人口革命，人口增長一直持續到十六世紀中葉。其次是從十五世紀初開始，誕生了若干疆域不大、但已具現代形態的領土國家：人們甚至一度設想統一義大利。最後是在運河縱橫的倫巴第平原發生的資本主義形態的農業革命。這一切都沉浸在科學和技術發現的普遍氣氛之中。當時有幾百名義大利人像李奧納多．達文西一樣醉心於技術革新，在筆記本上畫滿各種異想天開的機器設計草圖。

當時的米蘭經歷了一段非同尋常的歷史。由於躲過了一四與十五世紀這場可怕的危機（雷納托．贊格里認為原因正在於農業先進），米蘭的製造業蓬勃發展。米蘭的工業生產十四世紀初以織造絨布為主，如今被呢料、金銀線挖花織物和武器生產所取代。波瀾壯闊的商業運動使米蘭與日內瓦和索恩河畔沙隆的交易會，與第戎、巴黎等城市，也與尼德蘭聯繫在一起[40]。與此同時，米蘭還完成了對周遭農村的資本主義征服，把分散的土地歸併成大莊園，發展草地灌溉和畜牧業，開鑿兼收灌溉與舟楫之利的運河，引入新作物水稻的種植，乃至借助糧食作物與牧草的不間斷輪作逐漸取消休耕地。事實上，尼德蘭日後推行的「高級耕作」是在倫巴第發端的。在尼德蘭之後，這一耕作方法又傳到英國，產生了眾所周知的後果[41]。

由此就引出我們的嚮導贊格里（Renato Zangheri）的問題：為什麼米蘭和倫巴第的農村與工業部門經歷的巨大變革竟半途而廢，未能導致一場工業革命？說當時技術不夠發達，或者說能源不足，似乎都不是令人信服的解釋。「英國革命的成功並不是取決於科技進步，因為在十六世紀，這一進步已如探囊取物[42]。」卡洛．波尼驚奇地發現，義大利當時用於捲絲、紡絲、拈絲的水力機器極其精巧，只用一個水輪就帶動幾層機械裝置和筒管[43]。懷特斷言，在達文西之前，歐洲已發明了以後四個世紀內（直到電的發明為止）隨需要的產生而逐一付諸應用的各種機械系統[44]。他有一個漂亮的說法：因為「一項新發明只是給人打開一扇門，但不強迫任何人走進去」[45]。事情確實是如此，但為什麼在米蘭匯集的種種難能可貴的條件未能讓人們產生這

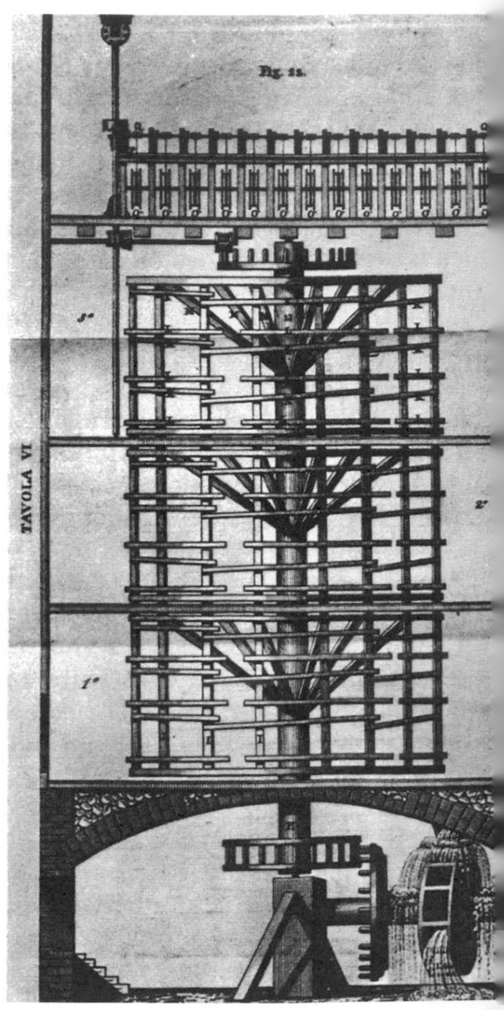

義大利最早出現的機械：兩台波隆納式拈絲機的示意圖，一台為 1607 年（圖左），另一台為 1833 年。粗絲線由 2 股、3 股或 4 股細絲捲繞而成，作絲織品經線之用。1716 至 1717 年間在英國安裝的第一台拈絲機是英國人在義大利刺探兩年工業情報後仿製的，被譽為「英國擁有的第一台名副其實的加工機械」。幾乎完全相同的拈絲機早在 17 世紀初已在它的故鄉波隆納轉動（參看波尼的研究成果）。該機器完全自動（工人只管照看機器運轉和接上斷頭），機器正中有一個轉子，名叫「走馬燈」，由水輪帶動（下方示意圖），周圍是一圈固定的架子（上方部份示意圖），上置數目極多的梭子、筒管和線軸……如果機械化是工業革命的唯一原因，義大利早就走在英國的前面。右圖為 1833 年的複式拈絲機。奈格里：《住房與水利實用教科書》，波隆納 1833 年版。

一需要或強烈需求呢？為什麼米蘭的衝刺得不到加速，反而煞車了呢？

根據現有的歷史資料，我們拿不出證據來回答這個問題。我們只能作些猜測。首先因為米蘭沒有歸它支配的廣闊民族市場。其次因為初期投機熱潮過去以後，地產收益有所下降。按照吉諾．巴比里[46]和傑瑪．米亞尼的說法，廣大工廠主是些小資本家，屬於中產階級。這個論據能夠成立嗎？棉花革命時期最早一批實業家往往出身寒微。那麼米蘭的不幸可能應主要歸咎於它距威尼斯太近，又離後者控制的地區太遠。米蘭不是一個對外開放的海港，產品不能直接向外國出口，沒有獨立行動承擔風險的自由。米蘭的失敗也許適以證明，工業革命作為整體現象不可能僅靠內部，通過經濟各部門的和諧發展而實現；它還必須憑藉控制外部市場這個必不可缺的條件。我們看到，在十五世紀，外部市場已被威尼斯所佔有，與西班牙的貿易則歸熱那亞主宰。

內夫與一五六〇至一六四〇年的英國首次工業革命

英國一五四〇至一六四〇年間出現了強有力的工業飛躍，相形之下，德意志地區和義大利半島上演的序幕自當遜色。十六世紀中葉，不列顛群島在工業上遠遠落後於義大利、西班牙、尼德蘭、德意志和法國。一個世紀後，形勢奇蹟般地完全顛倒過來，其變化速度之快，只有十八世紀末和十九世紀初工業革命高潮時期可與之比肩。英國在內戰（一六四二）前已成為歐洲第一工業強國，而且將保持這一地位。內夫[47]在一九三四年發表的一篇引起轟動的論文中分析了英國「首次工業革命」。這篇論文提出的強有力解釋至今仍未稍減其鋒芒。

為什麼英國能領先呢？須知當時英國付諸應用的重大革新——我指的是高爐與各種深井採礦設備：巷道、通風系統、抽水泵、提升裝置——都向外國借鑑，有關的新技術都由英國僱用的德意志礦工所傳授。須知正是德意志、尼德蘭以及義大利（玻璃工業）和法國（毛織與絲織工業）等先進地區的工匠和工人帶來了必要的技術和技巧，使英國得以建立一系列嶄新的工業：造紙和火藥（用水磨或風磨為動力）、鏡子製造、玻璃器皿、火炮鑄造、明礬和水合硫酸鹽生產、煉糖、製硝等。

令人驚奇的是，英國一旦引入這些技術與技巧，就為它們創造了前所未有的廣闊活動天地：企業規模增大，廠房高大寬敞，工人人數達到幾十乃至幾百人，投資相對膨脹，動輒以幾千英鎊計，而當時工人的年工資僅五英鎊——這一切都是新事物，都標誌著英國工業躍進的幅度。

另一方面，這一革命決定性的、純屬英國本土的特徵是煤的應用越來越廣，燒煤成為英國經濟的主要特徵。這倒不是深思熟慮後作出的選擇，而是因為煤彌補了英國一個明顯的弱點。大不列顛的林木逐漸變得稀少，十六世紀中葉木材的價格已極其昂貴，這兩個原因迫使英國求助於煤。無獨有偶，英國江河的流速太慢，必須修建很長的水渠才能引水推動水輪，以致成本太大，高於歐洲大陸。這一不利條件後來激發人們去研究蒸汽動力，至少內夫持此見解。

英國因此以新堡（Newcastle）盆地和眾多地區性煤礦為據點，投入大規模的煤田開發（與尼德蘭和法國情形相反）。煤礦僱用農民打半工，僅開採表層，當時已採用輪班勞動，煤井深入地下四十至一百公尺。一五六〇年前後的產量為三萬五千噸，十七世紀初達到二十萬噸[48]。在軌道上滑行的斗車把煤一直運到載貨碼頭；數量越來越多的專用船再把煤運往英國各地，十七世紀末甚至運往較遠的歐洲。煤被視作國家的財源，就像一位英國詩人一六五〇年說的：「英格蘭兼有印度，世界堪稱完美修改你的地圖，新堡便是祕魯」[49]。煤取代木炭，使家家可以生火取暖，使倫敦上空烏煙籠罩。不僅如此，煤也向工業提供燃料，但工業卻需要適應這一新的動力，設法解決燃煤帶來的難題，特別需要保障加工材料不受新燃料中硫化物的損害。總而言之，玻璃製造業，啤酒廠，磚窯，明礬生產，煉糖以及蒸發海水製鹽業等部門陸續燒煤了。每有一個工業部門採用煤作燃料，便有相應的勞動力集中以及必然的資本集中。製造廠由此誕生，廠房寬敞，刺耳的噪聲有時晝夜不停；僱用的工人人數既多，又往往不掌握專門技能，這使一個慣見手工工匠的世界深感震驚。詹姆斯一世在約克郡沿海地區設立了若干「製礬廠」，每家長期僱用六十來名工人。其中一家的一位負責人於一六一九年解釋說[50]：製礬是項「累活」，「單獨一人幹不了，幾個人也幹不了；只有讓許多出身最低賤、對工作敷衍了事的人去做」。

所以，由於企業規模增大，煤的使用日益推廣，英國便在工業領域進行技術革新。但推動工業前進而且很可能引起技術革新的還是國內市場的蓬勃發展。國內市場發達的原因有二：首先是人口激增，估計十六世紀的人口增長達百分之六十[51]。其次是農業收入大為提高，把許多農民變成工業產品消費者。由於人口不斷增長以及城市迅速膨脹，農業面對日益擴大的需求，便以各種方式提高產量：開墾荒地，給公地和草場圍上籬笆，生產專門化等，但還沒有採用旨在提高土地肥力和單產量的革命性耕作方法。新耕作法要到一六四〇年後才開始出現，到一六九〇年前仍進展不大[52]。農業生產因此多少落後於人口增長，農產品價格的上漲就整體而言超過工業品價格的上漲可作證明[53]。農村生活條件因此得到明顯的改善。這是所謂「大改建」（great rebuilding）時期，農家翻新、擴大房舍，改善設施，頂樓改成正式樓層，窗戶鑲上玻璃，爐灶經過改裝以便燒煤；死者遺產清單開列許多新的物品：家具、內衣、帳幔、錫餐具。這一國內需求肯定刺激了工業生產、商業與進口。

不過，這一急劇的運動雖然前程遠大，卻未能帶動一切。甚至有些重要部門仍落在後面。

如在冶金部門，消耗大量燃料的德意志式現代高爐、鼓風爐不僅沒有取代所有的舊式吹煉爐（有的到一六五〇年左右仍在開工），它本身也繼續使用木炭。一七〇九年才出現第一座用焦炭煉鐵的高爐，而且在此後四〇年間沒有第二座。對這一不正常現象，艾希通等人曾作出多種解釋，但我認為查爾斯·海德在其近著

展現英國早期「鐵路」的圖片之一（1750）。這條「鐵路」由拉爾夫·艾倫（1694-1764）修築，利用重力把附近山區採石場開採的石塊運往巴斯城以及流經該城的埃文河碼頭。遠景為艾倫豪華的府邸，名為「隱修院花園」。幾名貴族與盛裝的貴婦前來觀賞景色。

中提出的見解無可辯駁[54]：如果焦炭用量要到一七五〇年左右才超過木炭，那是因為木炭的生產成本在這以前始終低於焦炭[55]。此外，英國冶金生產在數量和質量方面長期不如別國，甚至在採用焦炭後也不如俄國、瑞典和法國[56]。小五金業（製刀、生產鐵釘與工具等）自十六世紀中葉起不斷發展，但是使用從瑞典進口的鋼做原料。

另一個落後部門是呢絨工業。因為外部需求長期不旺造成這一行業進行艱難的改造，其產量從一五六〇年到十七世紀末幾乎停滯不前[57]。大量呢絨加工分散在農村，工廠不多，生產日益廣泛地採用「外包工」制度。呢絨出口在十六世紀佔英國出口總值的百分之九十，到一六六〇年仍佔百分之七十五，十七世紀末降為百值五十[58]。

但這些困難不能解釋英國經濟何以在十七世紀四十年代後停滯：英國經濟沒有後退，但也不再前進。人口已停止增長，農業生產的數量有所增加，質量有所提高，農民向未來投資，但是農產品的價格下跌，農業收入隨之減少；工業部門照常開工，但是至少直到一六八〇年為止不再引入任何革新[59]。假如這僅是英國一國特有的現象，人們就會說，始於一六四二年的內戰猛然發揮了有力的煞車作用；人們還會指出，英國國內市場不夠興旺，它在由鄰國荷蘭主宰的經濟世界中處境不利或相對不利。問題是這並非英國特有的現象：北歐各國毋庸置疑與英國同一命運，它們曾經與英國同時前進，如今也一起後退。「十七世紀危機」在各地發生的時間有早晚，所起的作用卻是相同的。

回過頭來再說英國。根據內夫（John Ulric Nef）的診斷，英國工業發展在一六四二年後誠然放慢了速度，但發展並沒有消失，未曾發生後退[60]。下文我們談到瓊斯的引起轟動的分析時還要提及這一點：事實上，「十七世紀的危機」可能與所有的人口增長減緩時期一樣，有利於人均收入的增長與農業的改造，後者對工業本身並非不產生影響。稍加引伸內夫的想法，我們不妨說，十七世紀盛行的英國工業革命在十六世紀已經開始，這場革命是逐級發展的。必須牢記這個解釋的教益。

可是，能否對歐洲作同樣的解釋呢？歐洲從十一世紀起此起彼伏的各種試驗互有聯繫，可以說是個經驗積累過程。每個地區分別在不同的時期輪流經歷了早期的工業發展，以及在各方面（特別在農業領域）必定隨之發生的變化。工業化可見是整個歐洲大陸的普遍進程。英國雖然出色地扮演了主角，並實現了工業革命，但工業革命不是英國的發明，也不能僅僅歸功於英國。所以，這場革命剛發動，還沒有取得決定性的成功，就毫不費力地傳到鄰近的歐洲大陸，獲得一系列相對迅速的成功。今天許多不發達國家遇到的障礙，工業革命時的歐洲並沒有遇到。

工業革命在英國各部門的表現

英國一七五〇年後的欣欣向榮是萬道光芒輻湊而成的聚光點。但我們切莫抱過多的幻想：我們這裡接觸到困難的核心，容易被種種虛假因素所迷惑。哈特威爾興致勃勃地在《工業革命與經濟增長》（一九七一）一書中為我們解釋了困難何在。這部才氣縱橫的論著實際上是對其他書的綜合，是作者藉由他人想法表達自己見解的講台。它最終把我們領進一個宏大的博物館，那裡的牆上精心懸掛著千差萬別的畫作，讓我們去選擇其中一幅。經過上百次比較和取捨，誰能保證不被搞得昏頭昏腦？

一九六〇年四月[61]《今與昔》雜誌組織專門研究這個問題的歷史學家進行大討論，專家們確實未能達成一致看法，這在某種意義上倒是令人欣慰的。一九七〇年[62]以此為主題的里昂討論會也未有進展。維拉爾[63]在這個討論會上不加掩飾地承認，他在研究一八到十九世紀如此迅速地改變了加泰隆尼亞面貌的工業革命時，未能建立一個使他滿意的模式；他這番話也許道出了問題的癥結。在同一討論會上，當人們用工業化這個貌似中性，其實同樣複雜的名詞取代工業革命的提法時，問題也沒有變得簡單起來。賈克·柏丁大方承認：「坦白地說，我還沒有弄清楚所謂『工業化』指的究竟是什麼？是鐵路、棉花、煤、冶金、煤氣照明還是白麵包？」[64]我樂意回答說：這份單子還嫌太短，工業化與工業革命一樣涉及一切領域：社會、經濟、政治結構、公眾輿論等等。即使最典型的帝國主義國家的歷史也不能概括工業革命的全貌，要用一個自命簡單、完整、不容置辯的定義進行概括，當然更不可能。換句話說，先把英國、後把全世界搞得天翻地覆的工業革命，在其進程的任何時刻，不是一個界限明確的課題，不是集中在一個特定時空中的若干特定問題。

所以我不能贊成按部門逐個解釋工業革命的方法，即便我自己也不得不使用這個方法。歷史學家面臨犬牙交錯、堆積如山的困難時，確實採用了笛卡兒的分析法：分類以便理解。他們劃分了一系列特殊部門：農業、人口、技術、商業、運輸等等，各部門的變化當然都有重要意義，但是危險在於這些變化可能被看作是彼此分割的、逐一達到的階段，不妨說是經濟增長的梯級。這個分析模式其實來自最傳統的經濟學。遺憾的是，經濟史的提倡者未能設計出另一種更能有效地引導歷史研究的模式供我們使用；他們未能確定一些座標、尺度與係數，以便我們通過對這些座標、尺度與係數的觀察，看清不同部門怎樣同時互相推動、互相促進，或者相反地互為牽制、互為瓶頸。如果人們畫出時間跨度相當大的一系列共時切面圖，工業增長就能大致無誤地顯示出工業增長的演進過程。但是為了做到這一點就必須先確定一個觀察模式，歷史學家還必須經過協商一致，分別在不同的時間和地點付諸實施。

我們暫且只能利用已在不勝枚舉的傑出著作中證明行之有效的分類方法。這一分類法在工業革命的整體中區分一系列特殊的革命：農業革命、人口革命、國內運輸革命、技術革命、商業革命、工業本身的革命……我們第一步先試圖觀察各部門確曾經歷過的變化。這是進行解釋的習慣途徑。人們不免會感到厭倦，但這也是無可奈何之事。

首要因素是農業

農業理應排在首位。但在工業革命涉及的所有問題中，這是最大的難題。擺在我們面前的實際上是個永無止境的長過程，不是一場革命，而是一系列革命，一連串劇變、演變、斷裂和平衡。從頭到尾去敘述這些革命與變化，就要上溯到十三世紀用石灰水處理種子和用泥灰石改良土壤的最初試驗，試種不同品各的小麥和燕麥以及尋求最合適的輪作方法。可是我們的問題不在研究這條長河的源頭及其流程，而是它歸於大海的方式；不是研究英國農村史的各個方面，而是英國農村最終與工業革命的汪洋大海匯合的方式。工業革命的巨大成就得以實現，農業是否發揮了主要作用？

提出這個問題，就會招來成千種相互矛盾的答案。歷史學家有的作出了肯定的回答，有的持否定立場，有的舉棋不定。弗林認為，「若說農業的發展足以在激發工業革命中發揮了不容輕視的作用，此論殊屬可疑」

[65]。哈巴庫進而主張，「農業生產增長不應視作經濟增長的先決條件，正因為如此，農業增長往往伴隨著經濟加速增長的到來，而並非走到經濟增長的前面」[66]。相反，貝洛什為了找出英國革命的戰略變量並確定各個變量的等級，斷言農業躍進是工業革命「起動的首要因素」，好比球賽的開球[67]。瓊斯的見解更直截了當；根據對工業化國家的歷史的比較研究，他指出這些國家的成功的首要條件是「農業生產增長速度高於人口增長」[68]。就英國而言，他認為一六五〇至一七五〇年間是「關鍵時期」。

這個說法不言而喻地否定了把農業革命與農業機械化相等同的論點：持後一種論點的人認為農業革命落後於而不是領先於棉紡織業革命和鐵路革命。工業和機械技術十九世紀中葉以前，在農村生活中所起的作用肯定微不足道。傑特羅．塔爾一七三三年[69]談到的播種機即便在先進的諾福克郡東部也難得使用（僅在湯恩和科克等地），在別的地區則要遲到十九世紀方才出現[70]。蘇格蘭地區一七八〇年設計的馬拉打穀機肯定未得到迅速推廣，蒸汽打穀機的出現自然更晚。同樣，以羅特海姆

十八世紀已有人指責英國農村磚窯的煤煙污染空氣。

命名的三角犁[71]只用兩匹馬和一個人便能耕地（矩形犁需用六到八頭牛，一名趕牛人和一名犁手），這項發明於一七三一年取得專利，但在一八七〇年前未見推廣[72]。有人甚至算出，包括十七世紀從園林移植到田野的高產蕪菁在內的許多新作物，從發源地向外傳播的速度每年不超過一英里！此外，直到一八三〇年為止，槤枷、短柄鐮和長柄鐮仍是英國農家的常用農具[73]。英國農業在工業革命前雖然取得了毋庸置疑的進步[74]，但進步主要不是來自機器或神奇的作物，而是由於改變土地利用方式，採用多次犁耕和輪作制（實行輪作既取消了休耕地，又促進了畜牧業，後者提供的肥源又使土壤保持肥力），重視選種以及培育優良的牛羊品種，發展能提高單產的專門化農業（各地的自然條件和貿易需求均不相同，這一措施的效果也因此而異）。由此形成的一整套方法在十九世紀將被叫做「高級耕作法」。事後有人根據長期觀察得出結論說：這是「一門極難掌握的藝術。用籬笆圍起來的土地經多次犁耕翻鬆後，施以大量優質肥料，交替播種消耗肥力與改善肥力的作物，不再實行休耕（……）用匍匐生草本作物取代直

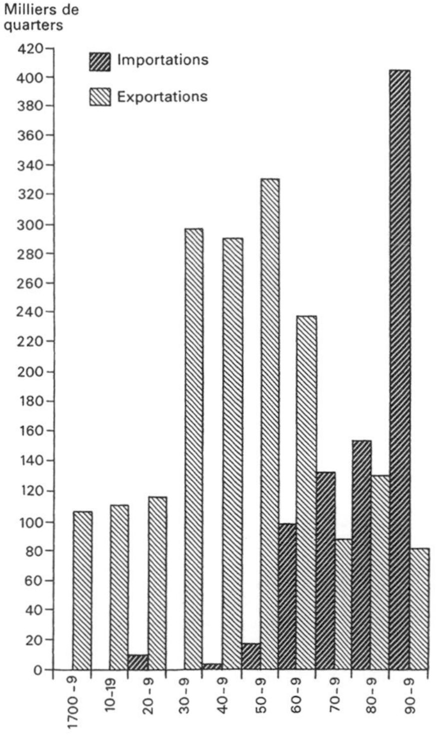

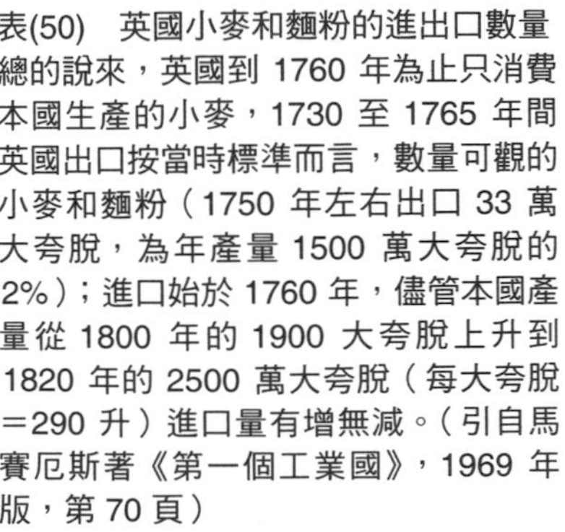
表(50)　英國小麥和麵粉的進出口數量 總的說來，英國到 1760 年為止只消費本國生產的小麥，1730 至 1765 年間英國出口按當時標準而言，數量可觀的小麥和麵粉（1750 年左右出口 33 萬大夸脫，為年產量 1500 萬大夸脫的 2%）；進口始於 1760 年，儘管本國產量從 1800 年的 1900 大夸脫上升到 1820 年的 2500 萬大夸脫（每大夸脫＝290 升）進口量有增無減。（引自馬賽厄斯著《第一個工業國》，1969 年版，第 70 頁）

根生糧食作物，前者消耗土地表層的養份，同時又改善土地肥力，後者從土地深處呼吸養份，僅僅消耗，對土地沒有絲毫補益」[75]。

這一具有頭等重要意義的變化於一六五〇年後方告實現，此時人口壓力不復存在，居民人數不再增長或增長極微（原因可能是有意實行晚婚政策）。不管原因何在，人口壓力總是解除了。正值需求減少、麥價下跌之際，農業產量和生產率卻有所提高，革新反而得到推廣，這豈非矛盾？但用瓊斯提出的論據[76]不難解釋這個怪現象。對糧食的需求基本保持穩定，但是隨著城市的發展以及倫敦的欣欣向榮，對肉類的需求大大增加；畜牧業變得比種植小麥更有利可圖，並有取代小麥種植的趨勢。人們越來越多地種植苜蓿、驢食草以及蕪菁等牧草，並採用新的輪作方法。由於力求大量繁殖牲畜，牲畜數量成倍增加，牲畜提供的肥料隨之增多，反過來提高了加入輪作的糧食作物，即小麥與黑麥的產量，於是形成了瓊斯所說的「良性循環」（與惡性循環相反）。全靠這一良性循環，糧食價格偏低更促使農民以主要精力經營畜牧業，畜牧業保證牧草種植的成功，這一成功又同時引起牧畜數量，特別是牛羊數量的激增以及糧食的大幅度增產。英國糧食產量幾乎自動上升，以至超過國內需求。於是糧價下跌，糧食出口直到一七六〇年為止持續增長。根據萊格列（Z.A. Wrigley）的計算，一六五〇至一七五〇年間農業生產率至少增長百分之十三[77]。

不過，「高級耕作法」還產生另一個後果。飼草種植要求鬆軟的沙土地，這類土地於是在英國被視作良田。人們甚至在歷來專供放羊用的、出名貧瘠的土地上種植牧草。相反，容易板結的黏土地宜於種植糧食，歷來被公認為是上等良田，卻因不宜種植飼草而身價大跌。實行飼草和糧食輪作的沙土地，糧食產量很高，造成糧價偏低，單純種植糧食的黏土地在競爭中處於劣勢，被迫拋荒。於是怨聲四起。英格蘭中部地區於一六八〇年乾脆要求頒布法律制止南部實行農業改良！白金漢郡艾爾斯伯里盆地擁有黏性土地的農戶要求禁止種植苜蓿[78]。

鑑於鄰近地區的成功，一些境遇不佳的地區就轉而經營畜牧業，尤其是飼養力畜；倫敦附近地區則把賭注押在乳品生產上。但更多的是朝手工業方面發展，以便重新建立平衡。內夫記錄了十六世紀蓬勃興起的大型手工工廠從一六五〇年開始大大放慢發展速度這個事實；儘管如此，當時活躍的農村工業卻仍在古老的、始終有效的「外包工制度」的範圍內發展壯大。十七世紀末和十八世紀初在德文郡東部，尤其在貝德福德郡、白金漢郡和北安普頓郡，花邊織造業大為發達；麥桔編織草帽業從赫特福德郡傳到貝德福德郡；製釘業在白金漢郡鄉間得到推廣；門迪普丘陵發展了造紙業，一七一二年該地區有二百多家造紙廠開工，廠址往往設在從前的磨坊裡；萊斯特郡、德貝郡、諾丁漢郡等地則發展針織業[79]。

所以，「十七世紀的危機」正值英國農村日趨成熟的時期，成熟過程十分緩慢，各地的進展也不平衡，但對未來的工業革命具有雙重

英國農婦趕集。1623 至 1625 年同一份手稿的插圖

好處：首先它有利於實現農業高產，使農產品在放棄出口後能支持十七世紀五十年代開始的猛烈人口增長，其次它使貧困地區出現許多小企業主和一個多少習慣了手工操作的無產階級，也就是說，一批「柔順的、訓練有素的」勞動力。當十八世紀末城市大工業興起時，他們隨時準備響應大型工業的召喚。工業革命將在他們中間吸收後備勞動力，而不是有如不久前還有人根據馬克思的說法而相信的那樣，在嚴格意義上的農村勞動力中招募工人。農村勞力的人數始終保持穩定。

歐洲大陸的情況之所以完全不同，想必是因為英國農業只有在土地經營面積達到足夠規模時，才可能出現如此新穎獨特的演變。一個大農莊當時可達二百畝，即八十公頃。若要建成這種規模的農莊，先得摧毀和改造頑固的領主制，改變佃農與領主的古老關係。工業革命起步時，英國早就做到了這一點。大地主[80]變成食息者，他不僅把土地看作維護其社會地位的手段，也當作生產的工具，因而交給幹練的農場主去經營對他更為有利（按照慣例，年成不好時地主甚至補貼農場主的部份損失）。一塊經營得法、租息可觀的土地還能保證地主易於取得貸款：地主往往兼任工廠主或礦產主，他需要在別的方面投資。至於農場主，法律或者契約保證地主不得任意收回租地，他可以放心進行投資[81]，根據市場法則與資本主義方式從事經營。這一新秩序的突出特徵是農場主以真正的企業家的身份而出現。一名法國見證人說，英國農場主是「地道的體面人」。「他們雖然親手扶犁，但他們的農莊與住宅不比城市的資產者遜色[82]。」此話說於一八一九年。但在四分之三個世紀前，即一七四五年，一名法國人已把英國農場主描寫為「享有人生一切舒適」的農民；他的幫工「動身去耕地前先要喝茶」。又說，「這個鄉下人冬天穿禮服」，他的妻女穿戴俏麗，簡直可被當作「我們傳奇故事中的牧羊女」[83]。有張出色的小型版畫，畫的是一名「村姑」騎馬趕集，胳膊上挎著一籃雞蛋，但是鞋帽裝束竟是大家閨秀的派頭。這幅畫可印證上面那個法國人的印象。

法國人毛里茨·盧比孔（一七二六—九六）對英、法農村的反差印象極深，他花了許多筆墨去描寫不列頗的農業生產組織。據他估計[84]，在英國一萬個教區中，每個教區都有兩三戶土地貴族，他們大致擁有教區轄地的三分之一，並把大塊土地租給農場主經營；不依附貴族的小地主（間或也有大地主）擁有的土地也佔三分之一；自耕農擁有小塊土地，並對公共土地有使用權，二者佔耕地面積的最後三分之一。盧比孔提出的多半是近似估計。可以肯定的是，早在十八世紀前很久，一切都曾促成土地集中。小地主面前只有兩條路，不是增加地產從而得以生存下去，就是早晚喪失地產變成僱傭勞動者。通過小地主喪失土地或者通過取消公共土地和便於土地兼併的圈地制，大地產因其適應能力強和經濟效益高，逐漸把小地產集中到土地貴族、大自耕農和農場主的手裡。法國的演變方向相反。一七八九年八月四日，「封建」制一夜之間全部崩潰，而土地的資本主義集中當時才剛開始；土地無可挽回地被農民和資產者分得七零八碎，對英國農村秩序讚不絕口的盧比孔為此大發雷霆，因為「法國的土地早在革命前已分割成二千五百萬小塊，如今更達到一億一千五百萬小塊」[85]。難道僅僅要歸罪於拿破崙法典嗎？英國的土地得以避免支離破碎，難道要完全歸功於土地貴族的長子繼承制或資本主義農業的建立？

估計農業在工業革命中的作用時，我們不能忘記，英國農村很早就與島國的民族市場結為一體了。英國農村被納入市場網絡之中，直到十九世紀初為止，它成功地養活城市與工業居民點。這是罕見的例外，但適以證實規律。英國農村形成國內市場的主體，而國內市場是正在起步的英國工業首先與天然的銷售場所。這一發展中的農業正是煉鐵工業的最佳主顧。農具——馬蹄鐵、犁鏵、長柄鐮、短柄鐮、打穀機、釘耙、土塊粉碎機的圓輥——用鐵數量極大；一七八〇年有人估計英國每年在這方面消耗的鐵達二十、三十萬噸[86]。這些數字對於我們觀察的焦點十八世紀前葉是否適用尚有待商榷。不過這一時期從瑞典與俄國進口的鐵的數量不斷增加，這難道不是因為英國冶金業本身的生產能力不足以滿足需求，而增長的要求大部份來自農業嗎？難道不是因為躍進的農業走到了工業化的前面嗎？

人口增長

與歐洲及世界各地一樣，十八世紀英國人口在增長。英國人口一七〇〇年為五百八十三點五萬；一七三〇年略高於六百萬；一七六〇年達六百六十六點五萬。隨後，增加速度加快：一七九〇年為八百二十一點六萬；一八二〇年為一千二百萬；一八五〇年接近一千八百萬[87]。死亡率從百分之三十三點三七降到一八〇〇年的百分之二十七點一，到一八一一至一八二一年間更降到百分之二十一，出生率同期達到百分之三十七這個創紀錄的水平，甚至更高。這些數字只是估計數，不同作者提出的數字不盡相同，但差距不大[88]。

急劇的人口增長意味著農村環境改善，所有的城市都在擴大，工業居民點以創紀錄的速度在成長。好幾位歷史人口學家把一七〇一年（有人口數字可資比較）的英國郡縣分成三組[89]。在一八三一年，各郡人口的絕對數字都有所增長，但工業郡的人口該年佔總人口的百分之四十五（一七〇一年僅佔總人口的三分之一）。農業郡的人口則相反，從十八世紀初佔總人口的百分之三十三點三下降到一八三一年的百分之二十六。有些郡的發展速度驚人，如諾森伯蘭郡（Northumberland）和德罕郡（Durham）的人口翻了一番，蘭開夏郡（Lancashire）、斯塔福郡（Staffordshire）和窩立克郡（Warwickshire）的人口增長了二倍[90]。所以不可能有判斷錯誤：工業化在英國人口增長中發揮首要作用。所有的細節研究都證實這一印象。若去考察十七到三〇歲的年齡組，就會看到在蘭開夏郡的工業區，這一年齡組一八〇〇年有百分之四十的人已婚，而同一時期在該郡的農業區，同一年齡組僅百分之十九的人已婚。可見工業提供的就業機會促使早婚。這是人口增長的加速劑。

這個被煤煙燻黑了的英格蘭，以及它的工業城市和工人住宅，不斷在建設，不斷在發展。這種景象絕不是人們津津樂道的那個快活的英格蘭。阿列克西．德．托克維爾繼許多人之後在他的遊記中描寫了這個英國：一八三五年七月[91]他先在伯明罕停留，然後前往曼徹斯特，當時這是兩個尚未完全建成的大城市。建設倉促、馬虎，事先沒有規劃，但生機蓬勃。里茲、雪菲爾德、伯明罕、曼徹斯特、利物浦這些緊張忙碌的大城市相距密邇，連成一片，它們是英國工業躍進的靈魂。伯明罕還像人間，曼徹斯特則近乎地獄。曼徹斯特的居民從一七六〇年的一萬七千人上升到一八三〇年的十八萬人，增加了十倍[92]。地皮不夠，建在山丘上的工廠高達六、七層，乃至十三層。豪華的住宅與工人的簡陋房子分散在城市各個角落，毫無佈局可言。到處是水坑、污泥；每有一條鋪上石塊的大道，就有十條泥濘的小巷。男女老幼擠在污穢不堪的住房裡；有些地窖同時住著十五、十六人。約有五萬名愛爾蘭人生活在社會的最底層。利物浦的情況相同，托克維爾記下該地有「六萬名信奉天主教的愛爾蘭人」。他補充說：「這些人的貧困程度幾乎與曼徹斯特相等，只是有所掩蓋而已。」可見在這些由工業化催生的城市中，英格蘭本地的人口增長並不總能提供足夠數量的工人。來自威爾斯和蘇格蘭，尤其來自愛爾蘭的移民便趕來幫忙。由於機械化使不需專門技巧的工作崗位成倍地增加，在工業發展的所有熱點城市，人們使用女工與童工，這批勞動力與移民

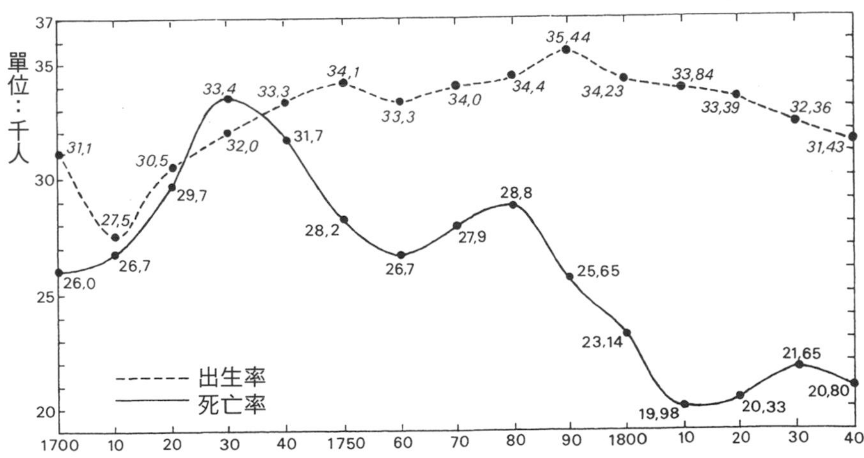

表(51)　英格蘭的死亡率和出生率　圖中兩條曲線根據相當可信的估計數字（根據不同的統計學家，數字略有不同）繪製。曲線之間拉開的距離表明，從 18 世紀 30 年代起，英格蘭人口激增。（摘自特里維廉《英國社會史》，1942 年版，第 361 頁）

勞動力同樣馴順，報酬同樣低微。

工業革命因此徵集了它所需的全部勞動力：既有工人，也有「第三產業」從業人員。新時代創造了就業機會。此外，正如拉布魯斯[93]所說，任何工業取得成就，必定伴隨著官僚化，英國的情形也是如此。勞動力充裕的補充標誌是僕人數量極多。僕役之多由來已久，但工業革命不但沒有消除，反而加劇這一現象。十九世紀初，僕人佔倫敦總人口的百分之十五以上。

英格蘭一七五〇年後人口增長之迅速，簡直到了人滿為患的程度。這麼多的人究竟是負擔、障礙還是動力？是原因還是後果？不消說，人總是有用的，不可缺少的，人口增加是工業革命的必需因素。沒有這幾百萬人，一切都不可能實現。但真正的問題並不在這裡，問題在於人口運動與工業運動的相互關係。兩項運動規模宏大，結伴同行。能否說其中的一個決定著另一個？不幸的是，我們所能接觸到的文獻對二者都語焉不詳。英格蘭人口史是根據不完整的民事檔案編寫的。我們提出的全部見解都並不可靠，如果研究者們努力從事巨大的計算和核對工作，這些見解明天將被推翻。同樣，人們可以聲稱自己對大體上可表現為生產曲線的工業化進程瞭如指掌嗎？迪安寫道：「合理的想法是如果沒有一七四〇年開始的生產增長，同時發生的人口增長就會因死亡率上升而受阻，因為生活水準下降本會引起死亡率上升[94]。」上面那幅草圖中死亡率曲線與出生率曲線分道揚鑣的時間恰巧就在一七四〇年：生命戰勝了死亡。這個簡單的認識如果是正確的，它就足以證明人口革命緊跟在工業運動的後面。至少人口革命在很大程度上是受工業革命的效應而發生的。

技術是必要的條件，但單靠技術還不夠

技術的因素曾被認為是工業革命關鍵的關鍵，如今已威望大跌。馬克思確信技術的主導作用；晚近的歷史學界擁有紮實的論據，不再認為技術是工業革命的「原動力」，甚至也不是貝洛什所說的「導火線」。然

而發明一般總是走在工業能力的前面，但也正因為如此，發明往往落空。實際技術應用就其定義而言落後於經濟生活的一般運動；它必須等待有明確的、堅決的需要，經過再三的請求，然後才介入經濟生活。

例如紡織工業的兩大工序是紡和織。十七世紀一台織機需要七、八名紡紗工向它提供產品，才能持續運轉。紡紗工序佔用大量勞力，技術革新理應以紡紗為對象。一七三〇年由於約翰·凱發明的飛梭，織機得到了改進。這一初步革新（飛梭的彈簧用手操縱）加快了織布速度，但僅在一七六〇年後才逐漸推廣。原因可能正是因為在這個時候出現了三項能提高紡紗速度並得到迅速推廣的革新：一七六五年的珍妮紡紗機因其式樣簡單，能為家庭織機採用；一七六九年的阿克賴特水力紡紗機；十年以後，一七七九年的克蘭普頓紡紗機又綜合了上面兩種機器的性能[95]。紡紗的效率從此增加了十倍，從安地列斯群島、東印度和英屬美洲殖民地南部各州進口的棉花數量也增加了。但是紡紗速度與織布速度仍然不相銜接，這一現象一直持續到十九世紀四十年代前後。即便蒸汽機於一八〇〇年前後使紡紗實現了機械化，傳統的手動織機照樣趕得上紡紗的速度，織匠的人數及其工資有所增加。理查·羅伯茨發明的機器進一步改善了織機，手動織機要到拿破崙戰爭結束後才慢慢讓出位置。這是因為直到一八四〇年為止，用機動織機取代手動織機既無必要，也不划算（由於機器的競爭與失業，織匠的工資大跌）[96]。

貝洛什確實言之有理：「工業革命開頭的幾十年間，技術與其說是決定經濟的因素，不如說是被經濟決定的因素。」技術革新顯然聽從市場的安排：必須在消費者的堅決要求下，技術革新才應運而生。英國國內市場一七三七至一七四〇年間每年平均消費棉花一百七十萬磅；一七四一至一七四九年間為二百一十萬鎊；一七五一至一七六〇年間為二百八十萬磅；一七六一至一七七〇年間為三百萬磅。「與英國二十年後的消費量相比，這些數量不大」；一七六九年（機械化之前）的棉花消費量平均每人三百克，「可供每個居民每年換一件襯衫」[97]。這個數字可能是臨界量，因為一八〇四至一八〇七年間，法國達到同一消費水平後，棉紡織工業便開始實現機械化。

然而，如果說需求創造革新，需求本身又取決於價格水平。英國在十八世紀初確實擁有一個隨時準備吞下大量印度棉布（因其價廉）的大眾市場。笛福曾嘲笑倫敦盛行印花布時的種種荒唐行徑，他指出貼身女僕比她們的女主人先穿進口花布。由於花布成為時尚所趨，價格隨著提高，花布市場勢必有所縮小。不過它主要還是被專制手段扼殺的（這恰好為這一市場的活力提供額外的證明），因為英國政府後來禁止印度棉布輸入不大列顛，除非用於轉口貿易。在這種情況下，可能主要不是國內需求的壓力，而是如喬杜里[98]主張的那樣，是印度廉價產品的競爭刺激了英國技術革新。何況技術革新先在棉紡織部門完成，而不是在產品消費量大、需求懇切的民族工業，即毛、麻紡織部門出現，這就十分說明問題。毛紡織業機械化是很久以後的事情。

英國冶金業的情況也是如此。價格對技術革新的影響與需求的影響相等，甚至可能更大。我們看到亞伯拉罕．達比完善了焦炭煉鐵法，他本人設在士洛普郡科爾布魯克代爾的高爐群自一七〇九年起即採用此汰，但是在十八世紀中期前，沒有任何企業家追隨他走這條路。一七七五年，百分之四十五的生鐵仍採用木炭高爐生產[99]。貝洛什指出焦炭煉鐵法遲遲不被採納，而需求的壓力無疑在不斷增加[100]。海德把焦炭煉鐵法遲遲才被採納的情況解釋得一清二楚。為什麼在一七五〇年前英格蘭的七十座高爐整整四十年間不屑使用焦炭？為什麼一七二〇至一七五〇年間新建的至少十八座高爐仍使用老辦法？無非是因為一方面煉鐵企業獲利豐厚，國產生鐵成本雖高，卻受到下列因素的保護：從瑞典進口的鐵需納稅；運輸價格極高，造成地區之間不存在競爭；冶金產品出口興旺[102]。另一方面是因為如採用焦炭（每一噸礦石約需二磅焦炭），生產成本就明顯提高，而且焦炭煉出的鐵不易精煉，如果產品價格不低於市價，殊難吸引鍛造工廠主[103]。

既然如此，為什麼一七五〇年後，沒有任何新技術問世，卻在二十年內新建了二十七座焦炭煉鐵爐，同

士洛普郡科爾布魯克代爾的高爐。1709 年，亞伯拉罕．達比在該地用焦炭做燃料，這在英國是首創。然後請注意，在這幅作於 1758 年的版畫上，右側塞文河畔有四堆木料正在燃燒，以便製造木炭。近景有一在當地生產的巨大金屬圓筒，由一組馬匹牽引。皮里和史密斯作版，1758 年。

時關閉了二十五座舊式高爐？為什麼鍛造工廠主越來越樂於加工焦炭煉出的生鐵錠？這是因為對鐵的需求增長使木炭價格大大提高（約佔鐵錠生產成本的一半）[104]。此外，從十八世紀三十年代起，由於煤價下跌，焦炭冶鐵的生鐵成本相應降低。形勢顛倒了過來。一七六〇年前後，木炭冶煉的生鐵成本比焦炭冶煉的生鐵高出二英鎊多。人們不禁再次要問，既然如此，為什麼舊式煉鐵法能維持那麼長的時間，在一七七五年仍生產幾乎半數的生鐵？想必是因為需求激增。怪就怪在需求太旺反而保護了跛腳鴨子不被淘汰。需求之大使鐵價居高不下，使用焦炭的廠家無意把價格壓低到足以淘汰競爭對手的水平。這一情況維持到一七七五年。這以後，兩種方法煉製的生鐵的價格差距拉開，木炭很快就被普遍放棄。

可見得不是蒸汽動力與博爾頓和瓦特的蒸汽機促成使用焦炭作高爐燃料。早在蒸汽機投入使用前，使用焦炭已成定局：即使沒有蒸汽機，焦炭也穩操勝券[105]。這不等於說蒸汽在英國冶金企業未來發展中不起作用：一方面，蒸汽推動巨大的鼓風機，使高爐容積有可能大大擴充；另一方面，使用蒸汽使得冶金廠址不必非選在河流附近不可，新的地區得以建立冶金工業，尤其是斯塔福郡的「黑色地區」煤礦和鐵礦蘊藏豐富，但缺少湍急的水流。

幾乎與生鐵同時，精煉鐵業也擺脫了高價木炭的奴役。一七六〇年前後，煤在鍛造廠中僅用於最後工序，即用來加熱和鍛造已經精煉的鐵。一七八〇年前後，轉爐的採用使全部精煉工序都用煤做燃料。英國鐵條產量一下增加了百分之七十[106]。但在這裡，海德再次發表與眾不同的見解：把木炭從鍛造廠趕走的，不是經過一七八四至一七九五年的艱難歲月後才臻完善的攪拌法。此事早已完成[107]。不過攪拌法代表英國冶金業的決定性進步，完成了冶金業在數量和質量兩方面的革命。這一次革命把英國冶金業的產品質量乃至歷來微不足道的數量一舉推到世界最前列，並保持這一地位達一個世紀之久。

十八世紀最後幾年起，鐵開始在英國代替木材。森德蘭城威爾河上的鐵橋，建於 1796 年。

何況，機器的地位在工廠和整個日常生活中迅猛上升，難道不是全靠金屬的優良性能？從這一角度出發，逐一考察蒸汽機技術發展的各階段，將會給人強烈的印象。起初，機器以磚木為骨架，僅有幾根金屬管子，構造極為笨重；一八二〇年起，機器上的金屬管子已密密層層。製造第一批蒸汽機時，鍋爐承受壓力的各部件使人傷透腦筋。紐卡門製造的機器補救了早於他的薩弗里的機器的不足之處，後者的接頭易在蒸汽壓力下爆裂。不過紐卡門的機器雖說結實，卻用磚石砌造支柱和爐膛，用木頭做擺杆，銅做鍋爐，黃銅做汽缸，鉛做管道……生鐵和鑄鐵好不容易才慢慢取代這些昂貴的材料。瓦特本人在蘇格蘭的卡隆鍛造廠裡也未能製成密封的汽缸。全虧威爾金森用他發明的一台鏜床幫瓦特解決了難題[108]。

所有這些問題到十九世紀最初幾十年就不復存在了，此時製造機器已不使用木材，人們開始生產各種類型的金屬小部件，以使「機器的傳統形狀變得靈便」[109]。約翰・斯米頓一七六九年為卡隆鍛造廠製造了第一個用鑄鐵做軸的水輪。由於鑄鐵多氣孔，不耐冷凍，此舉未能成功。前此一年，一七六八年倫敦橋上啟用的大口徑水輪仍是木製的，但於一八一七年被鐵輪所取代[110]。

冶金工業雖在長時段起著決定作用，在十八世紀卻尚未扮演頭號角色。朗德寫道：「煉鐵工匠在工業革命的起源方面受到〔歷史學家的〕過份地重視[111]。」如果嚴格以編年史為根據，煉鐵業的作用無疑是被誇大了。不過工業革命是個持續的過程，它必須在前進過程中隨時有所發明，始終期待著將來臨的、應該來臨的發明，而且永遠有新發明進行補充。每一項成果都說明前一項進步的理由和意義。煤、焦炭、生鐵、熟鐵、鋼都可說是「大人物」。但最終是蒸汽在某種意義上闡發了它們的重要性，而蒸汽本身在瓦特的發明之前，在鐵路尚未問世之時，也久久未能找到自己的位置。到了一八四〇年，工業革命已首戰告捷，艾米爾・萊瓦索推算[112]，按一個馬力相當於二十一人的勞力計算，法國當時擁有一百萬名特殊性質的奴隸，而且這個總數必將以冪數方式增長：一八八〇年將達到九千八百萬，即法國人口的兩倍半。法國尚且如此，英國當然更不用說了！

不可小看棉紡織業革命的意義

棉紡織業的勃興揭開英國工業革命序幕，曾是歷史學家們津津樂道的話題。時尚變遷，這已成明日黃花。新的研究成果對棉花不利，人們今天傾向於把它看作小角色：棉織品總產量以百萬磅為單位，而煤產量動輒以百萬噸計。一八〇〇年，英國加工的原棉首次突破五千萬磅大關，相當於二萬三千噸；萊格列說，按重量來計算，大致等於「一百五十名煤礦工人一年的產量」[113]。另一方面，由於棉紡織工業的各項技術革新被置於十六世紀前即已開始的、為古老的紡織工業（毛、棉、絲、麻）特有的長系列變革之中，人們自然而然地認為棉紡織工業屬於舊式工業，或者如希克斯所說，「與其把它看做新工業的開端，不如說它是舊工業演變的最後一章」。極而言之，人們幾乎可以這樣認為，十五世紀末的佛羅倫斯已取得了同樣的成就[114]。正是出於以上的視角，拉布魯斯在一九七〇年十月的里昂討論會上把凱發明的，當時被人讚不絕口的飛梭比作「兒童的機械玩具」[115]。可見，棉紡織革命並沒有採用大型的現代生產資料。棉花重量輕、價值相對高，因而它可以利用現成的運輸手段，也能利用本寧山脈各河谷和其他地方的水輪動力。棉紡織工業只是在繁榮發展以後，才求助於蒸汽機，放棄數量不多和很不穩定的水力資源。蒸汽機並不是為棉紡織工業而發明出來的。最後一點，紡織工業要求大量的勞動力和相對較少的投資[116]。

希克斯斷言，棉紡織革命是舊制度下的革命。我們是否應接納這個簡單的說法呢？棉紡織革命畢竟不同於以往的歷次革命，關鍵的事實是這場革命取得了成功；它沒有隨著經濟生活轉入停滯而消聲匿跡；由它開創的長期經濟增長最終變成「持續增長」。「在英國工業化的最初階段，沒有別的工業的重要性堪與相比」[117]。

真正的危險倒是小看棉紡織革命的意義。歐洲從十二世紀起就加工棉花，這一革命事先的醞釀進行十分緩慢，整個過程比人們通常所指出的要長得多。當時用黎凡特進口的棉花紡出的紗細則有餘，牢度不足。所以這種棉紗不能單獨使用，而是作為緯線與亞麻經線混紡。這種混紡織物在法國叫「futaine」，在德意志城市叫「Barchent」，在英國叫「Fustian」。在紡織品家族中這是個窮親戚，外觀粗糙，價格相當貴，又難以洗滌。因此，十七世紀商人不僅進口原料，而且輸入印度棉布和印花布，後者對歐洲是一大發現。印度的純棉織物品質極佳，價格低廉，往往印有色彩鮮艷的圖案，而且與歐洲織物相反，易於洗滌。歐洲很快就被征服，東印度公司的船隻源源不斷運來貨物，時尚又起到推波助瀾的作用。為了保護自己的紡織工業，主要是毛織業而不是棉麻混紡業，英國於一七〇〇和一七二〇年，法國則早在一六八六年即禁止在本國境內銷售印度棉布。印度棉布仍繼續到岸，原則上是為了轉銷第三國，實際上走私盛行。印度棉布賞心悅目，迎合時尚。既然成了時髦，印度棉布便不顧禁令，不怕警察搜查和沒收，到處風行。

先在英格蘭發生，很快就席捲整個歐洲的棉紡織革命，事實上首先是對印度工業的模仿，然後作為一種反擊，趕上並超越印度。問題是要使產品與印度棉布質量相等但價格較低。只有機器才能與印度手工業競爭，生產出價格較低的產品。但也並非馬到成功。需要等到一七七五至一七八〇年間阿克賴特和克蘭普頓的機器問世，才能紡出與印度棉紗一樣纖細而結實的棉紗，用於製造純棉織物。從此以後，印度棉布的市場就受到英國新興工業的競爭。這可是個巨大的市場，包括英格蘭、不列顛群島、歐洲（各國的民族工業將紛紛爭奪市場）、非洲海岸（那裡用棉布交換黑奴）、龐大的美洲殖民地市場，還有鄂圖曼帝國、黎凡特和印度本身。棉織品一直以出口為主：一八〇〇年棉織品佔英國出口商品總值的四分之一，一八五〇年佔一半[118]。

所有這些陸續被征服的國外市場（其中有新增加的，也有先後被取代的，視不同情形而異）說明了英國棉布生產奇蹟般的飛速增長：一七八五年為四千萬碼，一八五〇年即達二十億二千五百萬碼[119]。產品的價格同時降低，若以一八〇〇年的指數為五百五十，一八五〇年降為一百，而同一時期小麥與大部份食品的價格僅降低三分之一。初期令人難以置信的高利潤（一位英國政治家後來說，「不是百分之五，也不是百分之十，而是百分之幾百或幾千」[120]）一落千丈。但產品暢銷世界市場足以彌補利潤率的下降。一八三五年有人寫道：「利潤仍足以使工廠積累大量資金[121]。」

如果說英國經濟於一七八七年後起飛，那都是棉紡織工業立下的功勞。艾瑞克・霍布斯邦甚至認為，棉紡織工業的發展速度基本上持續不斷地標誌著整個英國經濟的發展速度。其他工業隨同棉紡織工業上升，也隨著它的崩潰而下跌。這個局面一直維持到二十世紀[122]。同時代人無不感到英國棉紡織工業的空前強大。一八二〇年左右，機器即將在織業普遍推廣時，棉紡織業已是名副其實的「蒸汽工業」，使用蒸汽的大戶。一八三五年，棉紡織業使用的蒸汽機至少提供三萬馬力，而水力能源僅為一萬馬力[123]。只要觀察曼徹斯特的巨大發展，就能得知這一新興工業的威力。這是一座現代城市，「數百家工廠都六、七層高（還有更高的）的廠房和碩大無棚、濃煙滾滾的煙囪」[124]。鄰近城市，包括利物浦在內，都歸曼徹斯特控制。利物浦不久前還是英國最大的黑奴貿易港，現在成了進口原棉的重要港口，原棉主要來自美國[125]。

相比之下，老資格的，顯赫一時的毛紡織工業長期處於因循守舊的狀態。一名英國工廠主於一八二八年回憶往事，想起珍妮紡紗機於一七八〇年間在家庭中出現，老式紡車被束之高閣，紡毛的全部勞力轉而從事紡紗。他說：「毛紡已無影無蹤，麻紡也差不多：普遍使用的原料變成棉花，棉花，還是棉花[126]。」珍妮紡紗機後來經過改裝，適用於毛紡工業，但是毛紡織業的全部機械化要比棉紡織業晚三十多年[127]。里茲取代諾里奇成為毛紡織業的中心，毛紡（當然不是毛織）的機械化從那裡開始，但是整個毛紡業直到一八一一年仍以鄉村手工廠為主體。西蒙報告說，（里茲的）「呢絨市場是圍成四方型的大型建築，磚牆及鋪地的鐵板可以防火。以半農半織為業的二千六百名鄉村工廠主每週兩次在此設店售貨一小時。他們的鋪面沿著長長的走廊一字排開（……）。他們手執樣品，呢料堆在他們背後。主顧巡視兩廂的鋪面，比較各家的樣品，價格幾乎劃一無二，買賣很快成交。雙方不必多費唇舌和時間，生意做得很大[128]。」毫無疑問，這個市場還處在前工業時代。操縱市場的是買主、商人。可見毛紡織業沒有緊跟棉紡織業的革命。同樣地，雪菲爾德的製刀業與伯明罕的五金業仍以無數小作坊為主。且不說其他許多古老的經濟活動，有的一直維持到二十世紀[129]。

在長期領先的棉紡織工業革命後，煉鐵業也發生革命。但鐵路、輪船和各種機械裝備要求巨額投資，提供的利潤不豐。英國建造鐵路、輪船和各種機械裝備的資金難道不是取自國內的大量積累？所以，即便棉紡織業對機械化的成長和對大型冶金企業的興起沒有直接發揮巨大作用，棉紡織工業的利潤無疑為工業化支付了第一批帳單。一個週期推動另一個週期。

遠程貿易的勝利

若說英國十八世紀發生了商業革命，一場真正的商業爆炸，這並不過份。在這個世紀裡，只為國內市場生產的工業產量從基數一百增為一百五十，而為出口生產的工業產量從基數一百增為五百五十。對外貿易顯然是遙遙領先的賽跑選手。這場「革命」需要從它本身來解釋，而這一解釋勢必牽涉到整個世界。至於商業革命與工業革命的關係，不但十分密切，而且相輔相成，彼此向對方提供強大的幫助。

英國有幸在本土以外建成一個巨大的商業帝國，也就是說，不列顛經濟向世界上最遼闊的交換單位開放，這個單位囊括的空間從安地列斯海直到印度、中國和非洲海岸……如果把這一巨大空間分成兩塊，一塊是歐洲，另一塊是海外各地，人們就能更好地理解這一特殊命運的起因。

一七六〇年前後，不列顛商業與世界商業基本上都在不斷增長，英國與鄰近的歐洲的貿易相對下降，而它與海外的買賣進出口卻在上升。如把不列顛與歐洲的貿易分成進口、出口和轉口三大欄，人們會發現，只有在轉口一欄裡，英國與歐洲的貿易在十八世紀佔主要分額並且保持基本穩定（一七〇〇至一七〇一年度佔百分之八十五；一七五〇至一七五一年度佔百分之七十九；一七七二至一七七三年度佔百分之八十二；一七九七至一七九八年度佔百分之八十八）。而英國從歐洲進口的商品在總進口額中所佔的比例有規律地下降，在上述各年度分別為百分之六十六、百分之五十五、百分之四十五和百分之四十三；英國向歐洲出口商品在總出口額中所佔的比例下降更大，分別為百分之八十五、百分之七十七、百分之四十九和百分之三十[130]。

這一雙重後退意味深長：英國商業的重心在某種程度上趨向於遠離歐洲，英國與美洲殖民地（不久便是合眾國）以及與印度（尤其在普拉西之戰以後）的貿易不斷上升。這一事實印證了《荷蘭的財富》（一七七八）一書的作者的精闢見解[131]，阿卡里亞斯・德・塞里翁的見解很可能提供了正確的解釋。他認為，英國因國內物價及勞動力價格高昂已成為歐洲生活費用最高的國家，這一束縛使它不再有能力在鄰近的歐洲市場上遏制法國和荷蘭的競爭。英國在地中海、黎凡

十八世紀末至十九世紀初，羅伯特・歐文在愛丁堡東南部新拉納克的紡紗廠。蘇格蘭緊跟英格蘭實現工業化。

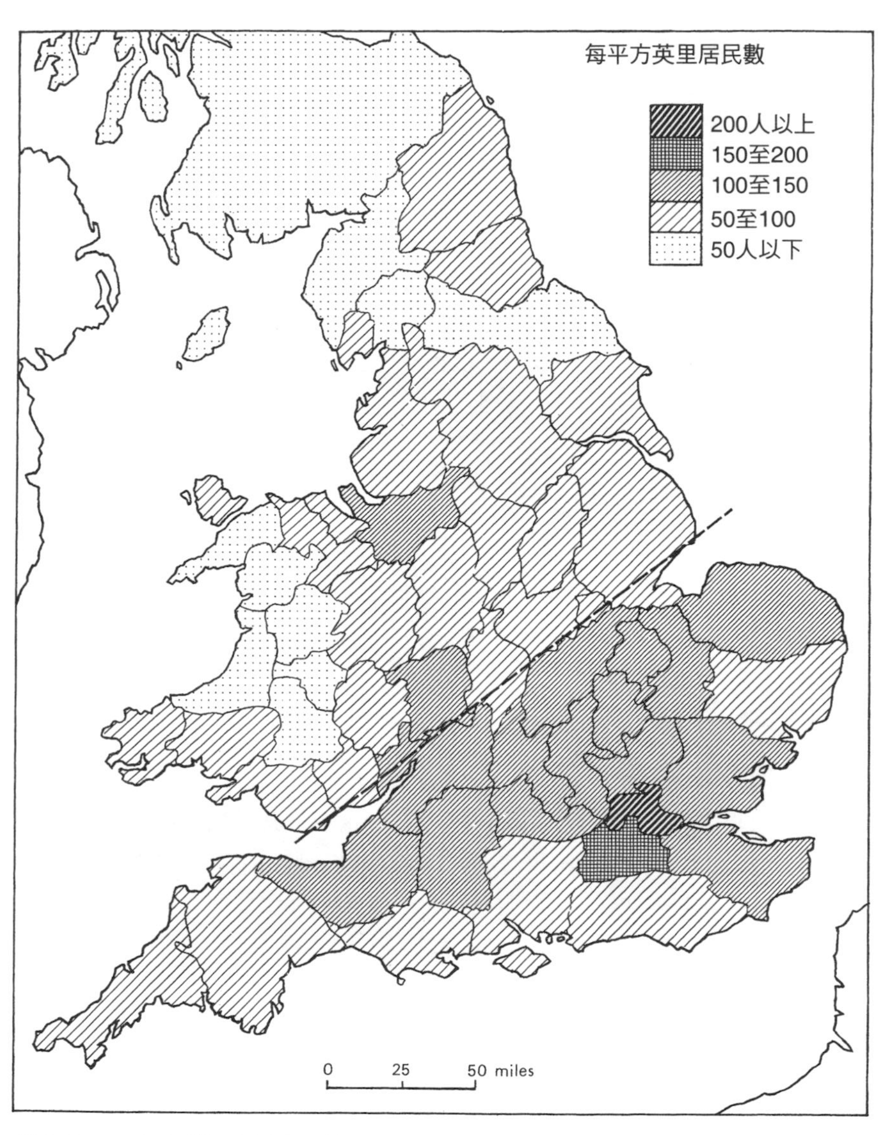

表(52)　1700 年英國的兩個部份
根據人口疏密和財富多寡，可從塞文河下游的格拉斯特到沃什灣旁邊的波士頓畫出一條分界線。（摘自前引達比的著作，第 524 頁）

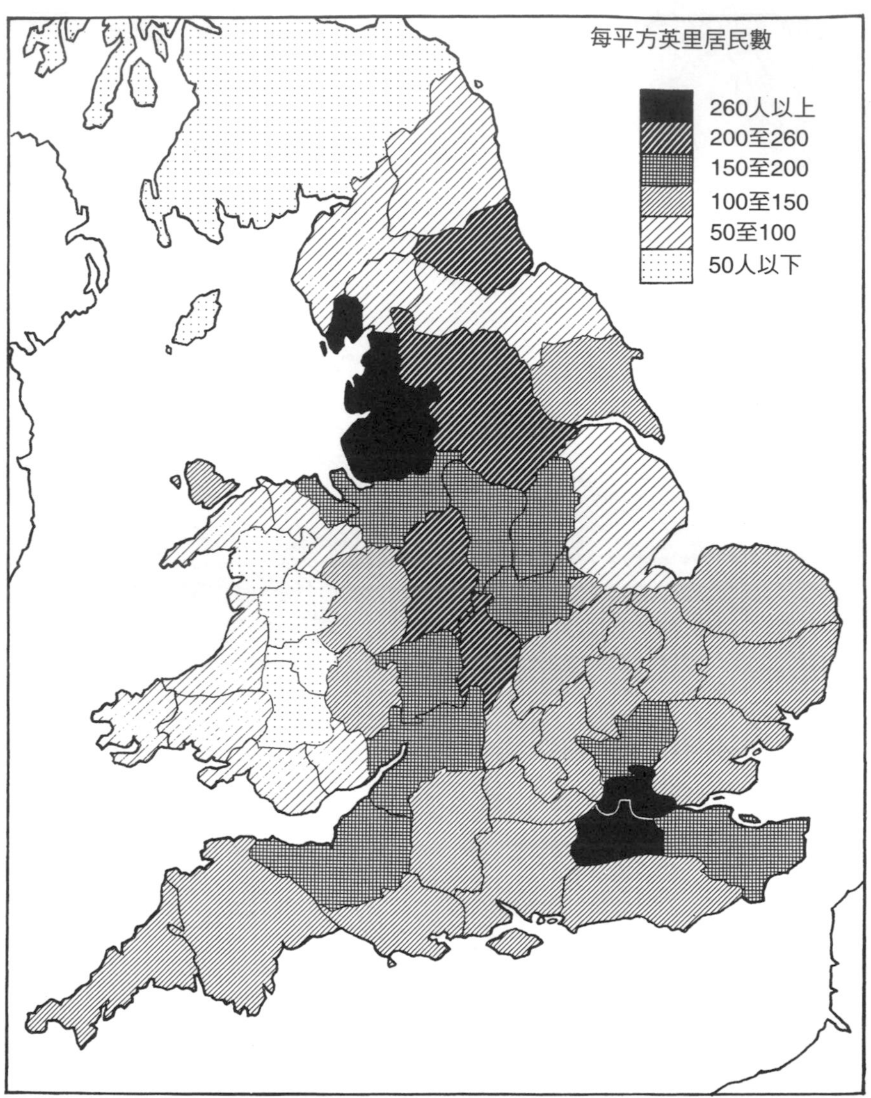

表(53)　1800 年英國地域的重新畫分
原來貧窮的那部份英國變成了現代化的工業區。那裡的人口急劇增加。（同書第 525 頁）

特各商埠、義大利和西班牙（至少在加地斯失勢，但英國以牙買加的「自由港」為據點，相當成功地維持了在西屬美洲的貿易優勢）都處於落後地位。但是在歐洲的兩個要害地點——葡萄牙和俄國——英國依舊領先。英國最早奪得葡萄牙的商業市場，英國的勢力在那裡根深柢固。至於俄國，英國在那裡購得為其海上運輸及工業所必需的原材料（木材、桅桿、大麻、鐵、瀝青、焦油）不妨概括一點說，英國在歐洲不再穩佔鰲頭，甚至有所後退，但在世界其他地區則節節勝利。

對這一勝利應該認真加以分析。總的來講，我們清楚地看到英國怎樣把貿易活動「推向邊緣地帶」，它經常使用武力以達到這一目的：一七七五年在印度，一七六二年在加拿大，以及在非洲海岸，它都把競爭對手強行趕走[132]。但英國並不僅僅動用武力，並不始終求助於武力，既然新獨立的美國大幅度增加了對原來宗主國的購買額（而不是銷售額）[133]。自一七九三至一七九五年間的歐洲戰爭也對英國有利，戰爭迫使英國去佔據世界，而荷蘭與法國則被排除在全球角逐之外。一位在革命戰爭和帝國戰爭期間寓居英國的法國人日後寫道：「眾所周知，這十年（一八〇四—一八一三）中世界上任何一國不獲英國的同意都做不成生意[134]。」

英國把貿易重點放在歐洲經濟世界的「外圍」和後備地帶，從中得到的好處顯而易見。國內高物價促使英國改變其生產資料（機器湧現是因人工太貴），也推動它在物價低的國家購買原料（甚至直接可在歐洲出售的產品）。英國所以能這樣做，不正是因為英國商業憑藉世界最強大的船隊贏得了遠洋貿易的霸權？包括荷蘭在內，世界上沒有一個國家能像英國那樣在航運領域發展勞動分工，不管涉及造船、裝備、籌集啟航費還是航海保險業務。到保險商們聚會的咖啡館裡看一眼所得的教益，勝過閱讀長篇的論文。保險商們常在「耶路撒冷」、「牙買加」和「山姆」咖啡館碰頭，一七七四年後常去皇家交易所裡新開張的「勞埃德咖啡館」。保險經紀人接受顧客的委託，從一家咖啡館到另一家去謀求保險商的合作。甚至外國人也知道該到什麼地址辦什麼事[135]。「勞埃德咖啡館」是消息最靈通的信息中心。保險商往往比船主更了解他們承保的船隻

十八世紀初布里斯托港「大碼頭」。布里斯托市立藝術博物館藏品。

的境況，因而承保能十拿九穩。

英國依靠其船隊經營遠程貿易同樣十拿九穩。在革命戰爭與帝國戰爭期間，當法國力圖封鎖歐洲大陸時，英國成功地解除了一部份歐洲大陸對它的驚惕和敵意；許多人已經作了敘述，我們這裡不必再多嚕嗦。英國總能找到缺口，如丹麥的托寧根（Tonningen，直到一八〇七年），以及恩登（Emden）與海姑蘭（Heligoland，直到一八一〇年）；一個缺口廢棄不用了？另一個缺口立即取而代之[136]。同時，英國在世界範圍內繼續進行貿易，不受干擾，有時是按老規矩辦事。東印度公司在拿破崙戰爭期間繼續信心十足地從印度進口棉布到國內，結果是「幾千捆棉布在公司的倉庫裡閒置了十年，最後才想到送給西班牙的游擊隊」去做褲子和襯衫[137]。

當然，商業革命單獨尚不能解釋工業革命[138]。任何一位歷史學家都不會否認商業擴張對英國經濟的影響，因為商業擴張有助於提高英國經濟的實力。但還有許多人低估商業擴張的作用。這個問題實際上與對資本主義發展原因的兩種不同見解的激烈爭論有關。一些人相信只能用內部演變去解釋資本主義的發展，另一些人認為資本主義發展是從外部，通過對世界的一系列剝削而實現的。這場爭論不會有任何結果，因為兩種解釋都有其道理，對英國資本主義發展讚賞不絕的同時代人已經傾向於前一種解釋。西蒙於一八一二年寫道：「應該看到，國內商品流通和勞動分工的極其發達以及機器的優越才是英國財富的源泉[139]。」「我懷疑人們誇大了〔……〕英國國外貿易的重要性[140]。」另一名證人甚至寫道：「有人認為英國的財富來自對外貿易，這種看法與所有通俗之見一樣，既大謬不然，又深得人心[141]。」他充滿自信地補充說：「至於對外貿易，不管發明了大陸體系的自命高深的政治家們怎麼說，它對任何國家，包括英國，都無足輕重。」所謂「大陸體系」，指的是大陸封鎖。這位證人，法國人莫里斯・盧比孔認為這是幹了傻事，他對革命時期的法國與帝國時代的法國同樣憎恨。通過打擊英國的商業來打擊英國，豈非荒唐？封鎖大陸純屬荒唐。一七九八年把法國艦隊和最精銳的部隊派往埃及，踏上可望而不可即的印度之路，也是荒唐。不但荒唐，而且白白浪費時間，因為我們這位喜好辯論的作者問道：英國從印度又得到什麼呢？充其量不過三十來條船，而「船上載運的物資一半是船員在遠程航行中必需的淡水和食物。」

這些觀點之所以能謬種流傳，是因為許多人如坎提龍一樣認定不存在貿易的順差和逆差。根據平衡的原則，一個國家出售的商品只能與它購買的商品價值相等。未來的貿易大臣赫斯基森把這種平衡稱之為「等價物的相互交換」[142]。難道還有必要說明，英國與愛爾蘭、印度、美國以及與其他國家的貿易並非以等價交換為原則？

誠然根據海關文件提供的資料雖能大致不錯地測定英國不斷增長的貿易額，卻不能計算英國的貿易盈虧。迪安[143]長篇大論進行分析說明，這裡不可能概述其要點。至於估計數字，它們可能使人以為英國對外貿易盈餘甚微，甚至略有虧損。我們再次遇到了上文在談到牙買加或法屬安地列斯群島的貿易平衡時已說過的問題。海關的數字除了其固有的缺點外，其實只涉及進出英國港口的商品。它們不記錄資金的流動，在海關監督之外進行的「三角」黑奴交易，英國商船賺到的運費，牙買加種植園主或在印度發財的英國人寄回來的錢，遠東「區域貿易」的利潤等等……。

既然如此，一方面承認對外貿易不容否認的重要性及其超比例的增長，另一方面，在比較國內貿易總額和對外貿易總額時又降低後者的相對重要性，這種論據是否站得住腳？根據麥克弗森在其《商業年鑑》（一八〇一）[144]所作的估算，前者約等於後者的二、三倍[145]，即使沒有可靠的數據，國內貿易佔優勢卻是不成疑問的。但這絲毫不能解決問題，我已說過這一點，不想在這裡再次討論遠洋貿易與國內貿易的相對意義。就英國經濟增長和英國工業革命而言，國內貿易的重要性絲毫不排斥對外貿易的重要性。十八世紀不列顛工業的出口生產增長了將近百分之五百四十（以一七〇〇年為一百，一八〇〇年則為五百四十四），而供國內消費的產品生產僅增長百分之五十二（一七〇〇年為一百，一八〇〇年為一百五十二）：這一事實足以說明國外市場在不列顛生產中所起的作用。一八〇〇年後，這一作用有增無減：一八〇〇至一八二〇年，不列顛本土的出口增長百分之八十三[146]。國內國外的兩股動力匯合起來，相加相乘，推動了英國工業革命。二者互為依存，缺了一方就不可能有另一方。

我甚至覺得印度歷史學家阿馬倫都．古哈[147]的論證正中要害。他不比較總額，而是比較餘額：例如英國從印度得到的餘額和用於投資的英國儲蓄餘額。根據各種計算的結果，英國一七五〇年的投資額約六百萬鎊（國民生產總值的百分之五），一八二〇年為一千九百萬鎊（百分之七）。與這兩個數字相比，一七五〇至一八〇〇年間英國每年從印度取得二百萬鎊是否太不起眼了？我們不知道從印度取得的餘額（尤其是在印度發財的英國人的匯款）在英國經濟中是怎樣分配的。但這筆錢不會流失或閒置不用。這筆餘額提高了不列顛島的財富水平。正是財富的高水平載負了英國的成功之舟。

國內運輸的發展

不管對外貿易發揮多大的加速作用，本書已就民族市場作了長篇論述[148]，自然不會忽視其重要性。更何況，如果我們接受國內貿易額大致相當於對外貿易額的二至三倍[149]，後者（扣除轉口貿易額）一七六〇至一七六九年間平均每年為二千萬鎊（取其整數）[150]，那麼前者應為四千萬到六千萬鎊。如按利潤為貿易總數的百分之十計算[151]，每年利潤為四百萬到六百萬鎊，相當可觀。工業革命與這一活躍的經濟流通有直接聯繫。不過要問，為什麼英國運輸業那麼早就發達了起來？

我們已經說過，其部份原因在於倫敦起了具有革命性的集中作用；在於市場擴大；在於貨幣經濟得到普及，滲透到一切領域；在於貿易額的增長（其中包括「油水很足」的傳統交易會以及相當長時期內無比興旺的斯陶爾布里奇交易會）；在於倫敦周圍星羅棋布的設市集鎮；在於首都內部的大型專門市場；在於中間人成倍增加，促成收益和利潤在經濟活動的大量參與者之間重新分配。關於這一切，笛福已有所記述。總之，原因在於經濟關係的精巧化與現代化，越來越走向於不藉外力自動運作。最後也是最主要的原因是運輸條件的改善，交通便利迎合貿易的要求，並保證貿易的飛躍發展[152]。

在這裡，我們又遇到本書已涉及到的一個問題。但在談到英國運輸業這個出色的實例時，再次考察這個問題並非無益。首先是港口與港口之間的近海航運使英國運輸業得以興起並保證其久盛不衰。大海在這一方面與在其他方面一樣，是不列顛群島的第一張王牌。從事近海航運的船舶佔英國船隊的四分之三，一八〇〇年前後至少僱用十萬名水手[153]。在這種情況下，英國大量需要的船員基本上就是通過近海航運業培養出來的。一切貨物無不通過沿海貿易流通，其中有巨額的小麥，也有從泰恩河口運到泰晤士河口的新堡煤塊。沿著英國海岸有二十來個繁忙的港口從事這些幾乎連續不斷的交換，有的港口位置極佳，進出便利，有的港口進出困難，但也必須利用。英吉利海峽的港口是良好的避風港，也是（如笛福所說）「走私與舞弊」[154]的淵藪，至少是淵藪之一。

英國運輸業的第二張王牌是內河運輸。離海岸很遠的諾里奇（Norwich）能成為重要的工業城市，難道不是因為從海上可直達該地，「不必經過船閘，也不必中斷航行」[155]？維倫以其慣有的簡練文筆[156]在一本書[157]裡指出了內河航行的重要革命意義，正是內河航行把海船，至少把海船載運的貨物，一直送到島國的腹地，而圍繞不列顛島的近海航運則好比一條海上河流與內河航運相銜接。

英國的通航河道一般水流滯緩。一六〇〇年後，人們不再滿足於既有的天然條件。由於城市需要煤和其他重貨（特別是建築材料），河道逐漸得到整修，可航河段被延長，有些蜿蜒曲折的河段被截直，還設置了船閘。維倫堅信船閘的發明幾乎可與蒸汽機的發明相提並論[158]。整治河流可說是開鑿運河的前驅：最早的運河不過用於延長或連接天然水道。反之，有些河流只是因能夠起到連接幾條新開鑿運河的作用，才得到整治（且不說疏通航道）。

所以，興修運河的狂熱不是，也不可能是真正的瘋狂，而是一種投資。有人說這是一種事倍功半的投機，也就是說，兩次中必有一次成功，條件是路線必須選對，當時起決定性作用的煤應能利用新開闢的水路，建造運河的公司或者單槍匹馬冒險的承包商籌資獲得成功。興修運河的狂熱始於一七五五年。那一年在流入麥西河的山凱河的一側開鑿了運河，幾年後建造了有名的連接曼徹斯特與鄰近的沃斯利煤礦的布里奇沃特公爵運河[159]。這後一條運河極為成功。布里奇沃特公爵「獨資興建的工程所需流動資金竟比法蘭西銀行這個名稱唬人其實捉襟見肘的機構擁有的全部紙幣數量還多，但他從未如法蘭西銀行那樣發生票據信用危機；他更不需要如法蘭西銀行那樣窖藏相當於流通票據額四分之一的現金；這對他真是十分幸運，因為他往往沒有足夠的零錢付給帶他去視察工程的馬車伕」[160]。這一次承包人極為出色地完成了任務。他擁有一座煤礦，這使他易於得到貸款：大家知道，人們只肯給有錢人貸款。他所興建的工程設計周密可靠。他把煤礦生產的煤直接運到曼徹斯特，成功地把售價降為原價的一半，每年獲利為預墊資金與各項開支的百分之二十。建造運河只有對於那些計畫不周的人才是瘋狂之舉。因為如以海運價格為基數，運河的運價僅為三倍（車載運費為九倍，馱畜運費為二十七倍）。

然而，各地建造的收費道路（第一條大概於一六五四年啟用）形成了一個尚稱滿意的陸上交通網。與運河一樣由私人出資建造的「收稅路」（國家只對通向蘇格蘭和愛爾蘭的戰略公路感興趣）取代了原有的道路。舊路雖然並不像人們所說的那樣糟，畢竟不利於車輛行駛，冬天往往不能使用。

不過，新修的硬路面道路[161]（修路技術簡單，與羅馬時代的大路相比亦無多革新）與節節勝利的運河並不能解決所有的問題，例如從礦山的地

布里奇沃特公爵在他開鑿的運河邊上。1767 年的版畫。

面堆礦場到碼頭的運輸問題仍未解決。十八世紀最後幾年，金屬路軌問世了；軌道是鐵路的前身，用克拉法姆[162]的說法，是有火車頭之前的鐵路，杜潘男爵[163]把「rail road」（路軌）譯成法文的「route orniere」（路轍），使人聯想起一條中間凹下的軌道，礦車狹小的輪子嵌入凹下部份。其實「rail」的本義是「扶手」。最初的「rail」是簡單的木杆，供裝有木輪的礦車在上面滑行。十七世紀起，巴斯採石場，康瓦爾郡的礦井和新堡周圍的煤炭運輸就採用此類裝置[164]。這種軌道一般配有凸起的外側，以免輪子出軌，一匹馬沿軌道牽引的重量，相當於普通道路的三倍多。仍以馬為動力的時代，值得記述的事情是一七六七年用鐵軌代替木軌。一八〇〇年後，人們著手研究適合在軌道上做牽引動力的蒸汽機。第一輛蒸汽機車將於一八一四年問世。

這類無火車頭牽引的鐵路的長度，一八一六年在新堡周圍已達七十六法里[165]，在威爾斯的格拉摩干郡則達到一百法里。該郡以加的夫為首府，包括麥瑟提維的煤礦和斯溫西港。蘇格蘭在格拉斯哥和愛丁堡周圍也發展了鐵路，在那裡「近幾年來向資本家提出的有關設計方案為數最多」[166]。杜潘男爵指出，一條「平轍」鐵路甚至伸展到格拉斯哥城內。他認為人們可以「在法國城市幾條坡度很大的街道，如在巴黎聖女熱納維也夫高地幾條街的一側修建類似的平轍」[167]。一八三三年，《乘蒸汽車沿鐵路自曼徹斯特至利物浦的遊歷》備受法國新聞界的稱道。這是居什台先生一本書的標題，作者用大量細節描繪了「鋪鐵條的路」[168]華特街的車站[169]，以及使用的各種機器，「其中羅伯特．史蒂芬生先生的機器，人稱『參孫』，是迄今為止最完善的機器」[170]。「體積不比運水夫使用的普通水桶大」[171]。

從木製軌道發展到火車頭牽引，鐵路對英國的運輸裝備發揮了應有的作用。不必是行家也會確認，運輸速度加快為整個英國經濟的飛躍打下了基礎。直到今天[172]，經濟增長與運輸便利仍有相互聯繫。訂貨單和信息的傳遞也取決於交通速度，商界離不開交通。如果托馬斯．威廉斯從倫敦發往蘭開夏和威爾斯的商業信函的傳遞速度當時不是已經和今天一樣快，他能在一七九〇年前後建立對銅的壟斷，並經營分散在康瓦爾郡到昔得蘭群島一帶的各項商業嗎[173]？

但在談到英國的運輸時，不能僅僅想到經過整治的河流、運河、陸路和鐵路組成的越來越密的交通網。難道可以遺漏遠程聯繫嗎？貿易總是一環緊扣一環：一個法國人斷言，一八〇〇年，「英國鬧糧荒，從印度運來六十萬公石大米，每公石運費為十二法郎，而在布列塔尼某城鎮，當時找不到人肯以每公擔低於四十或五十法郎的運費運送糧食到洛林某城鎮，雖然兩地的距離不超過一百五十法里」[174]。「在倫敦這裡，我們二十年來（我猜是一七九七至一八一七年）可以看到，英國自從與義大利發生衝突，不再能像以前那樣從義大利取得英國工廠需要的生絲（東印度），公司便在印度種植桑樹，每年供應幾千包生絲；英國自從與西班牙交戰，不再能從西班牙得到英國工廠需要的靛藍，公司便在印度種植這一植物，每年供應成千箱靛藍；英國自從與俄國敵對，再也得不到它的船舶必需的大麻，公司立即在印度種植大麻以滿足需要；英國如果因為美國對它懷有敵意而得不到美國的棉花，公司就會向它的紡紗工人和織工提供必要的原料；英國如與它的殖民地敵對（……），公司也會向歐洲提供必要的糖和咖啡……」這些看法確實大可商榷。有意思的是，提出這些見解的就是那位勸我們排除「通俗之見[175]的目擊者。這種俗見認為英國的財富來自對外貿易，而這位證人卻認定英國沒有對外貿易也能生存。英國當然還活得下去，但其地位則要完全改變，而且得讓另一個民族去征服世界……

緩慢的演變

說到這裡，我們只是揭示了幾個基本事實。首先，在工業革命的場合以及在深層歷史遇到的所有場合，時間迅速流逝，具體事件不扮演主角。一切都是慢吞吞地實現的：焦炭煉鐵、織布機械化、真正的農業革命、真正的蒸汽機、真正的鐵路……工業革命的誕生過程拖得相當長，而要使它終於脫胎而出並投入運動，

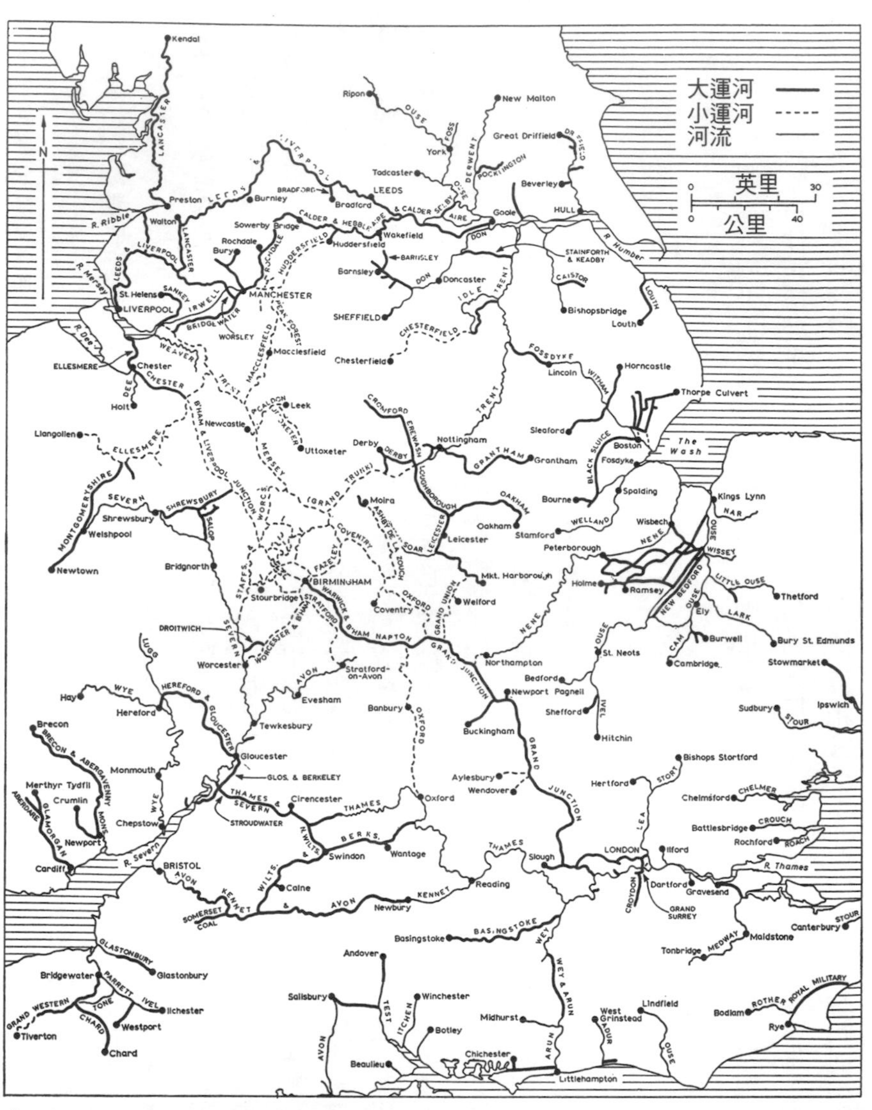

表(54)　1830 年前後的主要航道

迪奧斯與艾德克洛夫特繪製的原圖。請與上文表 38（第 485 頁）維倫的地圖（1660-1700）相比較。

必須先有所破壞，有所建設，先「改組結構」……如果我們接受威爾遜和霍布斯邦[176]的看法，工業革命在英國早在王朝復辟（一六六〇）初期已經形成潛力。不過一切都是慢慢發生的。事實上，在這個表面上落後到荒謬程度的十七世紀，舊制度被打翻在地，連根剷除：農業與土地所有制的傳統結構正在摧毀之中，或者已經破除殆盡；手工業行會解體，連倫敦的手工業行會在一六六六年大火後也未能幸免；航運法經過修訂；旨在保護本國經濟的重商主義政策通過一系列建設性措施獲得最後的完善。一切都在變動之中，笛福在一七二四年寫道，王國的「面貌日新月異」；每天都有新鮮事物出現在旅行家的面前[177]。英國當時已不再是今天意義上的不發達國家：生產增加了，生活水平和福利提高了，經濟生活的工具也改進了。尤其，英國各經濟部門之間有著相互聯繫，每個部門都取得長足的發展，不因需求稍旺而變成危險的瓶頸，阻塞整個經濟的運轉。就這樣，不管選定了什麼方向或者遇上什麼機會，一切都已準備就緒，只待英國邁步前進了。

各種條件已逐漸成熟，各經濟部門運轉正常，既能為工業革命提供互為聯繫的全部細件，又能分別滿足其他部門的需要：這個形象是否十分令人滿意？這個形象使人對工業革命產生錯覺，以為工業革命本身是個有意識追求的目的，而英國經濟以及英國社會的努力終於使新時代——機器的時代——可能來臨。根據既定目標從事革命試驗，這個形象，嚴格來說可能適用於今天仍繼續進行的工業革命，因為今天已有成功的榜樣為人們指引前進的道路。英國的試驗卻不是這麼走過來的。與其說英國朝一個目標前進，不如說它在成長發展過程中遇上了這個目標。英國強大的生命力由許多犬牙交錯的潮流匯合而成，這些潮流推動工業革命前進，但也大大超越了狹義的工業革命的範圍。

超越工業革命

不論工業革命的規模多麼宏大，但在一個發生了眾多事件的歷史時期中，工業革命並不構成唯一的整體運動，也不構成範圍最廣的整體運動。我們使用的詞彙事先說明了這一點。可以肯定旨在使整個社會轉向工業生活方式的工業運動，比工業革命本身範圍更廣。尤其可以肯定作為從農業優勢到工業優勢的過渡，具有深遠意義的工業化過程也超出了前面所作解釋的範圍；在某種程度上，工業革命無非加速了工業化的進程。至於現代化，這是比工業化範圍更廣的一個整體運動：「工業的發展並不僅等於經濟的現代化[178]。」經濟增長涉及的範圍更廣，關係到歷史的整體。

雖然如此，我們能否從經濟增長的素材和現實出發，試圖把工業革命置於一個比它範圍更廣的運動中，並且從外部和遠處加以觀察？

各種不同的經濟增長

道格拉斯．諾斯和托馬寫道：「工業革命不是現代經濟增長的根源」[179]，這個觀點值得我們借鑑。經濟增長確實不等於是工業革命，雖然後者以前者為依託。我寧願接

十九世紀初繁忙的倫敦西印度碼頭。從船上卸下大量食糖、羅姆酒、咖啡等貨物。

受希克斯的說法：「最近二百年來的工業革命也許不過是一次百年長青的大繁榮[180]。」這裡所說的繁榮，不也就是經濟增長嗎？一次並不侷限於工業革命的經濟增長，一次實際上在工業革命前早已發生的經濟增長。「經濟增長」一詞只是最近才突然交了好運（從本世紀四十年代開始[181]，在今天的語言中，它確指「一個複雜的長期演變過程」[182]。我們對這個概念是否作了恰如其份的衡量？經濟學家大體上只是在十九世紀才開始談到「增長」，而且他們對增長機制的解釋並不一致。一些人認為，有平衡才有增長，另一些人則認為，增長只能是不平衡的。平衡論者（努斯克、楊、哈特威爾）認為，增長同時推動各經濟部門，使它們協調地向前發展，增長寄一切希望於需求，並且促使民族市場在經濟發展中發揮推動作用。不平衡論者（伊尼斯、赫爾希曼、熊彼得、羅斯托夫）認為，增長由一個條件優越的部門開始，進而帶動其他部門。因此，增長是落後的部門趕上領先的部門；根據這個觀點，供應以及經濟中的主觀意志（范法尼語）便被置於特別突出的地位。總之，在這樣的經濟增長中，國外市場的意外變化竟比國內市場的膨脹更加舉足輕重，即使後者正在演變成為民族市場。

在介紹了以上的區分以後，哈特威爾[183]接著指出，據他看，工業革命是平衡增長的產物。他的論據相當完美。但他把經濟學家為十九世紀構想的增長形式推廣到十八世紀末年。其實，他完全可以把第二種論斷——不平衡論——應用於工業革命的過程，而並不與具體現實（至少是人們了解的現實）有太大的衝突。何況，過去的許多歷史學家也寧願選擇第二種論斷，雖然他們並不始終清醒地意識到：甚至在經過深思熟慮以後，他們也許還會作出這樣的選擇。首先，這個論斷富於戲劇色彩，迎合「事件史學」，初看起來，似乎簡單而有說服力。其次，棉紡織業的「起飛」是千真萬確的事實，棉紡織業無可爭議是最早的大規模的機械化工業。那麼，棉紡織業的增長是否帶動其他經濟活動呢？

兩種論斷難道必定互相排斥？為什麼它們在長運動和短運動的既重疊又對立的普通辯証關係中不能同時

有效或先後有效？兩種論斷的理論差異難道不是大於實際區別嗎？一個經濟部門的飛速發展能夠帶動整個經濟的增長，我們在本章中已經援引過許多例子，人們無疑還能在當今世界中舉出新的例子。但我們也還看到，這種飛躍如果得不到許多部門的廣泛響應，遲早會停頓下來。那麼，與其為平衡增長或不平衡增長爭論不休，我們還不如改說持續的增長或斷續的增長。這種區分合乎實際，因為它反映著一種深刻的決裂，這種結構性斷裂至少曾在十九世紀的西方發生。顧志耐認為有傳統的增長和現代的增長之分[184]，我以為他說得完全有理。

現代的增長，也就是持續的增長；佩魯[185]很久以前曾經說過，這種增長不受價格起落的影響，從而使慣於觀察傳統時代（與十九世紀有著深刻的差別）的歷史學家感到意外、震驚和擔心。佩魯以及接過這一論斷為自己所用的貝洛什自然都沒有錯。整個聯合王國先後經歷了一八一〇至一八五〇年的物價下跌時期，一八五〇至一八八〇年的物價上漲時期，以及一八八〇至一八九〇年的物價下跌時期，而國民總收入和人均收入的增長勢頭未見衰退，增長率在第一時期分別為百分之二點八和百分之一點七，第二時期分別為百分之二點三和百分之一點四，最後一個時期為百分之零點八和百分之一點二[186]。經濟增長持續不斷，這是奇蹟中的奇蹟。甚至在危機時間，成長也從不完全停止。

在這種變化發生以前，傳統的增長時斷時續，在長達幾個世紀的時間內，表現為一系列的飛躍以及瓶頸，甚至倒退。這裡可區分為幾個很長的階段：一一〇〇至一三五〇年；一三五〇至一四五〇年；一四五〇至一五二〇年；一五二〇至一七二〇年；一七二〇至一八一七年[187]。這些階段互相矛盾：人口在第一階段有所上升，在第二階段改為下降，到第三階段再次上升，在第四階段處於停滯狀態，到最後一個階段又飛躍上升。每次人口上升，生產和國民收入均有所增長，似乎適以證實以下的古諺：「人丁旺，百業興。」但與此同時，人均收入則相應衰退，甚至直線下降；只是當人口增長處於停滯狀態時，人均收入才有所改善。菲爾普斯．布朗和霍普金斯就七個世紀的傳統增長所畫的長段曲線[188]說明了這一點。國民收入和人均收入互相牴觸：國民產值的提高有損勞動者的利益，這是舊制度下的法則。同人們歷來的主張相反，我以為英國工業革命初期的增長仍然是舊制度下的那種增長。一八一五年前，或不如說一八五〇年前，有人甚至斷言一八七〇年前，沒有出現奇蹟，沒有持續的增長。

應該怎樣解釋增長？

增長的方式雖各不相同，但它總帶動經濟的成長，就像漲潮把退潮時擱淺的船舶抬高起來一樣。它產生一連串互相聯繫的平衡和不平衡，促成一些或難或易的成功，使人們能脫離困境，創造就業機會和利潤……增長是世界在每次放慢腳步或進行收縮後重振百年宏圖的運動。但這個說明一切的運動，我們卻很難能說明它。經濟增長本身的根源神祕莫測[189]。即使對擁有大批統計數字的當今經濟學家也是如此。我們對經濟增長不可捉摸的根源只能提供某種假設，正如我們前面所說，至少出現了平衡增長和不平衡增長這兩種說法，雖然人們並不一定需要在二者之間作出選擇。

從這個觀點看，顧志耐在「經濟增長的成因」和「增長產生的具體方式」之間作出的區分具有決定的意義[190]。「增長的潛力」不正是在不同的生產要素和生產行為之間連續不斷的相互作用下，通過改變土地、勞動、資本、市場、國家、社會機構之間的結構性關係，慢慢取得的「平衡」發展嗎？這樣的增長必屬於長時段的範疇。它使人們能把工業革命的起源不加區分地與十三、十六或十七世紀相聯繫。相反，「增長產生的具體方式」屬於「經濟形勢」的範疇，它的孕育時間較短，由種種外因促成，這些外因可以是一項技術發現，一次民族的或國際的機遇，有時純粹是偶然。例如，若印度不是棉紡織業的世界冠軍（既是榜樣，又是競爭者），工業革命雖然大概仍會在英國發生，但它是否從棉紡織業開始，可能就成了問題。

如果接受長時段和短時段的這種重疊，我們就能不太困難地把一種平衡的增長同一種「危機接連發生」、時斷時續地前進的不平衡增長合在一起解釋，同時根據外界條件的需要，隨時變換發動機、市場、能源以及壓力手段。

為實現持續的增長，積累了種種緩慢進步的長時段必須業已製造了「經濟增長的成因」，並在經濟形勢的每個轉折關頭，保證有一個留作備用、隨時準備啟動的新發動機能夠取代那個出現了故障或即將失去動力的舊發動機。持續的增長是一場永無休止的接力賽。增長在十三至十四世紀期間之所以沒有持續進行，是因為磨坊最初賦予增長的一股衝勁十分有限，隨後又沒有任何能源接力；此外，更重要的是因農業未能跟上人口的增長，陷於效益遞減的困境。直到工業革命發生前，經濟增長的衝擊始終被我在本書第一卷中所說的「可能性限度」所粉碎，也就是說，未能逾越農業生產、運輸能力、能源或市場需求的極限。當限度或極限在不斷提高時，現代的增長便隨之開始。不過這不等於說某種極限不會在哪一天又重新形成。

勞動分工與增長

經濟增長的每一進步都牽涉到勞動分工。分工是個派生過程，一種後隨現象：它遠遠地落在增長的後面，幾乎可以說，是被增長拉著前進。但分工的越來越細歸根到柢必定是衡量經濟增長的極好指示尺度。

馬克思在其著作中真誠地以為是亞當斯密發現了勞動分工。其實不然，亞當斯密只是把已被柏拉圖、亞里斯多德和色諾芬隱約地意識到的一個舊概念上升到整體理論的高度，這個舊概念遠在亞當斯密以前，已被佩蒂（一六二三—一六八七）、卡爾（一六八七—一七四三）、弗格森（一七二三—一八一六）和貝卡里亞（一七三五—一七九三）所指出。但在亞當斯密以後，經濟學家們認為從這個概念得出的定律與牛頓的萬有引力定律同樣可靠。薩伊是最早起來反對這種糊塗思想的經濟學家之一，從此以後，勞動分工便成為一個過時的概念。涂爾幹斷言，「它僅是一個派生的和次等的現象……浮現在社會生活的表層，在涉及到經濟分工時，尤其如此。它位於皮膚的表層」[191]。這一斷言正確嗎？談起分工，我往往想到隨同部隊前進和安排佔領區生活的後勤部門。可是，更好地組織交換，進而擴大交換，難道是那麼容易辦到的事嗎？服務部門（所謂第三產業）的擴展，作為當代的第一位現象，屬於勞動分工的範疇，並且成為各種社會經濟理論的中心議題。伴隨著經濟增長而出現的社會結構解體及改組也是如此。經濟增長不僅擴大勞動分工，而且改變分工的內容，剔除一些舊工種，添加一些新工種，最終使社會和經濟改變面貌。隨著工業革命的到來而出現的一次新的大分工保全了原有的社會和經濟機制，並使之完善，同時卻對社會和人產生眾多的災難性後果。

勞動分工：外包工制的末日

界於城鄉之間的工業，其最通行的形式一度曾是「外包工制」[192]，這種勞動組織當時在歐洲各地普遍推行，並且很早就使商業資本主義得以利用廉價的鄉村剩餘勞動力。農村的工匠在自己家裡作工，得到家人的幫助，同時還保留一片耕地和幾頭牲畜。羊毛、亞麻、棉花等原料由城裡的商人提供，後者在接受成品或半成品時進行檢查，並結清加工費用。「外包工制」因而把城市和鄉村，工匠活動和鄉村活動，工業勞動和家庭勞動，以及把商業資本主義和工業資本主義結合在一起。這對工匠說來，即使還談不上生活確有保障，至少能在某種程度上平衡其生計：在包買商方面，他因此能減少固定資本的投資，還能增強對經常出現的需求不旺的承受力：每當產品滯銷，他便減少委託加工，甚至暫停業務。在當時的經濟中，限制工業生產的因素是需求，而不是供應，家庭勞動恰好賦予工業生產以必要的彈性。停工或復工，只需一句話，一個手勢，就能解決問題[193]。

此外，最早實行勞動力集中和最早尋求「規模經濟」的手工工廠往往為自己保留這一迴旋餘地，往往仍

雖然在愛丁堡和格拉斯哥一帶早已使用了現代機器（棉紡織業），蘇格蘭高地的呢絨製造仍十分落後。1772 年，女工們仍用腳踩進行縮絨。在版畫左方，二名女工似乎正使用原始的手磨粉碎糧食。

與廣大的家庭勞動相結合。總之，手工工廠僅佔生產的一個小部份[194]，只是到了後來，在採用了機器以後，現代工廠才最後完成了手工工廠的演變，規模經濟才取得了勝利。這一過程需假以時日。

除舊布新的過程確實需要慢慢完成。甚至在革命般飛速發展的棉紡織業，家庭作坊也進行了長時間的抵抗，手工織布與機械紡紗竟共存了半個世紀之久。直到一八一七年，一名見證人指出[195]，織布還是過去那個樣子，「唯一的不同，是採用了凱（John Key）在一七五〇年左右發明的飛梭」。自動織機直要等到十九世紀二十年代以後，才真正製造成功。現代工廠的快速紡紗和使用傳統方法織布之間的長期脫節顯然打亂了舊的勞動分工。過去是紡車難以跟上織機的需要，如今機械生產的棉紗越來越多，情形便倒轉了過來。從事手工織布的工匠人數激增，勞動節奏加快，工資也隨之提高。鄉村勞動者於是拋棄農業，加入到全日制工人的行列。隨著女工和童工進入工廠，工人人數更明顯增多。一八一三至一八一四年間，在二一萬三千名織工中，十四歲以下的童工共十三萬人，佔一半以上。

在當時的社會裡，自食其力的工匠經常處於飢餓和營養不良的邊緣，兒童跟著父母下地幹活，或在家庭作坊和店鋪中勞動，無疑是合情合理的事。新建的工廠和企業因而最初在招工時往往接納的不是個人，而是整個家庭，工人主動表示願意闔家來到礦井或棉紡廠工作。在柏利的羅伯特．皮爾工廠[196]，一八〇一至一八〇二年間共僱用一百三十六人，其中九十五人屬於二十六個家庭。家庭作坊就以這種方式進入了工廠，其優點是勞動紀律較好，工作效率較高，既然勞動小組（一名成年工人在一、二名童工的幫助下工作）行之有效，這種組織形式便可以維持下去。但是技術進步遲早使這種組織形式行不通。例如，在一八二四年後的紡織業，由於使用羅伯茨改進的自動紡織機，快速紡紗要求在照管新機器的男工或女工身邊有九名童工協助[197]，而舊紡紗機只要求有二、三名童工協助就足夠。家庭勞動小組因此在工廠內部消失，童工勞動從此在另一種氛圍中進行，具有另一種意義。

更早一些時候，隨自動織機的推廣，開始了另一次後果更嚴重的改組。這次改組將使家庭織布作坊消失。自從採用了自動織機，「一名童工能幹與二、三名成年工人同樣多的活」[198]，這對災難深重的社會猶如雪上加霜。成千上萬名失業者流落街頭。工資直線下跌，勞動力變得一文不值，以至貧困工匠必需不合情理地延長手工勞動時間，才能勉強維持生計。

與此同時，新的勞動分工使工人遷往城市，使窮人們四分五裂，他們都在尋找工作，而工作卻似乎故意躲開他們。勞動分工使他們在遠離家鄉的城市意外地重新會面，並終於使他們的生活日益惡化。在城市居住，喪失菜園、牛奶、禽蛋等傳統副業，進大工廠工作，受工頭往往聲色俱厲的監管，俯首聽命，不再有一點行動自由，接受固定的勞動時間，這對他們當然是個嚴重的考驗。他們必須改變生活，改變視野，以至對從前的日子恍如隔世般地感到陌生。這還意味著要改變伙食，從此吃得又少又糟。作為社會學家和歷史學家，奈爾．斯梅爾瑟著重研究了棉紡織業發展過程中工人們離別故土的痛苦[199]。沒有若干年時間，工人們不可能養成新的習慣，得不到諸如互助會、人民銀行這類新組織的保護[200]。英國工會的成立要等更晚一些時候。富人對這些新來的城裡人作何想法，我們且不必多問。在富人的眼裡，他們「愚昧、卑劣、好鬥和狂暴」，外加一個缺陷：「通常貧窮」[201]。工人自己對工廠勞動的看法，可用以下的話作概括：能躲則躲。一八三八年，紡織業僅百分之二十三的工人為成年男子；女工和童工的數量很大，他們比較順從[202]。一八一五至一八四五年間，英國社會的不滿情緒空前嚴重，砸毀機器的事件接連發生，旨在粉碎社會的激進政治主張、工團主義以及烏托邦社會主義[203]等運動風起雲湧。霍加斯作畫：十八世紀英國的一個織布工廠。在畫的前方，工業家正在查帳；背景畫著正操作織機的女工。

工業家

勞動分工不僅在基層，而且在企業的高層進行，甚至在高峰也許進展更加迅速。直到那時，無論在英國或在大陸，重大商業事務照例不實行分工：批發商掌握一切，他既是商人，又是銀行家，保險人，船東，工業家……因此，當英國的地方銀行開始發展時，銀行家兼營糧食貿易，釀造啤酒，並從事多種商業活動，只是為了滿足自己和鄰人的商業活動的需要，他們才開辦銀行[204]。兼營多種業務的批發商無處不在，作為東印度公司和英格蘭銀行理所當然的主人，他們對公司和銀行的大政方針起著舉足輕重的影響；他們當選為下議員，晉升種種體面的職位，不久成了英國的實際統治者，而英國則已順從地聽憑他們的支配。

但是在十八世紀末和十九世紀初，「工業家」開始脫穎而出，早在羅伯特．皮爾第二次組閣以前（一八四一），這些活躍的新人物紛紛登上政治舞台並進入下議院。為爭得獨立，「工業家」陸續割斷前工業和商

霍加斯作畫：十八世紀英國的一個織布工廠。在畫的前方，工業家正在查帳；背景畫著正操作織機的女工。

業資本主義之間的種種聯繫。同這些新人物一起產生，並逐年加強和擴大自己陣地的，是首先以全部力量投入工業生產的一種嶄新的資本主義。馬賽厄斯指出，這些新型「企業家」主要是「組織者」，「很少是重大革新的先驅者或發明家[205]。他們足以自譽的才能，他們派給自己的任務，就是掌握主要的新技術，牢牢控制工頭和工人，精通市場變化，以便利用各種必要的槓桿，親自指導生產。他們力圖擺脫商人的中間環節，親自掌管原料的採購、運輸，保證其質量和穩定供應。為了大批出售產品，他們力求主動了解市場動態和適應供求變化。托德莫登的棉紡業領袖費爾登公司於十九世紀初在美國派有自己的經紀人，負責採購本廠所需的棉花[206]。倫敦的啤酒釀造商幾乎不在首都市場上（靶子巷或大熊碼頭）購買麥芽；他們在英格蘭東部的大麥產區有自己的代理人，從倫敦一位啤酒釀造商寄給其代理人的以下信件看到，對代理人管束甚嚴：「我已把你寄給我的最後一種麥芽樣品退還給你。樣品實在太糟，我的釀造廠一袋也不能接受……假如我以後還得給你寫這樣的信，我將完全變更我的採購計畫。[207]」

工業家的以上種種作為反映著工業的發展已跨上了一個新的台階，其中當然包括啤酒釀造業。一名法國人於一八一二年說道，啤酒釀造廠「確實可算是倫敦市引人入勝的地方之一。巴克萊公司是最大的啤酒廠之一。廠內的機器都由一台三十匹馬力的火力泵帶動，雖然啤酒廠使用將近二百名工人和大量馬匹，但幾乎只幹廠外的雜務；這所龐大的製造廠內杳無人影，一切都靠看不見的手在操作。巨大的刮板在直徑為二十法尺和深為十二法尺的大鍋中一上一下地不停攪動，裝滿啤酒花的大鍋就放在火上。若干提升機每天把二五〇〇蒲色耳的麥芽渣[208]送到廠房的頂上，從那裡通過各種管道送往使用的地點；酒桶運輸時不用人去碰它；火力泵作為這一切的動力，建造得十分精密，極少撞擊或摩擦，因而噪聲簡直並不比一隻鐘大多少，即使針尖落地的聲音也到處可聞。最後調製完畢的酒液被傾入體積極大的酒池或酒桶；最大的酒池可裝三十六加侖的酒桶三千桶，按八桶為一噸計算，容量等於一艘載重三百七十五噸的大船；而這類船隻有四十至五十艘之多，其中最小的可裝八百桶，也就是說載重量為一百噸……最小的酒池如裝滿啤酒價值約三千英鎊；按這個比例計算其他，僅僅酒池一項，就佔資金三十萬英鎊，用於把啤酒運往消費者家中的木桶約值八萬英鎊，整個釀造廠使用的資金大概不少於五十萬英鎊；廠房用耐火材料建成，地面鋪鐵板，牆用磚砌；每年出廠啤酒約二十五萬桶，足以裝滿一百五十艘載重為二百噸的船……」[209]。這些巨型釀造廠不僅在倫敦組織其產品銷售（向市內的半數酒鋪直接供應），而且通過其代理商主持在都柏林的產品銷售[210]。此事非同小可；工業企業趨向完全獨立。從這個觀點出發，馬賽厄斯舉出一位名叫托馬斯·丘比特的營造商為例，此人在拿破崙戰爭期間富了起來，戰後在一八一七年左右更加地飛黃騰達。他的成功絲毫不靠革新技術，而是靠一種新的經營方法：他擺脫營造業中工程轉包的舊行規，自己掌管常年勞動力，並設法自己組織信貸業務[211]。

這種獨立性成了新時代的象徵。工業與其他產業部門之間的分工終於完成。歷史學家說這是工業資本主義的興起，對此我可表示同意。但他們又說真正的資本主義僅僅從那時開始，這個說法便值得商榷。究竟有沒有「真正的」資本主義呢？

英國社會的產業劃分

任何社會在長期經濟增長的作用下勢必被勞動分工攪得天翻地覆。分工在英國到處存在。當一六六〇年王政復辟時，特別在一六八九年的《權利法案》公布時，社會和國王之間的權力劃分不折不扣是一次具有深遠意義的分工的開端。文化部門同樣逐漸作為一個獨立的和有影響的天地而出現（從教育到戲劇、報刊、出版和學術界）。商業方面也出現分工，我在前面已作了簡要的介紹。最後，根據費歇爾（一九三〇）和科林．克拉克（一九四〇）的經典模式，產業結構發生了變化，也就是說，始終佔領先地位的農業（第一產業）有所縮小，而第二產業（工業）和第三產業（服務業）則不斷擴大。哈特威爾[212]在里昂科學討論會（一九七〇）所作的出類拔萃的發言吸引我們對這個很少被涉及的問題進行探討。

確實，三大產業部門之間的區分遠不是十分清楚的，有人甚至多次表示懷疑在第一和第二產業之間能否有截然的界線（工業和農業可以混合在一起）；至於第三產業，更是無所不包，關於它的組成和本質，人們很可能爭論不休。人們通常把貿易、運輸、銀行和行政管理等所有的「服務部門」列入第三產業，但難道就應該把家庭僕役排除在外？人數眾多的家庭僕役（一八五〇年前後，英國的僕役人數超過一百萬[213]，成為僅次於農業的第二大職業群體）是否應列入第三產業（從理論上講，第三產業的生產率高於其他兩個產業部門）？回答顯然是否。但除了這個限制外，我們根據費歇爾和克拉克的規律不妨承認，第三產業的不斷擴大始終是社會發展的標誌。在今天的美國，服務業已佔人口的一半，這個空前的紀錄證明，美國是世界最先進的社會。

哈特威爾認為，歷史學家和經濟學家幾乎無視第三產業在英國十八和十九世紀增長中的重要地位。在工業革命的另一側，一場「服務業革命」與農業革命互為呼應。

服務業的膨脹是毋庸置疑的事實。同樣不成問題的是運輸業在發展，商業在分化；店鋪數量不斷增多，並且日趨專業化；企業的規模不斷在擴大，雖然在總體上看來還不算太大；企業的機構逐漸官僚化，人員的職守在更新或增多：經辦、會計、稽察、統計、代理等；銀行原來的人員確實少得可憐，現在已迅速變得很多。負責各項行政事務的國家也逐漸官僚化了。機構變得臃腫。儘管英國已把國家的許多職能移交其他機構，國家機構仍然龐大，雖說歐洲大陸還有別的國家更加龐大。我們顯然不會把陸軍、海軍以及家庭僕役算成第三產業的成員。相反，醫生、律師等自由職業者在第三產業中佔重要地位，此事沒有爭議。早在格雷戈里·金的時代，律師這一行已呈上升趨勢，並在威斯敏斯特的實用學校裡培養出大批人才[214]。到十八世紀末，自由職業十分風行，趨向於進行革新，破除他們原有的組織。

第三產業在十八世紀英國經歷的這場革命對工業成長有無影響？這個問題很難回答；正如克拉克本人所解釋的，產業劃分早已開始，並且長期進行著，存在著。總之，沒有任何事實能說明，第三產業的擴大推動了經濟增長[215]，但毫無疑問的是，第三產業的擴大是經濟增長的跡象。

勞動分工與英國地理

沿著勞動分工的方向走下去，我們還要研究決定著英國經濟佈局的大變動。這與法國外省在經歷了十八世紀的成長後打破自給自足的格局[216]完全不是一碼事。這不是漸進，而是劇變，一切都往往被掀了個翻天覆地。英國各地區之問的相互影響（這是島國地位的延伸，由島國地位所解釋，並在島國留下隨處可見的印記），因而正是為英國的經濟增長，以及為增長推動下的工業革命提供了最好和最有說服力的證據。人們感到奇怪，這種相互作用竟至今沒有得到全面論證，雖然英國已有一部出色的歷史地理簡論[217]，以及有關地區史的許多優秀文獻[218]。

但問題至少已由瓊斯（一九六五年在慕尼黑大會）[219]、達維・奧格（一九三四）[220]、特里維廉（一九四二）[221]清楚地提出：在我看來，他們已談到了問題的基本方面，就是說，英國的地域歷來被一條主線所橫切，這條主線從塞文河下游的格拉斯特郡延伸到波士頓，後者是座小城市，過去在沃什海灣向佛羅倫斯和漢撒同盟的商人出售羊毛[222]。如果把威爾斯地區撇開不算，這條主線把英格蘭分成面積幾乎相等的兩個對立部份。英格蘭東南部主要是倫敦盆地及其鄰近地區，是島上降雨最少和歷史最悠久的地區，那裡能遇到「自古以來曾經出現過的各種類型的城市生活：教堂所在地，地方市集，大學發源地，商旅宿站和貿易貨棧（舊式），手工工廠中心等」[223]。由歷史積累起來的各種有利條件在這裡匯集：首都的地位，經商而得的財富，重要糧食產區，根據首都的需要而進行了現代化改造的鄉村，還有在偏北的倫敦至諾里奇和倫敦至布里斯托一帶，是英國典型的前工業地區。英格蘭西北部是個經營畜牧業為主的、多雨的高原地區。與英格蘭東南部相比，這是一個落後的邊緣地區。何況，以下的數字可以作證：在十七世紀，二者的人口為一與四之比（倫敦不包括在內），財富（按納稅額推算）為五與一四之比[224]。

工業革命徹底改變了這種不平衡。在條件優越的東南部，傳統工業日漸衰落。儘管資金充裕和商業實力雄厚，該地區未能緊緊抓住新興的工業。相反，位於主線以北的另一半英格蘭則用「幾代人的時問」[225]把自己改造成為一個富有的、極其現代化的地區。

從倫敦出發，經北安普頓和曼徹斯特，沿大路朝蘇格蘭方向前去，今天可抵達本寧山脈四周的煤礦；在這些互相隔閡的煤田，過去曾聚集了大批的工人和機器，英國最悲慘和最有活力的城鎮就在那裡出現。見證歷歷在目：每個煤田都有自己的特點和程式，自己的特殊歷史和城市，伯明罕、曼徹斯特、里茲、雪菲爾德等如雨後春筍般出現，並使英國的重心偏向北方。工業化和城鎮化急劇發展：黑色的英格蘭曾像是一台攪拌機，把來自各地的人揉合在一起。對於這些大規模的建設，地理當然不能說明一切，但它有助於認識煤的決定性作用，交通的阻隔，人力資源的作用以及歷史的持久影響。十八和十九世紀勢如破竹地出現的新事物也許需要在某種社會真空中建設起來。

英格蘭西北部不是杳無人煙的荒漠，至多像是記者們今天在談到我國西部時所說的「法蘭西荒漠」。但與倫敦附近相比，這的確就像蘇格蘭那樣，是個邊緣地區。然而，包括蘇格蘭在內的邊緣區這次都趕上了中心區，填平了自己的差距，達到中心區的水平。與理論相對照之下，這是個例外，幾乎引起眾人反感的例外。司莫脫最近在談到蘇格蘭時[226]就指出了這種引起眾人反感的例外。原因可以用以下的理由作解釋：中心區（英格蘭東南部）的飛騰之勢已傳到邊緣區（邊緣一詞雖然對蘇格蘭的情況完全適用，但對英格蘭西北部說來，只是一半適用）。進一步說，英格蘭西北部和蘇格蘭主要通過迅速發展工業，趕上了中心區。每當工業能在最不富有的國家中立足生根時，工業必定繁榮興旺，貧窮對這些國家是個有利條件。謂予不信，請看今日的南韓、香港或新加坡，以及過去義大利以北的歐洲地區。

金融與資本主義

資本的歷史大步跨過英國第一次工業革命，它先於工業革命，貫穿其全過程，並超越工業革命。當一次非同尋常的經濟增長把一切推向前進時，資本也在變化，不但資本總額增多，而且工業資本主義四處蔓延，逐漸確立其重要地位。難道這是資本主義在人類歷史上以及在其自身的歷史上賴以誕生的新形式？難道通過這種新形式，資本主義將依靠現代社會的大量產品和固定資本的大量增加，達到其完善的和真實的狀態？難道在這以前，一切還處於原始的、幼稚的狀態，只能引起博學的歷史學家的好奇？歷史學家在他們的解釋中往往或明或暗地流露出這種看法。這種看法沒有錯，但也並不對。

在我看來，資本主義是一種古老的嘗試，當工業革命開始時；它已有一段很長的經歷，而且不單是商業經歷。因此，在十九世紀初期的英國，資本以其慣有的、依舊活躍的形式而出現：直到一八三〇年單獨就佔英國物質財富一半的農業資本；最初逐漸增加，隨後突然膨脹的工業資本；歷史悠久的商業資本，相對地講，其地位並不十分重要，但它在世界範圍內迅速擴散，並創造了殖民主義（接著就得為它取名並找到為它辯解的理由）；最後是金融資本（銀行與財政合在一起），在倫敦稱霸世界前已出現。希法亭[227]認為，正是在二十世紀，隨著股份有限公司的大批出現，以及資金以各種形式的大規模集中，金融資本主義才與工業資本主義和商業資本主義形成三位一體：工業資本主義為聖父，商業資本主義為聖子，其地位較低，金融資本主義則是貫穿一切的聖靈（其地位最高）[228]。

撇開這個存有爭議的形象，我們不如記住，希法亭反對單一的工業資本主義的觀點，在他看來，資本世界具有多種形態，其中的金融資本——他心目中最新的形態——趨向於向其他形態滲透，進而控制和壓倒其他形態。對於這種見解，我完全可以贊同，但有一項條件，即要承認資本的多樣性存在已久。金融資本主義不是二十世紀的新生兒，早在過去，僅以熱那亞和阿姆斯特丹為例，由於商業資本主義的急劇增長，正常投資機會已不足以為積累的資本提供出路[229]，金融資本已經將商埠置於自己的控制之下，並進一步征服——雖說是暫時的——整個商業世界。

至於英國的情形，早在二十世紀初以前，資本主義已展現了各種形態，其中包括「金融資本主義」的高漲。遠在這個時間前，英國在動盪的經濟增長過程中經歷了一連串的革命，其中就曾發生過與國家工業化緊

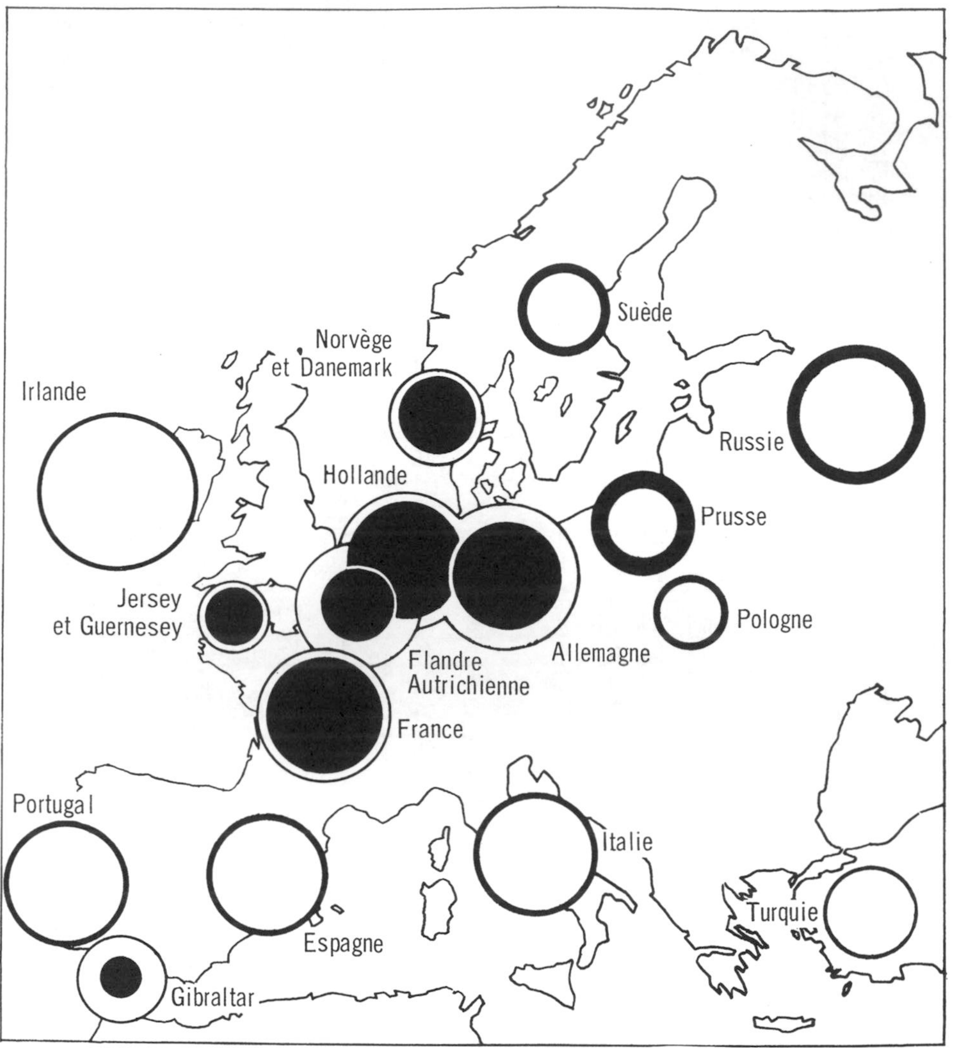

萬 2917 和 136 萬 7539。進出口總額分別為 1952 萬 9273 和 2487 萬 8362，順差達 500 萬以上。在出口中，「英國製成品」佔 1850 萬 9796，外國製成品的轉手出口佔 656 萬 8565。為這一貿易從事運輸的船隻，進口為 1 萬 5463 艘，出口為 1 萬 5010 艘，共 3 萬 470 艘，其中外國船為 3620 艘。英國船每艘平均載重，為 122 艘，船員為 7 人。法英貿易的往返航次為 3160，其中 430 航次由外國船承擔。在亞洲方面，出航 28 艘，返航 36 艘，均係英國船，平均載重，為 786 噸，船員平均人數為 93 人，所謂「印度船」自成一類，超過平均數。這項統計不包括英國沿海的大宗運輸（媒炭）。

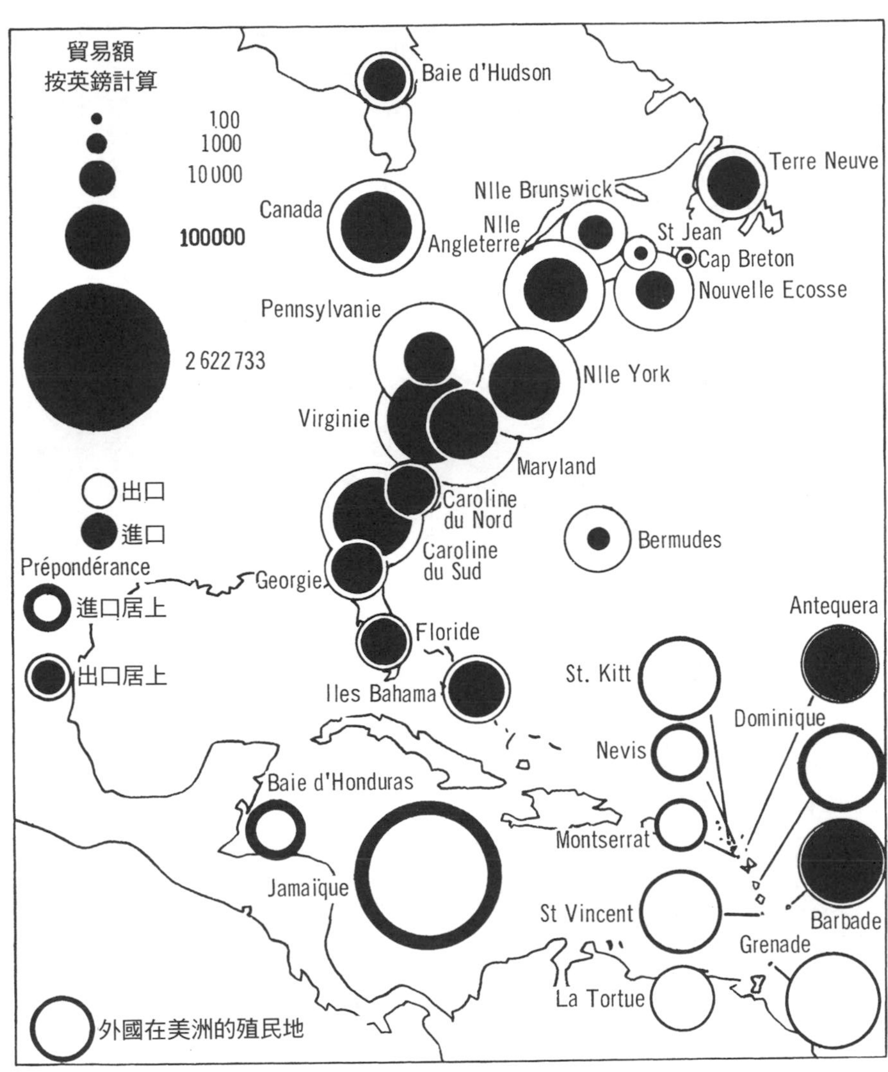

表(55)　1792 年大不列顛在世界的貿易　圖表根據英國統計彙編繪製。代表進口和出口的圓圈，按照其中心為黑色或白色，表示進口額是否高於出口額。空白的圓圈表示進出口平衡：英國對土耳其的進口額為 29 萬 559，出口額為 27 萬 3715；對義大利的進口額為 100 萬 9 千，出口額為 96 萬 3263；對愛爾蘭分別為 262 萬 2733 和 237 萬 866。英國對美洲各國有順差；與葡萄牙的進出口貿易額分別為 97 萬 7820 和 75 萬 4612，艾登協定後與法國的貿易額分別為 71 萬 7034 和 122 萬 1666。算筆總帳，對歐洲的進出口分別為 1117 萬 860 和 1281 萬 3435；對美洲分別為 560 萬 3947 和 815 萬 9502；對亞洲分別為 267 萬 1547 和 262 萬 7887；對非洲分別為 8

相聯繫的一場金融革命。即使不說這場革命由工業化一手促成，至少也應承認，工業化與這場革命結伴同行，並使之成為可能。人們經常說，英國銀行沒有為工業化提供資金。但近來一些專題研究證明，長期的和短期的信貸推進了十八和十九世紀的工業化努力[230]。

創建於一六九四年的英格蘭銀行是整個體系的主軸。倫敦一八〇七年有二十三家私人銀行圍繞在英格蘭銀行的四周，取得英格蘭銀行的支持，到十九世紀的二十年代，私人銀行的數量增加到一百多家[231]。外省的「地方銀行」最晚在十八世紀初即已出現，曾隨曇花一現的「南海公司」而成批建立，又隨這家公司的倒閉而紛紛垮台，一七五〇年僅剩十二、十三家；但在一七八四年，其數量又達一百二十家；一七九七年前後為二百九十家；一八〇〇年為三百七十家，一八一〇年前後至少有六百五十家[232]。在一八一〇年，據另一名作者的計算，竟有九百家之多，顯然是把某些銀行的分行也算了進去。地方銀行的自發增多無疑是「小人國」的勝利（銀行的合夥人不得超過六名[233]，同時也是投機活動的勝利；投機活動並不僅見於倫敦，地方銀行的增多是根據地方的經濟形勢和地方的需要而產生的。所謂「地方銀行」[234]，往往只是在一家早已存在的老企業中增設的一個「寫字間」；在那裡，發行票證、貼現期票和發放貸款等業務往往只是為鄰居助一臂之力。這些「臨時客串」的銀行家來自各種職業：劍橋的福斯特原是磨坊主和小麥商人；利物浦的大多數銀行從商行脫胎；伯明罕的勞埃德原來經營鐵的貿易；諾丁漢的史密斯原是針織品商人；諾里奇的古爾奈是紗線商和呢絨製造商；康瓦爾郡的銀行家絕大多數是採礦主，其他地方的銀行家本是麥芽和啤酒花商人或啤酒釀造商、呢絨商、服飾商，以及通行稅徵收人[235]。

總之，銀行是在十八世紀根據地方經濟形勢的需要而產生的，其情形與最早的工業企業基本相同。英國的外省當時需要信貸、現金以及匯票的流通，私人銀行履行所有這些職能，既然它們甚至有發行本票的權力。這對他們是個很好的生財之道，至少在初期如此，直到它們享有足夠的信譽以及接受了相當的存款為

倫敦煤炭交易所。英國版畫，勞朗特森作畫。

止，因為正是透過製造貨幣，它們才能擴展信貸業務[236]。這些銀行原則上都有黃金儲備作為發行鈔票的貨幣基金，但一旦發生危機，公眾出現恐慌，就像一七四五年那樣，這些銀行便不得不趕緊向倫敦銀行提取現金，以免信用破產。信用破產何況並非每次都能避免，特別在一七九三和一八一六年的危機期間。這些破產充份證明，地方銀行發放大批貸款，不僅有短期貸款，而且有長期貸款[237]。

但總的說來，英國的銀行體系十分穩固，因為它即使不在名義上，至少也在實際上，得到英格蘭銀行的支持。後者扮演「最後放款人」[238]的角色，現金儲備一般足以應付倫敦或外省的私人銀行臨時出現的銀根短缺。一七九七年後，英格蘭銀行的鈔票不再能兌換成黃金，這些鈔票便成為地方銀行必要時用以兌付本票的貨幣。作為普遍穩定的明顯象徵，私人銀行逐漸變成儲蓄銀行，從而反過來也增加了自己發放貸款的能力。借款人不僅有農莊主和地產主，而且有工業家、礦產主或運河開鑿者[239]。開鑿運河不能缺少貸款；布里奇沃特公爵的舉債便是一個典型例子。

從一八二六年起，法律准許設立股份銀行，這一批銀行比上一批銀行資金更加充足，實力更加雄厚。但它們行事是否更加審慎？不，它們必須向原有的銀行爭奪客戶，比原有的銀行冒更多的風險。股份銀行如雨後春筍般發展起來：一八三六年共有七十家，同年一月一日至十一月二十六日，四十二家股份銀行「履新開業，並開始與原有的銀行進行競爭」[240]。過後不久，總數達到百家左右，加上許多支行，其數量與地方銀行已並駕齊驅，而地方銀行則從此衰態畢露。

倫敦曾長期把股份銀行拒之門外，但股份銀行最終仍撞開了大門。一八五四年，股份銀行加入了首都銀行業的「票據交換所」。換句話說，股份銀行從此以平等身份參加貨幣和信貸的流通，而倫敦則是貨幣流通和信貸流通獨一無二的和盡善盡美的中心。一位名叫毛里茨・盧比孔的法國人於一八一一年對為方便銀行間劃帳在一七七三年成立的這家「票據交易所」讚不絕口。他描寫道：「流通機制組織十分巧妙，幾乎可以說，在英國沒有票據和貨幣。倫敦的四十名出納幾乎經辦全國所有的付款手續：他們每天晚上聚會，交換各自擁有的商業期票，以至一張一千路易的票據往往足以結清幾百萬路易的流通[241]。」多麼神奇的發明！然而，十六和十七世紀的觀察家正是使用完全相同的話來描繪里昂或柏桑松－皮辰札的傳統交易會！只有一點不同，而且這一點至關緊要，即倫敦的沖帳會議每天舉行，而古老的大型交易會則是四年舉行一次。

在另一方面，銀行起到一種為交易會所不可能有的作用。一名聰明的法國人寫道：「在這個國家，任何個人，不論經商與否，都不在家裡存錢；他們把錢存在銀行或錢莊，又從銀行或者錢莊取錢；銀行為存戶立帳，並在信用帳上支付其各項支出[242]。」銀行因此集中的資金並非被閒置起來，它被投入流通，承擔風險，因為銀行或錢莊決不讓錢在保險櫃內睡大覺。李嘉圖曾經說過，銀行的特殊職能從「使用別人的錢」[243]開始。此外，資金有時必須在英格蘭銀行和英國政府之間，在充任「終端」機構的英格蘭銀行和其他銀行（甚至工商企業）之間流通；英格蘭銀行還借助儲蓄銀行截留窮人節省下來的錢；據法國的一封信件指出，這是一項巨大的工程，因為「英國窮人的錢財〔鑑於其人數眾多〕比好些國家富人的錢財還多」[244]。

我們還必須談到倫敦成立的第三種銀行，即為匯兌經紀人設立的所謂貼現銀行。這裡還應指出，為地方銀行在倫敦市內經辦和代理業務的私人銀行怎樣能重新分配信貸，把英格蘭東南部的剩餘資金轉移到產業發達的英格蘭西北部。辦法相當簡單，資金的流向隨著借貸雙方以及中間人的利益而轉移。

最後，我們應該去參觀英格蘭銀行，從而注意到：英格蘭銀行不僅是政府銀行（由於這個職能，擁有多種特權，承擔多項任務），而且是股東組成的私人銀行，因而它本身就是一項很不錯的買賣：「原價為一百英鎊的股票於一八〇三年上漲至一百三十六英鎊，今天每股的價格為三百五十五英鎊」[245]（一八一七年二月六日）。整個十八世紀期間，英格蘭銀行的股票曾是倫敦和阿姆斯特丹的交易所投機的對象；英格蘭銀行鈔票的流通範圍不斷擴大，不再停留於首都及其鄰近地區（那裡一開始就是英格蘭銀行的一統天下），而且在全國通行。在蘭開夏、曼徹斯特和利物浦，工人領取工資時櫃絕接受私人銀行的銀行券，因為這些銀行券在購物時易貶值飾。倫敦加上蘭開夏，這在當時已是一塊不小的活動地盤。但在一七九七年後，英格蘭銀行的鈔票在全國成了金幣的代用品。

我們還應去參觀交易所，新發行的證券陸續進入交易所。牌價的名目逐漸增多：一八二五年共增加掛牌股票一一四種，其中鐵路二十種，債券和銀行券二十二種，國外礦產（以西屬美洲為主）十七種，照明煤氣公司十一種。僅這一百一十四種新掛牌的股票相當於一億英鎊[247]的投資。至少是名義上的投資，因為並不是所有的資金從一開始就完全到位。

此外，英國資金的大量外流已經開始。資金外流自一八一五年起已廣泛出現[248]，其境遇不盡相同，一八二六年一度曾爆發可怕的危機，而在十九世紀末，則達到令人難以置信的程度。交易所投機和資本輸出仍通過十分活躍的金融市場繼續進行。十九世紀六十年代，工業生產仍在急劇增長（產量在十年內幾乎增加一倍，高速增長的勢頭至少保持到一八八〇年為止[249]，國民投資大概達到英國歷史上的最高水平[250]，而自十九世紀中葉聞始大幅度增長的對外金融投資，有幾年已與整個國內投資不相上下[251]。此外，商業和運輸業在國民收入中的比例持續增長，分別由一八〇一年的百分之十七點四和一八二一年的百分之十五點九，上升到一八七一年的百分之二十二和一九〇七年的百分之二十七點五[252]。

那麼，能否說工業資本主義是「真正的」資本主義，它在順利取代了商業資本主義（虛假的資本主義）以後，終於違心地屈服於最現代化的金融資本主義？金融資本主義、工業資本主義和商業資本主義（資本主義始終首先具有商業性質）在整個十九世紀期間以及在十九世紀以前和以後都處於共存的狀態。

不同地區和不同部門獲利的機遇，以及利潤率的大小，隨著時問的流逝而不斷發生變化，正是根據這些變化，各自的投資額也發生了變化。約在一八三〇至一八七〇年期間，就在英國的大規模工業化階段，資本同收益的比率達到了英國歷史上最高的水平[253]。這究竟僅僅由於工業資本主義本身的功勞，或者還由於英國獨霸了龐大的世界市場，英國工業才得以相應地擴大？事實上，就在同一個時期，巴黎的資本主義卻朝金融方面發展，這是巴黎能從英國手裡爭奪得來的，又是對自己最有利和最方便的投資場所。巴黎幾乎已被公認為歐洲各地資金流轉的組織者。塞吉埃騎士一八一八年九月自倫敦寫信說：「二十年來，巴黎已成為歐洲銀行業務的主要中心，而倫敦則算不上是名副其實的銀行城市。因此，每當英國資本家要辦銀行手續時，例如把資金從一國轉到另一國，就不得不求助於歐洲的金融城市，由於巴黎離得最近，英國大部份銀行業務今天都由巴黎代辦[254]。」以上說法或許值得仔細推敲。但有一點沒有疑問，巴黎背靠倫敦的大樹乘涼，並且推行大體上卓有成效的競爭，如果交易所歷史的專家白哲特（Bagehot）所說確定，不利於巴黎的變化僅在一八七〇年後才明顯地出現。他認為只是在法德戰爭以後，英國人才成了全歐洲的銀行家[255]。

經濟形勢產生什麼作用？

這個問題是本章的最後一個問題，也是不能作出明確回答的一個問題：既然我們的本意是想超脫工業革命的歷史範圍，探討這個問題是否會使我們與自己的願望背道而馳？這在一定程度上會的，因為我們這裡考察的經濟形勢是比較短促的中期形勢（不超過一個康德拉季耶夫週期）。我們將拋開長時段，轉而從更接近被觀測實在的瞭望台上察看現象。現象的細節將在我們眼前變得大了起來。

長期和中長期經濟運動如同水面的波浪一樣不停地上下起伏，這是世界歷史的一條自古流傳至今並將代代相傳的規律。這種有節奏的反覆運動，夏爾．莫拉澤稱之為「能動性結構」，像是根據預定程序進行的運動。中期經濟形勢必定把我們引向以上討論過的各個問題的核心，但要通過價格史的特殊途徑；而揭開價格史的祕密又是歷史學界近四十、五十年以來懸而未決的重大問題之一。在這方面，英國歷史學家絲毫不比他們的外國同行遜色。他們最早收集價格數據，而且收集得最有系統。但他們對中期經濟形勢的認識卻不同於別國的歷史學家（特別是法國歷史學家）。

簡單地說，在英國歷史學家看來，經濟形勢並不像我們認為的那樣是一種外力；我們的觀點已由拉布魯斯、維拉爾、巴雷爾或尚．默弗萊講述清楚，他們和我都認為，經濟形勢決定相伴的過程，並製造人的歷史。我們的英國同行則認為，正是過程和事件造成每個國家的特殊經濟形勢。一七七八至一七九一年間的市場停滯和價格下跌，我們認為由國際性的拉布魯斯跨界週期所決定，他們則認為是美洲殖民地戰爭（一七七四—一七八三）的結果。至於我個人，我相信兩種原因有著相輔相成的關係，因而認為它們全都有理，並且解釋實際上也應該朝兩個方向進行。但根據你朝這個或那個方向走去，事情的起因（或者用哲學的語言，其動力因）很可能就變了方位和性質。

艾希通[256]以及接受其觀點的歷史學家[257]列舉了影響經濟波動的一系列因素，這當然都言之成理。他們所說的第一種力量是戰爭。任何人不會對此提出異議。更確切地說，是在戰爭與和平之間的搖擺（一七五六至一七六三年的七年戰爭，一七七五至一七八三年英國在美洲的殖民地戰爭，一七九三至一八〇二年和一八〇三至一八一五年的兩次對法戰爭）。其次是鄉村經濟（我們在這裡再說一遍，鄉村經濟直到十九世紀三十年代仍是英國的首要經濟活動）在豐收、平常年景和歉收之間的搖擺，歉收的年頭（一七一〇、一七二五、一七七三、一七六七、一七九二—一七九三、一七九五—一七九六、一七九九—一八〇〇）是使整個經濟生活出現動蕩的所謂舊制度危機[258]的關端。甚至在十九世紀，越加頻繁地大量進口外國小麥使英國經濟始終動盪不定；為了讓小麥和麵粉早日到貨，必須立即付訖貨款（據有關信件說，應付現金），即此一項就足以造成動盪。

英國經濟動盪的其他因素為商業週期：英國貿易的漲潮和退潮也表現為經濟形勢的上下起伏。還有貨幣流通，一方面是金銀鑄幣，另方面是來源不一的票據。倫敦交易所（照例處在「過敏狀態」，恐懼心理總是比希望更加纏人[259]）不但是記錄各種經濟震波的指示器，而且具有製造經濟地震的神奇力量，例如在一八二五至一八二六年，在一八三七年，以及在一八四七年。每隔十年一次，十八世紀的最後三十年也大體上遵守了這條規律；在經濟生活的上層，除了傳統類型的所謂舊制度危機外，還有信貸的危機[260]。

以上是我們的英國同行的見解。法國歷史學家認為，經濟形勢是個獨立的實在，雖然從它本身很難得到解釋；這種看法是對是錯還有待討論。我們贊同杜普里埃和阿貝爾的見解，認為價格組成一個整體。杜普里埃甚至有「價格結構」的提法。價格互有聯繫，整個價格的擺動是各項特殊變動的總和。尤其，價格的變動不是只限於一國經濟的「振動」，無論該國的經濟多麼重要。英國的物價，英國貿易的上下起伏以及英國的貨幣流通，並不由英國單獨所造成；世界其他各國的經濟也助了一臂之力，世界各國的經濟幾乎以相同的步伐在前進。我們歷史學家從一開始研究時感受最深的正是這件事。請看巴雷爾在驚詫之餘寫下的發人深省的話語。

促使英國價格上漲、停滯或下跌的中期經濟形勢並不是英國特有的時間，而是「世界的時間」，這一時間局部地在英國形成，倫敦甚至還是它的中心，這是可能的，幾乎是肯定的，但世界也在起作用；並且改變著不屬於島國專有的經濟形勢。後果相當明顯：價格的諧振區就是以英格蘭為中心的整個經濟世界。可見，英國的經濟形勢部份地受外因的影響，英國外部發生的事，特別在附近的歐洲發生的事，都為英國的歷史充當見證。歐洲和英國被相同的經濟形勢所包圍，但這不等於說二者完全禍福與共。我在談到中期經濟危機在一般經濟中的作用時，相反地曾強調指出這種危機對弱國和強國（例如十七世紀的義大利和荷蘭）的打擊不盡相同，而且不可能相同，這種危機造成國際經濟任務的調整和國際經濟關係的改組，從而加強了強國的活力，加劇了弱國的衰落。所以，我不敢苟同馬賽厄斯[261]的論據。為了否定一個康德拉季耶夫週期的下降期（一八七三—一八九六）的作用及其對這段時間裡英國出現大衰退的影響，馬賽厄斯振振有詞地說，雖然在此期間德國和美國的增長率有所下降，但德國、美國和英國的境遇卻很不相同，不列顛群島出現相對的衰退，在世界經濟中所佔的比重有所減少。這無疑是確實的。在一九二九年危機期間將變得明顯的事，當時已初露端倪。但是經濟增長率在德國、美國、英國以及法國同時下降，這卻是一個事實。當然，這不過是一種和諧的曲線運動，而並非水平運動；這個事實也難以否認，雖說確實令人驚訝。

經濟形勢在廣大的地域上表現十分接近，並幾乎對各地同時施加影響；這種情形在十九世紀是顯而易見的，在當代世界更變得有目共睹，在十八世紀以及更早的時候也已經相當明顯。既然我們擁有拉布魯斯的詳盡考證，我們很想就一七七〇至一七八〇年和一八一二至一八一七年期間英法兩國的情形作一比較。然而，我們且別懷過高的幻想：一旦越過英吉利海峽，法國的形象就不再有價值。現成可用的曲線很多，但它們不一定都使用共同的語言。如果有關價格、工資和生產的狀況都用統一的標準逐國進行研究，相同和相異之處就會更加清楚地表現出來，異同問題也將得到解決。事情偏偏不是如此。試把英法兩國生產資料和消費資料的價格曲線作了比較，我們立即看到法國的價格曲線比英國的更加起伏不平。這也許是正常的：鍋子中心的水不如別處沸騰。參照迪安和柯爾所畫的英國價格曲線，人們很難認出一七八〇至一七九二年的跨界週期；杜普里埃說，不如說這是一個「穩定的」平台，在他看來，這個停滯的階段從一七七三年開始。相反，關於隨後的康德拉季耶夫週期，曲線恰相會合，沒

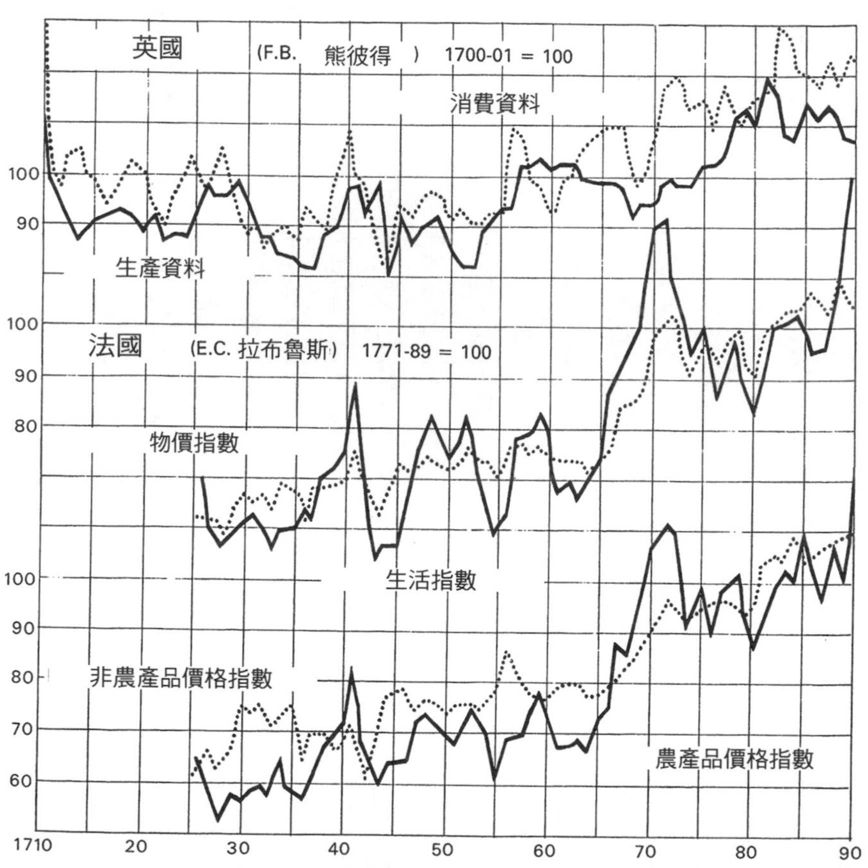

表(56)　1710 至 1790 年間英法兩國的價格
拉布魯斯的跨界週期已由法國的價格曲線，得十分清楚，但從英國的價格曲線是否能看得出來？（根據安培：《康德拉季耶夫長時段運動》，1959 年版，第 207 頁）

有任何爭論：一七九一年為起點，一八一二年上升到頂點，一八五一年下降至終點。

由此得出的結論是，自一七八一至一八一五年（大致日期），英國工業革命經歷了兩次呼吸運動，前一次困難，後一次輕鬆。大體上講，這也是法國和歐洲大陸的呼吸節奏：路易十六統治下苦難深重的法蘭西將為未來的政治風暴敞開大門，與此同時，喬治三世統治下的英國也因經濟蕭條而局勢不穩。在英國，經濟困難並未導致政治動亂，但困難畢竟存在。至此一帆風順的英國經濟停頓了十來年。我們不是說一切都出了毛病，只是說一切不如以往好。如同法國一樣，英國為美洲戰爭的巨額開支和驚人努力償付代價。接踵而來的危機使一切變得複雜化，打亂了原有的秩序，加劇了部門之間的差異。貿易在英法兩國均有令人矚目的發展，但貿易結算竟對英國和法國不利。兩國商人雖然力圖挽回局面，但只是獲得一半的成功。兩個互懷戒心和互相敵對的國家於一七八六年簽署了艾登協定，它們的接近不正是為了尋求安全嗎？

蕭條為時過長的結果通常是在企業之間實行一次選擇，使適應性和抵抗力較強的企業繼續發展，使實力單薄、不宜生存的企業歸於淘汰。英國的幸運是當它踏上這一困難的歷程時，「第二代」的革新正在其國內成批誕生：珍妮機（一七六八），水力紡紗機（一七六九），鏜床（一七七五），迴旋蒸汽機（一七七六—一七八一），攪拌冶金（一七八四），軋製金屬板材的壓輥（一七八六），經改善的車床（一七九四）。這在經濟復甦前夕是一筆巨大技術投資。

到了一七九一年，經濟形勢有所好轉：價格上漲，生產活動擴大，分工更加細密，生產率相應提高。直到滑鐵盧戰役為止，英國農業受益匪淺，中等農莊全靠價格有利，得以繼續經營。正是這種有利的經濟形勢，才使英國能應付法國大革命期間和拿破崙帝國期間為對抗法國而支付的龐大軍費開支（達十億英鎊[262]）。不過經濟形勢並非英國獨好，大陸各國也陸續建立起近代的工業，雖然速度較慢。

然而，在經濟形勢蒸蒸日上的情況下，英國價格上漲比工資更加迅速。由於人口的增長，一七七〇至一八二〇年間按市價計算的人均收入有所減少，生活水平也跟著有所下降[263]：一六八八年為九點一英鎊；一七七〇年為一九點一英鎊；一七九八年為一五點四英鎊；一八一二年為一四點二英鎊；一八二二年為一七點五英鎊。菲爾普斯·布朗和霍普金斯就十三至十九世紀英國泥瓦工的工資所畫的曲線給我們提供了一個更好的證據。我們在下面將複製這一曲線，同時並指出它是根據什麼標準繪製而成的。這條曲線具有決定的意義。它在幾百年的距離上顯示出物價上漲和實際工資下降之間的規律性關係：價格的提高決定著生產和人口的增長（兩種現象有著相輔相成的關系），但工資卻每次都相應減少；在舊制度條件下的經濟進步都以損害勞動者的生活水平為代價。根據菲爾普斯·布朗和霍普金斯的計算，這條給舊制度打下不可磨滅烙印的規律在一七六〇至一八一〇至一八二〇年間仍起著顯著的作用；就在十九世紀第一個十年，當記錄整個經濟形勢的曲線接近其巔峰時，工資卻跌到最低的水平[264]。一八二〇年後工資有所改善，同時物價下跌，

表(57)　英國價格的長時段運動

在這條長時段的線條上，杜普里埃所說的「穩定」不難在 1772 至 1793 年間辨認出來。1780 至 1790 年的平台至多與法國的跨界週恆河時期相呼應。康德拉季耶夫週期在英國與法國一樣，約於 1791 年開始，於 1810 至 1812 年登峰造極（在法國是 1817 年前後），於 1850 至 1851 年降到最低點。三條線（一條，線和兩條虛線）反映不同的計算。（根據迪安和柯爾，《英國的經濟增長，1688 至 1959 年》，1962 年版，全頁插圖）

這無非是以往規律的重演。奇蹟和變化只是在一八五〇年後（這是對英國和歐洲大陸的另一個意義深遠的日期），隨著一個新的康德拉季耶夫週期的開始，才終於發生。這一次，緊隨物價的上升，工資跟著提高：持續增長從此登上歷史舞台。

許多歷史學家往往有意無意地避而不談英國為向現代化過渡所付出的代價，而我這裡卻偏偏要探究這個問題的核心所在。我贊成最早研究這個問題的那些歷史學家的意見，認為英國人民大眾的物質福利當時有所下降，農業工人、工廠工人或運輸工人的實際工資有所減少。我甚至認為（我對這個時期的歷史並不十分熟悉，所冒的風險應由我承擔），一七六〇至一八一五年的工業化第一階段要比緊接著滑鐵盧戰役以後的階段更加困難，

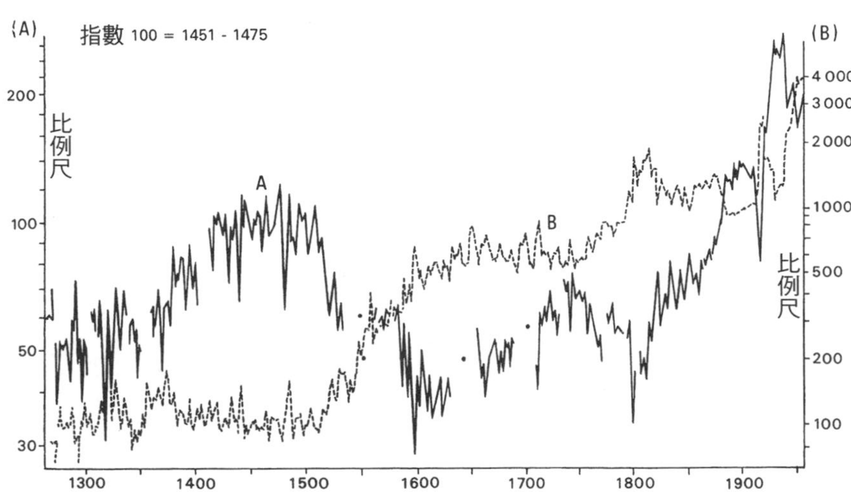

表(58)　「菜籃子」這張曲線圖，與阿貝爾的以及與符拉斯蒂埃和格朗達米的曲線圖（見本書第一卷第 177 頁）一樣，表明經濟史學家竭力要從價格和工資的辯証關係中推導出某種類似人均收入的數據。英國泥瓦工領取一定的工資，消費一定數量的基本產品。在這些基本產品中，挑選出了一組具有代表性的產品，稱之為「菜籃子」，這裡的虛線表現「菜籃子」的價格演變；實線則表現所得工資與同期菜籃子價格之間的關係（1451 至 1475 年間的指數被確定為 100）。通過兩條曲線的比較，可以看出，凡價格穩定或下降的時期（1380-1510；1630-1750），消費和福利便有所改善。在物價上漲的情況下，生活水平必定降低。例如從 1510 至 1630 年，以及處在工業革命前夕的 1750 至 1820 年。在這以後，實際工賣和物價同步上漲。（根據菲爾普斯布朗和霍普金斯的材料，見卡留斯一威爾遜《經濟史初探》，第 2 卷，第 183 和 186 頁）

雖然英國工人和農民的騷動在這場戰役勝利後變得比以往更加激烈，更加頑強。但騷動不正是經濟狀況好轉或尚屬良好的一個證明嗎？確實（這也正是工業增長同以往其他形態的增長相比所付出的額外代價），由布朗和霍普金斯曲線紀錄的一八一七至一八五〇年間實際工資和人均收入的提高，對廣大工人來說，部份地被城市發展過快帶來的種種災難性結果所抵銷，這裡包括居住條件惡劣，食物不衛生（由於運輸力量不足，甚至出現腐爛變質）以及因離鄉背井而使個人失去家庭的支持和村社提供的種種方便。但在一七八〇到一八一五年，隨著實際工資的急劇下跌（順便指出，工資下降從一七六〇年開始[265]，就是說，不僅由於美洲戰爭的爆發，而且由於十八世紀下半期生產和人口的急速提高），工人的景況當然還要更加悲慘。

「為奠定工業的基礎，犧牲了兩代人」[266]。今天的歷史學家根據當時英國人的評斷作出這個結論，與比耶[267]對當時英國的認識不相衝突。此人先任營長，後任團長，一七〇七年在葡萄牙的辛特拉受傷被俘，他在英國居住多年，直到獲釋離境。他對英國誠然沒有太多好感（哪有被監禁者喜歡獄卒！）但以清醒的見證人身份說話，絲毫不帶任何敵意，似乎自然地採取不偏不倚的立場。他對英國的苦難年月未能忘懷。他寫道：「我曾見到所有製造廠都開不了工，平民飢寒交迫，稅收負擔沉重，紙幣信譽掃地……[268]」在一八一一年，「製造廠主因不再能向其工人償付工資，便用本廠的產品代替；可憐的工人為換取麵包，便以產品所值三分之二的價格在當地賣出」[269]。另一位見證人名叫西蒙，頭腦也很清醒，且對英國十分欽佩，他在同一時期[270]指出：「工人用自己的普通工資不再能為自己及家人取得必要的麵包、肉食和衣服」。至於農業工人，「他們的工資很難跟上物價上漲的幅度」。一八一二年，他在格拉斯哥[271]指出，「棉紡織廠工人的工資僅等於十九年前的四分之一，雖然在這期間，各種物品的價格漲了一倍」。人們對數字或許還有懷疑，但對揭示的貧困則肯定無疑。

但我覺得，比耶營長看得更遠，因為作為軍人，他意識到英國的巨大軍事努力。為了保證部隊的兵源充足，英國政府的徵兵「比例要比我國的任何一次招兵不知高多少」[272]。供養為數達二十多萬人的軍隊（英國步兵的軍餉等於法國步兵的四倍[273]，維持一支龐大的艦隊，這是一個沉重的負擔。也許由於這個原因，出身於社會最貧苦階層（即所謂「渣滓的渣滓」）的陸海軍士兵受到最嚴酷的待遇[274]。世家子弟如果品行不端，家人便給他購置一張軍官證書，人們議論說：「這混蛋本該上絞架；他只配穿制服[275]。」英國最下層的無產階級就這樣從貧苦的工人、農民或流浪者中補充人員。這是誰的過錯？過錯不在工業化，也不在正在攀登財富巔峰的資本主義，甚至也不在戰爭或經濟形勢（經濟形勢只是一層外殼），但所有這些同時都有責任。

許多歷史學家不願正視這個痛苦的現實。他們拒不接受這個現實。一人說，生活水平的測定方法既不可靠又不準確。另一人說，在機械化的最初勝利前，工人的狀況如果不是更壞，至少也是相同。第三人表示，他不相信物價竟在一七九〇至一八三〇年間曾下降過。但他所說的物價，究竟指的是名義價格或實際價格？價格曲線不是已充份說明，價格先漲後降嗎？工資的情形又怎樣？顯而易見，英國人民為自己的勝利付出了沉重的代價，不僅為軍事勝利（陸軍、海軍以及滑鐵盧），而且也為農業進步（只是少數農莊主因此發財），尤其還為機器的推廣，技術的革新，商業的優勢，倫敦的中心地位，以及工業家和英格蘭銀行股東們的發跡付出了代價。但為不失公允起見，應該補充說，後來，在一八五〇年後，整個英國人民（儘管存在著社會不平等）都分享了英國在世界的勝利成果。處於經濟世界中心的各國人民，由他們的命運所決定，總是相對地富有，最少受貧窮的煎熬。十七世紀的荷蘭人，今天的美國人，包括自上而下的社會各階層在內，都像十九世紀的英國人一樣，分享這種得天獨厚的特權。

物質進步和生活水平

通過對經濟形勢的觀察，我們對十八和十九世紀期間的英國工業革命得出一種新的認識。從這個新觀測點出發，我們可以在比較遠的位置上，眺望增長的複雜概貌。工業革命在其如江河般奔騰向前、勢不可擋的發展過程中，提出了一系列相互糾纏、難分難解的問題，然後又超出這些問題的範圍。鑑於工業革命的宏大規模，人們勢必要就世界通史以及經濟增長的動因和真實演變，就持續增長的開端（一八五〇年這個日期似乎比往往被當作第一次工業革命結束的一八三〇至一八三二年更加合理），提出種種問題。工業革命還促使人們對歐洲的長時段增長進行思考，而工業革命本身正是這長期增長中最引人矚目的時刻，界於長期不穩定的過去和可能重新變得不穩定的現時之間。

如果從國民產值和人均收入這兩項變數（我更願意採用國民產值以及布朗和霍普金斯提到的泥瓦工的實際工資）衡量經濟增長，我們可以根據阿貝爾的計算[276]，認為兩項變數在十二和十三世紀都同時在增長，幾乎已經可算作「持續增長」的類型。在一三五〇年後到一四五〇年止，國民生產總值、產量和人口均有所減少，但人的生活卻有所改善：他們畢竟卸下了物質進步壓在自己肩上的擔子，樂得藉此過幾年舒坦日子。在被吹得天花亂墜的整個十六世紀（專攻十六世紀史的專家對他們研究的時代過份偏愛），直到一六二〇至一六五〇年為止，歐洲的生產突飛猛進，人口增長也大步跟上，但生活水平不斷下降。物質進步的取得不能不付出代價，這是規律。一六五〇年過後，發生了「十七世紀的危機」，這場為嚴謹的歷史學家描繪為漆黑一團的危機一直持續到一七二〇、一七三〇乃至一七五〇年。那時出現了與一三五〇年相同的現象：經濟發展停滯，個人的生活卻有所改善。在這個問題上，巴雷爾的見解[277]是正確的。隨後，在十八世紀，一切又周而復始：經濟日益繁榮，實際工資逐漸減少。

到了十九世紀中葉舊制度的特殊增長節奏被打破以後，我們似乎進入了另一個時代：百年趨勢表明人口、價格、國民產值和工資呈同步增長的趨勢，這種增長僅被一些意外的短週期所切斷，似乎「持續的增長」已向我們許下了永不更改的諾言。

但從一八五〇到一九七〇年，僅僅一百二十年時間才剛過去。百年趨勢的長期危機難道隨著現代的到來而永遠消失了嗎？這個問題很難回答，因為我們對百年趨勢的神祕起因以至各項運動的相互關係實際上並不清楚，因而也不能作出詳盡的歷史解釋。於是許多歷史學家，包括最出類拔萃的在內，往往對這種週期性歷史表現無可奈何：只能進行觀察和測定，卻不能作出解釋。週期性歷史果真存在嗎？人們能否認為，人類的歷史遵循一些用普通邏輯無從解釋的、專橫的整體節奏？在我這方面，我堅信以上的說法是事實，雖然這種現象同氣候週期一樣有令人茫然不解之處；關於氣候週期，我們今天根據事實，不能不承認它的存在，雖然科學家們對它的起因，還不能超越假設的階段。我相信世界的經濟史和物質史是一種有節奏的潮汐運動，即使產生這些運動的種種有利的或不利的關係至今仍神祕莫測。我對以上的觀點堅信不疑，因而當世界在一九七二至一九七四年後開始遇到困難時，我經常向自己提出以下的問題：我們莫非進入了一個康德拉季耶夫週期的下降階段，或者進入了為時更長的百年趨勢的下降階段？假如事情確是如此，人們為克服危機而日復一日地採用的種種辦法豈不是純屬幻想？百年趨勢的逆轉運動是一種結構危機，解決危機的辦法只能是把結構摧毀和重建。

幾年以前，我在一次講演中照此推論，斷定一次長期危機業已來臨，曾受與會聽眾的竊笑。因為以往的歷史存在著人們只能確認而不能解釋的百年週期，就據以作出這樣的判斷，這肯定太冒險了。但今天的經濟學家，徒然得現實經歷之助，似乎也只能提出假說而已。對於我們正日益深陷其中的危機，經濟學家們不是同我們一樣，不能預見其期限和解釋其本質嗎？

權充結論　歷史實在和現時實在

我把「資本主義」一詞及其清晰的和模糊的含義引入世界近代史的寬廣領域，並沒有什麼了不起，只是提出了不少問題。我這樣做究竟有無道理？是否應該把資本主義當作可供幾個世紀使用的基本模式：所謂模式，也就等於說，先在陸地建造、然後送下海去的一條船。這條船能浮在水面嗎？能破浪航行嗎？如能航行，根據模式作出的解釋可能就站得住腳。

我所理解的那種資本主義在本書中始終作為一個很好的「晴雨計」而出現。跟著它走，就能直接而有效地接觸基本問題和基礎實在：長時段；經濟領域的分工；經濟世界；百年趨勢和其他經濟波動；社會等級的混雜和爭奪（代替階級鬥爭的提法）；少數統治者萬變不離其宗的角色；甚至歷次工業革命。因此，在這最後的結論中，如果不談這個核心問題，不談這個爭論的焦點，我們還有什麼話可說呢？可以肯定，如此沒有更好的選擇。但是把我們的證據、論據和事例，把已經說過的和理應得到證明的話，哪怕只用三言兩語重複一遍，是否有此必要？正規的結論總要堂而皇之地重述論著的要點，似乎藉把門關上；而我覺得，這種結論對一部歷史著作並不合適，因為歷史著作從來都不是一勞永逸地寫完了的。

在完成了一次長途旅行後，我感到更需要打開門窗，讓房間通風，甚至走出屋子。在本書寫作過程中，我提出了一個可能性假設，並認為它不僅對前工業化時期有效（如其不然，它就不會觸及歷史的深層），我很想把模式放到另一個時期去驗證。那麼，既然要更換舞台，何不來到當今的世界？就是說，來到我們親眼目睹的和親身經歷的現實和經驗中來。我們將走出朦朧的歷史世界，前來觀賞今日的景色：今日不需復原，它那五光十色、豐富多彩的形象活生生地展現在我們的眼前。

回到現時決不會違背任何邏輯：歷史的祕密目標和深邃動機不就是要說明今天嗎[1]？當今的歷史學在與其他人文科學的接觸中，正逐漸像其他人文科學一樣，成為一門不完善的、近似的科學，但它隨時準備提出問題和解決問題，充當衡量今日和過去的尺度。這就鼓勵我去從事一次冒險，一次在我看來是切實可行的、十分有益的、甚至不乏趣味的冒險。我們不必因害怕犯顛倒時序的錯誤，便畏首畏尾地不敢進行比較。我認為，對我們這些長期埋頭從事歷史研究的人來講，當下是一張方位圖，我甚至敢說，是一張真值表。

當然，我並不堅持要用歷史來解釋現在。我僅僅希望考察，我所採用的解釋和敘述方法在世事紛雜的今天會變成什麼樣子。我就十九世紀以前的資本主義建造的模式對今天是否還行得通？它是否抵擋得住種種明顯而激烈的反駁？我相信今天並不否定昨天，相反，今天和昨天互為說明；二者有許多相似之處。但這種連續性僅僅涉及西方，即所謂自由世界，自由世界已不再像一九一七年以前那樣覆蓋全球。由於社會主義國家進行了引人矚目的試驗，資本主義已在很大一部份土地上消失。當今的世界因而是持續和間斷同時存在，在我逐個研究以下問題時，將始終注意到這個矛盾：資本主義是個長時段結構；資本主義是複雜的社會結構的組成部門；資本主義繼續存在的可能（假如資本主義行將消滅，社會的各種不平等是否將隨之消滅，人們有權對此表示懷疑）；最後，資本主義與市場經濟的不同，這是我經過漫長的研究得出的基本認識。

長時段

我在本書中堅決主張，早在人類歷史的初期，一種「潛在的」資本主義便逐漸形成，千百年來不斷發展，一直延續至今。泰奧多爾·蒙森[2]、米卡埃爾·羅斯托夫策夫[3]和比蘭納[4]全都說得有理。很早以前就有徵兆預告資本主義的誕生：城市和交換蓬勃發展，勞動市場開始出現，社會交往日漸密切，貨幣廣泛流通，生產不斷提高，遠程貿易及國際市場先後問世……印度於公元一世紀滲入乃至侵佔遙遠的南洋群島，羅馬帝國在其鼎盛時期的勢力範圍大於整個環地中海地區，中國在公元九世紀發明紙幣，西方於十一至十三世紀期間奪回地中海；一個世界市場於十六世紀初具規模，這一切都以不同的方式表明「資本的傳記」已經開始。不少歷史學家為審慎起見不願追溯到十六世紀以前，甚至不願超過十八世紀的界線，從而把資本主義的誕生同工業革命的爆發當作是一碼事。但是，即使從這種「短淺」的眼光來看，資本主義也有三百或五百年的歷史；可見得資本主義是一種長時段的結構，但這不等於說是一種絕對靜止不動的實在。所謂長時段就是一系列的反覆運動，其中包括變異、回歸、衰變、整治和停滯，或用社會學的術語來說，構成、解構、重構……。有時也會出現重大的斷裂，雖然這種狀況很少。工業革命肯定是一次斷裂。但我堅持認為，不論有無道理，資本主義通過這場大變革基本上仍與自己相似。資本主義的本質難道不正是通過變化而維持自己的存在嗎？資本主義從變化中吸取養料，隨時準備根據外界的條件而擴大或縮小自己註定的活動範圍；我們已經看到，發展經濟的可能性在任何時候和任何地方都受外界條件的限制。

那種把資本主義設想為分階段發展或跳躍式發展——商業資本主義，工業資本主義，金融資本主義——的看法是錯誤的。根據這種認識，雖然有從一階段到另一階段的持續進步，「真正的」資本主義卻要等到資本控制了生產以後才姍姍來遲。在這以前，至多只能算是商業資本主義，甚至「前資本主義」。其實，我們已經看到，以往的大「商人」從不專營商業，他們同時或先後兼營貿易、銀行、金融、交易所投機、「工業」生產和包買商業務，在個別情況下，甚至開辦手工工廠。商業、工業、銀行等多業並舉，也就是說幾種資本主義形式同時共存，這在十三世紀的佛羅倫斯，在十七世紀的阿姆斯特丹，以及在十八世紀前的倫敦，都曾出現過。到了十九世紀初，機器的廣泛採用無疑使工業生產成為一個高利潤部門，資本因而就大量擁向這個部門。但資本主義並不自我設限，只駐足在這個經濟領域。在英國，當棉紡織業騰飛初期的高額利潤因競爭而降到百分之二和百分之三時，已積累的資本即另找出路，轉往鋼鐵工業和鐵路；尤其，金融資本主義和銀行又重振旗鼓，交易所投機空前活躍，國際大宗貿易、殖民開發和公債買賣更為風氣所趨。而且又一次不考慮專業化：法國的溫代爾（Wendel）家族既是佛日地區的冶煉業巨頭、銀行家和呢絨商，又是一八三〇年遠征阿爾及爾的軍需供應商[5]。

另一方面，關於十九和二十世紀的資本主義自由競爭，儘管曾經有過種種渲染，壟斷卻並沒有喪失其舞台。它不過採用了從托拉斯和控股公司到跨國公司的一系列其他形式；在本世紀的六十年代，美國公司在外國子公司數量增加了二倍。其中的一百八十七家公司，至少分別設立在五個國家，於一九七三年「不僅實現美國在國外投資的四分之三，而且佔美國出口額的二分之一和製成品在美國市場銷售總額的三分之一」。這些公司多年來一再受到美國參議院的調查，指控它們的罪名是在國外辦工廠，從而使本國工人失業，導致貿易逆差增加，在國際貨幣投機中起著惡劣的和不利於美元的作用，但這些公司今天的發展相當健康。它們也從幾方面展開活動：不但理所當然在工業方面（在低工資國家進行投資），而且也必定在金融方面（鑑於可供它們支配的短期拆資為數很大，「等於各國中央銀行和國際貨幣機構的貨幣儲備的二倍以上」，因而據美國參議院小組委員會的意見，哪怕調動它們擁有現金的百分之二，就足以在任何地方形起一場尖銳的貨幣危機），甚至還在商業方面：為了給跨國公司辯護，有人指出在一九七一年，跨國公司承擔著美國的絕大部份出口（百分之六十二），而在生產方面只佔百分之三十四而已[6]。

總之，資本主義的主要特權，無論在今天或昨天，還是選擇的自由。資本主義取得這一特權的原因不僅在於它有高人一等的社會地位，雄厚的財力，籌集資金的能力，四通八達的信息網，而且還因為儘管為數不多的實力派人物因互相競爭而存在很大分歧，他們之間的聯繫卻製造出一系列的規則和默契。資本主義的活動領域無疑有了很大的擴展，因為它能適應所有的經濟部門，特別它廣泛地向生產滲透。但是，正如它過去不能抓住全部商業經濟一樣，它今天還讓大量經濟活動留在它的控制之外，聽任市場經濟自行其是，讓小企業主發揮主動性，讓手工業者和工人互相競爭，讓一般的人自尋出路。資本主義有它的營地和禁臠：大地產投機和交易所投機，大銀行，工業大生產（其規模和產量足以左右價格的確定），國際貿易；在特殊情況之下，它有時還插手農業生產或運輸業：例如創辦海運公司，利用一些國家的通融船旗，躲開一切稅收，從而大發橫財。資本主義既然能夠選擇，它就能隨風使舵：這是它具有充沛生命力的祕密。

當然，資本主義的適應能力、靈敏性和再生力，並不保證它不冒風險。每當重大危機發生時，許多資本家栽了跟斗，但別的資本家則挺了過來，更有人取而代之。解決問題的新方法往往不在資本家的範圍內找到，革新經常來自基層。但革新幾乎自動地要歸擁有資本的人掌握。一種經過革新的，往往強化了的資本主義終於出現，同以前的資本主義一樣矯健有力。隨著時間的流逝，財富不斷從一人之手轉到另一人之手，因而在同一塊地產上，曾有幾「代」不同的地主先後更替：阿韋內爾子爵對此感到驚訝，其實也為之欣慰[7]。這是有道理的，因為地產主的先後更替歸根到底並不廢除個人財產或私人所有制。資本主義的情形也正是如此：資本主義的變化，萬變不離其宗。這裡，我們可把阿姆斯特丹大商人霍普一七八四年在第四次英荷戰爭後就貿易所說的話轉用到資本主義身上：「它經常生病，但從不病死」[8]。

無所不包的社會

最大的錯誤莫過於硬說資本主義只是「一種經濟制度」。其實，資本主義倚靠社會秩序而存在，它同國家共生，有時彼此是對手，有時是共犯；資本主義還利用文化為加固社會大廈而提供的全部支持，文化雖然並非為社會各階層平均享受，而且其內部派別叢生和矛盾眾多，但歸根到底總是竭盡最大努力去支持現秩序；資本主義擁戴統治階級，統治階級在維護資本主義的同時，也就維護了自己。

在金錢、國家和文化這些既互相衝突又互相支持的不同社會等級制中，究竟哪一種等級制佔據首位？大家或許會同意我們作出的答覆：有時是這一種，有時在那一種。

商人們喜歡說，政治目前佔據首位，國家權力之大，無論銀行或大工業資本都不能與之抗衡。事情顯然確實如此，不少嚴肅的評論家談到在國家這個龐然大物面前，一切都矮了一截，國家壓抑私營部門的主動性，剝奪「革新者」的創新精神。必須把這一怪獸驅趕回它的巢穴。但相反的見解同樣可以讀到，比如說，經濟和資本到處鑽營，無孔不入，踐踏個人的自由。實際上，我們應該明白國家和資本，或至少某一種資本，即大公司和壟斷企業的資本，無論今天和昨天，始終和睦共處，特別在眼下，資本相當巧妙地處理好它同國家的關系。如同以往一樣，資本把耗資巨大而收益不多的事留給國家去做：公路和交通基礎設施，軍隊，教學和科研工作。公共衛生以及社會保險的一大部份開支也由國家承擔。資本尤其恬不知恥地依賴國家的通融、豁免、資助和捐贈為生。國家機器匯集大批經費，並加以再分配，由於支出大於收入，必須經常舉債。資本在國家中佔著近水樓台的地位，總是較早得利。「同所謂私人部門志在創業，而政府的行動卻妨礙它發揮活力這種神話相反，晚到的資本主義（今日的資本主義，或稱「成熟的資本主義」）在國家的種種特殊行動中找到確保其整個體系繼續存在的條件」，這裡所說的體系當然是指資本主義體系。以上的見解是我從費德里哥・卡費[9]那裡借用的，這位義大利經濟學家對奧夫關於當今的德意志[10]和奧康納關於一九七七年的美國[11]這兩部相近的著作進行評述，得出了這個見解。總之，「壟斷資本主義」（奧康納把它同「競爭的領域」相對立）的繁榮正是依靠了它同國家相依為命的良好關係，國家給予稅收優惠（以促進神聖不可侵犯的投資），發下巨額定單，制訂打開國外市場的措施。因此，奧康納斷言，「國有部門（包括國家出錢興辦的事業）的增長對私營工業的擴展，特別針對壟斷性工業，是必不可少的」。「在經濟權力和政治權力之間，除了有形的分隔以外，還存在無形的密切聯繫」[12]。這無疑說得很對。但資本與國家的融治合作並非始自於今日。這種關係經歷過近代的幾個世紀，以至每當國家失腳絆倒時（一五五七年的卡斯提爾國家，一五五八年法國的君主制國家），人們目睹資本主義跟著受到打擊。

資本主義與文化的關係更加難以捉摸，因為反差十分明顯：文化同時是支撐和挑戰，傳統和反抗。確實，反抗情緒一經猛烈爆發，往往逐漸消竭。在路德時代的德意志，針對富格爾、韋爾瑟等等大壟斷公司的抗議行動終告失敗。文化幾乎每次都轉而保護現存秩序，資本主義的安全可以說部份地有賴於文化。

直到今天，還有人對我們說，資本主義如果不是最好的制度，至少也是壞處最少的制度，它比社會主義制度更有效率，同時又不觸動所有權，它有利於調動個人的積極性（光榮歸於熊彼得的所謂「創新」！）。為資本主義辯護的論據猶如眾多齊發砲彈在一個寬廣地區散開，甚至表面上遠離目標。例如，金錢本質上就是明顯的不公正，為社會不平等辯護的一切論斷都偏袒金錢。凱因斯[13]於一九二〇年主張無條件擁護財富分配中的不平等」，在他看來，這是擴大資本積累的最好辦法，而資本又為活躍經濟生活所不可缺少。有人不久前在《世界報》[14]（一九七九年八月一一日）上寫道：「各種各樣的不平等都是天然的現象，又何必去否認它們？」

在以上這些爭論中，各種說法都能成為一種武器，甫斯特爾．德．庫朗歐或若爾日．杜梅齊爾的無可奈何，康拉德．洛倫茲[15]的學說，或某人對米希勒的咒罵對自由派的攻擊，莫不如此。有人說，人的本性永不改變；因此，社會的本性也不能改變，它始終是不公正的，有等級的和不平等的。歷史也為此助了一臂之力。市場自動調節一切，其效能勝過人的意志，所謂「看不見的手」的陳舊神話並未死去。它宣稱，「為個人謀利也就是為大眾謀利」；於是，「聽其自然，優勝劣敗！」美國陶醉於「個人奮鬥」的口號，就是說，單槍匹馬去開創自己的事業，這是全民族的光榮和榜樣。成功的事例在美國和在別處當然都有，但除了其中不免狡詐耍滑以外，真正的成功事例比人們所說的要少得多。希格門．狄亞蒙[16]津津樂道地揭露，美國的所謂「個人奮鬥」成功者怎樣隱瞞自己利用了幾代人積累的家產（如歐洲的資產者從十五世紀開始積聚財產一樣），作為獲得成功的跳板。

然而，有一種東西已經消失，這就是十九世紀初期資本主義的自得其樂和心安理得，而這種防禦態勢是對新生社會主義猛烈攻擊的回答，就像十六世紀的反改革運動是對宗教改革的答覆一樣。攻擊和反擊合乎邏輯地你來我往。既然一切都有連帶關係，我們現時社會和經濟中日益擴展的危機便涉及到文化的深刻危機。一九六八年的經驗對我們深有教益。赫伯特・馬庫色[17]身不由己地充當了這場革命的精神領袖，他完全有權聲稱（一九七九年三月二十三日），「把一九六八年事件說成一場失敗是愚蠢的」。這場革命動搖了社會大廈，破除了一些習慣、束縛乃至逆來順受的心理；社會機體和家庭機體都受到相當大的撕裂，以至在從上到下的各個社會層次都創造出新的生活方式。正因為如此，這是一場真正的文化革命。自那以後，在備受嘲弄的社會的中心，資本主義所處的地位今不如昔，不僅受到社會主義者和正統馬克思主義者的攻擊，而且受到摒棄任何形式的國家權力的新集團的攻擊，他們的口號是：打倒國家！

時間流逝：十年來時間與社會的漫長歷史相比不值一提，但對個人的一生來說就舉足輕重。一九六八年事件的活動家被富有耐心的社會重新接納；惟其遲鈍，社會有一股十分奇妙的抗拒力和吸附力。社會最不缺少的東西正是惰性。可以肯定這不是一次失敗：至於說是完全的成功，那還必須仔細研究一番。何況，完全的成功，徹底的斷裂，在文化方面是否存在？文藝復興和宗教改革是意義深遠和成果輝煌的兩次文化革命。在基督教文明中重新引入古羅馬和古希臘，這已是一次爆炸性行動，而讓統一的教會出現分裂，則是威力更大的另一次爆炸性行動。這一切終於都作為歷史陳蹟被納入到現存秩序之中，傷口終於癒合。文藝復興的結果是出現了馬基維利的《君主論》以及反改革運動。宗教改革為實現統治世界，並為資本主義達到巔峰的新歐洲掃清了障礙；但在德意志，宗教改革卻促成了王公的割據，這是十分糟糕的結果。就在農民戰爭期間

（一五二五），路德不是叛賣了起義者的事業嗎？

資本主義是否將繼續存在？

波里斯・鮑什涅夫[18]在前幾年曾友好地批評我以及其他的「資產階級」歷史學家（即西方歷史學家），說我們大談特談資本主義的起源和初期發展，而隻字不提資本主義末日。我至少有一點辯解的理由。我的研究範圍只到近代歷史的初期為止，因而資本主義在十八世紀末的蓬勃發展不能算是我的過錯。另一方面，雖然西方資本主義今天正經歷種種危機和曲折，但我並不認為它是明天就會斷氣的「病夫」。資本主義今天肯定已不再像當年那樣，甚至連馬克思本人也不能不對當年的資本主義表示欽佩；而且，人們不再像韋伯或桑巴特那樣認為資本主義是社會演變的最後階段。但這不等於說，經過溫和的演變最終取代資本主義的那個制度，同資本主義將不會如親兄弟那麼相像。

除非我從頭到尾全都搞錯，我確實認為資本主義不可能由於「內在的」衰敗而自動垮台；為使資本主義垮台，必須有極大的外力衝擊和可靠的替代辦法。社會中強大的習慣勢力，時刻保持警惕的少數統治者的抵抗（他們今天已在世界範圍內結成唇齒相依的關係），決不是幾篇誇誇其談的演說和綱領，決不是幾次暫時的選舉成功，就能輕易動搖得了的。社會主義在世界各地的歷次勝利都依靠強大的外力所推動，如一九一七年的俄國革命，一九四五年東歐各社會主義國家的成立，一九四九年中國革命的成功，一九五九年古巴游擊隊的勝利，一九七六年越南的解放。這些運動當時還依靠了對社會主義未來的絕對信賴，而信心今天已經開始動搖。

大概任何人都不會否認，從七十年代開始至今的這場危機威脅著資本主義的存在。它比一九二九年的危機更要嚴重得多，一些最大的大公司可能因此嗚呼哀哉，但資本主義作為制度完全有希望繼續存在下去。從經濟方面講（不是從意識形態方面講），資本主義在危機後甚至會變得更加強大。

我們已經看到危機在前工業時期的歐洲通常起到什麼作用。那就是消滅小企業（與資本主義大企業相對而言的小企業）、弱企業（在經濟發展順利時期所建立）或者衰老的企業，減輕（不是加強）競爭，把主要經濟活動集中到少數人的手裡。從這個角度看，資本主義今天沒有絲毫的變化。無論在國家和國際的水平上，都在進行重新洗牌，但都有利於強者；不久前，在同賈克．埃倫斯坦的一次辯論中，馬庫色[19]斷言：「危機對資本主義的發展至關重要，通貨膨脹、失業等〔今天〕都有助於資本的集中和資本主義集中化。這是一個嶄新發展階段的開端，但這決不是資本主義的最終危機」；我贊成他的意見。資本的集中和資本主義集中化正悄悄地破壞社會和經濟的舊結構，同時並建造新結構。飛雅特公司的董事長喬凡尼．阿涅利於一九六八年曾經預言：「二十年後，世界可能只剩下六、七種牌子的汽車」。今天，世界汽車產量的百分之八十由九大集團所瓜分。百年趨勢（已經說過，我認為目前的危機便是一次百年趨勢）懲罰的對象是生產、需求、利潤以及就業等結構之間日益擴大的不協調。故障開始產生，由於必須作出調整，某些活動逐漸萎縮或消失。但新的獲利門路正陸續形成，由剩下的經濟部門所分享。

此外，重大的危機正促使在國際上出現另一次重新發牌。其結果也還是弱的更弱，強的更強，雖然世界霸權可能易手或改變地點。近幾十年期間，世界以多種方式經歷了深刻的變化：美國經濟向南部和西部各州的滑動（這個現象是紐約衰落的重要原因之一）。賈克．阿塔利[20]認為據此可以斷言（一九七九），「世界中心正從大西洋向太平洋轉移」，並將形成一個美日經濟軸心。隨著石油生產國一躍登上富國地位，而其他不發達國家則更加貧窮和更加困難，第三世界中發生了絕對的分化。但是，也有一些歷來扮演原料供應者角色的落後國家，由於得到巨大的外力推動（一些西方企業，特別是跨國公司），實現了工業化。總之，資本主義應該在長期受西方經濟世界統治的世界一大部份地區修改自己的政策。在這些生活水平低下的被剝削地區中，有幅員廣大的拉丁美洲，有已經獲得所謂自由的非洲，還有印度。印度無疑剛越過了一個關鍵的階段；經常受飢餓威脅的印度（一九四三年飢荒在孟加拉造成三、四百萬人喪命）取得了很大的農業進步，因而依靠連續二、三年豐收，印度於一九七八年首次出現小麥大量過剩，並由於意想不到的儲存困難，可能將被迫出口。雖然如此，現在也還沒有實現決定性的轉折，終於促使廣大印度農民購買印度製造的工業品；貧困仍舊普遍存在，人口每年增加一千三百萬[21]！」因此，面對新興的第三世界，我們敢於斷言，資本主義將在一段時期內還能改變其統治形式，或選擇其他的統治形式。例如，它可以再次利用令人望而生畏的舊勢力，利用既得陣地的力量。

馬克思寫道：「一切已死的先輩們的傳統，像夢魘一樣糾纏著活人的頭腦」，我們同樣也還可以說，困擾著活人的生存。尚—保羅．沙特可以幻想有這樣一個社會，不平等在那裡將歸於消滅，不再有人對人的統治。但在現今的世界裡，沒有一個社會放棄了傳統以及使用特權。為要做到這一點，必須推翻各種社會等級制，不僅是金錢、國家、社會特權，而且是歷史和文化的各種影響。社會主義國家的實例證明，單是消滅經濟等級制就導致了成堆的困難，而且這樣做不足以實現平等、自由乃至物質充裕。能不能頭腦清醒地搞一場革命？且不說有沒有頭腦清醒的革命，假如這出於奇蹟而存在，在環境的壓迫下，它也不能長期保持清醒；更何況，這場革命將很難破除必須破除的東西，並保存應該保存的東西！起碼的自由，獨立的文化，誠實無欺的市場經濟，外加一點誠摯友愛。這個要求未免太高。尤其，資本主義總是在經濟困難的時期遇到挑戰，而一場廣泛的結構改革總是困難重重，並難免會造成創傷，必須物質充裕乃至極大豐富才能實現。目前的人口數量正以幾何級數增長，這也不利於對剩餘財富的公平分配。

真正的結論：面對市場經濟的資本主義

我認為，形形色色的資本主義與「市場經濟」之間存在著毋庸置疑的區別。這種區別歸根結蒂首先在政治方面表現其充份的意義。

十九世紀資本主義的高速發展無疑以競爭為特徵，即使在馬克思和列寧的敘述裡，這種競爭也被認為是正常的和健康的。能說這是人云亦云、以訛傳訛或胡思亂想的結果嗎？在十八世紀，同「游手好閑」、坐享其成的貴族相比，商人的特權似乎是他們正當勞動的報酬；到了十九世紀，在印度公司這類國家壟斷大公司普遍出現後，簡單的商業自由似乎已變成名副其實的競爭。在另一方面，工業生產（僅是資本主義的一個部門）往往由那些至今在很大程度上仍受競爭制約的小企業承擔。由此出現了為公眾謀利的企業家的傳統形象，這個形象在整個十九世紀十分流行，自由貿易和聽之任之的種種好處也同時得到宣揚。

奇怪的是，這類形象目前還在政治和報刊語彙中以及在經濟學的普及讀物中出現，而在專家們的學術討論中，則於一九二九年以前，已對這類形象提出了疑問。至於凱因斯，他曾談到不完美的競爭；當今的經濟學家看得更遠，他們認為有市場價格和壟斷價格的存在，也就是說，有壟斷的部門和「競爭的部門」這兩個層次。奧康納和加爾布雷思[22]全都採用這雙重的形象。那麼，把今天某些人所說的「競爭部門」統稱為市場經濟，有不妥之處嗎？頂上是壟斷的領域，下面是留作中小企業進行競爭的場所。

這種區分在我們的討論中還並不十分常見，但習慣會逐漸養成，用資本主義一詞專指最高的層次。資本主義逐漸登上塔尖的一級。例如在法國，公眾的怨恨矛頭針對誰？針對著托拉斯，還有跨國公司；企圖雖然很高，但目標瞄得很準。我常去買報的那家小店不屬於資本主義，而只屬於它所屬的那個聯營組織，聯營組織才是資本主義。手工作坊和獨立的小企業，即法國的所謂「四九」（由於工會和稅收方面的原因，這些企業僱工的數字不願達到五十，故得名），也不屬於資本主義。這些小企業，小單位，為數甚多。遇有大規模的衝突發生，人們就能看到這類小企業大量存在；這些衝突正好說明它們的性質，正好說明我們關心的那個問題。

紐約曾是世界第一工業城市，在七十年代危機開始前的二十年期間，那裡有許多小企業陸續垮台，這些企業往往不過二十來人，是紐約工商業的主體，兼營工業和商業，如成衣、印刷、各種食品製造，以及大批小建築公司……它們合在一起，既互相依賴又互相衝突，真是一個「競爭」的世界。早先，消費者所希望得到的一切都能在市內就地製造和就地儲存。這幾千家小企業被排斥的結果是把紐約的一切全都打亂了。大企業在消滅了這個「競爭」的世界後，便在市外另設大型生產單位來代替。原來由一家老企業為紐約各學校烤製的麵包，今天要從紐澤西州運來[23]。

以上的例子說明，在世界最「先進」國家的中心，競爭的經濟可能起什麼作用；它雖然顯得過時，人數很少，管理帶有個人特色，但它的消失卻使紐約出現一塊不可替代的真空。當然，也還有一些競爭的世界至今依然存在。佛羅倫斯附近的紡織中心普拉托是據我所知的最好例子，是培育小企業的真正溫床，由於使用的勞動力能適應各種工作和各種必要的變化，這些小企業通過與「包買商制度」類似的某種老辦法，能隨時順應經濟和時尚的潮流。義大利的大紡織公司目前陷於衰退之中，而普拉托卻還能保證充分就業。

我這裡不想舉出更多的例子，但想指出在資本主義之下還有一個相當厚的低級經濟層次，不管叫它什麼都行；它確實存在著，由一些獨立的單位所組成。所以不必急著斷言，資本主義作為社會成份的集合體，囊括我們整個社會。普拉托的小企業以及今天業已破產的紐約某印刷廠不應該列入真正資本主義的範疇。這從社會方面或從經濟管理方面來講都是不對的。

必須補充說明，競爭領域並未將上層資本主義所放棄或拋開的東西統統接受下來。直到今天，如同十八世紀一樣，經濟大廈還有寬廣的底層，據經濟學家說，在當今世界的工業化國家裡，這個底層約佔全部經濟活動的百分之三十至百分之四十。這個數字是最近估算得出的，比例之大令人吃驚；它是脫離市場和不受國家監督的各項活動的總和，包括走私，物資和服務的交換，「黑工」，家務勞動；托馬斯・亞奎那認為屬於「純經濟活動」的家務勞動至今仍存在。我透過歷史曾確認其重要性的經濟層次「三分法」也是適用於當今的一個模式，是破譯今日密碼的一種格式。如果統計數字忽略了社會的這個底層，據此作出的分析便是不全面的。

因此，關於資本主義「體系」自上而下地貫穿於整個社會的許多觀點都不能不加以修改。簡單說來，資本主義有一種活生生的辯証關係：它同位於它下方的非資本主義因素相矛盾。人們常說大公司容忍小企業的存在，不然只需一口就足以把小企業吞下。請看它們是多麼寬容！斯湯達爾曾經樣想到，在文藝復興時代的義大利，大城市因出於善心，給中小城市留下一線出路。我曾說過（我大概說得不錯），沒有小城市為大城市服務，大城市也就不能生存。至於大公司，加爾布雷思認為它們不會去妨礙小企業的存在，因為小企業的規模小，生產成本較高，由此確定的市場價格能使大公司多得一份利潤。照他這麼說，似乎大公司單獨就不能隨意確定價格和擴大它們的利潤。其實，大企業之所以需要有比自己小的單位存在，首先是為了推卸為任何社會的生存所必需，但被資本主義不屑一顧的成千種低級活計。另一方面，如同十八世紀的製造廠不斷求助於分散在自己四周的手工作坊一樣，大公司也把某些工作交給提供成品或半成品的加工商去完成。薩瓦地區設備簡陋的金屬切削工廠今天為遙遠的外地工廠加工。另外還有轉賣商、中間人的活動場所。所有這些中間環節顯然都直接附屬於資本主義，但它們只構成小企業的一個特殊部門而已。

此外，假如資本主義與位於其下方的市場經濟的衝突純屬經濟性質（事實並非如此），二者的共存也就根本不成問題，這是不久前舉行的一個經濟學研討會得出的結論[24]。但政府的政策在這裡插了一腳。第二次世界大戰結束後，許多歐洲國家有意識地推行了一項旨在像在紐約那樣剷除小企業的政策，後者被認為是舊經濟的殘餘和經濟落後的徵象。國家創立了一些壟斷機構，例如法蘭西電力公司，人們今天指責它已成為國中之國和妨礙某些新能源的發展。在私營部門中，大企業過去和現在都得到國家信貸方面的優惠，而銀行則奉命緊縮它們發放給小企業的信貸，這等於使小企業必定日子難過，遲早要被消滅。

再沒有比這更加危險的政策了。這是以另一種形式重複社會主義國家的根本錯誤。列寧曾說過：「小生產是經常地、每日每時地、自發地和大批地產生著資本主義和資產階級的……凡在有小企業和交換自由的地方，資本主義便應運而生[25]。」有人甚至認為列寧說過這樣的話：「資本主義以村子的市集為開始」。由此得出的結論：為了擺脫資本主義，必須根除個體生產和交換自由。列寧的以上見解實際上是對市場的巨大創造力，對交換的低級形式，對手工業以及對我常說的「小事不求人」的一種推崇。市場的創造力對經濟不僅是一種基本的富源，而且是當經濟遇到危機、戰爭和嚴重故障而需要實行結構變革時的一條退路。作為經濟大廈的底層，市場沒有機構臃腫和運轉不靈的毛病，而是始終能夠隨機應變；市場是一切經濟活動的源泉，各種應急的、革新的辦法都首先從這裡出現，雖然最好的發現後來總歸落到資本家的手裡。棉紡織業的首次革命不是由資本家發動的，而是由一些生氣勃勃的小企業帶了頭。今天的情形難道就有很大的不同了嗎？法國大資本家的一名代表不久前對我說：「發明家從來發不了財！」發明家雖然搞成了發明，卻必須把發明的成果交出！美國麻省理工學院的一份報告指出近十五年以來，美國一半以上的新就業機會是由不到五十人的小企業創造的。

最後，我們若毫無保留地接受市場經濟和資本主義的區分，就能避免政治家必定向我們建議的極端立場。照他們看來，似乎不放手讓壟斷發展便不可能保存市場經濟，不拚命實行「國有化」便不可能擺脫壟斷。布拉格之春的綱領——上層實行社會主義，基層推廣自由的、「自發的」經濟——顯然是旨在面對雙重實在的雙重解決方案。但社會主義在什麼情況下能維護企業的自由和動能呢？既然提出的辦法實質上只是用國家的壟斷取代資本的壟斷，並且在資本壟斷的缺點之上再增加國家壟斷的缺點，左翼的傳統方案引不起選民的熱情，也就不足為奇的了。如果認真去找，自會找到不少擴展市場領域，並且把為一個統治集團獨佔的經濟利益轉為市場服務的經濟方案。但困難主要不在那裡，而在社會方面。正如人們不能期待作為經濟世界中心的國家在國際上放棄其特權一樣，在一國之內，誰能指望掌握著資本和國家並獲得國際支持的統治集團願意接受競爭和放棄自己的統治地位？

一九七九年十月三十日

中外名詞對照表

一劃

「朋友交往」　Söbberei
「欣品特號」　Shampinder

二劃

七年戰　Sept Ans, guerre de
十字軍東征　Croisades

三劃

三十年戰爭　Trente Ans, guerre de
凡·斯孔貝克，吉爾貝爾　Van Schoonbecke, Gilbert
凡·德·卡佩倫　Van der Capellen
凡·德·斯皮格爾　Van der Spieghel, Grand Pensionnaire
凡·德·歐德爾墨倫　Van der Oudermeulen, B.
凡·歐登巴內費爾德，約翰　Van Oldenbarnevelt, Johan
凡卡埃頓，保羅　Van Caerden, Paul
凡伍特，尚　Van Houtte, J. A.
凡奈克，雅各布·科內利斯　Van Neck, Jacob Cornelius
凡奈克商行　Van Neck, maison
凡勒爾　Van Leur, J. C.
凡得維，赫爾曼　Van der Wee, Hermann
凡諾吞商行　Van Notten, maison
凡賴內普　Van Lennep, maison
大膽的腓力　Philippe le Hardi

四劃

丹麥東印度公司　Compagnie danoise des Indes orientales
丹維爾，法蘭索瓦·德　Dainville, P. François de
牙內夫，約翰　Nef, John U.
切列梅捷夫家族　Cheremetiev,
孔塔里尼家族　Contarini, famille
巴比里，吉諾　Barbieri, Gino
巴布爾，維奧萊　Barbour, Violet
巴克萊公司　Barclay et Cie
巴林商行　Baring, maison
巴納威爾特（荷蘭省督）　Barneweldt, Grand Pensionnaire
巴斯採石場　Bath, carriers de
巴雷爾，勒內　Baehrel, Ren
巴爾扎克，蓋茨·德　Balzac, Guez de
戈貝爾，彼埃爾　Goubert, Pierre
戈東諾夫，鮑利斯　Godounov, Boris
比永，德　Billon, I. De
比耶（營長）　Pillet, commandant
比蘭納，昂利　Pienne, Henri

牛頓，伊薩克　Newton, Isaac

五劃

丘比特，托馬斯　Cubitt, Thomas
戴米尼，路易　Dermigny, Louis
加加林親王　Gagarine, prince
加布里埃爾，阿爾貝　Gabriel, Albert
加西亞—巴克洛—貢薩雷茲，安托尼奧　Garcia-Baquero-González, Antonio
加里波底，朱瑟培　Garibaldi, Giuseppe
加里亞尼教士　Galiani, abb
加斯貢，理查　Gascon, Richard
加達納　Gardane, Paul-Ange-Louis de
加爾曼　Gallman, C.
加瑪尼尼，馬塞羅　Carmagnani, Marcello
卡布拉爾，阿爾瓦雷斯　Cabral, Alvarez
卡布拉爾·德·梅盧，艾瓦爾多　Cabral de Mello, Evaldo
卡瓦齊，喬凡尼·安東尼奧　Cavazzi, Giovanni Antonio
卡里埃爾，夏爾　Carrière, Charles
卡波尼商行　Capponi, firme
卡留斯—威爾遜　Carus-Wilson, Mme E. M.
卡梅倫，隆多　Cameron, Rondo
卡斯當，貝特朗　Castan, Bertrand
卡費，費德里哥　Caffe, Federico
卡隆鍛鐵廠　Carron, forges de
卡爾，厄內斯特·路德維希　Carl, Ernst Ludwig
卡龍，諾埃爾　Caron, Noel
古佐，奧古斯托　Guzzo, Augusto
古阿耶教士　Coyer, abbé
古哈，阿馬倫都　Guha, Amalendu
古斯塔夫·阿道夫　Gustave Adolphe
古達爾騎士　Goudar, chevalier
古爾奈（商人）　Gurneys, marchands
顧爾德　Gould, A
古魯，彼埃爾　Gourou, Pierre
司莫脫　Smout, T. C.
史密斯（商人）　Smiths, marchands
史蒂芬生，羅伯特　Stephenson, Robert
尼古拉·范·格拉夫　Van Graaf, Nikplaas
尼古拉一世　Nicolas Ier
尼埃梅耶　Niemeier, G.
尼特馬　Niitemaa, V.
尼基特尼可夫，格雷戈　Nikitnikov, Gregor
布干維爾，路易·安東·德　Bougainville, Louis-Antoine de
布代爾，保羅　Butel, Paul
布西侯爵　Bussy, Charles-Joseph P[^a]tissier, marquis de
布利交易會　Brie, foires de
布里奇沃特公爵　Bridgewater, duc de

布里阿運河　Bniare, canal de
布拉奔新公司　Nouvelle Compagnie des Brabançons
布律內爾，彼埃爾　Brunel, Pierre
布洛姆　Blum, J.
布洛馬埃爾（商人）　Blommaert, marchands
布洛赫，馬克　Bloch, Marc
布朗基，阿道夫　Blanqui, Adolphe
布朗，菲爾普斯　Brown, Phelps
布朗，愛德華　Brown, Edward
布斯蓋　Bousquet, G. H.
布斯蓋，尼科爾　Bousquet, Nicole
布歇爾，卡爾　Bücher, Karl
布爾，約翰　Bull, John
布維埃，尚　Bouvier, Jean
弗里斯，阿斯特里　Friis, Astrid
弗林　Flinn, H. W.
弗格森，亞當　Fergusson, Adam
弗洛蒙，尼古拉　Fromont, Nicolas
弗洛蒙，彼埃爾　Fromont, Pierre
弗思，雷蒙　Firth, Raymond
弗萊什，喬治　Frêche, Georges
弗雷里，吉爾貝托　Freyre, Gilberto
弗雷斯科巴爾第（商人）　Frescobaldi, marchands
弗雷德里希（商人）　Frédéric, négociants
弗雷德里希・巴巴羅薩　Frédéric Barberousse
弗雷德里契，喬爾格　Friederici, Georg
弗羅雷斯・加林多，阿貝托　Flores Galindo, Alberto
瓜特羅蒂（商人）　Gualterotti, marchands
瓦格曼，厄內斯特　Wangemann, Ernest
瓦特，詹姆斯　Watt, James
甘佩爾，尚　Gimple, Jean
白哲特　Baghot, W.
皮什格呂，夏爾　Pichegru, Charles
皮辰札交易會　Plaisance, foires de
皮拉德，洗蘭索瓦　Pyrard, François
皮爾，羅伯特　Peel, Robert
皮爾遜　Pearson, N. M.
皮薩尼，弗托爾　Pisani, Vettor
皮薩羅兄弟　Pizarre, fréres

六劃

伊凡四世　Ivan IV (Ivan le Terrible)
伊尼斯，哈羅德・亞當斯　Innis, Harold Adams
伊本・馬吉伯（領航員）　Ibn Madjib, Pilote
伊斯拉摩格魯，亨利　Islamoglu, Henri
伊麗莎白一世　Elizabeth Ier
休謨，大衛　Hume, David
伏洛寧（商人）　Voronin, marchand

列昂捷夫，瓦西里　Leontieff, Wassily
印卡納迪，朗貝爾托　Incarnati, Lamberto
印度公司　Compagnie des Indes
吉卜林，魯迪亞德　Kipling, Rudyard
吉吉勃霍依　Jeejeebhoy, J.
吉肖奈，保羅　Guichonnet, Paul
吉埃斯家族　Giese, famille
吉納斯特　Kienast, W.
圭哈爾迪尼，羅杜維科　Guicciardini, Lodovico
多里亞，安德烈　Doria, Andr
好望角殖民地　Cap, colnie du
安吉維爾伯爵，阿道夫・德　Angeville, comte Adolphe d'
安格爾門德家族　Angermünde, famille
安培，加斯東　Imbert, Gaston
托克維爾，阿列克西・德　Tocqueville, Alexis de
托法南，朱瑟培　Toffanin, Giuseppe
托馬斯・亞奎那　Thornas d' Aquin
托爾內，達尼埃爾　Thorner, Daniel
米亞尼，傑瑪Miani, Gemma
米克維茨　Mickwitz, G.
米希勒，朱爾　Michelet, Jules
米奇爾，維塔爾　Michiel, Vitale
米開朗基羅　Michel Ange
米德爾堡銀行　Middlebourg, Banque de
考利　Colli, J.-C.
考恩，約翰・彼得松　Pieterszoon Coen, Jean
艾希通　Ashton, T. S.
艾倫，拉爾夫　Allen, Ralph
艾格莫特　Aigues-Mortes
艾爾斯伯里　Aylesbury, vallée d'
西米昂，法蘭索瓦　Simiand, François
西班牙卡拉卡斯公司　Compagnie espagnole de Caracas
西班牙宏都拉斯公司　Campagnie espagnole du Honduras
西班牙哈瓦那公司　Campagnie espagnole de La Havane
西斯蒙第，尚—沙爾・列奧納爾・西蒙・德　Sismondi, Jean-Charles-Léonard Simonde de
西蒙，路易　Simond, Louis
西穆蘭　Simolin, J.

七劃

亨利，航海家　Henri le Navigateur
亨利七世　Henri VII Toudo
亨利二世　Henri II
亨利八世　Henri VII
亨利三世　Henri III
亨利四世　Henri IV
佛萊克　Vlekke, B. M.
克利福特父子公司　Clifford et fils

克拉克，科林　Clark, Colin Grant
克拉法姆，約翰・哈羅德　Clapham, John Harold
克拉斯諾亞交易會　Krasnoïarsk, foire de
克倫威爾，托馬斯　Cromwell, Thomas
克倫威爾，奧利弗　Cromwell, Olivier
克萊武爵士　Clive, lord
克萊因　Klein, P. W.
克隆，費迪南　Cron, Ferdinand
克隆斯特朗　Cronström, marchands
克羅查，安東　Crozat, Antoine
別尼歐斯基　Benyowski, Móric Agost
別克，寇納里斯　Bicker, Cornelius
利克（商人）　Leake, marchands
努斯克，雷格那爾　Nurske, Ragnar
呂夫提・巴爾坎，奧梅爾　Lufti Barkan, Omer
呂扎托，吉諾　Luzzatto, Gino
呂特法拉，米歇爾　Lutfalla, Michel
呂特格，佛雷德利希　Lütge, Friedrich
呂茲，馬丁，菲利普　Ruiz Martin, Felipe
坎伯蘭公爵　Cumberland, duc de
坎提龍，理查　Cantillon, Richard de
希克斯，約翰　Hicks, John
希斯特曼　Heesterman, J. C.
皮特，威廉　Pitt, William
皮特，威廉（小皮特）　Pitt, William, dit Second
李比希男爵，尤斯圖斯　Liebig, Justus, baron de
李嘉圖，大衛　Ricardo, David
杜比，喬治　Duby, Georges
杜布歇騎士　Dubouchet, chevalier
杜弗雷恩・德・聖萊昂　Dufresne de Saint-Léon, Luis-César-Alexandre
杜邦・德・納穆爾　Dupont de Nemours, Pierre-Samuel
杜坦，儒爾　Totain, J.-C.
杜恩，賈克　Dournes, Jacques
杜普里埃，萊昂　Dupriez, Léon H.
杜菩，喬治　Dupeaux, Georges
杜潘男爵　Dupin, François-Pierre-Charles, baron
杜鐸，夏爾　Dutot, charles
沙特，尚—保羅　Sartre, Jean-Paul
沃斯利礦　Worsley, mines de
沃龍佐夫，西蒙　Vorontsov, Simon
沃龍佐夫，亞歷山大　Vorontsov, Alexandre
沃薩王朝　Wasa, dynastie des
狄亞士，巴特勒米　Diaz, Barthélemy
狄亞蒙，希格門　Diamomd, Sigmund
狄龍，愛德華　Dillon, Édouard
肖林（商人）　Schorin, marchand
貝卡里亞，切扎雷　Beccaria, Cesare

貝尼埃，米歇爾　Besnier, Michel
貝尼埃，法蘭索瓦　Bernier, François
貝尼埃，羅伯特　Besnier, Robert
貝希特爾，亨利希　Bechtel, Heinrich
貝洛什，保羅　Bairoch, Paul
柏丁，賈克　Bertin, Jacques
貝爾格勒和約　Belgrade, Paix de
貝爾特，尚－彼埃爾　Berthe, Jean-Pierre
貝爾納　Bernard, Y.
貝爾納，薩繆爾　Bernard, Samuel
邦斯，安東尼奧　Ponz, Antonio
里扎哈加　Lizarraga, évêque
里卡爾，尚。彼埃爾　Ricard, J.-P.
里吉（批發商）　Rijé, négociant
里奇（批發商）　Rich, négociant
里謝，德尼巴　Richet, Denis

八劃

亞里斯多德　Aristote
亞拉奎礦　Yaracuy, mines de
亞基斯船長　Agis, capitaine
亞當，保羅　Adam, Paul
亞當斯密　Smith, Adam
亞歷山大一世　Alexandre Ier de Russie
亞歷山大三世　Alexandre III
依法連（商人）　Ephrain, marchand
佩蒂，威廉　Petry, William
佩爾，安德烈　Pels, André et fils
佩爾斯，托姆　Pires, Tome
佩德羅一世　Pedro Ier
佩魯，法蘭索瓦　Perroux, Francois
佩羅，尚－克洛德　Perrot, Jean-Claude
卑爾根奧松姆交易會　Berg op Zoom, foires de
和坤（大臣）　Heshen, ministre
坦普爾，威廉　Temple, William
奈依斯，彼得　Neys, Pieter
奈格里　Negri, P.
孟，托馬斯　Mun, Thomas
孟德斯鳩　Montesquieu
居什台，夏爾　Cuchetet, Charles
帕巴諾，朱瑟培　Papagno, Giuseppe
帕拉斯，彼埃爾．西蒙　Pallas, Pierre Simon
帕脫希巴齊奧，尤斯丁尼　Partecipazio, Justinian
帕萊奧洛格家族　Paléologues
帕隆巴，朱瑟培　Palomba, Giuseppe
帕爾馬里斯共和國　Palmares
帕潘，德尼　Pain, Denis
帕謝庫，圖瓦特　Pacheco, Duarte

彼勒賽爾特，弗朗庫斯　Pelsaert, Francus
彼得大帝　Pierre le Grand
拉巴神父，尚—巴蒂斯特　Labat, Jean-Gaptiste
拉古琴斯基，薩瓦．路基奇．弗拉迪斯拉維奇　Raguzinskii, Sava Lukich Vladislavich
拉古爾，彼得．德　La Court, Pieter de
拉布魯斯，厄內斯特　Labrousse, Ernest
拉米，歐仁　Lami, Eugène
拉杜里，勒魯瓦　Le Roy Ladurie, Emmanuel
拉杜依勒里（專使）　La Thuillerie, ambassadeur
拉佩魯茲伯爵　La Pérouse, Jean-François de Galaup, comte de
拉法伊．賈克．德　La Faille, Jacques de
拉斯戈特斯神父　Las Cortes, Père de
拉斯卡薩斯，巴托洛美．德　Las Casas, Barthélemy de
拉斯萊脫，彼得　Laslett, Peter
拉普，理查．蒂爾登　Rapp, Richard Tilden
拉維斯，厄內斯特　Lavisse, Ernest
拉濟維烏親王　Radziwill, princes
易卜拉欣一世　Ibrahim Ier
波尼，卡洛　Poni, Carlo
波瓦，居伊　Bois, Guy
波拉尼，卡爾　Polanyi, Karl
波阿吉貝爾，彼埃爾　Boisguilbert, Pierre Le Pesant, sieur de
波旁家族　Bourbons
波凱爾交易會　Beaucaire, foire de
波萊里，路伊治　Borelli, Luigi
法國北方公司　Compagnie française du Nord
法國東印度公司　Compagnie française des Indes orientales
法國塞內加爾公司　Compagnie française du Sénégal
法隆礦　Falum, mines de
法爾內塞，亞歷山大　Famèse, Alexandre
法羅爾費公司　Farolfi, Compagnie des
法蘭克，鞏特　Frank, Gunder
法蘭索瓦．德．吉茲　François de Guise
法蘭索瓦一世　François Ier
法蘭德斯交易會　Flandres, foires de
法蘭德斯伯爵領地　Flandre, comté de
金，查理　King, Charles
金，格雷戈里　King, Gregory
金特爾伯吉，查理　Kindleberger, Chares P.
金雀花王室　Plantagenêts
門尼克伯爵　Munnich, comte
阿卡里亞斯．德．塞里翁　Accarias de Serionnne
阿布克爾克，阿方索．德　Albuquerque, Alfonso de
阿貝爾，威廉　Abel, Wilhem
阿尚松侯爵　Argenson, Voyer d’
阿明尼烏教派　Arminiens
阿格里利拉，格奧爾格　Agricola, Georg

阿涅利，喬凡尼　Agnelli, Giovanni
阿曼，埃克托爾　Amman, Hektor
阿培洛　Arbellot, G.
阿富塔里翁，阿爾貝　Aftalion, Albert
阿斯托爾　Ashtor, E.
阿斯特隆，斯汶・埃里克　Aström, Sven Erik
阿隆，約瑟夫　Aron, Joseph
阿塞維多，呂齊歐・德　Azevedo, Locio de
阿塔利，賈克　Attali, Jacques
阿阿爾瓦公爵　Albe, duc d'
阿爾西涅加斯，赫爾曼　Arciniegas, German
薩波利，阿爾芒多　Sapori, Armando
阿爾梅達，佛朗西斯科・德　Almeida, Francisco de

九劃

保羅一世　Paul Ier
勃呂格門，伊薩克若昂　Brugmans, Izaäk Johannes
勃呂塞，萊奧納爾　Blussé, Léonard
勃拉丁國　Brading, D. A.
勃洛斯，夏爾德　Brosses, Charles de
南海公司　Compagnie de la Mer du Sud
南海公司　South Sea Company
品托，伊薩克　Pinto, Isaac de
哈巴庫　Habakkuk, H. J.
哈比勃，伊方　Habib, Irfan
哈里斯，詹姆士國　Harris, James
哈特威爾　Hartwell, R. M.
哈普克，里哈爾特　Häpke, Richard
哈藏，阿齊查國　Hazan, Aziza
威廉二世（陸海軍統領）　Guillaume II, stathouder
威廉三世（陸海軍統領）　Guillaume III, stathouder
威廉四世（陸海軍統領）　Guillaume IV, stathouder
威廉斯，托馬斯　Williams, Thomas
威廉斯，艾瑞克　Williams, Eric
威爾斯　Galles, pays de
威爾遜，查理　Wilson, Charles
威靈頓公爵，阿瑟・威爾斯里　Wellington, Arthur Wellesley, duc de
室利佛逝王國　Crivijaya, royaume de
恰撒姆勛爵　Chatam, lord
施特拉桑條約　Stralsund, traité de
柯克斯，奧利維　Cox, Olivier C.
柯廷，菲利普　Curtin, Philip
柯爾　Cole, W.-A.
查托里斯基親王　Czartoryski, prince
查理一世（英格蘭的）　Charles Ier d'Angleterre
查理七世　Charles VII
查理二世（英格蘭的）　Charles II d'Angleterre
查理八世　Charles VIII

查理五世皇帝　Charles Quint
查理六世　Charles VI
查理四世（西班牙的）　Charles IV d'Espagne
柏克萊，亨利　Berkeley, George
柏桑松—皮辰札交易會　Basancon-Plaisance, foires de
洪堡，亞歷山大　Humboldt, Alexandre de
洛克，約翰　Locke, John
洛佩斯，羅伯托　Lopez, Roberto
洛特克魯格，利奧內爾　Rothkrug, Lionel
科內埃爾　Coornaert, E.
科本茨爾伯爵　Cobenzel, comte de
科克，詹姆斯　Cook, James
科廷頓爵士，法蘭西斯　Cottington, Sir Francis
科明尼斯，菲利普·德　Commynes, Philippe de
科斯曼　Kossmann, E. H.
科雷爾，佛朗西斯科　Coreal, Francisco
科爾，賈克　Coeur, Jacques
美男子腓力　Philippe le Bel
耶穌會　Compagnie de Jésus
胡安一世　Jean Ier de Portugal
胡安二世　Jane II de Portugal
胡安六世　Jean VI
范·伯寧根　Van Beuningen
范林茲肖滕　Van Linschotren, J. H.
范·法埃林克商行　Van Faerelink, firme
范·法埃林克市長　Van Faerelink, bourgmestre
范艾克，尚　Van Eyck, Jean
范法尼，阿明托爾　Fanfani, Amintore
英格蘭的詹姆斯一世　Jacques Ier d'Angleterre
英格蘭銀行　Angleterre, Banque d'
英國東印度公司　Compagnie anglaise des Indes orientales
英國皇家非洲公司　Compagnie royale anglaise d'Afrique
英霍夫　Imhof, marchands
迪安，菲力斯　Deane, Phyllis
韋伯，馬克斯　Weber, Max
韋拉克魯斯　Vera Cruz, la
韋威斯台（商人）　Wewester, marchands
韋斯普奇，阿米里克　Vespucci, Amerigo
韋爾瑟（商人）　Welser, marchands
韋爾熱訥，夏爾·德　Vergennes, Charles de
香檳區交易會　Champagne, foires de

十劃

唐寧，喬治　Downing, Sir George
哥倫布，克里斯托弗　Colomb, Christophe
埃貝哈德，沃爾弗朗　Eberhard, Wolfram
埃昂（批發商）　Éon, négociant
埃倫斯坦，賈克　Ellenstrein, Jacques

埃斯特拉德伯爵　Estrades, comte d'
埃爾切拉公爵　Erceira, duc d'
雷德斯洛勃，埃爾溫　Redslob, Erwin
夏博，費德里哥　Chabod, Federico
庫里謝，約瑟夫　Kulischer, Joseph
庫拉，維托德　Kula, Witold
庫茨華斯　Coatsworth, J. A.
恩格斯，弗雷德里希　Engels, Friedrich
朗吉，勞倫茲　Lange, Lorents
朗迪斯，威廉　Loundes, William
朗德，大衛　Landes, David
桑切斯·阿爾波諾斯，克洛第奧　Sanchez Albornoz, Claudio
桑巴特，威爾納　Sombart, Werner
桑布朗賽男爵，賈克·德博恩　Semblancay, Jacques de Beaune, boron de
柴爾德，約書亞　Chyild, Josiah
格里爾（批發商）　Grill, négociants
格里齊奧蒂·克雷斯特曼，詹妮　Grizotti Krestehmann, Jenny
格拉　Gras, N.
格拉切夫（工廠主）　Gratchev, manufacturier
格拉古　Cracco, G.
格拉曼，克里斯托夫　Glamann, Kristof
格洛特，彼得·德　Groot, Pieter de
格倫道爾，歐文　Glendower, Owen
格倫維爾，亨利　Grenville, Henri
格朗達米，勒內　Grandamy, Ren
格勒那爾，費爾南　Grenard, Fernand
格雷欣，托馬斯　Gresham,Thomas
格魯賽，保羅　Grousset, Paul
格墨林，約翰—喬治　Gmelin, Jean-Georges
格蘭維爾勛爵　Granville, lord
海德，查爾斯　Hyde, Charles
烏里，彼埃爾　Uri, Pierre
烏斯林克（商人）　Usselinck, marchands
烏斯達里茨，赫羅尼莫　Ustariz, Gerónimo de
特凡，安德烈　Thevet, André
特里普（商人）　Trip, marchands
特里維廉　Trevelyan, G. M.
特拉賽利，卡梅洛　Trasselli, Carmelo
特隆，安得列　Tron, Andrea
特魯台納巡按使　Trudaine, intendant
留比雄，毛里茨　Rubichon, Maurice
索尼尼，夏爾　Sonnini, Charles
索利，雨果　Soly, Hugo
索利維切戈茨克交易會　Sol'vycegodskaja, foire
索恩　Soom, A.
索朗佐，喬凡尼　Soranzo, Giovanni
索納拉，彼埃爾　Sonnerat, Pierre

納夫，威納 Näf, Werner
納夫維爾商行 Neufville, maison
貢扎格家族 Gonzague, famille
馬丁，法蘭索瓦 Martin, Francois
馬孔內 Mâconnais, le
戈蒂諾，馬加拉埃斯 Godinho, V. Magalhães
馬可波羅 Polo, marco
馬克思，卡爾 Marx, Karl
馬克祖斯基，尚 Marczewski, Jean
馬洛威斯特，馬里安 Malowist, Marian
馬科維奇 Markovitch, T. J.
馬耶・杜・克萊隆 Maillet du Clairon
馬夏爾，安德烈 Marchal, André
馬庫色，赫伯特 Marcuse, Herbert
馬費伊伯爵 Maffei, comte Francesco Scipione
馬漢（海軍上將） Mahan, Amiral
馬爾切羅，巴托羅繆 Marcello, Bartholomeo
馬爾方特（商人） Malfante, marchand
馬賽厄斯，彼得 Mathias, Peter
徐爾幹，達維・埃米爾 Durkheim, David-Émile

十一劃

乾隆皇帝 Qianlong, empereur
勒伊特，米歇爾德 Ruyter, Michel de
勒里希，弗里茨 Rörig, Fritz
勒波蒂埃・德・拉海斯特羅瓦 Le Pottier de la Hestroy
勒勃朗教士 Le Blanc, abbé
勒美爾，伊薩克 Le Maire, Issac
勒普拉 Le Play, Pierre-Guillaume-Frédéric
曼里克（商人） Manrique, marchand
曼德爾斯羅，約翰・阿爾勃萊希特 Mandelslo, Johann Albrecht
國姓爺（鄭成功） Coxinga, corsaire
基洛斯，荷西・瑪麗亞 Quiros, José Maria
基爾伯格 Kilburger, J. P.
培根，羅吉爾 Bacon, Roger
屠能，約翰・亨利希・馮 Rhünen, Johnann Heinrich von
康塔庫傑恩，米歇爾 Cantacuzène, Michel
梅休因爵士 Methuen, lord
梅克倫堡—施特雷利茨親王 Mecklembourg-Strelitz, prince de
梅利斯，費德里 Melis, Federigo
梅迪納西多尼亞公爵 Medina Sidonia, duc de
理查森 Richardson, J. M.
笛卡兒 Descartes
笛福，丹尼爾 Defoe, Daniel
符拉斯蒂埃，尚 Fourastié, Jean
莫里諾，米歇爾 Morineau, Michel
莫拉澤，夏爾 Morazé, Charles
莫高鐸，阿朗索 Morgado, Alonso

莫斯科公司　Moscovy Company
莫萊拉　Moreyra, M.
莫塞尼戈，托馬索　Mocenigo, Tomaso
莫蒂默，托馬斯　Mortimer, Thomas
莫達夫伯爵　Modave, comte de
莫爾朗　Moreland, W. H.
莫羅　Mauro, F.
荷蘭西印度公司　Compagnie hollandaise des Indes occidentales
荷蘭東印度公司　Compagnie hollandaise des Indes orientales
荷蘭東印度公司　Oost Indische Compagnie, voir Compagnie hollandaise des Indes orientales
荷蘭東印度公司　V.O.C., voir Compagnie hollandaise des Indes orientales
荷蘭的威廉五世　Guillaume V de Hollande
許德，若昂　Hudde, Johannes
麥卡特內，喬治　Mc Cartney, George
麥哲倫　Magellan
麥瑟提維礦　Merthyr Tydfil, mines de
麻喏巴歇王朝　Majopahit
麻喏巴歇王朝　Mojopahit, Empire de

十二劃

傑切格（商人）　Jizig, marchand
傑佛遜，托馬斯　Jefferson, Thomas
傑米多夫親王　Demidoff, Prince
傑恩　Jain, L. C.
凱因斯　Keynes
凱岱爾，薩格拉爾　Keyder, Çaglar
凱倫本茲，赫曼　Kellenbenz, Hermann
凱撒・薩迪股份公司　Sardi, César et Cie
凱撒琳二世　Catherine II
勞，約翰　Law, John
勞埃德（商人）　Lloyds, marchands
勞恩，弗雷德里克　Lane, Frédéric C.
博代，彼埃爾　Baudet, Pierre
博台洛，喬萬尼　Botero, Giovanni
博克瑟，夏爾　Boxer, C.
博思克（商人）　Bosc, négociant
博都瓦，科萊特　Baudouy, Colette
勃拉姆，丹尼爾　Braams, Daniel
博雷加德伯爵　Beauregard, comte de
博爾扎諾交易會　Bolzano, foires do
博爾朗迪，佛朗哥　Borlandi, Franco
博德里・德・洛齊埃爾　Baudry des Lozières, Louis-Narcisse
喬杜里　Chaudhuri, K. N.
喬治三世　George III
富凱，尼古拉　Fouquet, Nicolas
提津格，伊薩克　Titsingh, Isaac

斯皮林克（商人） Spierinck, marchands
斯托伯，海因 Stoob, Heins
斯托雅諾維奇，特雷揚 Stoianovich, Traian
斯托爾茲，奧托 Stolz, Otto
斯米頓，約翰 Smeaton, John
斯利歇·凡，巴特 Slicher van Bath, B. H.
斯威夫特，喬納森 Swift, Jonathan
斯威澤，保羅 Sweezy, P. M.
斯特羅加諾夫（商人） Stroganov, marchands
斯梅爾瑟，奈爾 Smelser, Neil J.
斯普納，法蘭克 Spooner, Frank C.
斯圖亞特王朝 Stuarts
斯福薩，佛朗西斯科 Sforza, Francesco
斯福薩家族 Sforza, les
斯澤普西·康波爾，馬提諾 Szepsi Combor, Martino
普瓦利埃，尚 Poirier, Jean
普列伏神父 Prévost, abbé
普里烏利，多梅尼科 Priuli, Domenico
普里烏利總督 Priuli, doge
普拉西戰役 Plassey, bataille de
普雷斯科特（商人） Prescot, marchand
湯恩比，阿諾德 Toynbee, Arnold
無敵艦隊 Invinocible Armada
腓力二世 Philippe II
腓力五世 Philippe V
腓力四世 Philippe IV
腓尼基 Phénicie
腓特烈二世（普魯士國王） Frédéric II de Prusse
腓特烈二世（腓特烈大帝） Frédéric II, empereur
華勒斯坦，伊曼紐 Wallerstein, Immanuel
萊瓦索，艾米爾 Levasseur, Émile
萊格列 Wrigley, E. A.
萊翁，彼埃爾 Léon, Pierre
萊喬杜里 Raychaudhuri, T.
萊斯庫爾，尚 Lescure, Jean
萊斯特伯爵 Leicester, comte de
菲利普·奧古斯特 Philippe Auguste
菲利普斯（海軍准將） Philipps, commodore
費尼公司 Fini, Compagnie des
費弗爾，呂西安 Febvre, Lucien
費契奈 Fechner, M. V.
費洛尼，朱瑟培 Felloni, Giuseppe
費勒里主教 Fleury, cardinal
費爾法克斯家族 Fairfax, famille
費爾斯父子公司，安德烈 Fels, André et fils
鄂木斯克交易會 Omsk, foire de
隆巴爾德，毛里茨 Lombard, Maurice
黑斯廷斯，瓦倫 Hastings, Warren

十三劃

塞，亨利　Sée, Henri
塞吉埃，彼埃爾　Séguier, Pierre
塞吉埃騎士　Séguier, chevalie
塞爾維安，阿貝爾　Servien, Abel
塔克爾，約瑟亞　Tucker, Josias
塔狄克，約爾若　Tadic, Jorji
塔爾，傑特羅　Tull, Jethro
奧夫　Offe, G.
奧布賴恩，帕特里克　O'Brien, P.
奧利，菲力貝爾　Orry, Philibert
奧利瓦雷斯大公　Olivarès, comte-duc d'
奧拉爾，阿爾豐斯　Aulard, alphonse
奧洛夫，阿列克西・格里哥列維奇　Orloff, Alexis Grigorievitch
奧格，達維　Ogg, David
奧格爾索普，約翰　Oglethorpe, John
奧康納　O'Connor, J.
奧斯坦德公司　Compagnie d'Ostende
奧斯曼蘇丹　Osmanlis
奧爾特考普　Oldecop, J. H. F.
愛倫堡，理查　Ehrenberg, Richard
阿瑟　Young, Arthur
瑟涅博斯，夏爾　Seignobos, Charles
瑞典印度公司　Compagnie des Indes de Suède
瑞恩，克利斯托弗　Wren, Christopher
聖皮耶爾・達雷納　San Pier d'Arena
聖尚神父，馬蒂約・德　Saint Jean, père Mathias de
聖尚達克爾　Saint-Jean-d' Acre
聖約翰勛爵　Saint-John, Mylord
聖胡安・德洛斯拉戈斯　San Juan de los Lagos
聖雅科布，彼埃爾・德　Saint-Jacob, Pierre de
蒂永，熱爾曼　Tillion, Germaine
葉尼塞斯克交易會　Ienisseisk, foire de
董特，尚　Dhont, Jean
詹姆斯二世　Jacques II
詹姆森，富蘭克林　Jameson, Frankin
詹諾韋西，安東尼奧　Genovesi, Antonio
雅克蒙，維克多　Jacquemont, Victor
路易九世　Louis IX
路易十一　Louis XI
路易十二　Loui XII
路易十五　Louis XV
路易十六　Louis XVI
路易十四　Louis XIV
農布雷・德迪奧斯　Nombre de Dios
道爾芬，安德列阿　Dolfin, Andrea
達，希爾瓦，胡賽・讓迪　Da Silva, José Gentil
達什柯娃公主　Dashkaw, Princesse

達文西，里奧納多　Vinci, Léonard de
達比　Darby, H.-C.
達比，亞伯拉罕　Darby, Abraham
達伽馬・華斯哥　Gama, Vasco de
達呂，彼埃爾　Daru, Pierre
達拉岡先生　Aragon, Monsieur d'
達蒂尼，佛朗西斯科　Datini, Francesco di Marco
達維尼葉，尚—巴蒂斯特　Tavenrnier, Jean-Baptiste
雷希貝爾格　Rechberg, C. de
雷納瓦爾　Rayneval, Joseph-Mathias-Gérard de
雷納爾教士　Raynal, abbé
雷森迪，加西亞・德　Resende, Garcia de
雷蒙，安德烈　Rémond, André

十四劃

圖帕克・阿馬魯　Tupuc Amaru
漢森・瓊斯，愛麗斯　Hanson Jones, Alice
漢彌爾頓，厄爾　Hamilton, Earl J.
漢薩同盟　Hanséates
熊彼得，約瑟夫　Schumpeter, Josef
瑪麗・都鐸　Marie Tudor
瑪麗亞—德蕾莎　Marie-Thérèse
福吉爾，羅伯—威廉　Fogel, Robert-William
福伯，霍爾登　Furber, Holden
福克納　Faulkner, H. U.
福克斯，愛德華　Fox, Edward C.
福特公司　Ford, Société
福斯卡里，佛朗西斯科　Foscari, Francesco
福斯特（銀行家）　Forsters, banquiers
福赫倫，克洛德　Fohlen, Claude
維瓦第兄弟　Vivaldi, frères
維克福爾，亞伯拉罕・德　Wiquerfort, Abraham de
維亞蒙，賈克　Villamont, seigneur de
維拉爾，彼埃爾　Vilar, Pierre
維倫　Willan, T. S.
維埃拉，安東尼奧　Vieira, Antonio
維特，尚・德　Witt, Jean de
維特曼，提博爾　Wittman, Tibor
維特爾斯巴赫家族　Wittelsbach, les
維達爾・德・拉布拉什　Vidal de La Blache, Paul
維爾吉松批發商　Wilkiesons, négociant
維蒙，克勞德　Vimont, Claude
維贊斯基，安德烈契　Wyczanski, Andrezcj
蒙森，泰奧多爾　Mommsen, Theodor
豪威　Howe, W.
豪特曼，寇納留斯　Houtman, Cornelius
赫克謝爾，艾利　Heckscher, Éli
赫希斯泰特（商人）　Hochstetter, marchands

赫斯基森，威廉　Huskisson, william
赫爾希曼　Hirschman, A. O.
齊亞尼家族　Ziani, famille

十五劃

劉易斯，阿契波德　Lewis, Archibald
劉易斯，阿瑟　Lewis, Atrhur
德弗里斯　Vries, Y. de
德弗里斯，尚　Vries, Jan de
德弗里斯，菲利普　Vries, Philippe de
德呂莫，尚　Delumeau, Jean
德勃萊　Debret, J.-B.
德馬雷，尼古拉　Desmaretz, Nicolas
德雷克，法蘭西斯　Drake, Francis
德爾布呂克，漢斯　Delbrück, Hans
歐文，羅伯特　Owen, Robert
歐姆拉赫　Omrahs, les
蓬夏特朗伯爵，熱洛姆　Pontchartrain, Jérôme, comte de
蓬勒波（專使）　Bonrepaus, ambassadeur
蓬博納，西蒙・阿爾諾・德　Pomponne, Simon Arnaud de
魯賓遜，若昂　Robinson, Joan

十六劃

盧卡奇，格奧爾基　Lukacs, Giörgy
盧森堡，羅莎　Luxembourg, Rosa
穆斯塔法，蘇丹　Moustafa, sultan
穆斯塔發汗　Kan Mustapha, Grand Vizi
興茨，奧托　Hintze, Otto
諾瓦利斯，弗雷德里希　Novalis, Frédéric
諾桑伯蘭伯爵　Nordthumberland, lord
諾斯，道格拉斯　North, D. C.
諾爾特曼，克洛德　Nordmann, Claude
霍夫曼，瓦爾特　Hoffman, W.
霍布斯邦，艾瑞克　Hobsbawm, Éric
霍拉爾　Hollar, W.
霍普（商行）　Hope, firme
霍普，亨利　Hope, Henri
霍普金斯，歇拉　Hopkins, Sheila
霍爾克（工廠督察）　Holker, inspecteur des manufactures
鮑什涅夫，波里斯　Porchnev, Boris
默弗萊，尚　Meuvret, Jean
默隆，尚—法蘭索瓦　Melon, Jean-François

十七劃

戴加佐・杜・哈萊　Des Cazeaux du Hallays
戴維斯，拉爾夫　Davis, Ralph
聯省共和國　Provinces-Unies
謝弗勒茲公爵　Chevreuse, dus de

謝努，彼埃爾　Chaunu, Pierre
謝茨（商人）　Schetz, marchands
謝潑德　Shepherd, W. R.
賽約，安德烈　Sayous, André-E.
邁耶松，伊格納斯　Meyerson, Ignace

十八劃

薩伊，尚—巴蒂斯特　Say, Jan-Baptiste
薩瓦里·德布呂斯龍　Savary des Bruslons
薩克拉門多殖民地　Colonia do Sacramento
薩克斯，伊尼亞西　Sachs, Ignacy
薩非王朝　Safévides, Dynastie
薩爾多，佛朗西斯科　Sardo, Francisco
魏金古森家族　Veckinghusen, famille

十九劃

懷特，里恩　White, Lynn
瓊斯　Jones, E. L.
羅，托馬斯　Roe, Thomas
羅伯茨，理查　Roberts, Richard
羅思柴爾德家族　Rotschild
羅曼諾夫，米哈伊爾　Romanov, Michel
博伊爾，羅傑　Boyle, Roger
羅傑斯，騷羅德　Rogers, Thorold
羅斯　Rowse, A. L.
羅斯托夫　Rostow, W. W.
羅斯托夫策夫，米卡埃爾　Rostowtzeff, Michael
羅斯托普欽，弗多爾·華西列維奇　Rostopchine, Fedor Vasiljevitch
羅維爾，雷蒙·德　Roover, R. de
祆教商人　Parsis
贊格里，雷納托　Zangheri, Renato

二十劃

蘇什吞家族　Suchten, famille von
蘇里亞·德瓦，尼納　Suria Deva, Nina
蘇里曼大帝　Soliman le Magnifique
蘇亞雷茲，迪戈　Su[a']rez, Diego
蘇查·庫提諾　Sousa Coutinho, Francisco de
蘇格蘭的詹姆斯六世　Jacques VI d'Écosse
蘇格蘭非洲公司　Compagnie ecossaise d'Afrique
蘇斯特家族　Soect, famille von

二十一劃

蘭卡斯特，詹姆斯　Lancaster, James
顧志耐，西蒙　Kuzets, Simon

二十二劃

韃靼族　Tartares

二十四劃

讓南，彼埃爾　Jeannin, Pierre

注釋

前言

1. *Conquerors and Rulers. Social Forces in Medieval China,* 2e éd. 1965, pp. 13 *sq.*, cité par Immanuel Wallerstein, *The Modern World System,* 1974, p. 6.
2. Ashin Das Gupta, « Trade and Politics in 18th Century India », *in : Islam and the Trade of Asia,* p. p. D. S. Richards, 1970, p. 183.
3. René Bouvier, *Quevedo « homme du diable, home de Dieu »*, 1929, p. 83.
4. Jean Imbert, *Histoire économique des origins à 1789,* 1965; Hans Hausherr, *Wirtschaftsgeschichte der Neuzeit,* 1954; Hubert Richardot et Bernard Schnapper, *Histoire des faits économiques jusqu'à la fin du XVIIIe siècle,* 1963; John Hicks, *A Theory of Economic History,* 1969, trad. fr, 1973.
5. *Allgemeine Wirtschaftsgeschichte des Mittelalters und der Neuzeit,* 2 vol., 1958.
6. Frédéric Novalis, *L'Encyclopédie,* 1966, p. 43.
7. René Clemens, *Prolégomènes d'une théorie de la structure économique,* 1952, notamment p. 92.
8. Witold Kula, d'après une conversation ancienne. Cf. *On the Typology of Economic Systems. The Social Sciences. Problems and orientation,* 1968, pp. 109-127.
9. José Gentil da Silva, référence égarée et que l'auteur consulté n'a pu retrouver.
10. *Les Étapes du développement politique,* 1975, p. 20.
11. *Le Monde,* 23 juillet 1970, article de K. S. Carol.
12. Cité par Cyril S. Belshaw, *Traditional Exchange and Moder Markets,* 1965, p. 5.
13. Joseph Schumpeter, *History of Economic Analysis,* 2e éd. 1955, I, p. 6.
14. Jean Poirier, « Le commerce des hommes », *in : Cahiers de l'Institut de science économique appliqué,* n° 95, nov. 1959, p. 5.
15. Marc Guillaume, *Le Capital et son double,* 1975, p. 11.
16. Jean-Baptiste Say, *Cours complet d'économie politique pratique,* I, 1828, p. 7.
17. Fernand Braudel, « Histoire et sciences socials : la longue durée », *in : Annales E.S.C.,* 1958, pp. 725-753.
18. J. Schumpeter, *op. cit.,* ch. II *passim.* D'après Mme Élisabeth Boody-Schumpeter, la quatrième façon eût été la méthode sociologique.

第一章

1. Cf. *supra,* II, ch. v.
2. Simonde de Sismondi, *Nouveaux Principes d'économie politique,* p. p. Jean Weiller, 1971, p. 19.
3. *Ibid.,* p. 105, n. 1.
4. Mot que j'ai trovué dans ce sens restraint chez Fritz Rörig, *Mittelalterliche Weltwirtschaft, Blüte und Ende einer Weltwirtschaftsperiode,* 1933. Pour son compte, Hektor Ammann, *Wirtschaft und Lebensraum der mittelatterlichen Kleinstadt,* s. d., p. 4, dit avec raison : « *eine Art Weltwirtschaft* », une

sorte d'économie mondiale.

5. Léon-H. Dupriez, « Principes et problèmes d'interprétation », p. 3, *in : Diffusion du progrès et convergence des prix. Études internationals,* 1966. Les considérations qui suivent dans ce chapitre rejognent les theses d'I. Waller-stein, *op. cit.,* bien que je ne sois pas toujours d'accord avec lui.
6. Fernand Braudel, *La Méditerranée et le monde méditerranéen à l'époque de Philippe II,* 1949, pp, 325, 328, *sq.*
7. F. Braudél, *Médit.,* 1966, I, p. 354.
8. A. M. Jones, « Asian Trade in Antiquity ». *in : Islam and the Trade of Asia, op. cit.,* p. 5.
9. J'emploie l'expression *règles tendancielles,* selon l'exemple de Georges Gurvitch, pour ne pas parler de « lois ».
10. Paul M. Sweezy, *Le Capitalisme moderne,* 1976, p. 149.
11. L'expression est de Wallerstein.
12. Georg Tectander von der Jabel, *Iter persicum ou description d'un voyage en Perse entrepris en 1602...,* 1877, pp. 9, 22-24.
13. Pedro Cubero Sebastián, *Breve Relación de la peregrinación que ha hecho de la mayor parte del mundo,* 1680, p. 175.
14. Louis-Alexandre Frotier de la Messelière, *Voyage à Saint-Pétersbourg ou Novveaux Mémoires sur la Russie,* 1803, p. 254.
15. *Médit...,* I, p. 259.
16. Philippe de Commynes, *Mémoires,* III, 1965, p. 110.
17. René Descartes, *Œuvres,* I, *Correspondance,* 1969, p. 204.
18. Charles de Brosses, *Lettres familières écrites d'Italie en 1739 et 1740,* 1858, p. 219.
19. Jacques de Villamont, *Les Voyages...,* 1607, p. 203.
20. *Ibid.,* p. 209.
21. Au sens, bien entendu, d'*esprits libres.*
22. Brian Pullan, *Rich and Poor in Renaissance Venice,* 1971, p. 3.
23. *Voyage d'Angleterre, de Hollande et de Flandres,* 1728, Victoria and Albert Museum, 86 NN 2, f°, 177, Par « brownistes », il faut entendre une secte religieuse protestante, née durant les années 1580 des enseignements de Robert Browne; par « millénaires », des millénaristes.
24. *Ibid.,* f°s 178-179.
25. Hugo Soly, « The 'Betrayal' of the Sixteenth Century Bourgeoisie : a Myth? Some considerations of the Behaviour Pattern of the merchants of Antwerp in the Sixteenth Century », *in : Acta historiae neerlandicae,* 1975, pp. 31-49.
26. Louis Coulon, *L'Ulysse françois ou le voyage de France, de Flandre et de Savolie,* 1643, pp. 52-53 et 62-63.
27. Alonso Morgado, *Historia de Sevilla,* 1587, f° 56.
28. Roi de Portugal jusqu'en 1640.
29. Evaldo Cabral de Mello, *Olinda restaurada. Guerra e Açucar no Nordeste, 1630-1654,* 1975, p. 72.
30. *Ibid.*
31. Charles Carrière, Marcel Courdurié, *L'Espace commercial marseillais aux XVII*e *et XVIII*e *siècles,* dactyl., p. 27.
32. A.N., Marine, B^7 463, 11 (1697).
33. Patrick Chorley, *Oil, Silk and Enlightenment, Economic Problems in XVIIIth century Naples,* 1965. Voir aussi Salvatore Ciriacono, *Oli ed Ebrei nella Repubblica ventea del Settecento,* 1975, p. 20.
34. Voir *supra,* II, ch. IV.

35. *Médit...*, 1966, I, p. 113 *sq.*
36. *Ibid.*, p. 358.
37. Ernst Wagemann, *Economia mundial,* 1952, II, p. 95.
38. Johann Heinrich von Thünen, *Der isolierte Staat in Beziehung auf Landwirtschaft und Nationalökonomie,* 1876, I, p. 1.
39. E. Condillac, *Le Commerce et le gouvernement,* 1776, éd. 1966, pp. 248 *sq.* met en scène une économie située dans une ile imaginaire.
40. *Siedlungsgeographische Untersuchungen in Niederandalusien,* 1935.
41. Voir *supra,* II, pp. 22-27.
42. *Recherches sur la nature et les causes de la richesse des nations,* II, 1802, pp. 403 *sq.*, cité par Pierre Dockès, *L'Espace dans la pensée économique,* 1969, pp. 408-409.
43. Voir *infra,* p. 36.
44. H. Pirenne, *Histoire de Belgique,* III, 1907, p. 259.
45. A. Emmanuel, *L'Échange inégal,* 1969, p. 43.
46. Dans une communication à la Semaine de Prato, avril 1978.
47. *Ibid.*
48. Johann Beckmann, *Beiträge zur Œkonomie...* 1781, III, p. 427. Vers 1705, 84 maisons de commerce, dont 12 espagnoles, 26 génoises, 11 françaises, 10 anglaises, 7 hambourgeoises, 18 hollandaises et flamandes; François Dornic, *op. cit.*, p. 85, d'après Raimundo de Lantery, *Memorias,* 2e partie, pp. 6-7.
49. Jean Georgelin, *Venise au siècle des Lumières,* 1978, p. 671.
50. Tibor Wittman, « Los metales preciosos de América y la estructura agrarian de Hungria a los fines del siglo XVI », *in : Acta historica,* XXIV, 1967, p. 27.
51. Jacques Savary, *Dictionnaire universel de commerce...*, 1759-1765, V. col. 669.
52. Jacques Dournes, *Pötao, une théorie du pouvoir chez les Indochinois Jörai,* 1977, p. 89.
53. Abbé Prévost, *Historie générale des voyages,* VI, p. 101.
54. J. Paquet, « La misère dans un village de l'Oisans en 1809 », *in : Cahiers d'histoire,* 1966, 3, pp. 249-256.
55. Germaine Levi-Pinard, *La Vie quotidienne à Vallorcine au XVIIIe siècle,* 2e éd 1976.
56. « Cervières, une communauté rurale des Alpes briançonnaises du xviiie siècle à nos jours », *in : Bulletin du Centre d'histoire économique et sociale de la region lyonnaise,* 1976, n° 3, pp. 21 *sq.*
57. Cité par Isaac de Pinto, *Traité de la circulation et du credit,* 1771, pp. 23-24.
58. H. C. Darby, *An Historical Geography of England before a.d. 1800,* 1951, p. 444.
59. E. Narni-Mancinelli, Matteo Paone, Roberto Pasca, « Inegualanzia regionale e uso del territorio : analisi di un' area depressa della Campania interna », *in : Rassegna economica,* 1977.
60. Christiane Klapisch-Zuber, *Les Maîtres du marbre. Carrare 1300-1600,* 1969, pp. 69-76.
61. Moscou, A.E.A., 705/409, f° 12, 1785.
62. *Le Monde,* 27 juin 1978.

63 et 64. Voir *supra,* II, ch. v, p. 408.

65. T. S. Willan, *Studies in Elizabethan Foreign Trade,* 1959, p. v.
66. Pierre Brunel, *L'État et le Souverain,* 1977, p. 12.
67. Le *Dogado* désigne la zone de lagunes, de petites iles et d'estuaires de la côte septentrionale de l'Adriatique, constituent les abords de Venise (*Enc. It.*, XIII, p. 89).

68. Elena Fasano, *Lo Stato mediceo di Cosimo I,* 1973.
69. Georges Livet, *L'Équilibre européen de la fin du XVe à la fin du XVIIIe siècle,* 1976.
70. Claude Manceron, *Les Vingt Ans du roi,* 1972, p. 121.
71. Ragnar Nurske, *Problems of Capital Formation in Underdeveloped Countries,* 1953, p. 4.
72. P. Chaunu, *Séville et l'Atlantique,* VIII, 1, 1959, p. 1114.
73. A. Emmanuel, *op. cit.,* p. 32.
74. David Ricardo, *Principes de l'économie politique et de l'impôt,* pp. Christian Schmidt, 1970, pp. 101-102.
75. G. Tomasi di Lampedusa, *Le Guépard,* 1960, p. 164.
76. Maurice Lévy-Leboyer, François Crouzet, Pierre Chaunu.
77. Jusqu'à la creation, le 24 mars 1776, de la Caisse d'Escompte.
78. Voir *infra,* pp. 93-94.
79. *Op. cit.,* p. 10.
80. I. Wallerstein, *The Modern World Systen,* II, ch. ii., dactylogramme.
81. J. Georgelin, *Venise au siècle des Lumières op. cit.,* p. 760.
82. *Ibid.,* p. 14 et *passim.*
83. *Médit.,* II, p. 41.
84. Jacques Gernet, *Le Monde chinois,* 1972, p. 429.
85. Voir *infra,* p. 383.
86. Cité par H. R. C. Wright, *Congrès de Léningrad 1970,* V, p. 100.
87. W. Kienast, *Die Anfänge des europaïschen Staatensystems im späteren Mittelalter,* 1936.
88. *Geschichte der Kriegskunst...,* 1907.
89. Je cite de mémoire cet episode emprunté aux papiers de Diego Suárez, conserves autrefois aux Archives du Gouvernement Général de l'Algérie.
90. E. Cabral de Mello, *Olinda restaurada..., op. cit., passim.*
91. *Ibid.,* p. 246.
92. J'ai eu à ce sujet un échange de correspondence avec le Professeur Cruz Costa de l'Université de São Paulo.
93. Sur l'introduction de la baïonnette, voir J. U. Nef, *La Guerre et le progress,* 1954, pp. 330-333.
94. Cité par J. U. Nef. *La Guerre et le progress humain,* 1954, p. 24.
95. Pasquale Villani, « La società italiana nei secoli xvi e xvii », *in Ricerche storiche ed economiche in memoria di C. Barbagallo,* 1970, I, p. 255.
96. Philippe Auguste d'Arcq, *La Noblesse militaire,* 1766, pp. 75-76; les italiques sont de moi.
97. B. G. Zanobi, *in :* Sergio Anselmi, *Economia e Società : le Marche tra XV et XXo secolo,* 1978, p. 102.
98. I. Wallerstein, *op. cit.,* p. 87.
99. Federico Brito Figueroa, *Historia económica y social de Venezuela,* I, 1966, *passim.*
100. G. Macartney. *Voyaye dans l'intérieur de la China et en Tartarie, fait dans les années 1792, 1793 et 1794...,* II, p. 73.
101. Louis-Narcisse Baudry des Lozières, *Voyage à la Louisiane et sur le continent de l'Amérique septentrionale fait dans les années 1794-1798,* 1802, p. 10.
102. Peter Laslett, *Un Monde que nous avons perdu,* 1969, pp. 40 *sq.*
103. *Médit...,* 1966, I, p. 426.
104. Voir *supra,* p. II, p. 124.

105. *Ibid.*

106. A.d.S. Venise, Senato Zecca, 42, 20 juillet 1639.

107. Abbé Jean-Bernard Le Blanc, *Lettres d'un François,* 1745, II, p. 42.

108. *Ibid.*, p. 43.

109. *Ibid.*, p. 1.

110. *Ibid.*, III, p. 68.

111. Jacques Accarias de Serionne, *La Richesse de l'Angletrre,* 1771, p. 61.

112. Les discussions qui suivent, de Smout sur l'Écosse, d'H. Kellenbenz et de P. Bairock, présentées au cours de la Semaine de Prato, 1978.

113. A. Das Gupta, art. cit., *in : Islam and the Trade of Asia,* pp. D. S. Richards, 1970, p. 206.

114. *Précis de sociologie d'après W. Pareto,* 2e éd., 1971, p. 172.

115. G. Imbert, *Des Mouvements de longue durée Kondratieff,* 1959.

116. *Théorie économique du système feudal : pour un modèle de l'économie polonaise,* 1970, p. 48.

117. Discussion récente sur le *Kondratieff :* W. W. Rostow, « Kondratieff, Schumpeter and Kuznets : Trend Periods Revisited », *in : The Journal of Economic History,* 1975, pp. 719-753.

118. W. Brulez, « Séville et l'Atlantique : quelques réflexions critiques », *in : Revue belge de philologie et d'histore,* 1964, n° 2, p. 592.

119. P. Chaunu, *Séville et l'Atlantique,* VIII, 1, 1959, p. 30.

120. Dietrich Ebeling et Franz Irsigler, *Getreideumsatz, Getreide und Brotpreise in Kölin, 1368-1797,* 1976.

121. F. Braudel et F. Spooner, « Prices in Europe from 1450 to 1750 », *in : The Cambridge Economic History of Europe,* IV, 1967, p. 468.

122. P. Chaunu, *op. cit.,* p. 45.

123. *Gazette de France,* p. 489.

124. Pierre Chaunu, *Les Philippines et le Pacifique des Ibériques,* 1960, p. 243, n. 1.

125. L. Dermigny, *La Chine et l'Occident. Le commerce à Canton au XVIII*e *siècle, 1719-1833,* I, 1964, p. 101, n. 1.

126. « En Inde, aux XVIe et XVIIe siècles : trésors américains, monnaie d'argent et prix dans l'Empire mogol », *in : Annales E.S.C.,* 1969, pp. 835-859.

127. Cité par Pierre Vilar, Congrès de Stockholm, 1960, p. 39.

128. Rondo Cameron, « Economic History, Pure and Applied », *in Journal of Economie History,* mars 1976, pp. 3-27.

129. *II Problema del trend secolare nelle fluttuazioni dei prezzi,* 1935.

130. G. Imbert, *op. cit.*

131. *Ibid.*

132. « Les implications de l'emballement mondial des priz depuis 1972 », *in : Recherches économiques de Louvain,* septembre 1977.

133. *In : Annales E.S.C.,* 1961, p. 115.

134. P. Léon, *in : Congrès de Stocknolim, 1960,* p. 167.

135. *La Crise de l'économie française à la fin de l'ancien Régime et au début de la Révolution,* 1944, pp. viii-ix.

136. *Théorie économique de système feudal...,* op. cit., p. 84.

137. « Gazettes hollandaises et trésors américains » *in : Anuario de historia economica y social,* 1969, p. 333.

138. P. Vilar, *L'Industrialisation en Europe au*

XIXe siècle, Colloque de Lyon, 1970, p. 331.

139. *Hérésies économiques,* 1972, p. 50.

140. P. Beyssade, *La Philosophie première de Descartes,* dactylogramme, p. 111.

141. Earl J. Hamilton « American Treasure and the Rise of Capitalism », *in : Economica,* nov. 1929, pp. 355-356.

142. Phelps Brown, S. V. Hopkins « Seven Centuries of Building Wages », *in : Economica,* août 1955, pp. 195-206.

143. Charles Seignobos *Histoire sincère de la nation française,* 1933.

第二章

1. Cette remarque et les précédents d'après le texte dactylographié de Paul Adam, *L'Origine des grandes cités maritimes indépendantes et la nature du premier capitalisme commercial,* p. 13.

2. Paul Grousset, préface à Régine Pernoud, *Les Villes marchandes aux XIVe et XVe siècles,* 1948, p. 18.

3. *Studi di storia economica,* 1955, I, p. 630.

4. Impôt sur le revenue instauré par le Second Pitt en 1799.

5. Henri Pirenne, *La Civilisation occidenlale au Moyen Age du XIe au milieu du XVe siècle, Historie générale,* de G. Glotz, VIII, 1933, pp. 99-100.

6. *Cours complet d'économie politique pratique, op. cit.,* I, p. 234.

7. *Traité de la circulation et du crédit, op. cit.,* p. 9.

8. Renée Doehaerd, *Le Haut Moyen Age occidental, économies et sociétés,* 1971, p. 289.

9. P. Adam, *op. cit.,* p. 11.

10. Expression d'Henri Pirenne au cours d'une conference tenue à alger en 1931.

11. « The Closing of the European Frontier », *in : Speculum,* 1958, p. 476.

12. Wilhelm Abel, *Agrarkrisen und Agrarkonjunktur,* 1966, p. 204.

13. Johannès Bühler, *Vida y cultura en la edad media,* 1946, p. 204.

14. J. H. Slicher van Bath, *The Agrarian, History of Western Europe, A.D. 500-1850,* 1966, p. 24.

15. Yves Renouard, *Les Ville d'Italie de la fun du Xe au début du XIVe siècle,* 1969, I, p. 15.

16. Karl Bosl, *Die Grundlagen der modernen Gesellschaft im Mittelalter,* 1972, II, p. 290.

17. Réflexion souvent faite devant moi. *Cf.* Armando Sapori, « Caratteri ed espansione dell' economia comunale italiana », *in : Congresso storico internazionale per l'VIIIo centenario della prima Lega Lombarda,* Bergame, 1867, pp. 125-136.

18. « What accelerated technological Progress in the Western Middle Ages », *in : Scientific Change,* p. p. Crombie, 1963, p. 277.

19. « Les bases monétaires d'une suprématie économique : l'or musulman du VIIe au XIe siècle », *in : Annales E.S.C.,* 1947, p. 158.

20. *L'Économie rurale et la vie des campagnes dans l'Occident medieval,* 1962, I, p. 255.

21. *La Nascità dell' Europa, sec. X-XIV,* 1966, pp. 121 et sq.

22. « La civiltà economica nelle sue ésplicazioni dalla Versilia alla Maremma (secoli x-XVII)

», *in : Atti del 60° Congresso Internazionale della* « Dante Alighieri », p. 21.

23. *Wirtschaftsgeschichte Deutschlands von 16. bis 18. Jahrhundhert,* 1951, I, p. 327.
24. *Mittelalterliche Weltwirtschaft...,* 1933, p. 22.
25. Des remarques analogues à propos du rayonnement de Francfort-sur-le-Main *in :* Hans Mauersberg, *Wirtschafts-und Sozialgeschichte zentraleuropäischer Städte in neuerer Zeit,* 1960, pp. 238-239.
26. H. Pirenne, *in :* G. Glotz, *Histoire générale,* VIII, *op. cit.,* p. 144.
27. *Ibid.,* p. 11.
28. *Ibid.,* p. 90; Henri Laurent, *Un Grand Commerce d'exportation. La draperie des Pays-Bas en France et dans les pays méditerranéens, XIIe-XVe siècles,* 1935, pp. 37-39.
29. H. Pirenne, *op. cit.,* p. 128.
30. Le 13 janvier 1598, par ordonnance d'Elizabeth, dont le texte est donné par Philippe Dollinger, *La Hanse (XIIe-XVIIe siècles),* 1964, pp. 485-486.
31. Tibor Wittman, *Les Gueux dans les « bonnes villes » de Flandre (1577-1584),* 1969, p. 23; Hippolyte Fierens-Gevaert, *Psychologie d'une ville, essai sur Bruges,* 1901, p. 105; E. Lukca, *Die Grosse Zeit der Niederlande,* 1936, p. 37.
32. Archives Datini, Prato, 26 avril 1399.
33. H. Pirenne, *op cit.,* p. 127.
34. J. A. van Houtte, « Bruges et Anvers, marches "nationaux" ou "internationaux" du XIVe au XVIe siècle », *in : Revue du Nord,* 1952, pp. 89-108.
35. *Brügges Entwicklung zum mittelalterlichen Weltmarkt,* 1908, p. 253.
36. *Op. cit.,* p. 16.
37. Pour tout ce paragraphe, P. Dollinger, *op. cit.*
38. H. Pirenne, *op. cit.,* pp. 26-27.
39. P. Dollinger, *op. cit.,* p. 42.
40. Witold Hensel, Aleksander Gieysztor, *Les Recherches archéologiques en Pologne,* 1958, pp. 54. *sq.*
41. P. Dollinger, *op. cit.,* p. 21.
42. Renée Doehaerd, « A propos du mot "Hanse" », *in : Revue du Nord,* Janvier 1951, p. 19.
43. P. Dollinger, *op. cit.,* p. 10.
44. *Médit...,* I, p. 128.
45. P. Dollinger, *op. cit.,* p. 177.
46. *Ibid.,* p. 54.
47. Voir *supra,* II, p. 314.
48. P. Dollinger, *op. cit.,* p. 39.
49. *Ibid.,* p. 148.
50. *Ibid.,* p. 39.
51. *Ibid.,* p. 59.
52. *Ibid.,* p. 86.
53. Henryk Samsonowicz, « Les liens culturels entre les bourgeois du littoral baltique dans le bas Moyen Age », *in : Studia maritime,* I, pp. 10-11.
54. *Ibid.,* p. 12.
55. *Ibid.*
56. *Ibid.*
57. P. Dollinger, *op. cit.,* p. 266.
58. *Ibid.,* p. 55.
59. *Ibid.,* p. 130.
60. *Ibid.,* p. 95.
61. *Ibid.,* pp. 100-101.
62. Marian Malowist, *Croissance et régression en Europe, XIVe-XVIIe siècles,* 1972, pp. 93, 98.
63. P. Dollinger, *op. cit.,* p. 360.
64. M. Malowist, *op. cit.,* p. 133.
65. *Ibid.,* p. 105.
66. Eli F. Heckscher, *Der Merkantilismus,* trad.

esp. : *La Epoca mercantilista,* 1943, p. 311.

67. *Histoire des prix et des salaries dans l'Orient medieval,* 1969, p. 237.

68. Robert-Henri Bautier, « La marine d'Amalfi dans le trafic méditerranéen du XIVe siècle, à propos du transport du sel de Sardaigne », *in : Builletin philologique et historique du Comité des Travaux historiques et scientifiques,* 1959, p. 183.

69. M. del Treppo, A. Leone, *Amalfi medioevale,* 1977. Protestation contre une histoire traditionnelle d'amalfi, uniquement marchande.

70. M. Lombard, art. cit., *in : Annales E.S.C.,* 1947, pp. 154 *sq.*

71. Armando Citarella, « Patterns in Medieval Trade : The Commerce of Amalfi before the Crusades », *in : Journal of Economic History,* déc. 1968, p. 533 et n. 6.

72. R.-H. Bautier, art. *cit.,* p. 184.

73. R. S. Lopez, *op. cit.,* p. 94.

74. Y. Renouard, *op. cit.,* p. 25, note 1.

75. Elena C. Skrzinskaja, « Storia della Tana », *in : Studi veneziani,* X, 1968, p. 7. « *In mari constituta, caret totaliter vineis atque campis.* »

76. M. Canard, « La Guerre sainte dans le monde islamique », *Actes du IIe Congrès des sociétés savants d'Afrigue du Nord,* Tlemcen, 1936, *in :* II, pp. 605-623.

77. La chrysobulle d'Alexis Comnène de mai 1082 exempte les Vénitiens de tout paiement (H. Pirenne, *op. cit.,* p. 23).

78. Giuseppe Tassini, *Curiosità veneziane,* 1887, p. 424.

79. Gino Luzzatto, *Studi di storia economica veneziana,* 1954, p. 98.

80. Benjamin David, « The Jewish Mercantile settlement of the 12th and 13th century Venice : Reality or Conjecture ? », *in A.J.S Review,* 1977, pp. 201-225.

81. Wolfgang von Stromer, « Bernardus Tauronics und die Geschäftsbeziehungen zwischen der deutschen Ostalpen und Venedig vor Gründung des Fondaco dei Tedeschi », *in : Grazer Forschungen zur Wirtschafts-und Sozial-geschichte,* III.

82. G. Luzzato, *op. cit.,* p. 10.

83. *Ibid.,* pp. 37-38.

84. Giorgio Gracco, *Società e stato nel medioevo veneziano (secoli XII-XIV),* 1967.

85. Heinrich Kretschmayr, *Geschichte von Venedig,* 1964, I, p. 257.

86. W. Heyd, *Histoire du commerce du Levant au Moyen Age,* 1936, p. 173.

87. Pas si affreuse que cela selon Donald E. Queller et Gerald W. Dory, « Some Arguments in Defense of the Venetians on the Fourth Crusade », in : *The American Historical Review,* n° 4, oct. 1976, pp. 717-737.

88. R. S. Lopez, *op. cit.,* pp. 154 *sq.*

89. Jacques Mas-Latrie, *Histoire de l'Ile de Chypre sous le règne des princes de la maison de Lusignan,* 1861, I, p. 511.

90. Sur les frappes monétaires, voir *supra,* II, p. 170.

91. Richard Hennig, *Terrae incognitae,* 1950-1956, III, pp. 109 *sq.*

92. Opinion rejetée par F. Borlandi, « Alle origini del libro di Marco Polo », *in : Studi in onire di Amintore Fanfani,* 1962, I, p. 135.

93. Elizabeth Chapin, *Les Villes de foires de Champagne des origins au début du XIVe siècle,* 1937, p. 107, n. 9.

94. Henri Pirenne, *op. cit.,* I, p. 295.

95. H. Laurent, *op. cit.,* p. 39.

96. Robert-Henri Bautier, « Les foires de Champagne », *in : Recueil Jean Bodin,* V, 1953, p. 12.

97. H. Pirenne, *op. cit.,* p. 89.

98. Félix Bourquelot, *Étude sur les foires de Chamapagne,* 1865, I, p. 80.

99. Hektor Ammann, « Die Anfänge des Aktivhandels und der Tucheinfuhr aus Nordwest europa nach dem Mittelmeergebiet », *in : Studi in onore di Armando Sapori,* p. 275.

100. L'origine de ce nom est inexpliquée. II s'agit *peut-être* d'une rue de Florence portent ce nom, siège des entrepôts de l'*Arte di Calimala (Dizionario enciclopedico italiano).*

101. *Médit.,* I, p. 291.

102. *Ibid.*

103. H. Laurent, *op. cit.,* p. 80.

104. Henri Pigeonneau, *Histoire du commerce de la France,* I, 1885, pp. 222-223.

105. *Ibid.*

106. Mario Chiaudano, « I Rothschild del Duecent : la Gran Tavola di Orlando Bonsignori », *in : Bulletino senese di storia patria,* VI, 1935.

107. R.-H. Bautier, *op. cit.,* p. 47.

108. F. Bourquelot, *op. cit.,* I, p. 66.

109. H. Laurent, *op. cit.,* p. 38.

110. *Ibid.,* pp. 117-118.

111. R.-H. Bautier, *op. cit.,* pp. 45-46.

112. Vital Chomel, Jean Ebersolt, *Cing Siècles de circulation internationale vue de Jougne,* 1951, p. 42.

113. Voir *infra,* p. 102.

114. Wolfgang von Stromer, « Banken und Geld markt : die Funktion der Wechselstuben in Oberdeutschland und den Rheinlanden », Prato, 18 avril 1972, 4e semaine F.-Datini.

115. Augusto Guzzo, Introduction au *Secondo Colloquio sull'età dell' Umanesimo e del Rinascimento in Francia,* 1970.

116. Giuseppe Toffanin, *Il Secolo senza Roma,* Bologne, 1943.

117. Guy Fourquin, *Les Campagnes de la région parisienne à la fin du Moyen Age,* 1964, pp. 161-162.

118. A noter cependant une tentative de Philippe VI de Valois pour renouveler les privileges des foires de Champagne, en 1344-1349. Cf. M. de Laurière, *Ordonnances des rois de France,* 1729, II, pp. 200, 234, 305.

119. *Banca e moneta dale Crociate alla Rivoluzione francese,* 1949, p. 62.

120. *Ibid.*

121. Raymond de Roover, « Le rôle des Italiens dans la formation de la banquet moderne », *in : Revue de la banquet,* 1952, p. 12.

122. Voir *supra,* II, p. 102.

123. Carlo Cipolla, *Money, Prices and Civilization,* 1956, pp. 33-34.

124. H. Kretschmayr, *op. cit.,* II, p. 234.

125. *Ibid.,* p. 234-236.

126. *Ibid.,* p. 239.

127. *Foundation of Capitalism,* 1959, pp. 29 *sq.*

128. Hannelore Groneuer, « Die Seeversicherung in Genua am Ausgang des 14. Jahrhunderts », *in : Beiträge zur Wirtschafts- und Sozialgeschichte des Mittelalters,* 1976, pp. 218-260.

129. H. Kretschmayr, *op. cit.,* II, p. 300.

130. Christian Bec, *Les Marchands écrivains à Florence 1375-1434,* 1968, p. 312.

131. *Médit.,* I, p. 310.

132. *Ibid.,* p. 311.

133. *Bilanci generali,* 1912 (édités par la Reale Commissione per la pubblicazione dei docu menti finanziari della Repubblica di Venezia,

IIe série).

134. Voir *infra*, pp. 262 *sq*.

135. *Bilanci generali*, 2e serie, I, 1, Venise, 1912.

136. *Ibid.*, Documenti n. 81, pp. 94-97. Le texte en est donné par H. Kretschmayr, *op. cit.*, II, pp. 617-619.

137. *Médit.*, I, p. 452.

138. On accepte *d'habitude* que la proportion entre la frappe annuelle monétaire et la monnaie en circulation est de 1 à 20.

139. Pierre-Antoine, comte Daru, *Histoire de la République de Venise*, 1819, IV, p. 78.

140. Oliver C. Cox, *Foundation of Capitalism*, 1959, p. 69, et note 18 (d'après Molmenti).

141. Voir *infra*, pp. 103 *sq*.

142. A.d. S. Venise, Notario del Collegio, 9, f° 26 vo, no 81, 12 août 1445.

143. *Ibid.*, 14 f° 38 v°, 8 juillet 1491; Senato Terra, 12, f° 41, 7 février 1494.

144. *Méedit.*, II, pp. 215-216.

145. A.d.S. Venise, Senato Terra, 4, f° 107 v°.

146. P. Molmenti, *La Storia di Venezsia nella vita private...*, 1880, I, pp. 124, 131-132.

147. Piero Pieri, « Milizie e capitani di ventura in Italia del Medio Evo », *in : Atti della Reale Accademia Peloritana*, XL, 1937-1938, p. 12.

148. H. Kretschmayr, *op. cit.*, II, p. 386.

149. Girolamo Priuli, *Diarii*, ed. A. Segre, 1921, I, p. 19.

150. Federico Chabod, « Venezia nella politica italiana ed europea del Cinquecento », *in : La Civilità veneziana del Rinascimento*, 1958, p. 29. Les arrives des ambassadeurs d'Espagne et du « roi » Maximilien. Archivio Gonzaga, série E, Venezia 1435, Venise, 2 janvier 1495.

151. H. Hausherr, *op. cit.*, p. 28.

152. *Bilanci...*, I, pp. 38-39. Non pas en 1318, comme l'écrit William Mac Neill, *Venice, the Hinge of Europe 1081-1797*, 1974, p. 66, mais avant même 1228, *Bilanci...*, I, pp. 38-39, location du *Fondaco dei Tedeschi* « *qui tenent fonticum Venetie ubi Teutonici hospitantar* ».

153. J. Schneider, « Les villes allemandes au Moyen Age. Les institutions économiques » *in : Recueil de la Société Jean Bodin*, VII, *La Ville, institutions économiques et sociales*, 1955, 2e partie, p. 423.

154. Antonio H. de Oliveira Marques, « Notas para a historia de Feitoria portuguesa da Flandes no seculo xv », *in : Studi in onore di Amintore Fanfani*, 1962, II, pp. 370-476, notamment p. 446. Anselmo Braacamp Freire, « A Feitoria da Flandes », *in : Archivio historico portuguez*, VI, 1908-1910, pp. 332. *sq*.

155. *Médit.*, I, p. 428.

156. G. Luzzatto, *op. cit.*, p. 149.

157. *Médit.*, I, p. 277.

158. Alberto Tenenti, Corrado Vivanti, « Le film d'un grand système de navigation : les galères marchandes vénitiennes, XIVe-XVIe siècles », *in : Annales E.S.C.*, 1961, p. 85.

159. *Op. cit.*, pp. 62 *sq*.

160. Federigo Melis, *La Moneta*, dactyl., p. 8.

161. Federigo Melis, « Origenes de la Banca Moderna », *in : Moneda y Credito*, mars 1971, pp. 10-11.

162. Federigo Melis, *Storia della ragioneria, contributo alla conoscenza e interpretazione delle fonti più significative della storia economica*, 1950, pp. 481. *sq*.

163. Federigo Melis, *Sulle fonti della storia economica*, 1963, p. 152.

164. Voir *supra*, II, pp. 252 *sq*.

165. R. Hennig, *op. cit.*, III, pp. 119 *sq.*, et IV, p.

126.

166. G. Tassini, *op. cit.*, p. 55.

167. E. Lattes, *La Libertà delle banche a Venezia,* 1869, chapitre II.

168. Gino Luzzatto, *Storia economica di Venezia dal XIe* al *XVIe s.,* 1961, p. 101.

169. G. Luzzatto, *op. cit.*, p. 212.

170. G. Luzzatto, *op. cit.*, p. 78.

171. G. Luzzatto, *Studi..., op. cit.*, pp. 135-136.

172. *Ibid.*, p. 130.

173. Reinhold C. Mueller, « Les prêteurs juifs à Venise », *in : Annales E.S.C.*, 1975, p. 1277.

174. G. Luzzatto, *Studi..., op. cit.*, p. 104.

175. *Ibid.*, p. 104.

176. *Ibid.*, p. 106, note 67.

177. « Le rôle du capital dans la vie locale et le commerce extérieur de Venise entre 1050 et 1150 », *in : Revue belge de philologie et d'histoire,* XIII, 1934, pp. 657-696.

178. « Aux origins du capitalisme vénitien », compte rendu de l'article précédent, *in : Annales E.S.C.*, 1935, p. 96.

179. R. Morozzo della Rocca, A. Lombardo, *I Documenti del commercio veneziano nei secoli XI-XIII,* 1940, cité par G Luzzatto, *Studi...*, p. 91, n. 9.

180. G. Guzzatto, *Storia economica..., op. cit.*, p. 82.

181. *Ibid.*, pp. 79-80.

182. Raymond de Roover, « Le marché monétaire au Moyen Age et au début des temps modernes », *in : Revue historigue,* juillet-setembre 1970, pp. 7 *sq.*

183. *Médit.*, I, p. 347.

184. *Ibid.*

185. F. Melis, *La Moneta, op, cit.*, p. 8.

186. Frédédric C. Lane, *Venice, a maritime republic,* 1973, p. 166.

187. *Ibid.*, p. 104.

188. *Industry and Economic Decline in 17th Century Venice,* 1976, pp. 24 *sq.*

189. A.d.S. Venise, Senato Terra, 4, f° 71, 18 avril 1458.

190. Domenico Sella, « Les mouvements longs de l'industrie lainière à Venise aux XVIe et XVIIe siècles », *in : Annales E.S.C.*, janviermars 1957, p. 41.

191. B. Pullan, *Rich and Poor in Renaissance Venice,* 1971, p. 33 *sq.;* Ruggiero Maschio, « Investimenti edilizi delle scuole grandi a Venezia (xvI-xvII sec.) », Semaine de Prato, avril 1977.

192. A.d.S. Venise, Senato Mar, II, f° 126, 21 février 1446.

193. D. Sella, art. cit., pp. 40-41.

194. Ömer Lutfi Barkan, « Essai sur les données statistiques des registres de recensement dans l'Empire ottoman aux XVe et XVIe siècles », *in : Journal of economic and social history of the Orient,* août 1957, pp. 27, 34.

195. Une délibération du Sénat, le 18 février 1453, affirmait sans détour la nécessité « *ob reverentima Dei, bonum christianorum honorem, nostril dominii et pro commodo et utilitate mercatorum et civium nostrorum* » de secourir Constantinople, cette ville dont on peur dire qu'elle « est réputée être une partie de notre État et qui ne doit pas tomber aux mains des infideles », « *civitas Constantinopolis que aici et reputari potest esse nostril dominii, non deveniat ad manus infidelium* » A.d.S. Venise, Senato Mar, 4, 170.

196. A.d.S. Venise, Senato Secreta, 20, f° 3, 15 janvier 1454.

197. H. Kretschmayr, *op. cit.*, II, pp. 371 *sq.*

198. Damião Perez, *Historia de Portugal,* 1926-1933, 8 vol.

199. Ralph Davis, *The Rise of the Atlantic Economies,* 2e éd., 1975, p. 1.

200. Avant tout, les ouvrages de Vitorino Magalhaés-Godinho.

201. R. Davis, *op. cit.,* p. 4.

202. Gonzalo de Reparaz hijo, *La Epoca de los grandes descubrimientos españoles y portugueses,* 1931.

203. Prospero Peragallo, *Cenni intorno alla colonia italiana in Portogallo nei secoli XIVe, XVe, XVIe,* 2e éd., 1907.

204. Virginia Rau « A Family of Italian Merchants in Portugal in the XVth century : the Lomellini », *in : Studi in onore di A. Sapori, op. cit.,* pp. 717-726.

205. Robert Ricard « Contribution à l'étude du commerce génois au Maroc Durant la période portugaise, 1415-1550 », *in : Annales de l'Inst. d'Etudes orientales,* III, 1937.

206. Duarte Pacheco Pereira, *Esmeraldo de situ orbis...,* 1892, cité par R. Davis, op. cit., p. 8.

207. *Op. cit.,* p. 11.

208. Vitorino Magalhaès-Godinho, « Le repli vénitien et égyptien et la route du Cap, 1496-1533 », *in : Eventail de l'histoire vivante,* 1953, II, p. 293.

209. Richard Ehrenberg, *Das Zeitaliter der Fugger,* 1922, 2 volumes.

210. Hermann Van der Wee, *The Growth of the Antwerp Market and the European Economy (14th-16th Centuries),* 1963, II, p. 127.

211. Henri Pirenne, *Histoire de Belgique,* 1973, II, p. 58.

212. G. D. Ramsay, *The City of London,* 1975, p. 12.

213. Émile Coornaert, « Anvers a-t-elle eu une flotte marchande? », *in : Le Navire et l'économie maritime,* p. p. Michel Mollat, 1960, pp. 72 *sq.*

214. *Ibid.,* pp. 71, 79.

215. G. D. Ramsay, *op. cit.,* p. 13.

216. H. Pirenne, *op. cit.,* II, p. 57.

217. G. D. Ramsay, *op. cit.,* p. 18.

218. Lodovico Guicciardini, *Description de tous les Pays-Bas,* 1568, p. 122.

219. H. Van der Wee, *op. cit.,* II, p.203.

220. Emile Coornaert, « La genèse du système capitaliste : grand capitalisme et économie traditionnelle à Anvers au XVIe siècle », *in : Annales d'histoire économique el sociale,* 1936, p. 129.

221. Oliver C. Cox, *op. cit.,* p. 266.

222. *Op. cit.,* 3 vol.

223. *Ibid.,* II, p. 128.

224. *Ibid.,* II, p. 120.

225. J. Van Houtte, *op. cit.,* p. 82.

226. Renée Doehaerd, *Études anvcrsoises,* 1963, I, pp. 37 *sq.,* pp. 62-63.

227. Anselmo Braacamp Freire, art. cit., pp. 322. *sq.*

228. Hermann Van der Wee, *op. cit.,* I, Appendice 44/1.

229. *Ibid.,* II, p. 125.

230. *Ibid.,* II, pp. 130-131.

231. *Ibid.,* II, p. 131.

232. *Ibid.,* II, p. 129.

233. *Ibid.*

234. Anselmo Braacamp Freire, art cit., p. 407.

235. Vitornio Magalhaes-Godinho, *L'Économie de l'Empire portugais aux XVe et XVIe siècles,* 1969, p. 471.

236. John U. Nef, « Silver production in central Europe, 1450-1618 », *in : The Journal of Political Economy,* 1941, p. 586.

237. *Médit.*, I, p. 497.
238. Richard Gascon, *Grand Commerce et vie urbaine au XVI*e *siècle. lyon et ses marchands,* 1971, p. 88.
239. H. Van der Wee, *op. cit.,* II, p. 156.
240. Earl J. Hamilton, « Monetary inflation in Castile, 1598-1660 », *in : Economie History,* 6, janvier 1931, p. 180.
241. 1529 : la Paix des Dames; 1535 : occupation de Milan par Charles Quint.
242. Fernand Braudel, « Les emprunts de Charles Quint sur la place d'Anvers », *in :* Colloques Internationaux du C.N.R.S., *Charles Quint et son temps,* Paris, 1958, p.196.
243. H. Van der Wee, *op. cit.,* II, p. 178 note 191.
244. Pierre Chaunu, *Séville et l'Atlantique,* VI, pp. 114-115.
245. Voir *infra,* pp. 174 *sq.*
246. J. Van Houtte, *op. cit.,* p. 91.
247. *Médit.,* I, pp. 436-437.
248. H. Van der Wee, *op. cit.,* II, p. 179 note 195.
249. Hugo Soly, *Urbanisme en Kapitalisme te Antwerpen in de 15 de Eeuw,* résumé en français, pp. 457 *sq.*
250. T. Wittman, *op. cit.,* p. 30.
251. P. Dollinger, *op. cit.,* pp. 417-418. Voir gravure, p. 86.
252. H. Van der Wee, *op. cit.,* II, pp. 228-229.
253. *Ibid.,* p. 238.
254. *Ibid.,* II, p. 186.
255. Charles Verlinden, Jan Craeybeckx, E. Scholliers, « Mouvements des prix et des salaries en Belgique au XVIe s. », *in : Annales E.S.C.,* 1955, pp. 184-185.
256. John Lothrop Mottley, *La Révolution des Pays-Bas au XVI*e *siècle,* II, p. 196.
257. *Ibid.,* III, p. 14.
258. *Ibid.,* III, ch. i.
259. *Médit.,* I, p. 438, note 6. Le dernier état de la question dans William D. Phillips et Carla R. Phillips, « Spanish wool and dutch rebels : the Middelburg Incident of 1574 », *in : American Historical Review,* avril 1977, pp. 312-330.
260. Hermann Van der Wee, « Anvers et les innovations de la technique financière aux XVIe et XVIIe siècles », *in : Annales E.S.C.,* 1967, p. 1073.
261. *Ibid.,* p. 1071.
262. *Ibid.*, p. 1073, note 5.
263. *Ibid.,* p. 1076.
264. Raymond de Roover, *L'Évolution de la lettre de change, XIV*^{e}*-XVIII*e *siècles,* 1953, p. 119.
265. *Les Gueux dans les « bonnes villes » de Flandre, 1577-1584,* Budapest, 1969.
266. B.N., Ms. Fr. 14666, f° 11 v°. Relation de 1692.
267. Giovanni Botero, *Relationi universali,* 1599, p. 68.
268. *Ibid.*
269. Comtesse de Boigne, *Mémoires,* 1971, I, p. 305.
270. Jacques Heers, *Gênes au XV*e *siècle,* 1961, p. 532.
271. Jérôme de La Lande, *Voyage d'un Français en Italie...,* 1769, VIII, pp. 492-493.
272. *Voyage* inédit du comte d'Espinchal, Biblio thèque de Clermont-Ferrand, 1789.
273. *Ibid.*
274. *Ibid.*
275. Vito Vitale, *Breviario della storia di Genova,* 1955, I, p. 148.
276. *Ibid.,* p. 163.
277. *Médit.,* I, p. 357, note 2.
278. V. Vitale, *op. cit.,* I, p. 346.
279. *Ibid.,* p. 349.

280. *Ibid.*, p. 421.

281. Hannelore Groneuer, art, cit., pp. 218-260.

282. *Ibid.*

283. A.N., K 1355, 21 mai 1684.

284. A.N., A.E., B[1] 529, 12 avril 1710.

285. B.N., Ms. Fr., 16073, f° 371.

286. Giuseppe Felloni, *Gli Investimenti finanziari genovesi in Europa tra il Seicento e la Restaurazione,* 1971, p. 345.

287. Fernand Braudel, « Endet das 'Jahrhundert der Genuesen' im Jahre 1627? », *in : Mélanges Wilhelm Abel,* p. 455.

288. Roberto S. Lopez, *Studi sull' economia Genovese nel Medio Evo,* 1936, pp. 142 *sq.*

289. Roberto S. Lopez, dans ses habituels propos, et dans une de ses anciennes conférences non publiée.

290. *Médit.,* I, p. 313.

291. Selon la thèse souvent soutenue dans ses conferences par Carmelo Trasselli.

292. Se reporter au texte et aux références de V. Vitale, *op. cit.* (note 275).

293. R. S. Lopez, *Genova marinara del Duecento : Benedello Zaccaria, ammiraglio e mercante,* 1933, p. 154.

294. Carmelo Trasselli, « Genovesi in Sicilia », *in : Atti della Società ligure di storia patria,* IX (LXXXIII), fasc. II, p. 158.

295. *Ibid.,* pp. 155-178.

296. *Ibid.,* et selon ses explications orales.

297. *Ibid.*

298. Carmelo Trasselli, « Sumario duma historia do açucar siciliano », *in : Do Tempo e da Historia,* II, 1968, pp. 65-69.

299. Voir *supra,* II, p. 370-371.

300. Gernoimo de Uztáriz, *Théorie et pratique du commerce et de la marine,* 1753, p. 52.

301. Renée Doehaerd, *Les Relations commerciales entre Gênes, la Belgique et l'Outremont,* 1941, I, p. 89.

302. R. Ricard, art. cité (note 205).

303. Ramón Carande, « Sevilla fortaleza y mercado », *in : Anuario de historia del derecho español,* II, 1925, pp. 33, 55 *sq.*

304. Virginia Rau, « A Family of Italian Merchants in Portugal in the XVth century : the Lomellini », *in : Studi in onore di Armando Sapori,* pp. 717-726.

305. André-E. Sayous, « Le role des Génois lors des premiers mouvements réguliers d'affaires entre l'Espagne et le Nouveau Monde », *in : C. R. de l'Académie des Inscriptions et Belles-Lettres,* 1930.

306. Felipe Ruiz Martin, *Lettres marchandes...,* p. XXIX.

307. *Ibid.*

308. *Médit.,* I, p. 310.

309. F. Brauder, « Les emprunts de Charles Quint sur la place d'Anvers », art. cit., p. 192.

310. R. Carande, art. cit.

311. Henri Lapeyre, *Simón Ruiz et les asientos de Philippe II,* 1953, pp. 14. *sq.*

312. *Médit.,* I, p. 315.

313. Felipe Ruiz Martin, *Lettres marchandes...,* p. XXXVIII.

314. Giorgio Doria, « Uu quadriennio critico : 1575-1578. Contrasti e nuovi orientamenti nella socientà Genovese nel quadro della crisi finanziaria spagnola », *in : Mélanges Franco Borlandi,* 1977, p. 382.

315. Communication de Giorgio Doria, dactyl., Colloque de Madrid, 1977.

316. *L'Économie mondiale et les frappes monétaires en France 1493-1680,* 1956, pp. 13. *sq.*

317. Felipe Ruiz Martfn, *Lettres marchandes...,* p.

XLIV.

318. *Ibid.*, p. xxxII.

319. *Ibid.*, pp. xxx-xxxI.

320. *Médit.*, I, p. 457.

321. Cette ordonnance crée l'*escudo*, écu d'or, substitué à l'*excellente* de Grenade. Cf. *Médit.*, I, p. 429 et note 5.

322. Henri Pirenne, *Histoire de Belgique*, IV, 1927, p. 78.

323. *Médit.*, I, pp. 458-461.

324. *Ibid.*, I, pp. 463, 464; Felipe Ruiz Martin, *El Siglo de los Genoveses*, à paraitre.

325. Fernand Brauder, « La vita economica di Venezia nel secolo XVI », *in : La Civiltà veneziana del Rinascimento*, p. 101.

326. F. Braudel, *ibid.*

327. *Médit.*, I, p. 295 et note 1, et p. 457 et note 1.

328. Voir *supra*, ch. I, note 48.

329. F. Braudel, « Endet das 'Jahrhundert... », art. cit., pp. 455-468.

330. A. E. Feavearyear, *The Pound Sterling*, 1931, pp. 82-83.

331. A. E., M. et D. Hollande, 122, f° 248 (mémoire d'Aitzema, 1647).

332. José-Gentil Da Silva, *Banque et credit en Italie au XVIIe siècle*, 1969, I, p. 171.

333. F. Braudel, « Endet das 'Jahrhundert... », art. cit., p. 461.

334. Michel Morineau, « Gazettes hollandaises et trésors américains », *in : Anuario de Historia económica y social*, 1969, pp. 289-361.

335. J. de La Lande, *Voyage en Italie..., op. cit.*, IX, p. 362.

336. *Ibid.*, IX, p. 367.

337. *Gli Investimenti finanziari genovesi in Europa tra il Seicento e la Restaurazione*, 1971.

338. *Ibid.*, p. 472.

339. *Ibid.*, p. 168, note 30.

340. *Ibid.*, p. 249.

341. *Ibid.*, pp. 392, 429, 453.

342. B.N., Ms. Fr. 14671, f° 17, 6 mars 1743.

343. G. Felloni, *op. cit.*, p. 477.

344. Car Gênes accepte chez elle l'installation de marchands protestants.

345. Selon la thèse de Carmelo Trasselli.

346. José-Gentil Da Silva, *op. cit.*, pp. 55-56.

第三章

1. Dans tout ce chapitre, le mot *Hollande* sera souvent, selon le mauvais usage courant, employé pour l'ensemble des Provinces-Unies.

2. Violet Barbour, *Capitalism in Amsterdam in the Seventeenth Century*, 1963, p. 13.

3. Voir *supra*, pp. 130 *sq.*

4. Richard Tilden Rapp, « The Unmaking of the Miditerranean Trade... », *in : Journal of Economic History*, septembre 1975.

5. G. de Uztáriz, *op. cit.*, p. 97. Rappelons que la surface des Provinces-Unies est de l'ordre de 34 000 km^2.

6. *Œuvres completes*, I, p. 455. Josiah Tucker (1712-1799), économiste anglais dont Turgot a traduit *Les Questions importantes sur le commerce.*

7. A.N., K 1349, 132, f° 20.

8. *The Complete English Tradesman...*, 1745, II, p. 260, selon, dit-il, « ce qu'écrit un bon auteur », mais il ne dit pas lequel.

9. A.N., Marine, B7, 463, f° 30.

10. G. de Uztáriz, *op. cit.,* p. 98.

11. Jean-Baptiste d'Argens, *Lettres juives,* 1738, III, p. 192.

12. Jacques Accarias de Sérionne, *Les Intérêts des nations de l'Europe développés relativement au commerce,* 1766, I, p. 44.

13. Jean-Nicolas de Parival, *Les Délices de la Hollande,* 1662, p. 10.

14. A.E. M. et D. 72, Hollande, novembre 1755.

15. L. Guicciardini, *op. cit.,* p. 288.

16. Gaudard de Chavannes, *Voyage de Genève à Lodres,* 1760, non paginé.

17. *Viaje fuera de España,* 1947, p. 1852.

18. C. R. Boxer, *The Dutch Seaborne Empire,* 1969 p. 7.

19. J.-N. de Parival, *op. cit.,* p. 76.

20. *Ibid.,* p. 56.

21. *Ibid.,* p. 82.

22. *Ibid.,* p. 13.

23. *Ibid.,* p. 26.

24. *Ibid.,* p. 12.

25. « The Role of the Rural Sector in the Development of the Dutch Economy, 1500-1700 », *in : Journal of Economic History,* mars 1971, p. 267.

26. Jean-Claude Flachat, *Observations sur le commerce et sur les arts d'une partie de l'Europe, de l'Asie, de l'Afrique et des Indes orientales,* 1766, II, p. 351.

27. Charles Wilson, *England's Apprenticeship 1603-1763,* 1965, 3e éd. 1967, p. 71; *La République hollandaise des Provinces-Unies,* 1968, p. 31; Immanuel Wallerstein, *The Modern World System,* II, ch. II, dactylogramme.

28. Barry Supple, *Commercial Crisis and Change in England 1600-1642,* 1959, p. 34.

29. Jean-Claude Boyer, « Le capitalisme hollandaise et l'organisation de l'espace dans les Provinces-Unies », *Colloque franco-hollandais,* 1976, dactylogramme, notamment p. 4.

30. J.-N. de Parival, *op cit.,* p. 83.

31. Jan de Vries, « An Inquiry into the Behavior of wages in the Dutch Republic and the Southern Netherlands, 1500-1800 », dactyl., p. 13.

32. Pieter de La Court, *Mémoires de Jean de Witt,* 1709, pp. 43-44.

33. *Op. cit.,* p. 216.

34. Abbé Scaglia, in Hubert G. R. Reade, *Sidelights on the Thirty Years' War,* Londres, 1924, III, p. 34, cité par John U. Nef, *La Guerre et le progrès humain,* 1954, pp. 29-30.

35. Ivo Schöffer, « Did Holland's Golden Age co-incide with a Period of Crisis? », *in : Acta historiae neerlandica,* 1966, p. 92.

36. *Journal de Verdun,* novembre 1751, p. 391.

37. A.N., K 879, 123 et 123 *bis,* n° 18, f° 39.

38. J. L. Price, *The Dutch Republic during the 17th Century,* 1974, pp. 58. *sq.*

39. P. de La Court, *op cit.,* p. 28.

40. J.-N. de Parival, *op. cit.,* p. 104.

41. Johann Beckmann, *Beiträge zur Œkonomie...* 1779-1784, II, p. 549.

42. *Op. cit.,* p. 37.

43. A.N., A.E., B[1] 619, 6 mars 670.

44. J. Savary, *op. cit.,* I, p. 84.

45. J.-B. d'Argens, *op. cit.,* III, p. 194.

46. *Le Guide d'Amsterdam,* 1701, pp. 2 et 81.

47. *Ibid.,* pp. 82-83.

48. *Gazette d'Amsterdam,* 1669, 14, 21, 28 février et 18 juin.

49. *Le Guide d'Amsterdam, op. cit.,* p. 1.

50. J. Accarias de Sérionne, *op. cit.,* I, p. 173.

51. J. L. Price, *op. cit.*, p. 33.
52. J.-N. de Parival, *op. cit.*, p. 41.
53. W. Temple, *Observations upon the Provinces of the united Netherlands,* 1720, p. 59.
54. *Le Guide d'Amsterdam,* 1701, pp. 1-2.
55. G. V. Mentink et A. M. Van der Woude, *De demografische outwikkeling te Rotterdam en Cool in de 17e en 18e eeuw,* 1965.
56. J.-N. de Parival, *op. cit.*, p. 33.
57. Friedrich Lütge, *Geschichte der deutschen Agrarverfassung vom frühen Mittelalter bis zum 19. Jahrhundert,* 1967, p. 285. Ivo Schöffer, *in : Handbuch der europäischen Geschichte,* ed. P. Theodor Schieder, IV, 1968, p. 638. *Hannekemaaier* Signifie tâcheron en hollandaise, *poepen* et *moffen* désignent, de façon familière et péjorative, les Allemands.
58. A.N., Marine, B[7], 463, f° 38 (1697),
59. Plus importants que les Juifs allemands, les Séphardites sont avant tout des Portugais qui ont leur cimetière à part à Ouwerkerque (*Le Guide d'Amsterdam,* 1701, p. 38; voir aussi la bibliographie de Violet Barbour, *op. cit.*, p. 25, n. 42). Sur les Juifs portugais, voir l'article de E. M. Koen, « Notarial Records relating to the Portuguess Jews in Amsterdam up to 1639 », *in : Studia Rosenthaliana,* janvier 1973, pp. 116-127.
60. *Die Juden und das Wirtschaftsleben,* 1911, p. 18; *Médit.*, I, pp. 567 *sq.*
61. *Médit.*, I, pp. 567 *sq.*
62. Ernst Schulin, *Handelsstaat England,* 1969, p. 195.
63. Voir *supra,* II, p. 134.
64. Léon Van der Essen, *Alexandre Farnèse, prince de Parme, gouverneur général des Pays-Bas, 1545-1592,* IV, 1935, p. 123.
65. C. R. Boxer, *op. cit.*, p. 19, note 5.
66. *Voyage en Hollande, in : Œuvres completes,* 1969, XI, p. 336, cité par C. Manceron, *op. cit.*, p. 468.
67. J.-N. de Parival, *op. cit.*, p. 36.
68. J. Alcala Zamora y Queipo de Llano, *España, Flandes y el Mar del Norte (1618-1639). La última ofensiva europea de los Austrias madrileños,* 1975, p. 58.
69. W. Temple, *op. cit.*, p. 26.
70. J.-N. de Parival, *op. cit.*, p. 19.
71. A.N., K 1349, 132, f° 162 v° *sq.* (1699).
72. A.N., M 662, dos. 5, f° 15 v°.
73. A.N., K 1349, 132. f° 168.
74. Jacques Accarias de Sérionne, *La Richesse de la Hollande,* 1778, I, p. 68.
75. A.E., C. P. Hollande, 94, f° 59.
76. J. Accarias de Sérionne, *op. cit.*, I, p. 69.
77. Réservé finalement à de gros marchands, A.N., M 662, dos. 5, f° 13 v°.
78. A.N. K 1349, 132, f° 174 et 174 v°.
79. Est-ce une omission fortuite, il no nous est pas parlé de l'huile.
80. A.N., A.E., B[1], 624.
81. J. Accarias de Sérionne, *op. cit.*, I, p. 255.
82. *Ibid.*, II, p. 54.
83. C. Wilson, *Anglo-Dutch Commerce and Finance in the Eighteenth Century,* 1941, p. 3.
84. P. de LA Court, *op. cit.*, p. 2[8]
85. Cité par C. Wilson, *Profit and Power. A Study of England and the Dutch Wars,* 1957, p. 3.
86. I. de Pinto, *op. cit.*, p. 263.
87. Jacques Accarioas de Sérionne, *La Richesse de l'Angleterre,* 1771, notamment pp. 42 et 44.
88. J.-B. d'Argens, *op. cit.*, III, p. 193.
89. A.N., A.E., B[1], 619, correspondence de

Pomponne, La Haye, 16 mai 1669. Les 20 000 navires dont parle Colbert sont une exaggération pure et simple. En 1636, les effectifs de la flotte seraient de 2 300 à 2 500 unités, plus les 2 000 grosses barques de la pêche au hareng. Cf. J. L. Price, *op. cit.*, p. 43. Notre estimation (600 000 tornes) rejoint celle de W. Vogel, « Zur Grösse der Europaischen Handelsflotten... », *in : Forschungen und Versuche zur Geschichte des Mittelalters und der Neuzeit,* 1915, p. 319.

90. W. Temple, *op. cit.*, p. 47.
91. J.-B. Tavernier, *Les Six Voyages...*, 1676, II, p. 266.
92. A.N., M, B[7], 463, f° 45, 1697.
93. A.N., M 785, dos. 4, f°s 68-69.
94. *Ibid.,*
95. Dont on a ouvert la coque arrière pour permettre le chargement des mâts.
96. *Le Guide d'Amsterdam,* 1701, p. 81.
97. Archives de Malte, 65-26.
98. L. Dermibny, *Le Commerce à Canton..., op. cit.,* p. 161, note 4.
99. A.N., G[7], 1695, f° 52, 15 février 1710.
100. Sur cette expédition, cf. Isaac Dumont de Bostaquet, *Mémoires,* 1968.
101. A.N., K 1349, n° 132, f° 130.
102. Moscou, A.E.A., 50/6, 537, 1, 12/23 janvier 1787.
103. « Dutch Capitalism and the European World economy », *in : Colloque franco-hollandais,* 1976, dactyl. P. 1.
104. « Les interdépendances économiques dans le champ d'action européen des Hollandais (XVIe-XVIIIe siècles) », *in : Colloque franco-hollandais,* 1976, dactyl., p. 76.
105. Francisco de Sousa Coutinho, *Correspondencia diplomatica... durante a sua embaixada en Holanda,* 1920-1926, II, 227, 2 janvier 1648 : « *que como he de tantas cabeças e de tatos juizos differentes, poucas vezes se acordão todos inda pera aquillo que milhor thes està* ».
106. A. R. J. Turgot, *op. cit.,* I, p. 373.
107. C'est-à-dire experçant un contrôle supérieur.
108. A.N., K 1349, f° 11.
109. W. Temple, cite par C. Boxer, *The Dutch Seaborne Empire, op. cit.,* p. 13.
110. A.N., K 1349, f° 35 v°. La Hollande fournit à elle seule plus de 58% des contributions des Provinces-Unies.
111. I. Schöffer, *in : Handbuch..., op. cit.,* p. 654.
112. C. Proisy d'Eppes, *Dictionnaire des girouettes ou nos contemporains d'après eux-mêmes,* 1815.
113. « The Low Countries », *in : The New Cambridge Modern History,* IV, 1970, p. 365.
114. K. D. H. Haley, *The Dutch in the 17th Century,* 1972, p. 83.
115. A.N., K 1349, f° 7 et 7 v°.
116. B. M. Vlekke, *Evolution of the Dutch Nation,* 1945, pp. 162-166, cité par C. R. Boxer, *op. cit.,* p. 11, note 4.
117. De calfat, calfateur, un home de rien.
118. Avec discernement et discrétion (Littré).
119. J.-N. de Parival, *op. cit.,* p. 190.
120. *Le Guide d'Amsterdam, op. cit.,* p. 21.
121. *Op. cit.,* p. 39.
122. I. de Pinto, *op. cit.,* pp. 334-335.
123. J. L. Price, *op. cit.,* p. 220.
124. *Ibid.,* p. 224.
125. A.N., K 849, f° 34.
126. Marcel Marion, *Dictionnaire des institutions de la France aux XVII*e *et XVIII*e *siècles,* 1923, p. 521.

127. Sur la prècocité de la culture des pommes de terre aux Pays-Bas, voir Chr. Vanden-broeke, « Cultivation and Consumption of the Potato in the 17th and 18th Century », *in : Acta historiae neerlandica,* V, 1971, pp. 15-40.
128. A.N., K 849, n° 18, f° 20.
129. I. de Pinto, *op. cit.,* p. 152.
130. J.-N. de Parival, *op. cit.,* p. 41.
131. A.N., K 1349, 132, f° 215.
132. A.N., K 849, f°s 17-18.
133. *Ibid.*
134. *Ibid.*
135. I. de Pinto, *op. cit.,* p. 147.
136. *Journal du commerce,* janvier 1759.
137. Varsovie, Archives Centrales, fonds Radzivill, 18, août 1744.
138. I. de Pinto, *op. cit.,* p. 94.
139. Terme de jeu. Au figure, « faire paroli » signifie renchérir sur, dépasser.
140. J. de Vries, « An Inquirty into the Behavior of Wages… », art. cit., p. 13.
141. Jules Michelet, *Histoire de France,* XIV, 1877, p. 2.
142. A.E., C. P. Hollande, 35, f° 267 v°, 15 mai 1646.
143. Sigle désignant Ia Compagnie hollandaise des Indes orientales.
144. A.N., K 1349, 50 v°.
145. *Ibid.*
146. *Op. cit.,* p. 53.
147. A.E., C.P. Hollande, 46, f° 309.
148. Les 17 direteurs de la V.O.C.
149. C. Boxer, *op. cit.,* p. 46. cité par G. Papagno, art, cit., pp. 88-89; Voir *infra,* note 271.
150. A.N., M 785, dos. 4, f°s 16-17.
151. J. g. Van Dillen, « Isaac Le Maire et le commerce des Indes orientales », *in : Revue d'histoire moderne,* 1935, pp. 121-137.
152. A.N., A.E., B[1], 619, 18 juin 1665.
153. J. Du Mont, *Corps universel diplomatique du droit des gens, contenant un recueil des trailez...,* 1726, IV, p. 274.
154. José Gentil da Silva, « Trafics du Nord, marches du "Mezzogiorno", finances génoises : recherches et documents sur la conjuncture à la fin du XVIe siècle », *in : Revue du Nord,* arvil-juin 1959, p. 146.
155. I. Wallerstein, *The Modern World System, op. cit.,* I, p. 211; P. Jeannin, art, cit., p. 10.
156. *Moeder* dans le sens de commerce maternel, nourricier.
157. Cité par I. Wallerstein, *op. cit.,* pp. 198-199.
158. *Médit.,* I, p. 128; V. Vazquez de Prada, *letters marchandes d'Anvers,* 1960, I, p. 48.
159. J. G. da Silva, *Banque et credit en Italie...,* I, p. 593, note 183.
160. *Ibid.*
161. Germaine Tillion, *Les Ennemis complémentaires,* 1960.
162. A. Grenfeld Price, *The Western Invasions of the Pacific and its Continents,* 1963, p. 29.
163. Simancas, E°-569, f° 84 (s.d.); Virginia Rau, « Rumos e vicissitudes do comércio do sal portuguès nos seculos XIV à XVIII », *in : Revista da Faculdade de Letras* (Lisboa), 1963, n° 7, pp. 5-27.
164. Felipe Ruiz Martín, dans son ouvrage non encore publié.
165. *Médit.,* I, p. 535.
166. *Médit.,* I, p. 574.
167. *Médit.,* I, p. 575; Jean-Pierre Berthe, « Les Flamads à Séville au XVIe siècle », *in : Fremde Kaufleute auf der iberischen Halbinsel,* p. p. H. Kellenbenz, 1970, p. 243.
168. Jacob Van Klaveren, *Europäische Wirtschaftsgeschichte Spaniens im 16, und 17.*

Jahrhundert, 1960; *Médit.,* I, pp. 573 *sq.*

169. J. Van Klaveren, *op. cit.,* pp. 116-117.
170. A.N., K 1349, n° 133. Mémoire touchant le gouvernement des Provinces des Pays-Bas, f°s 3 et 4; H. Pirenne, *op. cit.,* 1973, III, p. 60.
171. « Gazettes hollandaises et trésors américains », *in : Anuario de Historia económica y social,* 1969, pp. 289-361.
172. Earl J. Hamilton, art. cit., *in : Economic History,* 1931, pp. 182 *sq.*
173. *Médit.,* I, p. 463.
174. *Médit.,* I, 566-578.
175. *Navigatio ac itinerarium Johannis Hugonis Linscotani in Orientatem sive Lusitanorum Indiam...,* 1599.
176. Abbé Prévost, *op. cit.,* VIII, p. 75.
177. *Ibid.*
178. Voir la bonne mise au point qui ouvre le livre classique de W. H. Moreland, *From Akbar to Aurangzeb,* 1922, pp. 1 à 44.
179. Simancas, Estado Flandes 619, 1601.
180. Abbé Prévost, *op. cit.,* VIII, pp. 75-76.
181. A.N., K 1349.
182. W. H. Moreland, *op. cit.,* p. 19, note 1.
183. A.N., K 1349, f° 36.
184. R. Davies, *op. cit.,* p. 185.
185. A.d.S. Gênes, Spagna, 15.
186. C.S.P. East Indies, p. 205, Cottington à Salisbury, 18 février 1610.
187. L. Dermigny, *op. cit.,* I, p. 107.
188. *Ibid.,* I, p. 106.
189. David Macpherson, *Annals of Commerce,* 1805, II, p. 233.
190. L. Dermigny, *op. cit.,* I, p. 105, note 1.
191. A.N., Marine, B^7, 463, f° 145; J. Savary, *op. cit.,* V, col. 1196.
192. A.N., K 1349, f° 44.
193. C. G. F. Simkin, *The Traditional Trade of Asia,* 1968, p. 188.
194. W. H. Moreland, *op. cit.,* p. 63.
195. C. G. F. Simkin, *op. cit.,* p. 225.
196. C. R. Boxer, *op. cit.,* p. 143.
197. *Ibid.,* p. 196.
198. W. H. Moreland, *op. cit.,* p. 32.
199. *Ibid.,* p. 38.
200. C. G. F. Smikin, *op. cit.,* pp. 199 *sq.;* A.N., K 1349.
201. Constantin Renneville, *Voyage de S. van Rechteren...,* 1703, II, p. 256.
202. D. Macperson, *op. cit.,* II, p. 466.
203. Hermann Kellenbenz, « Ferdinand Cron », *in : Lebensbilder aus dem Bayerischen Schwaben,* 9, pp. 194-210.
204. Duarte Gómes Solis, *Mémoires inédits de...* (1621) éd. Bourdon, 1955, p. 1; J. Cuvelier, L. Jadin, *L'Ancien Congo d'après les archives romaines, 1518-1640,* 1954, p. 499, 10 avril 1632.
205. A.N., K 1349, 132, f° 34.
206. *Voyage curieux fait autour du monde par Francis Drach, admiral d'Angleterre,* 1641, p. p. F. de Louvencourt, 1859, pp. 306-307.
207. *Médit.,* I. pp. 277 et 279.
208. Lors du « massacre » des Anglais, arêtes pour conspiration et executés après un simulacre de justice. W. H. Moreland, *op. cit.,* p. 23.
209. Abbé Raynal, *Histoire philosophique et politique des établissements et du commerce des Européens dans les deux Indes,* 1755, III, p. 21.
210. C. Renneville, *op. cit.,* V, p. 119.
211. Kristof Glamann, *Dutch Asiatic Trade, 1620-1740,* 1958, p. 68.
212. *Ibid.,* p. 168.
213. W. H. Morelond, *op. cit.,* p. 64.
214. K. Glamann, *op. cit.,* p. 58.

215. A. Lioublinskaia, *Lettres et memoires addressés au chanclier P. Séguier, 1633-1649,* 1966. Lettre de Champigny, Axi, octobre 1647, pp. 321-322.

216. F. de sousa Coutinho, *op. cit.,* II, p. 313. Lettre au marquis de Niza, 17 février 1648.

217. K. Glamann, *op. cit.,* p. 120.

218. *Ibid.,* p. 131.

219. A.N., Marine, B[7], 463, f° 253, rapport de 1687.

220. *Ibid.*

221. K. G.amann, *op. cit.,* pp. 91-92.

222. A.N., Marine, B[7], 463, f°s 177-178.

223. *Ibid.,* f°s 161 *sq.*

224. *Ibid.*

225. L. Dermigny, *op cit.,* I, p. 281.

226. A.N., Marine, B[7], 463, f°s 158-160.

227. *Ibid.*

228. François Pyrard de Laval, *Seconde Partie du voyage... depuis l'arrivée à Goa jusques à son retour en France,* 1615, II, p. 353.

229. Abbé Prévost, *op. cit.,* VIII, pp. 126-129.

230. Ou en jetant « dans la mer la quantité superflue de poivre » (Ernst Ludwig Carl, *Traité de la richesse des princes et de leurs États et des moyens simples et naturels pour y parvenir,* 1722-1723, p. 236).

231. C. Renneville, *op. cit.,* V, p. 124.

232. A.N., Marine, B[7], 364, 251-252.

233. C. G. F. Simkin, *op. cit.,* p. 197.

234. W. H. Moreland, *op. cit.,* p. 77.

235. C. G. F. Simkin, *op. cit.,* p. 197.

236. K. G.amann, *op. cit.,* pp. 19 et 207.

237. *Ibid.,* p. 166.

238. *Ibid.,* p. 265.

239. *Ibid.,* p. 231.

240. L. Dermigny, *op. cit.,* III, p. 1164.

241. *Op. cit.,* p. 265.

242. A.N., G[7], 1697, f° 117, 21 août 1712.

243. G. de Uztáriz, *op. cit.,* p. 103.

244. K. Glamann, *op. cit.,* p. 6; J. Savary, *op. cit.,* V, col. 1606 *sq.*

245. C. G. F. Simkin, *op. cit.,* p. 192.

246. A. E., Mémoires, Hollande, 72, 243.

247. K. Glamann, *op. cit.,* p. 60.

248. Abbé Prévost, *op. cit.,* IX, p. 55.

249. A.N., Marine, B[7], 463, f° 205.

250. Les navires de guerre comptaient des équipages bien supérieurs : en 1605, au départ du Texel, les 11 navires qu'accompagne Matelief totalisent 1 357 hommes d'équipage, soit une moyenne de 123 hommes par navire. Si bien que notre appréciation peut flotter entre 8 000 (50 par navire) et 16 000 hommes (100 par navire). C. Renneville, *op. cit.,* III, p. 205.

251. A. N. Marine, B[7], 463, f° 205.

252. J.-P. Rocard, *op. cit.,* p. 376.

253. *Essai politique sur le commerce,* 1735, p. 51.

254. Mouscou, A.E.A., 50/6, référence incomplète.

255. Sous la direction d'Ivo Schöffer.

256. C. G. F. Simkin, *op. cit.,* p. 182.

257. J. Savary, *op. cit.,* V, col. 1610-1612.

258. A.N., A.E., B[1], 619, La Haye, 25 juin 1670.

259. J. Savary, *op. cit.,* I, col. 25 et V, col. 1612.

260. K. Glamann, *op. cit.,* pp. 244 *sq.*

261. *Ibid.,* pp. 252. *sq.*

262. *Ibod.,* p. 248.

263. Moscou, A.E.A., 50/6, 539, 57, Amsterdam, 25 jullet-5 août 1788.

264. *Op. cit.,* p. 249.

265. *Ibid.,* p. 265.

266. *Ibid.,* pp. 229-231.

267. *Op. cit.,* I, p. 264.

268. C. Boxer, *The Dutch Seaborne, op. cit.,* p. 52; *Les Six Voyages...,* 1681, II, p. 420.

269. W. H. Moreland, *op. cit.,* p. 315.

270. A.N. Marine, B[7], 463, f°s 245 et 257-258.

271. Giuseppe Papagno, « Struttura e istituzioni nell' espansione coloniale : Portogallo e Olanda », *in : Dall' Età preindustriale all'età del capitalismo,* p.p. G. L. Basini, 1977, p. 89.

272. Francesco Carletti, *Ragionamenti del mio viaggio in torno al mondo,* 1958, pp. 213. *sq.*

273. K. G.amann, *op. cit.,* pp. 33 *sq.*

274. *Ibid.,* p. 34. Cornelis Bicker, en 1622, est *bewindhebber dans la Compagnie des* Indes occidentals, son frère Jacob dans celle des Indes orientales.

275. *Ibid.,* pp. 35-36.

276. W. H. Moreland, *op. cit.,* p. 61.

277. *Grande Enciclopedia portuguesa brasileira,* III, au mot « Baïa ».

278. R. Hennig, *op. cit.,* p. 8; Victor von Klarwill, *The Fugger News Letters,* 1924-1926, I, p. 248.

279. Au sens de concession accordée.

280. A.N., K 1349, 132, f° 107 v°.

281. A.d.S. Florence, Correspondance de Gênes, V, 32.

282. J. Accarias de Sérionne, *Richesse de la Hollande, op. cit.,* pp. 137-138.

283. J. Cuvelier, L. Jadin, *op. cit.,* pp. 501-502.

284. K. Glamann, *op. cit.,* p. 155.

285. Cf. *supra,* pp. 45-46.

286. British Museum, Sloane, 1572, f° 65.

287. A.N., K 1349, 132, f° 117 v°.

288. J. Du Mont, *op. cit.,* VI, p. 215.

289. Labrousse. La traduction française par *bled* est amusante mais pas tout à fait juste.

290. *Journal du voyage de deux jeunes Hollandais, op. cit.,* p. 377.

291. A.N., Marine, B[7], 463, f°s 216-217.

292. B.N., Ms. Portugais, 26, f° 216 et 216 v°, Lisbonne, 8 octobre 1668.

293. P. de la Court, *op. cit.,* p. 52.

294. J. Du Mont, *op. cit.,* I, p. 15.

295. Simancas, Estado Flandes, 2043.

296. A.N., K 1349, 132, f° 34 v°.

297. Archives de Malte, 6405, début XVIIIe siècle.

298. A.N., K 1349, 132, f° 135.

299. L. Guicciardini, *op. cit.,* p. 108.

300. C. Wilson, *Anglo-Dutch commerce..., op. cit.,* p. 20.

301. 1748, I, pp. 339-340.

302. *Ibid.*

303. A.N., B[1], 619, correspondence de Pomponne, 1669. Konrad Van Beuningen était ambassadeur des Provinces-Unies auprès du roi de France.

304. *Ibid.,* D'Estrades, La Haye, 5 février 1665.

305. D. Defoe, *A Plan of the English Commerce,* 1728, p. 192.

306. Le Pottier de La Hestroy, A. N., G[6], 1687 (1703), f° 67.

307. A.N., B[1], 619, 27 juin 1669.

308. *Ibid.,* 30 octobre 1670.

309. J.-F. Melon, *op. cit.,* p. 237.

310. *Ibid.,* p. 238.

311. *Ibid.,* p. 239.

312. Au sens de monnaie courante.

313. Moscou, A.E.A., 50/6, 490, 17 avril 1773.

314. J. Accarias de Sérionne, *Les Intérêts des nations..., op. cit.,* I, p. 200.

315. J. Savary, *op. cit.,* I, col. 331 *sq;* J. Accarias de Sérionne, *op. cit.,* I, p. 278.

316. J. Accarias de Sérionne, *op. cit.,* II, p. 250.

317. *Ibid.,* II, p. 321.

318. *Ibid.,* I, p. 226.

319. *Ibid.*

320. A.N., A.E., B[1], 165, 13 février 1783.

321. J. Accarias de Sérionne, *op. cit.,* I, p. 278.
322. *Ibid.*
323. *Ibid.*
324. *Manias, Bubbles, Panics and Crashes and the Lender of Last Resort,* dactylogramme, ch. ii, pp. 1 *sq.*
325. J. Savary, *op. cit.,* I, col. 8.
326. Transport au sens de transfert.
327. J. Accarias de Sérionne, *op. cit.,* II, pp. 314-315.
328. Le mot retraite est pris pour remise.
329. Giulio Mandich, *Le Pacte de Ricorsa et le marché étranger des changes,* 1953.
330. C. Wilson, *Anglo-Dutch Commerce..., op. cit.,* p. 167.
331. J. Accarias de Sérinne, *op. cit.,* I, p. 226.
332. *Ibid.,* II, p. 210.
333. *Ibid.,* I, p. 397.
334. Monnaie d'or anglaise, frappée d'abord en 1489 par Henry VII, de valeur égale à la livre sterling.
335. A.d.s. Naples, Affari Esteri, 804.
336. C'es le cours des changes à partir duquel il est plus avantageux d'envoyer de l'or à l'étranger que de payer par traite (R. Barraine, *Nouveau Dictionnaire de droit et de sciences économiques,* 1974, p. 234).
337. A.N., Marine, B7, 438, Amsterdam, 13, 26 d'cembre 1774.
338. *In : L'Express,* 28 janvier 1974.
339. J. Accarias de Sérionne, *op. cit.,* II, p. 201.
340. A. N., Marine B^7 438, f° 6, Amsterdam 17 mars 1774, lettre de Maillet du Clairon.
341. F. Ruiz Martín, *Lettres marchandes...,* p. xxxIx.
342. *Médit.,* II, p. 44.
343. Eric J. Hobsbawm, *The Age of Revolution,* pp. 44-45.
344. C. Wilson, *Anglo-Dutch Commerce..., op. cit.,* pp. 88-89.
345. Obligation a ici le sens actuel de titre.
346. A.E., C.P. Hollande, 513, f° 360, La Haye, 9 mars 1764.
347. Moscou, A.E.A., 480, 50/6.
348. Moscou, A.E.A., 12/23, mars 1784, 50/6, 522. f° 21 v°. A noter l'expression de prime. Un texte français (A.E., C.P. Hollande, 577, f° 358, 12 décembre 1788) parle simplement de « bénéfice ». Ce bénéfice, à propos d'un emprunt russe de 3 millions de florins, s'élève à 120 000 florins, c'est-à-dire 4%.
349. Vior *supra,* pp. 86. *sq.*
350. Moscou, A.E.A., 480, 50/6, f° 13, Amsterdam, 2-13 avril 1770.
351. *Ibid.,* f° 6, Amsterdam, 29 mars-9 avril 1770.
352. Moscou, A.E.A. 472, 50/6, f° 3 v°-4, Amsterdam, 18-29 mars 1763, et 25 mars-5 avril 1763.
353. Moscou, A.E.A., 539, 50/6, 62 v°, 26 août 1788.
354. A.E., C.P., 578, f° 326, 2 juin 1789.
355. *Ibid.,* 579, f° 3, 3 juillet 1789.
356. *Ibid.,* f°s 100 v° *sq.,* 18 août 1789.
357. Suède 448 000 km^2, Norrland 261 500, Suède méridionale 186 500.
358. Maurice Zimmerman, *États scandinaves, regions polaires boréales, in :* P. Vidal de la Blache, L. Gallois, *Géographie universelle,* III, 1933, p. 143.
359. Ce sont les distinctions bien connues de K. Bücher : l'économie de la maison, l'économie de la ville, l'économie territioriale.
360. Voir *supra,* pp. 25-26.
361. P. Dollinger, *La Hanse..., op. cit.,* p. 52.
362. Claude Nordmann, *Grandeur et liberté de la Suède (1660-1792),* 1972, p. 93.

363. *Ibid.,* p. 17.

364. Soit, au total, si l'on ne compte que les terres, pas plus de 3 hab. au km^2.

365. *Op. cit.,* p. 17.

366. On distingue d'habitude : avant 1721, la « grandeur » de l'histoire suédoise, puis, au XVIIIe siècle, sa « liberté ».

367. *Ibid.,* p. 94.

368. *Ibid.,* p. 45.

369. P. Dollinger, *op. cit.,* pp. 527-528.

注釋

370. V. Barbour, *op. cit.,* p. 102.

371. C. Nordmann, *op. cit.,* p. 50.

372. *Ibid.,* p. 453.

373. Eli F. Heckscher et E. F. Söderlund, *The Rise of Industry,* 1953, pp. 4-5.

374. C. Nordmann, *op. cit.,* p. 243.

375. J. Savary, *op. cit.,* V, col. 1673 *sq.*

376. Généralement un navire de pavillon neutre naviguant pour le compte de belligérants.

377. C. Nordmann, *op. cit.,* pp. 63-64.

378. L. Dermigny, *op. cit.,* I, pp. 173 *sq.*

379. « The Economic Relations between Peasants, Merchants and the State in North Eastern Europe, in the 17th and 18th Centuries », dactly., Colloque de Bellagio, 1976.

380. Voir *supra,* II, p. 194.

381. Les *Bücher von Bauernschulden* qui font foi en justice.

382. Pierre Jeannin, *L'Europe du Nord-Ouest et du Nord aux XVIIe et XVIIIe siècles,* 1969, p. 93.

383. L'*hemman* est la propriété héréditaire des paysans suédois. L'orthographe *heman* se trouve dans A.N., K 1349.

384. C. Nordmann, *op. cit.,* p. 15.

385. Maria Bogucka, « Le marché monéditaire de Gdansk et les problèmes du crédit public au cours de la première moitié du XVIIIe siècle », *dactyl., Semaine de Prato,* 1972, p. 5.

386. *Op. cit.,* V. col. 579-580.

387. M. Bogucka, art. cit., p. 3.

388. Walter Achilles, « Getreidepreise und Getreidehandelsbeziehungen europäischer Räume im 16. und 17. Jahrhundert », *in : Zeitschrift für Agrargeschichte und Agrarsoziologie,* avril 1959, p. 46.

389. Marian Malowist, *Croissance et régression en Europe,* 1972, p. 172.

390. Sven-Erik Aström, communication au coloque de Bellagio, 1976 (citée note 379).

391. Comme l'a montrée Witold Kula, *Théorie économique du système féodal,* 1970, pp. 93 *sq.*

392. J. Savary, *op. cit.,* V, col. 578.

393. Le Pottier de La Hestroy, *doc. cit.,* f°. 17.

394. Père Mathias de Saint-Jean (alias Jean Éon) *Le Commerce honorable...,* 1646, pp. 89-90.

395. P. Boissionnade, P. Charliat, *Colbert et l[a] Compagnie de commerce du Nord (1661-1689),* 1930, pp. 31. *sq.*

396. Le Pottier de La Hestroy, *doc. cit.,* f° 18.

397. A.N., A.E., B[1], 619, La Haye, 5 sept. 1669.

398. A.N., G[7], 1695, 52.

399. A.N., M 662, n° 5, fo 1 v°.

400. *Ibid.,* f° 98.

401. *Ibid.,* f° 59 v°.

402. *Ibid.,* f° 115.

403. C. Nordmann, *op. cit.,* pp. 54-55.

404. Le Pottier de La Hestroy, *doc. cit.,* f° 25.

405. Père Mathias de Saint-Jean (Alias Jean Éon), *op. cit.,* pp. 30 *sq.* pp. 87 *sq.*

406. Voir *supra,* p.

407. *Anglo Dutch Commerce..., op. cit.,* pp. 6-7.

408. *Ibid.*

409. *Ibid.,* p. 10 et note 5.

410. *A Plan of the English commerce,* 1728, p. 163.

411. C. Wilson, *op. cit.*, pp. 7-10.

412. E. Schulin, *op. cit.*, p. 230. « *All our merchants must turn Dutch factors.* »

413. C. Wilson, *op. cit.*, pp. 16-17.

414. *Ibid.*, p. 11.

415. C. Wilson, *England's Apprenticeship...*, *op. cit.*, p. 322.

416. *La République hollandaise des Provinces-Unies*, 1968, p. 33.

417. *Op. cit.*, pp. 233 *sq.*

418. Constantin Renneville, *Voiage de Paul van Caerden aux Indes orientales*, 1703, II, p. 133.

419. Compagnie antérieure à la creation de la V.O.C.

420. C. Renneville, *op. cit.*, pp. 170-173.

421. Jean Meyer, *Les Européens et les autres*, 1975, p. 253.

422. Art, cit., août 1763.

423. C. H. E. de Wit, cité par J. L. Price, *op. cit.*, p. 220. et note 9.

424. A.N., Marine, B^7, 435, f° 2.

425. *Gazette de France.* 24 avril 1772.

426. *Ibid.*

427. A.N. Marine, B^7, 434, f° 30; 435, f°s 1 *sq.* « La faillite de la maison Clifford et fils vient d'être suivie de deux ou trios autres moins considérables, mais qui ne laissent pas d'augmenter les craintes et de faire perdre absolument la confiance. »

428. Moscou, A.E.A., 50/6, 506, f° 49.

429. Contraste déjà remarqué par Ch. Carrière, M. Courdurié, *op. cit.*, I, p. 85, : « Le cycle agricole ne s'adapte pas exactement à l'activité du grand port international » (il s'agit de Marseille).

430. *Anglo-Dutch Commerce...*, *op. cit.*, p. 176.

431. J. Accarias de Sérionne, *Les Intérêts de l'Europe...*, *op. cit.*, II, p. 205.

432. M. G. Buist, *At Spes non fracta. Hope and Co, 1770-1815*, 1974, pp. 12-13.

433. M. Torcia, *Sbozzo del commercio di Amsterdam*, 1782, p. 9.

434. A.E., C.P. Hollande, 513, f° 64 v°.

435. C. Wilson, *op. cit.*, p. 168.

436. M. Torcia, *op. cit.*, p. 9.

437. A.d.S. Venise, Inghiterra 199, f° 92, 92, v°.

438. C. Wilson, *op. cit.*, pp. 167-168.

439. *Gazette de France*, 584, Hambourg, 22 août 1763.

440. *Ibid.*, 624, Copenhague, 3 septembre 1763.

441. Moscou, A.E.A., 50/6, 472, f° 50, 12 août 1763.

442. *Ibid.*

443. *Ibid.*, f° 51 v°.

444. *Ibid.*

445. Dans le sens d'escompte.

446. Moscou, A.E.A., 50/6, 472, f° 44.

447. A.N., A.E., C.P. Hollande, 513, f° 64 vo.

448. Temps pendant Lequel une affaire est sursise.

449. A.d.S. Naples, Affari Esteri 800, La Haye, 2 août 1763.

450. *Ibid.*, avis de Berlin du 16 août transmis le 26.

451. *Gazette de France*, 544, 4, août 1763.

452. A.d.S. Naples, Affari Esteri 800.

453. *Gazette de France*, 296, La Haye, 22 avril 1763.

454. M. Torcia, *op. cit.*, p. 9.

455. Moscou, A.E.A., 50/6, 490, 1/2.

456. *Ibid.*

457. *Ibid.*

458. *Ibid.*

459. *Anglo-Dutch Commerce...*, pp. 169 *sq.*

460. A.N., Marine, B^7, 435, Amsterdam, 7, 5 avril 1773.

461. A.N., Marine, B^7, 438, Amsterdam, 7, 28 avril

1774.

462. A.N., Marine, B[7], 435, Amsterdam, 3, 4 février 1773.

463. Le jeudi 24 octobre 1929. Cf. J. K. Galbraith, *The Great Crash, 1929,* 1955.

464. Intercycle ou *cycle* interdécennal. Voir *supra,* p. 57.

465. C. E. Labrousse, *La Crise de l'économie française..., op. cit.,* p. XXII.

466. Robert Besiner, *Histoire des faits économiques jusqu'au XVIII*e *siècle,* 1962-1963, p. 249.

467. Moscou, A.E.A., 50/6, 539, f° 47.

468. C. P. Thurnberc, *Voyage en Afrique et en Asie, principalement au Japon, pendant les années 1770-1779,* 1794, p. 30.

469. A.E., C.P. Hollande, 543, a, 28 décembre 1780.

470. Expression prise au livre de Pieter Geyl, *La Révolution batave (1783-1798),* 1971.

471. I. Schöffer, *op. cit.,* pp. 656 et 657.

472. Moscou, A.E.A., 50/6, 531, f° 51.

473. *Ibid.,* 534, f° 126 v°.

474. *Ibid.,* 530, f° 62.

475. *Ibid.,* 531, f° 92-93, Amsterdam, 18/29 décembre 1786.

476. *Ibid.,* 50/6, 531, f° 66.

477. *Ibid.*

478. M. G. Buist, *op. cit.,* p. 431.

479. C'est-à-dire le stathouder.

480. A.E., C.P. Hollande, 565, f°s 76-83.

481. P. Geyl, *op. cit.,* p. 90.

482. A.E., C.P. Hollande, 575, f° 70.

483. P. Geyl, *op. cit.,* pp. 94 *sq.*

484. *Ibid.,* p. 95.

485. A.E., C.P. Hollande, 575, f°s 253 *sq.,* La Haye, 14 décembre 1787; cf. aussi A.E., C.P. Hollande, 578, f° 274, La Haye, 15 mai 1789.

486. *Ibid.*

487. A.E., C.P. H, 576, f° 46, 3 avril 1788.

488. A.E., C.P. H, 575, f° 154 v°, 25 octobre 1787.

489. Moscou, A.E.A., 50/6, 533, f° 60.

第四章

1. Jean Romeuf, 1958; Alain Cotta, 1968; H. Tezenas du Montcel, 1972, et même Bouvier-Ajam et divers, 1975.

2. Cf. Pierre Vilar, « Pour une meilleure compréhension entre économists et historiens. 'Historie quantitative' ou économétrie rétrospective », *in : Revue historique,* 1965, pp. 293-311.

3. Jean Marczwski, *Introduction à l'histoire quantitative,* 1965; R. W. Fogel, notamment *The Economics of slavery,* 1968; parmi ses nombreux articles, « Historiography and retrospective econometrics », *in : History and Theory,* 1970, pp. 245-264; « The New Economic History. I. Its finding and methods », *in : The Economic History Review,* 1966, pp. 642-656.

4. Voir *supra,* II.

5. D'après l'expression de Pierre Chaunu, « La pesée globale en histoire », *in : Cahiers Wilfredo Pareto,* 1968.

6. François Perroux, « Prises de vues sur croissance de l'économie française, 178 1950 », *in : Income and Wealth,* V. 1955, 51.

7. W. Sombart, *Der moderne Kapitalismus,* 1928, II, pp. 188-189, avance que le marché local élémentaire et le marché international sont plus précoces que les marchés intermediaries dont le marché national.

8. Voir *supra,* pp. 25-26.

9. Louis Chevalier, *Démographie générale,* 1951, notamment p. 139.

10. « Études sur l'ancienne communauté rurale en Bourgogne. II. La structure du manse », *in : Annales de Bourgogne,* XV, 1943, p. 184.

11. Ces minuscules unités sont de vieilles réalités. Frédéric Hayette pense que les villages d'Europe se sont coulés dans les cadres du peuplement d'époque romaine dont ils commenceraient à se dégager seulement aux VIIIe et IXe siècles. « The Origins of European Villages and the First Europansion », *in : The Journal of Economic History,* mars 1977, pp. 182-206 et, à la suite, le commentaire de J. A. Raftis, pp. 207-209.

12. Guy Fourquin, *in :* Pierre Léon, *Histoire économique et sociale du monde,* 1977, I, p. 179, la commune en France aurait une superficie inférieure à 10 km^2 dans les zones riches mais pourrait atteindre 45 km^2 dans les zones pavures.

13. Levi-Pinard, *La Vie quotidienne à Vallorcine, op. cit.,* p. 25.

14. Michaël Weisser, « L'économie des villages ruraux situés aux alentours de Tolède », dactyl., 1971, p. 1.

15. *Crises agraires en Europe (XII*e*-XX*e *siècle),* 1973, p. 15.

16. Cf. Pierre Chevalier, *La Monnaie en Lorraine sous le règne de Léopold (1698-1729),* 1955, p. 126, note 3 (1711).

17. Lucien Gallois, *Paris et ses environs,* s.d. (1914), p. 25.

18. Lettre de R. Brunet, 25 novembre 1977 : « II semble bien qu'il y air une dimension type, d'environ 1 000 km^2, qui ne me paraît pas être le fait du hasard. »

19. D'après R. Brunet, dansl'ordre, le Beauvaisis : 800 km^2 (discutable); la Woëvre : 800 km^2; le pays d'Auge : de 1200 à 1400 km^2; le Valois : 1000 km^2; l'Othe : 1000 km^2.

20. Guy Cabourdin, *Terre et hommes en Lorraine du milieu du XVI*e *siècle à la guerre de Trente Ans, Toulois et comté de Vaudémont,* 1975, I, p. 18.

21. Jean Nicolas, *La Savoie au XVIII*e *siècle,* 1978, p. 138. Tarentaise: 1 693 km^2, Maurienne : 1 917 km^2, Chablais : 863 km^2, Genevois : 1 827 km^2.

22. Avant 1815, d'après les renseignements que me communique Paul Guichonnet.

23. Marco Ansaldo, *Peste, fame, guerra, cronache di vita valdostana del sec. XVII,* 1876.

24. Émile Appolis, *Le Diocèse civil de Lodève,* 1951, pp. v et VI, 1 et 1 note 2.

25. G. Cabourdin, *op. cit.*

26. Marzio Romani, conférence, Paris 8 décembre 1977.

27. Lucien Febvre, *in : Annales E.S.C.,* 1947, p. 205.

28. Armand Brette, *Atlas des bailliages ou juridictions assimilées, ayant formé unité électorale en 1789,* s.d., p. VIII. « Sur plus de 400 bailliages qui ont formé circonscription électorale en 1789, il n'en est peut-être pas un seul qui n'ait avec les bailliages voisins des paroisses mi-parties, indécises ou contestées. »

29. Dans tout ce long paragraphe, les mots de

province, de région, de région naturelle et par conséquent de marché provincial, de marché régional sont employés les uns pour les autres. Sur ces problèmes, André Piatier, *Existe-t-il des régions en France?* 1966; *Les Zones d'attraction de la région Picardie,* 1967; *Les Zones d'attraction de la région Auvergne,* 1968.

30. « Tableau de la France », dans *Histoire de France,* II, 1876, p. 79.

31. « Ritratti di cose di Francia », *in : Cpere, complete,* 1960, pp. 90-91.

32. J. Dhont, « Les solidarités médiévales. Une société en transition : la Flandre en 1127-1128 », *in : Annales E.S.C.,* 1957, p. 529.

33. P. Chevalier, *op. cit.,* p. 35.

34. 1712-1770. Marie-Thérèse le désigna comme administrateur des Pays-Bas autrichiens, de 1753 à sa mort.

35. A.d.S. Naples, Affari Esteri 801, La Haye, 2 septembre 1768. Sur les facilités données par le gouvernement de Bruxelles pour les importations de laines à Ostende, cf. *ibid.,* 27 mai 1768.

36. *The Opposition to Louis XIV,* 1965, p. 217.

37. P. Chaunu, *in :* F. Braudel et E. Labrousse, *Histoire économique et sociale de la France,* I, vol. I, p. 28.

38. Joseph Calmette, *L'Élaboration du monde moderne,* 1949, pp. 226-227.

39. Ernest Gossart, *L'Établissement du régime espagnol dans les Pays-Bas et l'insurrection,* 1905, p. 122.

40. Eli F. Heckscher, *La Epoca mercantilista,* 1943, pp. 30 *sq.*

41. Thorold Rogers, *History of agriculture and prices in England,* 1886, cité par E. Heckscher, *op. cit.,* pp. 32-33.

42. *Op. cit.,* p. 30.

43. Abbé Coyer, *Nouvelles Observations sur l'Angleterre par un voyageur,* 1749, pp. 32-33.

44. A.N., Marine, B^7, 434, vers 1776.

45. A. Ponz, *op. cit.,* I, p. 1750.

46. Marcel Reinhard, « Le voyage de Pétion à Londres (24 novembre-11 décembre 1791) », *in : Revue d'histoire diplomatique,* 1970, pp. 35-36.

47. Otto Stolz, « Zur Entwicklungsgeschichte des Zollwesens innerhablb des alten deutschen Reiches », *in : Vierteljahrschrift für Sozial- und Wirtschaftsgeschichte,* 1954, 46, I, pp. 1-41.

48. *Bilanci..., op. cit.,* I, p. ci, 20 décembre 1794.

49. Ricardo Krebs, *Handbuch der europäischen Geschichte,* pp. Theodor Schieder, 1968, vol. 4. p. 561.

50. E. Heckscher, *op. cit.,* p. 93.

51. Charles Carrière, *Négociants marseillais au XVIIIe siècle,* 1973, pp. 705 et 710-712. Vers 1767.

52. A.N., H 2940; L.-A. Boiteux, *La Fortune de mer,* 1968, p. 31, d'après Philippe Mantellier, *Histoire de la communautée des marchands fréquentant la rivière de Loire,* 1867.

53. J. Savary, *op. cit.,* I, col. 22-23.

54. A.d.S. Gênes, Lettere Consoli 1/26, 28 (Londres, 11/12 décembre 1673).

55. A.N., F 12, 65, f° 41 (1er mars 1719).

56. A.N., H 2939 (imprimé).

57. *Ibid.*

58. P. Dockès, *op. cit.,* p. 182.

59. R. Besnier, *op. cit.,* p. 99.

60. Moscou, A.E.A., 93/6, 439, f° 168. Paris, 20 novembre-1er décembre 1786.

61. *Gazette de France,* 3 janvier 1763 (Londres,

24 décembre 1762).

62. I. de Pinto, *op. cit.*, p. 2.

63. D'après un dactylogramme de Traina Stoianovich.

64. Michel Morineau, « Produit brut et finances publiques : analyse factorielle et analyse sectorielle de leurs relations », *dactyl.*, Semaine de Prato, 1976.

65. « Zur Entwichlung des Sozial Produckts in Deutschland im 16. Jahrhundert », *in : Jahrbuch für Nationalökonomie und Statistik,* 1961, pp. 448-489.

66. Art. cit., p. 18.

67. « L'unité économique des Balkans et la Méditerranée à l'époque moderne », *in : Studia historiae ocenomicae,* Poznan, 1967, 2, p. 35.

68. *La Catalogne dans l'Espagne moderne...,* 1962, III, p. 143.

69. B.N., Ms. fr. 21773, f° 31.

70. *Die Entstehung der Volkswirtschaft,* 1911, p.141.

71. J'emploie ce mot de façon abusive pour évoquer à l'avance les Banques de France, d'Angleterre...

72. *Manias, Babbles, Panics and Crashes and the Lender of Last Resort,* dact. cit.

73. Irfan Habib, « Potentialities of capitalist development in the economy of the Mughal India », International Economic History Congress, dactylogramme, pp. 10-12 et notes p. 12; I. Habib, « Usury in Medieval India », *in : Comparative studies in Society and History,* VI, juillet 1964.

74. « Commercial Expansion and the Industrial Revolution », *in : The Journal of European Economic History,* IV, 3, 1975, pp. 613-654.

75. *Cádiz y el Altántico, 1717-1778,* 1976.

76. P. Dockès, *op. cit.*, p. 157.

77. Emmanuel Le Roy Ladurie, « Les comptes fantastiques de Gregory King », *in : Annales E.S.C.,* 1968, pp. 1085-1102.

78. Pierre de Boisguilbert, *Détail de la France,* 1699, éd. I.N.E.D., 1966, II, p. 584.

79. *Op. cit.*, pp. 153 *sq.*

80. François Perroux, cité par Jean Lhomme, *in :* Georges Gurvitch, *Traité de sociologie,* 3e éd., 1967, I, p. 352, note 2.

81. Date de la parution du livre pionnier de Arthur Lyon Bowley et Josiah C. Stamp, *National Income.*

82. « Europe's Gross National Product, 1800-1875 », *in : The Journal of European Economic History,* 1976, p. 273.

83. *Comptabilité nationale,* 1965, pp. 3, 6, 28, 30. Cf. F. Fourquet, *Histoire quantitative. Histoire des services collectifs de la comptabilité notaionale,* 1976, p. v.

84. II semble que ce terme ait été employé pour la première fois par William Petty, *Political Arithmetick,* 1671-1677.

85. Lettre de Louis Jeanjean, 9 janvier 1973.

86. Voir *supra,* II.

87. *Croissance et structure économique,* 1972, p. 58.

88. Jacques Attali, Marc Guillaume, *L' Antiéconomique,* 1974, p. 32.

89. La réflexion est de F. Perroux, citée par C. Vimont, *in :* Jean Romeuf, *Dictionnaire des sciences économiques,* 1958, II, p. 984.

90. *Ibid.*, p. 982.

91. *Dictionnaire économique et financier,* 1975, p. 1014.

92. *In :* Jean Romeuf, *op. cit.*, p. 985.

93. « Estimations du revenue national dans les sociétés occidentals pré-industrielles et au

XIXe siècle », *in : Revue économique,* mars 1977.

94. *Ibid.*

95. *Ibid.,* p. 193.

96. A.d.S. Venise, Senato Mar, 23, f° 36, 36 v°, 29 septembre 1534.

97. Soit la population de Venise plus le Dogado.

98. En partant de la masses salariale annuelle des ouvriers de la laine (20 000 personnes, 5 000 ouvriers, soit 740 000 ducats) et en supposant 200 000 habitants à Venise.

99. P. Mantellier, *op. cit.,* p. 388. Pour les calculs de F. Spooner, cf, *infra,* pp. 266-267.

100. Vauban, *projet d'une dixme royale,* 1707, pp. 91-93.

101. Charles Dutot, *Réflexions politiques sur les finances et le commerce,* 1738.

102. *Ibid.,* I, pp. 366 *sq.*

103. J. D. Goule, *Economie Growth in History,* 1972, p. 4.

104. *Ibid.,* p. 5.

105. Voir *supra,* I, 1re edit., p. 139-141.

106. H. Van der Wee, « Productivité, progrès technique et croissance économique du XIIe au XVIIIe siècle », dactly., Semaine de Prato, 1971.

107. Sur *Produit brut et finances publiques, XIIIe-XIXe siècles.*

108. 2e éd., 1952.

109. J. de Vries, *The Dutch Rural Economy in the golden Age, op. cit.,* p. 95.

110. Cf. P. Bairoch, « Population urbaine et taille des villes en Europe de 1600 à 1700 », *in : Revue d'histoire économique et sociale,* 1976, n° 3, p. 21.

111. M. Reinhardt, « La population des villes, sa mesure sous la Révolution et l'Empire », *in : Population,* 1954, p. 287.

112. *Op. cit.,* I, 1952, pp. 61 *sq.*

113. Classement de la population mondiale en secteurs primaire, secondaire et tertiaire : en 1700, 81 % de la population active sont dans le primaire (agriculture, sylviculture, pêche, forêt) et 54,5 en 1970, cf. Paul Bairoch, « Structure de la population active mondiale de 1700 à 1970 », *in : Annales E.S.C.,* 1971, p. 965.

114. Pieter de La Court, *Mémoires de Jean de Witt,* 1709, pp. 30-31.

115. Gergory King, *An Estimate of the Comparative Strength of qreat Britain and France...,* 1696.

116. François Quesnay, *Tableau oeconomique,* 1758.

117. K. G.amann, Lettre informative du 12 octobre 1976, Cf. figure p. 253.

118. *François Quesnay et la physiocratie,* 1958, I, pp. 154. *sq.*

119. « Zur Entwicklung des Sozialprodukts... », art, cit., p. 489.

120. Jean Marczewski, « Le produit physique de l'economie française de 1789 à 1913 », *in : Histoire quantitative de l'économie française, Cahiers de l'I.S.E.A.,* n° 163, juillet 1965, p. xiv.

121. *Ibid.*

122. *Ibid.*

123. *Médit.,* 1966, I, pp. 384. *sq.*

124. Robert E. Gallman et E. S. Howle, « The Structure of U.S. Wealth in the Nineteenth Century », Colloque de la Southern Economic Association; Raymond W. Goldsmith, « The Growth of Reproducible Wealth of the United States of America from 1805 to 1950 », *in : Income and Wealth of the United States : Trends and Structure,* II, 1952.

125. *Op. cit.*, P. 58.

126. « La fortune privée de Pennsylvanie, New Jersey, Delaware (1774) », *in : Annales E. S.C.*, 1969, p. 245.

127. Hubert Brochier, Pierre Tabatini, *Économie financière*, 2e éd., 1963, p. 131.

128. J. H. Mariéjol, *in :* Ernest Lavisse, *Histoire de France*, 1911, VI, 1re partie, p. 37.

129. P. G. M. Dickson, « Fiscal Need and National Wealth in 18th Century Austria », dactyl., Semaine de Prato, 1976.

130. *Op. cit.*

131. Vauban, *op. cit.*, p. 153.

132. « Taxation in Britain and France 1715-1810 », Semaine de Prato, 1976, publié *in : The Journal of Duropean Economic History*, 1976, pp. 608-609.

133. Museo Corres, Fonds Dona delle Rose, 27.

134. A.N., K 1352.

135. Voir *supra*, note 98 et p. 257.

136. Lucien Febvre, « Un chapitre d'histoire politique et diplomatique : la réunion de Metz à la France », *in : Revue d'histoire moderne*, 1928, p. 111.

137. Jacques Bloch-Morhange, *Manifeste pour 12 millions de contribuables*, 1977, p. 69; et l'article suggestif de deux journalistes, économists et historiens, David Warsh et Lawrence Minard, « Inflation is now too serious a matter to leave to economists », *in : Forbes*, 15 novembre 1976, p. 123.

138. En Angleterre, Kaldor, Dudley Jackson, H. A. Turner, Frank Wilkinson; aux États-Unis, John Hotson; en France, J. Bloch-Morhange et l'article cité *supra* de David Warsh et Lawrence Minard.

139. J. Robinson, *L'Accumulation du capital, op. cit.*, p. 18.

140. *An Economic History of Sweden*, 1954, pp. 61, 69, 70, 116.

141. « Le revenue national en Pologne au XVIe siècle », *in : Annales E.S.C.*, 1971, n° 1, pp. 105-113.

142. « L'urbanisation de la France au XIXe siècle », *in :* Colloque des historiens français de l'économie, 1977.

143. E.A. Wrigley, « The Supply of Raw Materials in the Industrial Revolution », *in : The Economic History Review*, 1962, p. 110.

144. *The International Economy and Monetary Movements in France 1493-1725*, 1972, p. 306.

145. *Op. cit.*, II, p. 587.

146. *Staat und Staatsgedanke*, 1935, p. 62.

147. *Le Bourgeois*, 1911, p. 106.

148. Article à paraitre dans les *Annales E.S.C.*

149. P. Adam, *op. cit.*, dactly., p. 43.

150. René Gandilhon, *Politique économique de Louis XI*, 1941, p. 322.

151. *In :* F. Baraudel et E. Labrousse, *Histoire économique et sociale de la France*, II, 1970, pp. 166-167.

152. Ce document est la propriété personnelle de Paul Guichonnet. Une reproduction photographique se trouve à la Maison des Sciences de l'Homme, Paris.

153. B.N., Ms. Fr. 21773, f°s 133 *sq.*

154. Régine Robin, *La Société française en 1789 : Semur-en-Auxois*, 1970, pp. 101-109.

155. B.N., Ms. Fr. 21773, f°s 133 *sq.*

156. *Ibid.*

157. *Histoire économique de la France*, 1939, p. 232.

158. R. Gascon, *in :* F. Braudel et E. Labrousse, *op. cit.*, I, p. 256.

159. Cardinal François Mathieu, *L'Ancien Régime*

en Lorraine et en Barrois, 1907, p. XIII.

160. René Baehrel, *Une Croissance : la Basse-Provence rurale (fin du XVI*e *siècle-1789),* 1961, *passim* et notamment pp. 77 *sq.*

161. J. Accarias de Sérinne, *Les Interêts des nations de l'Europe…, op. cit.,* I, p. 224.

162. J. Huguetan, *Voyage d'Italie curieux et nouveau,* 1681, p. 5.

163. A.N., 129, A.P., 1.

164. A.N., 125, A.P., 16 (1687).

165. B.N, Ms. fr. 21773, f°s 73 à 75 v°.

166. Arthur Young, *Voyages en France, 1787, 1788, 1789,* 1976, I, p. 89.

167. A. Ponz, *op. cit.,* p. 1701.

168. E. Labrousse, *in :* F. Braudel et E. Labrousse, *op. cit.,* II, p. 173.

169. A.N., G^{7}, 1674, f° 68, Paris, 17 décembre 1709; A.N., G^{7}, 1646, f° 412, Orléans, 26 août 1709.

170. *Ibid.,* f°s 371, 382, 1647, f° 68, Orléans, 1er, 22 avril, 17 décembre 1709.

171. Moscou, A.E.A., 93/6, 394, f° 24 et 24 v°, 30 septembre 1783.

172. H. Richardot, *op. cit.,* p. 184, cité par P. Dockès, *op. cit.,* p. 20.

173. *In :* F. Braudel et E. Labrousse, *op. cit.,* I, p. 22.

174. *Ibid.,* I, p. 39.

175. P. Dockès, *op. cit.,* p. 156.

176. *Ibid.,* p. 308.

177. *Ibid.,* p. 25 et 353.

178. Cité par Marcel Rouff, *Les Mines de charbon en France au XVIII*e *siècle,* 1922, p. 83, note 1.

179. 9 avril 1709. Cité par Claude-Frédéric Lévy, *Capitalistes et pouvoir au siècle des Lumières,* 1969, p. 325.

180. Cité par P. Dockès, *op. cit.,* p. 298.

181. Raymond Collier, *La Vie en Haute-Provence de 1600-1850,* 1973, p. 36.

182. R. Gascon, *in :* F. Braudel, E. Labrousse, *op. cit.,* I, p. 328.

183. José Gentil da Silva, *Banque et crédit en Italie…, op. cit.,* p. 514.

184. *Ibid.,* pp. 94, 285, 480, 490.

185. M. Morineau, « Lyon l'italienne, Lyon la magnifique », *in : Annales E.S.C.,* 1974, p. 1540; F. Bayard, « Les Bonvisi, marchands banquiers à Lyon », *in : Annales E.S.C.,* 1971.

186. A.N., G^{7}, 1704, 111.

187. R. Gascon, *in :* F. Braudel, E. Labrousse, *op. cit.,* I, p. 288.

188. F. C. Spooner, *L'Éconmie mondiale et les frappes monétaires en France 1493-1680,* 1956, p. 279.

189. Denis Richet, *Une Société commerciale Paris-Lyon dans la deuxième moitié du XVI*e *siècle,* 1965, conférence à la Société de l'histire de Paris et de l'Ile-de-France, dactylogramme, p. 18.

190. *Histoire de Marseille,* III, pp. 236-237.

191. D. Richet, *op. cit.,* p. 19.

192. *Œuvres,* p. p. G. Schelle, 1913, I, p. 437.

193. P. Dockès, *op. cit.,* p. 247.

194. Jules Delaborde, *Gaspard de Coligny, amiral de France,* 1892, III, p. 57.

195. *Mémoires de Jean Maillefer, marchand bourgeois de Reims,* 1890, p. 52.

196. E. Brachenhoffer, *Voyage, en France 1643-1644,* 1925, pp. 110 et 113.

197. Lewis Roberts, *The Merchants Mapp of Commerce,* 1639, cité par E. Schulin, *op. cit.,* p. 108.

198. B.N., Ms. fr. 21773, f°s 31 *sq.*

199. *Ibid.*

200. *Ibid.*

201. André Rémond, « Trois bilans de l'économie française au temps des théories physiocratiques », *in : Revue d'histoire économique et sociale,* 1957, pp. 450-451.
202. Avant tout A.N., G^7.
203. C.-F. Lévy, *op. cit.,* p. 332.
204. Jacques Saint-Germain, *Samuel Bernard, le banquier des rois,* 1960, p. 202.
205. C.-F. Lévy, *op. cit.,* p. 338.
206. Mathieu Varille, *Les Foires de Lyon avant la Révolution,* 1920, p. 44.
207. A.N., KK 114, f°s 176-177. Mémoire de M. d'Herbigny, intendant de Lyon, avec les observateurs de M. de la Michodière, intendant à Lyon en 1762.
208. M. Varille, *op. cit.,* p. 45.
209. A.N., G^7, 359-360.
210. P. de Boislisle, *Correspondance des contrôleurs généraux...,* 1874-1897, II, p. 445.
211. A.N., G^7, 363, 25 juillet 1709.
212. *Ibid.,* 15 juillet.
213. *Ibid.* 2 août 1709.
214. M. Varille, *op. cit.,* p. 44.
215. Guy Antonietti, *Une Maison de banquet à Pairs au XVIII*e *siècle, Greffulhe, Montz et Cie, 1789-1793,* 1963, p. 66.
216. A.D. Loire-Atlantique, C 694, document communiqué par Claude-Frédéric Lévy.
217. Edgar Faure, *La Banqueroute de Law,* 1977, p. 55.
218. *Op. cit.,* carte n° 1.
219. Henri Hauser, « La question des prix et des monnaies en Bourgoqne », *in : Annales de Bourgogne,* 1932, p. 18.
220. *The Elizabethans and America,* citè par I. Wallerstein, *The Modern World System, op. cit.,* p. 266, note 191.
221. Fritz Hartung, Roland Mousnier, « Quelques problèmes concernant la Monarchie absolue », *in : Congrès intern. des sc. hist.,* Rome, 1955, vol. IV, p. 45.
222. *In :* F. Braudel, E. Labrousse, *Histoire économique et sociale de la France,* II, p. 525.
223. R. Besiner, *op. cit.,* p. 35.
224. *Bauvais et le Beauvaisis de 1600 à 1730. Contribution à l'histoire sociale de la France du XVII*e *siècle,* 1960, pp. 499 *sq.*
225. Jean Delumeau, « Le commerce extérieur de la France », *in : XVII*e *siècle,* 1966, pp. 81-105; du même auteur, *L' Alun de Rome,* 1962, pp. 251-254.
226. Emmanuel Le Roy Ladurie, préface d'A. d'Angeville, *Essai sur la statique de la population française,* 1969, p. xx.
227. Michel Morineau, « Trois contributions au Colloque de Göttingen », *in : Vom Ancien Régime zue französischen Revolution,* p.p. Albert Cremer, 1978, p. 405, note 61.
228. *Ibid.,* pp. 404-405.
229. J.-C. Toutain, dactylog., Congrès international d'Edimbourg, 1978, A 4, p. 368.
230. De 1702 à 1713, la course française a fait 4 543 prises sur l'ennemi, E. Labrousse, *in :* F. Braudel, E. Labrousse, *op. cit.,* II, p. 191.
231. Cité par Charles Frostin, « Les Pontchartrain et la penetration commerciale française en Amérique espagnole (1690-1715) », *in : Reuve historique,* 1971, p. 310.
232. Michel Augé-Laribé, *La Révolution agricole,* 1955, p. 69.
233. Abbé Ferdinando Galiani, *Dialogues sur le commerce des bleds,* 1949, p. 548.
234. A.N., F^{12}, 724.
235. M. Morineau, « Produit brut et finances

publiques... », art. cit., dactylogramme, p. 18.

236. *L'Autre France,* 1973.

237. B.N., Ms. fr. 21773.

238. *Ibid.,* f°s 127 vo-131.

239. A.N., G^{7}, 1685, 67.

240. *Op. cit.,*, p. 75.

241. *Les Négociants bordelaise, l'Europe et les îles au XVIIIe siècle,* 1974, pp. 381 *sq.*

242. B.N., Ms. fr. 21773, f° 148.

243. A.N., G^{7}, 1692, f° 146.

244. Louis Trenard, *Histoire des Pays-Bas français,* 1972, p. 330.

245. Art. cti., p. 437.

246. Jean Meyer, *L'Armement nantais de la seconde moitié du XVIIIe siècle,* 1969, p. 62.

247. A.N., G^{7}, 1686, f°s 59 et 60.

248. *Gazette d'Amsterdam,* 1672.

249. A.N., Colonies, F 2A, 16 et F 2A, 15 (4 mars 1698).

250. A.N., 94 AQ 1 (8 janvier 1748).

251. A.N., G^{7}, 1698, 224 (19 février 1714).

252. *Ibid.,* 223 (7 février 1714).

253. D'après Victor Hugo, *En voyage : Alpes et Pyrénées,* 1890.

254. Le généralitéralités sont des divisions admilistratives dirigées par un intendant.

255. François de Dainville, « Un dénombrement inédit au XVIIIe siècle : l'enquête du contrôleur géneral Orry, 1745 », *in : Population,* 1952, pp. 49 *sq.*

256. Art cit., pp. 443 et 446.

257. E. Labrousse, *in :* f. Braudel, E. Labrousse, *op. cit.,* II, p. 362.

258. Marcel Marion, *Les Impôts directs sous l'Anrien Régime principalement au XVIIIe siècle,* 1974, pp. 87-112; impôt créé en 1749, qui procède du dixième; « ne fut guère réellement qu'un impôt sur les revenues fonciers et très inférieurs à un vingtième réel », *in :* M. Marion, *Dictionnaire des institutions,* p. 556.

259. Jean-Claude Perrot, *L'Age d'or de la statistique régionale française, an IV-1804,* 1977.

260. A.N., F^{12}, 721 (11 juin 1783).

261. *Toulouse et la région Midi-Pyrénées au siècle des Lumières, vers 1670-1789,* 1794, p. 836 et conclusion générale.

262. Sur ce problème, cf. Anne-Marie Cocula, « Pour une definition de lespace aquitain au XVIIIe siècle », *in : Aires el structures du commerce français,* p.p. Pierre Léon, 1975, pp. 301-309.

263. Philippe de Vries, « L'animosité anglo-hollandaise au XVIIe siècle », *in : Annales E.S.C.,* 1950, p. 42.

264. *Letters and Papers, Foreign and Domestic, of the Reign of Henry VIII,* p.p. Brewer, III/II, 1867, p. 1248, cité par E. Heckscher, *op. cit.,* p. 693, note 1.

265. Abbé J.-B. Le Blanc, *op. cit.,* I, p. 137.

266. *Voyages en France..., op. cit.,* I, p. 73.

267. A. L. Rowes, « Tudor Expansion : the Transition from Medieval to Modern History », *in : William and Mary Quaterly,* 1957, p. 312.

268. Sully, *Mémoire,* III, p. 322.

269. Abbé J.-B. Le Blanc, *op. cit.,* III, p. 273.

270. Jean-Gabriel Thomas, *Inflation et nouvel ordre monétaire,* 1977, p. 58.

271. J. Savary, *op. cit.,* III, col. 632.

272. J.-G. Thomas, *op. cit.,* pp. 60-61.

273. L'expression courante parmi les historiens anglais sert de titre au livre de J. d. Gould, *The Great Debasement,* 1970.

274. *Dwt,* abréviation pour le penny-poids qui est

la vingtième partie de l'once. Le lecteur pourra se livrer au calcul du rapport de 11 onces 2 dwt à 12, la réponse est 222/240, soit 37/40.

275. J. D. Gould, *op. cit.*, tableau de la page 89.
276. Raymond de Roover, *Gresham on Foreign Exchange,* 1949, p. 67.
277. *Ibid.*, p. 68.
278. *Ibid.*, pp. 198 *sq* et 270 *sq.*
279. A. E. Feavearyer, *The Pound Sterling. A History of Englsih Money,* 1963, pp. 82-83.
280. J. Keith Horsefield, *British Monetary Experiments 1650-1710,* 1960, pp. 47-60.
281. Créée par Charles II en 1663.
282. A.E., C. P. Angleterre, 173, f° 41.
283. *Ibid.*, f° 132, 8 octobre 1696.
284. J. K. Horsefield, *op. cit.*, p. 50.
285. Jacques E. Mertens, *La Naissance et le développement de l'étalon-or, 1696-1922,* 1944, p. 91.
286. J.-G. Thomas, *op. cit.*, pp. 68-69.
287. J. K. Horsefield, *op. cit.*, p. 85.
288. *Op. cit.*, p. 80. « On confound en France tous les fonds sous le nom de papier [...] cette expression est vicieuse. »
289. Louis Simond, *Voyage d'un Français en Angletere pendant les années 1810 et 1811,* 1816, II, pp. 228 *sq.*
290. Maurice Rubichon, *De l'Angleterre,* 1815-1819, p. 357. « A partir de 1808, les guinées ont totalement disparu », L, Simond, *op. cit.*, I, p. 319 et II, p. 232.
291. L. Simond, *op. cit.*, pp. 227-228.
292. Arnold Toynbee, *L'Histoire,* 1951, p. 263.
293. Bartolomé Bennassar, *L'Angleterre au XVII*e *siècle (1603-1714),* s.d., p. 21.
294. Voir *supra,* II, ch. i.
295. T. S. Willan, *The Inland Trade,* 1976.
296. Daniel Defoe, *The Complete English Tradesman,* 5e ed. 1745, I, pp. 340-341.
297. *Ibid.*
298. *Ibid.*, I, p. 342.
299. T. S. Willan, *River Navigation in England, 1600-1750,* 1964, p. 133.
300. Cité par Ray Bert Westerfield, *Middlemen in English Business particularly between 1660 and 1760,* 1915, p. 193.
301. T. S. Ashton, *An Economic History of England : the 18th century,* 1972, pp. 66-67.
302. René-Martin Pillet, *L'Angleterre vue à Londres et dans ses provinces pendant un séjour de dix dannées,* 1815, p. 23.
303. J. K. Horsefield, *op. cit.*, p. 15.
304. Eric J. Hobsbawn, *Industry and Empire,* 1968, p. 11. et Sydney Pollard, David W. Crossley, *The Wealth of Britain, 1085-1966,* 1968, pp. 165-166.
305. J. Accarias de Sérionne, *Les Intérêts de l'Europe..., op. cit.*, I, p. 46.
306. E. Hobsbawn, *op. cit.*, p. 253.
307. S. G. E. Lythe et J. Butt, *An Economic History of Scotland, 1100-1939,* 1975, pp. 70 *sq.*
308. T. C. Smout, *A History of Scottish People,* 1973, p. 225.
309. *Ibid.*, pp. 153 *sq.*, notamment p. 155.
310. T. C. Smout, Communication à la Semaine de Prato, 1978.
311. J. Accarias de Sérionne, *La Richesse de l'Angleterre op. cit.*, p. 52.
312. T. C. Smout, *op. cit.*, p. 226.
313. Charles Baert-Duholant, *Tableau de la Grande-Bretagne, de l'Irlande et des possessions angloises dans les quatre parties du monde,* Paris, an VIII, I, p. 202.
314. « Palissades don't les limites avançaient ou

reculaient suivant la fortune de la guerre. » P. Vidal de La Blache, *États et nations de l'Europe,* 4e éd., s.d., p. 307.

315. Ainsi J. H. Plumb dans un chapitre de son livre, *England in the Eighteenth Century,* 1973, pp. 178 *sq.,* sous le titre inattendu : « The Irish Empire ».

316. Christopher Hill, *in :* M. Postan et C. Hill, *Histoire économique et sociale de la grande Bretagne,* I, 1977, p. 378.

317. J. H. Plumb, *op. cit.,* p. 179.

318. *Épocas do Portugal económico,* 1929. Les cycles, ce sont les activités successives du Brésil : cycle du bois de teinture, cycle du sucre, cycle de l'or, etc.

319. C. Baert-Duholant, *op. cit.,* I, pp. 320-355.

320. I. de Pinto, *op. cit.,* p. 272.

321. A.N., A.E., B^{1}, 762, f° 253. Les italiques sont de moi.

322. *Ibid.*

323. Moscou, A.E.A., 35/6, 312, f° 162, 9 décembre 1779, 2 février 1780.

324. A.E., C.P. Angleterre, 533, f° 73, 14 mars 1780.

325. J. H. Plumb, *op. cit.,* p. 164.

326. États et nations de l'Europe, *op. cit.,* p. 301.

327. Pablo Pebrer, *Histoire financière et statistique générale de l'Empire britannique,* 1834, II, p. 12.

328. Jonathan Swift. *History of the Four Last Years of the Queen,* écrit en 1713, publié en 1758, après la mort de l'auteur en 1745, citè par P. G. M. Dickson, art., cit., pp. 17-18.

329. D. Defoe, *op. cit.,* II, p. 234.

330. A.N., 257 AP 10.

331. *Journal du c,* 1759, pp. 105-106; citè en partie par I. de Pinto, *op. cit.,* p. 122.

332. Citée par P. G. M. Dickson, art. cit., p. 23.

333. A.N., 257 AP 10.

334. L. C. A. Dufresne de Saint-Léon, *Études sur le crédit public,* 1824, p. 128.

335. J.-B. Say, *op. cit.,* VI, 1829, p. 187.

336. I. de Pinto, *op. cit.,* pp. 42-42.

337. P. G. M. Dickson, *op. cit.,* p. 16.

338. *Ibid.*

339. Moscou, A.E.A., s.d., 35/6, 3190, f° 114.

340. Archives de Cracovie, fonds Czartoryski, 808, f° 253.

341. Moscou, A.E.A., 3301, f° 11 v°, Simolin, 5-16 avril 1782.

342. Museo Correr, P.D., C 903/14.

343. Orville T. Murphy, « Du Pont de Nemours and the Anglo-French Commercial Treaty of 1786 », *in : The Economic History Review,* 1966, p. 574.

344. D.GUÉRIN La Lutte des classes sous La Première République bourqeois et « bras nus » 1793-1797, 1946, p. 51.

345. A.N., A.E., B^{1}, 762, f° 151, 26 juin 1787.

346. A.E., M. et D. Angleterre, 10.

347. A.N., A.E., B^{1}, 762.

348. J. Savary, *op. cit.,* V, col. 744.

349. M. Rubichon, *op. cit.,* II, p. 354.

350. A.N., A.E., B^{1}, 762, f° 161.

351. *Ibid.,* f° 162.

352. *Ibid.,* f° 255.

353. A.E. M. et D. Angleterre, 10, f°s 96 et 106.

354. Dans le sens de « il est evident », voir : J. Dubois, R. Logane, *Dictionnaire de la langue française classique,* 1960, p. 106.

355. Archives Vorontsov, Moscou, 1876, IX, p. 44, Londres, 4/15 novembre 1785.

356. J. Van Klaveren, « Die historische Erschei nung der Korruption », II, *in : Viertel-jahrschrift für Sozial und Wirtschaftsgeschichte,* 1958, p. 455.

357. A.N., A.E., B[1], 762, f° 255, 18 décembre 1789.

358. R. Besnier, *op. cit.*, p. 38.

359. P. Mathias et P. O'Brien, art. cit., pp. 601-650.

360. T. J. Markovitch, *Histoire des industries française : les industries lainières de Colbert à la Révolution,* 1976.

361. A.N., G[7], 1692, f° 34.

362. Albert Gremer, « Die Steuersystem in Frankreich und England am Vorabend der französische Revolution », *in : Von Ancien Régime zur französischen Revolution,* 1978, pp. 43-65.

363. *Op. cit.*, I, pp. 31 et 275.

第五章

1. Pour ce chapitre, deux livres m'ont servi de guides : Michel Devèze, *L'Europe et le monde à la fin du XVIII*e *siècle,* 1970, et Giorgio Borsa, *La Nascità del mondo moderno in Asia orientale,* 1977.

2. Expression imparfaite puisqu'elle inclut dans la non-Europe l'est du continent. Mais pouvait-on dire non-Occident? Charles Verlinden, *in : L'Avènement des temps modernes,* p. p. Jean-Claude Margolin, 1977, p. 676, parle de « l'Europe vraiment européenne ».

3. Giuliano Guozzi, *Adamo e il Nuovo Mondo. La nascità dell'antropologia come ideologia coloniale : dalle genealogie bibliche alle teorie razziali,* 1977.

4. Edmundo O'Gorman, *The Invention of America,* 1961. Même expression chez François Perroux, *L'Europe sans rivage,* 1954, p. 12 : « L'Europe qui a — en plusieurs sen du mot — inventé le monde… »

5. Francisco López de Gómara, *Historia general de las Indias, Primera Parte,* 1852, p. 156.

6. Friedrich Lütge, *Deutsche Sozial- und Wirtschaftsgeschichte,* 1966, p. 288; H. Bechtel, *op. cit.*, II, p. 49.

7. *Les Fonctions psychologigues et les œuvres,* 1948.

8. C. Manceron, *op. cit.*, p. 524.

9. B.N., Ms. fr. 5581, f° 23, 2 décembre 1717.

10. P. Chaunu, *Séville et l'Atlantique…, op. cit.*, VIII, p. 48.

11. Alonso de Ercilla, *La Araucana* (publiée en 1569), 1910, ch. XXVII, p. 449.

12. Alvaro Jara, *Tierras nuevas, expansion territorial y ocupación del suelo en América (s. XVI-XIX),* 1969; Pierre Monbeig, *Pionniers et planteurs de São Paulo,* 1952.

13. François Chevalier, *La Formation des grands domains au Mexique. Terre et société aux XVI*e*-XVII*e *siècles,* 1952, p. 4.

14. Frédéric Maugo, *Le Brésil du XV*e *à la fin du XVIII*e *siècle,* 1977, p. 145.

15. Roland Mousnier, *in :* Maurice Crouzet, *Histoire générale des civilizations,* V, 1953, p. 316.

16. D. Pedro de Almeida, *Diario,* p. 207, cité par Oruno Lara, *De l'Atlantique à l'aire caraïbe : nègres cimarrons et révoltes d'esclaves, XVI*e*-XVII*e *siècles,* s.d., II, p. 349.

17. Le *quilombo,* mot brésilien, désigne le lieu de refuge des nègres fugitifs.

18. Frédéric Mauro, dactyl., communication à la Semaine de Prato, 1978.

19. D. A. Brading, *Minerso y commerciantes en el Mexico borbonico 1763-1810,* 1975, p. 138.

20. « Introduction à l'histoire de Guadalajara et de sa région », colloque C.N.R.S., *Le Rôle des villes dans la formation des régions en Amérique latine,* pp. 3 *sq*.

21. Les Mécanismes de la vie *économique dans une société coloniale : le Chili (1680-1830),* 1973, notamment pp. 262 sq.

22. Pedro Calmón, *Histoira social do Brasil,* 1937, p. 191. Cet exode se situe en 1871.

23. Georg Friederici, *El Caracter del Descubrimiento y de la Conquista de América,* 1973, p. 113.

24. D. A. Brading, *op. cit.,* p. 20.

25. *Capitalism and Slavery,* 4e éd., 1975.

26. *Ibid.,* p. 30.

27. Karl Marx, *Le Capital,* 1938, I, p. 785, cité par Pierre Vilar, « Problems of the formation of capitalism », *in : Past and Present,* 1956, p. 34.

28. Marcel Bataillon, *Etudes sur Bartolomé de Las Casas,* 1965, p. 298.

29. M. Devèze, *op. cit.,* p. 358.

30. M. Devèze, *Antilles, Guyanes, la mer des Caraïbes de 1492 à 1789,* 1977, p. 173.

31. Nicolás Sánchez Albornoz, *La Población de América Latina,* 2e éd., 1977, pp. 62 *sq.*

32. J. L. Phelan, *The Millenial Kingdom of the Franciscans in the New World,* 1956, p. 47.

33. Juan A. et Judith E. Willamarin, *Indian Labor in Mainland Colonial Spanish America,* 1975, p. 17.

34. Jean-Pierre Berthe, « Aspects de l'esclavage des Indiens en Nouvelle-Espagne pendant la première moitié du XVIe siècle », *in : Journal de la société des américanistes,* LIV-2, p. 204, note 48.

35. Alvaro Jara, dactyl., communication à la Semaine de Prato, 1978.

36. Le P. Aljofrin, 1763, cité par D. A. Brading, *op. cit.,* p. 369.

37. Anibal B. Arcondo, « Los precios en una economia en transición. Cordóba durante el siglo XVIII », *in : Revista de economia y estadistica,* 1971, pp. 7-32.

38. C'est ce que dit Daniel Defoe, *Moll Flanders,* Abbey Classics ed., p. 71, cité par E. Williame, *op. cit.,* p. 18.

39. M. Devèze, *Antilles, Guyanes..., op. cit.,* p. 185.

40. Édouard Fournier, *Variétés historiques et littéraires,* 1855-1863, VII, p. 42, note 3.

41. R. Mousnier, *op. cit.,* p. 320.

42. Giorgio Spini, *Storia dell' età moderna,* 1960, p. 827.

43. E. Williams, *op. cit.,* p. 19.

44. D. W. Brogan, Introduction au Livre d'E. Williams, *op. cit.,* p. viii.

45. En 1860, avec le chemin de fer, Cuba développe de monstrueuses plantations de canne à sucre de 11 000 acres, alors que dans l'île de la Jamaïque, les plus vastes atteignaient difficilement 2 000, E. Williams, *op. cit.,* pp. 151-152.

46. E. Williams, *op. cit.,* p. 26.

47. Adam Smith, *La Richesse des Nations,* 1976, p. 289.

48. « Sociedad colonial y sublevaciones populares : el Cuzco, 1780 », dactyl., p. 8.

49. Émile-G. Léonard, *Historie générale du protestantisme,* III, 1964, pp. 6, 692 *sq.*; « L'Église presbytérienne du Brésil et ses

expériences ecclésiastiques », *in : Études évangéliques,* 1949.

50. J. Lynch, *The Spanish American Revolutions, 1803-1826,* 1973, p. 128, cité par Nicole Bousquet, *La Dissolution de l'Empire espagnol au XIXe siècle,* these dactyl., 1974, p. 106.

51. François Coreal, *Voyages aux Indes occidentals,* 1736, I, p. 244.

52. P. Chaunu, *Séville et l'Atlantique..., op. cit.,* t. VIII1, p. 597.

53. C. Freire Fonseca, *Exonomia natural y colonizacão do Brasil (1534-1843),* 1974, these dactylographiée.

54. Voir *supra,* I, 1re edit., p. 45.

55. J. Accarias de Sérionne, *Le Intérêts des nations de l'Europe...,* I, 1766, p. 56.

56. F. Coreal, *op. cit.,* I, pp, 220-221.

57. F. Mauro, *Le Brésil...,* p. 138.

58. J. Accarias de Sérionne, *op. cit.,* I, p. 85. *Bravos* au sens de savuages.

59. Marcel Giraud, *Histoire de Louisiane française,* 1953, I, pp. 196-197.

60. Cité par J. M. Price, *in :* Platt et Skaggs, *Of Mother Country and Plantations,* 1972, p. 7.

61. Charles M. Andrews, *The Colonial Period of American History. The Settlements,* I, 1970, pp. 518-519.

62. Enrique Florescano, *Precios del maiz y crisis agrícoas en Mexico (1708-1810),* 1969, p. 314.

63. Russell Wood, *in : Journal of Economic History,* mars 1977, p. 62, note 7.

64. D. A. Brading, *op. cit.,* pp. 457-458.

65. Germán Arciniegas, *Este Pueblo de América,* 1945, p. 49, compare cette crise à une sorte de Moyen Age.

66. F. Coreal, *op. cit.,* I, pp. 353-354. Le Popayan, province de Colombie, au sud-est de Bogota.

67. N. Bousquet, *op. cit.,* p. 42. Socorro, ville de Colombie, dans la province de Santander.

68. François Chevalier, « Signification sociale de la foundation de Puebla de Los Angeles », *in : Revista de historia de América,* 1947, n° 23, p. 127.

69. Reginaldo de Lizarraga, « Descripción del Perú, Tucuman, Río de la Plata y Chile », *in : Historiadores de Indias,* 1909, II, p. 465.

70. D. A. Brading, *op. cit.,* p. 36.

71. A.N., Marine, B^7, 461, f° 39. William Pitt (1708-1778) reçut en 1766 le titre de comte de Chatham.

72. M. Devèze, *L'Europe et le monde..., op. cit.,* p. 331, d'après M. L. Hansen, *The Atlantic Migration (1607-1860),* et H. Cowan, *British Emjgration to North America,* 1961.

73. *Ibid.*

74. A.N., A.E., B III, 441. Palatins, c'est-à-dire originaires du Palatinat.

75. *Ibid.*

76. C'est-à-dire pour le compte de l'armateur.

77. Payés à l'armateur.

78. A.N., Colonies, C 11 4 11, f°s 205 *sq.*

79. A.N., Colonies, C 11 4 11.

80. R. Mousnier, *op. cit.,* p. 320.

81. A.N. A.E., B III, 441, 1782.

82. A.N., A.E., C.C.C. Philadelphie, 7, f° 358, New York, 27 octobre 1810.

83. Fawn Brodie, *Thomas Jefferson : an Intimate History,* 1976.

84. A.N. A.E., B III, 441, 1781.

85. *Ibid.*

86. J. F. Jameson, *The American Revolution considered as a Social Movement,* 1925, tr. ltal., 1960, pp. 34 *sq.*

87. *Ibid.,* p. 36.

88. *Ibid.,* p. 23.
89. P. J. Grosley, *Londres,* 1770, p. 232.
90. J. F. Jameson, *op. cit.,* p. 23.
91. Michel Fabre, *Les Noirs américains,* 2e éd., 1970.
92. A.N., Marine, B7, 467, 17 février 1789.
93. A. Smith, *op. cit.,* p. 286.
94. Bernard Baily, *The New England Merchants in the 17th Century,* 1955, pp. 16 *sq.*
95. A.N. Marine, B7, 458.
96. A.N. A.E., B III, 441.
97. P. J. Grosley, *op. cit.,* p. 232.
98. J. Accarias de Sérionne, *Les Intérêts des nations...,* I, pp. 211-213.
99. E. Williams, *op. cit.,* p. 147; J. W. Fortescue, *A History of the British Army,* 1899-1930, IV, 1re partie, p. 325.
100. R. Mousnier, *op. cit.,* p.327.
101. A.d.S. Naples, Affari Esteri, 801, La Haye, 21 octobre 1768.
102. J. Accarias de Sérionne, *Les Intérêts des nations..., op. cit.,* I, p. 73, note a.
103. J. Accarias de Sérionne, *La Richesse de l'Angleterre, op. cit.,* p. 96.
104. A.E., C.P. États-Unis, 53, fos 90 *sq.* Fondée en 1786, Georgetown est aujourd'hui un faubourg élégant de Washington.
105. Le terme habituellement retenu est la victoire de Sucre à Ayacucho le 9 décembre 1824. Je préfère la date de 1825 (voir *infra,* p. 364), c'est-à-dire le premier engouement de la place de Londres à l'égard des investissements en Amérique espagnole.
106. Earl Diniz Mac Carthy Moreira, « Espanha e Brasil : problemas de relacionamento (1822-1834) », *in : Estudos ibero-americanos,* juillet 1977, pp. 7-93.
107. Jacob Van Klaveren, *Europäische Wirtschaftsgeschichte Spaniens..., op. cit.,* 1960, p. 177.
108. Le Pottier de La Histroy, *op. cit.,* fo 34.
109. Ernst Ludwig Carl, *op. cit.,* II, p. 467.
110. A.E., C.P. Angleterre, 120, fo 237.
111. Cité par Lewis Hanke, « The Portuguese in Spainish America », *in : Revista de historia de América,* 1962, p. 27.
112. British Museum, Add. 28370, fos 103-104, El duque de Medina Sidonia à Matheo Vázquez, San Lucar, 17 septembre 1583.
113. *Ibid.,* fo 105.
114. A.N., Marine, B7, 232, fo 325, cité par E. W. Dahlgren, *Relations commerciales et maritimes entre la France et les côtes de l'océan Pacifique,* 1909, p. 37.
115. Les historiens ont même parlé pour la fin du XVIIIe siècle d'une quote-part de 4 % seulement. On y croira difficulement. A. Garcia-Baquero Gonzalez, *op. cit.,* I, p. 82.
116. Chiffre sans doute exagéré.
117. F. Coreal, *op. cit.,* I, p. 308.
118. Carrière, *Négociants marseillais...,* op. cit., I, p. 101.
119. A.E., M. et D. Amérique, 6, fos 287-291.
120. A.N., F12, 644, fo 66, mars 1722.
121. A.N., A.E., B1, 625, La Haye, 19 février 1699.
122. N. Bousquet, *op. cit.,* p. 24; Simon Collier, *Ideas and Politics of Chilean Independence, 1808-1838,* 1963, p. 11.
123. Alice Canabrava, *O Comérico português no Rio da Prata (1580-1640),* 1944; Marie Helmer, « Comércio e contrabando entre Bahia e Potosi no século xvi », *in : Revista de historia,* 1953, pp. 195-212.
124. H. E. S. Fisher, *The Portugal Trade,* 1971, p. 47.
125. J. Accarias de Sérionne, *Les Intérêts des*

nations..., op. cit., I, p. 86.

126. Cité par J. Van Klaveren, « Die historische Erscheinung der Korruption, in ihrem Zusammenhang mit der Staats- und Gesellschafts-struktur betrachtet », I, *in : Vierteljahrschrift für Sozial- und Wirtschaftsgeschichte,* décembre 1957, pp. 305-306, note 26.

127. Gonzalo de Reparaz, « Los caminos del contrebando », *in : El Comercio,* Lima, 18 février 1968.

128. A.N., K 1349, f° 124 et 124 v°.

129. A.N., G[7], 1692, mémoire de Granville-Locquet, f° 206 v°.

130. N. Bousquet, *op. cit.,* p. 17, d'après Pierre Chaunu, « Interpretacion de la Independencia de América Latina », *in : Perú Problema,* n° 7, 1972, p. 132; J. Vicens Vives, *An Economic History of Spain,* 1969, p. 406.

131. Claudio Sánchez Albornoz reconnaît que cette réflexion est de lui, mais nous n'avons ni l'un ni l'autre retrouvé la reference exacte.

132. A.E., M et D. Amérique, 6, f° 289.

133. L'asiento, monopole de la fourniture des esclaves noirs dans les colonies espagnoles d'Amérique, fut pratiqué dès le XVIe siècle. Au début de la guerre de Succession d'Espagne (1701), il passa à la France. Il prit en 1713 la forme d'un traité international quand Philippe V l'accorda à l'Angleterre : l'accord signé avec la *South Sea Company* prévoyait pour 30 ans l'introudction annuelle de 48 000 esclaves et l'autorisait à envoyer aux toires colonials deux navires de 500 tonneaux, les *nevios de permiso.* Bien que l'article 16 du traité d'Aix-la-Chapelle l'ait renouvelé, en 1748, pour 4 ans, la Compagnie anglaise l'abandonna en 1750.

134. M. Devèze, *L'Europe et le monde...,* pp. 425-426.

135. Décret du 18 mai 1756, A. Garcia-Baquero Gonzalez, *op. cit.,* I, p. 84.

136. N. Bousquet, *op. cit.,* p. 8.

137. Des navires en principes isolés, mais dont les marchandises au départ ont été enregistrées, *registradas.*

138. A. de Indias, E 146, cité par G. Desdevises du Dézert, *L'Espagne de l'Ancien Régime,* III, 1904, p. 147.

139. *Ibid.,* p. 148. Le quatorzième port est ouvert en 1788 au profit de Saint-Sébastien.

140. Moscou, A.E.A., 50/6, 500, 3, Amsterdam, 12/23 janvier 1778.

141. Oscar Cornblit, « Society and Mass Rebellions in Eighteenth Century Peru and Bolivia », *in : St Antony's Papers,* 1970, pp. 9-44.

142. Chambres de commerce, qui organisent et contrôlent le commerce extérieur et jouissent de privilèges considérables.

143. Cf. J. R. Fisher, *Government and Society in Colonial Peru,* 1970, principalement pp. 124 *sq.*

144. D. A. Brading, *op. cit.,* pp. 304, 312.

145. *Ibid.,* p. 38; traduction française de ce mémoire, A.E., C.C. Mexico, 1, f°s 2-15.

146. « Obstacles to Economic Growth in 19th Century Mexcio », *in : American Historical Review,* février 1978, pp. 80 *sq.*

147. *Ibid.,* p. 82.

148. A. Hanson Jones, art cit.

149. J. Vicens Vives, *Historia social y económica de España y América, op. cit.,* IV, p. 463.

150. Selon le calcul, lui aussi aléatoire, auquel aboutit Holden Furber, *John Company at work,* 1948, p. 309. Ce calcul ne tient pas

compte de la contrebande.

151. A. E., C.P. États-Unis, 59, f° 246 v°.

152. Jurgen Schneider, « Le commerce français avec l'Amérique latine pendant l'âge de l'indépendance (première moitié du xixe siècle) », *in : Revista de historia de América,* 1977, pp. 63-87.

153. Nico Perrone, « Il manifesto dell'imperialismo Americano nelle borse di Londra e Parigi », *in : Belphagor,* 1977, pp. 321 *sq.* Les capitaux se réfugient en Europe, « la plus grande partie [...] envoyée en France », situation déinie en novembre 1828, A.E., M. et D. Amérique, 40, 501, f°s 4 *sq.*

154. A.N. A.E., B III, 452.

155. « Feudalismo y capitalismo in América latina », *in : Boletin de estudios latino-americonos y del Caribe,* décembre 1974, pp. 21-41.

156. Pour tout ce qui suit dans le paragraphe, se reporter à A.N., Marine, B[7], 461, Mémoire sur la situation des États-Unis relativement à l'industrie intérieure et au commerce étranger, daté de février 1789.

157. *Op. cit.,* p. 49.

158. Cité par B. H. Slicher van Bath, art, cit., p. 25.

159. Voir *supra,* II.

160. E. Florescan, *op. cit.,* p. 433.

161. C. Gibson, *The Aztecs under Spanish Rule,* 1964, p. 34.

162. M. Bataillon, *op. cit.,* p. xxxI.

163. *Ibid.,* p. xxx.

164. *Der Charakter der Entdeckung und Eroberung Amerikas durch die Europäer,* 1925, I, pp. 453-454.

165. *Op. cit.,* pp. 30 *sq.,* 126.

166. « Lo zucchero e l'Atlantico », *in : Miscellanea di Studi sardi e del connercio atlantico,* III (1974), pp. 248-277.

167. M. Devèze, *L'Europe et le monde...,* pp. 263 *sq.*

168. Robert Challes, *Voyage aux Indes d'une escadre française (1690-1691),* 1933, pp. 85-87.

169. Contra Costa : en gros l'ensemble du littoral sud-africain de l'océan Indien.

170. W. G. L. Randles, *L'Empire du Monomtapa du XVe au XVIIIe siècle,* 1975, p. 7.

171. Roland Oliver et G. Matthew, *History of East Africa,* 1966, p. 155, cité par M. Devèze, *L'Europe et le monde..., op. cit.,* p. 301.

172. Auguste Toussaint, *L'Océan Indien au XVIIIe siècle,* 1974, p. 64.

173. Moscou, A.E.A., 18 octobre 1774, référence complete égarée.

174. K. G. Davies, *The Royal African Company,* 1957, pp. 5 et 6.

175. D'après N. Sánchez Albornoz, *op. cit.,* p. 66.

176. W. G. L. Randles, *L'Ancien Royaume du Congo des origins á la fin du XIXe siècle,* 1968; J. Cuvelier et L. Jadin, *op. cit.;* G. Balandier, *La Vie quotidienne au royaume de Kongo du XVIe au XVIIIe siècle,* 1965.

177. J. Savary, *op. cit.,* article « manille », III, col. 714.

178. J. Cuvelier et L. Jadin, *op. cit.,* p. 114.

179. Pierre Poivre, *Voyages d'un philosophe, ou Observations sur les mœurs et les arts des peoples de l'Afrique, de l'Asie et de l'Amérique,* 1768, p. 22.

180. *La Cosmographie universelle...,* 1575, f° 67.

181. Philip Curtin, *Economic Change in Precolonial Africa. Senegambia in the Era of the Slave Trade,* 1975, pp. 235, 237-247.

182. Voir *supr,* I, 1re éd., p. 36.

183. B. Baily, *op. cit.,* p. 16.

184. Père Jean-Baptiste Labat, *Nouvelle Relation de l'Afrique occidentale,* 1728, IV, p. 326, à propos de la Gambie.
185. P. Curtin, *op. cit.*, p. XXIII.
186. *Ibid.*, p. 4.
187. W. G. L. Randles, *L'Ancien Royaume du Congo...*, *op. cit.*, p. 69.
188. *Ibid.*, p. 87.
189. O. Lara, *op. cit.*, II, pp. 291-292.
190. J. Beraud-Villars, *L'Empire de Gao. Un État soudanais aux XV*e *et XVI*e *siècles,* 1942, p. 144.
191. W. G. L. Randles, *L'Ancien Royaume du Congo...*, *op. cit.*, p. 132.
192. *Ibid.*
193. *Ibid.*, p. 135.
194. W. G. L. Randles, *L'Empire du Monomotapa...*, *op. cit.*, p. 18.
195. W. G. L. Randles, *L'Ancien Royaume du Congo...*, *op. cit.*, p. 216.
196. *Konkwistadorzy Portugalscy,* 1976.
197. Paul Milioukov, Charles Seignobos, Louis Eisenmann, *Histoire de Russie,* I, 1932, p. 158, note 1; *Médit.*, I, p. 174.
198. J.-B. Labat, *op. cit.,* V, p. 10.
199. Au sens d'aventuriers.
200. W. G. L. Randles, *L'Ancien Royaume du Congo...*, *op. cit.*, pp. 217 *sq.;* C. Verlinden, *in* J.-C. Margolin, *op. cit.*, p. 689. Le mot *pombeiro* viendrait de *pumbo,* le marché actif de l'actuel Stanley Pool.
201. Gaston Martin, *Nantes au XVIII*e *siècle. L'ère des négriers (1714-1774),* 1931, pp. 46 *sq.*
202. P. Curtin, *op. cit.*
203. *Ibid.*, pp. 334. *sq.*
204. Y. Bernard, J.-C. Colli, D. Lewandowski, *Dictionnaire...*, *op. cit.*, p. 1104.
205. M. Devèze, *L'Europe et le monde...*, *op. cit.*, p. 310, et ses références à C. W. Newbury, Reginald Coupland, C. Lloyd, D. Curtin, H. Brunschwig.
206. A.E., C.C.C. Londres, 12, f°s 230 *sq.*, Lettre de Séguier, 12 mai 1817.
207. *Considérations... sur l'abolition générale de la Traite des Nègres adressées aux Négociateurs qui doivent assister au Congrès de Vienne, par un Portugais,* septembre 1814, pp. 17-18. (B.N., Paris, LK 9, 668.)
208. Tout ce paragraphe doit beaucoup au livre de Jacqueline Kaufmann-Rochard, *Origines d'une bourgeoisie russe, XVI*e*-XVII*e *siècles,* 1969.
209. C. Verlinden, *op. cit.*, voir note 2 de ce chapitre, pp. 676 *sq.*
210. I. Wallerstein, *op. cit.*, p. 320.
211. Walther Kirchner, « Über den russischen Aussenhandel zu Beginn der Neuzeit », *in : Vierteljahrschrift für Sozial- und Wirtschafts-geschichte,* 1955.
212. B. H. Summer, *Survey of Russian History,* 1947, p. 260, cité par R. M. Matton, *in : Russian Imperialism from Ivan the Great to the Revolution,* pp. Taras Hunczak, 1970, p. 106.
213. George Vernadsky, *The Tsardom of Moscow, 1547-1682,* V, 1969, p. 166.
214. Artur Attman, *The Russian and Polish Markets in International Trade 1500-1650,* 1973, pp. 135 *sq.*
215. *Ibid.*, p. 138-140.
216. Le *rijksdaaler,* ou *rigsdaler,* ou rixdollar, thaler royal et official des Pays-Bas, frappé depuis les États-Généraux de 1579.
217. M. V. Fechner, *Le Commerce de l'État russe avec les pays orientaux au XVI*e *siècle,* 1952, en russe : j'en dois le résumé et la traduction

de passages importants à Léon Poliakof.

218. A. Gerschenkron, *Europe in the Russian mirror,* 1970, p. 54.

219. Marian Malowist, « The economic and social Development of the Baltic Countries, xvth-XVIIth century », *in : Economic History Review,* décembre 1959, pp. 177-189.

220. A.N., K 1352, f° 73, vers 1720.

221. *Ibid.*

222. Samuel H. Baron, « The Fate of the Gosti in the reign of Peter the Great », *in : Cahiers du monde russe et soviétique,* octobre-décembre 1973, pp. 488-512.

223. J. Kaufmann-Rochard, *op. cit.,* p. 88.

224. *Ibid.,* pp. 87 et 227.

225. *Ibid.,* pp. 227-228.

226. J. Kulischer, *Wirtschaftsgeschichte Russlands,* I, p. 447.

227. Ou *riad :* galerie marchande.

228. 1 *poud* = 16,38 kg.

229. J. Kulischer, *op. cit.,* I, pp. 447 *sq.*

230. Pour tout ce qui suit, cf. J. Blum, *Lord and Peasant in Russia from the 9th to the 19th century,* pp. 106 *sq.*

231. Michael Confino, *Systèmes agraires et porgrès agricole. L'assolement triennal en Russie aux XVIIIe-XIXe siècles,* 1970, p. 99.

232. Frédéric Le Play, *L'Ouvrier européen,* 1877-1879, cité par J. Blum, *op. cit.,* XXI, p. 327.

233. Archives Vorontsof, *op. cit.,* XXI, . 327.

234. J. Blum, *op. cit.,* p. 283; Roger Portal, « Manufactures et classes sociales en Russie au XVIIIe siècle », *in : Revue historique,* avriljuin 1949, p. 169.

235. Peter Simon Pallas, *Voyages... dans plusieurs provinces de l'Empire de Russie et dans l'Asie septentrionale,* Paris, 1794, I, p. 14, note 1.

236. J. Blum, *op. cit.,* pp. 302-303.

237. *Ibid.,* pp. 293-294.

238. *Ibid.,* pp. 300-301.

239. *Ibid.,* p. 288.

240. *Ibid.,* p. 290.

241. *Ibid.,* p. 473.

242. J. Kaufmann-Rochard, *op. cit.,* p. 191.

243. Louis Alexandre Frotier de La Messelière, *Voyage à Saint-Pétersbourg ou Nouveaux Mémoires sur la Russie, op. cit.,* p. 116.

244. Auguste Jourdier, *Des forces productives, destructives et improductives de la Russie,* 1860, p. 118.

245. J. P. Kilburger, *Kurzer Unterricht von dem russischen Handel,* cité par J. Kulischer, *op. cit.,* p. xii, pp. 248 et 329.

246. J. Kaufmann-Rochard, *op. cit.,* p. 46.

247. Adam Olearius, *Voyage en Moscovie, Tartarie et Perse,* 1659, p. 108, cité par J. Kaufmann-Rochard, *op. cit.,* p. 46.

248. J. Kulischer, *op. cit.,* p. 338.

249. J. Blum, *op. cit.,* p. 286.

250. J. Kaufmann-Rochard, *op. cit.,* pp. 39 *sq.*

251. Archives Vorontsof, *op. cit.,* XXI, p. 333.

252. J. Kaufmann-Frochard, *op. cit.,* p. 65.

253. François Barrême, *Le Grand Banquier,* 1685, p. 216.

254. A.N., Marine, B^7, 457, 1780.

255. A.E., M. et D. Russie, 7, f° 298, vers 1770.

256. A.E. M. et D. Russie, 2, f° 176, 1773.

257. P. Philippe Avril, *Voyage en divers États d'Europe et d'Asie, entrepris pour découvrir un nouveau chemin à la Chine...,* 1682, p. 103.

258. Eugenio Alberi, *Relazioni degli ambasciatori veneti durante il secolo XVI,* 1839-1863, III, 2, Giac. Soranzo, p. 199.

259. A.d.S. Venise, Inghilterra, Londres, 18-19 juin 1703.

260. J. Savary, *op. cit.*, V, col 658 *sq.*

261. Boris Nolde, *La Formation de l'Empire russe,* 2 vol., 1952-1953.

262. François-Xavier Coquin, *La Sibérie, peuplement et immigration paysanne au XIXe siècle,* 1969, pp. 9-10.

263. *Idid.*

264. P. Camena d'Almeida, *in : Géographie universelle,* V, 1932, p. 259.

265. Ces détails pris à F.-X. Coquin, *op. cit.*, p. 109.

266. A.E., M. et D. Russie, 2, f°s 187 v°-188.

267. F.-X. Coquin, *op. cit.*, p. 11.

268. *Ibid.*, p. 12.

269. A.E., M. et D. Russie, 7, f°s 246-249. Observations pour l'abbé Raynal.

270. P. Camena d'Almeida, *op. cit.*, p. 217.

271. J. G. Gmelin, *Voyage e Sibérie...*, 1767, II, p. 50.

272. *Ibid.*, II, 123.

273. J. Kaufmann-Rochard, *op. cit.*, p. 200.

274. *Gazette de France,* 4 avril 1772, p. 359.

275. W. Lexis, « Beiträge zur Statistik der Edelmetalle nebst einigen Bemerkungen über die Wertrelation », *in : Jahrbuch für National-ökonomie und Statistik,* XXXIV, 1908, p. 364.

276. C. M. Foust, « Russian Expansion to the East through the 18th Century », *in : Journal of Economic History,* 1961, p. 472.

277. Maurice-Auguste de Benyowsky, *Voyages et mémoires...*, 1791, p. 63.

278. P. S. Pallas, *Voyage à travers plusieurs provinces de l'Empire russe,* 1771-1776, III, p. 490.

279. *Ibid.*, p. 487.

280. M.-A. de Benyowsky, *op. cit.*, p. 48.

281. A.E., M. et D. Russie, 2, f° 188.

282. James R. Gibson, *Feeding the Russian Fur Trade : provisionment of the Okhotsk seaboard and the Kamtchatka peninsula, 1689-1856,* 1970.

283. Ernst Hoffmann, *Reise nach den Goldwäachen Ostsiberiens,* 1847, nouvelle edition 1969, pp 79 *sq.*

284. En 1728, 1732, 1741, 1746, 1755. — A.E., M. et D. Russie, 2, f°s 183-185.

285. *Ibid.*

286. J. Savary, *op. cit.*, V. col. 659 *sq.*

287. C. M. Foust, art. cit., p. 477.

288. J. G. Gmelin, *op. cit.*, I, p. 49.

289. C. M. Foust, art. cit., p. 477; A.N., A.E., M. et D. Russie, 2, f° 182.

290. Archives Vorontsof, *op. cit.*, IX, pp. 32-33.

291. Gino Luzzatto, *Storia economica dell'età moderna e contemporanea,* II, 1952, p. 16.

292. A.N., A.E., B[1], 485.

293. A.d.S. Naples, Affari Esteri, 800; *Gazette de Cologne,* 23 spetembre 1763. Le change russe est coté à Londres, semble-t-il, à partir de 1762.

294. Moscou, A.C., Fonds Vorontsof, 1261, 4-446.

295. Archives Vorontsof, *op. cit.*, XXI, p. 137.

296. *Ibid.*, p. 315.

297. *Ibid.*, X, p. 201.

298. J. Blum, *op. cit.*, p. 293.

299. R. Portal, art. cit., pp. 6 *sq.*

300. J. Blum, *op. cit.*, p. 294.

301. A.N., Marine, B7, 457.

302. A.N., K 1352.

303. Archives Vorontsof, *op. cit.*, VIII, p. 363.

304. Fernand Grenard, *Grandeur et décadence de l'Asie,* 1939, p. 72.

305. A.E., M. et D. Turquie, 36, f° 16.

306. G. Tongas, *Les Relations de la France avec l'Empire ottoman, Durant la première moitié*

du XVIIe siècle, 1942, p. 141.

307. Giovanni Botero, *Relationi universali,* 1599, II, pp. 117-118.

308. C. Boxer, « The Portuguese in the East, 1500-1800 », *in : Portugal and Brazil, an Introduction,* éd. Par H. V. Livermore, 1953, p. 221.

309. A.d.S. Venise, Relazioni, B 31.

310. François Savary de Brèves, *Relation des voyages de...,* 1628, p. 242.

311. Maestre Manrique, *Itinerario de las misiones que hizo el Padre F. Sebastian Manrique...,* 1649, p. 460.

312. Abbé Prévost, *op. cit.,* IX, 1751, p. 88 (Voyage d'A. de Rhodes, 1648).

313. Edward Brown, *A Brief Account of Some Travels...,* 1673, pp. 39-40.

314. T. Stoianovitch, dactylogramme, *in : Conférence de la Commission d'histoire économique de l'Association du Sud-Est Européen,* Moscou et Kive, 1969.

315. W. Platzhoff, *Geschichte des europäischen Staatensystems, 1559-1660,* 1928, p. 31.

316. Herbert Jansky, *in : Ilandbuch der europäischen Geschichte,* p. p. T. Schieder, *op. cit.,* IV, p. 753.

317. *Ibid.,* p. 61.

318. Jorjo Tadic, « Le commerce en Dalmatie et à Raguse et la décadence économique de Venise au XVIIe siècle », *in : Aspetti e cause della decadenza economica veneziana nel secolo XVII,* 1961, pp. 235-274.

319. Robert Mantran, « L'Empire ottoman et le commerce asiatique au XVIe et au XVIIe siècle », *in : Islam and the Trade of Asia,* p. p. D. S. Richards, *op. cit.,* p. 169. Occupation de Bagdad en 1534, de Bassorah en 1535, puis en 1546.

320. Moscou, A.C., 276-1-365, f°s 171-175.

321. A.E., M. et D. Turquie, 11, f°s 131-151.

322. Registres sur lesqucle on inscrit les opérations au fur et à mesure qu'elles se font (Littré).

323. Pierre Belon, *Les Observations de plusieurs singularitez et choses mémorables trouvées en Grèce, Asie, Judée, Égypte, Arabie et autres pays estranges,* 1553, f^{o}, 181 v°.

324. Abbé Prévost, *op. cit.,* IX, p. 88.

325. *Gazette d'Amsterdam,* 13 décembre 1672. Kaminiec, aujourd'hui Kamenec Podolsk, en Ukraine, fut successivement turque, tartare, polonaise jusqu'en 1793, puis russe.

326. Paul-Ange de Gardane, *Journal d'un voyage dans la Turquie d'Asie et la Perse, fait en 1807 et 1808,* 1809, p. 13.

327. Bibliotèque Marciana, Scritture, Oro e argento, VII, MCCXXVIII, 55.

328. Nom du ducat d'or frappe par les rois de Hongrie, souvent imité à l'étranger.

329. Ugo Tucci, « Les émissions monétaires de Venise et les mouvements internationaux du l'or », *in : Revue historique,* juillet 1978, p. 97, note 23.

330. *Ibid.,* p. 109, note 65.

331. F. Rebuffat, M. Courdurie, *Marseille et le négoce marseillais international (1785-1790),* 1966, pp. 126 *sq.*

332. C. Sonnini, *Traité sur le commerce de la mer Noire,* s.d.

333. A.N., A.E., B^{1}, 436, cité par T. Stoianovitch, dact. cité, p. 35.

334. Lors de ses conféreces à Paris en 1955.

335. *Médit.,* II, p. 64.

336. *Ibid.,* I, p. .263.

337. Henri Maundrell, *Voyage d'Alep à Jérusalem,* 1706, p. 2 (voyage de 1696).

338. Dans une revue locale que j'ai malheureu-

sement égarée.
339. A.d.S. Naples, Affari Esteri, 800, La Haye, 21 août 1761.
340. Moscou, A.E.A., 4113, 158, f° 4, Venise, 4/15 décembre 1787.
341. A.E., M. et D. Turquie, 15, f°s 154-159.
342. *Observations sur l'étal actuel de l'Empire ottoman,* p. p. Andrew S. Ehrenkreutz, 1965, pp 49-50.
343. *Ibid.,* p. 53.
344. *Ibid.,* p. 54.
345. Au traité de Kučuk Kajnardži.
346. Au traité de Constantinople (janvier 1784) reconnaissant la cession de la Crimée à la Russie.
347. Voir *supra,* I.
348. K. N. Chaudhuri, *The Trading World of Asia and the English East India Company, 1660-1760,* 1978, p. 17.
349. A.E., M. et D. Turquie, 11, f°s 131-151, 1750.
350. H. Furber, *op. cit.,* p. 166.
351. A.E., M. et. Turquie, 11, f° 162.
352. *Ibid.,* f° 151, 1750.
353. H. Furber, *op. cit.,* p. 66.
354. A.E., M. et D. Turquie, 11, f°s 70 et 70 v°.
355. *Ibid.,* f° 162.
356. Moscou, A.E.A., 35/6, 371, f° 32.
357. *Ibid.,* 93/6, 438, f° 81.
358. Luigi Celli, Introduction à *Due Trattati inediti di Silvestro Gozzolini da Osimo, Economista e Finunzier del sec. XVI,* 1892. p. 8.
359. Moscou, A.E.A., octobre 1787, référence incomplète.
360. M.-A. de Benyowsky, *Voyages et mémoires..., op. cit.,* I, p. 51.
361. « Agenda for Ottoman History », *in : Review,* 1, 1977, p. 53.
362. Moscou, A.E.A., mars 1785, référence incomplète.
363. *Handbuch der europaïscher Geschichte,* p. p. T. Schieder, *op. cit.,* p. 771.
364. A.d.S. Naples, Affari Esteri, 805.
365. Michel Morineau, dactyl., Communication à la Semaine de Prato, 1977, p. 27.
366. J. Rousset, *Les Intérêts présens des puissances de l'Europe,* 1731, I, p. 161.
367. Ange Goudar, *Les Intérêts de la France mal entendus...,* 1756, I, p. 5.
368. J'ai particulièrement utilisé pour ce paragraphe Giorgio Borsa, *La Nascità del mondo moderno in Asia Orientale,* 1977, et Michel Devèze, *L'Europe et le monde..., op. cit.*
369. Maurice Lombard, *L'Islam dans sa première grandeur,* 1971, p. 22.
370. Noir *supra,* I, 1re éd., p. 309.
371. Nom donné par les Arabes (significant *hommes noirs)* à la côte du Sud de la Somalie jusqu'au Mozambique.
372. *Indonesian Trade and Society,* 1955.
373. Les Tamouls vivent dans le Sud de l'Inde et à Ceylan.
374. Archibald R. Lewis, « Les marchands dans l'océean Indien », *in : Revue d'histoire économique et sociale,* 1976, p. 448.
375. *Ibid.,* p. 455.
376. *Ibid.,* pp. 455-456.
377. Donald F. Lach, *Asia in the Making of Europe,* 1970, I, p. 19.
378. Franco Venturi, *L'Europe des Lumières, recherches sur le XVIII*e *siècle,* 1971, pp. 138-139.
379. C. G. F. Simkin, *op. cit.,* p. 182.
380. Giorgio Borsa, *op. cit.,* p. 31.
381. A.N., Colonies, C^2, 254, f° 15 v°.
382. L. Dermigny, *La Chine et l'Occident..., op.*

cit., II, p. 696.
383. Voir *supra*, p. 189.
384. L. Simond, *Voyage d'un Français en Angleterre...*, *op. cit.*, II, p. 280.
385. Victor Jacquemont, *Voyage dans l'Inde...*, 1841-1844, p. 17.
386. M. Devèze, *op. cit.*, p. 223.
387. British Museum, Sloane 1005.
388. R. Challes, *Voyage aux Indes...*, *op. cit.*, p. 436.
389. A.N., Colonies, C^{2}, 105, f° 233.
390. François Martin, 1640-1706, gouverneur général de la Compagnie des Indes à partir de 1701.
391. A. N., Colonies, C^{2} 105, f°s 256 v° et 257.
392. Maestre Manrique, *op. cit.*, p. 398.
393. K. N. CHAUDHURI, op. cit, pp. 447-448.
394. A.N., A.E., B III 459.
395. A.N., Colonies, C^{2}, 75, f° 165.
396. Sans doute les *bonds*, les emprunts à court terme de la Compagnie. Saha Panchanam, « Einige Probleme der kapitalistichen Entwicklung Indiens im 19. Jahrhundert », *in : Jahrbuch für Wirtschaftsgeschichte*, 1970, I, pp. 155-161.
397. V. I. Pavlov, *Historical Premises for India's Transition to Capitalism*, 2e éd., 1978, pp. 326-332.
398. K. N. Chaudhuri, *op. cit.*, p. 455.
399. *Ibid.*, p. 456.
400. Abbée Prévost, *op. cit.*, I, pp. 35, 48, 49.
401. Carlo M. Cipolla, *Velieri e Cannoni d'Europa sui mari del mondo*, 1969, pp. 116-117.
402. *Ibid.*
403. *Ibid.*
404. T. T. Chang, *Sino-Portuguese Trade from 1514 to 1644*, 1934, p. 120, cité par C. M. Cipolla, *op. cit.*, p. 117.
405. *The Embassy of Sir Thomas Roe to the Court of the Great Moghol*, 1899, II, p. 344, cité par G. Borsa, *op. cit.*, p. 25.
406. C. M. Cipolla, *op. cit.*, p. 119, note 17.
407. K. N. Chaudhuri, *op. cit.*, pp. 457 et 461.
408. I. Bruce Watson, « The Establishment of English Commerce in North-Western India in the Early Seventeenth Century », *in : Indian Economic and Social History*, XIII, n° 3, pp. 384-385.
409. K. N. Chaudhuri, *op. cit.*, p. 461.
410. A.N., A.E., B III, 459, Mémoire de Bolts, 19 messidor an V.
411. Par lesquels marchands et artisans s'engagent à livrer des marchandises.
412. I. B. Watson, art. cit., pp. 385-389.
413. A.N., A.E., B III 459.
414. A.N., Colonies, C^{2}, 105, f°s 218 v° 220.
415. A.N., Colonies, C^{11}, 10, 31 décembre 1750. Voir la querelle de Pierre Poivre avec le commandant du vaisseau *Le Mascarin* à Canton (juin 1750).
416. C. Boxer, *The Portuguese Seaborne Empire, 1415-1825*, 1969, p. 57, cité par I Wallerstein, *op. cit.*, p. 332.
417. V. I. Pavlov, *op. cit.*, p. 243.
418. Ainsi Norman Jacobs, *Modern Capitalism and Eastern Asia*, 1958.
419. B. R. Grover, « An Intergrated Pattern of Commercial Life in the Rural Society of North India during the 17th-18th centuries », *in : India Historical Records Commission*, XXXVII, 1966, pp. 121 *sq.*
420. L. C. Jain, *Indigenous Banking in India*, 1929, p. 5.
421. Pour une discussion du sens du mot, Irfan Habib, *The Agrarian System of Mughal India*, 1963, pp. 140 *sq.*

422. Irfan Habib, « Potentialities of Capitalistic Development in the Economy of Mughal India... », cit., p. 10.
423. Satish Chandra, « Some Institutional Factors in Providing Capital Inputs for the Improvement and Expansion of Cultivation in Medieval India », *in : Indian Historical Review,* 1976, p. 85.
424. *Ibid.,* p. 89.
425. B. R. Grover, art. cit., p. 130.
426. S. Chandra, art. cit., p. 84.
427. I. Habib, « Potentialities... », cit., p. 8.
428. *Ibid.,* pp. 18-19.
429. *Ibid.,* pp. 3-4.
430. *Ibid.,* p. 4, note 2.
431. Abbé Prévost, *op. cit.,* XI, pp. 661-662.
432. *Ibid.,* pp. 651-652.
433. *Ibid.,* p. 652.
434. Le maund du Bengale = 34,500 kg, celui de Surate = 12,712 kg (K. N. Chaudhuri, *op. cit.,* p. 472).
435. B. R. Grover, art. cit., pp. 129-130.
436. I. Habib, « Potentialities... », cit., p. 7-8; W. H. Moreland, *op. cit.,* pp. 99-100, 103-104.
437. I. Habib, « Usury in Medieval India », art. cit., p. 394.
438. B. R. Grover, art. cit., p. 138.
439. État de l'Inde don't Bombay est la ville principale.
440. I. Habib, « Potentialities... », cit., pp. 46-47.
441. *Ibid.,* p. 43.
442. Sonnerat, *Voyage aux Indes Orientales et à la Chine,* 1782, I, pp. 103 et 104.
443. *Jahangir's India : the Remonstrantie of Francisco Pelsaert,* 1925, p. 60, cité par I. Habib, « Potentialities... », cit., p. 43, note 2.
444. I. Habib, « Potentialties... » cit., pp. 44-45.
445. *Ibid.,* p. 45.
446. Abbé Prévost, *op. cit.,* X, p. 1.
447. *Ibid.,* X, p. 93.
448. *Ibid.,* X, p. 237.
449. H. Furber, *op. cit.,* p. 10.
450. I Habib, « Potentialities... », cit., p. 55 et n. 2.
451. A.N., Marine, B^7, 443, f° 254.
452. V. I. Pavlov, *op. cit.,* p. 329.
453. H. Furber, *op. cit.,* p. 187.
454. A.N., Colonies, C^2, 105, f° 291 v°.
455. H. Furber, *op. cit.,* pp. 189-190.
456. V. I. Pavlov, *op. cit.,* p. 233.
457. K. N. Chaudhuri, *op. cit.,* p. 260.
458. *Ibid.,* p. 258.
459. Abbé Prévost, *op. cit.,* X. . 65.
460. Sans conclure un contrat de livraison obligatoire avec les artisans.
461. A.N., A.E., B III, 459, avril 1814, Mémoire sur le commerce de l'Inde... que fesoit l'ancienne compagnie des Indes et celle établie en 1785, f°s 1-32, *passim.*
462. *Ibid.,* f° 12.
463. Satish Chandra, « Some Aspects of the Growth of a Money Economy in India during the Seventeenth Century », *in : The Indian Economic and Social History Review,* 1966, p. 326, et B. R. Gover, art. cit., p. 132.
464. B. R. Grover, art. cit., pp. 128, 129, 131.
465. *Ibid.,* p. 132.
466. Où se trouve la factorerie française de Pondichéry qui souffre d'une certaine rareté d'approvisionnement en vivres comme en marchandises.
467. A.N., Colonies, C^2, 75, f° 69.
468. Percival Spear, *The Nabobs,* 1963, pp. XIV *sq.*
469. A.N., C^2, 286, f° 280.
470. I. Habib, « Potentialities... », *cit.,* p. 12 et note 1.

471. *Ibid.,* p. 32.
472. Abbée Prévost, *op. cit.,* X, p. 235.
473. Roland Mousnier, *in :* Maurice Crouzet, *Histoire générale des civilizations,* IV, 1954, p. 491.
474. Abbée Prévost, *op. cit.,* X, p. 232.
475. Manteaux plies qu'oin attaché derrière la selle.
476. A.N., Colonies, C², 56, f°s 17 v° *sq.,* 1724. Cette importation de draps à cette époque se monte à 50 000 écus par an.

注釋

477. Abbée Prévost, *op. cit.,* X, p. 245.
478. I. Babib, « Potentialities… », cit., pp. 38 *sq.*
479. *Ibid.,* pp. 36-37.
480. Abbée Prévost, *op. cit.,* X, p. 146.
481. François Bernier, *Voyages… contenant la description des États du Grand Mogol…,* 1699, I, p. 94.
482. Abbée Prévost, *op. cit.,* X, p. 235.
483. *Ibid.,* X, p. 95.
484. P. Spear, *op. cit.,* p. XIII.
485. M. N. Pearson, « Shivaji and the Decline of the Mughal Empire », *in : Journal of Asian Studies,* 1970, p. 370.
486. A. K. Majumdar, « L'India nel Medioevo e al principio dell'età moderna », *in : Propyläen Weltsgeschichte,* tr. It., VI, 1968, p. 191.
487. *Ibid.,* p. 189.
488. Secte hindoue vichnouiste fondée au début du XVIe siècle. Les Sikhs constituèrent le royaume de Lahore.
489. H. Furber, *op. cit.,* p. 303.
490. A. K. Majumdar, *op. cit.,* p. 195.
491. *Medit…,* I, p. 340.
492. H. Furber, *op. cit.,* p. 25.
493. Giuseppe Papagno, « Monopolio e libertà di commercio nell'Africa orientale portoghese alla luce di alcuni documenti settecenteschi », *in : Rivista storica italiana,* 1974, II, p. 273.
494. A.N., A.E., B III, 459, Mémoire de Louis Monneron, 1er prairial an IV.
495. A.N., 8 AQ 349.
496. T. Raychaudhuri, *Readings in Indian Economy,* 1964, p. 17, cité par V. I. Pavlov, *op. cit.,* p. 87.
497. V. I. Pavlov, *op. cit.,* pp. 86-88.
498. *Ibid.,* pp. 239 *sq.*
499. *Ibid.,* pp. 324-335.
500. *Ibid.,* pp. 99 *sq.*
501. K. N. Chaudhuri, *op. cit.,* p. 273.
502. V. I. Pavlov, *op. cit.,* p. 215.
503. *Ibid.,* p. 216.
504. *Ibid.,* p. 217; c'est sans doute la raison pour laquelle, si les Anglais important en Inde de l'acier au XVIIIe siècle particulièrement poun les chantiers navals indiens, c'est toujours de l'acier suédois, et non pas britannique.
505. Armando Cortesao, *in : The Suma Oriental* de Tome Pires, 1944, II, pp. 278-279; V. Magalhaes Godinho, *op. cit.,* p. 783.
506. M. A. P. Meilink-Roelofsz, *Asian Trade and European Influence,* 1962, pp. 13 *sq.*
507. O. W. Wolters, *Early Indonesian Commerce,* 1967, pp. 45 *sq.*
508. Abbée Prévost, *op. cit.,* VIII, p. 316.
509. *Ibid.,* VIII, p. 312.
510. *Ibid.,* IX, 74 (1622).
511. *Ibid.,* XI, . 632.
512. Sonnerat, *op. cit.,* II, p. 100
513. Sur ces questions, le livre classique de G. Coedes, « Les États hindouisés d'Indochine et d'Indonésie », 1948, *in : Histoire du monde,* de M. E. Cavaignac, t. VII.
514. M. a P. Meilink-Roelofsz, *in : Islam and the Trade of Asia,* p. p. D. S. Richards, *op. cit.,* pp. 137 *sq.*

515. Luis Filipe F. R. Thomaz, « Maluco e Malaca », *in : A Viagem de Fernão de Magalhaés a questão das Molucas,* p. p. A. Teixera, 1975, pp. 33 *sq.* Remarquable mise au point.
516. *Ibid.,* p. 33.
517. Cité par Pavlov, *op. cit.,* p. 221.
518. *Ibid.*
519. Abbée Prévost, *op. cit.,* I, p. 116.
520. *Ibid.,* I, p. 115.
521. M. A. Hedwig Fitzler, « Der Anteil der Deutschen an der Kolonialpoitik Philipps II von Spanien in Asien » *in : Vierteljahrschrift für Sozial-und Wirtscheftsgeschichte,* 1935, p. 251.
522. L. F. F. R Thomaz, art, cit., p. 36.
523. Abbée Prévost, *op. cit.,* I, p. 336 (1592).
524. *Ibid.,* VI, pp. 62-63.
525. *Ibid.,* VIII, pp. 480 *sq.*
526. *Op. cit.,* pp. 160 *sq.*
527. A.N. Colonies, C11, f° 10 v°.
528. *Op. cit.,* p. 176.
529. *Voyage en Inde du comte de Modave, 1773-1776,* pp. J. Deloche, 1971, p. 77.
530. *Ibid.*
531. « I. Wallerstein et l'Extrême-Orient, plaidoyer pour un XVIe siècle négligé », Colloque de Leyde, octobre 1978 dactyl.
532. « Littoral et intérieur de l'Inde », Colloque de Leyde, octobre 1978 dactyl.

第六章

1. Cf. Littré, *Révolution :* « Retour d'un astre au point d'où il était parti. »
2. Hannah Arendt, *On Revolution,* 1963, tradction française, *Essai sur la Révolution,* 1967, p. 58.
3. Jürgen Kuczynski, « Friedrich Engels und die Monopole », *in : Jahrbuch für Wirtschafts geschichte,* 1970, 3, pp. 37-40.
4. Adolphe Blanqui, *Historie de l'économie politique en Europe depuis les Ancients jusqu'à nos jours,* 1837, II, p. 209. « Cependant, à peine éclose du cerveau de ces deux hommes de genie, Watt et Arkwright, la Révolution industrielle se mit en possession de l'Angleterre »; ef. R. M. Hartwell, *The Industrial Revolution and economic growth,* 1971, p. 111; Peter Mathias, *The First Industrial Nation. An Economic History of Britain 1700-1914,* 1969, p. 3.
5. Maurice Dobb, *Études sur le développement du capitalisme,* 1969, p. 274, note 3; A. Besancon, *in : Quarterly Journal of Economics,* XXXVI, 1921, p. 343.
6. *Les Étapes de la croissance économique,* 1967, p. 55.
7. *Croissance el structures économiques, op. cit.,* pp. 247 *sq.*
8. Simon Kuznets, « Capital formation in Modern Economic Growth », *in : Troisième Conférence internationale d'historie économique,* Munich, 1965, I, p. 20, note 1.
9. Phyllis Deane, *The First Industrial Revolution,* 1965, p. 117.
10. « Encore la revolution anglaise du XVIIIe siècle », *in : Bulletin de la Société d'histoire moderne,* 1961, p. 6.
11. Préface à la traduction française de Thomas S. Ashton, *La Révolution industrielle,* 1955,

p. x.

12. J. Hicks, *A Theory of Economic History, op. cit.,* PP. 151-154.
13. J.-B. Say, *Cours complet d'économie politique, op. cit.,* II, p. 170.
14. T. S. Ashton, « The Treatment of Capitalism by Historians », *in : Capitalism and the Historians,* ed. F. A. Hayek, 1954, p. 60.
15. P. Deane, *op. cit.,* pp. 116, 117 et note 1, d'après W. W. Rostow, *The Economics of Take off into Sustained Growth,* 1963.

16. Ignacy Sachs, *Pour une économie politique du développement,* 1977, p. 9.
17. *Ibid.*
18. Cette citation d'un économiste chilien, Oswaldo Sunken, est empruntée au livre d'I. Sachs, *op. cit.,* p. 34.
19. Ignacy Sachs, *La Découverte du Tiers Monde,* 1971, pp. 18-30.
20. *Ibid.*
21. A.N., F^{12}, 1512 C, liasse 5.
22. Lynn White, *Medieval Technology and Social Change,* 1962, p. 80; M. Rostovtzeff, *The Social and Economic History of the Hellenistic World,* 1967, I, p. 365.
23. Stephen Finney Mason, *Histoire des sciences,* 1956, p. 34.
24. A. Vierendel, *Esquisse d'une historie de la technique,* 1921, I, p. 38.
25. *L'Autre France. L'histoire en perspective géographique,* 1971, pp. 51-53.
26. *La Révolution industrielle du Moyen Age,* 1975.
27. *La Crise du féodalisme,* 1976.
28. « An Industrial Revolution of the thirteenth Century », *in : Economic History Review,* 1941.
29. L'expression avait été créée pour l'Allemagne, soit par G. F. von Schmoller, soit par F. Philippi.
30. Eleonora M. Carus Wilson, « The Wooleen Industry », *in : The Cambridge Economic History,* II, 1952, p. 409.
31. *Little Red Book of Bristol,* ed. F. B. Bickley, 1900, 58, II, 7.
32. Frédéric C. Lane, « Units of Economic Growth historically considered », *in : Kyklos,* XV, 1962, pp. 95-104.
33. W. Abel, *Agrarkrisen und Agrarkonjunktur, op. cit.,* p. 51.
34. C. M. Cipolla, « The Professions, The Long View », *in : The Journal of European Economic History,* printemps 1973, p. 41.
35. G. Bois, *op. cit.,* p. 246.
36. Roger Bacon, cité par L. White, *Medieval Technology..., op. cit.,* p. 134.
37. Jacob Cornelius Van Leur, *Indonesian Trade and Society,* 1955, p. 20.
38. Voir *supra,* II.
39. Herman Kellenbenz, *Deutsche Wirtschafts geschichte,* I, 1977, p. 167.
40. Gemma Miani, « L'économie lombarde aux XIVe et XVe siècles », *in : Annales E.S.C.,* maijuin 1964, p. 571.
41. Renato Zangheri, « Agricoltura e sviluppo del capitalismo », *in : Studi storici,* 1968, p. 539.
42. Eric J. Hobsbawm, « Il secolo XVII nello sviluppo del capitalismo », *in : Studi storici,* 1959-1960, p. 665.
43. Carlo Poni « All' origine del Sistema di fabbrica... », *in : Rivista storica italiana,* 1976, pp. 444 *sq.*
44. L. White, *op. cit.,* p. 129.
45. *Ibid.,* p. 28.
46. Gino Barbieri, *Le Origini del capitalismo Lombardo,* 1961; G. Miani, art, cit.

47. John U. Nef, « The Progress of Technology and the Growth of Large-Scale Industry in Great Britain, 1540-1640 », *in : Economic History Review,* octobre 1934, p. 23.
48. S. Pollard and D. W. Crossley, *Wealth of Britain..., op. cit.,* 1968.
49. John Cleveland, *Poems,* 1650, p. 10.
50. John U. Nef, art et., pp. 3-24.
51. S. Pollard and D. W. Crossley, *op. cit.,* p. 85.
52. *Ibid.,* p. 130.
53. *Ibid.,* pp. 84 et 95.
54. Charles Hyde, *Technological Change and the British Iron Industry, 1700-1820,* 1977.
55. Voir *Infra,* pp. 491-492.
56. C. Hyde, *op. cit.,* pp. 42. *sq.,* 144.
57. S. Pollard et D. W. Crossley, *op. cit.,* pp. 105 et 136-137.
58. *Ibid.*
59. *Ibid.,* pp. 142-143.
60. John U. Nef, *The Conquest of the Material World,* 1964, pp. 141-143.
61. « The Origins of rthe Industrial Revolution », *in : Past and Present,* avril 1960, pp. 71-81.
62. *L'Industrialisation en Europe au XIXe siècle,* pp. Pierre Léon, François Crouzet, Richard Gascon, Lyon, 7-10 octobre 1970, 1972.
63. Pierre Vilar, « La Catalogne industrielle. Réflexions sur un démurrage et sur un destin », *in : L'Industrialisation en Europe au XIXe siècle, op. cit.,* p. 421.
64. Jacques Bertin, *Ibid.,* p. 477.
65. H. w. Flinn, *The Origins of the Industrial Revolution,* 1965.
66. H. J. Habakkuk, « Historical Experience of Economic Development », *in :* E. A. G. Robinson ed., *Problems of Economic Development,* 1955, p. 123.
67. Pual Bairoch, *Révolution industrielle et sous-développement,* 1974, p. 73.
68. E. L. Jones, « Le origini agricole dell'industria », *in : Studi storici,* IX, 1968, p. 567.
69. Jethro Tull, *The Horse Hoeing Husbandry,* 1733.
70. Jonathan David Chambers et Gordon Edmund Mingay, *The Agricultural Revolution 1750-1880,* 1966, p. 2-3.
71. *Ibid.*
72. *Ibid.*
73. *Ibid.*
74. P. Baroch, *op. cit.,* tableaux pp. 222 et 226; P. Mathias, *The First Industrial Nation, op. cit.,* tableau p. 474.
75. Charles-Alexandre de Baert-Duholant, *Tableau de la Grande-Bretagne..., op. cit.,* IV, pp. 242-243.
76. E. L. Jones, art. cit., pp. 568 *sq.*
77. E. A. Wrigley, *in : Past and Present,* 1967, cité par E. L. Jones, art. cit., p. 569.
78. E. L. Jones, art. cit., p. 570.
79. *Ibid.,* pp. 572-574.
80. J. D. Chambers et g. E. Mingay, *op. cit.,* p. 18.
81. *Ibid.,* pp. 199-201.
82. M. Rubichon, *op. cit.,* II, p. 13.
83. Abbée J.-B. Le Blang, *Lettres d'un Français, op. cit.,* II, pp. 64 et 66-67.
84. M. Rubichon, *op. cit.,* II, pp. 12-13.
85. *Ibid.,* II, p. 122.
86. P. Barich, *op. cit.,* p. 87.
87. *Ibid.,* p. 215.
88. R. Reinhard, A. Armengaud, J. Dupaquier, *Histoire générale de la population mondiale,* 1968, pp. 202 *sq.*
89. Roland Marx, *La Révolution industrielle en Grande-Bretagne des origins à 1850,* 1970,

pp. 57-58.

90. *Ibid.*

91. Alexis de Toqueville, *Voyages en Angleterre,* 1958, pp. 59 et 78.

92. E. Hobsbawm, *Industry and Empire, op. cit.,* p. 40.

93. *In : L'Industrialisation en Europe au XIXe siècle, op. cit.,* p. 590.

94. P. Deane, *op. cit.,* p. 34.

95. E. Hobsbawm, *op. cit.,* p. 42.

96. *A History of Technology,* ed. C. Singer, E. J. Holmyard, A. R. Hall, T. L. Williams, 1958, IV, pp. 301-303.

97. P. Bairoch, *op. cit.,* p. 20.

98. *The Trading World of Asia and The English East India Company 1660-1760, op. cit.,* 273 *sq.*

99. 10 % seulement en 1791, Ch. Hyde, *Technological Change..., op. cit.,* p. 66.

100. P. Bairoch, *op. cit.,* p. 249.

101. C. Hyde, *op. cit.,* p. 219.

102. *Ibid.,* pp. 47-51.

103. *Ibid.,* pp. 37-40.

104. *Ibid.,* pp. 57 et 79.

105. *Ibid.,* p. 71.

106. *Ibid.,* p. 93.

107. *Ibid.,* pp. 83-94.

108. Francis K. Klingender, *Art and the Industrial Revolution,* 1968, pp. 9-10.

109. *Histoire générale des techniques,* sous la direction de M. Daumas, 1962, III, p. 59.

110. *Ibid.,* p. 13.

111. David S. Landes, *L'Europe technicienne,* 1969, p. 127.

112. Émile Levasseur, *La Population française,* 1889-1892, III, p. 74.

113. E. A. Wrigley, « The Supply of Raw Material in the Industrial Revolution », *in : The Economic History Review,* art, cit., p. 13.

114. J. Hicks, *op. cit.,* 2e éd., 1973, p. 147.

115. E. Labrousse, *in : L'Industrialisation de l'Europe au XIXe siècle, op. cit.,* p. 590.

116. P. Deane, *op. cit.,* pp. 90-91.

117. E. Hobsbawn, *Industry and Empire, op. cit.,* p. 51.

118. P. Mathias, *op. cit.,* p. 250.

119. E. Hobsbawm, *L'Ère des revolutions,* 1969, p. 54 et note.

120. *Ibid.,* p. 52.

121. *Ibid.,* p. 58.

122. *Ibid.,* p. 55.

123. J. H. Clapham, *An Economic History of Modern Britain,* 1926, pp. 441-442.

124. Cité par E. Hobsbawm, *Industry and Empire, op. cit.,* p. 40.

125. L. Simond, *op. cit.,* I, p. 330; la première balle de cotton américain est arrive vers 1791.

126. Cité par P. Deane, *op. cit.,* p. 87.

127. Après 1820 pour le coton, après 1850 pour la laine; S. Pollard and D. W. Crossley, *op. cit.,* p. 197.

128. L. Simond, *op. cit.,* II, pp. 102-103.

129. P. Mathias, *op. cit.,* p. 270.

130. P. deane, *op. cit.,* p. 56.

131. J. Accarias de Sérionne, *La Richesse de la Hollande, op. cit.*

132. François Crouzet, *L'Économie britannique et le blocus continental 1806-1813,* 1958, I, p. 157.

133. P. Deane, *op. cit.,* p. 56.

134. M. Rubichon, *op. cit.,* II, p. 312.

135. Thomas s. Ashton, *An Economic History of England. The 18th Century,* 1955, pp. 132 *sq.*

136. F. Crouzet, *op. cit.,* pp. 294 *sq.*

137. M. Rubichon, *op. cit.,* II, p. 382. J'ai remplacé le mot de *guerillas,* dans le texte, par

guérilleros.
138. W. W. Rostow, *op. cit.,* p. 560.
139. L. Simond, *op. cit.,* II, p. 284.
140. *Ibid.,* p. 282.
141. M. Rubichon, *op. cit.,* I, p. 575.
142. *On Depreciation,* p. 69; L. Simond, *op. cit.,* II, p. 24, traduit comme suit : « le commerce n'est qu'un échange réciproque de choses équivalentes ».
143. P. Deane, *op. cit.,* pp. 58 *sq.*
144. D. Macpherson, *op. cit.,* III, p. 340.
145. T. S. Ashton, *op. cit.,* p. 63.
146. P. Mathias, *op. cit.,* p. 466.
147. Amalendu Guha, compte rendu du livre de P. Mathias, « The First Industrial Nation… », *op. cit., in : The Indian Economic and Social History Review,* vol. 7, septembre 1970, pp. 428-430.
148. Voir *supra,* ch. Iv.
149. Comme le dit D. Macpherson, cf. note 144.
150. P. Deane, W. A. Cole, *British Economic Growth,* 1688-1959, 1962, p. 48.
151. Proportion courante, cf. M. Rubichon, *op. cit.,* I, p. 574.
152. T. S. Willan, *The Inland Trade, op. cit.,* ch. i.
153. R.-M. Pillet, *L'Angleterre vue à Londres et dans ses provinces, op. cit. ;* les *colliers,* navires charbonniers.
154. *Historical Geography of England before 1800,* 1951, pp. H. C. Darby, p. 522.
155. D. Defoe, *Tour…,* I, p. 63, cité par H. C. Darby, *op. cit.,* p. 498.
156. T. S. Willan, *Rivers Navigation in England…, op. cit.*
157. *Ibid.,* p. 94.
158. C. Dupin, *op. cit.,* p. 163, note.
159. *Ibid.,* p. 171.
160. M. Rubichon, *op. cit.,* II, p. 111.
161. T. S. Willan, *The Inland Trade, op. cit.*
162. J. H. Clapham, *op. cit.,* 381-382.
163. C. Dupin, *op. cit.,* pp. 148 *sq.*
164. P. Mathias, *op. cit.,* p. 277.
165. C. Dupin, *op. cit.,* p. 149.
166. *Ibid.,* p. 144.
167. *Ibid.,* p. 157.
168. M. Cuchetet, *Voyage de Manchester à Liverpool par le Rail Way et la voiture à vapeur,* 1833, p. 6.
169. *Ibid.,* p. 11.
170. Charles P. Kindleberger, *Economic Development,* 1958, p. 96.
173. J. R. Harris, *in : L'Industrialisation de l'Europe au XIXe siècle, op. cit.,* p. 230.
174. M. Rubichon, *op. cit.,* I, pp. 529-530.
175. Voir *Supra,* p. 502.
176. *Op. cit.*
177. D. Defoe, *Tour…, op. cit.,* éd. 1927, I, p. 2.
178. P. Adam, dactylogramme, p. 82.
179. D. C. North et R. P. Thomas, *The Rise of the Western World,* 1973, p. 157.
180. John Hicks, *Value and Capital,* 1939, p. 302, cité par R. M. Hartwell, *op. cit.,* p.114.
181. Jean Romeuf, *Dictionnaire…,* I, p. 354.
182. Italiques de moi, Y. Bernard, J.-C. Colli, D. Lewandolwski, *Dictionnaire…op. cit.,* p. 401.
183. *Op. cit.,* pp. 185 *sq.*
184. S. Kuznets, *Croissance et structure économieques,* 1972, *passim* et notamment pp. 248 *sq.*
185. « Prise de vues sur la croissance de l'économie française… », art. cit., pp. 46-47.
186. P. Bairoch, *op. cit.,* p. 44, tableau IV.
187. Gaston Imbert, *Des mouvements de longue durée Kondratieff,* 1959.
188. E. H. Phelps Brown, Sheila V. Hopkings, « Seven Centuries of Building Wages », *in :*

Economica, août 1955, p. 197.

189. R. M. Hartwell, *op. cit.,* p. XVII.

190. Les italiques sont de S. Huzents, *op. cit.,* pp. 92-94.

191. Cité par Raymond Aron, *Les Étapes de la pensée sociologique,* 1967, p. 321.

192. Voir *supra,* II.

193. J. Hicks, *op. cit.,* p. 155 « ... *It was casual labour that was the typical condition of the preindustrial proletariat.* »

194. Voir, *supra* II.

195. Neil J. Smelser, *Social Change in the Industrial Revolution. An Application of Theory to the Lancashire Cotton Industry 1770-1840,* 3e éd. 1967, p. 147.

196. P. Mathias, *op. cit.,* p. 202.

197. *Ibid.,* p. 203.

198. A.E., C.C. Londres, f°s 146-151, 13 mars 1817.

199. Neil J. Smelser, *op. cit.,* pp. 129 *sq.*

200. *Ibid.,* p. 165.

201. L. Simond, *op. cit.,* II, p. 103.

202. E. Hobsbawn, *Industry and Empire, op. cit.,* p. 51.

203. *Ibid.,* p. 55.

204. P. Mathias, *op. cit.,* p. 170.

205. *Ibid.,* p. 151.

206. *Ibid.,* p. 152.

207. *Ibid.,* pp. 152-153.

208. Résidu de l'orge fermentée qui a servi à faire la bière.

209. L. Simond, *op. cit.,* pp. 193-194.

210. P. Mathias, *op. cit.,* p. 153.

211. *Ibid.,* p. 154.

212. R. M. Hartwell, « The Tertiary Sector in English Economy during the Industrial Revolution », *in : L'Industriation de l'Europe..., op. cit.,* pp. 213-227.

213. P. Mathias, *op. cit.,* p. 263.

214. R.-M. Pillet, *op. cit.,* p. 000.

215. Cf. discussions du Colloque de Lyon, *L'Industrialisation de l'Europe, op. cit.,* notamment p. 228.

216. Voir *supra,* p. 273.

217. H. C. Darby, *op. cit.*

218. Que l'on songe entre autres aux ouvrages classiques de A. N. Dodd, *The Industrial Revolution in North Wales,* 1933; H. Hamilton, *The Industrial Revolution in Scotland,* 1932; J. D. Chambers, *Nottinghamshire in the Eighteenth Century,* 1932; W. H. B. Court, *The Rise of the Middland Industries,* 1938; T. C. Smout, *A History of the Scottish People 1560-1830, op. cit.*

219. E. L. Jones, « The constraints of Economic Growth in Southern England 1660-1840 », *in :* Congrès de Munich, 1965.

220. *England in the Reign of Charles II,* 1934.

221. *English Social History,* 1942, p. 298.

222. Albert Demangeon, « Iles Britanniques », *in : Géorgaphie universelle,* I, 1927, p. 219.

223. *Ibid.,* p. 149.

224. G. M. Trevelyan, *op. cit.,* p. 298 et note 1. Ces chiffres, remarquous-le, indiquent un revenue *pro capite.* plus élevé dans l'Angleterre non privilégiée (10 contre 7), ce qui signifie que pour les masses il faisait sans doute meilleur vivre au nord qu'au sud de la ligne Gloucester-Boston.

225. A. Demangeon, *op. cit.,* p. 149.

226. T. S. Smout, dactyl, Semaine de Prato, 1978.

227. Rudolf Hilferding, *Das Finanzkapital,* 1ere éd. 1910, trad. française : *Le Capital financier,* 1970.

228. *Ibid.,* pp. 311-312.

229. Voir *supra,* ch. II et III.

230. R. Hilferding, *op. cit.,* pp. 175-177.

231. François Crouzet, *L'Économie de la Grande-Bretagne victorienne,* 1978, p. 280.

232. P. Mathias, *op. cit.,* p. 169.

233. En 1826, sur 552 banques, 49 ont un « titulaire »; 157, 2; 108, 4; 43, 5; 26, 6. A.E., C.C., Londres, 21, f°s 168-177, 22 mars 1826.

234. Banque de comté : c'est la façon dont on traduit parfois *Country Bank* dans les corres pondances diplomatiques françaises.

235. P. Mathias, *op. cit.,* p. 170.

236. *Ibid.,* p. 171.

237. *Ibid.,* p. 176.

238. *Ibid.,* pp. 172-173.

239. *Ibid.,* pp. 171-172.

240. A.E., C.C., Londres, 27, 319-351, 12 juin 1837.

241. M. Rubichon, *op. cit.,* II, p. 259.

242. Chevalier Séguier, Londres 5 août 1818; A.E., C.C. Londres, 13, f° 274.

243. W. Bagehot, *Lonbard Street, ou le Marché financier enAngleterre,* 1874, p. 21.

244. A.E., C.C., Londres, 22, f° 275, Londres, 24 juileet 1828.

245. A.E., C.C., Londres, 12, f° 38 v°.

246. T.S.Ashton, « The Bill of Exchange and Private Banks in Lancashire 1790-1830 », *in : Papers and English Monetary History,* pp. T. S. Ashton et R. S. Sayers, 1953, pp. 37-49.

247. A.E., C.C., Londres, 20, f° 29, Londres, 10 février 1825.

248. T. S. Ashton, *La Révolution industrielle...op. cit.,* p. 141.

249. P. Deane et W. A. Cole, *op. cit.,* p. 296.

250. *Ibid.,* p. 305.

251. S. Pollard et D. W. Crossley, *Wealth...op. cit.,* p. 199.

252. P. Deane et w A. Cole, *op. cit.,* pp. 166 et 175.

253. *Ibid.,* pp. 304-305.

254. A.E., C.C. Londres, 13, f° 357, 6 septembre 1818.

255. W. Bagehot, *Lombard Street ou le marché financier en Angleterre,* 1874, p. 31.

256. *Economic Fluctuations in England 1700-1800,* 1959.

257. P. Mathias, *op. cit.,* pp. 227 *sq.*

258. Selon la terminologie d'E. Labrousse familière aux historiens français.

259. A.E., C.C. Londres, 101, 14 novembre 1829.

260. Voir *supra,* ch. iii, pp. 227 *sq.*

261. P. Mathias, *op. cit.,* p. 404.

262. *Ibid.,* p. 144.

263. P. Bairoch, *Révolution industrielle, op. cit.,* p. 271, tableau n° 28.

264. E. H. Phelps Brown et S. Hopkins, art, cit., pp. 195-206.

265. S. Pollard et D. W. Crossley, *op. cit.,* p. 185.

266. *Ibid.*

267. R.-M. Pillet, *op. cit.*

268. *Ibid.,* p. 30.

269. *Ibid.,* p. 24.

270. L. Simond, *op. cit.,* I, p. 223.

271. *Ibid.,* II, p. 285.

272. R.-M. Pillet, *op. cit.,* p. 31.

273. *Ibid.,* p. 350.

274. *Ibid.,* p. 337.

275. *Ibid.,* p. 345.

276. W. Abel, *Agrarkrisen und Angrarkonjunktur op. cit.*

277. R. Baehrel, *Une Croissance : la Basse-Porvence rurale (fin du XVIe-1789),* 1961.

結論

1. Émile Callot, *Ambiguïtés et antinomies de l'histoire et de sa philosophie,* 1962, p. 107, citant Marc Bloch, *Apologie pour l'histoire ou métier d'historien,* 5e ed., 1964, p. 10.
2. Theodor Mommsen, dans sa *Römische Geschichte,* et plus encore à travers des critiques de Marx (à l'égard de *Herr* Mommsen), *Das Kapital,* Berlin, Dietz Verlag, 1947-1951, II, p. 175, note 39, III, p. 359, note 47 et p. 857, note 45. La phrase essentielle : « Les exploitations argicoles de l'Antiquité qui présentment le plus d'analogies aves l'agriculture capitaliste, celles de Carthage et de Rome, ressemblent advantage au mode d'explotation pratiqué sur les plantations qu'à celui de la véritable exploitation capitaliste, Il y a là une analogie formelle, mais qui, sur tous les points essentiels, apparaît comme une simple illusion à quiconque a compris *le* système de la production capitaliste et ne le découvre pas, comme M. Mommsen dans n'importe quelle économie fondée sur l'argent… » (*Le Capital,* Éditions Sociales, 1960, I. III, t. III, p. 168.)
3. Notamment in *Storia economica e sociale dell' impero,* 1933, p. 66, mise en cause par Paul Veyne, « Vie de Trimalcion », *in : Annales E.X.C.,* XVI (1961), p. 237.
4. Prise répétée de position et notamment dans *Les Étapes sociales du capitalisme.*
5. Théodor Zeldin, *Histoire des passions françaises,* I, *1848-1945,* 1978, p. 103.
6. Jacqueline Grapin, *in : Le Monde,* 11-12 novembre 1973.
7. *Découvertes d'histoire sociale,* 1920, p. 58.
8. Marteng Buist, *At Spes non fracta,* 1974, p. 431.
9. « Appunti sull'economia contemporanea : il dibattito attorno all'azione dello Stato nel capitalismo maturo », *in : Rassegna Economica,* 1978, pp. 279-288.
10. C. Offe, *Lo Stato nel capitalismo maturo,* 1977.
11. J. O'Connor, *La Crisi fiscale dello Stato,* 1977.
12. *Op. cit.,* p. 13.
13. Citée par Paul Mattick, *Marx et Keynes,* 1972, p. 11.
14. François Richard, *Injustice et inégalité.*
15. René Rémond, « « Nouvelle droite » ou droite de toujours », *in : Le Monde,* 20 juillet 1979.
16. Avant tout : *The Remptation of the American Businessman,* 1955, et *The Image of the American Entrepreneur : transformation of a Social Symbl,* 1963.
17. *Match,* 23 mars 1979.
18. Dans nos conversations et dans un texte dactylographié en ma possession, traduit du russe.
19. Voir note 17.
20. *L'Express,* 9-15 juin 1979.
21. Alain Vernholes, *in : Le Monde,* 21 juil let 1979, mais déjà *ibid.,* 5 septembre 1979, une famine menace l'Uttar Pradesh.
22. Pour O'Connor, d'après F. Caffé, art. cit., pp. 285-286; pour J. K. Galbraith, *La Science économique et l'intérêt general,* 1973, *passim.* « L'univers du marché concurrentiel, p. 12. »
23. Jason Erstein, « The Last Days of New York », *in : New York Review of Books,* 19 février 1976.
24. Colloque de Pairs organisé par la Maison des

Sciences de l'Homme et l'Université Bocconi de Milan, 22-23 février 1979 : Petites et moyennes enterprises dans le système économique européen. La démonstration invoquée est celle du Professeur Francesco Brambilla.

25. Cité par Basile Kerblay, *Les Marchés paysans en U.R.S.S.,* 1968, pp. 113-114. Les citations de Lénine, en langue russe, *Œuvres,* t. XXXI, pp. 7-8 et t. XXXII, pp. 196, 268, 273.

26. *Temps Modrenes,* octbore 1957, p. 681.

27. Communication inédited encore à la Semaine de Prato (1978).

28. Wilhelm Dilthey, *Gesammelte Schriften,* t. VI, 1924, p. 57; t. VII, 1927, pp. 250, 279; t. VIII, 1931, p. 166; t. IX, 1934, p. 173.

15至18世紀的物質文明、經濟和資本主義 卷三

世界的時間

Civilisation, matérielle, économie et capitalisme

XVe-XVIIIe siècle

作　　者 費爾南·布勞岱爾(Fernand Braudel)
譯　　者 施康強、顧良
執 行 長 陳蕙慧
總 編 輯 張惠菁
責任編輯 沈昭明、洪仕翰
社　　長 郭重興
發 行 人 曾大福
出　　版 廣場出版/遠足文化事業股份有限公司
發　　行 遠足文化事業股份有限公司
231新北市新店區民權路108-2號9樓
電　　話 (02) 2218-1417
傳　　真 (02) 8667-1851
客服專線 0800-221-029
E-Mail service@bookrep.com.tw
網　　站 http://www.bookrep.com.tw/newsino/index.asp
法律顧問 華洋國際專利商標事務所 蘇文生律師
印　　刷 中原造像股份有限公司
一版一刷 2018年9月
一版二刷 2023年4月
定　　價 800元

15至18世紀的物質文明、經濟和資本主義(卷三) -- 世界的時間 / 費爾南·布羅代爾(Fernand Braudel)作；施康強、顧良譯. -- 初版. -- 新北市：廣場出版：遠足文化發行, 2018.09
面；　公分
譯自：Civilisation matérielle, économie et capitalisme, XVe-XVIIIe siècle. Tome 3 : Le temps du monde

ISBN 978-986-96452-4-9(精裝)
1.經濟史 2.社會史
550.9405　　107014830